Bob Larson

Das große Buch der Kulte

Übersetzt und bearbeitet von
Dr. Robert Schlarb, Friedhilde Stricker, Iris Fischer,
Roseline Päßler, Michael Maas und Renate Bloess

Larmann
Postfach 640
3550 Marburg

Die Deutsche Bibliothek – CIP-Einheitsaufnahme

Larson, Bob:
Das große Buch der Kulte / Bob Larson.
Übers. und bearb. von Robert Schlarb … – Marburg an der Lahn: Francke, 1992
(Larmann-Bücher)
Einheitssacht.: New book of cults <dt.>
ISBN 3-88224-924-2
NE: Schlarb, Robert (Bearb.)

Originaltitel: Larson's new book of Cults

Published by Tyndale House Publishers, Inc., Wheaton, Illinois

Deutsch von Thomas Lardon Literary & Media Agency, Hamburg, unter Mitarbeit von
Dr. Robert Schlarb, Friedhilde Stricker, Iris Fischer, Roselinde Päßler,
Michael Maas und Renate Bloess
Umschlaggestaltung: Thomas Lardon Literary & Media Agency, Hamburg
Gesamtherstellung: Schönbach-Druck GmbH

LARMANN-Bücher

VORWORT
ZUR DEUTSCHEN AUSGABE

Die Originalausgabe des „Larson's Book of Cults“ ist in den USA schon seit einigen Jahren erhältlich und hat mehrere Auflagen erlebt. Erst als jetzt eine völlig überarbeitete und aktualisierte Neuauflage erschien, entschlossen wir uns zur Übersetzung und Herausgabe für den deutschsprachigen Bereich.

Die Gründe dafür liegen auf der Hand: Die „Internationalisierung“ der Kulte nimmt ständig zu. Aus dem ostasiatischen Raum in die Vereinigten Staaten – und immer schneller dann nach Westeuropa. Die USA sind in vieler Hinsicht zu einem „Vorreiter“ für Europa geworden. Dies gilt leider auch für den Bereich der Sekten. Viele Neureligionen, die auf den folgenden Seiten vorgestellt werden, müssen dem aufgeklärten Westeuropäer nicht nur unbekannt, sondern geradezu unvorstellbar vorkommen. Doch rechtzeitige Information scheint hier gebotener als abwartende Zurückhaltung.

Wir haben uns bewußt für eine Übersetzung der amerikanischen Vorlage und nicht für eine komplette Bearbeitung (gelegentliche Ergänzungen und auch Streichungen ausgenommen) für den deutschsprachigen Bereich entschieden. Dadurch werden einige Informationen erstmalig vorgestellt, andere dagegen sollten bei Interesse durch bereits erschienene Nachschlagewerke ergänzt werden. Eine Übersicht dieser Werke befindet sich im Anhang.

Somit erhält DAS GROSSE BUCH DER KULTE seine eigene, wichtige Aufgabe bei der Information, aber auch bei der Einordnung und Standortbestimmung in einem sich immer schneller verändernden religiösen Umfeld.

Marburg, im März 1992

INHALT

TEIL I

EINE EINFÜHRUNG IN DIE VERSCHIEDENEN KULTE

1. An der Quelle

Es war erst morgens halb sechs, doch ich war bereits über eine Stunde auf den Beinen. Die meisten Menschen in Benares, der „heiligen" Hindustadt Indiens, stehen früh auf. Jeden Tag erheben sich lange vor Sonnenaufgang mehr als eine halbe Million Menschen von ihren Lagern. Sie wandern zu den Ufern des Ganges, des heiligsten Flusses aller Hindus. Ihre Wanderung muß abgeschlossen sein, bevor sich die glühende Sonnenscheibe über dem östlichen Horizont erhebt.

Die meisten von ihnen tragen Eimer oder andere Behälter mit sich, um in ihnen auf dem Rückweg Gangeswasser mit nach Hause zu nehmen. Der Ganges ist für Tausende von Menschen, die in Benares wohnen, einzige Trink- und Badewasserquelle. Wen stört es, daß sein verseuchtes Wasser menschliche Exkremente und Kadaver toten Viehs mit sich führt?

Verkäufer verschiedenartigen religiösen Zubehörs wetteifern um die Aufmerksamkeit frommer Hindus, die auf den Ganges zueilen. Diese Händler bieten ein umfangreiches Sortiment von kultischen Verkaufsartikeln an. Am gefragtesten sind schmale Blumengirlanden, die mehr kosten, als daß sie sich die meisten Leute ohne weiteres kaufen könnten. Aber um die Gunst der Muttergottheit des Ganges zu erlangen, sind sie bereit, hohe Preise dafür zu zahlen. Nicht-Hindus kommt das wahrscheinlich absurd vor. Wenn dieser schmale Blütenkranz dazu diente, den Hals des Käufers zu schmücken oder sein Haus mit seinem Duft zu erfüllen, könnte man das verstehen. Aber man zieht keinen persönlichen Nutzen aus der schmalen Girlande, sondern wirft sie in den Ganges, wo sie die Fluten des Stroms flußabwärts treiben.

Ich war nicht zum ersten Mal Beobachter des täglichen Rituals der Sonnenanbetung in Benares. Schon vor zehn Jahren hatte ich die Nebelschwaden der Morgendämmerung am Ganges bestaunt. Zur gleichen Zeit war in einer anderen Ecke des indischen Subkontinents eine Musikgruppe mit dem Namen „Beatles" angereist, ebenfalls vom Land der Fabeln und Fakire angezogen. Ihre Reise hatte sie nach Rishikesh geführt, wo sie sich dazu entschlossen, zu den Füßen eines bärtigen Swami namens Maharishi Mahesch Yogi zu meditieren.

1968 priesen die Beatles die Transzendentale Meditation als Antwort auf alle Nöte der Menschheit. Obwohl dies für die meisten westlich geprägten Menschen befremdend klang, war es nicht das erste Mal, daß die „Tugenden" des Hinduismus über die Grenzen Indiens hinaus in andere Länder exportiert worden waren. Lange bevor die gegenwärtige Invasion der Mystik im philosophisch sterilen Milieu der Wissenschaft und Technik des 20. Jahrhunderts Fuß fassen konnte, wurde die östliche Perspektive als eine überlegene Weltanschauung gepriesen. 1893 spürte man im Parlament der Weltreligionen, das in Chicago tagte, ein erstes Aufkommen dessen, was sich zu einer Flutwelle des Transzendenten entwickeln sollte. Zum Lob der hinduistischen Gottesvorstellung wiederholten Theosophisten und Swamis das, was die Erleuchteten des 19. Jahrhunderts, Emerson und Thoreau, für gut befunden hatten.

Der Protestantismus wurde von der Botschaft der Delegierten des Parlaments überrumpelt, die lautete: „Alles ist eins. Der Mensch ist göttlich. Gott ist nicht dort draußen; er ist in jedem Menschen." Ein Same war gesät worden, und der demokratische Pluralismus sorgte dafür, daß er überall dort wachsen konnte, wo nichtchristliches Denken vorherrschte. In der Beatnik-Kultur der fünfziger Jahre unter dem Einfluß von Jack Kerouac, Allen Ginsberg, den Büchern von Hermann Hesse und Alan Watts blühte die Mystik. Mit dem Anbruch der „Flower-Power"-Jahre in den 60ern begannen psychedelische Zustände „religiöse" Erfahrungen zu fördern, die Parallelen zur Innenschau Thoreaus und zu der mystischen Vision aufweisen, die im *Tibetischen Totenbuch* festgehalten ist.

In den späten sechziger Jahren folgte der nächste Schritt. Popfans, die bis zur Atemlosigkeit aus voller Kehle geschrien hatten, als die verführerischen Fab Four auftraten, hörten nun ihre Musikidole singen: „Ich bin er, so wie du er bist, so wie du ich bist und wir alle zusammen sind" (aus „I am the Walrus"). Was meinten die Beatles damit? Alan Watts und seine Leute lächelten wissend, als die vier aus Liverpool gleich darauf vom „sofortigen Karma" sangen. Es blieb dann George Harrison überlassen, nach dem Auseinanderbrechen der Gruppe die letzten Zweifel über die Rolle der Popmusik bei der Förderung östlicher Religionen zu zerstreuen, als er in „My Sweet Lord" die hinduistischen Gottheiten pries.

Während Vorbereitungen für einen kurzen Bootsausflug auf dem Ganges getroffen wurden, dachte ich wehmütig daran zurück, wie sehr sich die westliche Kultur in jenen zehn Jahren verändert hatte. *Yoga, Mantras und Gurus* waren ebenso selbstverständlich geworden wie „Hamburger“ und „Big Mäc“. Und all dies hatte in Benares begonnen. Hier war die Quelle des gesamten Hinduismus. Wenn man nur ein paar Meilen weiter die Straße hinauffuhr, kam man nach Sarnath, der Geburtsstätte Buddhas und dem Ort seiner „Erleuchtung“. Als der Bootsführer sich in die Ruder legte, um den schwankenden Kahn stromaufwärts zu lenken, glitten die ersten Strahlen des „Sonnengottes“ über den Rand der Erde.

Fromme Hindus strömten die *ghats* (Stufen) hinunter, die zum Wasser führten. Über den ruhig dasitzenden Swamis, die die persönlichen Habseligkeiten ihrer andächtigen Kunden bewachten, wölbten sich kleine Schutzdächer. Uhren, Oberbekleidung und Handgepäck wurden ihrer Obhut anvertraut, während die Anbeter sich bis auf die nötigsten Kleidungsstücke entblößten und bis zum Bauchnabel in die Fluten stiegen. Die Hände der Anbetenden falteten sich zum Gebet, als das Ritual des Untertauchens und Badens begann. Einige sagten Mantras zum Lobpreis des Sonnengottes auf. Andere tranken ausgiebig aus dem Fluß. An den Ufern verrenkten die Beweglicheren ihre Glieder zu Yoga-Posen. Die Frühankömmlinge waren dabei, ihre Behälter mit Gangeswasser zu füllen, um sie mit nach Hause zu nehmen.

Alle paar Meter weit stand über den Stufen am Ufer ein *Lingam* (ein drei Fuß hohes hinduistisches Fruchtbarkeitssymbol). Dem Auge eines westlichen Beobachters konnte weder dieses Symbol entgehen noch die riesigen Leitungsrohre, aus denen sich, dicht neben dem Platz, an dem Tausende ihre Zeremonien durchführten, Abwässer in den Strom ergossen. Die Anbetenden darauf hinzuweisen, daß diese Leitung die Abwässer der 800 000 Einwohner von Benares in den Fluß einleitet, wäre ein vergebliches Unterfangen gewesen. Der Ganges ist ein Gott, und ein Gott ist rein und „heilig“, wenngleich die Cholera-Statistiken das Gegenteil ausweisen.

Weiter stromaufwärts kam das Boot an den Stufen vorbei, die zur Einäscherung frommer Hindus dienen. Jeder orthodoxe (rechtgläubige) Hindu möchte in Benares sterben. Der Legende nach kann man so den endlosen Zyklus der Reinkarnationen umgehen. Diejenigen, deren Leiber in der „heiligen Stadt“ verbrannt werden, erlangen Befreiung von den Seelenwanderungen und werden direkt ins absolute Brahman aufgenommen. Nur Opfer von Pocken und anderen ansteckenden Krankheiten sind ausgenommen. Fanatische Hindus fürchten, daß die Krankheitskeime sich in ihren Nachfahren reinkarnieren könnten. So vermeiden sie die Kremation gerade da, wo sie, medizinisch gesehen, ratsam wäre. Wenn jemand eine dieser Krankheiten hat, wird sein Leib ins Wasser des Ganges geworfen und verursacht so eine todbringende Verseuchung.

Nachdem wir zwei Meilen weit dem mit Stufen gesäumten Strom gefolgt waren, hielt der Mann am Ruder wieder auf unseren Ausgangspunkt zu. Für mich war diese Bootsfahrt eine Erinnerung daran, daß diese Szenen, die noch vor einem Jahrzehnt westlich geprägte Menschen sehr schockierten, ihnen nun ein vertrauter Anblick waren. Was hatte sich geändert? Benares mit seinen jahrtausendealten religiösen Ritualen war wie eh und je. Was Benares weniger exotisch erscheinen ließ, war der weitreichende Einbruch solcher Überzeugungen und Praktiken in das westliche Wertesystem und den westlichen Lebensstil.

Als das Boot inmitten von Blumenkränzen, die zur Besänftigung der Gangesgöttin geopfert worden waren, das Ufer erreichte, durchdrang ein schriller Klageschrei die Morgenluft. Nicht weit entfernt wand sich eine indische Frau zu Füßen eines meterhohen Steingötzenbildes, das Hanuman, den Affengott, darstellte. Dem Halbmenschen mit dem Affenkopf, der ein lebloses Standbild ist, waren die verzweifelten Bitten der Büßerin gleichgültig. Obwohl ihr Gott ihr nicht antwortete, fuhr sie fort, ihn um Hilfe anzuflehen, indem sie sich gegen seine kalten Kalksteinfüße preßte.

Der Grund ihrer Verzweiflung war für jemanden, der kein Hindi sprach, nicht wahrnehmbar. Sogar ihre Mitbürger schenkten ihren hysterischen Rufen wenig Beachtung. Vielleicht war es ihre Unterwürfigkeit unter die fatalistische Philosophie des Hinduismus, die ihre Fähigkeit, Mitleid zu empfinden, dämpfte. Denn was immer die Ursache ihrer Verzweiflung war – das Gesetz des *Karma* ist unabänderlich. Litt sie, so mußte sie eben leiden. Gegen den Willen der Götter und die Konsequenzen der Ernte gibt es weder in diesem noch im darauffolgenden Leben ein letztes Heilmittel. Sogar Hanuman wußte das sicherlich.

Obwohl ich ihre Sprache nicht verstehen konnte, nahm ich den Kummer ihres Geistes wahr, der eine universelle Sprache spricht. Genau wie bei Millionen von Menschen, die in den Fesseln dieses Kultes gefangenliegen, blieb ihr Hilferuf unbeachtet. Der Hinduismus, der Mutterglaube vieler Kulte, hatte ihrer bittenden Seele keine geistliche Nahrung anzubieten. Diese indische Frau steht für das, was der Glaube des Ostens der Hoffnung des Westens angetan hat.

Was mir besonders ironisch vorkam, war das Datum jenes Aprilmorgens, an dem sich diese tragische Szene abspielte. Während diese pathetisch bittende Frau einen Affenhalbgott anflehte, sie von ihrer drückenden Bürde zu befreien, war Ostersonntag. Auf der ganzen Welt freuten sich Millionen von Christen an der herrlichen Nachricht „Er ist auferstanden!“. Wenn diese Frau diese drei Worte verstanden hätte, ich wäre zu ihr gelaufen und hätte ihr die Botschaft von der Hoffnung in Christus gesagt. Und wenn Sie als Leser dieses Buches die gleiche Szene gesehen hätten, wäre Ihr Wunsch, die Botschaft von Jesus weiterzusagen, zweifellos ebenso dringlich gewesen.

Ist es uns bewußt, daß viele andere in Kulte verstrickte Menschen sich in ähnlich bedauerlicher Lage befinden? Sie knien zu Füßen von Joseph Smith, Mary Baker Eddy, Charles und Myrtle Fillmore, Bhagwan Shree Rajneesh, Charles Taze Russell, L. Ron Hubbard, Herbert W. Armstrong, Meher Baba und Dutzender anderer, die behaupten (oder behaupteten), die Antwort auf die Frage nach der Wahrheit gefunden zu haben, nach der wir lebenslang suchen. Berühren uns die ungehörten und unbeantworteten Schreie der Kultanhänger unserer Tage? Wecken sie in uns Mitleid und den Wunsch zur Hilfe?

Dieses Buch ist die erschöpfendste, herausforderndste und zwingendste Aufgabe, die ich je in Angriff genommen habe. Während der langen Nächte, die ich durcharbeitete, und während der zahllosen Stunden intensiver Forschungen hat der Klageschrei jener indischen Frau mich an ihre Dringlichkeit erinnert. Für sie und für diejenigen, die wie sie versklavt sind, ist dieses Buch unter viel Gebet entstanden.

2. Was ist ein Kult?

Die meisten können keine befriedigende Definition des Wortes Kult geben. *Webster's Ninth New Collegiate Dictionary* (1988) bezeichnet einen Kult als religiöse Körperschaft, die „unorthodox oder irreführend“ ist. Dieses Wörterbuch nennt auch das weitere Umfeld dieses Begriffs und bezeichnet es als „Hingabe an eine große Person, Idee oder Sache“; ein Bezugsrahmen, an den sich dieses Buch teilweise hält. Ronald Enroth hebt hervor, daß der Ursprung des Wortes *Kult* auf das lateinische Wort *cultus* zurückgeführt werden kann, „das für alles steht, was mit Gottesdienst – Ritualen, Emotionen, Liturgie und innerer Einstellung – zu tun hat.“

In Dr. Walter Martins Buch *The Kingdom of the Cults* wird Dr. Charles Braden zitiert. Er sagt: „Ein Kult . . . ist jede religiöse Gruppe, die sich wesentlich in einem oder in mehreren Aspekten des Glaubens und der Praxis von den religiösen Gruppen unterscheidet, die in der Gesamtheit unserer Kultur als normativer Ausdruck von Religion angesehen werden.“

Daher ist eine subjektive Beurteilung von Werten nötig, um eine Gruppe als Kult zu bezeichnen. Viele Gruppen, die von der Gesellschaft akzeptiert werden (z. B. die Mormonen, die Bahai-Religion), wurden während ihrer Entstehungszeit als abstoßend empfunden und verfolgt. Wer will bestimmen, welche der heutigen nichttraditionellen Exzentriker in einigen Jahren als gesellschaftlich anerkannt gelten?

Folgende Kennzeichen gelten für alle Kulte:

1. Eine zentrale Autorität, die sowohl die Philosophie als auch den Lebensstil streng vorschreibt;
2. ein „wir“-gegen-„sie“-Komplex, der die angeblich höheren Einsichten der Gruppe gegen die sie umgebende feindliche Kultur abgrenzt;
3. die Verpflichtung aller Mitglieder zum intensiven „Proselytenmachen“ unter den Unbekehrten; und
4. eine abschirmende Isolierung, die die Anhänger den Realitäten der Außenwelt entfremdet.

Die kultische Philosophie ist unterschiedlich; sie reicht von strenger Askese bis zu sexueller Freizügigkeit. In ihren Anfängen stellen viele Gruppen den Eindruck zur Schau, die Gesellschaft verbessern und Gottes Willen folgen zu wollen. Irgendwann werden dann die Lehren des Gründers festgeschrieben und zu einem organisierten System offenbarter Autorität gemacht. Es wird dann zu einem absoluten Erfordernis erhoben, den Idealen des Gründers Folge zu leisten. Was zunächst die aufrichtige Überzeugung eines Menschen gewesen sein mag, wird dann mit dem ganzen Gewicht göttlicher Beauftragung befrachtet. Wenn eine solche Veränderung stattfindet, während der Gründer der Gruppe noch lebt, wird er gewöhnlich übernatürliche Bestätigungen für seine Glaubensüberzeugungen ins Feld führen. Was daraus entsteht, ist eine „Art institutioneller Dogmatismus und eine ausgesprochene Intoleranz jeder Position gegenüber, die nicht mit der eigenen übereinstimmt."

Obwohl Kultanhänger gewisse typische Kennzeichen ihrer Motivation aufweisen, variieren ihre Einstellungen vom ichsüchtigen Narzißmus bis hin zur Vernachlässigung der eigenen Person zugunsten des Wohls der Allgemeinheit. Die Person, die sich einem Kult anschließt oder sich für einen Kult anwerben läßt, ist auch in ein psychologisches Gesamtprofil einzuordnen. Konventionelle Lösungen und Institutionen hat sie möglicherweise als steril und unbefriedigend erlebt. Sie hält Ausschau nach einer bestätigenden Gemeinschaft, mit der sie sich identifizieren kann. Eine solche Gruppe wird noch attraktiver, wenn sie ein einziges idealistisches Prinzip anbietet, um das sich das ganze Leben drehen kann. In einer Gesellschaft, der die Bibel fremd geworden ist, ist die Verführungskraft eines Kultes dann besonders stark, wenn er behauptet, gewisse verlorengegangene Wahrheiten wiederhergestellt bzw. unentdeckte Wahrheiten gefunden zu haben.

Einsamkeit, Unentschlossenheit, Verzweiflung und Enttäuschung sind die typischen emotionalen Kennzeichen, nach denen die Kultwerber Ausschau halten. Sie laden den Arglosen mit außergewöhnlicher Freundlichkeit zu einer Lesung, zu einer kostenlosen Mahlzeit, zu einem Seminar am Wochenende oder zu einer anderen Aktivität ein, die sofortige Lösungen für bedrückende Probleme verspricht. Es ist ziemlich überraschend, daß nur wenige sich die Mühe machen, nachzufragen, wer diese Einladung an sie richtet, was dahintersteckt und was eigentlich stattfinden wird. Vage Antworten werden selten hinterfragt, so daß es der Kultwerber leicht hat, seine Absichten zu verschleiern.

Kulte ziehen im allgemeinen ihre Anhänger dadurch an, daß sie sie mit Aufmerksamkeit und Zuwendung überschütten. Das ist die Taktik, die man als „Bombardieren mit Liebe“ bezeichnen kann. Gefühle sind der Köder, nicht die Lehre. Tatsächlich wird die Glaubensstruktur anfänglich selten erwähnt. Führer von Kulten wissen, sobald ein neu in den Kult Eingeführter ihre besondere Weltanschauung akzeptiert und ein Zugehörigkeitsgefühl entwickelt hat, er auch bereit sein wird, jede Lehre anzuerkennen, einschließlich der Überzeugung, daß der Führer Gott repräsentiert.

Anerkennung, Annahme, Zugehörigkeit, Autorität – all das bietet der Kult an. Die Motivation wird durch Belohnungen für übermäßigen Eifer gefördert. Von kritischem Denken wird abgelenkt, und die gemeinsame Identifikation mit einem Auftrag (so wie der Leiter ihn darstellt), der wichtiger und umfassender ist als das eigene Leben, führt die Mitglieder zu der Annahme, daß das Wohl des Kultes auch ihr eigenes Wohl ist.

Wenn das Denken des Neuangeworbenen „neutralisiert“ ist, beginnt die Zeit intensiver Indoktrinierung. Die Wirksamkeit dieser Taktik wird oft verstärkt durch Gefühlsentzug, extreme körperliche Anstrengungen gefolgt von Übermüdung, Lösung von allen Bindungen an Familie und Freunde und Verlassen aller Besitztümer, auch der materiellen. Innerhalb kürzester Zeit wird der Neuangeworbene bei der Entscheidungsfindung, beim Suchen nach Führung und sogar was die physischen Lebensnotwendigkeiten betrifft, vom Kult abhängig. Die Außenwelt erscheint ihm immer bedrohlicher. Schließlich erfährt er einen Sinneswandel. Eine plötzliche, drastische Persönlichkeitsveränderung in all ihrer Vielgestaltigkeit findet statt.

Junge Erwachsene sind am wenigsten geneigt, auf den Gedanken zu kommen, die Gruppe zu verlassen. Würden sie die ihnen vom Kult eingeflößte Abhängigkeit durchbrechen, stünden sie, auf sich gestellt, den Nöten einer feindlichen Welt allein und hilflos gegenüber. Jeder Gedanke an das Verlassen der Gruppe ruft sofort ein Schuldgefühl hervor, den Eindruck, Gottes Berufung zu verfehlen, in die Hände des Satans zu fallen, oder, was noch schlimmer ist, es zu riskieren, den Zorn und das Gericht Gottes auf sich zu ziehen.

Sogar in einem gegen Kulte gerichteten Klima sehen nur wenige Zielpersonen der Kulte ihre Zukunft als eine unfreiwillige Sklaverei und ein körperliches Beherrschtwerden an. Bevor man sich einer exotischen Sekte anschließt, sollte man sich bewußt machen, was daraus entstehen könnte: Neurosen, Psychosen, Selbstmordgefährdung, Schuld, Identitätsprobleme, Paranoia, Halluzinationen, Verlust des freien Willens, intellektuelle Sterilität und ein verringertes Beurteilungsvermögen. Es wird viel leichter sein, solche Folgen zu vermeiden, wenn man folgende psychologische Formen des „Kultzusammenhalts" identifiziert und anerkennt.

1. **Absolute Loyalität.** Die Sekte verlangt Gefolgschaft und setzt sie durch tatsächliche oder verschleierte Drohungen durch. Diese Drohungen können sich gegen den körperlichen oder geistigen Zustand richten.

2. **Veränderte Ernährung.** Es werden einem lebenswichtige Nährstoffe entzogen. Eine eiweißarme Ernährung kann zu Orientierungslosigkeit und zu emotionaler Gefügigkeit führen.

3. **Singen und Meditation.** Objektive intellektuelle Beiträge werden vermieden, indem man gegen den Kult gerichtete Fragen mit dem Wiederholen von Liedern und Gesängen abblockt.

4. **Konformität.** Kleidung, Sprache, Namen und Interessen nehmen eine Gleichförmigkeit an, die die Individualität auslöscht.

5. **Konfusion der Lehre.** Unverständliche „Wahrheiten" werden bereitwilliger akzeptiert, wenn sie in umfangreichen Zusammenhängen präsentiert werden, die zur Ablehnung logischen Denkens anregen.

6. **Exklusivität.** Menschen außerhalb des Kultes werden als geistlich minderwertig angesehen. Eine exklusive und selbstgerechte „Wir-gegen-sie"-Einstellung wird geschaffen.

7. **Finanzielle Verwicklung.** Alle Besitztümer, oder ein Teil von ihnen, sollen dem Kult gespendet werden. So wird ein verdecktes Interesse gefördert, Kultanhänger zu bleiben, und die Wiedereinstiegschancen in den ehemaligen Beruf werden vermindert.

8. **Hypnotische Zustände.** Man kann durch gewisse Gesänge oder Meditation ein hohes Maß geistiger Gefügigkeit entwickeln.

9. **Isolation von der Außenwelt.** Es kommt zu einer verminderten Wahrnehmung der Realität, wenn jemand physisch von Freunden, von der Gesellschaft und von seinem vernünftigen Bezugsrahmen getrennt wird, in dem er sich zuvor bewegt hat.

10. Fehlendes Privatleben. Reflektion und kritisches Denken ist unmöglich in einer Umgebung, in der die Kultanhänger selten unbeaufsichtigt sind. Die normalen Selbstverteidigungsmechanismen können leicht entschärft werden, indem man neue Mitglieder zur Mitteilung persönlicher Geheimnisse anregt, die dann später zu ihrer Einschüchterung ins Feld geführt werden können.

11. Bombardierung mit Liebe. Physische Zuneigung und ständige übertriebene Aufmerksamkeit können einen falschen Kameradschaftssinn vermitteln.

12. Megakommunikation. Lange, verwirrende Vorlesungen können ein wirksames Werkzeug sein, den zu Beeinflussenden mit beredter Rhetorik und Fangsätzen zu bombardieren.

13. Neue Beziehungen. Verheiratung mit anderen Kultanhängern und die Zerstörung der alten Familienbeziehungen integriert die Betroffenen völlig in die Kult-„Familie".

14. Sinnlose Aktivitäten. Spiele oder andere Tätigkeiten, die keinen erkennbaren Sinn haben, machen von der Gruppe oder von einem Leiter abhängig, der Führung und Anweisung erteilt.

15. Pawlovianische Kontrolle. Verhaltensveränderung durch Abwechslung von Belohnung und Bestrafung führt zu Verwirrung und Abhängigkeit.

16. Druck durch Gleichgesinnte. Indem man den Wunsch ausnützt, angenommen zu sein, und ein Gefühl des Angenommenseins in einer stärkenden Gemeinschaft anbietet, werden Zweifel betreffs der Praktiken des Kultes verdrängt.

17. Gefühlsentzug. Übermüdung gekoppelt mit langandauernder Aktivität machen einen verwundbar und führen zur Annahme ungewollter Überzeugungen und Vorschläge.

18. Fraglose Unterordnung. Die Annahme der Praktiken des Kultes wird erreicht, indem man alle Fragen und jede natürliche Neugier abblockt, die das in Frage stellen, was die Leiter propagieren.

19. Ablehnung von Werten. Wenn der Neuangeworbene tiefer in den Kult eingeführt worden ist, wird er dazu ermutigt, den Werten und Überzeugungen seines früheren Lebens abzusagen.

Die Profile und Techniken, die in diesem Kapitel aufgeführt sind, werden nicht immer in allen Kulten oder bei allen Kultanhängern offenkundig sein. Es mag eine Gruppe geben, die ihre Mitglieder wirtschaftlich ausbeutet, während eine andere es ihren Anhängern gestattet, einen Lebensstil mit finanzieller Unabhängigkeit vom Kult zu pflegen. Gewisse Kulte verführen Menschen, die auf die Geheimlehren des Kultes neugierig sind, während andere öffentlich evangelisieren und ihre Glaubensüberzeugungen propagieren (obwohl wenige Kulte in die letztgenannte Kategorie passen). Die meisten Gruppen weisen im allgemeinen eines oder mehrere der Kennzeichen auf, die soeben beschrieben wurden.

3. Die Kulte aus christlicher Sicht

Weil Christen glauben, daß jeder Mensch von Gott als Persönlichkeit mit menschlichen Werten geschaffen ist, lehnen sie jede Form gesellschaftlicher Versklavung ab, die die menschliche Integrität oder die Souveränität des menschlichen Willens verletzt. Schon diese Überzeugung bringt die Kirche in eine Oppositionsstellung zu den meisten Kulten. Es gibt allerdings gewisse moralbewußte Kulte mit hohen ethischen Werten, die sich den entmenschlichenden Praktiken anderer Gruppen widersetzen. Ein Kult mag in einem Bereich Übertretungen begehen, ohne auf anderen Gebieten zu fehlen. Das Mormonentum hält sich zum Beispiel an hohe ethische Wertmaßstäbe, fördert aber trotzdem Lehrmeinungen, die unbiblisch sind. Deshalb ist das Mormonentum wegen seiner Lehre als Kult einzuordnen, während Gruppen wie die Kinder Gottes sowohl wegen ihrer Lehre als auch wegen ihrer nicht schriftgemäßen Ethik als Kult einzustufen sind. Darum ist es für Christen sehr wichtig, religiöse Gruppen nach biblischen Kriterien zu beurteilen.

Wie Dr. Walter Martin feststellt, „kann ein Mensch moralisch gut sein. Wenn er sich jedoch Jesus widersetzt, bringt er verdorbene Frucht hervor“. Die Bezeichnung *Kult,* wie sie in diesem Buch verwendet wird, hat im allgemeinen einen negativen Unterton und bezeichnet moralisch verwerfliche Praktiken oder Glaubensüberzeugungen, die wesentlich vom historischen Christentum abweichen.

Ob eine bestimmte religiöse Gruppe für sich beansprucht, christlich zu sein oder nicht, ist kein vorrangiges Kriterium. Es kommt vor, daß Mitglieder einer Gruppe mit Bibelzitaten um sich werfen oder sich auf die Beauftragung Christi berufen. Die Kriterien, von denen dieses Buch ausgeht, basieren auf zwei Faktoren, deren Vorhandensein oder Abwesenheit bewertet, ob eine Gruppe kultisch zu nennen ist oder nicht:

1. Wenn sie zentrale apostolische Lehren ignoriert oder absichtlich übergeht, oder

2. wenn sie sich an Glaubensüberzeugungen hält, die sich in deutlicher Weise vom orthodoxen Christentum unterscheiden.

Die Abweichung von einem dieser beiden Kriterien verbietet ihre Miteinbeziehung in die Gemeinschaft der Christen. Ob ein Glaubenssystem mit der Heiligen Schrift übereinstimmt oder in welchem Maß es von den biblischen Lehren abweicht, ist letzten Endes der entscheidende Maßstab zur Beurteilung von Wahrheit und Irrtum. Deswegen müssen bei jeder Gruppe, die absichtlich ihre Ausdrucksweise manipuliert, um christliche Glaubensüberzeugungen vorzutäuschen, die semantischen Verdrehungen bloßgestellt werden. Jeglichem Kult, der im Gegensatz zum historischen Christentum steht, darf es nicht gestattet werden, sich hinter einem Deckmantel religiöser Bereitwilligkeit oder irreführender Terminologie zu verstecken.

Viele Christen sind erstaunt, wenn sie es mit Anhängern von Kulten zu tun bekommen, deren Aussagen scheinbar mit evangelikalen Positionen übereinstimmen. Sie zitieren aus der Bibel, geben vor, tiefe Ehrfurcht vor Christus zu haben, und benutzen die vertraute Terminologie. Dem verunsicherten Christen entgeht, daß die Kultanhänger orthodoxe Begriffe neu definieren, so daß sie in ihr eigenes System von Glaubensüberzeugungen passen. In solch einem Fall sollte der Kultanhänger dazu gezwungen werden, einen – intellektuell gesehen – ehrlichen Standpunkt in bezug auf die unverzichtbaren biblischen Lehren einzunehmen. Nur dann werden die boshaften Absichten hinter dem Sprachbetrug offenkundig. Solche Menschen müssen deutlich davor gewarnt werden, „das Wort Gottes zu verfälschen" (2.Kor.4,2), da diese Tat ihre eigene Vernichtung zur Folge haben wird (2.Petr.3,16).

Sollte man falschen Glaubenssystemen für ihre guten Werke Anerkennung zollen? Viele Kulte haben wesentliche Beiträge zum sozialen Wohl der Menschheit geleistet. In einigen Fällen ging es Leitern von Kulten aufrichtig darum, die geistlichen Bedürfnisse suchender Menschen zu befriedigen. Obwohl dieses Buch gewisse positive Elemente in einigen Kulten anerkennt, darf man nicht vergessen, daß die Bibel Tadel und Zurechtweisung für jede Unterweisung verlangt, die sich gegen die Notwendigkeit der Errettung durch Christus stellt (2.Tim.4,2). Nach schriftgemäßen Kriterien ist jeder falsche Lehrer ein „Feind Christi" (Phil.3,18). Die Anerkennung positiver Werte sollte in keiner Weise als Bestätigung verstanden werden können für das, was die Bibel „teuflische Lehren" nennt (1.Tim.4,1).

Die guten Werke und scheinbar wohltätigen Auswirkungen des

Glaubenssystems eines Kultes sind also inkonsequente Betrachtungen. Eine Heilung kann zum Beispiel nicht als Gültigkeitsbeweis für die biblische Glaubwürdigkeit der Lehre eines Kultes angesehen werden. Die Wunder der Zauberer des Pharao (wie sie in 2. Mose 7 festgehalten sind) bezeugen, daß im Bereich des Übernatürlichen sowohl göttliche als auch dämonische Mächte aktiv sind. Nur Menschen mit wahrhaft biblischem Unterscheidungsvermögen sind in der Lage zu wissen, ob irgendeiner Lehre das Gute oder Böse als Quelle zugeschrieben werden sollte. Jesus hob hervor, daß die augenscheinliche Macht über die bösen Geister noch nicht den Eintritt in den Himmel garantiert (Matth.7,21.23).

Welche Bereiche der Lehre sollten wir also betrachten, um eine Religionsgruppe nach biblischen Kriterien beurteilen zu können? Welches sind die biblischen Vorgaben, außerhalb derer keine religiöse Gruppe beanspruchen kann, biblisch rechtgläubig zu sein? Obwohl Exklusivität, Elitedenken, falsch eingesetzte Autorität und eschatologische Irrtümer Kulte charakterisieren, sind dies nicht die relevanten Merkmale, die über die Rechtgläubigkeit entscheiden. Der grundlegende Fehler von Kulten ist, daß sie Gott entthronen, Christus geringschätzen, den Menschen vergöttlichen, die Sünde leugnen und die Bibel abwerten. Deswegen ist eine saubere Theologie nötig, um mit dem historischen Christentum in Übereinstimmung zu stehen, und zwar in folgenden Themenbereichen:

1. *Die Attribute Gottes*
2. *Die Person Christi*
3. *Die Natur des Menschen*
4. *Die Notwendigkeit der Erlösung*
5. *Die Quelle der Offenbarung*

Dies sind die fünf grundlegenden Bereiche der Lehre, in denen man die Wahrheit vom Irrtum unterscheiden kann. Indem wir die Position des historischen Christentums in bezug auf diese fünf Lehren aufzeichnen, schaffen wir eine Grundlage, mit deren Hilfe wir einzelne Kulte bewerten können. Das Ziel dabei ist nicht die Erstellung einer umfangreichen theologischen Ausarbeitung, sondern vielmehr die Schaffung von klaren Richtlinien, um die Invasion von Kulten zu bekämpfen.

Diese Richtlinien sind nicht nur für Geistliche geschrieben, sondern auch für Laienchristen. Dies bedeutet nicht, daß der Autor die Theologie für unwichtig hält; ist es doch gerade das Fehlen gesunder biblischer Theologie in unserer Kultur, das zu einer postchristlichen Ära geführt hat, die die Mystik der Kulte begünstigt.

Es gibt drei Unterteilungen bei der Analyse jeder Lehre:

1. Die historisch-christliche Position. Obwohl nicht in umfassender Form, wird hier eine Aufzählung grundlegender biblischer Glaubenslehren gegeben.
2. Fünf Schriftstellen, die die biblische Lehre unterstützen. In den meisten Fällen hätte man Dutzende von Schriftstellen zitieren können, um unterstützende Beweise anzuführen, aber um der Kürze willen sollen fünf genügen. Bitte beachten Sie, daß alle Bibelzitate aus der Lutherbibel genommen sind, da diese von den Kultanhängern am meisten zitiert (und mißinterpretiert) wird.
3. Beispiele von drei spezifisch kultischen Standpunkten zu jeder Lehre. In einigen Fällen gibt es mehrere Variationen, aber der begrenzte Raum macht es nötig, diese kultischen Lehren in drei Kategorien zusammenzufassen. Die Kulte, die als Anhänger jener Lehren aufgeführt sind, sind nur stellvertretende Beispiele und nicht etwa ein vollständiger Katalog aller Kulte, die sich an diese Ansichten halten.

Gott

Christliche Theologie. Gott ist Person, die spricht und schöpferisch tätig ist, die Denken und Wollen besitzt. (1.Mose 1,1.26; Jer. 29,11; Hes. 18,30). Gott ist ewig (1.Tim.1,17), allmächtig (Offb.19,6), allgegenwärtig (Ps.139,7.12), allwissend (Röm.11,33), vollkommen (5.Mose 32,4) und heilig (1.Petr.1,16). Sowohl das Alte als auch das Neue Testament verkündigen die dreieinige Natur Gottes, des Vaters, des Sohnes und des Heiligen Geistes, drei Personen in einem (Joh.1,13; 14,26).

Unterstützende Schriftstellen

1. „Es gibt nur einen Gott, den Vater, durch den alle Dinge sind“ (1.Kor.8,6).
2. „Vor mir ist kein Gott gemacht, so wird auch nach mir keiner sein“ (Jes.43,10).
3. „Gott sprach zu Mose: Ich werde sein, der ich sein werde“ (2.Mose 3,14).
4. „Denn es ist ein Gott“ (1.Tim.2,5).
5. „Du bist Gott von Ewigkeit zu Ewigkeit“ (Ps.90,2).

Lehre der Kulte

1. Unpersönlich, unfaßbar (Hinduismus, Bahai-Religion)
2. Göttliche Idee, Prinzip oder Beispiel (Christliche Wissenschaft, Unity)
3. Gegen die Trinität/Dreieinigkeit (Zeugen Jehovas, Der Weg)

Christus

Christliche Theologie. Das Apostolische Glaubensbekenntnis sagt aus: „Empfangen durch den Heiligen Geist, geboren von der Jungfrau Maria, gelitten unter Pontius Pilatus, gekreuzigt, gestorben und begraben. Hinabgestiegen in das Reich des Todes, am dritten Tage auferstanden von den Toten, aufgefahren in den Himmel. Er sitzt zur Rechten Gottes, des allmächtigen Vaters. Von dort wird er kommen, zu richten die Lebenden und die Toten." Jesus Christus ist die zweite Person der Dreieinigkeit, der ewige Sohn Gottes, der Fleisch wurde und nun unser „großer Hoherpriester" ist, „der in den Himmel aufgefahren ist", „der in allem versucht ist wie wir, doch ohne Sünde" (Hebr.4,14-15).

Unterstützende Schriftstellen

1. „Im Anfang war das Wort, und das Wort war bei Gott, und Gott war das Wort . . . Alle Dinge sind durch dasselbe gemacht, und ohne dasselbe ist nichts gemacht, was gemacht ist" (Joh.1,1.3).
2. „Und das Wort ward Fleisch und wohnte unter uns, und wir sahen seine Herrlichkeit, eine Herrlichkeit als des eingeborenen Sohnes vom Vater, voller Gnade und Wahrheit" (Joh.1,14).
3. „Und ein jeglicher Geist, der da nicht bekennt, daß Jesus Christus ist in das Fleisch gekommen, der ist nicht von Gott. Und das ist der Geist des Widerchrists" (1.Joh.4,3).
4. „Über alle Fürstentümer, Gewalt, Macht, Herrschaft und alles, was genannt mag werden" (Eph.1,21).
5. „Denn in ihm wohnt die ganze Fülle der Gottheit leibhaftig" (Kol.2,9).

Lehre der Kulte

1. Nur ein menschliches Wesen ohne Göttlichkeit, das „Christusbewußtsein" erlangt hat (The Church Universal and Triumphant, The International Community of Christ).
2. Ein geschaffenes Wesen (Mormonen, Zeugen Jehovas).
3. Einer von vielen Offenbarungen Gottes (Hinduismus, Divine Light Mission).

Der Mensch

Christliche Theologie. Gott schuf den Menschen nach seinem Ebenbild (1.Mose 1,26), vollkommen und ohne Sünde, so daß er Gott kennen und lieben konnte. Der Mensch ist der höchste Ausdruck der Kreativität Gottes. „Wenig niedriger gemacht denn die Engel" (Ps.8,5), mit Herrschaft über die ganze Erde ausgestattet (1.Mose 1,28). Im Garten Eden fiel der Mensch in Ungehorsam; deswegen sind alle Menschen in Sünde geboren, haben eine korrupte Natur und sind der Verdammnis verfallen, es sei denn, sie werden geistlich wiedergeboren (Joh.3,3).

Unterstützende Schriftstellen

1. „Es ist das Herz ein trotzig und verzagt Ding, wer kann es ergründen?" (Jer.17,9).
2. „Wie durch einen Menschen die Sünde in die Welt gekommen ist und der Tod durch die Sünde ... alle haben gesündigt" (Röm.5,12).
3. „Denn gleichwie durch eines Menschen Ungehorsam viele Sünder geworden sind" (Röm.5,19).
4. „In Sünden hat mich meine Mutter empfangen" (Ps.51,5).
5. „Ihr unverständiges Herz ist verfinstert" (Röm.1,21).

Lehre der Kulte

1. Göttlich, eine Ausstrahlung des unendlichen Unpersönlichen (Theosophie, Rosenkreuzer).

2. Sündig, aber fähig, das gleiche „Christusbewußtsein“ zu erlangen wie Jesus (Church Universal and Triumphant, Holy Order of MANS).
3. Bestimmt, Gott zu sein (Mormonen, Worldwide Church of God).

Erlösung

Christliche Theologie. Die alttestamentlichen Opfer waren vorausweisende Schatten des Lammes Gottes, „erwürgt vor Grundlegung der Welt“ (Offb.13,8). Sein vergossenes Blut wurde zum endgültigen Opfer und gewährt Reinigung von Sünden (1.Joh.1,7). Der Mensch, der durch seine sündhafte Rebellion von Gott getrennt wurde, kann nun Frieden haben „durch das Blut seines Kreuzes“ (Kol.1,20) und „mit Gott versöhnt“ werden (2.Kor.5,19) durch den sühnenden, stellvertretenden Tod Jesu.

Unterstützende Schriftstellen

1. „Welcher unsre Sünden selbst hinaufgetragen hat an seinem Leibe auf das Holz“ (1.Petr.2,24).
2. „Daß Christus für uns gestorben ist, da wir noch Sünder waren“ (Röm.5,8).
3. „Und ist in keinem andern Heil, ist auch kein anderer Name unter dem Himmel den Menschen gegeben, darin wir sollen selig werden“ (Apg.4,12).
4. „Ohne Blutvergießen gibt es keine Vergebung der Sünden“ (Hebr.9,22).
5. „So wir aber unsre Sünden bekennen, so ist er treu und gerecht, daß er uns die Sünden vergibt und reinigt uns von aller Untugend“ (1. Joh.1,9).

Lehre der Kulte

1. Gute Werke und Wohltaten werden zur Vereinigung mit Gott führen (Unity, Bahai-Religion).
2. Die Reinkarnation wird das Gesetz des Karma erfüllen (Scientology, Krishna-Bewußtsein).
3. Universalismus (Allversöhnung). Alle werden letzten Endes gerettet (Mormonen, Christliche Wissenschaft).

Offenbarung

Christliche Theologie. Das Wort Gottes im Kanon der Heiligen Schrift ist inspiriert (von Gott eingegeben), unfehlbar und vollständig (Offb.22,18.19) und der einzige Maßstab für den Glauben. Es offenbart den Ursprung und das Ziel aller Dinge, hält das Handeln Gottes mit der Menschheit in der Vergangenheit, Gegenwart und Zukunft fest und stellt die Person und das Werk Jesu Christi in den Mittelpunkt. Die Bibel bewirkt Glauben (Röm.10,17) und „unterweist Menschen zur Seligkeit" (2.Tim.3,15).

Unterstützende Schriftstellen

1. „Denn alle Schrift, von Gott eingegeben, ist nütze zur Lehre, zur Strafe, zur Besserung, zur Züchtigung in der Gerechtigkeit" (2.Tim.3,16).
2. „Die heiligen Menschen Gottes haben geredet, getrieben von dem heiligen Geist" (2.Petr.1,21).
3. „Dein Wort ist meines Fußes Leuchte und ein Licht auf meinem Weg" (Ps.119,105).
4. „Das Wort unseres Gottes bleibt ewiglich" (Jes.40,8).
5. „Denn das Wort Gottes ist lebendig und kräftig und schärfer denn ein zweischneidig Schwert, und dringt durch, bis daß es scheidet Seele und Geist, auch Mark und Bein, und ist ein Richter der Gedanken und Sinne des Herzens" (Hebr.4,12).

Lehre der Kulte

1. Die Bibel benötigt zusätzliche subjektive oder schriftliche Offenbarung für unser Zeitalter (Mormonen, The Walk).
2. Das Wort Gottes muß angemessen übersetzt und durch begleitende Erklärungen ergänzt werden (Zeugen Jehovas, The Walk).
3. Die Bibel ist eines unter vielen gleichermaßen göttlichen, heiligen Büchern (Unity, Bahai-Religion).

Dieser kurze theologische Überblick soll nicht dazu dienen, um einen Streit mit irgendeinem Kult vom Zaun zu brechen. Satan, die Quelle aller antichristlichen Systeme, ist der eigentliche Feind des Christentums. Alle, die fehlerhafte Lehren verbreiten, können aufrichtige, jedoch fehlgeleitete Menschen sein. Unsere Absicht ist es, die Übereinstimmung von Lehren mit der Schrift festzustellen, nicht aber die Integrität der Motivation von anderen Menschen zu beurteilen.

4. Die Zerstörung des Mythos

„Die Swamis kommen aus Indien und stehlen die Herde. Sie reden von Religion als Umgang mit dem Innenleben, nicht aber über Lehrformeln oder Gottesdienstvorschriften." Joseph Campbell

Auf diese Weise beschrieb ein Schriftsteller das gegenwärtig in Mode gekommene Interesse an der östlichen Mystik. Die meisten westlich geprägten Menschen scheint es nicht zu stören, daß das östliche Glaubenssystem auf einer tückischen mystischen Grundlage aufgebaut ist. Die Art und Weise, in welcher die Kulte des Ostens eine verschleierte Erklärung der Wahrheit präsentieren, beschäftigt modern denkende Menschen scheinbar nicht mehr als die Frage, ob Joseph Smith (der Begründer des Mormonentums) tatsächlich die in Palmyra, New York, vergrabenen goldenen Tafeln gefunden hat oder nicht, oder ob Victor Wierwill (Gründer von The Way) tatsächlich die Stimme Gottes gehört hat. Die Folge davon ist, daß viele Millionen in der westlichen Welt, die in Kulte verstrickt sind, ihre Hoffnungen auf Glaubensstrukturen gesetzt haben, deren Lehren auf einer Mischung von Tatsachen und Phantasie basieren.

Es stört den Mystiker wenig, ob sein Gottesdienstsystem historisch korrekt ist. Wenn Krishnas Gespräche mit Arjuna in der *Bhagavad-Gita* bloße Legenden sind und man den Mystiker darauf hinweist, tut er das mit einem Schulterzucken ab. Zweckmäßigkeit ist das, was zählt. Folglich hat die historische Wertschätzung eines blutbefleckten Kreuzes und eines leeren Grabes durch die Christenheit wenig Bedeutung in den Augen des Mystikers. Ob die Ereignisse von Golgatha und die Auferstehung tatsächlich stattgefunden haben oder nicht, scheint dem Anhänger einer falschen Religion unwichtiger zu sein als das, was er als die allegorische Großartigkeit dieser Ereignisse ansieht.

Trotzdem ist die Wahrheit wichtig! Wenn die legendären Schilderungen, die den Überbau der mystischen Philosophie darstellen, zusammengebrochen sind, muß ein gläuber Christ in der Lage sein, dem

Desillusionierten eine objektive, gültige Antwort auf die Warum-Fragen des Lebens zu geben. Nachdem die Mythen in Scherben gingen, sollte der bibelfeste Christ in der Lage sein, die Göttlichkeit Jesu zu verteidigen. „Seid immer bereit, jedem zu antworten, der von euch Rechenschaft fordert über die Hoffnung, die in euch ist", ermahnte der Apostel Petrus (1.Petr.3,15). Dieses Buch ist geschrieben worden, um Hilfestellung zur Antwortfindung zu geben. Der Leser, dessen Glaube aus Erfahrung auf das lebendige Logos (Wort) gegründet ist, wird auf diesen Seiten konkrete intellektuelle Grundlagen finden, um dem Kultanhänger den Weg zum historischen Christus zu weisen.

Die etablierte Religion, die den Status quo legitimiert, leidet heute an einem moralischen Vakuum, das teilweise durch den Triumph der Technologie hervorgerufen wurde. In dieser Umwelt tragen die Mythen der Kulte dazu bei, die Nerven der Menschen zu stabilisieren und ihre Ängste zu besänftigen. Das Erforschen der inneren Psyche und die Durchführung von mythischen Zeremonien stärken scheinbar den Wert jedes Menschen im Computerzeitalter. Der Ritualismus und die Vorstellungswelt der kultischen Mythen des 20. Jahrhunderts (ob die stellvertretende Taufe der Mormonen oder die Verheißung einer Astralwanderung, wie sie von ECKANKAR-Befürwortern angeboten wird), erwecken im Menschen ein Gefühl der Ehrfurcht bezüglich der Beziehungen zu der ihn umgebenden Welt. Vor allem aber offenbart die Mythologie der Kulte dem „Gläubigen", wo sein Platz im Universum ist. Von der Wiege bis zur Bahre wird der Kultanhänger durch sein Mythos geleitet, und zwar mit der Zusicherung, daß jeder Schritt in die göttliche Ordnung hineinpaßt.

Seelen, für die Christus sein Blut vergossen hat, verdienen eine geistlich befriedigendere Antwort als die, die von den modernen Mythen angeboten wird. Bei der Abfassung dieses Buches spürte ich eine heilige Verpflichtung. Wenn die Zeugen Jehovas wirklich „Insider-Informationen" über das Ende der Welt besitzen, und wenn Scientology wirklich die Überbleibsel aus vergangenen Leben auslöschen kann, dann haben Sie als Leser das Recht, dies zu wissen. Wenn Moon der Messias ist, oder wenn Baha'u'llah Christus war, dann sollte kein persönliches Vorurteil der Verkündigung dieser Tatsachen im Weg stehen. Wenn aber diese geistlichen Führer und Philosophen irren, dann verdient jeder, der dieses Buch liest, daß man ihm die unverblümte Wahrheit sagt.

Der Leser hat auch ein Recht zu wissen, daß die theologische Perspektive dieses Bandes sich an einem evangelikal-christlichen Standpunkt ausrichtet. Ich bin von keiner Kirche oder Denomination beauftragt worden. Keine offizielle Gemeinschaft irgendeiner theologischen Richtung hat mir Anweisung gegeben, irgendeine besondere Philosophie zu entkräften, die von einer kultischen Gruppe oder einem ihrer Leiter propagiert wird. Nur orthodoxe, protestantische und reformierte Ansichten bilden den Bezugsrahmen für die Analyse jedes Kultes. Zwei grundlegende theologische Prinzipien leiten diese Betrachtung:

1. Jesus Christus ist vollumfänglich Gott, von der Ewigkeit in der Vergangenheit bis zur Ewigkeit der Zukunft (Kol.2,10), und
2. Gehorsam gegenüber dem Gebot, daß Christen „das Böse hassen und dem Guten anhängen" sollen (Röm.12,9).

Dieses Buch ist nicht als eine soziologische oder theologische Abhandlung zu verstehen. Sein Zweck ist es vielmehr, Durchschnittsmenschen, deren Freunde oder Familienangehörige in Kulte verstrickt sind, Hilfe und Information anzubieten. Es zielt auch darauf ab, den Laien für die von ihm gefürchtete Auseinandersetzung mit Kultanhängern vorzubereiten, die an seine Haustür klopfen. Jeder Kommentar möchte praktische Hilfestellung geben und ist aus meinen persönlichen Erfahrungen in der Auseinandersetzung mit Kulten entstanden. Dieses Buch schließt auch Einsichten mit ein, die ich auf zahlreichen Auslandsreisen gewonnen habe (einschließlich vieler Wochen Forschungsarbeit in indischen und ostasiatischen Gesellschaftskreisen).

Wieso ist die Mystik der Kulte für den modernen Menschen so attraktiv? Ist die gegenwärtige Explosion kultischer Aktivitäten ein Ausdruck gesellschaftlicher oder geistlicher Faktoren? Kann der dem menschlichen Herzen innewohnende geistliche Hunger die Schuld daran haben, daß er sich aus verzweifelten Dilemmas in Lösungen flüchtet? Oder ist die Menschheit in ein Zeitalter eingetreten, in dem widerstreitende übernatürliche Mächte um ihre Gefolgschaft kämpfen und um die Kontrolle über die Zivilisation ringen, bevor diese ihren letzten Atemzug tut?

Ein weltlicher Verhaltensforscher würde wahrscheinlich eine der weiter oben aufgeführten Erklärungen wählen, während der evangelikale Christ wahrscheinlich alle gleichzeitig ankreuzen würde. Es gibt weitere Gründe, die man dieser Liste anfügen könnte. In seinem Buch *Those Curious New Cults* erwähnt William Petersen:

1. die Enttäuschung über das politische Geschehen;
2. die Entmenschlichung durch die Wissenschaft;

3. die Entwicklung der Drogenkultur;
4. die Zukunftsangst (Furcht vor nuklearen und ökologischen Katastrophen);
5. die Zerstörung der Familie;
6. die Popkultur (Musik und Literatur);
7. die Psychologie und das Okkulte (von Jung bis Joseph Rhine);
8. den Verfall der Kirche; und
9. die ökologische Krise.

Aus diesen und anderen Gründen blühen heute in der westlichen Gesellschaft schätzungsweise 1 500 bis 3 000 Kultgruppen. Ihre Größe reicht von Gruppen mit Tausenden von Anhängern bis zu kleinen Scharen von Jüngern, die einige hundert Menschen oder weniger umfassen. Die Mitgliederschaft teilen sich die etablierten Kulte mit ziemlich vielen Anhängern (z. B. die Mormonen, die Christliche Wissenschaft und Unity) und die New Age-Kulte. Letztere glauben, daß der evolutionäre geistliche Aufstieg des Menschen in einem neu anbrechenden Zeitalter utopischer Ziele, geistlicher Bruderschaft und des Friedens Erfüllung finden wird. Alle Kulte haben eines gemeinsam: Sie betrachten die Forderungen Christi als Optionen, nicht aber als heilsnotwendig.

Idealistische junge Leute, deren Suche nach geistlicher Identität stärker ist als ihr Wunsch nach materiellem Wohlstand, sind offen für die Ausbeutung durch kultische Mythen. Das Versprechen der Bewußtseinserweiterung hat für naive und arglose Menschen eine starke Anziehungskraft. Erwachsene, die den qualvollen Prozeß des Erwachsenwerdens intellektuell kurzschließen wollen, fallen ebenfalls leicht Mythen zum Opfer, die einen schmerzlosen Weg verheißen. New Age-Kulte sind besonders dazu geeignet, Einsame und Verunsicherte einzuladen, über die Schwelle einer veränderten Realitätswahrnehmung zu treten. Alle Antworten auf die großen Fragen der Menschheit werden abgetan, indem man das eigene Ich im gemeinsamen Gut der Zukunftsschau des Kultes aufgehen läßt. Der Mythos, den sie anbieten, ist keine vorübergehende Modeerscheinung. Ihre Visionen von der Neugestaltung der Welt werden noch fortbestehen, nachdem die optimistischsten Vorhersagen von Moon sich als falsch erwiesen haben werden.

Die Mythologie der kultischen Lehre stellt eine besondere Herausforderung an die Gesellschaft dar. Säkulare Menschen, die früher sagten: „Meinen Kindern kann das nicht passieren“, stehen vor zerbrochenen Illusionen. Anstatt daß sie den Bedürfnissen einer suchenden Generation gerecht wurden, boten sie Lösungen in Form von staatlicher Kontrolle oder heilsamer Deprogrammierung an. Die Einmischung des Staates in religiöse Angelegenheiten ist ein Phänomen, das die religiöse Freiheit über Jahre hinaus beeinträchtigen könnte. Gesetzliche Regelungen, die auf bizarre Gruppen abzielen, könnten eines Tages als Edikte angesehen werden, die zum Ziel hatten, legitime alternative Glaubensformen zu behindern.

Diejenigen, deren Pflicht es ist, religiöse Normen festzulegen, könnten eines Tages ganz offiziell die Bibel verwerfen, um Anhänger des Atheismus zu werden. Was ist dann zu tun? Vorübergehend finden es Evangelikale wahrscheinlich gut, daß man der Welle von Gehirnwäschen durch die Kulte einen Riegel vorschiebt – besonders diejenigen, deren Kinder sich Kulten angeschlossen haben. Aber die Unterminierung der garantierten Rechte, um eine kurzfristige Unterdrückung eines nicht wünschenswerten Glaubenssystems zu erreichen, könnte letzten Endes dazu führen, daß auch biblisch rechtgläubige Gruppen unterdrückt werden.

Das Anliegen von Eltern, deren Kinder auf unfaire Weise durch Kulte gefesselt sind, betrifft jedermann, besonders die Juristen. Man kann nicht den Kummer von Müttern und Vätern ermessen, die plötzlich erleben müssen, daß ein Familienmitglied einer völligen Umformung seiner Persönlichkeit unterzogen wird. Was können Eltern tun, wenn ihr eigenes Kind sie als Instrumente Satans ansieht und sich weigert, ihre Anrufe anzunehmen oder ihre Briefe zu beantworten? Einigen scheint Deprogrammierung, gewaltsame Entführung und „zwingende Überredung" die letzte Hoffnung zu sein.

Solche Vorgehensweisen werfen ernste Fragen auf, ob solche Handlungsweisen gerechtfertigt sind, um sogenannte „schwerwiegendere Verletzungen" der Psyche und des Glaubenslebens von Menschen zu vermeiden. Ob es gerechtfertigt ist, Feuer mit Feuer zu bekämpfen, ist eine wesentliche Frage, vor der die Schützer der Religionsfreiheit stehen.

Die meisten Christen würden es ablehen, den Willen und die Integrität eines Menschen zu verletzen, um ihn von irgendeiner Art der Versklavung zu befreien. Sie würden argumentieren, daß es nur die Freiheit in Christus ist, die den Menschen frei macht (Joh.8,32), und daß Gewalt nicht mit Gegengewalt beantwortet werden sollte. Bei der Analyse dieses Phänomens kam der Nachrichtenbrief des Spiritual Counterfeit Project zu folgendem Schluß: „Wir sind davon überzeugt, daß die gravierenden Persönlichkeitsbeeinträchtigungen durch die Kulte, die bei der Manipulation ihrer Anhängerschaft vorkommen, nicht völlig außerhalb der Reichweite der Gesellschaft und gesellschaftlichen Sanktionen bleiben sollten. Da die Isolierung der zu bekehrenden Person und ihre Abschirmung von allen Einflüssen, die das Glaubenssystem erschüttern könnten, eine der Schlüsseltechniken der Gehirnwäsche ist, glauben wir, daß die Person, die solchen Techniken unterworfen worden ist, auch Gelegenheit haben sollte, ihr Treueversprechen und ihre Glaubensüberzeugungen außerhalb des Kontextes des Kultes zu betrachten, ohne seiner Selbstbestätigung, seiner Propaganda, der Furcht, dem Schuldempfinden und Belästigungen ausgesetzt zu sein."

Selbst wenn eine moralisch und gesetzlich zulässige Methode gefunden wird, um Kultmitglieder einem Kult zu entziehen, bleibt das Anliegen, die Kultwerbung zu bekämpfen, noch unangesprochen. Die erschreckende Anzahl von Kultanhängern, die aus dem evangelikalen Lager kommen, wirft eine wesentliche Frage auf. Wie gut unterweist die Kirche ihre Mitglieder in bezug auf ihre Glaubensgrundlagen? Wenn man der Invasion der Kulte etwas entgegensetzen will, ist es erforderlich, daß Christen sich in der biblischen Apologetik gut auskennen. Es mag sein, daß man die Gläubigen daran erinnern muß, daß sie die heilige Verpflichtung haben, „für den Glauben zu kämpfen, der ein für allemal den Heiligen übergeben worden ist" (Judas 3).

Das rapide Wachstum von Kulten wird wahrscheinlich nicht so bald abebben. Deshalb können Christen sich nicht tatenlos zurücklehnen und annehmen, daß jene Lehrer, die nicht den Willen Gottes tun, irgendwann von selbst verschwinden. Einige, die diese passive Haltung eingenommen haben, nehmen Gamaliels Empfehlung an den Hohen Rat der Juden (Apg.5,33-39) zum Vorwand. Als Gamaliel seinen Brüdern empfahl, sich den Aposteln nicht entgegenzustellen, bezog er sich auf die Möglichkeit der antichristlichen Verfolgung. Deswegen kann man Gamaliels Vorschlag nicht anführen, um Tatenlosigkeit falschen Lehren gegenüber zu rechtfertigen. Eine solche Haltung einzunehmen, würde bedeuten, den Erfolg großer Weltreligionen, die sich dem Christentum widersetzen, ihrem göttlichen Ursprung zuzuschreiben. Nur „das Evangelium zu verkündigen" und es den Kulten zu überlassen, „sich selbst zu erhängen, wenn das Seil lang genug geworden ist", würde den Missionsauftrag Jesu auf die Evangelisierung von Nicht-Kultanhängern reduzieren.

Wenn Christen zuversichtlich Kulten/Sekten gegenübertreten sollen, müssen sie geistlich dafür vorbereitet sein. „Das Gericht muß beim Hause Gottes beginnen" (1.Petr.4,17). Um den Mythen der Kulte begegnen zu können, muß die Kirche zuerst ihre eigenen Reihen säubern. Dies erfordert, daß man sich einigen ernsten, selbstkritischen Fragen stellt. Wie steht es mit der übermäßigen Autorität, die man christlichen Leitern zugesteht, die viel Zulauf haben? Wieviel Aufmerksamkeit wird der Stärkung der Familie gewidmet, wo junge Leute Sicherheit vermittelnde Beziehungen zu ihren Eltern entwickeln können, die so stark sind, daß die Autorität von Kulten sie nicht brechen kann? Müssen Laien die Behauptungen ihrer Gemeindeleiter nicht sorgfältig im Licht der Heiligen Schrift abwägen? (Sogar der Apostel Paulus anerkannte die Notwendigkeit einer solchen Kontrolle, siehe Apg.17,11).

Sollte die Gemeinde an ihre übernatürlichen Gaben und an ihre geistliche Spontaneität erinnert werden, die die Zeit ihres frühen Wachstums auszeichneten und die heutzutage manchmal Eigenschaften sind, die junge Leute in die Arme der Kulte treiben? Den Erfolg von Irrlehren mit der Entschuldigung abzutun, daß Satan die Augen der Kultanhänger verblendet hat, könnte ein Ignorieren der Tatsache sein, daß auch in der wahren Gemeinde Mißstände herrschen.

Die Liebe des Apostels Paulus zur Gemeinde brachte ihn dazu, mehr zu tun, als nur Warnungen in bezug auf „reißende Wölfe" auszusprechen. Er gebot, die Sache Christi unermüdlich Tag und Nacht zu verteidigen, und zwar „unter Tränen" (Apg.20,28-31). Die Erinnerung des Paulus an die Warnung Jesu Christi „Siehe, ich habe es euch zuvor gesagt" (Matth.24,25) bringt einige Gemeinden in die beschämende Lage, abgedankt zu haben, indem sie den Thron der Herrschaft über die Seelen der Menschen den Kultgruppen überließen, die mehr Eifer aufwiesen als sie.

Nicht jeder, der dieses Buch liest, wird sofort zu einem Missionar werden, der sich den Kulten entgegenstellt. Aber die Kenntnisse, die diese Seiten dem Leser vermitteln, werden hoffentlich dazu führen, daß er ein vom Herrn vorbereitetes Gefäß wird, das dieser benutzen kann, wenn sich eine geeignete Gelegenheit bietet. Einige mögen sich dazu entschließen, offensiv in Satans Reich einzudringen, mit dem Geist erfüllt und entschlossen, die Mythen auseinanderzunehmen, die viele Menschen in geistlicher Versklavung halten. Andere werden sich mit neuer Liebe und verstärktem Mitleid um die besorgten Angehörigen derer kümmern, die sich einem Kult angeschlossen haben. Wieder andere mögen die Notwendigkeit eines Rehabilitationsprogramms sehen, das sich um die emotionalen Bedürfnisse von Menschen kümmert, die durch die Ideologien von Kulten Schaden erlitten haben. Jede einzelne dieser Früchte macht dieses Buch zu einer lohnenden Investition von Zeit und Energie. Möchte Gott Ihnen, den Lesern dieses Buches, klarmachen, welches Ihre Aufgabe bei der Zerstörung der Mythen dieser Kulte sein könnte.

Der Hauptteil dieses Buches wird dem Leser eine kurze, aber umfassende Bewertung jener Kulte geben, die die Gemeinde Jesu Christi am meisten bedrohen. Dieses Buch ist in erster Linie für interessierte Laien geschrieben, die wissen möchten, wo die Ursprünge eines gewissen Kultes liegen, wie er sich geschichtlich entwickelt hat, welches seine hauptsächlichen Lehren sind und wie er zur biblischen Wahrheit steht. Obwohl einige Kulte Arroganz und Überheblichkeit ausstrahlen, ist sorgfältig darauf geachtet worden, dieser Haltung nicht mit voreingenommener Gegnerschaft zu begegnen. Die grenzenlose Gnade Gottes, die der Apostel Johannes so eindrücklich beschrieb (1.Joh.2,2), gilt all denen, die die Errettung aus Gnaden noch nicht erlebt haben, auch den Kultanhängern. Der Kultanhänger mag sich fragen, weswegen ein Evangelikaler es wagt, seine Überzeugungen in Frage zu stellen, da er sie für die „wiederhergestellten" oder „offenbarten" Wahrheiten Gottes hält.

Eine solche Entgegnung muß mit Liebe aufgefangen werden, die sich dessen bewußt ist, daß der Leser ebenso hätte ein Opfer der gleichen geistlichen Versklavung werden können, wenn Gott ihn nicht davor bewahrt hätte.

Gesunde Theologie, Reinheit der Lehre und aggressive Evangelisationsmethoden sind keine hinlängliche Antwort auf die bedrohliche Ausbreitung der Kulte. Christen sind nicht nur deswegen bekannt, weil sie Anhänger hochgesteckter ethischer Ziele sind, die ihre Wurzeln in der biblischen Theologie haben. Johannes 13,34.35 erinnert den Gläubigen daran, daß Liebe das Kennzeichen der Jüngerschaft ist. Die Liebe zum Nächsten ist das hervorragendste Kennzeichen für die Liebe zu Gott. Dies ist die Botschaft des Gleichnisses vom Barmherzigen Samariter in Lukas 10,30.35. Eine persönliche Anekdote betont diese Tatsache auf praktische Weise.

Kurz bevor ich diese Seite zu Papier brachte, klopfte es an der Tür meines Holzhauses. (Den größten Teil meiner schriftstellerischen Arbeiten erledige ich an einem Ort in den Bergen, wo mich weder Telefon noch Besucher stören.) Draußen goß es in Strömen, und zwei durchnäßte japanisch-amerikanische Mädchen, Harriet und Ellen, baten um Einlaß. Als sie eingetreten waren, erklärten sie meiner Frau und mir, daß das Auto von Freunden, mit denen sie unterwegs waren, von der matschigen Straße abgekommen und beschädigt war. Sie baten uns, sie zu einer nahegelegenen Unterkunft zu bringen, von wo aus sie einen Abschleppwagen anrufen wollten. Kein Schriftsteller liebt Unterbrechungen. Aber es blieb mir nichts anderes übrig, als ihnen in ihrer Notlage sofort zu helfen.

Die beiden Mädchen waren bis auf die Haut durchnäßt und durch den Schlamm ziemlich schmutzig. Natürlich würde mein Auto nachher auch entsprechend aussehen! Was noch schlimmer war: auf dem Weg zu jener Unterkunft fiel die Heizung aus! Ein Ärger nach dem anderen traf mich und machte die Situation noch schlimmer. Nachdem der Abschleppdienst gerufen worden war, baten mich die Mädchen, sie wieder zu ihren Freunden und zu deren Auto zurückzufahren. Das bedeutete eine halbe Stunde Autofahrt. Ohne Zweifel, diese jungen Damen brauchten meine Hilfe. Was mich aber ärgerte, war die Tatsache, daß ihr Anliegen meine scheinbar wichtigere geistliche Verantwortung störte, nämlich das Schreiben dieses Buches.

Auf dem Weg zur Bergung ihres Autos konzentrierte sich unser Gespräch auf das Wetter und darauf, wie der Unfall passiert war. Endlich fragte mich Ellen, womit ich meinen Lebensunterhalt verdiene. Daraufhin erklärte ich ihr ausführlich meinen persönlichen Glauben an Christus. Keines der beiden Mädchen schien zu verstehen.

„Welche Kirche besuchen Sie?“ fragte ich.

„Wir sind Buddhisten“, antworteten sie.

Plötzlich wußte ich, warum Gott diese Unterbrechung gestattet hatte. Was ich für eine ärgerliche Störung meines Zeitplanes gehalten hatte, war Gottes Art und Weise, mich daran zu erinnern, daß dieses Buch nicht so wichtig ist wie der praktische Erweis von Gottes Liebe und die Hilfe für Menschen, die in Not sind.

Die buddhistischen Glaubensüberzeugungen von Harriet und Ellen kollidierten schon bald darauf mit meinem schriftgemäßen Beharren darauf, daß Christus der einzige Erlöser sei. Als wir das Unfallauto erreichten, wurden Ellens Abschiedsworte zum Höhepunkt dieser Episode.

„Ich denke, wir werden nicht eher wissen, wer von uns recht hat, bis wir beide tot sind“, meinte sie.

„Aber wenn Jesus recht hat“, antwortete ich, „wird es für Sie ein wenig zu spät sein, das zu erkennen.“

Als ich zurückfuhr, gewann ich eine wichtige Einsicht. Gott liebt die Menschen so sehr, daß er bereit ist, sogar denen, die seinen Sohn ablehnen, Geborgenheit und Freundlichkeit zu erweisen. Mein Wissen über die Kulte, besonders über den Buddhismus, hätte mich wahrscheinlich dazu befähigt, auf intellektueller Ebene treffende Argumente gegen Harriets und Ellens Überzeugungen ins Feld zu führen. Aber Gott war es wichtiger, daß ich ihnen wie der barmherzige Samariter tätige Liebe erwies, anstatt eine theologische Debatte zur Verteidigung der Wahrheit zu gewinnen.

Als ich wieder das Holzhaus erreichte, war ich bereit, mit neuer Entschossenheit und Begeisterung an diesem Buch weiterzuarbeiten. Und das Wichtigste dabei war, daß ich das Bedürfnis empfand, mehr zu tun, als nur eine Warnung vor der Gefahr herauszugeben, die von den Kulten ausgeht. Es ist nicht nur biblische Apologetik nötig, um Mythen zu zerstören, sondern auch praktische Liebe.

TEIL II

EINE EINFÜHRUNG IN DIE BEGRIFFE DER KULTE

1. Die Begriffe der Kulte verstehen lernen

In einem Song der späten fünfziger Jahre von Ray Charles heißt es: „Sag mir, was hab ich gesagt?" Diese Zeile drückt auch das Denken und Fühlen des westlich geprägten Menschen am Ende des 20. Jahrhunderts aus, der über seine eigene Sprache erstaunt ist. Jeden Tag benutzen Millionen von Menschen ganz selbstverständlich Wörter, die noch vor knapp zwei Jahrzehnten unbekannte Ausdrücke waren: Yoga, TM (Transzendentale Meditation), Zen, Nirwana, Mantra, Guru, um nur einige zu nennen. Darüber hinaus wirft man in beiläufigen Unterhaltungen mit schlecht definierten Ausdrücken wie Mystik, Transzendentales, Reinkarnation, Meditation, Gottesbewußtsein um sich.

Kurz gesagt: die Art, wie westlich geprägte Menschen sprechen, wird von ihrer Lebensweise beeinflußt. Das jüdisch-christliche Erbe mag offiziell für gut befunden werden, aber seine Vorstellungen von Gott und von der Realität, die in der objektiven Offenbarung wurzeln, bedeuten dem Durchschnittsmenschen sehr wenig. Die Weltanschauung der meisten ist in eine deutlich östliche Interpretationsweise der Beziehung des Menschen zu Gott und zum materiellen Universum eingebettet. Der abtrünnige Glaube des falschen Religionssystems, das in der Offenbarung beschrieben wird, ist keine ferne Zukunftsschau, die eine besondere prophetische Erfüllung erwartet. Seine Ideologie ist schon in unserer Mitte und wartet nur noch auf die letztendliche Enthüllung des Antichristen.

Können Wörter soviel anrichten? Zweifellos! Denken Sie nur einmal darüber nach, wie oft Sie jemanden in aller Ruhe über sein Sternzeichen oder über Yogaübungen und Meditation reden hören. Bei Cocktailpartys wird über die Vorzüge der psychischen Macht gesprochen. „Menschliches Potential", „transpersonal", „ganzheitlich", „höheres Bewußtsein" und viele andere Begriffe der Kommunikation sagen mehr über das aus, was der Mensch wirklich glaubt, als irgendeine Statistik über den Gottesdienstbesuch. Dem allen liegen einige wesentliche Voraussetzungen über Glauben und Hoffnung zugrunde, die den Mann auf der Straße bestimmen.

Ganz gleich, ob er einen Nadelstreifenanzug oder ein Sweatshirt und Turnschuhe trägt – der moderne religiöse Mensch (dessen Denkweise durch östliche Kulte beeinflußt worden ist) hat viel mit seinen Mitbürgern gemeinsam. Sein Glaubenssystem kann wie folgt zusammengefaßt werden: die materielle Existenz ist nicht die letzte Wirklichkeit. Sein Geist übersteigt das niedrigere Reich, das von den objektiven Sinnen wahrgenommen wird, und die Erleuchtung kann nur durch Intuition verwirklicht werden. Das Gefühl ist wichtiger als das Wissen. Sein ist wichtiger als Tun. Gott ist keine persönliche, transzendente Gottheit, vor der man moralisch verantwortlich wäre. Man kann ihn nicht dadurch finden, daß man im Universum nach ihm Ausschau hält. Die göttliche Essenz ist dem Menschen innewohnend, und das sich in sich selbst Versenken ist der Weg, um die Wahrheit zu entdecken. Sobald man das innere Potential an geistlicher Macht und Erkenntnis entdeckt hat, besteht keine Veranlassung mehr, sich den überholten Ideen von Himmel und Hölle, Gericht, Sünde und Erlösung verpflichtet zu wissen. Gott ist schließlich und endlich das eigene kosmische Bewußtsein des Menschen, eine Gegenwart, die alles Leben durchdringt. Und die Gemeinschaft mit ihm ist nicht das Ergebnis verstandesmäßiger Suche nach jemandem, auf den man hoffen kann. Subjektivismus ist der Weg zum Frieden, und die Lösung für alle Probleme ist die Verleugnung ihrer Existenz.

Diese kategorische Bewertung des modernen Denkens beschreibt eine Mehrheit derer, die sich selbst „Christen" nennen. Dieselben Personen würden aber wahrscheinlich ohne zu zögern antworten, wenn man sie bäte, eine präzise Definition der Wörter Mystik, Selbstvergöttlichung und Pantheismus zu geben. Wie ein trockener Schwamm saugt das westliche Denken, dem in der Wüste des wissenschaftlichen Rationalismus der Lebenssaft entzogen worden war, nun die „Weisheit" des Ostens auf. Als Ergebnis davon bekennen sich viele „Christen" zu einer gewissen Kirche, haben aber philosophisch gesehen eine okkultistisch/mystisch/hinduistisch/buddhistisch/taoistisch/spiritualistische Lebensvorstellung.

Die grundlegende Tatsache der Existenz des Menschen ist seine Suche nach Gott. Der Begriff *Theologie* kombiniert die griechischen Wörter *theos* (Gott) und *logos* (Wort) und bedeutet: „Wörter, die die Natur Gottes beschreiben". Sogar der Atheist hat nach dieser Definition eine Theologie. Obwohl die meisten Menschen sich außerstande fühlen mögen, ihre persönlichen Glaubensüberzeugungen zu erklären, machen sie bei bestimmten Gelegenheiten Aussagen über ein Glaubenssystem, das entweder auf der Guten Nachricht von Jesus basiert oder auf den Vorstellungen des Babylonischen Talmuds. Wenn sie sich an letzteres halten, lehnen sie damit automatisch die orthodoxe (rechtgläubige) schriftgemäße Interpretation des historischen Christentums ab.

Das Christentum basiert nicht auf einigen relativierbaren Eindrücken von der Realität. Es wurzelt in den Lehren Jesu Christi und in den Lehren der Apostel, die das Vorrecht hatten, zu seinen Füßen zu sitzen und seine Lebensworte direkt zu hören. Niemals hat jemand von ihnen den Eindruck erweckt, daß Christus ihnen heimlichen Zugang zu göttlichen Mysterien verschafft hätte, die man nur durch eine zähe Suche nach der esoterischen Wahrheit entdecken könnte. Petrus, Paulus, Jakobus und Johannes haben offen verkündigt, was sie empfangen hatten. Ihre Botschaft basiert auf der Autorität des Alten Testaments und des apostolischen Amtes, das ihnen vom Herrn übertragen worden war. Nicht einer von ihnen behauptete, irgendein privates Verständnis der Lehren Jesu erlangt zu haben, das sich der Beurteilung der übrigen elf entzog.

Die Kulte, wie verschieden ihr Ursprung auch sein mag, weisen eine bemerkenswerte Gleichförmigkeit ihrer Ideologie auf. Wenn man in Betracht zieht, daß die Quelle der kultischen Erkenntnis die *gnosis* der Schlange von Eden ist, wird es den bibelgläubigen Christen nicht überraschen, eine solche Gleichförmigkeit festzustellen. Alle wahren Gläubigen haben gleicherweise eine Einförmigkeit der Lehre, die alle kulturellen und konfessionellen Barrieren übersteigt, zum Beispiel über die biblische Darstellung der Schöpfung und den ewigen Kampf zwischen Gut und Böse, der auf dem ständigen Konflikt zwischen Gott und dem Satan beruht. Sünde und Rebellion nahmen im Herzen Luzifers ihren Anfang (Jes.14, Hes.28), und ihre letztliche Zerstörung (1.Mose 3,14-15) und Auflösung (Offb.20) sind eine Gewißheit. Die Aussprüche Gottes wurden festgehalten (Ps.119), und die Quelle einer korrekten Weltanschauung muß auf der Autorität der Heiligen Schrift basieren (2.Tim.3,16).

Die Christenheit im Westen mag den Eindruck gehabt haben, daß sie für alle verderblichen Lehren des östlichen Gedankenguts unempfänglich wäre. Aber im Laufe des letzten Jahrhunderts haben sich „gewisse Männer heimlich eingeschlichen, die den einzigen Gott und Herrn, Jesus Christus, verleugnen“ (Judas 4). In sehr heimtückischer Weise hat die Sprache der Mystik die Art und Weise beeinflußt, in der die Theologie des Menschen von heute die Ziele Frieden mit Gott und ewiges Leben wahrnimmt. Es ist unmöglich, in einem Buch dieses Umfangs alle religiösen Begriffe aufzuführen, die unsere Sprache durchdrungen haben. In diesem Abschnitt werden wir aber drei der geläufigsten Wörter, die das Wesen der heutigen geistlichen Anschauungen zusammenfassen, betrachten, und zwar: Erleuchtung, Meditation und Reinkarnation.

2. Die Erleuchtung

Ganz gleich, unter welchem Namen sie vorkommt: ihr Ziel ist immer dasselbe. Sie mag „erhöhte Wahrnehmung“, „Nirwana“, „Satori“, „Transzendentales Glück“, „Gott-Realisierung“, „erweitertes Bewußtsein“, „veränderte Realitätswahrnehmung“ oder „kosmisches Bewußtsein“ genannt werden. Die Disziplin mag Yoga, Zen, Askese oder Meditation heißen. Der religiöse Bezugsrahmen kann der Buddhismus sein oder Unity, der Hinduismus, die Theosophie oder Scientology. Wenn man sie aller semantischen Äußerlichkeiten entkleidet, bleibt das verschwommene Ziel der „Erleuchtung“ übrig. Wie wird es erreicht, und was trennt es vom biblischen Christentum?

Der erste Schritt zur Erleuchtung, im mystischen Sinn des Wortes, ist die Verleugnung der eigenen verstandesmäßigen Kapazitäten. Das Denken des Menschen ist ein Hindernis auf dem Pfad zu einem höheren Bewußtsein. Die Wahrheit wird nicht als ein Absolutum objektiver Offenbarung angesehen. Ihre Realität muß pragmatisch durch psychische oder suprarationale Anstrengungen erfahren werden. Ich habe mit vielen Kultanhängern debattiert, die die Autorität ihrer messianischen Leiter verteidigten. Wenn man sie drängte, zu erklären, wie sie sich dazu entschlossen, einem Menschen wie einem Gott zu folgen, ist die Antwort immer die gleiche: „Ich weiß es einfach.“

Die subjektbezogene Erfahrung, die von vielen Kultführern angeboten wird, sei es die „Erkenntnis“ des Guru Maharaj Ji oder das *shakipat* von Muktananda Paramahansa, stellt eigene Beweise auf. Wenn kein vernünftiger Versuch gemacht wird, die auf Intuition basierenden Erfahrungen anhand von objektiven Maßstäben zu beurteilen, versäumt es der erleuchtete Kultanhänger, die Frage „Ist es richtig?“ zu stellen. Seine einzige Schlußfolgerung lautet: „Es funktioniert, und das ist genug.“

Einige Mystiker würden sogar zugeben, daß ihre veränderte Realitätswahrnehmung auf Phantasien oder Halluzinationen beruhen könnte. Daß es wahrscheinlich so ist, stört sie nicht. Es ist jedoch höchst frustrierend, zu versuchen, mit einem Anhänger des Kosmischen Bewußtseins ein Gespräch zu führen und zu einer logischen Schlußfolgerung zu gelangen. Er wird nur die Augen verdrehen und sich in die Trance flüchten. Wenn er von seinem kurzen Trip zurückkehrt, wird er freundlich lächeln und erklären: „Versuch es doch auch einmal, es wird dir gefallen“, und somit jede weitere vernünftige Unterhaltung beenden. Wenn das Denken durch das Gefühl ersetzt worden ist, verschlingt das Meer des Subjektivismus jede Bemühung, zwischen Realität und Illusion zu unterscheiden.

Obwohl Christen eindrücklich die Erfahrungen schildern können, die sie bei ihrer Bekehrung gemacht haben, stellt das Kapitel 11 des Hebräerbriefs klar heraus, daß das Leben des Christen ein Leben aus Glauben ist. Das lebensumwandelnde Vertrauen auf Gott basiert auf dem objektiven Kriterium seiner Verheißungen, die im geschriebenen Wort Gottes offenbart sind. Jesus Christus behauptete, daß es die Grundlage des ewigen Lebens ist, Gott zu kennen (Joh.17,3). Christen haben eine persönliche, bewußte Beziehung zu ihrem Herrn, eine Beziehung, die die emotionelle Dynamik der Wiedergeburt mit der intellektuellen Befähigung verbindet, Gottes Wesen/Charakter anhand seiner Schöpfung zu erkennen (Röm.1,10). Der Glaube des Menschen vertraut nicht auf irgendein empirisches Fundament der Wahrheit, das psychisch vermittelt wird. Die „Macht Gottes“, wie sie in den Wundern des historischen Christus offenbart wurde, bietet viel mehr Hoffnung als die Mythologie der Mystik (1.Kor.2,5).

Nachdem der vernünftige Denkprozeß negiert worden ist, setzt der Mystiker seine Suche nach Erleuchtung fort, indem er versucht, seinen Geist von den Begrenzungen des Leibes zu befreien. Eine Absicht der Erleuchtung ist es, „mit dem Universum eins zu sein“. Da jedoch der „unterschwellige“ oder „materielle“ Körper die geistliche Wahrnehmungsfähigkeit verdunkelt, weil er der Welt der Sinne verhaftet ist, versucht der Mystiker, seinen Geist durch Yogaübungen oder Astralprojektion davon zu lösen. Wenn er erst einmal die Hülle des Fleisches hinter sich gelassen hat (Zeit und Raum haben keine Begrenzungen), dann gibt er geistigen Mächten die Gelegenheit, das „wahre Selbst“ bei seiner Suche nach der Bedeutung des Lebens außerhalb des Körpers zu leiten.

Die Erleuchtung, die aus der Ablegung der Knechtschaft der Körperlichkeit resultiert, ist im allgemeinen eine Wahrnehmung der Selbstvergöttlichung. Diese Erhebung des Ich führt viele zu der Schlußfolgerung, daß sie ein innewohnendes „Christusbewußtsein“ haben, oder daß sie gar Gott seien. Der monistischen Anschauung nach ist eine solche Schlußfolgerung völlig logisch, da der Schöpfer und das Geschaffene alle gleicher Essenz sind. Wenn die Erleuchtung in dieser Weise erfahren worden ist, wird Gott zu einem unpersönlichen Prinzip reduziert. Es ist vorbei mit allen Vorstellungen von Gericht und moralischer Rechenschaftsverpflichtung. Die eigene Erleuchtung wird zum Schiedsrichter aller Taten und zum Maß aller Wahrheit.

Alle Vorgänge, die zur Erleuchtung führen, und alle kultischen Systeme, die ihre eigene Erleuchtung erlangen, müssen auf folgenden Voraussetzungen basieren:

1. Das Denken und der Körper behindern das Vordringen zur Wahrheit durch die begrenzende Wahrnehmungsfähigkeit der Sinne,
2. eine universale Einheit des Geistes durchdringt das Universum, deren Essenz schließt die Natur Gottes und die Seelen der Menschen mit ein, und
3. Zeit, Raum und Materie sind illusionär, deswegen unfähig, das Gute wahrzunehmen. Die Sünde ist eine Erfindung des Denkens, nicht ein Zustand in der Lebensführung.

Jesus wurde von den jüdischen Führern seiner Zeit gefragt (Joh.5), in wessen Autorität er heilte und Sünden vergab. Christus lockte sie nicht auf den Weg spekulativer geistlicher Versenkung in sich selbst. Statt dessen bot er sich selbst und seine Worte als Basis zur Bestimmung der Gültigkeit seiner Taten an. Jesus vertrieb die Skepsis der Juden nicht, indem er ihnen vorschlug, sich an ein Flußufer zu setzen und sich tiefgründige Gedanken über den Kosmos zu machen. „Wer meine Worte (sie enthalten geistliche Wahrheit, die uns leitet) hört (also objektives geistiges Verstehen praktiziert) und an den glaubt (wobei der Intellekt vom Glauben überzeugt wird), der mich gesandt hat, hat das ewige Leben“, erklärte Jesus (Joh.5,24).

Anstatt Erleuchtung auszuteilen, bietet Jesus das Licht seines Lebens an. Der Apostel Johannes hob hervor, daß Jesus „das wahre Licht ist, das alle Menschen erleuchtet“. Warum ziehen es denn manche Menschen vor, im trüben Flimmern eines selbstverordneten Zustands eines höheren Bewußtseins zu leben, anstatt sich dem durchdringenden Glanz der moralischen Reinheit auszusetzen, die der Herr anbietet? Johannes sagt uns, „daß das Licht in die Welt gekommen ist, und die Menschen liebten die Finsternis mehr als das Licht, denn ihre Werke waren böse.“ Jetzt bemerken wir endlich den wahren Grund, der sich hinter der Suche des Mystikers nach geistlicher Erleuchtung verbirgt. Es ist nicht wirklich der Glanz Gottes, den er sucht; vielmehr strebt er nach Schutz vor dem grellen Scheinwerferlicht des Heiligen Geistes. Und die Erleuchtung, durch die er zu Fall kommt, ist der falsche Schein einer Person, die von der Bibel als betrügerischer „Engel des Lichts“ dargestellt wird – der Teufel (2.Kor.11,14).

3. Die Reinkarnation

„Sprich ein Gebet an dein höheres Selbst und den allmächtigen Gott. Dein mentaler Körper wird deinen physischen Körper verlassen und mit den Antworten auf die Fragen, die du ihm gestellt hast, wieder in dieses Leben zurückkehren."

Dieser Monolog stammt von einem Psychiater, der die Therapie „der vergangenen Leben" praktiziert. Seine Patientin wollte wissen, weshalb sie auf einem Auge blind war. Unter Hypnose kehrte sie angeblich in die Vergangenheit zurück und fand sich selbst in New York wieder. Ihre Geistreise hatte sie in das Jahr 1943 zurückversetzt. Sie entdeckte sich in dem Körper einer anderen Person wieder, die ihrem Liebhaber eine Flasche ins Gesicht schleuderte. Der Psychiater ließ die Zeit ein wenig vorrücken, und wieder sah sie ihren Freund, diesmal mit einer Augenklappe. Nun war sie bereit, wieder in ihren Körper zurückzukehren. Die Antwort war klar. Sie hatte bei ihrer letzten Reinkarnation die Sünde einer gewaltsamen Handlung begangen, und im jetzigen Leben mußte sie dafür bestraft werden, um ihr *Karma* zu erreichen. Welche Lektion hatte sie gelernt? „Mein höheres Selbst sagt mir, daß ich lernen muß, mich in diesem Leben in Zaum zu halten", antwortete sie dem Psychiater.

Diese Geschichte ist wahr. Ob die Tatsachen akkurat sind oder nicht, bleibt zu hinterfragen. Was aber ganz gewiß ist: die Therapeuten, die ein solches Programm anbieten, haben volle Terminkalender. Es scheint so, daß es in unserem von Streß und Spannung gekennzeichneten Zeitalter Menschen gibt, die jeden Gedanken an die Übernahme persönlicher Verantwortung für die Folgen ihres Handelns vermeiden, wenn es doch viel einfacher ist, alles auf ein früheres Leben zu schieben. Die Hindus haben das seit Jahrhunderten getan. Heute folgen viele westlich geprägte Menschen dem gleichen fatalistischen Pfad des Karma. Der Glaube an die Reinkarnation erlebt einen Aufschwung, und die klassische Frage: „Wer bin ich?" ist durch die verwirrende Frage „Wer war ich?" ersetzt worden.

Das Abdriften von kirchlichen Richtlinien und vom moralischen Absolutismus hat in unserer Gesellschaft ein dringendes Bedürfnis nach einer Erklärung des Wesens ihrer Existenz geweckt. Geschichtlich gesehen hat die Abwanderung vom Glauben in den Hedonismus nicht immer zum Atheismus geführt. Im allgemeinen suchen die Menschen etwas, das das geistliche Vakuum füllt, das durch die Verleugnung Gottes als führende Kraft des Lebens entstanden ist. Das wachsende Interesse an okkulten Phänomenen zeigt, daß der westlich geprägte Mensch seinen Unglauben gegen ein neues Ordnungs- und Sinngebungssystem eingetauscht hat. Astrologie, psychische Vorhersagen, parapsychologische Untersuchungen sind die Säulen seines neuen „Religions"-Systems, und der größte Teil seiner Grundlage besteht aus der Reinkarnation.

Der Glaube an die Reinkarnation hat ein hohes Niveau der Anerkennung erreicht. Leute, die über vergangene Leben berichten, werden nicht mehr als „verrückt" angesehen. Filme wie *Der Himmel soll warten* haben die Reinkarnation in den Mittelpunkt gerückt, ebenso der Bestseller *Die Möwe Jonathan*. Die New Age-Manifeste der Schauspielerin und Autorin Shirley MacLaine halten sich hartnäckig an der Spitze der Bestsellerlisten. In Büchern wie *Tanz im Licht* erwähnt MacLaine (unter anderen merkwürdigen Themen) ihre vergangenen Leben.

Schon in den fünziger Jahren erzählte das Buch *The Search for Bridey Murphy* die Geschichte von Virginia Tighe, einer 33jährigen Hausfrau, die unter Hypnose eine Persönlichkeit annahm, die man für eine irische Frau aus dem 19. Jahrhundert hielt. Virginia sprach mit irischem Akzent und beschrieb in allen Einzelheiten ein Land, das sie vermutlich nie selbst gesehen hatte. Nachdem Millionen die Geschichte „geschluckt" hatten, fanden Nachforschungen heraus, daß Frau Tighe eine irischsprechende Großmutter gehabt und daß diese Virginia als Kind ein Buch mit Geschichten über Irland zum Lesen gegeben hatte.

Eine Vielzahl von Kulten betrachtet die Reinkarnation als einen wesentlichen Teil ihrer Lehre. Scientology gibt vor, durch die Anwendung eines E-Meter genannten Apparates die Traumas vergangener Leben beseitigen zu können. Fast alle wichtigen östlichen Kulte gründen ihr Streben nach höherem Bewußtsein auf die Reinkarnation. Andere Gruppen, die auch daran glauben, sind die Rosenkreuzer, Unity School of Christianity, Hare Krishna, die Theosophie und Urantia. Aber der Glaube an die Reinkarnation beschränkt sich nicht auf exotische Kulte. Mehr als 60 % aller Amerikaner und viele Europäer halten Ereignisse auf menschlicher Ebene, die man in der Vergangenheit erfuhr und die zukünftige Leben beeinflussen, für eine vernünftige Wahrscheinlichkeit.

Das Wort *Reinkarnation* hat seine Wurzeln in dem Wort *Inkarnation, „in carnis"* (lateinisch), was „im Fleisch" bedeutet. Reinkarnation bezeichnet die zyklische Evolution jeder menschlichen Seele bei ihrem Übergang in einen anderen Körper nach dem Tod. Der Prozeß geht weiter, bis die Seele den Zustand der Vollkommenheit erreicht hat und wieder mit ihrer Quelle verschmilzt. Nach der Theorie der Reinkarnation kann die Seele nur in einem anderen *menschlichen* Leib Wohnung nehmen. Die hinduistische Lehre der Transmigration, aus der die Reinkarnation hervorgegangen ist, lehrt, daß in jedem nachfolgenden Zyklus die Seele sich in organischem oder anorganischem Leben inkorporieren kann – also überall, vom Küken bis zum Felsen. Die Auswahl hängt von dem Karma ab, das die Seele in ihren vorigen Reinkarnationen angesammelt hat. Westliche Befürworter der „Kette von Wiedergeburten" haben im allgemeinen die Reinkarnation betont, nicht so sehr die Transmigration, weil sie wissen, daß die Prinzipien der letztgenannten von gebildeteren Menschen abgelehnt werden könnten. Dem Durchschnitts„westler" würde es wahrscheinlich nicht abstoßend vorkommen, eine Reinkarnation als respektables menschliches Wesen zu erleben, während der Gedanke, als ein Schwein oder eine Wanze zurück auf die Welt zu kommen, ihm kaum verlockend erscheint.

Die Lehre des Karma hat erstaunlich widerstandslose Annahme unter westlich geprägten Menschen gefunden. (Da das Kapitel über den Hinduismus diesen Begriff ausführlich behandelt, gehe ich an dieser Stelle nicht näher auf ihn ein.) In den ältesten Hindu-Texten steht Karma für einen Akt von ritueller Bedeutung. In späteren Schriften wurde es abgewandelt und stand dafür, wie Ereignisse in diesem Leben die Lebensqualität bei der nächsten Inkarnation beeinflussen. Schließlich wurde Karma zum Begriff für das unabänderliche Gesetz des Säens und Erntens, wobei die Strafe in zukünftigen Leben als Reinigung von Übeltaten in diesem Leben betont wird. Man hoffte, daß der Läuterungsprozeß es der Seele gestatten würde, der Wiederaufnahme in die Universale Seele für wert befunden zu werden, von der sie einmal ausgegangen war. In Indien rechtfertigt die Lehre vom Karma die Vorurteile der verschiedenen Gesellschaftsschichten, was zu dem berüchtigten Kasten-System geführt hat. Der Unberührbare hat keine Hoffnung, sein Los zu verbessern. Sein bedauerliches Schicksal ist durch eine frühere Existenz vorherbestimmt worden. Gleichermaßen sah die priesterliche Kaste der Brahmanen keine Notwendigkeit, den weniger Glücklichen Freundlichkeit zu erweisen. Das zu tun, würde bedeuten, sich in das Karma der Untergeordneten einzumischen und eine Verachtung der Privilegien der eigenen Schicht herauszufordern, wo doch die Privilegien etwas waren, das sie durch ihr Verhalten in früheren Reinkarnationen verdient hatten.

Der indische Subkontinent ist nicht allein verantwortlich für die Verbreitung der Reinkarnationstheorie. Die gnostischen Kulte des 1. Jahrhunderts, die das junge Christentum herausforderten, liebäugelten auch mit dieser Idee. Ihre Denkanstöße kamen von der Philosophie Platos, der den Begriff des Dualismus prägte, welcher auch von den frühen griechischen Philosophen erörtert worden war. Plato sah den Geist als ein Positivum an, das in das böse Gefängnis des Leibes eingeschlossen ist. Deswegen verlangt der Geist des Menschen danach, sich von dem zu befreien, was ihn gefangenhält, und zu seiner Quelle zurückzukehren, indem er in dem nebulösen Bewußtsein der Universalen Seele aufgeht.

Beim Wiederaufkommen des Spiritualismus im 18. Jahrhundert wurde die Reinkarnation den westlich geprägten Menschen förmlich vorgestellt. Ihr herausragendster Befürworter im 20. Jahrhundert war Edgar Cayce (von dem später in diesem Buch die Rede sein wird). Cayce hatte einen kirchlichen Hintergrund und zögerte zuerst, sich dieser Lehre anzuschließen. Sein geistlicher Lehrer Arthur Lammers überzeugte Cayce jedoch davon, daß die Reinkarnation ein evolutionärer Prozeß sei, durch den man die Vollkommenheit Christi erreichen könne. Lammers bestand darauf, daß Jesus seine Jünger die Reinkarnation lehrte, aber daß diese Lehre bewußt ausgelassen worden sei, als man die Bibel von Sprache zu Sprache übersetzte. Nach und nach kam Cayce zu der Überzeugung, daß Sätze, die die Reinkarnation widerlegen (zum Beispiel „Auferstehung der Toten“ und „Tag des Jüngsten Gerichts“), nicht wörtlich, sondern symbolisch zu verstehen seien. Zum Schluß machte sich Edgar Cayce über die Idee lustig, daß Christus so etwas wie „Triff-oder-verfehle: es gibt nur eine Möglichkeit, nur eine Überlebenshoffnung“ anbieten sollte.

Der hervorragendste säkulare „Reinkarnationsexperte“ (wir können Shirley MacLaine nicht als Expertin bezeichnen, obwohl sie zweifellos der Reinkarnations-Guru für viele Menschen ist) ist Dr. Ian Stevenson. Der in Montreal geborene Pyschiater begann sich für die Reinkarnation zu interessieren, während er als Vorsitzender der Psychiatrischen Abteilung an der medizinischen Fakultät der Universität von Virginia tätig war. Er dokumentierte sorgfältig 1800 bekannte Fälle von Reinkarnation, aus denen er logische Erklärungen abzuleiten versuchte. Während die meisten dieser Geschichten als parapsychologische Abnormalitäten eingeordnet wurden, blieb Stevenson fasziniert von jenen Beispielen, die autentisch zu sein schienen. Er theoretisierte, daß geistiger Streß im Leben erleichtert werden könnte, wenn es gelänge, die Traumas vorhergegangener Existenzen zu identifizieren. (Er formuliert das sehr wissenschaftlich.) Er geht sogar so weit, anzunehmen, daß Eltern, die an die Reinkarnation glauben, besser mit der Kindererziehung zurechtkommen. Weil sie annehmen, daß ihr Baby schon vor der Empfängnis eine Geschichte hatte, würden sie dem Kind als Individuum größeren Respekt zukommen lassen, und das, so meint er, „könnte schuldhaftes Verhalten der Eltern bei der Erziehung in großem Maße reduzieren".

Weshalb sind die Lehren über die Reinkarnation so bereitwillig aufgenommen worden? Oberflächlich gesehen, klingen einige Behauptungen in den Ohren von Menschen, die nicht mit der biblischen Theologie vertraut sind, vernünftig. Da jeder Mensch seine eigene Sündhaftigkeit außerhalb von Christus spürt, muß er einen Weg finden, mit der Last der Ungerechtigkeit fertigzuwerden. Die Reinkarnation verspricht letzten Endes Freiheit von den Zwängen moralischer Schuld. Sie bietet zudem zukünftige Gelegenheiten an, jedes erstrebenswerte Lebensziel zu erreichen, das bis zum Tod nicht erreicht werden konnte. Der begabte Macher mag davon überzeugt sein, daß jede seiner Begabungen – wenn nicht in diesem Leben, so doch im nächsten – Erfüllung finden wird.

Vor allem versucht die Reinkarnation, eine letztgültige Antwort auf die Frage nach dem Leiden und der Ungerechtigkeit zu geben. Wie Robert Morey in seinem Buch *Reincarnation and Christianity* hervorhebt, „benutzten die alten Philosophen die Theorie der karmischen Reinkarnation, um Dinge wie Geburtsfehler, körperliche Mißbildungen, niedrige Intelligenzquotienten, Wachstumsstörungen, Persönlichkeitsprofile usw. hinwegzuerklären, weil sie keine Erkenntnisse über die Genetik oder über den DNA-Code hatten. Sie nahmen an, daß alle Babys normal und völlig gesund geboren werden müßten und daß für alle Geburtsfehler eine mystische oder religiöse Erklärung gefunden werden könnte. So verlagerten sie eindeutig genetische Probleme auf eine mystische Ebene."

Morey fährt fort, „daß man die geistig und körperlich Behinderten ruhig leiden lassen sollte, da sie das Karma erhalten haben, das sie verdienen". Ist es verwunderlich, daß die Gesundheitspflege und die Sozialen Dienste im Osten selten sind, es sei denn, christliche Missionare haben sie dort eingeführt und Linderung geschaffen? Der Reinkarnation zufolge wären die Dienste des Barmherzigen Samariters ein Eingriff in die göttliche Strafordnung des Karma.

Abgesehen von irgendeiner Bewertung der Reinkarnation im Licht der Heiligen Schrift entkräftet schon die Logik die meisten ihrer Behauptungen. Wenn nachfolgende Leben dazu dienen sollen, moralische Läuterung zu bringen, welchen Nutzen hat es dann, für etwas bestraft zu werden, an das man sich nicht mehr erinnern kann? Da man annimmt, daß eine begrenzte Anzahl von Seelen als Ausweitung der Universalen Seele existieren, von denen einige gereinigt und wiederaufgenommen werden, weshalb wächst dann die Weltbevölkerung immer noch? Die Weltgeburtenrate übersteigt ganz offenkundig die der Sterbefälle. Wo kommen dann alle jene neu inkarnierten Seelen her? (Einige Anhänger der Reinkarnation behaupten steif und fest, daß die Diskrepanz durch Hinzufügung von Seelen von anderen Planeten entsteht.) Wenn es das Wesen des Karma ist, die Menschheit von ihren selbstsüchtigen Wünschen zu befreien, sollte man dann nicht nach all den Jahrtausenden der Reinkarnation eine bemerkenswerte Verbesserung der menschlichen Natur feststellen können? Wenn der Marquis de Sade und Attila der Hunnenkönig einen evolutionären moralischen Aufstieg durchgemacht haben, warum gab es dann immer noch Leute wie Hitler oder Charles Manson?

Vor allem scheint es offensichtlich zu sein, daß der Glaube an die Reinkarnation beinahe jedes Streben nach moralischer Vervollkommnung erstickt, da man ja immer mit einer zweiten Möglichkeit rechnen kann. Ein Blick auf die Länder, in denen die Philosophie des Karma und die Theorien der Transmigration jahrhundertelang vorherrschen, verdeutlicht die menschenunwürdige Lebensanschauung, die durch diese Lehren gefördert wird. Wenn Leiden das Ergebnis von Sünde im Leben anderer Leute ist, welche Vergeltung gibt es dann für die Schmerzen, die mißgebildete Kinder ertragen, wenn ihre gebrochenen Glieder absichtlich verdreht werden, um sie für berufsmäßige Bettlersyndikate nützlicher zu machen? Weshalb sollte man einen Menschen aus der Gosse aufheben, um seine Wunden zu reinigen und ihn zu füttern, wenn irgendein unpersönliches, unnachgiebiges Gesetz der Vergeltung seinen Hunger fortdauern lassen wird? Welchen wirtschaftlichen und sozialen Preis wird der Westen eines Tages zahlen müssen, wenn er den Wirbelwind seiner Begeisterung für das Wesen des karmischen Denkens in der Reinkarnation erntet? Werden auch wir eine Generation hervorbringen, die der menschlichen Not gegenüber gleichgültig ist, da jede Vorstellung von einer letztendlichen Pflicht des Rechenschaftgebens aus unserer Kultur hinausgefegt und durch die Philosophie „Im nächsten Leben werde ich es besser machen“ ersetzt worden ist?

Unerklärbare Phänomene, die die Reinkarnation scheinbar unterstützen, verwirren diejenigen, die wissenschaftlich festzustellen versuchen, wie vertrauenswürdig die Behauptungen über vergangene Existenzen sind. Strenggenommen gibt es keinen objektiven Weg, um solche Vorkommnisse zu verifizieren oder abzustreiten. Einige Berichte über frühere Existenzen waren offenkundig betrügerisch. Menschen mit geringem Selbstwertgefühl sind dafür bekannt, wunderbare Geschichten zu erfinden, in denen sie als mächtige, schöne und noble Leute in einem anderen Zeitalter auftreten. Aber was tun mit solchen Fällen, in denen ein Mensch sich in genauen Einzelheiten an bestätigte Ereignisse erinnert, die sich auf einen anderen Ort und auf eine andere Zeit beziehen, von der er angeblich nichts wußte?

Intuitive Erinnerungen sind Erfahrungen, daß man etwas schon einmal irgendwo getan hat, oder daß man schon einmal an einem bestimmten Ort gewesen ist. Kann das das Phänomen der Reinkarnation erklären? Man sollte zur Kenntnis nehmen, daß das menschliche Unterbewußtsein unzählige Eindrücke optischer und akkustischer Art speichert, von denen die meisten schon längst in Vergessenheit geraten sind. Filme, Fernsehprogramme, Fotos, Lieder und Literatur können das Stückwerk sein, aus dem der Sinn des Menschen eine Vorstellung von einer Person oder von einem Ort zusammensetzt und dabei das Gefühl vermittelt, daß all dies in gleicher Weise zu einer anderen Zeit in der Vergangenheit geschah. Obwohl man sich nicht bewußt an die Person oder an den Ort erinnert, kann ein überraschend ähnliches Ereignis Eingang ins Gedächtnis gefunden haben.

Spontanes Zurückdenken, die Erinnerung, die ein Kind in bezug auf ein früheres Leben haben mag, ist zwar oft faszinierend, aber selten nachprüfbar. In den meisten Fällen, die von Wissenschaftlern wie Dr. Stevenson (von dem schon die Rede war) untersucht wurden, hatte man es mit Kindern zu tun, die in einer Kultur aufgewachsen waren, in der man dazu angeleitet wird, an die Reinkarnation zu glauben. Wenn man darüber hinaus die lebhafte Vorstellungskraft in Betracht zieht, die den meisten Kindern und Jugendlichen eigen ist, braucht es nur ein wenig Aufmunterung von seiten der Eltern, und schon wird eine faszinierende, großartige Geschichte erfunden. Die anschließende anerkennende Aufmerksamkeit befähigt sogar das kindliche Denkvermögen dazu, ein sehr glaubwürdiges Szenarium zu entwickeln.

Wie steht es mit dem Fall des Mädchens, den wir zu Anfang dieser Diskussion erwähnten? Führte die Hypnose tatsächlich dazu, daß sie in ein anderes Leben in New York etwa im Jahr 1943 zurückversetzt wurde? Die Hypnose ist ein unzuverlässiges Verfahren; man kann sie schwer qualitativ beurteilen. Tiefliegende Erinnerungen können auftauchen und die Reinkarnation scheinbar bestätigen. Ein guter Roman, ein beeindruckender Film, den man längst vergessen hat, können das Material für eine überzeugende Geschichte liefern, die der Hypnotiker als einen Bericht in der „ersten Person Einzahl" anerkennt. Unter Hypnose haben Individuen die Tendenz, sich vom Hypnotiker suggestiv leiten zu lassen; er kann Informationen hervorbringen, die er teilweise unabsichtlich gepflanzt hat. Zusammenfassend ist zu sagen, daß die Hypnose kaum ein verläßliches Forschungswerkzeug ist, um Beweise für die Reinkarnation zu überprüfen.

Die größte Gefahr bei der Anwendung der Hypnose zur Begutachtung der Reinkarnation ist der Zustand geistiger Verwundbarkeit bei der Testperson, die im Zustand der Trance von dämonischen Mächten manipuliert werden kann. Die Information über ein anderes Leben, die dem Denken aufgezwungen wird, kann von einer fremden geistigen Quelle stammen. Da diese Wesen schon lange vor der Zeit der dokumentierten Geschichte existiert haben, können sie ohne Mühe eine nachprüfbare Zeit, bestimmte Personen und Orte zusammenfügen, weil sie eben damals existierten. Solche Daten können in der Tat glaubwürdig aussehen, da der Dämon auf übernatürliche Weise alle nötigen Daten zur Verfügung stellen kann, die eine vorherige Existenz zu bestätigen scheinen. Und die Testperson könnte ehrlich für sich beanspruchen, keine Möglichkeiten des geheimen oder unabsichtlichen Zugangs zu solcher Information zu haben. Menschen können zu der Schlußfolgerung gelangen: da die Tatsachen stimmen, bestätigt dieses Phänomen die Reinkarnation. Aber aus der Bestätigung eines bestimmten Umstandes kann man nicht automatisch ableiten, daß er tatsächlich so gewesen ist. Wenn die Informationsquelle böse und die Anwendung unbiblisch ist, ist nichts bewiesen, abgesehen davon, daß Satan in der Lage ist, auf übernatürliche Weise menschliche Gewissen zu manipulieren. Die geistige/geistliche Quelle der Reinkarnationsepisoden muß geprüft werden (1.Joh.4,1), und die Korrektheit der Tatsachen muß überprüft werden.

Trotz der ethischen und geistigen/geistlichen Ungereimtheiten der Reinkarnation, die man nicht verbergen kann, versuchen deren Anhänger ihre Behauptungen durch Bibelzitate zu stützen. Obwohl sie zugeben, daß die Bibel nicht ausdrücklich die Reinkarnation lehrt, zitieren sie einige wenige Verse, die ihre Theorien scheinbar stützen. Diese Schriftstellen sind nachfolgend angegeben, zusammen mit der orthodoxen Interpretation jedes Abschnittes.

1. Matth.14,2 – Seine Kritiker mögen den Anschein erweckt haben, daß Jesus eine Reinkarnation Johannes des Täufers gewesen sei, aber die Bibel bestätigt ihre Behauptungen nicht. Selbst nach den Lehren der Reinkarnation kann eine solche Annahme nicht möglich sein, da Jesus ein erwachsener Mensch war, als Johannes enthauptet wurde.
2. Joh.8,58 – Wenn Jesus wirklich hätte aussagen wollen, daß er die Reinkarnation Abrahams sei, würden die Juden ihn als Spinner abgetan haben. Sie versuchten aber, Jesus zu töten, weil sie wußten, daß seine Behauptung „Bevor Abraham war, bin ich" ein Hinweis auf seine ewige Präexistenz und Gottheit war.
3. Hebr.7,14 – Melchisedek wird lediglich als ein „Typus auf Christus hin" dargestellt, dessen Priestertum mit dem Jesu Christi verglichen wird. Selbst wenn man Melchisedek als eine Theophanie ansieht (eine alttestamentliche Erscheinung Christi), was ich nicht tue, würde eine solche Schlußfolgerung trotzdem nicht den Glauben an die Reinkarnation erhärten.
4. Matth.11,14 – Zu sagen, daß Johannes der Täufer eine Reinkarnation des Elia gewesen sei, bedeutet, daß man seine eigene Antwort ignoriert, die er auf die Andeutung dieser Möglichkeit hin gab. „Ich bin es nicht", sagte er nachdrücklich (Joh.1,21). Lukas hält deutlich fest, daß Johannes in „Geist und Kraft" des Elia kam; die Art seines Auftrags erinnerte an Elias (Luk.1,17).
5. Joh.3,18 – Jesus gab in diesem Abschnitt deutlich an, daß er von einer geistlichen, nicht von einer natürlichen Geburt spricht. Die Betonung liegt auf Gottes Forderungen, die er für den Eintritt in sein Königreich stellt. Es geht nicht um eine erfolgreiche Serie zyklischer Wiedergeburten auf der Reise zum Nirwana.

Im Gegensatz zu dem Versuch der Anhänger der Reinkarnation, ihre Überzeugungen durch das Zitieren bestimmter Schriftstellen zu rechtfertigen, ist die Bibel voller Texte, die dazu dienen, jeglicher Hoffnung auf eine Evolution der Seelen den Todesstoß zu versetzen. Nachfolgend einige Schriftstellen, die man zur Zurückweisung der Reinkarnation zitieren kann.

1. Phil.1,21 – „Christus ist mein Leben, und Sterben ist mein Gewinn." Der „Gewinn", von dem der Apostel Paulus ausdrücklich spricht, drückt sein Verlangen danach aus, sofort nach seinem Tod „bei Christus" zu sein.

2. 2.Kor.5,8 – „Wir sind voller Zuversicht und bereit, außerhalb des Leibes und beim Herrn zu sein.“ Diesen Leib zu verlassen, bedeutet, sofort in der Gegenwart Jesu zu sein, nicht aber im Reich der Geister herumzutreiben und dort Schlange zu stehen, um einen anderen Leib bewohnen zu können.
3. Apg. 7,59 – „Und sie steinigten Stephanus, der rief zu Gott und sagte: Herr Jesus, nimm meinen Geist auf.“ Während er gesteinigt wurde, sah Stephanus Jesus, der ihn in der Herrlichkeit erwartete, in die er nach seinem Tod gelangen würde, ohne daß er sein Karma durch weitere Leben aufbessern mußte.
4. Luk. 23,43 – „Jesus sagte: Wahrlich, ich sage dir, heute wirst du mit mir im Paradies sein.“ Der Übeltäter am Kreuz erhielt die Verheißung des Paradieses für jenen bestimmten Tag, nicht aber einen Vortrag darüber, wie er in seinem nächsten Leben für die Sünden bestraft würde, die zu seiner Kreuzigung geführt hatten.
5. Apg.17,31 – „Denn er hat einen Tag festgesetzt, an dem er die Welt in Gerechtigkeit richten wird . . .“ Wie könnte man die Gewißheit des Gerichtes Gottes an einem festgesetzten Tag beschreiben, wenn eine unterschiedliche Anzahl von Reinkarnationen für jede Person nötig wäre, bevor die gesamte Menschheit zur Vollkommenheit gelangt?
6. Pred. 12,7 – „Dann wird der Staub wieder zu Erde werden, wie er zuvor war, und der Geist wird zu Gott zurückkehren, der ihn gegeben hat.“ Salomo in seiner Weisheit erklärte, daß das Ziel des menschlichen Geistes nicht die Innewohnung in einem anderen Körper ist, sondern das Erscheinen vor Gott, um gerichtet zu werden.
7. 1.Joh.3,2 – „Aber wir wissen, daß, wenn er erscheinen wird, wir ihm gleich sein werden, denn wir werden ihn sehen, wie er ist.“ Die Erwartung jedes Christen ist es, bei der Auferstehung Christus ähnlich zu werden, nicht aber, durch eine Serie von Reinkarnationen viele verschiedene Identitäten anzunehmen.
8. Offb. 3,21 – „Dem, der überwindet, will ich gewähren, mit mir zu sitzen auf meinem Thron . . .“ Die von Christus Erlösten freuen sich bei ihrem Tod darauf, bei Christus zu sein, mit ihm zu regieren, anstatt ein unidentifizierbares Etwas zu sein, das in einer unpersönlichen Essenz aufgeht.
9. Joh.9,13 – „Und Jesus ging vorüber, und er sah einen Mann, der von Geburt an blind war. Und seine Jünger fragten ihn und sagten: Meister, welcher hat gesündigt? Dieser Mann oder seine Eltern, so daß er blind geboren worden ist? Jesus antwortete: Weder

hat dieser Mann gesündigt, noch seine Eltern, sondern die Werke Gottes sollen an ihm offenbar werden." Als die Jünger Jesu eine volksübliche Annahme wiedergaben, die den Prinzipien des Karma ähnlich ist, stellte Jesus klipp und klar fest, daß die Blindheit des Kindes von Geburt an in keiner Weise etwas mit seinem moralischen Verhalten noch mit dem Verhalten seiner Eltern zu tun hatte.

Diese Schriftstellen verdeutlichen, daß die Reinkarnation und die Bibel einander ausschließen. Kein falscher Anspruch von seiten einer der zahllosen Reformationsmöglichkeiten kann neben dem vollendeten Erlösungswerk Christi bestehen. Das Opfer Christi am Kreuz und sein vergossenes Blut sind nicht kompatibel mit einem Glaubenssystem, das sein stellvertretendes Opfer leugnet. Das Gesetz des Karma verhindert jede Wahl des freien Willens, sich für ein Leben im Gehorsam gegenüber Gottes Plan zu entscheiden. Es ist eine selbstsüchtige Vorstellung, die keinen Nutzen im Opfer zugunsten des Wohls anderer sieht. Nur Verzweiflung und Resignation, nicht aber Hoffnung, sind ihre Ergebnisse. Die Reinkarnation bietet keinen liebenden Gott und keine vergebende Gnade an, und sie beraubt den Allmächtigen seiner Eigenschaft, barmherzig zu sein.

Der Apostel Paulus forderte Timotheus auf (1.Tim.4,1), jede Lehre zu meiden, die auf dämonischer Inspiration basiert. Die Reinkarnation zählt gewiß zu diesen Lehren, denn sie versucht, die Hoffnung des christlichen Glaubens an die Auferstehung zu ersetzen. Paulus' große Abhandlung über die Auferstehung, die wir in 1. Korinther 15 finden, besagt kompromißlos: „Ist aber Christus nicht auferstanden, so ist euer Glaube vergeblich" (V.17). Es ist nicht verwunderlich, daß eine fatalistische Dunkelheit jedes religiöse System durchdringt, das sich an die Reinkarnation hält. Wie Paulus sagte: „Hoffen wir allein in diesem Leben auf Christus, so sind wir die elendsten unter allen Menschen" (V.19). Es ist die Verheißung ewigen Lebens mit Jesus direkt nach dem Tod, die es sinnvoll und wertvoll macht, in diesem Leben Christus zu dienen.

Daniel wies vorausschauend auf die Hoffnung des Sieges Christi über den Tod hin (Dan.12,2), indem er seine Leser an die ewige Schande oder das ewige Leben erinnerte, das alle erwartet, die sterben. Jesus bestätigte die gleichen Alternativen in Johannes 3,36 und bot zum Beweis seiner Verheißung seinen eigenen Leib an. Er lud Thomas dazu ein, seine Hand in seine Seite zu legen (Joh.20,27), und forderte seine Jünger dazu auf, ihn zu berühren, sein Fleisch und seine Knochen zu betasten (Luk. 24,39). Solche unwiderlegbaren Beweise wurden von Hunderten seiner Nachfolger über eine Zeitspanne von 40 Tagen hinweg gesehen. So wurden all ihre Zweifel betreffs der Zerstörung des letzten Feindes des Menschen überwunden. Statt daß Jesus seine Jünger angewiesen hätte, sich für die fortlaufenden Reinkarnationen vorzubereiten, forderte er sie auf, für den Tag bereit zu sein, an dem auch sie von den Toten auferweckt werden würden, um für immer bei ihm zu sein (1.Thess.4,17).

4. Die Meditation

Meditation ist das am meisten mißverstandene Wort im Vokabular der Kulte. Den Durchschnittsmenschen, der kein Kultanhänger ist, stoßen geschorene Köpfe, geheime Zeremonien und Gedankenkontrolle ab. Aber das Wort Meditation klingt harmlos. Zudem ermutigt die Bibel dazu, zu meditieren. Wenn also andere Praktiken der Kulte Stirnrunzeln verursachen, wird die Meditation möglicherweise als nützlich, und gewiß nicht als gefährlich, angesehen werden. Solch eine Schlußfolgerung ist ein Irrtum. In der Tat ist es so, daß von allen Techniken, die die Ziele der Kultphilosophie fördern, die Meditation letzten Endes geistlich gesehen die größte Verwüstung anrichtet. Meditation ist keine neutrale Beschäftigung. Ihr Nutzen oder ihr Schaden hängt davon ab, warum und wie jemand meditiert.

Obwohl die westliche Welt das Phänomen eines kontemplativen Lebens wiederentdeckt hat, ist die Meditation schon so alt wie das Buch Josua. „Laß das Buch dieses Gesetzes nicht von deinem Munde kommen, sondern sinne darüber nach Tag und Nacht", sagt das Wort Gottes in Josua 1,8. Da die Wörter „meditieren" oder „Meditation" zwanzigmal im Alten und Neuen Testament vorkommen, ist es ohne Frage so, daß die verlorengegangene Kunst biblischer Meditation von der Schrift sehr empfohlen wird. Was unterscheidet sie aber von den Prozeduren, die von TM und anderen östlichen Kulten empfohlen werden?

Das „wie" der mystischen Meditation beinhaltet einen Prozeß der Abschottung des Denkvermögens. Während die Bibel betont, daß die Erkenntnis ein wichtiger Schlüssel zur Gemeinschaft mit Gott ist, wünscht der Mystiker, den Willen und das Ego ruhigzustellen, so daß sie nicht länger aktiv sind. Das Christentum lehrt, daß der Kanal des Denkens ein Weg ist, durch den Gott seine Gesetze und seine Liebe offenbart.

Der Schöpfer hat den Menschen mit Verstand begabt, und es ist wichtig, den Willen und die Wege des Herrn zu lernen. Östliche Mystik betrachtet das Denken als einen Feind des Geistes. Deswegen muß es durch Techniken beiseitegedrängt werden, die sein Funktionieren unterbinden.

Dieser Anschlag auf das Denkvermögen kann durch physische oder verbale Mittel geschehen. Fasten, bestimmte Körperhaltungen, lange Schweigezeiten, das Wiederholen von Mantras sind nur einige Techniken, die angewandt werden. Die Mantra ist die populärste und am häufigsten benutzte Methode. Durch das wiederholte Hersagen eines Wortes oder einer Silbe ermüden die neurosensorischen Fähigkeiten des Leibes und geben ihre Funktion auf. Dieses psycho-physiologische Phänomen kann dadurch illustriert werden, daß jemand, der einen Raum betritt, in dem es übel riecht, diesen Geruch nach und nach nicht mehr wahrnimmt. In gleicher Weise führt die ständige Wiederholung eines Wortes dazu, daß der Meditierende den Sinn für die objektive Bedeutung des Wortes verliert. Wenn man zum Beispiel das Wort „Stuhl“ fünfzehn Minuten lang immer wieder aufsagt, kann das tatsächlich dazu führen, daß unser bewußtes Denkvermögen unfähig wird, die Beziehung zwischen diesem scheinbar bedeutungslosen Klang und dem materiellen Objekt, auf dem man sitzt, nämlich dem Stuhl, wahrzunehmen. Wenn die Mantra auf dem Namen einer heidnischen Gottheit oder auf einem geistlichen Prinzip basiert, kann ein noch stärkerer und gefährlicherer Effekt von ihr ausgehen. Sie kann tatsächlich dazu führen, daß man in den Trance-Zustand eines veränderten Bewußtseins fällt.

Die mystische Meditation zielt darauf ab, Gott-Realisierung und das Verschmelzen des eigenen Bewußtseins mit dem Universalen Denken zu erreichen. Nachdem das Denkvermögen aller Wahrnehmungsfähigkeit bezüglich der objektiven, äußerlichen Welt entleert worden ist, wird dem Meditierenden etwas bewußt, das den Anschein einer einigenden Einheit der Realität hat. In solcher Verfassung erleben mystisch Meditierende oft Freude, Frieden und unbeschreibliches Glück, wie sie sagen. Der Meditierende ist zuvor in einem System von Religionsphilosophie unterwiesen worden, durch das er diese Erfahrung interpretieren kann. Er identifiziert sie bereitwillig als Erreichen der Einheit mit der letztgültigen Realität.

Was aber passiert wirklich? Die Intensität der Erfahrung kann biologische Effekte auslösen, die denen von Drogen ähnlich sind, wenn sie illusionäre Erfahrungen hervorrufen. Es kann passieren, daß dämonische Wesen die Gelegenheit ergreifen, von einem entleerten, unbewachten und verteidigungslosen Sinn Besitz zu nehmen, um ihm spiritistische Halluzinationen einzuflößen. Andererseits können die schlummernden Mächte des menschlichen Geistes plötzlich entfesselt werden. Was diese Reaktionen auslöst, ist ungewiß. Der mystisch Meditierende sollte nicht dem Betrug auf den Leim gehen, zu denken, er habe Gemeinschaft mit dem Herrn erlebt. Bestenfalls hat er einen Blick auf sein eigenes verändertes Ich werfen können, das die Bibel als „über alle Maßen trotzig“ beschreibt (Jer.17,9-10).

Gibt es im Leben eines Christen einen Platz für die Meditation? Ja, wenn das Wie und Warum biblischen Normen entspricht. Ein Kind Gottes hat es nicht nötig, seine Glieder zu verdrehen oder irgendeine besondere Haltung einzunehmen, um wirksam meditieren zu können. Es liegt kein Gewinn darin, den Puls zu senken, die Augen zu schließen oder sicherzustellen, daß nicht einengende Kleidung völlige Entspannung gewährleistet. Der Christ, der meditiert, versucht nicht, seinen Sinn zu entleeren. Statt dessen versucht er, ihn mit der Erkenntnis Gottes zu füllen. Psalm 119 spricht davon, „den ganzen Tag lang“ zu meditieren, und zwar so, daß man versteht (Verse 97-99). Es wird nicht empfohlen, rigorose Askese zu üben, sondern es wird eine natürliche und beständige Konzentration auf die Dinge des Herrn vorgeschlagen, und zwar während der Stunden des Wachseins, bei der Arbeit, beim Umhergehen, beim Fahren, Essen und Reden.

Christen gehen die Meditation anders an als Mystiker, da sie glauben, daß der Intellekt ihnen von Gott gegeben worden ist, um Empfänger von Gottes Wahrheit zu sein. Gott, der unendlich über unseren Verstand erhaben ist, hat sich gnädig dazu herabgelassen, uns sich selbst durch die menschliche Art der Kommunikation, die Sprache, mitzuteilen. Das Lebendige Wort ist zum geschriebenen Wort geworden, damit wir genug von seinen Wegen verstehen können, um uns die Errettung durch seinen Sohn anzueignen. Unsere Beziehung zu Gott beruht auf der Erfahrung seiner Gegenwart und auf dem Verstehen seines Wortes, durch das wir die subjektiven Dimensionen der Bekehrung angemessen beurteilen können.

Die Wurzel des Wortes *Meditation* beinhaltet einen fortschreitenden Prozeß des langsamen Verdauens der Wahrheiten Gottes. Sie schließt konzentrative, richtungweisende Gedanken mit ein, die über das Gesetz, die Werke, die Satzungen und die Person Gottes nachdenken. „Gedenkt an ihn“ fordert uns die Heilige Schrift auf. Die Meditation der Seele des Menschen muß „annehmbar sein in den Augen Gottes“, und nicht ausgerichtet auf irgendeine starräugige Begegnung mit einem überaktiven Ich. Kurzum, Meditation ist Gebet und Gemeinschaft mit dem Herrn des Universums, und nicht der erarbeitete Zustand einer Hyperventilation, der in einigen Kulten vorkommt.

Die biblische Meditation ist weder form- noch ziellos. Sie ist der natürliche Prozeß, fortwährend von Gottes Leben und Gottes Liebe umfangen zu sein. Sie bedeutet auch, daß man die Dinge dieser Welt beiseitesetzt, um sich auf das Königreich Gottes zu konzentrieren. Die mystische Meditation betet das Ich als göttliche innere Manifestation Gottes an. Die biblische Meditation richtet sich auf den transzendenten Gott aus, der uns über unsere sündige innere Natur hinaushebt in die Gemeinschaft mit ihm durch das Blut seines Sohnes. Der Christ, der meditiert, so wie es die Bibel vorschreibt, erfährt eine „Erneuerung seines Sinnes" (Röm.12,2). Entgegen dem Mystiker, dessen tiefste Gedanken in die Finsternis führen, denkt der Gläubige aktiv über die Dinge nach, die „nützlich sind" (Phil.4,8) und findet so Trost und Führung für die Aktivitäten seines Lebens.

TEIL III

VERWURZELUNG DER KULTE IN DEN WELTRELIGIONEN

1. Einführung

Der Überbau moderner Kulte basiert auf den Grundlagen religiöser Spekulationen aus der Vergangenheit. Bereits Salomo sagte: „. . . und es geschieht nichts Neues unter der Sonne. Geschieht etwas, von dem man sagen könnte: Sieh, das ist neu? Es ist längst vorher geschehen in den Zeiten, die vor uns gewesen sind“ (Pred.2,9-10). Während jeder Kult für sich den Anspruch erhebt, neue Wahrheiten zu offenbaren, handelt es sich zumeist um eine synkretistische Vereinigung von Glaubensinhalten aus den von ihnen abgelösten religiösen Systemen.

Häufig übernehmen moderne Kulte verschiedene Dinge voneinander (EST von Mind Dynamics und Lifespring von EST). Andere führen ihren Ursprung direkt auf die klassischen Weltreligionen zurück (Hare Krishna auf den Hinduismus, Black Muslims auf den Islam). Selbst wenn ein Kult in keinerlei Beziehung zu den großen Religionen zu stehen scheint, zeigt der Inhalt seiner Lehren die Verwurzelung in einem Glauben der Vergangenheit an. Wenn ein Anhänger der Christlichen Wissenschaft die Existenz der Materie bestreitet, steht er damit auf der Linie des hinduistischen Philosophen, der die Vorstellung von Maya (die besagt, daß die materielle Welt nur eine Illusion sei) entwickelt hat. Ein Karateschüler mag nur an der Steigerung seiner körperlichen Leistungsfähigkeit interessiert sein, aber der Kampfsport, den er betreibt, würde ohne die Erleuchtung Buddhas und die satori (plötzliche Erleuchtung) bestimmter Zen-Meister nicht existieren.

So spiegelt jeder Guru, der bei uns auftaucht – von Yogi Bhajan bis hin zu Muktananda Paramahansa –, nur eine Variation eines jahrtausendealten Themas wider.

Aus den genannten Gründen ist es wichtig, den starken Zuwachs an Kulten, wie wir ihn gegenwärtig erleben, unter dem Blickwinkel ihres geistlichen Erbes zu verstehen. Nur wenn wir eine Lehre in ihrer ursprünglichen Form begriffen haben, werden wir in der Lage sein, ihre raffinierten Spielarten in der Gegenwart zu erkennen. Und wenn uns bewußt wird, wieviel ihrer Erkenntnis moderne Kultführer von Lehrern und „Weisen“ des Altertums entlehnen, werden wir leichter feststellen, daß sie aus derselben Quelle inspiriert sind. Aufgrund der eklektizistischen Tendenzen in der Kultszene könnte man annehmen, daß eine bewußt inszenierte Verschwörung im Gang ist.

Weshalb verleugnen sonst so viele Kulte die Existenz des Bösen, die Personalität Gottes und die Notwendigkeit eines sühnenden Heilands? Warum fühlen sie sich oft hingezogen zu Reinkarnation, Astrologie und anderen okkulten Praktiken? Aus welchem Grund verehrt man Jesus so sehr als Mensch, während man andererseits seine Gottheit und Sündlosigkeit ablehnt? Warum wird schließlich oft die Bibel zitiert und gleichzeitig die Bedeutung ihrer Zuverlässigkeit zurückgewiesen? Verbirgt sich hinter all dem irgend etwas oder irgend jemand?

Bewußte Christen werden mit einem deutlichen „Ja" antworten und dabei vor Augen haben, wie sich Luzifer zuerst gegen Gott aufgelehnt und ihn mit seinem „Ich werde sein wie der Allerhöchste" herausgefordert hat. Weil Satan im Grunde seines Wesens zerstörerisch und nicht schöpferisch ist, stehen ihm seine schlechten Eigenschaften selbst hinderlich im Wege. Deshalb finden wir bei Irrlehren so wenig Originalität.

Der Teufel kann Gott nur nachahmen, indem er Wahres gerade so weit verdreht, daß daraus ein verzerrtes Abbild der Wirklichkeit entsteht. Wenn wir die wichtigsten Religionen der Welt studieren, werden wir das Wesen dieses teuflischen Irrtums aufdecken und von diesem Zentrum aus das gesamte Netzwerk „neuer" geistlicher Strömungen verfolgen können, die gegenwärtig wie Pilze aus dem Boden schießen.

2. Der Hinduismus

„Einer ist die Wahrheit. Man hat ihm verschiedene Namen gegeben."

So verkünden es die Veden, die heiligsten aller hinduistischen Schriften. Das ist, auf den kleinsten Nenner gebracht, der Kern des Hinduismus, der vielleicht ältesten Religion der Menschheit, die sich auch dadurch auszeichnet, daß sie am besten in der Lage ist, verschiedenste Lehren in sich aufzunehmen und zu vereinigen. So hat der verehrte Mahatma („Große Seele") Gandhi tatsächlich einmal geschrieben: „Ein Mensch mag nicht an Gott glauben, sich aber trotzdem als Hindu bezeichnen."

Um den Hinduismus zu begreifen, muß man zuerst die indische Kultur und Geschichte verstehen. Im Gegensatz zu den meisten anderen Religionen, in denen es religiöse Ordnungen und eine geistliche Hierarchie gibt, könnte der Hinduismus als religiöse Anarchie in Aktion betrachtet werden. Was von anderen Religionen für eine Schwäche gehalten werden könnte, betrachtet der Hindu jedoch als Quelle der Dauerhaftigkeit. Die Zeit steht auf seiner Seite. Seitdem 1500 v. Chr. die Arier, die indoeuropäischen Einwanderer, von Norden her auf den Subkontinent vorgedrungen sind, hat der Hinduismus sowohl zahlenmäßig als auch in seinem Eifer zugenommen. Obwohl seine Rituale und Glaubensinhalte untrennbar mit der indischen Gesellschaftsordnung verwoben sind, hat der Hinduismus über die 680 Millionen Anhänger in Indien hinaus seine Netze bis an die Küsten der westlichen Welt ausgeworfen.

Der Begriff Hinduismus leitet sich aus dem Sanskritwort Sindhu oder Indus (Ozean oder Fluß) ab, einer geographischen anstelle einer theologischen Bezeichnung, welche zuerst von den persischen Einwanderern verwendet wurde. Dieser Ursprung unterstreicht noch einmal, wie wichtig es ist, die indische Geschichte zu verstehen, die sich in vier Perioden unterteilt.

Die erste wird als die vorvedische Periode bezeichnet und liegt mehr als drei Jahrtausende zurück. Die als Drawiden bekannten ersten Bewohner der indischen Halbinsel waren Animisten. Lokale Gottheiten wurden in einer dem Hexenkult ähnlichen Art und Weise verehrt.

Die indoeuropäischen Eroberer brachten ihre eigenen Götter mit, wie zum Beispiel Soma, den Gott der halluzinogenen (Sinnestäuschungen hervorrufenden) Somapflanze. Die Veden („weise Sprüche" oder „Wissen") beherrschten die religiöse Philosophie in diesem zweiten Zeitraum. Ursprünglich wurden diese Texte mündlich überliefert, seit 1000 v. Chr. existieren sie jedoch in schriftlicher Form (so zum Beispiel der Rigveda, eine zehnbändige Sammlung von 1028 Hymnen und Gebeten). In dieser Zeit entwickelte sich der Hinduismus zu einer extrem polytheistisch orientierten Religion. (Die sprichwörtlichen 33 Millionen Götter des Hinduismus sind wohl eher eine bildhafte Anspielung auf die scheinbar endlose Reihe hinduistischer Gottheiten als eine exakte Zahlenangabe.)

In diese zweite geschichtliche Periode fällt auch die Entwicklung des Kastenwesens. Die Kasten waren ursprünglich ein Produkt der Einteilung in verschiedene Berufsgruppen: Brahmanen waren Priester und Gelehrte; Kshatriya die weltlichen Herrscher und die Krieger; Vaishya die Händler und Bauern und Sudra die Landarbeiter und Diener.

In späteren Jahrhunderten gebrauchte man diese Einteilung in Klassen zur Rechtfertigung der (oben besprochenen) Lehren von Karma und Reinkarnation. Die Kaste wurde mit der Geburt eines Menschen festgelegt, und zwar so unabänderlich, daß ein vor Durst sterbender Brahmane kein Wasser von einem Sudra annchmen würde, um sich nicht zu verunreinigen.

Schließlich entstand ein gesellschaftliches Mosaik von 3000 Unterkasten, wobei die sogenannten „Unberührbaren" die unterste Kaste darstellten. Angehörige dieser Kaste wurden praktisch als nicht menschlich angesehen und waren nur dazu da, Schmutz, Kot und Blut zu beseitigen. Obwohl Gandhi und andere Reformpolitiker bewirkten, daß das indische Parlament diese „Unberührbarkeit" in seiner Verfassung von 1949 für ungesetzlich erklärte, besteht sie als heilige Tradition in den meisten indischen Dörfern weiter. Dort ist Endogamie, die Heirat innerhalb der eigenen Kaste, eine gesellschaftlich verpflichtende Regel. Wenn auch die anderen Kasten nicht in der Weise degradiert werden wie die „Unberührbaren", so werden sie doch durch das Wissen eingeschüchtert, aus den Füßen Brahmas geschaffen worden zu sein, während die Brahmanen aus seinem Gesicht entstanden sind.

Um 600 v. Chr. nahm die dritte Epoche in der Geschichte Indiens ihren Anfang, die der Upanischaden. Sie verwandelten die vorherrschende religiöse Anschauung von einer positiven Sicht der Erfüllung zu einer eskapistischen Einstellung, die nach Erlösung vom Leben strebt. In dem Rigveda waren die alten vedischen Götter nur Übermenschen, die der Ausschweifung und Zügellosigkeit frönten und denen auch Grenzen gesetzt waren. Der Atharvaveda betont in seinen 6000 Strophen Themen des Exorzismus und Zaubersprüche.

Im Gegensatz dazu wurden mit den 108 Gedichten der Upanischaden (was soviel wie „jemandem zu Füßen sitzen" bedeutet und Bilder von Gelehrten, die ihre Jünger unterweisen, heraufbeschwört) die wesentlichen Lehren des späteren Hinduismus geschaffen.

Der Hinduismus war immer eine Religion der Massen, des einfachen Volkes. Die Upanischaden bauten ihn jedoch zu einem monistischen philosophischen Glauben aus. Das Leben wurde als ein endloser Kreislauf der Seelenwanderung (Samsara) betrachtet.

Ein Entrinnen vor dem vergeltenden Gesetz von Karma und Befreiung (Moksha/Mokti) wäre nur dann möglich, wenn Atman (die Individualseele) mit der Weltseele (Brahman) identifiziert und von ihr absorbiert würde. Die Entstehung einer religiösen Weltanschauung, die als Brahmanismus bekannt wurde, war der Beginn des modernen Hinduismus, wie wir ihn heute kennen. Seine beiden theologischen Grundaussagen sind im Pantheismus (dem Glauben, daß Gott eins ist mit der Gesamtheit der Schöpfung und diese durchdringt) und im Monismus verwurzelt (der Vorstellung, daß „alles eins ist" und das Universum als einheitliches Prinzip existiert).

Die letzte Periode der Entwicklung des Hinduismus ist nach dem Beginn des christlichen Zeitalters zu datieren und durch den Einfluß der zum Wedanta gehörenden Schriften bestimmt. Unter der Führung des Philosophen Shankara, der die Lehre von Maya (alle Materie und Realität sind Illusion) entwickelte, erlebte der Hinduismus eine Erweckung aus den sterilen und entarteten Formen der Vergangenheit. Erlösung vom Ich und Eingang in das Nirwana (einen „himmlischen Zustand") waren nunmehr auf dem Weg der Selbstverleugnung und moralischer Verpflichtung (Dharma) zu finden.

Maya mit allen seinen Auswirkungen ist die Antwort, die der Besucher aus dem Westen beim Anblick von Leid und Armut in Indien erhält. Ich bin durch die Straßen indischer Städte gewandert, wo Millionen am Straßenrand schlafen und nackte Kinder in der Gosse baden. Selbst einem Schriftsteller fehlen die rechten Worte, um zu beschreiben, wie von Geburt an Entstellte an Taxifenster hämmern, um Almosen zu erbetteln, wie Obdachlose mit verkrüppeltem Körper im Müll herumwühlen, um etwas Eßbares zu finden.

Der Hindu hat sich selbst für jede Art von Mitgefühl gegenüber seinen Mitmenschen unempfänglich gemacht. Alles im Universum ist

Lila, Gottes kosmisches Spiel. Schmerz und Freude sind nichts Absolutes, sondern eine Selbsttäuschung. Das Leid, das man sieht, ist nicht wirklich, sondern Maya und deshalb keiner Anstrengung wert, es zu lindern. Außerdem wäre es ein Verstoß gegen das Gesetz des Karma, Menschen, denen es weniger gutgeht, Freundlichkeit zu erweisen. Der Arme leidet aufgrund der Sünden, die er in seinem vorhergehenden Leben begangen hat. Ihm zu helfen, würde deshalb einer Verletzung des heiligen Prinzips der göttlichen Rache gleichkommen.

Dem Leser mag die Religion des Hinduismus zu komplex erscheinen, als daß man sie anhand ihrer wesentlichen Lehren beschreiben könnte. Jemand hat es so ausgedrückt: „Der Hinduismus lehnt nichts ab. Er ist allumfassend, toleriert alles und ist in allem gefügig." Trotzdem gibt es einige gemeinsame Nenner für den Hinduismus der Vergangenheit und der Gegenwart.

Alle Hindus haben die gleichen heiligen Schriften. Gewiß räumen bestimmte Sekten der einen oder anderen literarischen Gattung eine Vorrangstellung ein, aber die Veden und die Upanischaden bleiben die heiligsten Schriften aller Hindus. (Weitere heilige Schriften sind das Mahabharata, die Sutras, das Ramayana, die Aranyakas und die Brahmasutras.) Die populärste hinduistische Schrift ist ein Teil des indischen Epos Mahabharata, die Bhagavad-Gita, das „Lied des Herrn" (bzw. der „Sang des Erhabenen" – wie z. T. belegt d. Ü.). Man könnte sie auch als die Bibel Indiens bezeichnen. (Diese Schrift wird später in diesem Buch bei der Analyse Hare Krishnas ausführlicher besprochen.) Im Mittelpunkt der Botschaft der Gita steht das Gleichgültigwerden gegenüber Verlangen, Freude und Schmerz. Ihre „Heils"botschaft findet sich in den Worten Krishnas: „Wer sich mir hingibt, wird nicht zuschanden werden."

Die Hindus teilen auch eine ähnliche Auffassung von Gott, Mensch und ihrer Beziehung zueinander. Im Mittelpunkt des Hinduismus steht eine monotheistische Problematik, die einerseits die Realität als aus einem Wesen, einer Substanz bestehend betrachtet, andererseits aber auf einer Vielfalt von Formen und Ausdrucksmöglichkeiten beharrt (Polytheismus). Die menschliche Seele (Atman) ist göttlich und sehnt sich nach ihrer Vereinigung mit Brahma. Diese Einheit von Brahma und Atman führt zu einer mystischen Erfahrung der Erleuchtung. In diesem Zustand wird das Ich, das Selbst durch den Einklang mit Gott aufgelöst, ausgelöscht. Weil der Mensch letztlich Gott und Sünde nur eine Illusion ist, sind moralische Schuld und letztes Gericht für das Verhalten des einzelnen umstrittene Themen.

Spaltungen innerhalb des Hinduismus haben weniger theologische Ursachen, sondern entstehen vielmehr durch die Hinwendung zu verschiedenen Göttern. Die bevorzugte Gottheit wirkt bestimmend auf die Lehre und die Form des Rituals, denen sich der einzelne verschreibt. Brahma ist der Schöpfer (Brahma ist die maskuline Form des Neutrums Brahman), Vishnu derjenige, der alles erhält, und Shiva (manchmal auch Siva geschrieben) ist der Zerstörer.

Diese drei bilden die Trinität des Hinduismus. Obwohl es Hunderte von Göttern gibt, mit denen der Hindu vertraut ist, sind Vishnu und Shiva die beiden meist Angebeteten. Die Anhänger dieser Götter unterteilen sich in Vaishnaviten und Shaiviten. Die Vaishnaviten konzentrieren ihre Aufmerksamkeit im allgemeinen auf eine der zehn Inkarnationen Vishnus (z. B. Rama, Krishna, Buddha sowie Kalkin, der erst noch erscheinen muß). Die Beliebtheit Vishnus als der Sonnengott der Veden gründete sich auf seine Fähigkeit der Reinkarnation. Die Symbionese Liberation Army, die mit der Patty Hearst-Entführung und dem Radikalismus der sechziger Jahre in den USA in Verbindung gebracht wird, wählte als ihr Symbol eine siebenköpfige Schlange, eine Erscheinungsform Vishnus als der Schlangenkönig Sesha. Shiva nimmt jedoch die meiste Aufmerksamkeit und Anbetung für sich ein. Die Vielzahl von Gestalten, die er in der indischen Folklore annimmt, hat seine Popularität noch verstärkt. Das Studium seiner Erscheinungsformen und Maskeraden sagt viel über das Wesens des Hinduismus aus.

Hier einige Beispiele dazu: Bhairava – der Vatermörder und Gott des Schreckens, der den Schädel seines Vaters als Schale benutzt; Ardhanarisvara – eine sexuelle Zwittergestalt; Nataraja – der Gott des Tanzes mit vier Armen. Shiva irrt nackt auf seinem weißen Bullen Nandi im Land umher, genießt übermäßig Drogen und fordert zu Hungertod und Selbstverstümmelung auf. Im Allerheiligsten eines Shivatempels dominiert immer ein Lingam, das Phallussymbol Shivas. Der stilisierte erigierte Penis versinnbildlicht seine zügellose Sexualität.

Seine weiblichen Gefährten spielen in moralischer Hinsicht keine bessere Rolle. Shakti beispielsweise förderte Orgien, Tempelprostitution und jährliche Opferungen. Ihr schreibt man auch die Einführung von Sutee zu, die Selbstopferung von Witwen, die sich selbst in das Feuer des Scheiterhaufens ihres Mannes werfen. (Im 19. Jahrhundert trat der Reformpolitiker Rammohun Roy diesem Brauch entgegen, der jedoch in entlegenen Gegenden bis heute praktiziert wird.) Das finsterste und blutrünstigste Bild von Shakti stellt allerdings ihre Verkörperung als Kali dar.

Kali-Götzen zeigen sie, mit einer Halskette aus menschlichen Schädeln behängt, auf einem enthaupteten Körper stehen. Ich bin persönlich Zeuge von Tieropferungen in Kalitempeln geworden. Angesprochen auf den blutrünstigen Unterton beim Anblick eines auf Leichen herumtrampelnden Gottes antworteten die Priester, daß die Vorstellung von Kali eine „dualistische Sicht von Illusion und Realität" darstelle. Philosophie beiseite – bis heute werden jährlich aus Indien etwa 100 Ritualmorde an Menschen gemeldet, alle zu Ehren von Kali.

Um das philosophische System des Hinduismus ganz zu begreifen, muß man zunächst die Begriffe Karma und Reinkarnation sowie die Lehre von Avatara verstehen.

Karma ist „ein unerforschliches Gesetz vergeltender Gerechtigkeit . . . ein ewiges Gesetz der Natur, unabhängig von . . . den Göttern". Im Gegensatz zu dem gesetzmäßigen Zusammenhang zwischen dem, was der Mensch sät und erntet (Gal 6,7), kennt Karma kein letztes Gericht. Man spürt seine Auswirkungen in diesem Leben und im nächsten Leben usw. Jede Tat in diesem Leben hat Einfluß auf das Schicksal der nächsten Inkarnation der unsterblichen Seele. Man nimmt an, daß diejenigen, die in Gesundheit und Wohlstand leben, in ihrem letzten Leben für ein gutes Karma gesorgt haben, während die weniger Glücklichen den gerechten Lohn für vergangene Sünden erhalten. Anders ausgedrückt, stehen Sünde und Bestrafung auf einer göttlichen Skala in einem mathematischen Zusammenhang.

In dem System von Karma gibt es keinen vergebenden Retter, der die Menschen von den Folgen ihrer Werke erlösen kann. Der Vorgang von Karma vollzieht sich unaufhörlich weiter und bucht gnadenlos Gutes oder Böses ab. Obwohl alle Hindus nach Moksha streben, der Befreiung aus der Knechtschaft des Karma, finden sich die meisten damit ab, daß sie möglicherweise millionenfach geboren werden müssen, um diese Leistung zu vollbringen. Gläubigen Christen mag es schwerfallen, die Denkweise von Karma zu verstehen, sind sie doch mit der Vorstellung vertraut, daß jeder Mensch, obwohl er vor Gott Rechenschaft ablegen muß, in diesem Leben eine neue Kreatur werden kann, der die Sünden vergeben sind (2.Kor.5,17). Johannes 9,1-13 ist die biblische Aussage, die Karma direkt widerlegt: Jesus stellte heraus, daß die Blindheit der betreffenden Person nicht das Ergebnis ihrer Sünden in einem vorangegangenen Leben ist.

Die Lehre von der Reinkarnation, von der so viele New Age-Kulte beeinflußt sind, ist ein integraler Bestandteil der hinduistischen Religion. Obwohl das Thema in einem früheren Kapitel erschöpfend behandelt wurde, sind an dieser Stelle einige Bemerkungen notwendig. Während sich ein Christ auf die Auferstehung seines Leibes freut, betrachtet der Hindu seine Leiblichkeit als die Ursache für die Gefangenschaft seiner Seele. Auch die Tiere sind dem Kreislauf der Wiedergeburt, Samsara genannt, unterworfen. Die Bibel lehrt, daß jeder Mensch bis in alle Ewigkeit seine persönliche Identität behält. Im Hinduismus ist das Bewußtsein des einzelnen belanglos, denn er könnte nach dem Tod als Affe oder als Ziegenbock, ja sogar als Pflanze (bei extremen hinduistischen Ansichten) auf die Erde zurückkommen.

Es ist recht einfach, die Lehre der Reinkarnation anhand von Bibelstellen zu widerlegen (z. B. die Verklärung Jesu in Matthäus 17 und die Aussage Jesu in Joh.8,58: „Ehe denn Abraham ward, bin ich" und die Erklärung in Hebräer 9,27, daß jeder Mensch einmal stirbt). Im Gegensatz zu dem ungewissen Glücksspiel mit dem Leben, wie es der Vorstellung von Reinkarnation entspricht, zeigte Jesus in Johannes 5,28-29 nur zwei Möglichkeiten für das Schicksal der lebendigen Seele auf: „Auferstehung zum Leben" und „Auferstehung zum Gericht". Die Grundlage der Reinkarnationstheorie besteht, entgegen der christlichen Lehre von der Gnade, darin, daß der Mensch sein Heil schließlich selbst erwirken wird. Außerdem gibt es grundlegende Unterschiede in den Schöpfungsauffassungen. Der Hinduismus betrachtet jede Seele nur als einen Teil der „Ersten Schöpfung" und hat nur vage Erklärungen zur Entstehung der verschiedenen Daseinsformen. Das steht im krassen Gegensatz zu dem Schöpfungsbericht im 1. Buch Mose, wo die Entstehung des Menschen durch den Schöpfungsakt eines Gottes beschrieben wird, der damit eine Absicht verfolgt und einen moralischen Willen hat.

Weil die Lehren von Karma und Reinkarnation den Menschen in einem ziemlich hoffnungslosen Zustand als Spielball kosmischer Schicksalskräfte zurücklassen, mußten hinduistische Philosophen der Sache einen Hoffnungsschimmer verleihen.

Der Einfluß des Christentums zwang den Hinduismus dazu, eine Methode zu ersinnen, welche die Personalität eines unpersönlichen Gottes illustriert, um damit einen Weg aufzuzeigen, wie man den endlosen Seelenwanderungen entgehen kann. Der theistische Zweig des Hinduismus ließ den „Verborgenen Gott" (den niemand erkennen kann) durch die Vorstellung „näher" erscheinen, daß er gelegentlich eine für den Menschen sichtbare imaginäre Gestalt annähme. Einen solchen göttlichen Menschen bezeichnet man als Avatara. Dieses Ereignis wiederholt sich nicht ständig, sondern findet in jedem Zeitalter nur einmal statt, wenn die Menschen dringend einer solchen Hilfe bedürfen.

Die Anhänger Krishnas bezeichnen die Bhagavad-Gita als das beste Beispiel für die Fleischwerdung Gottes, obwohl in dem Epos einundzwanzig weitere Beispiele angeführt werden. Im Gegensatz zu Christus, der einmal als der ewige Retter auf die Erde kam, indem er einmal für die Sünden der Menschen starb (Hebr.10,10-12), muß der hinduistische Avatara immer wieder zurückkommen, um den Menschen den Weg zu Gott zu zeigen. Der Gott Vishnu, dessen Aufgabe es ist, das Universum zu erhalten, nahm in Form von Narayana, dem Urquell aller Avataras, menschliche Gestalt an. Von diesem Glauben ist im Srimad Bhagavata nachzulesen: „So wie ein Meer, das nie vertrocknet, zahllose Ströme gebiert, so zahllos sind die Nachkommen des Allerhöchsten."

Neben den großen Inkarnationen (Krishna, Rama u. a.) gibt es auf einer niederen Ebene „kleinere Strahlen als Abglanz der großen Herrlichkeit" – das sind geringere Avataras oder solche, die nur zum Teil eine Rolle als Avatara spielen. Swamis sind gelehrte, gewöhnlich im Zölibat lebende Mönche, die auf dem Weg der Askese zu Gott kommen wollen. Sadhus sind weniger gebildete „Heilige", die sich geistliche Verdienste erwerben wollen, indem sie rastlos in Indien umherwandern (oftmals nackt und mit Kuhdung im Haar). Eine Stufe höher auf der Leiter des Hinduismus steht der Guru, ein religiöser Lehrer, der Yoga beherrscht. Er kann ein Satguru, ein perfekter Meister, sein, der in der Lage ist, unmittelbar Erleuchtung zu übertragen und den Jünger somit direkt zum Gottesbewußtsein zu führen.

Auf der anderen Seite ist der Avatara ein Objekt menschlicher Verehrung und Anbetung. Man setzt voraus, daß er übernatürliche Kräfte (Siddhis) besitzt und total mit Gott verschmolzen ist. Seine Inkarnation wird als Tat der Liebe betrachtet, denn er ist völlig erleuchtet. Somit zwingt ihn kein Karma mehr, auf die Erde zurückzukehren. Ein Avatara kann, weil er sich in einem Körper befindet, menschliche Gefühle zeigen, aber seine geistliche Erkenntnis wird außerhalb des Maya von Raum und Zeit angesiedelt.

Im Hinduismus gibt es keinen einheitlichen Heilsweg. Die Philosophie von Yoga („Einheit mit Gott") bietet vielmehr je nach Veranlagung des Suchenden vier verschiedene Wege zu Gott an. Bhakti Yoga („der Weg der Hingabe") ist der in Indien beliebteste Weg zu Gott. Die Liebe zu Gott wird durch die Hingabe an einen Guru ausgedrückt, der die Verkörperung göttlicher Gnade darstellt. Dieser Heilsweg kann auch die Rezitation von Mantras einschließen (das Wiederholen eines Lautsymbols, das einen Geist oder eine Gottheit verkörpert und das betreffende Wesen in den Meditierenden einlädt (d. Ü.)). Karma Yoga („der Weg des Dienstes“) wird im allgemeinen von aktiveren Menschen vorgezogen, die bereit sind, gewissenhaft Zeremonien auszuführen, Pilgerreisen durchzuführen und gute Werke zu tun. Jnana Yoga („der Weg der Erkenntnis“) erfordert, daß man Sadhus und Gurus aufsucht und auch die heiligen Schriften der Hindus erforscht.

Auf dem Weg der Erkenntnis wird dem Suchenden die göttliche Natur seiner Individualseele (Atman) bewußt. Raja Yoga („der Weg der Kontemplation bzw. Meditation“) bedeutet die Einübung meditativer Techniken, die als „der königliche Weg“ bekannt sind.

Der Gläubige muß lernen, seinen Körper und seinen Geist so zu beherrschen, daß er Samadhi, die Vereinigung mit dem Absoluten, erreicht.

In der alltäglichen Praxis gehört zu diesen Disziplinen eine endlose Reihe von Zeremonien und Ritualen der Götzenverehrung. Hausgötzen müssen „geweckt“, „gefüttert“, „gewaschen“ und „schlafengelegt“ werden. Diese verschiedenen Formen des Puja („Gottesdienst“) werden peinlich genau durchgeführt. So müssen Tempel besucht, Opfer (Geld, Blumen, Früchte) dargebracht und Pilgerreisen gemacht werden. Jeder fromme Hindu hofft, wenigstens einmal in seinem Leben die „heilige Stadt“ Benares oder die heilige Quelle des Ganges in Gaumukh, hoch oben im Himalaya, zu besuchen. Manche nehmen auch an größeren Festen teil, wie zum Beispiel dem bekannten Wagenfestival von Jugannath in Puri, wo sich Gläubige selbstmörderisch vor einen großen Wagen warfen, der das Bild einer Gottheit trug. Ungeachtet der hochgesteckten philosophischen Ideale des Hinduismus wird sein Inhalt an den eher grotesken Auswüchsen dieses alten Glaubens deutlich.

In einigen Dörfern werden in Tempeln heilige Ratten gehalten. Derartiges Ungeziefer verschlingt 15 % von Indiens Getreide. Jährlich werden 20 000 Inder von Kobras getötet; auch die Kobra wird heilig gehalten. Die Frauen – in den hinduistischen Sagen in höchstem Maße degradiert –, sind so verachtet, daß manche indischen Mütter freiwillig ihre weiblichen Babys erwürgen. Es ist bekannt, daß manche Sadhus aus religiöser Hingabe jahrelang auf Nagelbrettern sitzen und kein Wort sprechen, daß sie ihr Haar zu zwei Meter langen Zöpfen wachsen lassen, monatelang wie ein Storch auf einem Bein stehen oder einen Arm so lange ausgestreckt halten, bis er verkümmert.

Aber die größte Aufmerksamkeit erregen die heiligen Kühe – 159 Millionen insgesamt, 20 % aller auf der Erde lebenden Kühe. Weil man die Kuh als die göttliche Mutter des Lebens betrachtet, trinkt man ihren Urin zur Reinigung der Seele. Sie laufen in den Straßen großer Städte wie Bombay und Kalkutta frei herum und hinterlassen überall ihre Fladen. Für alte Kühe gibt es sogar die Gosadans („Pflegeheime"). Einmal wurde ich Zeuge, wie sich zwei indische Frauen um einen Haufen warmen Kuhdungs stritten. Ein in der Nähe stehender Swami erläuterte ihren Eifer so: „Weil die Kuh eine Gottheit ist, ist sie heilig. Deshalb ist alles, was aus der Kuh herauskommt, ebenfalls heilig."

Diese und andere weniger appetitliche Aspekte des Hinduismus haben vorübergehend erfolgreiche Reformbewegungen ausgelöst. Die erfolgreichste war die Buddhas, der das hinduistische Ideal von Ahisma (der Gewaltlosigkeit gegenüber allem Lebenden) in ein soziales Credo verwandelte. (Das nächste Kapitel behandelt den Buddhismus ausführlich.) Die Jainisten (bzw. Jinisten), deren geistiger Führer Mahavira, ein Eremit aus dem 6. Jahrhundert ist, ziehen dieses Tötungsverbot so weit aus, daß sich Anhänger dieser Sekte selbst heute noch scheuen, eine Fliege zu erschlagen.

Jinisten sieben ihr Trinkwasser durch, fegen den Weg vor sich her, um nicht auf eine Ameise zu treten, und führen manchmal ein todesverachtendes Fasten durch als Weg, das Töten jeder Art von Leben zu vermeiden. Mahavira verkündigte, daß geistliche Wahrheit in den „drei Edelsteinen" zu finden sei: Richtiger Glaube, Richtige Erkenntnis und Richtiges Leben. Um diese Ziele zu erreichen, baden jinistische Mönche nie, putzen nie ihre Zähne und schlafen nie in einem Bett. Bei einer derart streng asketischen Einstellung verwundert es nicht, daß Mahaviras Jünger heute weltweit nur etwas mehr als eine Million zählen.

Die andere große Reform in der Geschichte des Hinduismus war der Aufstand der Sikhs im 15. Jahrhundert, angeführt von dem Guru Nanak. Indem er Kasten und Götzenverehrung ablehnte, pfropfte er Ideale des Islam auf das hinduistische System der Errettung durch Werke auf, das er durch die Gnade Gottes (den er Sat Nam, „Wahrer Name", nannte) ergänzte. Eine als Granth bezeichnete Sammlung von Gedichten und Gebeten der ersten vier Sikh-Gurus stellt die Bibel der Sikh-Religion dar und wird buchstäblich als symbolischer Guru verehrt. Die Sikhs entwickelten sich schließlich zu einer militanten Bruderschaft, die durch fünf „Ks" gekennzeichnet ist: Kes, langes Haar; Kangha, Kamm; Kacha, kurze Hosen; Kara, eisernes Armband;

Kirpan, Schwert. Man sagt, daß immer Blut fließen muß, wenn ein Sikh sein Schwert zieht, und sei es sein eigenes. Die Sikh-Religion ist noch heute für acht Millionen Inder ein lebendiger Glaube (Näheres dazu im Zusammenhang mit Yogi Bhajan).

Die letzte Reformbewegung, die es zu betrachten gilt, ist die Wedanta-Bewegung, die um 1800 durch Swami Vivekananda ins Leben gerufen wurde. Die Eroberung Indiens durch England führte zu einer Renaissance des Hinduismus als Antwort auf das Eindringen einer fremden Kultur und Religion.

Vivekananda, ein Jünger Sri Ramakrishnas, beharrte darauf, daß das höchste Gut des Menschen darin bestehe, seiner Menschlichkeit Ausdruck zu verleihen. 1893 sorgte er für Aufsehen, als er sich an das Parliament of Religions (Religionsparlament) in Chicago wandte. Sein Anliegen war die Einheit aller Religionen, wobei er besonderen Wert darauf legte, den Vedantischen Hinduismus mit missionarischem Eifer zu verbreiten.

Mit den jährlich mehreren hunderttausend Amerikanern und Europäern, die auf ihrer Suche nach geistlichen Lebensinhalten nach Indien strömen, wird der Export der verschiedensten Varianten des Hinduismus weitergehen. Der Hinduismus hat offensichtlich wenig Grund zur Besorgnis. Die Politik der indischen Regierung macht ihn praktisch zur Staatsreligion und durchkreuzt damit christlich-missionarische Anstrengungen. Trotz seiner inneren Widersprüche und der erbärmlichen Unfähigkeit, menschliches Elend im eigenen Mutterland zu lindern, wird der Hinduismus auch in Zukunft noch attraktiv erscheinen. Gewiß ist auch die Popularität preisgekrönter Filme wie „Gandhi" und „A Passage to India" („Die Reise nach Indien") ein Gradmesser für die wachsende Hinwendung des Westens nach Indien und zu den dortigen religiösen Inhalten. Kiplings Aussage, wonach der Osten und der Westen so diametral entgegengesetzt seien, daß sie nie zusammenfänden, mag sich als leere Prophetie erweisen, die nicht vorauszuschauen vermochte, daß die geistlich bankrotten Abendländer ihre Hoffnung im alten Indien suchen würden.

Begründer: Es sind weder ein Begründer noch ein genaues Datum für die Entstehung des Hinduismus bekannt. Seine Grundsätze reichen mindestens 4000 Jahre zurück und haben sich über die Jahrtausende ohne eine festgelegte Form entwickelt.

Schriften: Hinduistische Schriften: die Veden, Upanischaden und andere Sruti (kanonische Offenbarungen) und die Smitri (überlieferte, halb-kanonische Texte).

Symbol: Das gleiche Zeichen, welches im 20. Jahrhundert als „Hakenkreuz“ der Nazis (Swastika) bekannt wurde. Das Sanskritwort svastika heißt „dem Wohlergehen förderlich sein“. Ursprünglich bezeichnete es die Dualität des Universums und bedeutete Glück.

Anziehungskraft: Die meisten Religionssysteme (mit Ausnahme des Christentums) mögen zwar einen inklusiven Standpunkt vertreten, aber schließlich doch das Festhalten an bestimmten Glaubensinhalten fordern, die sie von anderen Religionen unterscheiden. Der Hinduismus ist ein alles umschließender Glaube, der versucht, andere Lehren in seine Auslegung und seinen Bezugsrahmen aufzunehmen. In den Worten Radha Krishnas ausgedrückt: „Während festgelegte intellektuelle Glaubenslehren die Religionen voneinander abgrenzen, setzt sich der Hinduismus keine solchen Grenzen.“ Die Lehren von Karma und Reinkarnation garantieren selbst den schlechtesten Menschen eine zweite Chance der geistlichen Vor- bzw. Aufwärtsentwicklung.

Ziel: Jede Seele ist ein unsterblicher Teil der Weltseele, von der sie ausgegangen ist. Die Wiedervereinigung mit dem Unpersönlichen Absoluten ist das Ziel jeder lebenden Kreatur. Man muß deshalb das System der Gotteserkenntnis wählen, mit dem man am zweckmäßigsten dem Rad der Wiedergeburt (Reinkarnation) entgeht und die Einheit mit Gott erlangt.

Irrtümer: Die polytheistischen und götzenverehrenden Praktiken des Hinduismus sind heidnische Formen des Gottesdienstes, die ein Zusammenwirken mit dämonischen Mächten darstellen. Das System von Karma, das Errettung durch das eigene Verhalten lehrt, steht im Gegensatz zur biblischen Heilslehre: „Allein aus (Gottes) Gnaden.“ Ein Hindu kann ohne die Ablehnung seines gesamten Glaubenssystems nicht anerkennen, daß er einen Retter braucht. Wie Vivekanada sagte: „Es ist eine Sünde, einen Menschen einen Sünder zu nennen.“ Der Hindu strebt danach, Reinheit zu erlangen, indem er Gott wird, anstatt seine Sünden durch die stellvertretende Gerechtigkeit eines transzendenten persönlichen Gottes abwaschen zu lassen. Man kann nicht akzeptieren, daß Christus eine Inkarnation Vishnus oder Krishnas sei. (In der Bhagavad-Gita, Kap. 10, erklärt Krishna: „Ich bin der Fürst der Dämonen.“) In Römer 1 werden diejenigen angeprangert, die die Schöpfung und nicht den Schöpfer anbeten. Betrachten wir unter diesem Blickwinkel das folgende Zitat aus den Veden: „Oh Kuh, bete die Haare deines Schwanzes an und deine heiligen Hufe und deine Gestalt!“

Quellenverzeichnis: Great Religions of the World (Washington, D. C.: National Geographic Society, 1971), 34-76; John Garabedian und Orde Coombs, Eastern Religions in the Electric Age (New York: Tempo books, 1969); Religions of the World (New York: Barnes & Noble, 1965); Kenneth Boa, Cults, World Religions and You (Wheaton, Ill.: Victor, 1980); J. Gordon Melton, The Encyclopedia of American Religions (Wilmington, N. C.: McGrath, 1978); Time, 11. März 1974, 6; Ibid., 4. Juni 1979, 50; East West Journal, Februar 1978; Ibid., Juli 1978, 49; Hamilton Spectator, 6. März 1980.

Verbreitung/Adresse: In ganz Indien, kleinere Zweige auch in Asien und der westlichen Welt.

3. Buddhismus

Theravada, Mahayana, Zen, Tibetischer Buddhismus

Würde man die neuen Verbraucherschutzgesetze auf den „Verkauf“ von Religionen anwenden, bliebe der Buddhismus vermutlich im Regal stehen. Viele Abendländer, die die Kompliziertheit und den hohen technischen Entwicklungsstand des modernen Lebens ablehnen, haben diesen alten Glauben Indiens und Asiens studiert. Fälschlicherweise nehmen sie an, daß der von Gautama Buddha aufgezeigte Weg ein vereinfachter Weg zur Wahrheit sei. Tatsächlich ist der Buddhismus wahrscheinlich die komplizierteste und widersprüchlichste aller östlichen Religionen. Buddhas „Achtfältiger Pfad“ zum Nirwana ist ein verworrenes System von Regeln und Vorschriften, an deren Beherrschung man lebenslang arbeiten kann.

Buddha wurde 563 v. Chr. in der kleinen Stadt Lumbini in der Nähe der indisch-nepalesischen Grenze geboren. Die Berichte über sein Leben sind mit Fakten und Fabeln gespickt, die unmöglich historisch nachweisbar sind. Der Leser sei deshalb darauf hingewiesen, daß die folgenden, aus buddhistischer Überlieferung stammenden Informationen teilweise legendärer Natur sind. Maya, die Mutter Buddhas, war die Frau eines Herrschers aus der Kaste der Kshatriya. Eines Nachts träumte sie, daß ein weißer Elephant sexuelle Beziehungen mit ihr hatte. Kurz darauf stellte sie fest, daß sie schwanger war.

Sie gebar einen Sohn, den sie Siddhartha nannte. Aus ihm sollte einmal Gautama Buddha werden. Gautama war Buddhas Familienname. Der Name Buddha bedeutet „der Erleuchtete“. Er ist auch als Shakyamuni bekannt, mit Bezug auf das Königreich Shakya, in dem er geboren wurde. Zuweilen nennen ihn seine Anhänger auch Tathagata („Wahrheitsgewinner“) oder Bhagara („Herr“).

Als Prinz geboren, lernte er in den entscheidenden Jahren seines Lebens nur die Freuden am Hofe kennen. Wenn er eine Aufheiterung brauchte, rief sein Vater, Suddhodana, 40 000 Tänzerinnen herbei. Im Alter von sechzehn Jahren heiratete Buddha die Prinzessin Yasodharma, welche ihm einen Sohn gebar, den sie Rahula nannten. Bis zum Beginn seiner Zwanziger Jahre verlief das Leben für ihn reibungslos in der gewohnten höfischen Umgebung. Obwohl es ihm verboten war, durchs Land zu streifen, verließ er eines Tages die Gefilde des Palastes und sah sich jäh mit der Realität des Lebens konfrontiert.

Beim Anblick eines knorrigen und buckligen alten Mannes, der um Almosen bettelte, wurden Buddhas Vorstellungen von der Welt, wie er sie in seinem Leben als Prinz kennengelernt hatte, in ihren Grundfesten erschüttert. Das war seine erste Begegnung mit der Armut und der Vergänglichkeit menschlichen Lebens. Auf weiteren Reisen außerhalb der Mauern seines Palastes lernte Buddha Krankheit und Tod kennen. Aber jener Tag, an dem er einem kahlgeschorenen, asketisch lebenden Mönch begegnete, übte den nachhaltigsten Einfluß auf ihn aus. Die religiöse Hingabe dieses Mönches stand im scharfen Gegensatz zu dem Reichtum und Müßiggang, der ihn umgab. Von diesem Zeitpunkt an erfüllte ihn sein Leben nicht mehr, bis er schließlich, an seinem neunundzwanzigsten Geburtstag, Frau und Kind verließ, um den Frieden des Nirwana zu suchen und die Ursache alles Leidens zu entdecken.

Am Anfang von Buddhas Suche stand das Studium bei zwei Yogalehrern. Da ihn dieser Ansatz unbefriedigt ließ, wandte er sich einer extremen Askese zu. Manchmal stand er wochenlang, ohne sich auch nur einmal zu setzen. Seine Kost bestand zuweilen aus einem einzigen Korn Reis pro Tag. Aus Verzweiflung versuchte er sogar, seinen eigenen Kot zu sich zu nehmen. Eines Nachts, es war sein fünfunddreißigster Geburtstag und Vollmond, saß er in einem Wald in der Nähe von Buddha Gaya unter einem Baum. Buddha erklärte: „Ich werde mich nicht von hier erheben, bevor ich nicht zur Erkenntnis gelangt bin." In jener Nacht geriet er in einen Trancezustand und konnte sich, wie die Legende berichtet, an seine früheren Inkarnationen erinnern. Sein „göttliches Auge" wurde erweckt, und er war schließlich dazu fähig, all sein Verlangen und seine Unwissenheit auszulöschen.

Als er sich von seinem Sitz zu Füßen des Bodhi-Baumes (des Baumes der Erkenntnis) erhob, war aus Siddhartha Buddha geworden. Die Probleme des Lebens stellten für ihn kein Rätsel mehr dar. In einer Predigt in dem nahegelegenen Wildpark gab er seine „Wahrheit" an fünf Jünger weiter. „Geburt bedeutet Leid, Alter bedeutet Leid, und Tod bedeutet Leid", sagte er ihnen. Leiden, so erläuterte er, entsteht deshalb, weil der Mensch danach strebt, Freude in seinem Erdendasein zu finden. Der Kummer wird nur dann ein Ende haben, wenn ein Mensch sein ganzes Verlangen aufgibt. Buddhas Entdeckung kann anhand der folgenden drei Feststellungen zusammmengefaßt werden:

1. *Dasein bedeutet Leiden.*
2. *Verlangen erzeugt Leiden.*
3. *Die Aufgabe aller Wünsche beendet das Leiden.*

Diese Aussagen führten zu einer vierten Schlußfolgerung:

4. *Das Verlangen kann ausgerottet werden, indem man Buddhas „Achtfältigen Pfad" beschreitet.*

Die geistlichen Einsichten Buddhas wurden als die „Vier edlen Wahrheiten" bekannt, einem sogenannten Mittelweg zwischen Askese und Hedonismus.

Zur Zeit Buddhas war der Nordosten Indiens in religiöse und politische Unruhen verwickelt. Die engstirnige Philosophie der brahmanistischen Hinduführer hatte die Massen desillusioniert. Dieses geistliche Vakuum bildete einen idealen Nährboden für eine Vielzahl religiöser Sekten und charismatischer Führer. Aber Buddha unterschied sich von ihnen. Er wagte es, die Autorität der Veden in Frage zu stellen, und befürwortete sowohl die Abschaffung der Kasten als auch der Priesterschaft. Ebenso wollte er Gebete und Rituale abschaffen. Buddha trat sogar dafür ein, den Gottesgedanken auszulöschen. In den folgenden fünfundvierzig Jahren seines Lebens (er starb im Alter von 80 Jahren an Ruhr) reiste Buddha umher, bettelte um Nahrung und gründete Gemeinden zur Förderung seiner Lehre. Mit missionarischem Eifer beauftragte er seine Nachfolger: „Geht jetzt hin, aus Mitleid mit der Welt, und predigt die Lehre, die ruhmreich ist!" Buddhas Dharma („Weg" oder „Lehre" oder wörtlich „Werk" – Dhamma in der Palisprache, die er gesprochen hat) zielte darauf ab, den Kreislauf des Leidens an den fortgesetzten Seelenwanderungen zu beenden. (Er entlehnte die hinduistischen Vorstellungen von Karma und Reinkarnation.) Dem Kummer des Daseins könne man durch Erreichen des Nirwana entfliehen, einem Zustand unendlicher Glückseligkeit, der mit einer ausgelöschten Flamme verglichen werden kann. Nirwana, d. h. „ausblasen", wäre das Ergebnis vom Erreichen des Zustandes, in dem alles Begehren ausgelöscht ist. Obgleich man einheimische Gottheiten um unmittelbare Unterstützung bitten könne, sei kein Gott in der Lage, die Suche nach der Erleuchtung des Nirwana zu erleichtern. Einzig und allein der „Achtfältige Pfad" führte in dieses erhabene geistliche Reich.

Die acht Stufen zum Heil sehen in Buddhas System folgendermaßen aus:

1. *Der richtige Glaube – das rechte Verstehen der „Vier edlen Wahrheiten" ohne Illusion und Aberglaube;*
2. *Der richtige Vorsatz – die Bewahrung reiner Motive;*
3. *Das richtige Reden – wahrhaftiges Reden;*
4. *Das richtige Verhalten – aufrichtig und friedsam leben;*
5. *Der richtige Lebensunterhalt – eine Beschäftigung auswählen, die niemandem schadet;*
6. *Die richtige Anstrengung – mit Selbsdisziplin nach Erkenntnis streben;*
7. *Die richtige Denkweise – sich einen aktiven selbstkritischen Verstand erhalten; und*
8. *Die richtige Konzentration – mit aufrichtigem Eifer Raja Yoga und Meditation praktizieren.*

Das Ziel solch hoher Ideale bestand darin, die Illusion vom Ich aufzulösen und den Menschen vom Kreislauf des Daseins zu befreien. Nach einer von der Buddhist Church of America (Buddhistischen Kirche Amerikas) veröffentlichten Schrift sind Geduld und Ausdauer wichtiger als „das Blut der Kreuzigung, bei der [Gott] sein eigenes Sein [am Kreuz] geopfert hat". Gott „ist nicht der Schöpfer . . . er richtet oder straft nicht . . . ist nicht transzendent" und ist keine Gottheit, „die barmherzig ist und die man fürchten soll".

Buddha stand der Frage nach dem Ursprung des Menschen gleichgültig gegenüber und erkannte keine übernatürliche Autorität im Kosmos an. Der Mensch steht im Mittelpunkt der buddhistischen Welt und nur was er tut zählt. Himmel oder Hölle sind ein Zustand des Gefühls, kein Ort. Es existieren keinerlei eschatologische Vorstellungen, und für die Wirklichkeit von Sünde und Tod wird keine Ursache angeboten. Die zentrale Lehre ist Selbstbeherrschung und nicht Sündenvergebung. Mit den Worten Buddhas ausgedrückt, heißt das: „Suche im Unpersönlichen nach dem ewigen Menschen, und wenn du ihn gefunden hast, dann schau nach innen – du bist Buddha."

Der Buddhismus scheint ein einfaches Glaubenssystem zu sein, ist aber in Wirklichkeit die komplizierteste aller östlichen Religionen. Außer den „Vier edlen Wahrheiten" und dem „Achtfältigen Pfad" werden die folgenden Praktiken und Lehren als wesentlich für die Nachfolger Buddhas angesehen.

1. Zu dem Status der Ar(a)hatschaft (würdig sein) gehören siebenunddreißig Vorschriften, die ein frommer Buddhist befolgen muß. Neunundzwanzig davon stellen eine Ergänzung zu den Forderungen des „Achtfältigen Pfades" dar.

2. Auf dem Weg zur Erleuchtung gibt es fünf Hindernisse – Trägheit, Stolz, Bosheit, Begierde und Zweifel.
3. Alle, die zum Sangha (einer Mönchsbruderschaft) gehören, müssen eine dreifache Zuflucht bestätigen: Zuflucht in Buddha, Dharma und im Sangha. Außerdem sind sie an 227 Vorschriften gebunden, die ihnen u. a. verbieten, eine Frau zu berühren (auch ihre Mutter) oder undurchgeseihtes Wasser zu trinken (damit sie nicht irgendein Lebewesen töten).
4. Der Mensch hat keine Seele, sondern existiert in den Fünf Zuständen: Körper, Gefühl, Gedanken, Wille und reines Gewissen.
5. Es gibt Zehn Gebote, wobei die letzten fünf nur im Sangha gelten. Zu diesen „Du sollst nicht" gehören: das Töten, Stehlen, Ehebrechen, Lügen, Trinken alkoholischer Getränke, Essen nach Mittag, die Teilnahme an irgendeiner Theater- oder Musikvorführung, das Tragen von persönlichem Schmuck und die Verwendung von Parfüm, das Schlafen in einem bequemen Bett und der Besitz von Silber und Gold.
6. Drei Prinzipien leiten den Buddhisten auf seiner Suche nach dem Nirwana. Das Erste Prinzip bezeichnet einunddreißig Ebenen des Daseins, angefangen bei höheren geistlichen Wesen über menschliche Wesen bis hinunter zu gequälten Wesen (die ein dem Fegefeuer ähnliches Dasein erleiden). Das Zweite Prinzip lehrt, daß das Karma eines Menschen über seine geistliche Ebene entscheidet, obgleich sich während der aufeinanderfolgenden Seelenwanderungen ständig Vor- und Rückwärtsentwicklungen vollziehen können. Schließlich verspricht das Dritte Prinzip „das vollkommene Bewußtsein" durch Meditation. Man glaubt, daß derjenige, der diesen Zustand erreicht hat, gegenüber allen Regungen des Gefühls immun ist, einschließlich Haß und Liebe. Den Suchenden erwarten vier fortschreitende Bewußtseinsstadien: Sotapatti Magga, Sakadagami Magga, Anagami Magga und Arahatta Magga. Manche Buddhisten glauben, daß eine Person, die Sotapatti Magga erreicht hat, nicht mehr „töten, verführen, . . . die Unwahrheit sagen, Drogen nehmen, . . . schlechte Reden führen oder böse Gedanken haben kann".

Nach Buddhas Tod überlieferten einige Generationen seine Lehren mündlich. 245 v. Chr. wurde ein Mönchskonzil einberufen mit dem Ziel, die geistlichen Lehren in schriftlicher Form festzuhalten. Es wurde eine dreiteilige Schrift in der Palisprache abgefaßt, welche als Tripitaka („Dreikorb des Gesetzes") bekannt wurde. Kasyapa, einem ursprünglichen Jünger Buddhas, wird Abidharma Pitaka, eine grundlegende Interpretation der Botschaft Buddhas, zugeschrieben. Vinaya Pitaka, eine Schrift, die Regeln des Klosterlebens und die oben erwähnten Zehn Gebote enthält, ist das Werk eines anderen Buddhajüngers namens Upali. Das Sutta Pitaka (der dritte „Korb") umfaßt die Predigten und Gleichnisse Buddhas.

In der Zeit des sogenannten „Indischen Reiches" unter dem großen Herrscher Asoka verbreitete sich der Buddhismus sehr rasch in ganz Indien und Asien. Nach Asokas Tod spaltete sich der Buddhismus in zwei Hauptrichtungen, eine liberale und eine konservative Schule. Die letztere, bekannt geworden als Theravada („Der Weg der Ältesten" und zuweilen auch als Hinayana, „Kleines Fahrzeug", bezeichnet), gründete sich auf die Schriften des frühen Buddhajüngers Sariputta. Der Theravada-Buddhismus betonte das mönchische Leben als den Weg zum Nirwana und setzte sich in Burma, Sri Lanka, Kambodscha und Thailand fest. Die Hauptquelle seiner Lehre war der Tripitarka-kanon. Der Hinduismus, der für viele Inder zu einem abstrakten Glauben geworden war, erlebte während der Gupta-Dynastie im 1. Jahrhundert n. Chr. eine neue Blütezeit. In dieser Zeit entstand der Mahayana („Großes Fahrzeug")-Buddhismus. Seine liberaleren Ansichten sind in China, Korea, Japan, Tibet, Indonesien, Nepal und Vietnam vorherrschend. Der Mahayana-Buddhismus ist eher eine Kultreligion, in der Weihrauch, Magie und okkulte Rituale eine bedeutende Rolle spielen.

Buddhafiguren sind Objekte der Götzenverehrung. (Stehend symbolisiert Buddha Mitgefühl, und sitzend bezeichnet er Gelassenheit.) Der Mahayana-Buddhist strebt nicht danach, ein Heiliger (Arhat) zu werden. Sein höchstes Ziel besteht darin, ein Bodhisattva zu werden – also jemand, der in der Nachfolge Buddhas äußerste Perfektion erlangt, aber auf seinen Eintritt in das Nirwana verzichtet und zurückkehrt, um Sterblichen auf ihrer geistlichen Pilgerreise in diesem Leben behilflich zu sein.

Theravada („der Weg der Wenigen") und Mahayana („der Weg der Vielen") unterscheiden sich so grundlegend in ihren Glaubensauffassungen und -praktiken, daß sie beinahe zwei völlig verschiedene Religionssysteme darstellen. Das gottlose, nahezu atheistische System von Theravada und die Mahayanaschule mit ihren polytheistischen Göttersagen sind Welten voneinander entfernt. Der Glaube an die Göttlichkeit Buddhas (und eine Richtung von Bodhisattva) bilden den Kern von Mahayana. Theravada verfolgt das theologisch abstraktere Ziel des Nirwana.

Ein kleinerer Zweig, der Tantrabuddhismus, entlehnte den hinduistischen Glauben an die sexuelle Kraft und entwickelte einen den Götzen und der Magie geweihten Kult. Durch rituellen Geschlechtsverkehr wird die Vereinigung des Individuellen mit dem Göttlichen vollzogen. Durch den Geschlechtsakt sollen die entgegengesetzten Kräfte des Universums vereint werden (positiv männlich und negativ weiblich), so daß die Partner zu übernatürlichen Taten befähigt werden.

Mit einer Viertelmilliarde Anhängern nimmt der Buddhismus die vierte Stelle in der Reihenfolge der großen Weltreligionen ein (nach dem Christentum, dem Islam und dem Hinduismus). Die Vorstellung von safrangelben Gewändern und Bettelschalen mögen dem abendländischen Verstand fremd sein, aber die Idee, sich zur Auslöschung des Ichs einem kosmischen Strom anzuschließen, kommt in einem nach innen gekehrten Zeitalter sehr gut an. Diejenigen, die in den östlichen Religionen nach geistlichen Antworten suchen, finden möglicherweise die mystischen, unergründlichen „Wahrheiten" des Buddhismus attraktiver als den Himmel, den das Christentum verspricht. Einer drogengesättigten Generation mag eine Problemlösung durch konstruktive Arbeit weniger wünschenswert erscheinen als das subjektive Streben nach dem Nirwana.

Archäologen haben kürzlich in den Ruinen einer alten Stadt in der Nähe von Kapilvastu in Indien einen großen Sandsteinsarg geborgen. Die Inschrift deutet darauf hin, daß der Sarg die sterblichen Überreste Buddhas enthält. „Sei dir selbst eine Leuchte", hatte der Weise vor seinem Tod gesagt. Dieser Hinweis steht im krassen Gegensatz zu dem biblischen Anspruch: „Dein Wort ist meines Fußes Leuchte . . ." (Ps 119,105).

Die Weisheit Buddhas, gestützt auf die Aussagekraft seines eigenen verwesten Körpers, erscheint viel weniger glaubhaft als das Wort Gottes, hinter dem die Autorität des leeren Grabes Christi steht. Die Frage, ob die gute Nachricht von Jesus Christus oder Buddhas Aufruf zur Verinnerlichung die Oberhand gewinnen wird, ist von entscheidender Bedeutung für die künftige geistliche Orientierung der abendländischen Kultur.

Tibetischer Buddhismus

Padina Sambhava, ein berühmter heidnischer Exorzist, brachte 747 n. Chr. den Buddhismus nach Tibet. Sein Ruf beeindruckte den König derart, daß schon bald das gesamte Land diesem Glauben nachfolgte, einer Mischung aus Hinduismus und Buddhismus, vermengt mit Zaubersprüchen und geheimnisvollen tantristischen Zeremonien. Der geschlechtlichen Vereinigung der Gläubigen gingen rituelle Mahlzeiten mit Wein, Fleisch, Fisch und geröstetem Getreide voraus. Sie führten das Priesteramt der Lamas (der „Oberen") ein und entwarfen ein Gebetsrad mit eingravierten Gebeten.

Auch die mystischen Schemen von Mantra und Mandala wurden übernommen. Bei Mantra (was ausführlicher bei der Analyse der TM besprochen wird) soll ein Lautsymbol die Kraft besitzen, übernatürliche Erfahrungen zu vermitteln. Mandalas, kreisförmige Kosmogramme des Universums, dienten den Gläubigen ebenso als Hilfen bei der Anbetung. (Man nahm an, daß der Mittelpunkt von Mandala der Brennpunkt des Universums sei.) Den Anhängern des Tibetischen Buddhismus wurde gelehrt, daß der bloße Anblick eines Mandala genüge, um jemanden auf den Weg zum Nirwana zu bringen. Sie entwickelten außerdem die Legende von Shambhala, einem imaginären Königreich, dessen Einwohner Erleuchtete sind. Diese mittelasiatische Zivilisation war angeblich die geistliche Inspiration der gesamten Welt. Ihre „Krieger" waren sehr erfahrene und mitfühlende Leute, die noch heute den Anhängern des Tibetischen Buddhismus als Vorbilder dienen.

1951 fielen kommunistische Soldaten aus China in Tibet ein, dem Königreich der Berggipfel. Damals wurde der Dalai Lama (sein buddhistischer Name ist Tenzin Gyasto, d. h. „leuchtende Ströme der Weisheit") von 6 Millionen buddhistischen Mitbürgern als Gott und König verehrt. Tibeter verbeugten sich vor seinem Bildnis und warfen sich vor dem 1300 Jahre alten Jokka-Tempel auf den Boden. Der Dalai Lama floh 1959 vor den Kommunisten und nahm 110000 weitere Flüchtlinge mit. Er ließ sich in Dharamsala in Indien nieder und schwor, eines Tages wieder in sein Heimatland zurückzukehren. Gegenwärtig steht der Dalai Lama einer Exilregierung vor und besucht in Vorbereitung seiner erwarteten Rückkehr als geistlicher und politischer Führer nach Tibet wichtige Städte der Welt und seine Anhänger.

Der Buddhismus war in Tibet so erfolgreich, daß zur Zeit der kommunistischen Invasion 10 000 Mönche in einem Kloster studierten. Auch in den benachbarten Königreichen Nepal, Sikkim und Bhutan wurde der buddhistische Einfluß spürbar. Einige buddhistische Gelehrte glauben, daß sich in Tibet aufgrund seiner Abgeschnittenheit und Unzugänglichkeit die reinste Form des Buddhismus erhalten hat. Fromme Tibetische Buddhisten bestehen darauf, daß sie die

Hüter der richtigen Überlieferungen und esoterischen Lehren der Heiligen und Weisen Indiens sind.

Eine der wichtigsten Schriften des Tibetischen Buddhismus, Bardo Thodal, „Das tibetische Totenbuch", hat einen großen Einfluß auf die Jugend der westlichen Welt ausgeübt. Dieses Buch ist ein okkulter Führer zum Durchqueren von Bardo, einem traumähnlichen Reich zwischen Tod und Reinkarnation. In den sechziger Jahren wurde bei Versuchen mit LSD von halluzinogenen Visionen berichtet, die mit den Erlebnissen aus dem „Totenbuch" zu vergleichen sind, was im Westen zunehmendes Interesse an diesem exotischen Glauben geweckt hat. Tibetische Buddhisten glauben, daß die Dämonen, Geister und Hexen, denen man im „Totenbuch" begegnet, reale Mächte sind, die es zu meiden und zu besänftigen gilt.

Die Lehre von der Reinkarnation der Lamas (Bodhisattvas) entstand im fünfzehnten Jahrhundert. Nach dieser Lehre geht die Seele eines verstorbenen Lama auf einen neugeborenen Knaben über. Der gegenwärtige Dalai Lama, die vierzehnte Inkarnation in der Reihe der geistlichen Nachfolger des Tibetischen Buddhismus, wurde im Alter von zwei Jahren nach der Befragung von Orakeln erwählt. Abdrücke, die man auf seinen Schultern fand (welche Überreste von zwei Extraarmen einer Gottheit sein sollen) erbrachten den Beweis, der für die Ernennung in sein Amt erforderlich war. Der kleine Junge mußte auch aus fünf Mustern die richtige Krone seines Vorgängers herausfinden.

Bei seinen Reisen in den Westen erntete der Dalai Lama überschwengliches Lob von der Presse und unverdienten Beifall von ökumenischer Seite. Er entwaffnet Reporter, indem er beharrlich behauptet: „Ich bin nur ein bescheidener Mönch." Als er kürzlich in den USA weilte, willigte er jedoch ein, die Kalachakra-Zeremonie vorzuführen. Den Teilnehmern wurde versprochen, nach nur sieben künftigen Wiedergeburten augenblicklich erleuchtet und wie Buddha zu sein. Das Wesen der Philosophie des Tibetischen Buddhismus kommt in der Lebensauffassung des Dalai Lama zum Ausdruck: „Wenn man mit der Situation fertig werden kann, ist alles in Ordnung. Wenn nicht, ist auch alles in Ordnung. Schließlich ist alles durch das vorangegangene Karma bestimmt."

Solche Ansichten sind für Christen, die erstaunt beobachten, wie der Buddhismus immer weiter Fuß faßt, Grund zu ernster Besorgnis. Die erste buddhistische Universität im Westen entstand in Boulder, Colorado/USA. Von dem 42jährigen Exiltibeter Chogyam Trungpa Rinpoche ins Leben gerufen, führte das Naropa Institute wirkungsvoll die tantristischen Lehren im Westen ein. Das Institut zieht Tausende zu seinen Sommerkursen an und einen namhaften Lehrkörper, dem u. a. der Dichter Allen Ginsberg und der Theologe Harvey Cox angehören. Rinpoche, von dem man glaubte, er sei eine Inkarnation eines ehrwürdigen Mönchs, erarbeitete einen ansprechenden Lehrplan mit einer Reihe von mystischen und spiritualistischen Fächern.

Ich hatte Gelegenheit, auf dem Gelände der Universität von Colorado eine Zeremonie mitzuerleben. Fünfzehnhundert Studenten zahlten jeweils acht Dollar, um an der „Tibetisch-Buddhistischen Varja-Krönungszeremonie" teilzunehmen. Seine Heiligkeit, Gyalwa Karmapa, wurde als eine Inkarnation aus dem Geschlecht der Bodhisattvas vorgestellt. Als einer, der den Status Buddhas erreicht hatte, beanspruchte er für sich die Fähigkeit, spontane geistliche Einsichten zu übertragen. Er wurde zu einem eigens für diese Gelegenheit aufgebauten, drei Meter hohen Thron geleitet. Das Ritual, das er vorführte, bestand darin, daß er zwei Minuten und achtundvierzig Sekunden lang einen schwarzen Hut über seinem Kopf hielt! Fast jeder in dem hochgebildeten Publikum war überwältigt von dem Anblick eines so „heiligen" und „erleuchteten" Mannes.

Christliche Missionare, die in Tibet tätig waren, berichten, daß der Tibetische Buddhismus die am offenkundigsten okkulte aller nichtchristlichen Weltreligionen ist. Auch die Mönche selbst machen keinen Hehl aus ihrem Umgang mit dämonischen Halbgöttern. Dieses Eingeständnis unterstreicht die Ironie, die sich dahinter verbirgt, wenn diese Sekte des Buddhismus in den christianisierten Ländern so starken Einfluß gewinnt. Anhänger des Dalai Lama haben in seinem Heimatland seinen Schlafraum seit seiner Flucht in Erwartung seiner Rückkehr unberührt gelassen. Vielleicht haben die dämonischen Kräfte, die hinter dem Tibetischen Buddhismus stehen, sein Exil absichtlich verlängert, um diesen alten Schamanenglauben weiterzuverbreiten.

Zen-Buddhismus

„Wie klingt es, wenn eine Hand klatscht?" Die meisten Menschen würden dieses Rätsel schnell durchschauen, ohne seinen Zweck oder seine Herkunft zu kennen. Dieses und weitere 1700 Rätsel dieser Art sind als Koan bekannt, paradoxe Fragen zu unwägbaren Gedanken. Die durch Koan erzeugte Verwirrung soll den Verstand zur intuitiven Wahrheit hinführen. In der Welt des Zen sind Logik und Verstand Tabus. Wie es ein Zenanhänger formuliert hat: „Sei nichts, denke nichts!“ Zen könnte als Konzentration mit leerem Verstand bezeichnet werden.

Der alte Gelehrte Bodhidharma, der allgemein als der Begründer der Zentechniken angesehen wird, hat mehr als vierzig Jahre in Indien den Buddhismus studiert. Nach China zurückgekehrt, ermutigte er den seinerzeit regierenden Kaiser Wu, die von ihm entwickelte, als „Wandmeditation“ bekannte Technik zu übernehmen. Um seinen Eifer bei der Zenausübung zu beweisen, saß Bodhidharma neun Jahre lang in einer Höhle und starrte die Wand an. Er konnte schließlich aufgrund von Verkümmerungserscheinungen seine Beine nicht mehr gebrauchen und mußte sogar seine Augenlider abschneiden, um weiterhin mit offenen Augen meditieren zu können.

Beinahe sieben Jahrhunderte später wurden von zwei japanischen Buddhisten die Grundlagen für das gelegt, woraus später die zwei bekannten Schulen des Zen entstehen sollten. Eisai gründete 1191 die Rinzai- und Dodo 1227 die Soto-Sekte. Beide strebten nach dem gleichen Ziel der Erleuchtung. Während Soto darauf beharrte, dieses Ziel allmählich zu erreichen, behauptete Rinzai, daß die Erleuchtung als plötzliche Eingebung kommen könne.

Koan ist nur einer von vielen typischen Zen-Begriffen. Bodhi, Satori, Mondo und Zazen sind weitere Begriffe, die Vorstellungen aus dem Bereich des Zen beschreiben. Bodhi bezieht sich auf das „Erwachen“ verinnerlichter Wahrheit. Im Buddhismus geht man traditionell davon aus, daß Bodhi erst nach vielen Leben möglich sei. Zen beansprucht für sich, Bodhi hier und jetzt bieten zu können, vielleicht sofort oder zumindest in einigen Jahren. Die Erfahrung der unmittelbaren Erkenntnis der Wahrheit bezeichnet man als Satori, ein Zustand, in dem der Meditierende die gesamte Wirklichkeit als eins wahrnimmt (Pantheismus). In diesem Zustand gibt es kein Richtig oder Falsch, das Bewußtsein wird ausschließlich von der subjektiven Realität durchdrungen. Der verstorbene Schriftsteller und Mystiker Alan Watts beschrieb den Zustand von Satori so: „In diesem Augenblick ist [das Universum] so vollkommen in Ordnung, daß es außerhalb seines Selbst keiner weiteren Erklärung oder Rechtfertigung bedarf.“

Obwohl Zen schneller als der traditionelle Buddhismus zur Erleuchtung führt, ist das Erreichen von Satori keine leichte Aufgabe. Zen ist ein hartes Geistestraining mit Koans und Zazen (Meditation im Sitzen). Der Roshi (Zenlehrer) bittet den Eingeweihten in den Zendo (einen Meditationssaal), wo ein Altar und ein Götzenbild Buddhas die Brennpunkte bilden. Die richtige Ausführung von Zazen erfordert wenigstens zwei dreistündige Sitzungen pro Tag. Halluzinogene Visionen und Dämonenerscheinungen treten bei fortgesetzter Zen-Meditation häufig auf. Ein dickes Kissen bietet den einzigen Komfort, und entscheidend ist die richtige Körperhaltung. Der Rücken muß vollkommen gerade gehalten werden, damit sich die Ohren, die Schultern und der Nabel in der richtigen Stellung zueinander befinden. Die Zähne müssen fest geschlossen und die Augen ständig offengehalten werden. Der Meditierende ist angewiesen, während der Ausübung von Zazen seinen Geist von allen irdischen Bindungen zu lösen und „weder an Gut noch an Böse“ zu denken.

Ein Teich, ein Felsen, eine Blume – man kann sich auf jeden beliebigen Gegenstand konzentrieren. Der Roshi kann den Lernenden mit Mondos, einer Reihe schneller Fragen, verbal angreifen. An erster Stelle steht dabei das obengenannte Koan. Der Verstand des Meditierenden wird mit Hilfe abstrakter Paradoxien verwirrt. Widersprüchliche und verworrene Aussagen werden so dargestellt, daß er sich immer tiefer in die Suche nach der Wahrheit versenkt. Sollte er einschlafen, kann ihn der Lehrer anschreien oder schmerzhafte Schläge mit einem Keisaka (Warnstock) austeilen. Diese strenge Selbstdisziplin soll, gemeinsam mit den Fragen, auf die es keine Antwort gibt, eine neu ausgerichtete Wirklichkeitssicht auslösen. Ironischerweise „lehrt“ Zen nach den Worten von Dr. T. Susuki, einem führenden westlichen Zenlehrer, „nichts“.

Während die Zenvorschriften der Grundlage spezifischer theologischer Lehren entbehren, bewirkt die aus Zazen resultierende inhärente buddhistische Weltanschauung, daß der Meditierende sich als integrierten Bestandteil „des Ganzen“ betrachtet. Der Buddhismus geht davon aus, daß es nur ein einheitliches Wesen gibt und daß wir alle irgendwie einen Teil dieser Einheit bilden (Monismus). Diese Lehre steht im Gegensatz zu der christlichen Auffassung, daß der ewige Gott die Welt und den Menschen aus dem Nichts geschaffen hat. Somit ist kein Teil dieser materiellen Existenz ein Teil von Gott. Es gibt einen ewigen Unterschied zwischen dem Schöpfer und der Schöpfung. Die inhärent widersprüchliche Natur des anekdotenhaften Koan macht seine Anhänger bereit, Vernunft und Logik abzulehnen und sich statt dessen bei der Wahrheitsprüfung auf mystische Erfahrung zu verlassen. Zen ist schließlich eine egozentrische Suche nach subjektiver Autorität, während jegliche objektive moralische Autorität von Natur aus abgelehnt wird.

Weil Zen keinen Gott hat, spielen nicht einmal die Priester eine Rolle als Vermittler für die Sünden. Es gibt keinerlei Spekulationen zum Wesen der Schöpfung oder einem künftigen Leben nach dem Tod, denn alles, was man als wichtig betrachtet, wird in der Erfahrung des Augenblicks verkörpert.

Die Anhänger des Zen betrachten ihre Techniken als die Quintessenz des Buddhismus, die den Gläubigen aus allem Elend des Lebens befreit. Christen mögen Satori als eine falsche Erkenntnis geistlicher Einsicht betrachten. Viele junge Abendländer, die mit seinen rigorosen geistlichen Disziplinen experimentiert haben, sind jedoch offensichtlich von der Idee der narzißtischen „Nicht-Antworten" des Zen fasziniert.

Begründer: Siddhartha Gautama, geboren 563 v. Chr. in Lumbini, Nepal. Er starb 483 v. Chr. in Kapilvastu, Indien.

Schriften: Tripitaka-Kanon, unterteilt in Abidharma Pitaka; Vinaya Pitaka und Sutta Pitaka.

Symbole: Die Buddhafigur, stehend mit einem erhobenen Arm, sitzend im Lotussitz oder zurückgelehnt.

Anziehungskraft: Man geht davon aus, daß die Wahrheit eine subjektive Eigenschaft besitzt, die man nur erfahren, aber nicht objektiv weitergeben kann. Der Buddhismus ist für solche Menschen attraktiv, die objektive Glaubenssysteme steril finden und ihre mangelnde Spontaneität beklagen. An die Stelle der Vorstellung von einer moralischen Verantwortlichkeit in einem Leben nach dem Tod tritt eine passive Betrachtung traditioneller religiöser Themen. Die Erleuchtung verspricht einen Zustand der Glückseligkeit, der alles menschliche Verstehen übersteigt.

Ziel: Der „Achtfältige Pfad" verspricht seinen Nachfolgern die Befreiung von den vier Grundübeln der Menschheit: Sinnlichkeit, das Bestreben, sein Leben zu erhalten, falscher Glaube und Unwissenheit. Wer wie Buddha geworden ist, wird nur noch reine Gedanken haben, und ihm werden Wohlstand, Schmerz und Freude gleichgültig sein.

Irrtümer: Die ursprünglichen ethischen Ideale Buddhas verkümmerten zu einem System theologischer Dogmen mit Buddha als Gott und Nirwana als himmlischem Zustand nach dem Tod. Sekten, die Götzen verehren sowie dämonische Zeremonien und die Versöhnung von Geistern befürworten, stellen eine Form von Zauberei dar, wie sie die

Bibel verbietet (5.Mo.18). Das höchste Gebot Jesu, seinen Nächsten zu lieben wie sich selbst (Mt.22,35-39), steht im scharfen Gegensatz zu der Ichbezogenheit des Buddhismus, die in den von ihm beeinflußten Ländern zu einer sozialen Gleichgültigkeit geführt hat. Die Bibel schildert eine geordnete Welt unter der Herrschaft eines souveränen Gottes. Die Buddhisten sehen im Schicksal von Karma die einzige Kraft, die das Leben bestimmt, und unternehmen keinen Versuch, das Wesen und den Ursprung der Sünde zu erklären.

Quellenverzeichnis: Wilson and Wildon, Occult Shock and Psychic Forces (San Diego: Master Books, 1980); Walter Martin, The Kingdom of the Cults (Minneapolis: Bethany Fellowship, 1977); John Garabedian and Orde Coombs, Eastern Religions in the Electric Age (New York: Tempo Books, 1969); Great Religions of the World (Washington: National Geographic Society, 1971); J. Gordon Melton, The Encyclopedia of American Religions (Wilmington, N. C.: McGrath Publishing Co.,1978); Pat Means, The Mystical Maze (San Bernardino, Calif.: Campus Crusade for Christ, 1976); Religions of the World (New York: Barnes and Noble, 1965); Kenneth Boa; Cults, World Religions and You (Wheaton, III.: Victor, 1980); Naropa Institute promotional literature; To The Point International, 1. November 1976, 46; Ibid, 7. März 1977, 10; Newsweek, 18. August 1980, 52; Time, 14. Februar 1977, 86; Ibid., 27. Juli 1981, 71; The Denver Post, 11. März 1972, 8; Ibid., 18. Oktober 1974, 6BB; Ibid., 8. August 1975; Ibid., 11. Juni 1976: 7BB; Ibid., 16. Juli 1976, 7BB; Ibid., 20. August 1976, 5BB; Ibid., 3. September 1976, 2BB; Ibid., 14. August 1981, 26; „Is there a God“ (Broschüre der Buddhist Church of America).

Verbreitung/Adresse: Der Buddhismus ist in vielen asiatischen Ländern die beherrschende Religion. In den USA, aber auch in Westeuropa, gibt es in den großen Städten buddhistische Kirchen und Meditationszentren; das erwähnte Naropa Institute befindet sich: 1111 Pearl St., Boulder, CO 80302/USA.

4. Der Taoismus

Was haben Akupunktur und die östlichen Kampfsportarten gemeinsam? Beide Disziplinen betrachten den Körper als einen mikrokosmischen Organismus, der mit dem Makrokosmos des Universums in Einklang gebracht werden muß, um physisches Wohlergehen zu erreichen. Außerdem sind beide in einer östlichen Philosophie verwurzelt, die ein dualistisches Gleichgewicht lehrt, welches als Yin und Yang bekannt ist. Der Taoismus, dem diese Theorie entspringt, fiel in seinem Heimatland China der offiziellen Verfolgung durch die Regierung zum Opfer. Aber während die Kommunisten versuchen, diesen alten Glauben auszurotten, wird er im Westen in zunehmendem Maße als Heilmittel, als Gegengift in einem neurotischen und materialistischen Zeitalter betrachtet. Der Taoismus zählt nicht zu den großen Weltreligionen. Seine Lehren beeinflussen jedoch so viele moderne Kulte, daß ein kurzer Aufriß seiner Grundlagen wesentlich erscheint.

Lao-Tse wurde 604 v. Chr. im Süden Chinas geboren. Sein Name, der „kluges altes Kind" bedeutet, wurde aus der Legende abgeleitet, die berichtet, daß er als alter Mann geboren wurde. Als Archivar des politischen Lebens überdrüssig geworden, zog er sich aus der Gesellschaft zurück. Mehrere Jahrzehnte lebte er in einer Hütte an einem Berghang. Dort schrieb er mit achtzig Jahren die Bibel des Taoismus, Tao Te Ching. Das 5000 Worte umfassende Werk befaßte sich mit dem Wesen des Lebens im Zusammenhang seiner Harmonie mit dem Universum. Tao bedeutet „Weg", und Te heißt „Tugend". Deshalb wurde das Buch als „Der Weg der Tugend" oder einfach als Tao, „Der Weg", bekannt.

Chuang Tzu, ein chinesischer Philosoph aus dem dritten vorchristlichen Jahrhundert, verbreitete die Lehren Lao-Tses. Chuang glaubte, daß Tao Te Ching die Quelle aller Weisheit und die Lösung für alle Probleme des Lebens darstellt. Obwohl der Taoismus ursprünglich keinen Schöpfergott kannte, wurde das Prinzip von Tao schließlich mit einer Gottesvorstellung gleichgesetzt. „Bevor der Himmel und die Erde existierten, gab es etwas Unbestimmtes, Nebulöses . . . Ich kenne seinen Namen nicht und nenne es Tao", schrieb Lao-Tse.

Das Tao ist ewig und durchdringt alles. Der Taoismus lehrt, daß Friede dann entsteht, wenn Ereignisse und Dinge in natürlicher Harmonie mit der Kraft des Makrokosmos existieren können. Der Kluge sollte sein Leben nach Tao einrichten und passiv im Einklang mit dem Universum leben. Die Grundaussagen des Taoismus sind in praktischer Form als die sogenannten Drei Kleinode zusammengefaßt: Mitgefühl, Mäßigkeit und Bescheidenheit. Auch Güte, Schlichtheit, Milde und Reinheit sind Tugenden, die der Taoismus anstrebt.

Der für die Erörterung der modernen Kulte wichtigste Aspekt der taoistischen Philosophie ist die dualistische Sicht der einander entgegengesetzten Pole Yin und Yang. Diese beiden Prinzipien symbolisieren angeblich den ergänzenden Charakter aller Kräfte des Universums, die einander entgegengesetzt zu sein scheinen. Yin ist das negative Prinzip des Bösen, des Todes und der Weiblichkeit. Yin und Yang sollen in aller Materie vorhanden und Ordnung und Frieden nur möglich sein, wenn sich diese beiden Kräfte im richtigen Gleichgewicht befinden. Geraten sie aus dem Gleichgewicht, so ist der Rhythmus der Natur durch Zwietracht gestört und es entstehen Konflikte. Wie das Wasser sich selbst zu einem Gefäß formt, muß der Mensch es lernen, sein Yin und Yang im Gleichgewicht zu halten, um in Harmonie mit dem Tao zu leben, indem er Böses mit Gutem vergilt und Stärke mit Schwachheit überwindet.

Im Laufe der Zeit verwandelte sich der Taoismus in ein ritualistisches System des Aberglaubens, und Tao Te Ching wurde zu einer Quelle von Zaubersprüchen. Lao-Tse wurde in einen göttlichen Stand erhoben und durch Opferungen geehrt. Seine Jünger behaupteten, Macht über die Natur zu besitzen, und wurden zu Hellsehern und Exorzisten. Aus dem Idealismus früher taoistischer Spekulationen entwickelte sich eine Volksreligion, deren Hauptaugenmerk auf die Versöhnung von Dämonen durch Gaben gerichtet war, um damit ein sicheres Erdenleben zu garantieren.

Der Taosimus hat gewisse Ähnlichkeiten mit dem Buddhismus. Wie die Lehren von Siddhartha besteht auch der klassische Taoismus darauf, daß der Intellekt „das Unergründbare" (die „erste Ursache") nicht erfassen kann. Erkenntnis gewinnt man nicht durch Wissen oder Theorie, sondern durch Erfassen des Offensichtlichen. Der Glaube an ein unpersönliches lebenserhaltendes Prinzip ist nicht sehr weit von der atheistischen Einstellung des Buddhismus in ethischen Fragen entfernt. Tatsächlich ist der japanische Zen-Buddhismus sehr stark vom Taoismus beeinflußt. Viele New-Age-Kulte gründen sich auf eine Philosophie, welche die Prinzipien des Buddhismus und Taoismus auf synkretistische Art und Weise vereint.

Bücher und Universitätskurse, die auf dem „Tao der Physik" basieren, vertreten den Standpunkt, daß die Prinzipien des Taoismus wissenschaftlich nachweisbar seien. Wenn Forscher immer tiefer in die subatomare Physik eindringen, entdecken sie Phänomene, die auf eine gewissse Art von Dualität hinzuweisen scheinen (z. B. Protonen und Elekronen, Materie und Antimaterie).

Die meisten Wissenschaftler würden behaupten, daß solche Entdeckungen zufällig sind und in keinem Zusammenhang mit der weiterreichenden philosophischen Spekulation der Yin-Yang-Theorie stehen.

Die bloße Tatsache, daß Intellektuelle eine Integration der reinen Wissenschaft der Physik mit der im Grunde okkulten Hypothese des Taoismus ernsthaft in Betracht ziehen, wirft ein interessantes Licht auf die abendländische Vernunft.

Vor dem Hintergrund christlichen Denkens stand in der Geschichte die wissenschaftliche Forschung in den westlichen Ländern an erster Stelle. Forscher, Erfinder und Wissenschaftler gingen davon aus, daß ein Universum, das von einem souveränen Gott der Ordnung geschaffen wurde, exakten Regeln folgt, die zu einer systematischen Erforschung herausfordern. Die Methode der wissenschaftlichen Forschung, die der Menschheit so wunderbare technische Fortschritte eingebracht hat, hätte sich unter taoistischem Einfluß auch nicht annähernd gleich entwickelt. Während der objektive Nachweis die Grundlage westlicher Wissenschaft bildet, stellen die subjektive Erfahrung und der Mystizismus die Grundpfeiler östlicher Philosophie dar. In den letzten Jahrzehnten hat sich das östliche Denken der objektiven Überprüfung der subjektiv mystischen Erfahrung zugewandt, wohingegen das westliche Denken in zunehmendem Maße subjektiver und mystischer geworden ist. Wenn man im Westen eine Kombination von Wissenschaft und Subjektivismus für akzeptabel hält, wäre die Wahrheitsprüfung zur Bedeutungslosigkeit reduziert und die Tür für uneingeschränkte okkulte Erfahrungen geöffnet, die angeblich alle durch das „objektive" Urteil der Wissenschaft gebilligt würden.

Die „Star Wars"-Filmsaga (zu deutsch „Krieg der Sterne), zu der auch der Film „Das Imperium schlägt zurück" gehört, ist zutiefst von taoistischer Philosophie beeinflußt. Seinen Begriff von „der Macht" entlehnte Regisseur George Lucas sehr stark von der Hypothese einer Urenergie, einer universalen Kraft, die weder gut noch böse ist. Weil das Motiv des einzelnen über die moralische Wertigkeit der Kraft entscheidet (zum Beispiel benutzt Luke Skywalker „Die Macht" zum Guten und Darth Vader zum Bösen), verfügt sie somit über eine Dualität, deren positive und negative Komponenten gleichwertig sind.

Das ist natürlich mit der biblischen Theologie, die Gott als unumschränkte Quelle alles Guten sieht, nicht vereinbar. Satan, so sagt die Bibel, wurde von Gott geschaffen. Deshalb sind seiner Autorität und Macht Grenzen gesetzt. Als die Quelle alles Bösen tritt der Teufel dem Wirken Gottes entgegen, aber er ist kein ausgleichendes, Harmonie schaffendes Pendant.

Die Vorstellung von „der Macht" entstammt einer chinesischen Philosophie, die Ch'i (oder Ki) als die alles durchströmende und alles Leben erhaltende Energie betrachtet. Ch'i verkörpert das Wesen von Tao und besitzt die Doppelnatur von Yin und Yang. Beim Kampfsport ist das Gleichgewicht mit dem Tao dann hergestellt, wenn Ch'i den Körper durchströmt und dazu befähigt, den Gegner zu schlagen. Die Akupunktur betrachtet physiologische Gesundheit als einen Ausdruck ausgewogenen Gleichgewichts zwischen Yin und Yang. Geraten Yin und Yang aber aus dem Gleichgewicht, entstehen Krankheiten und Leiden. Um die Gesundheit wiederherzustellen, muß der Strom von Yin und Yang durch ein „Hautreizmittel", eine Akupunkturnadel, unterbrochen werden. Wenn das Gleichgewicht einmal wiederhergestellt ist, kann das Tao von Ch'i frei durch den Körper des Betreffenden fließen und ihn heilen. Auch in Yoga wurde das taoistische Prinzip von Ch'i als der Kraft, die das Leben und die körperliche Leistungsfähigkeit erhält, aufgenommen. Die Chakras von Yoga müssen sorgfältig ausgerichtet werden, so daß sich der Körper in Harmonie mit dem Tao befindet (obwohl Yogis im allgemeinen nicht diesen Terminus gebrauchen).

Dieser kurze Abriß konnte unmöglich alle Auswirkungen der taoistischen Philosophie auf das Denken der heutigen Zeit erforschen. Yoga und die östlichen Kampfsportarten werden in diesem Buch an späterer Stelle besprochen. Dem Leser wird dabei deutlich werden, wie wesentlich die Lehren des Taoismus für die Philosophie sind, auf die sich diese Disziplinen stützen.

Bewußte Christen mögen schlußfolgern, daß Lao-Tse auf eine grundsätzlich nichtchristliche Weltsicht gestoßen ist, die mehr oder weniger Eingang in alle östlichen Religionen gefunden hat. Wenn der Taoismus von sich behauptet, „den Weg" gefunden zu haben, so verträgt sich das sicher nicht mit der Aussage Jesu aus Johannes 14,6, daß Er der Weg ist. Da sich die westliche Welt immer mehr von der objektiven Erkenntnis offenbarter Wahrheit abkehrt und sich der subjektiven Auslegung erfahrener Wahrheit zuwendet, sollte der Leser die Auswirkungen dieses Stellungswandels in Wissenschaft, Religion und Kultur aufmerksam beobachten. Bohidharmas Jahre in jener

Höhle und das Leben Lao-Tses als Eremit in seiner Hütte könnten auf einen Trend zur geistigen Abgeschiedenheit im Westen hindeuten, der einen Rückschlag für den gesellschaftlichen und wissenschaftlichen Fortschritt bedeuten wird.

Begründer: Lao-Tse, ein Zeitgenosse von Konfuzius, geboren 604 v. Chr. in Südchina, gestorben 517 v. Chr., obwohl es Berichte gibt, die besagen, daß er nie wieder gesehen wurde, nachdem er seine Hütte in den Bergen verlassen hatte. Manche Autoren sind der Meinung, es handelt sich um eine Sagengestalt, und bezweifeln, daß er jemals gelebt hat.

Schriften: Tao Te Ching, ein 5000 Worte umfassendes Buch, das Lao-Tse in seiner Abgeschiedenheit geschrieben hat.

Symbol: Das Tao; im Kapitel über die östlichen Kampfsportarten findet sich eine detaillierte Beschreibung.

Anziehungskraft: Die ökologische Sorge um die Zerstörung der Umwelt macht den Aufruf des Taoismus, in Frieden mit der Natur zu leben, für die Jugend sehr attraktiv. Die Technik hat den Menschen der Natur entfremdet; im Gegensatz dazu fördert der Taoismus die Ehrfurcht vor den lebenspendenden, ursprünglichen Kräften.

Ziel: „Das Große Tao durchströmt alles", schrieb Lao-Tse. Man sollte nicht versuchen, seinen Ursprung oder sein Wesen zu entschlüsseln, sondern sich einfach seinem Strom anvertrauen. In Tao Te Ching heißt es: „Nachzugeben heißt, ganz bewahrt zu werden. Gebeugt zu werden bedeutet, gerade zu werden." Der Taoismus ist ein anti-intellektueller Glaube, der vielmehr das besinnliche Nachdenken über den Einklang mit den offensichtlichen Gesetzen der Natur fördert als das Erforschen und Verstehen des Wesens dieser Prinzipien. „Halte dich an die Wirkung und versuche nicht, das Wesen einer Sache zu entdecken", so könnte das Credo des Taoismus lauten.

Irrtümer: Der klassische Taoismus ist atheistisch und tendiert zum Pantheismus. Der moderne Taoismus ist eine polytheistische Religion mit Götzenverehrung und Geisterbefragung. Er fällt unter die Anklage von Römer 1,25, weil er das mutmaßliche Schöpfungsprinzip von Tao mehr verehrt als den persönlichen Schöpfergott der Bibel. Das beschauliche Leben der Tugendhaftigkeit und Milde mag ethisch akzeptabel erscheinen, es vernachlässigt jedoch die Beschäftigung mit dem sündhaften Wesen des Menschen (1.Joh.1,8) und bietet keine Hilfe, die Beziehung des Menschen zu Gott wiederherzustellen. Die Achtung der Naturgesetze sollte aus der Haushalterschaft des Menschen über die Erde entspringen und nicht eine Form religiöser Hingabe darstellen.

Quellenverzeichnis: Kenneth Boa, Cults, World Religions and You (Wheaton, Ill.: Victor, 1980); John Garabedian und Orde Coombs, Eastern Religions in the Electric Age (New York: Tempo Books, 1969); Religions of the World (New York: Barnes and Noble, 1965); Ernest H., J.Steed, Two Be One (Plainfield, N. J.: Logos International, 1978).

Verbreitung/Adresse: Vor der kommunistischen Machtübernahme war jeder elfte Chinese Taoist, vorwiegend polytheistisch/animistischer Prägung. Während der Taoismus in China zurückgegangen ist, wird er mit brennendem Eifer in chinesischen Gemeinschaften in Südostasien ausgeübt. Im Westen ist der Taoismus keine organisierte Religion, seine philosophischen Prinzipien finden sich jedoch in vielen östlich orientierten Kulten.

5. Islam

einschließlich Sufismus und „Black Muslims" (Schware Muslime)

Es gibt keinen Gott außer Allah, und Mohammed ist der Gesandte Gottes.

Diese zwölf Worte bilden Shahada, das Glaubensbekenntnis der Muslime (oder Moslems – „einer, der sich unterwirft"). Fünfmal am Tag antworten die Gläubigen, vom Scheich bis zum Kameltreiber, den Muezzins („Gebetsrufern") und verneigen sich in Richtung Mekka. Einige Moslems haben einen runden Fleck auf ihrer Stirn, ein unauslöschliches Andenken an die Tausende von Malen, die sie nach dem Gebot des Propheten den Boden berührt haben.

Dem Christen wird gelehrt, Gott für seinen Segen zu danken und ihn um seine Gunst zu bitten. Das ist bei einem Moslem anders. Sein passiver Fatalismus wird es ihm nicht gestatten, nach geistlichem Verdienst zu trachten oder materielle Fürsorge zu begehren. Islam bedeutet „Unterwerfung". Diese Definition ist für den Moslem gleichzeitig die Summe des Glaubens. Inshallah – „wenn Gott will" – ist der Inbegriff arabischer Konversation. In Umma (der Weltgemeinschaft des Islam) betrachten fromme Moslems jedes Ereignis, das zufällige und unbeabsichtigte, als einen Ausdruck von Allahs heiligem Willen.

Den Islam von seinem arabischen kulturellen Erbe zu trennen, ist unmöglich. Mehr als eine Religion ist er eine alles umfassende Lebensweise mit einem eigenen Rechtssystem und traditionellem Ehrenkodex.

Er ist ein intoleranter Glaube, der den Fortschritt behindert und die Frauen unterdrückt. Vielleicht sieht der Moslem deshalb die Dinge nur in schwarz-weiß. Für ihn gibt es nur zwei Klassen von Menschen: Dar ul-Islam – diejenigen, die sich unterworfen haben, und Dar ul-harb – die, die sich widersetzen. Letztere sind Freiwild für missionarische Unternehmungen, finanziellen Druck (z. B. das Ölembargo, das „Schwert" Allahs im Jihad („heiligen Krieg") oder welche Maßnahmen man auch immer als notwendig erachtet, um sie der Herrschaft des Islam zu unterwerfen.

Gegenwärtig finden wir den Halbmond und den Stern des Islam auf den Fahnen von mehr als einem halben Dutzend Nationen. Die Moslems haben sich aus ihren Lehmhütten und Wüstengebieten aufgemacht, um der Welt die Botschaft Mohammeds zu bringen, wobei sie auf christliche Evangelisationsmethoden zurückgreifen. Saudi-Arabien hat sogar einen Nachrichtensatelliten finanziert, mit dem die Vorschriften des Korans ausgestrahlt werden. Seitdem ägyptische Soldaten im Oktober 1973 den Suez gestürmt haben und das Ölembargo den Westen in die Knie gezwungen hat, ertönt der Ruf „Allahu Akbar!" („Groß ist Allah") mit neuer Leidenschaft.

Der Islam begann mit der mystischen Vision eines unscheinbaren Kameltreibers namens Ubu'l-Kassim (der als Mohammed bekannt wurde). Sechs Monate hatte er in einsamer Meditation in einer Höhle am Fuße des Berges Hira in der Nähe von Mekka zugebracht. Hätte er nicht eine Witwe mit Namen Khadijah, die fünfzehn Jahre älter war als er, geheiratet, hätte er sein Leben wahrscheinlich auf Karawanenreisen zugebracht. Khadijahs Reichtum gab Ubu'l-Kassim die Zeit, die er zum asketischen Nachdenken brauchte.

Mohammed wurde 570 n. Chr. in Mekka geboren. Er war noch ein Baby, als sein Vater starb, und als er sechs Jahre alt war, verstarb seine Mutter. Abu-Talib, ein Onkel, zog den Jungen auf und nahm ihn auf lange Reisen nach Ägypten und durch den Nahen Osten mit. Während dieser Reisen pflegte Mohammed lebhafte Diskussionen mit Juden und Christen. Aus diesen Begegnungen stammten die theologischen Vorstellungen, die später seine Lehre beeinflussen sollten.

Zur Zeit Mohammeds war die arabische Halbinsel von nomadisierenden Stämmen bewohnt, die verschiedene Formen polytheistischen Götzendienstes praktizierten. Zum Pantheon der Götter, die sie verehrten, gehörten Engel, Dämonen (Djinn) und eine oberste Gottheit mit Namen Allah. Es schien unwahrscheinlich, daß Ubu'l-Kassim sich einem so tief verwurzelten animistischen Religionssystem widersetzen würde. Er wurde von einem seltsamen Leiden befallen, bei dem er Schaum vor dem Mund hatte und in tranceartige Zustände fiel. Christen mögen sich rückblickend wohl fragen, ob diese Erscheinungen Symptome dämonischer Besessenheit widerspiegeln, wie sie die Bibel schildert. Mohammed selbst fragte sich, ob die Anfälle göttlicher oder teuflischer Natur seien. Seine Frau ermutigte ihn jedoch dazu, derartige Überlegungen fallenzulassen.

Nach islamischer Überlieferung begab er sich im Alter von vierzig Jahren in die Hirahöhle, wo er einem Wesen begegnete, das sich als der Engel Gabriel zu erkennen gab. „Verkündige!" rief Gabriel aus, während er Mohammed in die Unterwerfung drängte. „Verkündige im Namen Gottes, des Schöpfers, der den Menschen aus einem Klumpen Blut geschaffen hat!“ Während der folgenden regelmäßigen Besuche in der Hirahöhle wurden die Offenbarungen immer häufiger. Was er sah und hörte, wurde im Koran (Qu'ran, „Rezitation“), dem heiligen Buch des Islam, aufgezeichnet. Über einen Zeitraum von zweiundzwanzig Jahren lernte Mohammed alle 78000 Worte der 114 Kapitel des Korans auswendig und gab seine Lehren mündlich weiter (er war Analphabet).

Seine Lehren stießen bei der Mehrzahl der heidnischen Bevölkerung auf harten Widerstand. Reichtum und materieller Gewinn waren ihre „Götter“, und Mohammed (d. h. „der Gepriesene“) forderte, daß sie ihren Reichtum mit den Armen teilen sollten, wofür er ihnen ein herrliches Leben nach dem Tod versprach. Der Gott, den er verkündete, war ein übernatürliches Wesen. Er war Gesetzgeber und göttlicher Richter zugleich. Mohammeds Theologie kündigte einen Tag des Gerichts mit harter Bestrafung der Ungläubigen an. Dieser scharfen Warnung vor dem Unglauben wurden Himmelsfreuden, die die Gläubigen in Form von grünen Wiesen, Strömen von Wein und schönen Jungfrauen erwarten, entgegengesetzt.

Anfangs bekehrten sich nur wenige zu dieser Botschaft, denn die Angriffe auf die Götzenverehrung bedrohten den Lebensunterhalt der Geschäftsleute in Mekka. Die Anhänger Mohammeds wurden geschlagen und gesteinigt. 622 n. Chr. bekam Mohammed eine Vision, in der er vor Todesgefahr gewarnt wurde. Seine Flucht zu der ungefähr 400 Kilometer entfernten Oase Yathrib wurde als Hegira („Flucht“ oder „Auswanderung“) bekannt. Dieses Ereignis kennzeichnet den Beginn der Ära des Islam. Später wurde der Name Yathrib in Madinat al-Nabi (Medina), die „Stadt des Propheten“, umgeändert, nach Mekka das zweite geistliche Zentrum des Islam.

Um Geld für sein geistliches Streben aufzubringen, sanktionierte Mohammed Raubzüge, bei denen Karawanen überfallen wurden. Sogar in dem Monat, der in seinem Heimatland als traditioneller Friedensmonat galt, überfielen seine Anhänger gnadenlos unschuldige Bürger. Während dieser Zeit, als Mohammed als König und Prophet regierte, schmiedete er das islamische Konzept von Jihad („Anstrengung“), dem „heiligen Krieg“, das militärische Aktionen im Namen Allahs befürwortet. Wer im Kampf starb, würde sofort in das Paradies eingehen. 628 n. Chr. marschierte Mohammed mit 10 000 Mann nach Mekka und nahm die Stadt in einem unblutigen Überfall ein. Binnen zehn Jahren nach seiner Hegira hatte er ganz Arabien unter seiner Kontrolle.

Im Jahr 632 n. Chr., nicht lange nach seinem siegreichen Einzug in Mekka, starb Mohammed. Einer seiner ersten Jünger, Abu Bakr, wurde zu seinem Nachfolger bestimmt und entwickelte das System der religiösen Führer, der Kalifen. Von religiösem Eifer erfüllt, breiteten islamische Armeen ihre Botschaft in Indien, Nordafrika und Spanien aus. Hätte es im Jahre 732 nicht die Schlacht von Tours gegeben, wäre möglicherweise ganz Europa dem Druck der Botschaft des Korans unterlegen. Baghdad wurde zur Hauptstadt erklärt; der von dort aus regierende Kalif war der mächtigste Mann der Welt an der Spitze eines drei Kontinente umspannenden Weltreiches.

Die Herrschaft des islamischen Weltreiches sollte eintausend Jahre währen. Die Araber entwickelten das System der Algebra, und ihre architektonische Begabung half ihnen bei dem Entwurf des Spitzbogens, wie er später die hochaufragenden Kirchen Europas zieren sollte. Zucker, Papier, Aprikosen und Reis wurden in das Abendland eingeführt. Konstantinopel wurde 1453 zur Hauptstadt des Ottomanischen Reiches, das solange fortdauerte, bis sich die arabische Macht im zwanzigsten Jahrhundert abschwächte.

Wo liegt der Schlüssel zum Erfolg des Islam in Vergangenheit und Gegenwart?

Die Einfachheit und Direktheit des Korans bieten keinen Raum für Kompromisse. Seine Geschichte, seine Fabeln, Vorschriften und die drohende Schilderung der Hölle zwingen die Gläubigen zu ungeteilter Hingabe. Die Juden werden von Allah verdammt, und Christen wird gesagt, daß der Glaube an Christus als fleischgewordenem Gott „Gotteslästerung ist . . . wer Allah mit anderen Göttern in Beziehung bringt, den wird Allah vom Paradies ausschließen und sein Platz wird im Feuer sein“. (Die Lehre von Shirk verbietet es, irgend etwas oder irgend jemanden mit der Göttlichkeit Allahs in Verbindung zu bringen.)

Der Islam akzeptiert die Jungfrauengeburt Christi und auch den biblischen Bericht über seine Wunder. Die Auslegung dieser Ereignisse durch den Islam ist jedoch mit biblischer Theologie unvereinbar. Die Bibel wird als verfälschte Glaubensregel betrachtet, die der Botschaft Mohammeds unterlegen ist. Achtundzwanzig Propheten werden im Koran erwähnt, aber keiner kann sich mit dem letzten und größten aller Propheten – Mohammed – vergleichen. Obwohl er zehn Frauen hatte und zu militärischer Gewalt aufrief, zieht sein Grab Millionen von Jüngern an, die ihrem Respekt mit feierlicher Bewunderung Ausdruck verleihen. Er verbesserte die Lebensbedingungen der Sklaven, und obwohl seine Entscheidung, daß ein Mann vier Frauen haben konnte, mit geistlichen Idealen unvereinbar erscheint, stellte sie doch in seiner Zeit eine Verbesserung dar, denn er bestand darauf, daß jeder Ehepartner gleichrangig und freundlich zu behandeln sei.

Die Suren [surahs] (Kapitel) des Korans wurden durch den Hadith ergänzt, der Überlieferungen enthält, die von den Taten Mohammeds berichten. Als Nachtrag spielt er eine ähnliche Rolle wie der jüdische Talmud. Aber im Koran sieht man mehr als nur ein weiteres heiliges Buch des Islam. Die Moslems glauben, daß jedes Wort buchstäblich von Allah diktiert wurde.

Demzufolge beschreiben die Fünf Säulen des islamischen Glaubens verbindliche Verhaltensregeln. Diese Säulen sind:

1. *Das Aufsagen von Shahada.* Jeden Tag muß der Moslem öffentlich bekennen, daß allein Allah und außer ihm niemand Gott und Mohammed sein Prophet ist.
2. *Tägliches Gebet in Richtung Mekka.* Morgens, mittags, nachmittags, bei Sonnenuntergang und bevor sie schlafen gehen, müssen Moslems kniend ihre Gebete aufsagen, wobei die Stirn den Boden berührt. Für die meisten Moslemes läuft das wie ein mechanischer Vorgang ab, aber diese ständigen Wiederholungen dienen zur Stärkung ihrer Glaubensfrömmigkeit.
3. *Almosen (Zakat).* Ursprünglich war Wohltätigkeit ein freiwilliger Akt, um den Armen zu helfen und seine verbleibenden materiellen Güter zu reinigen. Heute ist das Prinzip, ein Vierzigstel seines Einkommens zu spenden, in den meisten Ländern des Islam zu einer festen Steuer geworden, die im Durchschnitt 2,5 Prozent pro Jahr beträgt.
4. *Fasten im Monat Ramadan.* Zwischen Sonnenaufgang und Sonnenuntergang ist es verboten, irgend etwas zu essen oder zu trinken. Das Datum wird nach dem Mondkalender bestimmt und erinnert angeblich an den Monat, in dem Gabriel Mohammed den Koran offenbarte.
5. *Hajj (Pilgerreise nach Mekka).* Jeder Moslem muß versuchen, einmal in seinem Leben diese Reise zu unternehmen – als Verdienst zugunsten seines Heils. Dort angekommen, läuft er siebenmal um die Kaaba (ein in Würfelform errichtetes Gebäude, in dem sich der Schwarze Stein befindet) herum. Wenn es in der dichtgedrängten Menge möglich ist, muß er den Stein (wahrscheinlich ein Meteorit) auch küssen, von dem die Moslems glauben, daß Gabriel ihn auf die Erde gebracht hat. Die Kaaba soll ursprünglich von Ismael und Abraham an der Stelle erbaut worden

sein, an der Adam das erste Mal zu Gott gebetet hat. Es werden weitere heilige Stätten in dieser Gegend besucht, und es können rituelle Opferungen von Ziegen, Schafen oder Kamelen durchgeführt werden. Pilger können auch Steine auf die heilige Säule werfen, um „Satan zu steinigen" – in Nachahmung der Szene, als Ismael den Teufel mit Steinen bewarf, als dieser versuchte, Abrahams Sohn davon abzubringen, sich den Plänen seines Vaters zu seiner Opferung zu fügen. (Im Koran heißt es, daß Abraham Ismael – und nicht Isaak – auf dem Berg Morija auf den Altar gelegt hat.)

Zu den Glaubensansichten und Praktiken, die mit dem Islam in Verbindung stehen, gehören: der Gebrauch eines 99teiligen Rosenkranzes für die unaussprechlichen Namen Allahs (das Kamel kennt angeblich als einziges Geschöpf den 100. Namen); das Abhalten von Massengottesdiensten für die Toten; das Verbot von Statuen und Musik in Moscheen; das Beharren auf Beschneidung; die Verschleierung des Gesichtes der Frauen durch Purdah sowie das Einhüllen ihres Körpers in den knöchellangen Chador; das Erlaubtsein von Polygamie; Abstinenz gegenüber Alkohol, Schweinefleisch und Glücksspiel; das Abhalten von Gemeindegottesdiensten am Freitag mittag; das Errichten von Minaretts (Türme, von denen zum Gebet aufgerufen wird); Abschaffung des Priesteramtes und Einsetzen eines Imam als Leiter des gemeinschaftlichen Gebets; der Glaube, daß Christus nicht gestorben ist, sondern in den Himmel entrückt wurde; die Lehre, daß Jesus in den letzten Tagen wiederkommen wird, um die ganze Welt zum Islam zu bekehren, und Durchsetzung des „Gesetzes der Abtrünnigkeit", wobei Anhänger anderer Religionen (besonders Christen) inhaftiert werden oder ihre Arbeitsstellen und möglicherweise ihr Leben verlieren können. Man sollte beachten, daß der Islam ein komplexer, viele Kulturen und Länder umspannender Glaube ist. Deshalb kann diese Aufzählung nicht als kategorisch betrachtet werden. Die Glaubensauffassungen und Praktiken verschiedener Sekten des Islam sind so mannigfaltig, wie man es auch in christlichen Denominationen findet.

Die in Shari'a („dem Pfad, dem man folgen muß") enthaltenen ethischen Vorschriften setzen die Moralvorstellungen und Lehren des Koran durch. Angesichts dessen, was der Moslem als Eindringen dekadenter westlicher Wertvorstellungen erlebt, scheint die strenge Durchsetzung des Grundsatzes „Auge um Auge" als strafrechtliches Prinzip des Shari'a eine wirkungsvolle Abschreckungsstrategie gegen

Verbrechen und Sittenlosigkeit zu sein. Von Bangladesh und Pakistan bis in den Iran und nach Saudi-Arabien werden Dieben und Ehebrechern noch heute die Strafen des Auspeitschens und Steinigens zuteil. Enthauptungen und Amputationen mögen grausam und hart erscheinen, für den Moslem stellen die Shari'as jedoch im Verlaufe von 1400 Jahren gesammelte ethische Normen dar, die in turbulenten Zeiten Disziplin auferlegen. Glücklicherweise sind so brutale Strafen selten, denn es werden hohe Forderungen an die Beweisführung gestellt. (Da Shari'a auch Wucher verbietet, sehen sich manche Banken im Nahen Osten gezwungen, neuartige Systeme auszuklügeln und Zinsen unter anderem Namen zu erheben.)

Nicht alle Moslems achten die Shari'as gleich hoch. Wie alle religiösen Bewegungen ist der Islam ein zersplitterter Glaube mit zahlreichen Sekten. Im folgenden werden die drei meist verbreiteten aufgezählt:

1. **Wahhabiten.** Diese Gruppe scheint die strengste und puritanischste zu sein. Sie wurde im achtzehnten Jahrhundert von Mohammed Ibn Abd al-Wahhab gegründet, der ein striktes Festhalten am Koran predigte. Die moralistische, autoritäre Herrschaft Saudi-Arabiens ist ein Beispiel wahhabitischer Frömmigkeit.

2. **Schiiten** (abgeleitet von Shi'ah, d. h. „Partisanen"). Sie glauben, daß nur die Nachkommen aus der Familie Mohammeds rechtmäßigen Anspruch auf ein geistliches Führungsamt haben. Weil Mohammed keinen Sohn hat, der ihn überlebte, wird sein Cousin und Schwiegersohn Ali (der seine Tochter Fatima heiratete) als Erbnachfolger des Propheten angesehen. Die Schiiten, die hauptsächlich im Iran, Jemen, Algerien und Irak anzutreffen sind, verehren auch die Shari'a, (wenn auch nicht mit dem gleichen Eifer wie die Wahhabiten). Etwa 10 Prozent aller Moslems gehören zu diesem Zweig des Islam. Ihre Führer, Imam genannt, führen ein dogmatisches geistliches Regime, wie das neuere Beispiel Ayatollah Khomeinis im Iran zeigte. Einige Schiiten glauben, daß ein Zwölferimam, der 882 verschwand, eines Tages als Messias, als „Madhi („der Geführte") wiederkommen wird, um sein Königreich auf der Erde aufzurichten. In Kaschmir marschieren einmal im Jahr junge Shiahs durch die Straßen von Srinagar und geißeln ihre Körper mit Messern und Ketten. Mit diesem Selbstverstümmelungsritual wird das Martyrium Husains, des Sohnes Alis und Enkelsohnes des Propheten, beklagt, der bei dem Versuch, den Sitz des Islam in Medina wiederherzustellen, niedergemetzelt wurde. Muawiya,

ein mächtiger islamischer Führer, hatte es abgelehnt, die Nachfolgerschaft Alis anzuerkennen. Er gab sich selbst den Titel eines Kalifen und verlagerte die Zentrale des Islam nach Damaskus. Dieses Geschehen führte zu einer immerwährenden Feindschaft zwischen den Schiiten und den Sunniten (weiter unten behandelt), die Muawiya nachfolgten. Im zwölften Jahrhundert tötete eine als Hashhashin („Haschischfresser") bekannte Gruppe der Ismailiten islamische Führer, während sie sich in einem berauschten Zustand unter Drogeneinfluß befanden. (Daher kommt auch das engl./franz. „assassin" – Mörder; dt. „Assassine" – Meuchelmörder.) Sie sind heutzutage als Kaufleute in Indien und in Nordafrika fest verwurzelt. Ihr Imam ist Aga Khan.

3. Die Sunniten (abgeleitet von Sunnah, „der Tradition des Propheten"). Neunzig Prozent aller Moslems betrachten sich als Anhänger dieser orthodoxen Sekte. Da Mohammed keine klaren Anweisungen bezüglich seines Nachfolgers hinterlassen hatte, entschieden sich die Sunniten dafür, daß ihre religiösen Führer von Vertretern der Gemeinde benannt werden sollten. Die Ulama, religiöse Gelehrte der Sunniten, haben weniger Macht als der Imam und werden als Lehrer und Weise betrachtet. Die Sunniten akzeptieren die Linie der Nachfolgerschaft über vier Kalifen: Abu Bakr, Omar, Othman und Ali.

Die Vielfalt des Islam ist einer seiner größten Vorzüge. In den Steppen Mittelasiens füllen fromme Moslems unter den wachsamen Augen der herrschenden Sowjetmacht jeden Freitag die Moscheen. Die Imams im Iran maßten sich eine diktatorische Herrschaft an, um damit den Schah von seinem „Peacock-Thron" zu vertreiben. (peacock bedeutet Pfau; „Peacock Throne" ist die Bezeichnung für den Thron der Könige Delhis, der 1739 nach Persien gelangte, d. Ü.). In der großen Sahara versammeln sich schwarze Afrikaner in Oasen, um den Koran zu studieren, ein Buch, das von einem Araber geschrieben wurde, dessen Nachkommen einst ihre Vorfahren auf Sklavenschiffen in die „Neue Welt" brachten. Im fernen Indonesien (mit dem größten islamischen Bevölkerungsanteil der Welt) lernen Studenten den Koran auswendig, während ihre Ältesten angestammte einheimische Gottheiten mit dem streng monotheistischen System des Islam vermischen.

In Anbetracht der Massaker unter Christen (5 Millionen in Türkisch-Armenien) und der Verfolgung von Missionaren gehen die Christen eher vorsichtig auf die im Westen lebenden Moslems zu. Von allen größeren Religionen bekehren sich vermutlich aus dem Islam die wenigsten Menschen zum Christentum, weil der Islam alle Lebensbereiche eines gebürtigen Moslems durchdringt. Für ihn kommt es fast einem Selbstmord gleich, sich zu Christus zu bekehren. Nur in wenigen Ländern des Islam gibt es Religionsfreiheit. Aber selbst dort, wo Religionsfreiheit vom Staat gewährt wird, steht ihr die Kultur des Landes entgegen. Wenn ein Moslem sich entscheidet, an Jesus Christus zu glauben, verliert er schon aus praktischen Gründen seine Familie, seine Kultur, seine Geschichte, seine wirtschaftliche Sicherheit und sein gesellschaftliches Leben. Wer um Jesu willen Allah verläßt, begibt sich von dem Leben in der Gemeinschaft des Islam auf den Weg eines sozial Ausgestoßenen. Christen sollten den heute lebenden geistlichen Nachfahren Mohammeds die scheinbare Arroganz, die sie zur Schau stellen, nicht übelnehmen. Gott hat auch Ismael versprochen, seine Nachkommen zu einem großen Volk zu machen (1.Mo.16,9-11; 17,20; 21,13+18; 25,12-18). Ihr zunehmender Einfluß in der Welt kann auch als Erfüllung biblischer Prophetie betrachtet werden.

Begründer: Der Prophet Mohammed; er wurde 570 n. Chr. als Ubu'l-Kassim in Mekka geboren und starb 632 in den Armen seiner Lieblingsfrau Aisha.

Schriften: Der Koran, der Gebete, Verhaltensregeln und Aufforderungen zum „heiligen Krieg" enthält. Er wird durch die Hadith-Überlieferungen ergänzt. Außerdem verehren die Moslems auch Tauret, die fünf Bücher Mose, Zabur, die Psalmen Davids und Injil, das Evangelium von Jesus.

Symbole: Halbmond und Stern.

Anziehungskraft: Die größte Anziehungskraft des Islam liegt in der Einfachheit seiner Botschaft: ein Gott, festgelegte Gottesdienstformen und eine klar definierte Bestimmung der menschlichen Seele. Sein System der Errettung durch gute Taten und leidenschaftliche Hingabe verspricht all denen Trost, die Wert auf eine äußere Zurschaustellung der Frömmigkeit legen, ohne dabei eine geistliche Wiedergeburt des inneren Menschen erleben zu müssen.

Ziel: Alle anderen Religionen werden als satanische Ausdrucksformen des Polytheismus betrachtet. Allah allein ist zu preisen und anzubeten. Mohammed betete ursprünglich mit dem Gesicht nach Jerusalem und gab den Juden eine Möglichkeit, sich seiner geistlichen Herrschaft zu unterwerfen. Als sie das ablehnten, verfolgte er sie scharf. Auch Christen muß man entgegentreten, notfalls mit Gewalt. Wenn Jesus Gott war, wäre es in den Augen eines Moslems für Gott ungerecht gewesen, sein eigenes Wesen zu strafen. Alle Moslems haben eine heilige Aufgabe: die ganze Welt der Herrschaft Allahs zu unterwerfen.

Irrtümer: Obwohl Allah allwissend, gnädig und barmherzig ist, begegnet ihm der Moslem mit soviel göttlicher Ehrfurcht, daß er praktisch unnahbar ist. Die Botschaft aus Johannes 3,16, daß „Gott die Welt so sehr geliebt hat", stellt eine für den Islam völlig fremde Vorstellung dar. Allah muß man fürchten und ihm streng gehorchen, aber seine Eigenschaften sind nicht persönlich im Herzen eines Menschen erfahrbar. Allah fordert ein genau festgelegtes System der Unterwerfung, bietet aber dafür keine unmittelbare Sündenvergebung an. Der Heilsgewißheit eines Christen (Joh.3,36; 5,24) steht nur die vage Hoffnung des Moslems gegenüber, der den Tag des Gerichts erwartet, an dem Werke und nicht Gnade über das Schicksal seines nächsten Lebens entscheiden werden. Christen können die Autorität des Korans nicht akzeptieren, weil er versucht, die Bibel zu ersetzen bzw. sich über sie zu stellen.

Quellenverzeichnis: „America's facing towards Mecca", kein Autor erwähnt, TIME, 23. Mai 1988, 49. Great Religions of the World (Washington: National Geographic Society, 1971); Religions of the World (New York: Barnes and Noble, 1965); Kenneth Boa, Cults, World Religions and You (Wheaton, Ill. Victor, 1980); Christianity Today, 21. März 1980, 24-27; Newsweek, 26. Februar 1979, 38-41; Christian Life, September 1977, 22-67.

Verbreitung/Adresse: Weil ein Sechstel der Weltbevölkerung dem Islam nachfolgen, sind seine Anhänger überall zu finden. Die Festungen des Islam befinden sich hauptsächlich im Nahen Osten, Indonesien und Nordafrika, wo mehr als 90 Prozent der Bevölkerung Moslems sind.

Sufismus

Die ausgefallenste Variante des Islam behauptet, daß man nicht über die Fünf Säulen zu Allah komme, sondern indem man sich durch Tanz in Trancezustände versetzt. Die Sufis (ihr Name leitet sich aus der Wolle [suf] ihrer Unterwäsche ab) sind ein mystischer Zweig des Islam, der in der asketischen Frömmigkeit von Mohammeds Nachfolgern verwurzelt ist. Al-Hasan von Basra (643-728) war ebenso wie Melvana Celaleddin Rumi, ein türkischer Mystiker aus dem dreizehnten Jahrhundert, ein früher Befürworter des Sufismus.

Der Sufismus legt mehr Wert auf die Gemeinschaft mit Gott durch Meditation und Rituale als durch Gehorsam gegenüber dem Koran. Indem sie Lehren des Islam mit christlichen und gnostischen Glaubensauffassungen vereint haben, entwickelten sie eine pantheistische Theologie mit der geistlichen Hierarchie der Awliya (Heiligen). An oberster Stelle steht Qutb, der Pol der Welt. Die religiösen Führer des Sufismus, die Shaiks, werden als Heilige betrachtet. Viele von ihnen leben im Zölibat, obwohl ihr Amt das nicht von ihnen fordert.

Während es dem „normalen“ Moslem genügt, sich dem Willen Allahs zu unterwerfen, will der Sufist eine unmittelbare ekstatische Erfahrung der Einheit mit Gott. Das Mittel, dies zu erreichen, ist der einst geheimgehaltene Ritus wirbelnder Tanzbewegungen. Rumi war derjenige, der asiatische Praktiken des Schamanismus umwandelte und zu einem ritualistischen Ansatz im Islam entwickelte. Seine Anhänger wurden als „wirbelnde Derwische“ bekannt (Derwisch heißt auf türkisch Bettler). Bis vor kurzem waren Derwische in ihrem türkischen Heimatland verboten, weil ihr Glaube als Hindernis für Modernisierungsabsichten betrachtet wurde.

Rumi beobachtete eines Tages einen Goldschmied bei seiner Arbeit und wurde davon in einen Zustand wirbelnder Ekstase versetzt. Er entwickelte eine spezielle Tanzfigur, die eine wirbelnde Bewegung erforderte. Um diese choreographierte Bewegung zu beherrschen, sind 1001 Trainingsstunden nötig. Derwische drehen sich eine Stunde oder mehr ohne irgendwelche Anzeichen von Erschöpfung und wiederholen den Namen Allahs als Gebet im Takt der begleitenden Musik. Schließlich fallen sie in einem bewußtlosen Trancezustand zu Boden, ein Vorgang, der ein „Erwachen aus der Gleichgültigkeit“ darstellen soll.

Bis vor kurzem war diese esoterische „Metaphysik der Ekstase“ ein Weg, der nur Eingeweihten zugänglich war. Jetzt treten Sufis öffentlich auf, und ihre Glaubensvorstellungen und Praktiken werden offen erläutert. Das Derwischritual wird als ein Weg vorgestellt, mit dem der Lehrer aus seinem Schüler die „Energie“ austreiben kann, die seiner geistlichen Entwicklung sonst hinderlich wäre. Als Kostüm trägt man einen weißen Rock als Symbol eines Leichentuches und einen hohen Filzhut, der einen Grabstein symbolisiert.

Zu den acht Prinzipien des Sufismus gehören: eine konzentrierte Atemtechnik, Rückkehr zu Allah aus einer materiellen Welt und das Bewußtsein der Göttlichen Gegenwart. „Wenn du dich drehst“, so sagt ein führender Anhänger des Sufismus, „wirbelst du nicht für dich selbst, sondern für Allah . . ., so daß das göttliche Licht auf die Erde herabsteigen kann.“

Obgleich der traditionelle Islam wenig Einfluß auf die Gegenkultur der Jugend in der westlichen Welt ausübte, hat der Sufismus bereits viele Tausend Anhänger. Das sufistische Ziel, durch rhythmischen Gesang und meditativen Tanz ein höheres Bewußtsein zu erreichen, fügt sich sehr gut in die mystische Landschaft der modernen religiösen Kulte ein.

Begründer: Melvana Celaleddin Rumi begründete diese Tradition 1273 in Konya in der Türkei. Pir Vilavat Inavat Khan ist der gegenwärtige Direktor und Präsident des Sufi-Ordens.

Schriften: Die Schriften des Islam und Werke der Gnosis.

Symbol: Samazen (Schüler) in Pose mit dem runden Rock bei der Vorbereitung auf Meditationsübungen im Laufen.

Anziehungskraft: Der Sufismus ist ein Weg des Einswerdens mit Gott durch ekstatische Erlebnisse – wenn man davon ausgeht, daß der von den Derwischen erreichte mystische Trancezustand eine Form der Gemeinschaft mit Gott darstellt. Die Faszination der „fremden“ Kultur, gepaart mit Methoden der religiösen Bewußtseinserweiterung, bildet einen fruchtbaren Boden für die Neugier der jungen Leute.

Ziel: In der sufistischen Literatur ist nachzulesen: „Der wichtigste Grundsatz des Sufismus ist: Isha Allah Ma’bud Allah, Allah ist Liebe, Liebender und Geliebter.“ Die Harmonie mit allen Religionen und Völkern der Welt soll dadurch hergestellt werden, daß sich jeder einzelne der Immanenz Gottes bewußt wird.

Irrtümer: Der Sufismus ignoriert praktisch die Frage von Sünde und Erlösung. Weil er kein System festgefügter Lehren besitzt, besteht sein Glaube in einer subjektiven, mystischen Interpretation der Wahrheit. Die Awliya können als Dämonen und Qutb als eine Verkörperung Luzifers angesehen werden. Der Trancezustand der Derwische weist die Merkmale in der Bibel beschriebener dämonischer Besessenheit auf.

Quellenverzeichnis: J. Gordon Melton, The Encyclopedia of American Religions (Wilmington, N. C.: McGrath, 1978); Sufistische Werbung in okkulten Zeitschriften; Time, 16. April 1979, 52; The Denver Post, 29. August 1975, 3BB; Ibid., 14. Mai 1976, B-9; Ibid., 14. Januar 1977, 5BB; Ibid., 25. Februar 1977, 5BB.

Verbreitung/Adresse: Sufi Order (Sufi-Orden), c/o Shahnawaz Jamil, 408 Precita Ave., San Francisco, CA 94110

Black Muslims – Schwarze Muslime

Wenn der Durchschnittsbürger den Begriff Black Muslims (Schwarze Muslime) hört, denkt er sofort an aufwieglerische Hetzreden gegen den „weißen Mann", den „blauäugigen Teufel". Er wird sich auch an den Tag erinnern, an dem ein gewaltiger Boxer, Cassius Clay, darauf bestand, fortan Mohammed Ali genannt zu werden. Echten Sportfans wird auch der Name von Kareem Abdul-Jabbar einfallen, der früher als das zwei Meter große Basketballgenie Lew Alcindor bekannt war.

1913 kam Timothy Drew, ein schwarzer Bürger aus North Carolina, unter dem Namen Noble Drew Ali („der edle Drew Ali") nach Newark in New Jersey. Er begründete die Moorish-American Science Temples (die „Tempel der maurisch-amerikanischen Wissenschaft") und lehrte, daß die schwarze Rasse marokkanischer (maurischer) Abstammung sei und daß Jesus ein Schwarzer war, der von weißen Römern getötet wurde. Viele seiner Lehren stammten aus dem „Evangelium des Wassermanns" (The Aquarian Gospel), einem okkulten Buch von Levi Dowling.

Als Ali starb, erschien plötzlich Wallace Fard, ein Hausierer aus Detroit, auf der Bildfläche und behauptete, die Reinkarnation Alis zu sein. Er beteuerte, in Mekka geboren und nach Amerika gesandt worden zu sein, um die Schwarzen von dem „kaukasischen Teufel" zu befreien (ethnologisch für die europäische weiße Rasse gebraucht, d. Ü.). Einer von Fards Sprechern, Elijah Muhammad [Elia Mohammed], (ehemals Robert Poole), half ihm bei der Gründung der „Islamischen Nation“ (Nation of Islam). Muhammad behauptete, daß Fard eine Inkarnation Allahs sei. Als Fard 1935 auf mysteriöse Weise starb, übernahm Muhammad die Leitung der Organisation.

Während er als Wehrdienstverweigerer im Zweiten Weltkrieg eingekerkert war, gewann Elijah Muhammad, der Gesandte Allahs, erfolgreich schwarze Gefangene für seine Sache. Seine Botschaft an sie war einfach: Wallace Fard war ein Gott – der von den Christen vorausgesagte Messias und der von den Moslems angekündigte Mahdi: Die weiße Bestie (die von einem geisteskranken schwarzen Wissenschaftler geschaffen wurde), durfte 6000 Jahre regieren. Diese Periode war 1914 abgelaufen. Die Zeit ist reif dafür, daß die Islamische Nation und die von Allah geleiteten heiligen schwarzen Gott-Menschen aufstehen und die Herrschaft über die Welt beanspruchen.

Malcolm X war das Sprachrohr Elijah Muhammads und ein redebegabter „Evangelist“, bis er am 21. Februar 1965 von einem der Rivalen Muhammads ermordet wurde. In den turbulenten Rassenauseinandersetzungen der sechziger Jahre stiegen die Mitgliederzahlen stark an. Dutzende Tempel wurden in der Nähe von Ghettos eröffnet – meistens in Kirchen, die von weißen Gemeinden, die an den Stadtrand flohen, verlassen worden waren. Eine Zeitung mit einer Auflage von einer halben Million Exemplaren „Muhammad Speaks“ (jetzt heißt sie Bilalian News) wurde von gut gekleideten, militant organisierten Jugendlichen verkauft.

Black Muslims kauften große Flächen Ackerland, um Selbsthilfeunternehmen zu fördern. Sie eröffneten Geschäfte und erweckten den Eindruck von Disziplin und Sauberkeit sowie eines hohen moralischen Niveaus. Obwohl sie durch ihre Rassenintoleranz von der Weltgemeinschaft des Islam getrennt waren, hielten sie sich an einige Vorschriften des Islam. Schweinefleisch, Glücksspiele, Rauchen und Alkohol waren verboten. Die Mitglieder beteten fünfmal täglich gen Mekka gewandt. Die Frauen wurden ermahnt, ihre Ehemänner zu ehren und mußten ihren Kopf bedecken. Der Koran galt als die heilige Schrift des Propheten Allahs, obwohl sie auch phantastische Vorstellungen darüber hegten, daß die schwarze Rasse vor 65 Billionen Jahren auf dem Mond entstanden sei.

Obwohl die meisten Kritiker ihre Theologie als „rassenfeindlich“ bezeichneten, beschrieben die Black Muslims ihre Ansichten lieber mit dem Begriff „gesellschaftliche Trennung“. Sie wünschten keinerlei Integration. Warum auch? Der Tag der Zerstörung des weißen Mannes würde kommen, und die Schwarzen sollten es vermeiden, in dieses Gericht hineingezogen zu werden. Die Vorstellungen von Himmel und Hölle wurden als irrelevant angesehen, hatten doch die Schwarzen in Amerika bereits die Hölle der Sklaverei durchlebt.

Nach dem Tod Elijah Muhammads im Jahr 1965 übernahm sein Sohn Wallace die Führung der Bewegung. Seine anfänglich glanzlose Führungsrolle ließ einigen Zweifel aufkommen, ob er als Nachfolger seines Vaters geeignet sei. Seine bedeutendste Leistung war der Verzicht auf die schrille Rassenhetze, die den Weißen Furcht und Schrecken eingeflößt hatte. Diesem neuen Image hat Black Muslims die offizielle Anerkennung als orthodoxe islamische Organisation unter der Bezeichnung „Community of Islam in the West" – „Gemeinschaft des Islam im Westen" eingebracht. Ihre Anhänger werden jetzt als „Bilaliten" (Bilalians) bezeichnet. (Bilal war angeblich der erste schwarze Nachfolger des Propheten Mohammed.) Die Mitgliederzahl dieser Gemeinschaft wird zwischen 50 000 und 150 000 geschätzt. Wie ernst ihnen die Gründung eines schwarzen Separatstaates ist, bleibt abzuwarten.

Begründer: Timothy Drew, geboren 1886 in North Carolina. Der gegenwärtige Erfolg von Black Muslims geht auf die Führungstätigkeit von Wallace Fard, Elijah Muhammad und Malcolm X zurück.

Schriften: Der Koran; auch die Bibel wird als eine Quelle der Wahrheit betrachtet, jedoch in umgedeuteter Form – ohne die Lügen des weißen Mannes.

Symbole: Halbmond und Stern des Islam.

Anziehungskraft: Schwarzen Jugendlichen in den Ghettos, die sich durch die Vorherrschaft der Weißen in der Gesellschaft ausgebeutet fühlen, wird die Vision einer von Schwarzen geführten Nation versprochen. Der Ruf nach nationalistischer Souveränität fördert die Selbstachtung auf der Grundlage eines strengen Moralkodex, der zum Wohlstand des einzelnen führt.

Ziel: Weil Gott schwarz und der schwarze Mann Gott ist, wird die Anerkennung dieser Tatsachen den Schwarzen helfen, „die Religion des weißen Mannes" abzustreifen. Black Muslims tritt für eine unabhängige schwarze Wirtschaft ein und fordert, daß ihnen sieben oder acht Staaten zur Gründung einer schwarzen Nation überlassen werden. Ihre strengen Regeln und moralisches Verhalten helfen ihnen bei der Rehabilitation von Ausgestoßenen der Gesellschaft.

Irrtümer: Wallace Fard ist der Gott von Black Muslims. Man glaubt, er sei der fleischgewordene Allah, der Retter der Menschheit. Das ist natürlich unvereinbar mit dem Anspruch Jesu Christi, der einzige von Gott gesandte Retter zu sein. Petrus' Vision in Apg. 4,12 läßt keinen Raum für die Überlegenheit einer Rasse. Die Bibel lehrt, daß alle Menschen Sünder sind (Röm.3,23; 6,23) und der rettenden Gnade bedürfen, ganz gleich welcher Hautfarbe sie sind.

Quellenverzeichnis: William J. Petersen, Those Curious New Cults (New Canaan, Conn.: Keats Publishing, 1975); J. Gordon Melton, The Encyclopedia of American Religions (Wilmington, N. C.: McGrath, 1978); Walter Martin, The Kingdom of the Cults (Minneapolis: Bethany Fellowship, 1977); „Black Muslims and the Baptist Witness" (Atlanta, Ga: Home Mission Board, SBC); Time, 10. März 1975, 83; Christianity Today, 12. Mai 1980, 29.

Verbreitung/Adresse: Tempel der Black Muslims befinden sich in allen größeren Städten der USA.

TEIL IV

EINE ENZYKLOPÄDIE DER KULTE

Aetherius-Gesellschaft

Die Aetherius-Gesellschaft zählt zu den bekanntesten Gruppen, die sich mit UFOs beschäftigen. Sie wurde 1954 von Dr. George King aus London gegründet; die Mitglieder werden dazu ermutigt, sich als Kanäle zur Kommunikation mit außerirdischen Wesen zur Verfügung zu stellen. Da King sich vorher mit Spiritualismus und verschiedenen Formen des Okkultismus beschäftigt hatte, war ihm die Leitung dieser ungewöhnlichen Sekte geradezu auf den Leib geschnitten. Die Gründung der Gesellschaft erfolgte auf eine Botschaft hin, die King von der „kosmischen Bruderschaft" der „Meister des Alls" erhielt – ihr Hauptsprecher ist Meister Aetherius vom Planet Venus. King war als erster Kanal auf der Erde auserwählt worden, durch den diese Wesen ihre Botschaften vermitteln wollten. Die Botschaften stammen unter anderem von Meister Jesus und sogar von Aetherius selbst, und sie wollen damit Erdlinge im Krieg gegen gewisse „Schwarze Magier" auf die Seite der „Meister des Alls" ziehen.

Die Zentren der Aetherius-Gesellschaft befinden sich in London, Detroit und Los Angeles. Die Gesellschaft gibt eine Zeitschrift mit dem Titel „Die kosmische Stimme" heraus. Die Mitglieder werden dazu ermutigt, mit Raumschiffen Kontakt zu halten und ihre Insassen zu unterstützen, deren Mission es ist, „Energie" durch Geist und Körper der King-Anhänger zu leiten.

Quellenverzeichnis: J. Gordon Melton, Encyclopedia of American Religions, Band 2 (Wilmington, N. C.: McGrath, 1978); Ronald Enroth, The Lure of the Cults (Chappaqua, N.Y.: Christian Herald Boods, 1979).

Siehe auch UFOs.

Amerikanische Indianer-Religionen

Die jungen, größtenteils weißen Mitglieder der Peyote Way Church of God feiern ihre Gottesdienste, indem sie in die Wüste wandern, Peyotl-Stücke kauen und auf Visionen warten. Peyotl ist ein halluzinogener Kaktus, der von amerikanischen Indianern legal zu religiösen Zwecken gebraucht werden darf. Er ist in der Native American Church (Kirche der Ureinwohner Amerikas) als Sakrament weit verbreitet.

Die Peyote Way Church of God wurde von Immanuel Trujillo, einem Halb-Apachen, gegründet, der – ironischerweise – einst gegen die Benutzung von Peyotl durch Weiße protestierte. Heute nimmt seine Gruppierung für sich in Anspruch, eine legitime religiöse Verbindung zu der Droge Peyotl zu haben, wodurch die Bestimmungen der Anti-Drogen-Gesetze umgangen werden. Sowohl die Peyote Way Church of God als auch die Native American Church bedienen sich der uralten Anbetungsmethoden der Nordamerikanischen Indianer.

Die amerikanischen Ureinwohner erlangten ihre Religionsfreiheit erst vor kurzem. Durch ein wegweisendes Gerichtsurteil von 1983 wurde die Forstverwaltung daran gehindert, eine Straße entlang der Siskiyou-Mountains zu bauen. Dieses Gebiet wurde jahrhundertelang von den Stämmen der Karok, Tolowa und Yurok zu religiösen Zwecken genutzt. Sowohl der amerikanische Bundesgerichtshof als auch das Bundes-Berufungsgericht bestimmten, daß die Nutzung der Wildnis von amerikanischen Ureinwohnern zu religiösen Zwecken entsprechend der Verfassung zu schützen ist.

Ein Bundesrichter im Staate New Mexico entschied 1986, daß der Gebrauch von Peyotl von Indianern sakramental sei. Eine Restaurantkette wurde der religiösen Diskriminierung für schuldig befunden, weil sie sich geweigert hatte, einen Mann aus dem Stamme der Navajo-Indianer einzustellen, der nach eigener Aussage während religiöser Zeremonien Peyotl nahm.

Das in seinem chemischen Aufbau und in seiner Wirkung dem LSD und dem Meskalin sehr ähnliche Peyotl war früher außerhalb seines natürlichen Wachstumsgebiets im Nordosten von Mexico und im Tal des Rio Grande kaum bekannt. Die spanischen Eroberer des 16. Jahrhunderts fanden heraus, daß die Azteken diese Droge nahmen. Einer von ihnen kommentierte, daß „diejenigen, die davon essen, Visionen sehen, die entweder furchterregend oder lächerlich sind . . . [Es] verleiht ihnen Mut im Kampf, so daß sie weder Angst noch Hunger noch Durst empfinden; und sie sagen, daß es sie vor Gefahren schützt."

Nach dem Niedergang der Zivilisation der Azteken wurde Peyotl von den mexikanischen Wüstenstämmen weiter verwendet, insbesondere von den Huichol und Yaqui. Nach dem amerikanischen Bürgerkrieg wurde es von plündernden Horden der Comanchen und Kiowa nach Norden gebracht, wo es sich schließlich auf über 50 Stämme verbreitete. Der Gebrauch von Peyotl wurde dem Christentum, das die Stämme von katholischen und protestantischen Missionaren übernommen hatten, hinzugefügt. John Wilson, der Caddo-Delaware-Indianer, der die Ghost-Dance-Bewegung Ende des 19. Jahrhunderts ins Leben rief, berichtete von seiner unter Einfluß von Peyotl empfangenen Vision. Wilson sagte, er habe den Weg gesehen, „der vom Grab Christi zum Mond am Himmel führt und den Christus bei seiner Himmelfahrt gegangen ist", und ihm sei befohlen worden, auf diesem Weg bis zu seinem Lebensende zu bleiben.

Im Jahre 1918 gründeten Indianer, die Peyotl nahmen und gleichzeitig für sich beanspruchten, Christen zu sein, auf einen Vorschlag des weißen Anthropologen James Mooney hin die Native American Church. Im Jahre 1960 entschied ein Richter in Arizona, daß der Gebrauch von Peyotl durch Indianer sakramental sei. Im Jahre 1968 begrenzte das Bundes-Drogengesetz den Gebrauch von Meskalin und Peyotl auf Personen, die mindestens zu einem Viertel indianischer Abstammung sind.

Der Peyotl-Kult und die indianische Philosophie wurden in den 60er und 70er Jahren durch die Bücher von Carlos Castaneda bekannt gemacht. In jüngerer Vergangenheit wurde ein Wiederaufleben des Interesses an den Religionen der Ureinwohner Amerikas durch die Bücher und Vorträge von Lynn Andrews bewirkt, diesmal mit einem Beigeschmack von New Age. Obwohl ihr Ansatz ein feministischer ist und sie den Gebrauch von Drogen zur Selbsterfahrung nicht befürwortet, hat sie doch die starke Betonung von Totem-Geistern und Schamanismus mit Castaneda gemeinsam.

Der Schamane – oder Medizinmann – wurde von fast allen nordamerikanischen Indianern respektiert. Als wichtigste religiöse Figur der meisten Stämme hatte der Medizinmann die Funktionen von Priester, Wahrsager und Arzt inne. Schamanen waren größtenteils männlich – lediglich einige Stämme erlaubten Frauen, dieses Amt zu bekleiden. Von den Schamanen der Eskimos wird erzählt, daß sie Krankheiten dadurch heilten, daß sie ihren Körper in Astralreisen verließen, um die verlorengegangene Seele des Patienten zu suchen, die dann dem kranken Körper zurückgegeben wurde.

Man suchte schamanistische Fähigkeiten durch Träume oder Visionen zu erlangen, meistens in Verbindung mit Totemtieren oder „Machtwesen", die den Suchenden lehrten, wie die magische Heilung und das ihm gewährte Wissen anzuwenden seien. Manchmal benutzten die Schamanen ihre Macht für weniger ehrenwerte Zwecke und wurden deshalb gefürchtet. In manchen Regionen waren Hexenkunst und Magie nichts Außergewöhnliches, wie z. B. Hexenmeister, denen die Fähigkeit, sich in Vögel oder andere Tiere zu verwandeln, zugeschrieben wurde.

Unter einigen Stämmen nährten komplizierte Bestattungspraktiken den Glauben an Geister und ein Leben nach dem Tod. Jeder Stamm hatte seine eigene Sicht des Universums, jedoch glaubten die meisten an eine verwirrende Vielzahl von Geistern. Jede Pflanze und jedes Tier hatte einen Schutzgeist, und viele Stämme beobachteten strikte Jagd- und Fischereirituale, um den Hirsch oder Lachs nicht zu beleidigen. Manche Stämme glaubten an einen einzigen Schöpfer – den Großen Geist. Andere verehrten untergeordnete Götter und eigenartige Märchen-Figuren. Die Hopi glaubten an eine zyklische Serie von Schöpfungen und Welten, während andere die Schöpfung mit der Behauptung leugneten, die Welt habe schon immer existiert.

Das Streben nach Visionen, einsame Reisen in die Wildnis, um Führung von Geistern zu erlangen – das war in vielen Stämmen eine populäre Form von Reiferitual. Sie erforderten nicht immer die Verwendung von Drogen. Manchmal wurden Visionen durch Fasten und erzwungene Schlaflosigkeit an einem einsamen Ort ausgelöst.

Belastungsrituale im Namen der Religion waren in vielen Stämmen nichts Außergewöhnliches. Die Prärie-Indianer praktizieren immer noch den heiligen Sonnentanz, bei dem die Männer vier Tage lang tanzen, ohne zu essen, zu trinken oder zu schlafen. Bei den Sioux und einigen anderen Stämmen wurde während des Sonnentanzes qualvolle Selbstkasteiung praktiziert. Die Tänzer spannten alle Kräfte an, um sich von Stricken loszureißen, die an hölzernen Spießen befestigt waren, die ihrerseits Rücken und Brust der Tänzer durchbohrten. Solche alten Rituale werden mit neuem Eifer von jungen Anhängern indianischer Religionen praktiziert, um die schamanistischen Mysterien der Stammeszeremonien wieder zu erlangen. Die Christen wissen um die Überflüssigkeit solcher Rituale, denn Gott erwartet vom Menschen nicht, daß er sein Würdigsein durch Leiden beweist.

In unserem komplizierten technologischen Zeitalter wirken die einfacheren Arten des Glaubens und Lebensstils der Ureinwohner Amerikas attraktiv auf geistlich enttäuschte Menschen. Doch eine solche Nostalgie bezüglich dieses primitiven Lebensstils beruht auf einer Fehlinformation. In Wahrheit verbrachten die meisten Indianer ihre Tage in Sorge um das Überleben. Sie ernährten sich vom Jagen, Sammeln oder dem Ackerbau und mußten sich mit den Launen der Naturgewalten auseinandersetzen, die oftmals den Erfolg einer Jagd oder eine gute Ernte zu verhindern drohten. Dies spiegelt sich in ihren Religionen wider: sie begründeten Riten zum Besänftigen von Geistern, die in einem Augenblick wohlgesonnen sein konnten und im anderen schon wieder grausam. Im Gegensatz dazu lehrt die Bibel, daß wahre Rettung von Gott kommt und nicht von unter Peyotleinfluß empfangenen Visionen oder Geistern in Form von Tieren.

Begründer: Die meisten amerikanischen Indianerreligionen haben ihren Ursprung in den Traditionen der Eingeborenen. Die Native American Church christlicher Indianer, die Peyotl in gottesdienstlichen Zeremonien verwenden, wurde im Jahre 1918 von indianischen Anhängern des Peyotl-Kults auf Vorschlag von James Mooney gegründet.

Literatur: Amerikanische Indianerreligionen verfügen über mündliche Überlieferungen von Urmythen und volkstümliche Erzählungen über Stammeshelden und Menschen in Tiergestalt. Einige von ihnen wurden von Anthropologen übersetzt und aufgeschrieben, die meisten jedoch sind Außenstehenden unbekannt.

Symbol: Die kulturellen Symbole variieren von Stamm zu Stamm. Beispiele hierfür sind Tiere, Vögel, Pflanzen, Naturphänomene, übernatürliche Wesen, weibliche und männliche Helden, Masken, Totems, zeremonielle Kostüme, Sandmalereien, Ahnengeister, Lieder und Tänze.

Anziehungskraft: Der moderne Mensch mag eine Art primitiver Weisheit in der Religion der Ureinwohner Amerikas entdecken und von der Idee der Harmonie zwischen Mensch und Natur angezogen werden.

Ziel: Traditionelle amerikanische Religionen dienten vornehmlich zur Interpretation des Lebens, wobei zwischen den säkularen und religiösen Aspekten des täglichen Lebens kaum unterschieden wurde.

Irrtümer: Kaum eine Indianerreligion erkennt die christliche Lehre von Sünde und Erlösung an, da der Mensch als ein Teil der Natur betrachtet wird und somit nicht erlösungsbedürftig durch einen Messias oder Retter ist. Die Betonung liegt auf Spiritismus und Pantheismus. Spirituelle Visionen werden absichtlich durch das Einnehmen von Peyotl und anderen Drogen herbeigeführt. Der Glaube an Totemtiere kann zu okkulten Erfahrungen mit Dämonen führen. Schamanismus schließt Praktiken ein, die der Magie und Hexenkunst sehr ähnlich sind.

Quellenverzeichnis: The Anchorage Times, 29. Januar 1978, B4; Christianity Today, 26. Juni 1981, 37; Dallas Times Herald, 14. Dezember 80, 6, 8-9, 13-14, 31; Denver Post, 2. August 1974, 3HH; East West Journal, Mai 1977, 55: Ibid., Juni 1984, 30, 36; Encyclopedia Britannica, 15. Ausgabe , 1986, Band 13, 322, 326, 329, 332, 335, 339, 343, 347, 351-352; Ibid., Band 26, 1033-1034; Liberty, Mai – Juni 1986, 6; New Age Journal, Juni 1984, 46; Rocky Mountain News, 4. April 1986, 45.

Ananda Marga Yoga-Gesellschaft

Welche am Hindu-Glauben orientierte Gruppe würde es wagen, ihren Gründer Maha-Guru (avatar – Inkarnation Gottes) zu nennen, obwohl er wegen Mordes zu einer lebenslänglichen Gefängnisstrafe verurteilt wurde? Die Ananda Marga Yoga-Gesellschaft beansprucht diese Bezeichnung für ihren Führer Shrii Shrii Anandamurti (auch unter dem Namen Prabhat Ranjat Sarkav bekannt), der in einem weiteren Prozeß für unschuldig befunden wurde. Dennoch zeigt die indische Regierung immer noch Mißfallen an dieser Organisation mit der Begründung, daß sie eine faschistische Grundhaltung aufweist und rituellen Mord lehrt. In den USA hat die Gruppe jedoch ein völlig anderes Image. Dort zählt sie schätzungsweise zwischen 3000 und 4000 Mitglieder, die dem Weg des Ananda Marga („Freude“) folgen. In Australien weist die Sekte eine der stärksten Anhängerschaften auf.

Dieser Weg der Freude und Glückseligkeit beruht auf Prinzipien und Praktiken des Yoga und schließt ein Jüngerschaftsverhältnis zu einem Guru und eine tägliche Mantra-Meditation ein. Besondere Betonung wird auf den *Kiirtan-Tanz* gelegt, bei dem man sich mit erhobenen Armen hin- und herbewegt. Die Bewegung wird von einem Sprechgesang begleitet, der als *Baba Nam Kevalam* bekannt ist („Der kosmische Vater ist überall“). Die choreographischen Schritte des Tanzes dienen dazu, die spirituelle Vibration zu erhöhen und zu der Erkenntnis zu verhelfen, daß „die ganze Schöpfung eine Manifestation Gottes ist“. Zusätzlich zu den *kundalini*-Yoga-Praktiken wird zu wohltätigen Diensten der Gesellschaft gegenüber ermutigt, wobei „der im Ego verhaftete Geist gebrochen werden soll“.

Quellenverzeichnis: Pat Means, The Mystical Maze (San Bernardino, Calif.: Campus Crusade for Christ, 1976); The Denver Post, 15. August 1975, 4BB.

Die Anthroposophische Gesellschaft

Aufgrund des „deutschen“ Pragmatismus und des unerschütterlichen lutheranischen Erbes entstanden in Deutschland über Generationen hinweg nur sehr wenige esoterisch-religiöse Organisationen. Rudolph Steiners Anthroposophische Gesellschaft bildet dabei eine herausstechende Ausnahme. Steiner, 1861 in Österreich/Ungarn geboren, wurde zunächst Theosoph und leitete den Deutschen Zweig der Theosophischen Gesellschaft, der 1902 gegründet wurde. Doch schon nach einigen Jahren trennte sich Steiner von den Theosophen, da diese die Bedeutung der fernöstlichen Religionen immer mehr betonten. Die Anthroposophie („die Weisheit des Menschen“ von anthropos, „Mensch“ und sophia „Weisheit“) wurde zu seiner Philosophie. Diese „spirituelle Wissenschaft“, eine Form des „wahren Christentums“, wird auch als „christlicher Okkultismus“ bezeichnet.

Steiner übernahm verschiedene Elemente aus mystischen Traditionen und stellte die Theorie auf, daß sich der Mensch und die Erde auf einer Reise der fortschreitenden Entwicklung befinden, die von bestimmten Wesen der „übersinnlichen“ Geisterwelt überwacht wird. Die Konzepte der Reinkarnation, karma, chakras und Meditation sind Bestandteile seines Systems, nach dem die Vollkommenheit des Menschen durch eine Abfolge von Wiedergeburten erreicht wird. Auch die Erde durchläuft evolutionäre Zyklen, ihr momentaner Zustand ist die vierte Reinkarnation. In seinen mehr als hundert Büchern entwickelte Steiner phantasievoll eine komplexe Geschichte der Menschheit, die Mythologie der Stadt Atlantis eingeschlossen.

Christus, der bis zu seiner Taufe im Jordan, bei der er die Christus-Essenz erhielt, menschlich war, ist der einzige, der nur eine Inkarnation durchlaufen mußte. Seine geistige (nicht körperliche) Auferstehung wurden von den Jüngern als Vision wahrgenommen. Durch Steiners Meditationstechniken werden alle, die der Anthroposophie folgen, auch den Christus in ihnen erfahren. Anthroposophen betrachten die Bibel zwar als wertvolles Dokument mit geheimen Erkenntnissen, ihre Hauptbetonung liegt jedoch auf den Werken Rudolf Steiners, denen eine Autorität über die Bibel hinaus zuerkannt wird. Beim Meditieren über die Worte Steiners erhält man die Fähigkeit, mit Wesen der Geisterwelt zu kommunizieren.

Weitere Konzepte der Anthroposophie sind: *Eurhythmie,* eine Form der rhythmischen Bewegung; Waldorf-Schulen, in denen das geistige Bewußtsein in Kindern geweckt werden soll; der „Fall" der Menschheit, bei dem der Mensch auf eine niedrigere Bewußtseinsstufe zurückgefallen ist und der Erkenntnis über seinen Ursprung und sein Ziel nicht mehr fähig war.

Das Hauptquartier der Anthroposophen befindet sich in Dornach bei Basel in der Schweiz. Ein Zweig der Anthroposophischen Gesellschaft bietet eine „christianisierte" Anthroposophie an und nennt sich *Christengemeinschaft.* Innerhalb dieser Christengemeinschaft gibt es Priester, die sich um das Wohl der Gemeinschaft kümmern. Sie existiert unabhängig von der Anthroposophischen Gesellschaft, hat aber auch keine Anbindung zum traditionellen Christentum. Obwohl Steiner lehrte, daß eine Form des mystischen Christentums die veralteten östlichen Religionen ersetzt, war sein synkretistisches Ergebnis ein okkultes System, das eher auf Spiritualität abgestimmt war als auf das Evangelium. Rudolf Steiner war ohne Zweifel ein intelligenter, klar denkender Mann, dessen Christusbild als „Herr des Karma" von seiner eigenen subjektiven Interpretation okkulter Phänomene beeinflußt wurde.

Quellen: SprirRitual Counterfeits Project Newsletter, Band 3, Nr. 1, (Februar 1977), 4 – 7; J. Gordon Melton, The Encyclopedia of American Religions, Band 2 (Wilmington, N. C.: McGrath, 1978).

Siehe auch Theosophie.

Arica-Institut

Was will man eigentlich mehr als „körperliche Vitalität . . . einen klaren Verstand . . . eine immer höher werdende Bewußtseinsebene" und eine „vollkommene Gesellschaft"? Genau das verspricht das Arica-Institut. Das Wort „Arica" kommt aus der Quechua-Sprache (die Sprache der Indianer in den Anden) und bedeutet „offene Tür." Arica ist außerdem der Name einer chilenischen Stadt, zu der es im Jahre 1971 54 Amerikaner zog. Sie waren von dem bolivianischen Philosophie-Lehrer und Mystiker Oscar Ichazo eingeladen worden.

Ichazo bot diesen Wahrheitssuchenden an, sie über die Grenzen ihres Selbst hinweg zu den „Ewigen 24" zu führen, ein Geheimname, der den mysteriösen Zustand der „Einheit mit der Leere" beschreibt. Die ursprünglich kleine Gruppe ist inzwischen auf etwa 25 000 Anhänger (nach Schätzungen von Arica) angewachsen, die Ichazos Schulung durchlaufen haben. Außerdem gibt es 2500 neue Kandidaten, die für die Einführung in Arica jeweils 995 Dollar locker machen müssen. Arica-Lehrer nennen ihre Übungen „wissenschaftlichen Mystizismus", der *Toham Kum Rah* offenbaren soll, „der mystische Name des strahlenden Wesens" in jeder Person.

Arica hat Elemente aus den Religionsphilosophien des Hinduismus, Zen und des Tibetanischen Lamaismus übernommen (in der Arica-Literatur wird jedoch betont, daß es sich um keine Religion handelt), woraus die Psycho-Gymnastik entwickelt wurde, eine Abfolge von 23 Bewegungs- und Atemübungen, die die Lebensenergie wecken sollen. Eine dieser Übungen heißt zum Beispiel *Audicon Plantar,* wobei die Schüler auf dem Boden liegen und Töne mit ihren Füßen aufnehmen. Zusätzlich zu Atemübungen, afrikanischen Tänzen, ägyptischer Gymnastik, hinduistischen Mantras und Gesängen praktizieren Arica-Anhänger sogenannte „geistige Übungen". Dabei soll sich der Schüler eine genau begrenzte Zeitspanne auf einen bestimmten Bereich seines Körpers konzentrieren: zum Beispiel 8 Minuten und 40 Sekunden auf Darm und Niere, 10 Minuten und 45 Sekunden auf die Leber usw.

Durch dieses Angebot, den Kern der Vollkommenheit des Menschen wiederherzustellen, ist Arica für viele attraktiv, die emotional verwirrt oder von anderen Selbstverbesserungstherapien enttäuscht sind. Ironischerweise macht Oscar Ichazo das Böse im Menschen dafür verantwortlich, daß seine Ideen von der Gesellschaft nicht völlig angenommen werden. Er bietet nun an Universitäten und anderen Einrichtungen 40 Tageskurse an (ursprünglich dauerten die Schulungen drei Monate).

Quellenverzeichnis: Time, 29. Mai 1972, 88; Ibid., 9. November 1981, 20; East-West Journal, Juni 1976; Arica Informationsbroschüren.

Asatru-Gemeinschaft

Nordischer Neopaganismus

Der frühere Katholik Steve McNallen tauschte das Christentum gegen eine heidnische Religion ein. Seine Suche nach einer anderen Religion begann, als er kurz vor seinem Abschluß an der Midwestern University in Wichita Falls in Texas stand. Über einen Zeitraum von zehn Jahren stellte McNallen Nachforschungen über Nordische Religionen an und stellte eine Sammlung von heidnischen Gebeten zusammen, bevor er das Asatru Free Assembly in Breckenridge/Texas gründete. Rein äußerlich ähnelt der rotbärtige Steve McNallen der männlichen Gottheit Thor, den er verehrt; er behauptet, Kraft und Weisheit durch das Vorbild der alten nordischen Götter und Göttinnen zu erlangen. Außerdem glaubt er, daß der Mensch in stärkerer Harmonie mit der Natur lebt, wenn er die Veränderungen des Mondes und der Sterne beobachtet.

McNallen und seine Frau Madeline Hutter, die ebenfalls vorher Katholikin war, richteten in ihrem Haus ein Büro ein, um die Zeitschrift *Runestone* zu veröffentlichen, die etwa 500 Abonnenten hat. Asatru weist etwa 1000 Anhänger in den Vereinigten Staaten auf. Ihre Vereinigung ist nur die Spitze eines neopaganistischen Eisbergs nordischer Religionen, zu denen Tausende gehören, die an die skandinavische Mythologie glauben. Steve McNallen gibt an, daß Gruppen wie die *Odinist Fellowship,* das *Odinist Committee* in England, *Asatrufolks* in Island und das *Asatru Free Assembly* in einem Zeitraum von nur wenigen Monaten entstanden, ohne daß sie voneinander wußten. Steve McNallen und seine Frau verehren nordische Gottheiten wie Thor, Odin, Freya (die bedeutendste Gottheit des Vanir, einer Rasse der Fruchtbarkeitsgötter) und Frigga, die einäugige Gemahlin Odins. Odin hat den höchsten Rang unter den Göttern, der mächtige Thor aber ist der beliebtere. Thor ist Odins Sohn und Gott des Himmels, des Donners und der Fruchtbarkeit. Er ist außerdem verantwortlich für Gesetz und Ordnung in Midgard, der Welt der Menschen. McNallen sagt: „Jeder kennt Thor. Er ist der Kumpel unter den Göttern . . .“

Die Ehe zwischen McNallen und seiner Frau wurde in einem ritualistischen Fest, genannt *Althing,* neu geschlossen, wobei nach einer zeremoniellen Feier ein Hammer als Opfer für Thor verbrannt wurde. Aus verschiedenen Staaten kamen Besucher, um an Wikingerspielen teilzunehmen, Vorträge zu hören und an sogenannten *blots* (Zeremonien zur Verehrung von Göttern) teilzunehmen. Außerdem gossen sie Wein auf die Erde und sangen dabei: „Heil dir, Freya! Schenk uns dein Lächeln!"

McNallen und seine Frau tragen lange rote Gewänder und eine Nachahmung von Thors Hammer um ihren Hals. Sie verehren die Götter, indem sie mit geschlossenen Augen altnordische Gesänge anstimmen, wobei sie als Teil der religiösen Zeremonie Wein aus Tierhörnern trinken.

Die Wikinger beherrschten einst ganz Nordeuropa bis zum Mittelmeer. Sie verehrten Aesir, ein Pantheon von zwölf Göttern, die den Himmel und die Erde unter dem Oberbefehl von Odin regierten, der unter anderem „Der Schreckliche", der „Vater der Schlacht" und der „All-Vater" genannt wurde. Odin reitet ein achtbeiniges Pferd und teilt seine Herrschaft mit einer Vielzahl anderer Götter und Göttinnen nach dem vorchristlichen polytheistischen Glauben. Etwa 1000 n. Chr. mußte die nordische Mythologie in Skandinavien der Römischen Religion Platz machen.

Auf altnordisch bedeutet Asatru „Glaube an die Götter" und ist auch unter der Bezeichnung Odinismus bekannt. Asatru betont, daß die Götter personifizierte Naturkräfte sind. Thor, Odin und andere sind Freunde, niemals Herren. Asatru-Anhänger übernehmen Positionen, die denen ihrer Götter gleichen, und werden wegen ihrer Fähigkeiten und ihrer Willenskraft verehrt.

Jede nordische Gottheit ist für einen anderen Aspekt des Universums verantwortlich. Odin steht für Weisheit, Dichtung und Magie. Thor, der auch der Donnergott oder Wagenlenker genannt wird, ist der Freund des Bauern, ein Kriegsmann und Arbeiter. Baldur verkörpert Mut und Güte. Das Asatru Free Assembly betont: „Eine Religion ohne Göttin ist schon halb atheistisch." Frigga wird als die Mutter der Götter verehrt, und Nerthu als Mutter Erde, deren Wunden der Mensch heilen muß. Freya, das „ewig Weibliche", wird als die Schöpferin des Lebens angebetet. Den Mutigen wird ein direkter Kontakt mit den Göttern und Göttinnen versprochen, während die weniger Tapferen keinen so engen Kontakt erwarten können.

Die Asatru-Anhänger glauben, daß der Mensch Herr seiner eigenen Seele ist und daß seine Erlösung in ihm selbst und nicht in Jesus

Christus liegt. Nach dem Tod gehen die würdigen Menschen in das Reich der Götter, *Asgard,* ein, während die Sünder in die ewige Dunkelheit, Kälte und Nebel verbannt werden. Das Asatru Free Assembly vertritt auch die Vorstellung der Reinkarnation, und treue Anhänger mißbilligen die Bekehrung der Germanen zum Christentum. Die Naturkräfte – Mond, Sonnenwende und Jahreszeiten – werden gefeiert. Mutbezeugungen, Aufbegehren gegen die Bürokratie, Gastfreundschaft und Umweltbewußtsein werden als religiöse Aktivitäten angesehen. Loyalität und Brüderlichkeit sind die höchsten Tugenden.

Asatru-Anhänger glauben, ihr Schicksal durch heroische Taten kontrollieren zu können und daß das Los der Menschheit durch das Eingehen von Risiken, Verteidigen der eigenen Rechte und durch eine radikale religiöse Einstellung verändert werden kann.

Sexualität wird als unerläßlicher Teil der Natur angesehen, der ohne Schuldgefühle ausgelebt werden soll. Im Gegensatz zu den christlichen Grundsätzen sind die Neopaganisten der Meinung, daß man der Gesellschaft am besten dient, wenn jeder Mensch seine volle Energie durch ein befriedigendes Sexualleben entwickelt. Paganisten sehen Sexualität als reine, gesunde Aktivität an, die nicht auf die Ehe beschränkt werden sollte.

Asatru-Gläubige akzeptieren verschiedene Formen religiöser Praktiken, wobei vor allem hierarchische Strukturen vermieden werden. Die Mitglieder können selbst entscheiden, welchen Gott sie verehren und in welcher Form sie dies tun wollen. Sie glauben, daß man den einzig wahren Ausdruck des Ichs dann erlebt, wenn man den sogenannten Rhythmus der Natur erfährt. Sie beugen sich nicht vor ihren Gottheiten nieder, weil sie betonen, daß die Gottheit und der Mensch, der sie verehrt, auf der gleichen Ebene stehen. Gesellschaftliche Fähigkeiten und menschliche Wesenszüge werden verehrt, nicht das Opfer Christi am Kreuz.

Einige Mitglieder des Asatru Free Assembly praktizieren ihre Rituale täglich, wobei sie verschiedene Symbole verwenden – Speere, Schwerter und Hörner. Steve McNallen betont, daß das Asatru Free Assembly keine Tieropfer durchführt. In Island jedoch, wo das Heidentum wieder auflebt, wurden Tieropfer vom Gesundheitsamt genehmigt und in Schlachthäusern durchgeführt.

Asatru ist viel verbreiteter, als die relativ geringe Mitgliederschaft aussagt. Während öffentliche paganistische Rituale in Island vor 900 Jahren verboten wurden, wurde der nordische Paganismus 1972 offiziell als Religion anerkannt. Vor kurzem wurde in Island der Antrag gestellt, Pläne für eine neue Straße zu ändern, weil sie über einen

Berg, auf dem häufig Feen erscheinen, führen sollte. Dem Antrag wurde stattgegeben, und der Straßenverlauf wurde geändert.

Odinisten wird oft versteckter Neo-Nazismus vorgeworfen, obwohl sie öffentlich bedauern, daß das Nazi-Regime in Deutschland nordische Symbole verwendete. Das Hakenkreuz, das bedeutendste Emblem des Nazismus, repräsentierte ursprünglich Thors Hammer und das Rad der Sonne. Die negativen Konnotationen im Zusammenhang mit Asatru wurden durch die Betonung der genetischen Überlegenheit in der odinistischen Literatur verstärkt. In verschiedenen Artikeln der Zeitschrift *Runestone* wurde erwähnt, daß „die ursprüngliche Vorstellung (des Psychologen) Jung war, daß . . . Archetypen nicht durch die Kultur übermittelt, sondern genetisch vererbt wurden“. Ein Mitglied des Asatru Free Assembly äußerte folgendes: „Wir sind keine Rassisten, aber wir achten auf die Rasse.“

Begründer: Steven McNallen, früherer Katholik, gründete im Jahre 1971 das Asatru Free Assembly in Breckenridge, Texas.

Literatur: Nordische Mythen, in denen zum Ausdruck kommt, daß der Mensch Weisheit, Stärke, Mut, Ehre, Freude und Freiheit von den alten nordischen Göttern lernen kann, die den gleichen Status wie Menschen haben.

Symbol: Altnordische Amulette und Kriegsgegenstände wie Runen, Helme, Schwerter, Tierhörner, Schilde, Wikingeräxte, Skulpturen von Göttern und Göttinnen.

Anziehungskraft: Asatru ist eine individualistische Religion, die sich auf die willkürliche Wahl milde gestimmter Götter stützt, die wie Freunde sind und die man ehrt und respektiert. Nordische Götter verlangen von ihren Anhängern kein objektives Moralverhalten, sondern versprechen statt dessen überschwengliche Belohnungen durch ein lose strukturiertes Glaubenssystem.

Ziel: Die Naturgewalten werden in Festen gefeiert. Götter und Göttinnen der nordischen Mythologie werden eingeladen, am menschlichen Leben teilzunehmen und verleihen Weisheit, Stärke, Mut und Energie.

Irrtümer: Das religiöse System des Asatru ist eher auf Mythologie als auf historische Fakten oder biblische Wahrheiten aufgebaut. Es beinhaltet das Konzept der Reinkarnation und die Vorstellung, daß der Mensch Herr seiner Seele ist. Hexen und Druiden werden als legitime Repräsentanten des Asatru akzeptiert. Rassistische Hintergründe stehen mit der Verheißung Christi im Widerspruch, daß allen, die an ihn glauben, die ewige Rettung zuteil wird. Von einem okkulten Hintergrund leitet sich die Vorstellung einer versteckten göttlichen Energie über den menschlichen Horizont hinaus ab, die mit dem Menschen in gegenseitiger Abhängigkeit steht.

Quellenverzeichnis: Fort Worth Star Telegram, 16. Dezember 1985, 13A, 18A; Margot Adler, Drawing Down the Moon, rev. (Boston: Beacon Press, 1986); Oregon Journal, 22. Februar 1979, 4; Kevin Crossley, The Norse Myths (Holland, New York: Pantheon, 1980); The Denver Post, 23. Mai 1975, 3BB.

Verbreitung/Adresse: Asatru Free Assembly, P. O. Box 1754, Breckenridge, TX 76024.

Ascended Masters

In Jugoslawien haben Schulkinder angeblich eine Erscheinung der Madonna gesehen. In den Vereinigten Staaten wird an verschiedenen Orten wiederholt berichtet, daß Lichtkreuze am Himmel zu sehen sind. An einem Zentrum für Glaubensheilungen in den Slums von Nairobi, Kenia, begrüßt Schwester Mary Akatsa einen Gastsprecher. Sein Name, so sagt sie, sei Jesus Christus.

Überall auf der Welt proklamieren Anhänger der Ascended Masters, daß die Erscheinungen von höheren geistigen Wesen Vorboten der Zweiten Wiederkunft sind. Zumindest ein Anhänger beteuert, daß der Maitreya, der metaphysische Herr der Zweiten Wiederkunft (auch unter dem Namen Jesus bekannt) seine Wiederkunft durch einen Auftritt im Fernsehen bekanntgeben wird. Benjamin Creme erklärt, daß der Tag, an dem Christus als Maitreya auf die Erde kam, der 19. Juli 1977 war. Gut aufgehoben in einer pakistanischen Gemeinschaft, hat Maitreya offensichtlich keine Eile, der Welt seine Identität als Ascended Master bekanntzugeben.

Die Entstehung der Ascended Masters-Ideologie geht auf G. W. Ballard zurück. Im Jahre 1930 sagte Ballard, er sei in Mount Shasta in Kalifornien von St. Germain aufgesucht worden, einem Geistwesen, das während seines Aufenthaltes auf der Erde die „Christusidentität" erlangt hatte. Nach dieser Begegnung veröffentlichte Ballard unter dem Pseudonym Godfre Ray King seine ersten beiden Bücher *Unveiled Mysteries* und *The Magic Presence.*

Ballards Erkenntnisse über St. Germain verkündete der Welt das „I AM" (= ich bin) oder die individuelle Gegenwart Gottes in jedem von uns. Es wurde außerdem die Existenz einer kosmischen Regierung proklamiert, deren Hierarchie sich aus früheren Erdbewohnern zusammensetzt. Diejenigen, die an die Ascended Masters glauben, behaupten, daß diese Geistwesen als Mitglieder der Regierung über die Erde die notwendigen Anweisungen über Reinigung, Energetisierung und Harmonisierung des menschlichen Denkens geben. Die Lehre der Ascended Masters besagt, daß jeder durch das richtige Denken Vollkommenheit erlangen kann, daß alles Leiden aufhören wird und man den Zustand der Göttlichkeit erlangt.

Die Lehren der Ascended Masters sind in der fernöstlichen Mystik und Metaphysik angesiedelt und beinhalten Konzepte wie Astralprojektion, Trance Channeling und Reinkarnation. Sananda, ein Mitglied des Rates der Sieben oder des Höchsten Regierungsgremiums innerhalb des Sonnensystems, berichtet von früheren Inkarnationen auf der Erde, unter anderem als Jesus von Nazareth und anderen biblischen Figuren wie Melchisedek, Elia und Moses, außerdem als Gautama Buddha und Sokrates.

In der Theologie der Ascended Masters wird Gott beschrieben als eine „schöpferische Kraft, die eine negative und eine positive Polarität aufweist, so wie jedes Atom in der Schöpfung einen negativen und einen positiven Pol hat". In ihm vereinigen sich sieben Haupteigenschaften: Wille und Kraft; Intellegenz und Weisheit; persönliche Liebe und Gefühle; Kristallisierung; Einheit, Integration, Heilung und Ausgeglichenheit; Transmutation und Reinigung; göttliche Liebe, Friede und Ruhe. Der Sohn ist das Produkt aus Gottes Mutter-Vater-Dualität.

Das Leben steht unter dem Schutz von Engeln. Unfriede kommt über negative Gedanken in unser Leben. Kritik und richtende Beurteilung verursachen alles Leid, auch Krankheit. Der Tod tritt dann ein, wenn der Körper nicht gereinigt ist und der Schutzengel seinen Lebensstrahl zurückzieht. Nach dem Tod betritt der Geist eine neue Dimension und bleibt in dieser Form, bis er weitere kosmische Anweisungen erhält.

Sechsundzwanzig Jahre nach der Begegnung G. W. Ballards mit St. Germain nahmen die Ascended Masters Kontakt mit der erklärten Atheistin Pauline Sharpe auf. Sie war 1925 als Kind jüdischer Eltern in Brooklyn/New York geboren und erhielt den Auftrag, sich für die zweite Wiederkunft Christi vorzubereiten. Auszüge aus ihrer Kommunikation mit den Ascended Masters in dem Zeitraum von 1958 bis 1970 sind in ihrem Buch *MAPP to Aquarius* chronologisch festgehalten. Dieses Buch erschien 1974.

Pauline Sharpe behauptet, von ihrem Meister und Lehrer Sananda alias Jesus gesalbt worden zu sein. Die Anhänger der Ascended Masters kennen sie unter dem Namen Nada Yolanda, wobei der Name Nada von ihrer früheren Inkarnation als Hohepriesterin des Sonnentempels stammt und ihre „wiedergeborene" Identität wiedergibt, der Name Yolanda hingegen den Aspekt der Seele repräsentiert.

Zusammen mit Charles Boyd Gentzel, der als Mark Age „wiedergeboren" wurde, entwickelte Yolanda den Mark-Age-Zweig der Ascended Masters, eine Partnerschaft, die 21 Jahre dauerte. Seit seinem

Tod spricht Boyd Gentzel als El Morya, Chohan oder Direktor des Ersten Strahles des Willens und der Kraft zu Yolanda als Channel.

Der kosmische Aspekt der Ascended Masters weist eine auffallende Ähnlichkeit zu den Science-fiction-Filmen der dreißiger und vierziger Jahre auf. Auf der Basis weiterer unchristlicher Konzepte wie Gnostizismus und Pelagianismus (der Glaube, daß man sich selbst durch moralische Anstrengungen retten kann) behaupten die Anhänger der Ascended Masters, daß sie die Kontrolle über ihr geistliches und weltliches Schicksal hätten. Sie werten die Bedeutung Jesu Christi ab und meinen, daß ein erweitertes Bewußtsein sie auf dem Weg zu einer neuen interplanetarischen Dimension führt. Ihre Vorstellung, daß sich der Sündenfall des Menschen nach dem Zweiten Goldenen Zeitalter vor etwa 2,5 Millionen Jahren zutrug, widerspricht der Bibel.

Begründer: G. W. Ballard

Literatur: Die Bibel, G. W. Ballard (Pseudonym Godfre Ray King), Unveiled Mysteries und The Magic Presence; The Ascended Master Discourses von „Various Ascended Masters"; The „I AM" Discourses von „The Great Divine Director"; I AM-Zeitschrift, die Ballards Ende der dreißiger und Anfang der vierziger Jahre herausgab.

Symbol: Eine geflügelte Flamme von rechts nach links gelesen A I M, wobei das I doppelt so hoch ist wie die beiden äußeren Buchstaben. Außerdem sieben Strahlen, die das Leben repräsentieren. Strahlen verschiedener Farben stehen für unterschiedliche Aspekte des „I A M"-Glaubens.

Anziehungskraft: Das Versprechen der interplanetarischen Allianz und des Friedens.

Ziel: Nach der Literatur der Ascended Masters soll „Hilfe von ihrer Oktave des Lebens gegeben werden", die für die Menschheit in der heutigen Zeit erforderlich ist, um sich gegen die zerstörerischen Elemente dieser Welt behaupten zu können, denn keine äußere Aktivität kann heute die Weltprobleme lösen oder die Zerstörung aufhalten, die die Menschen einander antun.

Irrtümer: Christus wird auf dieselbe Stufe gestellt wie andere religiöse Führer. Wie bei vielen anderen metaphysischen Ansätzen gibt es auch hier östliche Einflüsse der Metaphysik und des Mystizismus kombiniert mit Gnostizismus, Pantheismus, Pelagianismus und Synkretismus.

Quellenverzeichnis: G. W. Ballard und Donald Ballard, The Purpose of the Ascended Masters „I AM“ Activity (Santa Fe, N.M.: St. Germain Press, 1942).

Verbreitung/Adresse: St. Germain Press, Chicago, Illinois.

Siehe auch Church Universal und Triumphant.

Assembly of Yahweh (Yahweh-Gemeinschaft)

Im Jahre 1979 lehnte es der Oberste Gerichtshof der Vereinigten Staaten ab, einen in Colorado geführten Prozeß wiederaufzunehmen, in dem zwei Mitglieder der Assembly of Yhwh- Hoshua gegen die staatliche Führerscheinstelle Anklage erhoben hatten. David Johnson und Anthony Virgil war nämlich die Ausstellung eines Führerscheines verweigert worden, nachdem sie es aus religiösen Gründen abgelehnt hatten, sich dafür photographieren zu lassen. Sie behaupteten, ihr Glaube verbiete es ihnen, Götzenbilder herzustellen. Das Oberste Gericht des Staates Colorado hatte entschieden, daß zwingende Gründe für das Vorhandensein von Photographien in Führerscheinen vorlägen und daß keine Alternative, die die religiöse Freiheit weniger einschränke, akzeptiert werden könne. Die Mitglieder der Sekte in Colorado zeigten sich davon wenig beeindruckt und gaben zu Protokoll, daß sie weiterhin Autofahren werden, ob nun mit oder ohne Führerschein.

Die Abneigung gegen Photos ist nur eine Eigenschaft der fundamentalistischen Assembly of Yhwh-Hoshua, deren Mitglieder außerdem Krankenhäuser, Ärzte, Medikamente, Sozialversicherung, Banken, Krankenversicherung und Arbeitslosenversicherung ablehnen.

Die Assembly of Yhwh-Hoshua wurde 1970 von Laycher Gonzales gegründet, der nach eigenen Angaben das erste Mal von einem Goldsucher namens O.K. Skidmore etwas über die Namen Gottes gehört hatte. Ein Jahr nach dem Führerschein-Prozeß wurde Gonzales von einem ehemaligen Mitglied angeklagt, bei seinen Anhängern Techniken der Gehirnwäsche angewendet zu haben.

In dem Glauben, daß die hebräischen Worte YHWH (Yahweh ohne Vokale) und Hoshua (Joshua) die einzigen wahren Namen für Gott und Jesus sind, wurden alle anderen Namen aus ihren Büchern entfernt. Die üblichen Namen für Monate und Wochentage werden nicht verwendet, da sie heidnischen Ursprungs sind. Kinder werden in kirchlichen Schulen nach mennonitischen Lehrbüchern erzogen.

Die Wissenschaft wird als unnötig angesehen und ignoriert. Der Kleidungskodex, bei dem Bescheidenheit das oberste Gebot ist, macht es erforderlich, über den Straßenkleidern lose Roben zu tragen. Alkohol, Tabak, Drogen, Schmuck, Tanzen, Ausgehen, Parfüm und Haareschneiden sind verboten. Säkulare wie religiöse Kunstwerke werden als Blasphemie angesehen. Weihnachten und Ostern werden nicht als Feiertage begangen.

Eine weitere ungewöhnliche Organisation mit eher mystischem Hintergrund war das *Institute of Divine Metaphysical Research* von Dr. Henry Clifford Kinley, das 1931 gegründet wurde, nachdem Dr. Kinley angeblich eine Unterhaltung mit Gott von Angesicht zu Angesicht hatte (Kinley nannte ihn Yahweh-Elohim). Als Folge dieser göttlichen Offenbarung predigte Kinley sein Leben lang eine universale Katastrophe, die dem modernen Zeitalter ein Ende setzen würde.

Divine Metaphysical Research und die *Assembly of Yhwh-Hoshua* sind nur zwei von vielen Splittergruppen, die aus der *Sacred Name-Bewegung* der 30er Jahre entstanden. Heute ist der geläufigste Name für diese Glaubensrichtung *Assemblies of Yahweh,* wobei verschiedene Schreibweisen des Namens verwendet werden.

Das Hauptquartier der ältesten Gruppierung, der Assemblies of Yahwey, wurde 1939 von C.O. Dodd gegründet und befindet sich in Holt im Staate Michigan. Ursprünglich bekannt unter dem Namen Assembly of Yhwh, verwendet man heute die Version des Namens, die leichter auszusprechen ist. Diese Gruppierung veröffentlicht eine Zeitschrift mit dem Titel *The Faith* und verteilt Literatur über die *Faith Bible und Tract Society.* Im ganzen Land findet man Gemeinden dieser lose organisierten Gruppierung, die es sich zum Ziel gesetzt hat, die wahren Namen für Gott (Yahweh und Elohim) und für Jesus (Yashua) zu verbreiten.

Die Assemblies of Yahweh, die ihren Sitz in Bethel/Pennsylvania haben, sind aus dem *Sacred Name Broadcast* entstanden, das 1966 von Jacob O. Meyer ins Leben gerufen wurde. Diese Organisation gibt *The Sacred Name Broadcaster* sowie Gratis-Literatur heraus.

Der Glaube der Assemblies of Yahweh beruht darauf, die alttestamentlichen Gebote der Israeliten einzuhalten. Nicht der Sonntag, sondern der Samstag wird als Ruhetag begangen, außerdem werden Passah, Hanukkah und andere jüdische Feste gefeiert. Da sich der Glaube auf das Alte Testament gründet, halten sich die Mitglieder eng an die religiösen Gesetze des Volkes Israel, die besondere Reinheitsvorschriften bei den Mahlzeiten sowie das Geben des Zehnten beinhalten. Apostolische Praktiken wie Taufe durch Untertauchen, Fußwaschung, Salbung und der Glaube an göttliche Heilungen stammen aus dem Neuen Testament. Die Erlösung erfolgt durch das Annehmen des „geoffenbarten, persönlichen Namens unseres himmlischen Vaters YAHWEH und des Namens seines Sohnes, unseres Erlösers YASHUA, des Messias."

Sowohl die Assemblies in Michigan als auch in Pennsylvania lehnen die Dreieinigkeit ab. Nach den Glaubensgrundsätzen (Statement of Doctrine) der Gruppierung in Pennsylvania hat ein solcher Glaube keine biblische Basis. Der Heilige Geist wird definiert als „die mächtige Kraft des Himmlischen Vaters und des Messias, die in uns wohnt, so daß wir unser Leben in einen Zustand der Vollkommenheit bringen können". Diese Kraft wird durch Handauflegung durch die Ältesten nach der Taufe weitergegeben. Die Mitglieder der Assemblies enthalten sich aller Arten von Drogen, weil sie glauben, daß der Heilige Geist unreine, entheiligte Leiber verlassen wird.

Der Lehre der Assembly in Bethel nach wird auch die traditionelle Vorstellung von einer ewigen Hölle abgelehnt. Man glaubt, daß die Bösen in einem Feuersee, der Gehenna genannt wird, völlig zerstört werden. Außerdem glaubt man an einen personifizierten Teufel, der am Ende des Tausendjährigen Reiches vernichtet werden wird.

Die Bethel Assembly betont auch die Gewaltlosigkeit. Den Mitgliedern wird empfohlen, keinen Militärdienst abzuleisten. Die Assembly empfiehlt die Verweigerung aus Gewissensgründen und einen Alternativdienst in anderen Bereichen, die von der U.S.-Regierung anerkannt werden.

Die Leitung einer Gemeinde innerhalb der Bethel Assembly ist nach dem Vorbild der ersten Christen strukturiert. Einzelne Gemeinden werden von einem Pastor geleitet, dem ein Ältester und ein Diakon zur Seite stehen. Über lehrhafte Fragen entscheiden Bischöfe und ordinierte Geistliche, die über dem ernannten Ältestengremium, das ausschließlich aus Männern besteht, stehen. Die Ernennungen gelten auf Lebenszeit, untreue Älteste können aber ihres Amtes enthoben werden. Frauen dürfen nicht predigen. Der Zehnte wird in einen gemeinsamen Fond in Bethel bezahlt, von dem die einzelnen Gemeinden einen gewissen Betrag erhalten.

Die Mitglieder strengen keine Gerichtsprozesse gegeneinander an. Das Familienleben ist von großer Bedeutung, von Scheidung wird abgeraten. Die Eltern geben ihren Kindern religiösen Unterricht, da man glaubt, daß es für eine Sonntagsschule keine biblische Basis gibt. Die Frauen tragen in den Gottesdiensten eine Kopfbedeckung. Evangelisation und die Bekehrung von anderen ist das Ziel der Assembly

of Yahweh, und die Mitglieder werden dazu ermutigt, ihren Glauben Ungläubigen zu bezeugen.
In der Literatur der Assemblies of Yahweh werden großzügig Stellen aus dem Alten und Neuen Testament zitiert, um alle Glaubenssätze und Praktiken auf Bibelstellen zu stützen. Es ist allerdings so, daß dem Alten Testament eine größere Bedeutung zugemessen wird als dem Neuen. Die Anhänger der Assembly of Yahweh schreiben lange Artikel über ihren Glauben, wobei sie sorgfältig alle Vokale aus den Worten für Gott, Herr und Christus weglassen. Ihr theologischer Ansatz besteht mehr darin, den Namen Christi richtig zu buchstabieren, als nach seinem Wort zu leben.

Begründer: Die Glaubensrichtung der Assembly of Yahweh entstand in den dreißiger Jahren aus der Sacred Name-Bewegung unter Geistlichen der Church of God (Seventh-Day). Einige Assemblies mit ihren Gründern sind im folgenden aufgezählt: Institute of Divine Metaphysical Research – Dr. Henry Clifford Kinley, 1931; Assembly of Yahweh (Holt, Michigan) – C. O. Dodd, 1939; Scripture Research Association – A. B. Traina, 1940s; Assembly of Yahweh – L. D. Snow und E. B. Adam, 1949; Assembly of Yahweh (Bethel, Pennsylvania) – Jacob O. Meyer von The Sacred Name Broadcast, 1966; Assembly of YHWHHOSHUA – Laycher Gonzales, 1970.

Literatur: Verschiedene Gruppen der Assembly of Yahweh haben ihre eigene Bibelübersetzung herausgegeben, darunter The Restoration of Original Sacred Name Bible, Missionary Dispensary Bible Research; The Sacred Name Bible, übersetzt von A. B. Traina; The Sacred Scriptures (Bethel Edition), Assembly of Yawheh, Bethel, Pennsylvania.

Symbol: Auf der Bibel der Assembly of Yahweh (Bethel, Pennsylvania) The Sacred Scriptures steht eine Beschriftung in hebräischen Buchstaben. Beim Passahfest nehmen sie außerdem ungesäuertes Brot und Traubensaft als Symbol für den Leib und das Blut Christi zu sich.

Anziehungskraft: Für viele ist die strenge Moral der Assemblies of Yahweh ein Anreiz. Einige schlossen sich dieser Gruppierung aus dem ernsten Wunsch heraus an, aus Gehorsam den Geboten Gottes gegenüber ihren Lebensstil zu ändern.

Ziel: Die Mitglieder der Assembly of Yahweh glauben, daß die gebräuchlichen Namen für Gott und Jesus menschliche Erfindungen sind. Ihre Absicht ist es, diese Namen durch die „wahren" und „göttlich geoffenbarten" Heiligen Namen zu ersetzen.

Irrtümer: Sie lehnen die Dreieinigkeit und die traditionelle Vorstellung von der Hölle als Ort der ewigen Strafe ab und ziehen die jüdischen Feste den christlichen Feiertagen vor. Sie glauben, daß diejenigen Christen, die die Heiligen Namen verwenden, die einzigen sind, die erlöst werden, und daß man durch das Einhalten der alttestamentlichen Gesetze die Erlösung erreichen kann.

Quellenverzeichnis: The Denver Post, 10. Oktober 1979, 1-2; J. Gordon Melton, Encyclopedia of American Religions, Band 1 (Wilmington, N. C.: McGrath, 1978), 476-479; Dr. Henry Clifford Kinley, Infallible, Biblical and Scientific Proof of How, When, and for What Purpose the Universe Was Created (Hollywood, Calif.: Institute of Divine Metaphysical Research, 1969); Pueblo Chieftain and Star-Journal, 13. Dezember 1980, 1, 6A; The Rocky Mountain News, 2. Oktober 1979, 10, 42; The Sacred Name Broadcaster, April 1983, 2-5; The Sacred Scriptures (Bethel, Penn.: Assembly of Yahweh, n.d.), 1-2; Statement of Doctrine (Bethel, Penn.: Assembly of Yahweh, 1981), 2-10.

Verbreitung/Adresse: The Assembly of Yahweh, Bethel, PA 19507, USA.

Association for Research and Enlightenment

Vereinigung für Forschung und Aufklärung

Edgar Cayce

„Jede Heilung kommt von Gott“, erklärte die brav aussehende Dame während ihres Vortrags vor neugierigen Touristen. Diese Aussage klang suspekt im Hinblick auf ihre wohlwollenden Äußerungen über den amerikanischen Parapsychologen Edgar Cayce. Sie hatte bereits erläutert, daß in der Theologie von Cayce „Sünde“ als Gegensatz zu dem, was richtig ist, zu sehen ist – wie eine falsche Ernährung oder negative Gedanken. Als Beispiel nannte sie eine Äußerung von Cayce, in der er Verstopfung als „Sünde“ bezeichnete, da dies eine Störung der normalen Körperfunktionen darstellt. Unter diesem Gesichtspunkt würde ich ihren Kommentar über Heilung nicht so einfach akzeptieren. Schließlich befanden wir uns im Hauptquartier der Organisation von Edgar Cayce, und sie war der offizielle Repräsentant. Wenn irgend jemand autorisiert war, über die Glaubensgrundsätze von Edgar Cayce zu sprechen, dann war sie es.

„Wer ist Gott?“ war die Frage, die am logischsten erschien.

„Gott ist das, was Sie als göttlich wahrnehmen“, war die Antwort. „Die eine Quelle, der Schöpfer, die Ursache aller Dinge. Das, woraus alles hervorgeht.“

Eine derartige Mehrdeutigkeit stand eindeutig im Gegensatz zu dem persönlichen Gott, der in der Heiligen Schrift offenbart ist. Wahrscheinlich überrascht dies kaum. Cayce, der „schlafende Prophet“, der als Kind Missionar werden wollte und die Bibel angeblich in jedem Jahr seines Lebens ganz durchgelesen hatte, distanzierte sich am Ende vom traditionellen Christentum. Seine Theologie vermischte Metaphysik mit Mystizismus, gewürzt mit einer großen Portion Reinkarnationslehre.

Das Leben von Edgar Cayce strotzte vor seltsamen Phänomenen. In einer Geschichte über ihn heißt es, daß er während seines ganzen ersten Lebensmonats geschrien hätte, bis eine alte Negerin vorschlug, ihm mit einer Nadel in die Brustwarzen zu stechen. Als man diesen Rat befolgte, kam Milch aus den Brustwarzen. Danach schrie der kleine Edgar nur noch ganz selten. Als Erwachsener erinnerte er sich daran, daß er in seiner Kindheit immer von „Spielgefährten" umgeben war. Sie verschwanden normalerweise, wenn andere Menschen auftauchten. Lediglich seine Mutter berichtet, sie gelegentlich gesehen zu haben. Als Edgar größer wurde, schienen diese „Spielkameraden" ebenfalls zu wachsen. Eines Tages verschwanden sie allerdings und nahmen danach nie mehr Kontakt mit ihm auf.

Im Alter von dreizehn Jahren hatte Edgar ein für sein ganzes Leben entscheidendes Erlebnis. Eine Frau erschien und bot ihm an, jeden Wunsch zu erfüllen. Edgar antwortete, daß er anderen helfen wolle, wenn sie krank sind. Nachdem er diesen Wunsch ausgesprochen hatte, verschwand die Erscheinung wieder.

Er war nicht der erste in seiner Familie mit übersinnlichen Neigungen. Sein Vater hatte eine seltsame Macht über Schlangen, und sein Großvater war als Wünschelrutengänger bekannt. Doch Edgars übernatürliche Kräfte waren noch ungewöhnlicher. Zum Beispiel entdeckte er schon im frühen Alter, daß er ein Buch unters Kopfkissen legen konnte und am nächsten Morgen, wenn er erwachte, den Inhalt des Buches unauslöschlich in sein Gedächtnis eingeprägt wußte.

Als der Evangelist Dwight L. Moody durch Edgars Heimatstadt reiste, erzählte Edgar ihm von seinen Visionen und Stimmen, die er hörte. Moody wies ihn darauf hin, daß böse Geister die Ursache solcher Phänomene sein könnten. Nach der offiziellen Biographie über Edgar Cayce *There is a River* ließ der Evangelist aber die Möglichkeit offen, daß Cayce ein Prophet im Sinne von 4. Mose 12,6 sein könnte.

Die übersinnlichen Fähigkeiten von Edgar Cayce schienen bedroht, als er 24 Jahre alt war und seine Stimme verlor. Ärzte konnten ihm nicht helfen, weshalb er einen Hypnotiseur zu Rate zog. Nachdem er in einen tiefen Trancezustand versetzt worden war, kehrte seine Stimme zurück, und sein Hals war sofort geheilt.

Kurz nach diesem Erlebnis wurde die Technik der Heilung durch Hypnose auch auf die Diagnostizierung von Krankheiten anderer übertragen. A. C. Layne, der Hypnotiseur, der zur Heilung von Edgars Stimme beigetragen hatte, kam auf die Idee, daß Edgar sich selbst in einen schlafähnlichen Trancezustand versetzen und dann erkennen sollte, was im Körper der anderen Person ablief. Edgar Cayce tat dies und beschrieb detailliert den physischen Zustand von A. C.

Layne. Aus dem Mund von Edgar Cayce kamen physiologische, biologische und pharmazeutische Ausdrücke, obwohl er keine derartige Ausbildung hatte. Cayce selbst sagte, daß dies nicht seine eigene Stimme war.

Layne engagierte Cayce als Assistenten für seine lukrative Praxis suggestiver Therapeutik und Osteopathie. Layne erklärte Cayce, daß er die Gabe des Hellsehens hätte, und nannte dieses Phänomen „Reading" (= Ablesen). Cayce begann seine Laufbahn aus selbstlosen Motiven und nahm kein Geld für seine Behandlungsmethode. Als er immer bekannter wurde, war er davon überzeugt, daß dieser Erfolg die Erfüllung seines Wunsches war, den er der Frau genannt hatte, die ihm vor Jahren erschienen war.

Cayce arbeitete weiter in einer Kirchengemeinde mit und ging davon aus, daß seine parapsychologischen Experimente mit der Berufung Gottes vereinbar waren. Bis 1923 entsprach seine Lehre mehr oder weniger dem traditionellen christlichen Glauben. In diesem Jahr begegnete er Arthur Lammers, der sich mit Theosophie und Okkultismus beschäftigte. Lammers ermutigte Edgar Cayce dazu, die Readings nicht nur auf körperliche Krankheiten zu beschränken. Die Inhalte der nun folgenden Offenbarungen waren eher geistlicher und philosophischer Natur. Von diesem Zeitpunkt an setzte sich Edgar Cayce deutlich von der biblischen Wahrheit ab.

In seinem ganzen Leben führte Edgar Cayce diese Readings in weit mehr als 16 000 Fällen durch. Davon wurden 14 246 stenographisch festgehalten und in den feuerfesten Tresorräumen des ARE-Hauptquartiers (Association for Research and Enlightenment = Vereinigung für Forschung und Aufklärung) abgelegt. ARE wurde 1932 gegründet, um seine Readings zu analysieren und aufzubewahren. Als Ort wurde Virginia Beach ausgewählt, weil Cayce prophezeit hatte, daß dieser Ort vor zukünftigen Katastrophen (Erdbeben, Überschwemmungen), die über Amerika hereinbrechen würden, sicher sei. ARE wird von Cayces Sohn Hugh Lynn Cayce geleitet.

Die körperlichen Readings waren die Hauptattraktion an Edgar Cayce. In einem Zeitraum von 43 Jahren hielt er 8985 „Lesungen", in denen er Heilmethoden für Körper und Geist vorschlug. Aus einem anderen Bewußtseinszustand heraus gab er Ratschläge über Eßgewohnheiten und Ernährung und stellte Diagnosen bei Patienten, die manchmal kilometerweit entfernt waren. Seine Hausmittel hatten oft eine erstaunliche Heilwirkung; seine Rezeptvorschläge waren jedoch in einigen Fällen etwas weit hergeholt. Zum Beispiel erzählte er einem Krebspatienten, daß es ihm besser gehen würde, wenn er täglich drei Mandeln zu sich nähme (ARE-Literatur weist darauf hin, daß Mandeln Laetril enthalten, ein Heilmittel bei Krebs, das inzwischen abgelehnt wird). Patienten, die nicht übermäßig rauchten (etwa sechs bis acht Zigaretten täglich), wurden darüber informiert, daß dies harmlos sei, was den Erkenntnissen der moderneren Forschung deutlich widerspricht.

Einige von Cayces körperlichen Readings waren ohne Zweifel von ihrer medizinischen Wirkung her nützlich. Natürliche Heilmittel bei natürlichen Krankheiten sind allerdings keine Hinweise auf wunderbare Heilungen. Und der Erfolg einer derartigen Therapie sollte nicht ihre Quelle rechtfertigen. Die Rechtfertigung von Cayces Readings leitet sich davon ab, ob seine Äußerungen über biblische Themen tatsächlich in der Bibel fundiert sind. Es ist eine falsche Logik, wenn man meint, religiösen Aussagen trauen zu können, nur weil die Person, die sie äußert, bei der Analyse von Krankheiten recht hat. Übersinnlicher Erfolg ist kein Maßstab für geistliche Wahrheit.

Es ist ein gefährlicher Gedankengang, Edgar Cayce zu trauen, weil er ein ernsthafter und engagierter Mann war, der die Bibel las und in der Sonntagsschule unterrichtete. Seine menschenfreundlichen Platitüden können nicht als Beurteilungskriterium für die Aufrichtigkeit seiner Readings benutzt werden, auch wenn einige von ihnen scheinbar mit der Bibel übereinstimmen. Eine hingegebene Selbstlosigkeit ist kein Ersatz für die Harmonie mit der offenbarenden Wahrheit der Bibel. Mit diesem Maßstab gemessen, entsprechen Cayces hochtrabende Gefühle bei weitem nicht dem biblischen Standard.

Vieles von dem, was Cayce lehrte, geht über die Bibel hinaus. Als er einmal gefragt wurde, warum er soviel Wert auf die Essener lege (ein sektiererischer Orden, der in der Schrift nicht erwähnt ist), antwortete er: „Wir haben diese Information übersinnlich erhalten." Übersinnliche Offenbarungen waren auch die Informationsquelle für seine Behauptung, daß Jesus zu geheimen Gemeinschaften in Indien und Ägypten gehört hatte. Cayce mutmaßte auch über Seelen, die von Affen abstammten, und entwickelte Theorien über die fortgeschrittenen Zivilisationen Atlantis und Lemuria. Er befürwortete fast jede Form des Okkultismus von der Astrologie über Astralprojektion bis hin zu ägyptischen Mysterien.

Die Reinkarnation war Bestandteil seines Glaubenssystems. Er gab zwar zu, daß Reinkarnation in der Bibel nicht gelehrt wird, machte dafür aber Bibelübersetzer aus dem dritten Jahrhundert verantwortlich, die diese Lehre absichtlich aus dem Kanon herausgenommen hätten. Reinkarnation dient als Rechtfertigung für ein perverses Sexualverhalten. In der offiziellen ARE-Veröffentlichung *Many Mansions* wird Homosexualität damit entschuldigt, daß sie als psychologisches Erbe von einer früheren Inkarnation herrührt.

Nach Cayce schuf Gott am Anfang alle Seelen, die dann in die materielle irdische Ebene eintraten, um ihre Fehler auszumerzen und Rechtfertigung vor Gott zu erreichen. Jesus Christus erschien als dreizehnte Inkarnation, nachdem er vorher unter anderem als Adam, Henoch und Melchisedek gelebt hatte. Nach Cayce hat er nun seine Schicksalsschuld bereinigt und wurde zu einer Christus-Seele. Cayce bezeichnet Jesus als „Meister" und „unser älterer Bruder". Zu der letzteren Bezeichnung kam er wahrscheinlich durch den Einfluß einer Mormonin, die in seiner Kindheit bei seiner Familie gelebt hatte.

In der ARE-Literatur werden Cayces Lesungen als „die beeindruckendsten Aufzeichnungen übersinnlicher Wahrnehmungen, die von einer einzigen Person stammen", bezeichnet. Dies mag wahr sein, aber auch seine Befürworter geben zu, daß nur etwa 90 Prozent seiner Prophezeiungen eintrafen. Kritiker schätzen den Anteil niedriger. Er hatte Hitlers Neigung zum Bösen unterschätzt, und auch seine Voraussage, daß New York in den siebziger Jahren im Meer untergehen würde, traf nicht ein. Heute noch wartet man auf das unerreichbare Atlantis, das im zwanzigsten Jahrhundert auftauchen sollte.

Man kann nicht genau sagen, wie viele von seinen Lesungen seinem Unterbewußtsein, das äußeren Einflüssen unterlag, entsprangen. Wenn man sich mit dämonischen Phänomenen auskennt, findet man in seinen Lesungen eine erstaunliche Übereinstimmung mit Formulierungen aus dem Spiritismus. Eines ist sicher: Man kann den außerbiblischen Aspekt seiner Interessen nicht objektiv beurteilen; sein Anspruch, ein Prophet zu sein, hat jedoch eindeutig keine biblische Grundlage. Eine hundertprozentige Genauigkeit bei Voraussagen ist das Kriterium (Deut.18,20-22) für jemanden, der im Namen Gottes spricht, gleichgültig, ob er wach ist oder schläft.

Begründer: Edgar Cayce, geboren am 18. März 1877 auf einer Farm in der Nähe von Hopkinsville in Kentucky. Er starb am 3. Januar 1945 in Virginia Beach.

Literatur: Numeri 12,6: „Ist jemand unter euch ein Prophet des Herrn, dem will ich mich kundmachen in Gesichten oder will mit ihm reden in Träumen."

Symbol: Taube, Kreuz und die Buchstaben ARE.

Anziehungskraft: Menschen, die an unheilbaren Krankheiten leiden und in der Medizin keine Hilfe finden, wenden sich an die Lesungen von Edgar Cayce. Wenn sie tatsächlich von ihren Leiden befreit werden, stellen die Lesungen für sie eine Wahrheit dar, die die Ursache ihres Leidens erklärt.

Ziel: Aufgabe der ARE ist es, die Lesungen von Edgar Cayce für Menschen, die Hilfe für ihre körperlichen Leiden suchen, zu indexieren und zu katalogisieren. Ratsuchende werden an einen von 400 Ärzten verwiesen, die Mitglieder bei der ARE sind und Cayces Ansatz anwenden. In Veröffentlichungen und Vorträgen werden Cayces Lesungen über Religion weiterverbreitet. Dem Hauptquartier ist eine große okkult-metaphysische Bibliothek angeschlossen.

Irrtümer: Die nichtdokumentierten Offenbarungen über historische Ereignisse, fehlerhafte Prophezeiungen über geologische Veränderungen und Märchen über verlorene Reiche, denen jede Grundlage fehlt, sollte jeden, der sich mit der Geschichte und der Bibel befaßt, dazu veranlassen, Cayces Glaubwürdigkeit zu hinterfragen. Wenn Jesus einmal als Adam auf der Welt war, ist er nicht der sündlose Erlöser. Cayces Befreiung von Sünde ist nicht Vergebung in diesem Leben, sondern das Versprechen, daß wir uns in vielen Leben so verändern, daß Gott uns einmal akzeptiert.

Quellenverzeichnis: Verschiedene Publikationen der ARE, z. B. Many Mansions, There is a River, The Edgar Cayce Reader, The Sleeping Prophet, Anträge auf ARE-Mitgliedschaft.

Adresse/Hauptquartier: Association for Research and Enlightenment Inc., Box 595, Atlantic Ave. at 68th St., Virginia Beach, VA 23451/USA.

Astara

„Es ist möglich, daß ich mich geirrt habe, als ich sie (Botschaften von Lehrern aus der Geisterwelt) erhalten habe. Wenn bei den Lektionen Irrtümer vermittelt werden, bin ich dafür verantwortlich. Ich trage die volle Verantwortung dafür", sagt Earlyne Chaney, zitiert aus dem *Astara's Book of Life,* Erste Stufe, Lektion 1.

Es ist sehr ungewöhnlich, daß ein Spiritist seine Fehlbarkeit zugibt. Damit aber niemand auf den Gedanken kommt, daß sie an die Lehren der Astara ambivalent herangeht, erklärt Earlyne Chaney mit Überzeugung (in dem gleichen Heft, aus dem das erste Zitat stammte): „Es (Astara) führt den Schüler an die inneren Rätsel des Lebens, des Todes, Gottes und des Menschen heran – und an das letzte Geheimnis: die Unsterblichkeit." Kritiker der Astara fragen, ob die Reise in solche Erkenntnisse hinein überhaupt ratsam ist. Jedenfalls ist es wenig glaubwürdig, den Anspruch auf eine übernatürliche spirituelle Inspiration zu erheben und gleichzeitig zum Ausdruck zu bringen, daß diese Inspiration fehlerhaft sein könnte.

Astara bedeutet „Ort des Lichts" und ist vom Namen der griechischen Göttin Astraea, göttliche Gerechtigkeit, abgeleitet. Diese eklektische Sekte vereint die Lehren des Spiritualismus, der Theosophie, des Yoga, des Christentums, der Mysterienschulen, der Rosenkreuzer und verschiedener anderer okkulter Richtungen und Disziplinen. Denjenigen, die die Frage stellen, warum man sich dann an Astara halten soll, antwortet E. Chaney: „Astara hat sich als der Träger des Lichts im späteren Teil dieses Jahrhunderts herauskristallisiert." (Bibelkenner finden diese Bemerkung sicher sehr interessant, da „der Träger des Lichts" die Bedeutung von Luzifer ist.)

Astara verspricht zweifellos eine Menge. Zu den Ansprüchen gehört die Entwicklung der Seele, die Lösung der Rätsel des Lebens, die Entwicklung innerer Fähigkeiten, die Heilung von Krankheiten, geistige Bruderschaft, Erweiterung des Bewußtseins, Selbstentfaltung und Gotteserkenntnis. Die Mitgliedschaft bei Astara wird mit einem „kosmischen Bankkonto" verglichen, bei dem man Zinsen im Hinblick auf den Frieden der Seele und das innere Verständnis gewinnt. Den Mitgliedern wird gelehrt, daß sie beim Tod „aus dem Bewußtsein schwinden werden und zum Tal der Belohnung kommen", wo sie „alles, was sie bei der kosmischen Bank hinterlegt haben, wiederfinden werden."

Als Earlyne Chaney 28 Jahre alt war, wurde ihr Leben durch den Tod ihres Verlobten in den Grundfesten erschüttert. Dieses Ereignis war von einem Geistwesen namens Kut-Hu-Mi prophezeit worden, mit dem sie schon seit ihrer Kindheit kommunizierte. (Kut-Hu-Mi lehrte sie, übersinnliche Fähigkeiten zu entwickeln, unter anderem eine Methode, die *The Great Work of the Pentralia* genannt wird, ein geheimes Yoga-System.) Zwei Jahre nach diesem tragischen Erlebnis lernte sie Robert Chaney kennen und heiratete ihn. Robert Chaney war ein Spiritualist, der einen eigenen Geist namens Ram hatte. Earlyne Chaney gab damals ihren Schauspielberuf auf und zog 1951 mit Robert nach Kalifornien, wo sie die Astara-Gruppe gründeten.

Es werden zwar regelmäßig Gottesdienste im Hauptquartier der Organisation in Upland in Kalifornien abgehalten, jedoch erfolgt das Verbreiten der Lehre hauptsächlich über Korrespondenzkurse. Astara-Schüler werden durch vier Stufen geführt, von denen jede aus 20 Lektionen besteht. Die ersten Anweisungen beziehen sich auf elementare okkult-mystische Praktiken. In den fortgeschrittenen Lektionen wird der Schüler in die Geheimen Dokumente eingeführt, die Zeichen, Wort und Händedruck der Astara offenbaren. An dieser Stelle werden auch die Techniken des Lhama Yoga gelehrt. Es wird fast jede Art übersinnlicher Phänomene angewendet, außer dem Ouijaboard und automatischem Schreiben. E. Chaney bestätigt die dämonische Natur dieser Praktiken und warnt ihre Mitglieder vor den „katastrophalen Konsequenzen für die, die sich darauf einlassen".

Die Heilung von Krankheiten spielt bei der Astara-Philosphie eine zentrale Rolle. *The Voice of Astara,* die monatliche Zeitschrift der Organisation, strotzt nur so von Berichten, in denen Menschen von angeblich wunderbaren Heilungen erzählen. Mitglieder werden dazu ermutigt, Heilungsbittschriften an das Hauptquartier zu senden, wo vier Astara-Jünger, die der „Kreis der Geheimen Sieben" genannt werden, sich dafür einsetzen. Neubekehrten Astariern erzählt man, daß diese vier Personen „Geweihte sind, die die kosmischen Kräfte des ätherischen Reichs berühren und beeinflussen und kosmische Hilfe herbeiführen."

Die Chaneys übernahmen Elemente aus den Glaubenssystemen der Freimaurer, Rosenkreuzer und Theosophen. Ihre zentralen Doktrinen sind jedoch in den Lehren von Hermes Trismegistus verwurzelt, der Magier aus dem alten Ägypten, der die allererste Mysterienschule gegründet haben soll, von der alle weiteren abstammen. Ein anderer Ägypter namens Zoser ist der Geistführer der Chaneys. Sein göttlicher Name ist *Neterkeht,* was wörtlich „Gott im Fleisch" bedeutet, und die Astarier werden ermutigt, seinen Namen anzurufen, wenn sie um Heilung bitten. Es sind einige Astarier bekannt, die Materialisierungen von Zoser gesehen haben, der nach Aussagen von Astariern sich ausschließlich der Astara widmet.

Trotz dieses heidnischen Untertones ist die Astara bestrebt, sich hinter einer Fassade von christlichen Glaubenssätzen zu verstecken. Sie akzeptiert einerseits die Tradition der *avatars* einschließlich Buddha, betont aber, daß Gott sich am vollständigsten in Christus offenbarte. Die Chaneys bekennen, ihn als „das Licht der Welt" zu verehren. Von diesem „kosmischen Christus" wird gesagt, daß er „der Herr unseres Planeten ist und vor Beginn unseres Zeitalters gezeugt wurde". Die Astarier lehnen Christus als Schöpfergott, als ewigen und einzig empfangenen Sohn des Vaters ab, und folglich spielt er eine untergeordnete Rolle. In den einzelnen Ausgaben der *Voice* erscheinen zahlreiche Botschaften von Kut-Hu-Mi, es wird aber nur selten auf die Bibel Bezug genommen. In den Lektionen werden gelegentlich Bibelstellen zitiert, jedoch zusammenhanglos und nur mit dem Zweck, okkulte Prinzipien zu unterstützen.

Das Gesamtsystem der Astara ist sehr kompliziert und schließt Phänomene wie Arkan-Biorhythmus, *prana* Atemtechniken, ätherische Körper, Astralprojektion, Polarität sowie Gesetze der Vibration und Korrespondenz ein. Das geheime Wort, Zeichen und Händedruck werden wohl in Trancezuständen weitergegeben. Den Mitgliedern erzählt man, daß „die göttliche Hierarchie großer Wesen, die dem Menschen einst Weisheit und Erkenntnis brachten", aus der „universalen Bruderschaft" wiedergekommen ist, um durch Astara Offenbarungen über die Rätsel des Lebens weiterzugeben. Wenn man die Möglichkeit mit einbezieht, daß diese großen Wesen Geister sind, liegt wenig Trost in der Aussage von Earlyne Chaney, daß „die Gegenwart astarischer Meister das Leben überschattet".

Begründer: Robert und Earlyne Chaney.

Literatur: Eine Paraphrase von Genesis 1,1-3 ohne Hinweis darauf, daß die Chaney-Version über die Bibel hinausgeht: „Und Gott sprach: ‚Es werde Licht im Geist der Menschen.' Und Gott schuf Kanäle, durch die dieses Licht kommen sollte; einer dieser Kanäle ist Astara. Und Gott sah Astara und sah, daß Astara gut war."

Symbol: Siebenzackiger „Stern des Westens“, der innen mit dem „Lotus des Ostens“ verschmilzt.

Anziehungskraft: Menschen, die sich für übersinnliche Phänomene und Okkultes interessieren, finden hier scheinbar eine historische Grundlage, um versteckte Wahrheiten zu entdecken. Einen weiteren Anreiz bilden die geheimen Zeremonien der Astara sowie die Versprechungen von Wunderheilungen. Auf Werbeschriften wird angeboten, Informationen über Themen wie der überbewußte Geist, Selbstverwirklichung, Überseele, Astralprojektion und das Erreichen spiritueller Selbständigkeit zugesandt zu bekommen.

Ziel: Die Philosophie fernöstlicher Religionen und historischer *Mystery Schools* (vorwiegend in Ägypten) mit dem Christentum in Einklang zu bringen.

Irrtümer: Astarier erklären explizit: „Ich bin perfekt“, was der sündigen Natur des Menschen widerspricht. Ohne jegliche historische Grundlage behauptet die Astara, daß Christus nach Ägypten, Tibet und Indien reiste und dort in Mysterienschulen eingeführt wurde. Die Bibel enthält angeblich eine versteckte Wahrheit, die einer besonderen Interpretation bedarf, um „richtig verstanden“ zu werden. Die Ausschließlichkeit der Erlösung durch Christus wird von der astarischen Lehre abgelehnt, nach der viele Wege zum Unbegrenzten Wesen führen. Die Gründer des Christentums haben „die Lehre von der Auferstehung des physikalischen Körpers und des Gerichts verbreitet. Eine blindgläubige Menschheit akzeptierte diese Lehre, und einige Menschen tun dies immer noch“. Die biblische Warnung vor Geistern (Jesaja 8,19-20) wird mißachtet, und Geistführer (Dämonen) werden verehrt und über Christus erhoben.

Quellenverzeichnis: Literatur der Astara: „Astara’s Book of Life“, „You and Astara“, Voice of Astara (verschiedene Ausgaben); J. Gordon Melton, The Encyclopedia of American Religions (Wilmington, N. C.: McGrath, 1978), 183-184; Robert Chaney, Flugblatt der Astara, 24. März 1987.

Adresse/Hauptquartier: 800 West Arrow Highway, P.O. Box 5003, Upland, CA 91785, USA.

Astrologie

Täglich stößt man in der Zeitung darauf. Man glaubt zwar eigentlich nicht daran, aber es macht Spaß, das Horoskop zu lesen. Meistens kann man einfach darüber lachen. Man nimmt es ja schließlich nicht so ernst wie andere Leute. Was ist denn schon dabei, wenn man ab und zu mal nachschaut, was das Sternzeichen für einen bereit hat? Sicherlich ist etwas Okkultes dran, aber man betrachtet es ja von einer anderen Seite. Andererseits war es neulich doch tatsächlich so, daß die Voraussage des Horoskops eingetroffen ist. Da kann man sich nur wundern ...

Astrologie sowie Handlesen, Zauberei und andere okkulte Praktiken sind bei einigen wenigen schon immer auf Interesse gestoßen, doch in der heutigen Zeit sind sie zu einem Phänomen geworden. Laut Umfragen glaubt in der westlichen Welt etwa jeder fünfte an Astrologie, und acht von zehn können sofort das Sternzeichen, unter dem sie geboren sind, nennen. Unzählige Zeitungen drucken täglich ein Horoskop ab. Viele Menschen waren entsetzt, als aufgedeckt wurde, daß Nancy Reagan, die Frau des amerikanischen Ex-Präsidenten, 1988 einen Astrologen aufgesucht hatte mit der offensichtlichen Absicht, die politischen Entscheidungen ihres Mannes zu beeinflussen.

Vor nicht allzulanger Zeit verfaßten 186 führende Wissenschaftler eine Stellungnahme, in der die Astrologie ernsthaft angegriffen wurde. In ihrer Erklärung wiesen sie auf folgendes hin: „Die Zeit ist gekommen, die anmaßenden Ansprüche der astrologischen Scharlatane direkt und konsequent herauszufordern. Es ist einfach ein Fehler, anzunehmen, daß die Kräfte, die Sterne und Planeten im Moment einer Geburt ausüben, in irgendeiner Form die Zukunft beeinflussen." Trotz dieses vernichtenden Urteils geht der Glaube daran, daß die Himmelskörper die Angelegenheiten der Menschen beeinflussen, unvermindert weiter. Dazu trug ohne Zweifel die Tatsache bei, daß einige berühmte Leute, u. a. der verstorbene Psychologe Carl Jung, an die Astrologie glaubten.

Ist die Astrologie nur ein harmloser Zeitvertreib? Ist irgend etwas dabei, wenn man gelegentlich das Horoskop liest? Was sagt die Bibel über Astrologie?

Vor 5000 Jahren, zur Zeit des Babylonischen Reiches, beobachteten die Chaldäer den Einfluß der Sonne auf die Erde und der des Mondes auf das Meer. Sie zogen den Schluß, daß die Planeten Götter sind und bestimmte Konstellationen das Schicksal des Menschen beeinflussen. Andere Methoden der Schicksalsbefragung, wie das Beobachten der Eingeweide von Tieren, erwiesen sich oft als unberechenbar. Die Stellungen der Sterne waren zuverlässiger.

Die Menschen damals – wie auch die Astrologen heute – leiteten ihre Vorhersagen von einer geozentrischen Vorstellung des Universums ab. Man stelle sich ein Rad mit Speichen vor. Das Zentrum, in dem sich die Speichen treffen, zeigt die Position der Erde an, und die Felge zeigt den Weg an, den die Sonne jeden Tag zurücklegt, wenn sie sich um die Erde dreht. Nach den Astrologen ist die Fläche, die von der Felge begrenzt wird, 16 Grad breit und stellt die Zonen des Tierkreises dar. Was die Aufmerksamkeit der Astrologen auf sich zieht, sind bestimmte Konstellationen, die innerhalb des Weges, den die Sonne am Himmel zurücklegt, auftreten. Dieses Band wird in zwölf gleiche Teile eingeteilt, die die zwölf „Häuser" des astrologischen Tierkreises repräsentieren.

Während eines Jahres bewegen sich die zwölf Konstellationen oder Tierkreiszeichen durch jedes der zwölf Häuser. Zusätzlich dazu bewegen sich sowohl der Mond als auch die Sonne alle 24 Stunden durch jedes Haus. Warum die Menschen damals alle anderen Konstellationen außer diesen zwölf außer acht ließen, ist nicht bekannt. Möglicherweise haben sie angenommen, daß die Sonnenstrahlen durch jede Konstellation scheinen müßten, um die Menschen auf der Erde zu beeinflussen – immer unter der Voraussetzung, daß die Erde in diesem Modell das Zentrum des Universums ist, über das wir sprechen.

Um das Horoskop eines Menschen zu bestimmen, muß der geographische Ort mit Datum und Stunde der Geburt in Einklang gebracht werden. Die Konstellationen und relativen Positionen aller Himmelskörper werden durch die Winkel angegeben, die sie in Beziehung zueinander bilden. Von dieser Information wird das Horoskop abgeleitet.

So vernünftig diese einfache Darstellung klingt, baut sie doch auf einer falschen Voraussetzung auf. Der Ursprung der Astrologie liegt in der Zeit vor Kopernikus, als man noch annahm, daß die Erde das Zentrum des Universums bildete. Heute versichern uns die Wissenschaftler, daß die Sonne sich nicht um die Erde dreht, sondern umgekehrt. Da die Astrologie sich auf ein falsches Konzept gründet, entbehren ihre Annahmen und Schlußfolgerungen jeglicher wissenschaftlicher Basis.

Die Astrologie weist noch weitere faktische Diskrepanzen auf. Die Erde hat einen ungleichen Drall, da sie sich um ihre eigene Achse dreht. Damit hat sich der Tierkreis verschoben. Heute durchstrahlt die Sonne jede der Konstellationen etwa einen Monat früher als vor vielen Jahrhunderten, als die heute gültigen astrologischen Diagramme festgelegt wurden. Das bedeutet, daß das Horoskop heute eine Ungenauigkeit von 30 Tagen aufweist. Auch wenn die Voraussagen der Astrologen wahr wären, würden die Charakteristika für jedes Tierkreiszeichen nicht auf den Monat zutreffen, für den sie bestimmt wurden.

In einem neuen astrologischen Fachbuch, *Astrology Fourteen,* wird behauptet, daß es in Wirklichkeit vierzehn Konstellationen im Tierkreis gibt. Wenn die Voraussagen der Astrologie wissenschaftlich korrekt sein sollen, müßten diese beiden zusätzlichen Konstellationen in die Ermittlung eines Horoskops mit einbezogen werden. Und was ist mit den Milliarden anderer Himmelskörper in unserer Galaxie? Warum werden ihre Einflüsse nicht berücksichtigt? Die Antwort ist, daß der Himmel nicht ausreichend erforscht war, als die Astrologie sich entwickelte.

Einige Menschen werden ohne Horoskop geboren. Was ist mit denen, die nördlich des Arktiskreises leben? Für mehrere Wochen im Jahr ist dort kein Planet des Tierkreises zu sehen. Bedeutet dies, daß die Eskimos und einige Norweger keinen Himmelseinflüssen unterworfen sind und kein astrales Schicksal ihr Verhalten beeinflußt?

Astrologie wird in allen heidnischen Religionen praktiziert. Aber jede dieser Religionen ordnet den Tierkreiszeichen andere Eigenschaften zu. Ein Horoskop, das von einem Hindu in Indien ermittelt worden wäre, würde völlig anders aussehen als das von einem Buddhisten in Bangkok. Die Charakteristika, die den Konstellationen willkürlich zugeordnet werden, sind nicht konsistent. In einem Horoskop heißt es vielleicht, daß ein Wassermann praktisch veranlagt und geduldig ist, während ein anderes ihn als ruhelos und ungeschickt beschreibt. Das einzige, was konstant ist, ist eine gewisse Doppeldeutigkeit, damit die Eigenschaften auf jede Persönlichkeit zutreffen könnten.

Die Prophezeiungen der Horoskope sind häufig nicht nur unberechenbar, sie unterliegen auch einem hohen Maß an Irrtümern. Wenn die Voraussagen von Astrologen auf ihre Genauigkeit überprüft würden, würden sie ihren guten Ruf schnell verlieren. Jeanne Dixon, die ihre Aussagen Gott zuschreibt, erklärte einmal, daß Jackie Kennedy nie mehr heiraten würde. Offensichtlich wurde beim Erstellen ihrer Tierkreisdiagramme der griechische Reeder Aristoteles Onassis nicht mit einbezogen. Diejenigen, die behaupten, daß Astrologie eine „Gabe Gottes" ist, sollen darauf hingewiesen sein, daß das Bewertungs-Kriterium für einen Propheten des Herrn jegliche Irrtümer ausschließt (Deut.18,22).

Grundlage für die astrologischen Untersuchungen sind die exakte Bestimmung des Zeitpunktes der Geburt in Beziehung zu den Positionen der Himmelskörper in diesem Moment. Wer bestimmt aber, wann ein Kind geboren wird? Ist das wirklich die Mutter Natur? Häufig entscheidet der Arzt über die Geburtsstunde eines Kindes – im Hinblick auf seinen Terminkalender oder das Wohlergehen der Mutter. Kann es dann möglich sein, daß ein Arzt das astrologisch ermittelbare Schicksal durch die Anwendung bestimmter Medikamente und Drogen durchkreuzt, um den Geburtszeitpunkt zu manipulieren? Außerdem beginnt das Leben ja eigentlich mit der Zeugung – müßte dieser Moment dann nicht eher zur genauen Bestimmung des Sternzeichens herangezogen werden?

Astronomen, die sich mit der wissenschaftlichen Beobachtung von Sternen beschäftigen, lehnen die Astrologie völlig ab und ordnen sie in die Reihe der abergläubischen Aktivitäten ein. Trotzdem verschwenden Millionen von Menschen viel Zeit und Geld damit, sich mit ihren Tierkreiszeichen auseinanderzusetzen. Letztendlich kommen dabei keine echten Erkenntnisse über ihre Person heraus.

Die erste Bibelstelle, die sich auf die Astrologie bezieht, ist wohl Genesis 11. Dort finden wir die Geschichte vom Turmbau zu Babel. Archäologen haben mittlerweile entdeckt, daß dieser Turm – wie auch andere aus der Zeit – die Struktur eines Zikkurates aufweist, ein Turm, den die Chaldäer zur Beobachtung des Himmels verwendeten. Bei einigen Zikkuraten, die ausgegraben wurden, kann man Tierkreiszeichen, die an ihrer Spitze eingeritzt sind, erkennen. In der Bibel heißt es, daß der Turm zu Babel gebaut wurde, um den Himmel zu erreichen. Diese biblische Metapher könnte in genauerer Formulierung folgendermaßen lauten: „Ein Turm, mit dessen Spitze man den Himmel erreichen kann." Die Chaldäer waren kein primitives Volk, sondern verfügten über eine hochentwickelte Zivilisation. Sie hatten wohl genügend Verstand, um zu wissen, daß es nicht buchstäblich möglich war, einen Turm zu bauen, der tatsächlich so weit in die Atmosphäre reichte. Es besteht wenig Zweifel darüber, daß der eigentliche Zweck des Turmes darin bestand, die Sterne astrologisch zu beobachten. Da diese Menschen ihr Schicksal eher in den Sternen suchten als mit Gott in Kontakt zu treten, brach das Gericht über sie herein.

Die Bibel verurteilt die Astrologie auch an mehreren anderen Stellen ausdrücklich. In Jeremia 10,2 heißt es: „Ihr sollt nicht den Gottesdienst der Heiden annehmen und sollt euch nicht fürchten vor den Zeichen des Himmels, wie die Heiden sich fürchten." Der Prophet fährt damit fort, daß er Astrologie mit Götzendienst gleichsetzt und die Vergeblichkeit des Weges aufzeigt, auf dem die Heiden ihren astrologischen Göttern folgen und ihnen gefallen wollen.

Das deutlichste Gebot gegen die Astrologie finden wir in Deut. 18, angefangen bei Vers 9. Als die Kinder Israel kurz davorstanden, das Verheißene Land zu betreten, sprach Gott ernste Warnungen gegen die Praktiken der heidnischen Bevölkerung in diesem Land aus. Eine dieser Warnungen richtet sich dagegen, ein Zeichendeuter zu werden, womit die Astrologen gemeint sind. Diese Aktivität ist vor Gott ein Greuel. Wer in einem Horoskop Rat sucht, ob nun regelmäßig oder nur gelegentlich, richtet sich damit gegen eine der ernsthaftesten Warnungen der Bibel.

Wie unnütz und vergeblich es ist, durch die Astrologie Gottes Vorhaben mit dem Menschen ergründen zu wollen, wird in Daniel 2,27-28 und 4,3-17 gezeigt. In der ersten Begebenheit brachte Nebukadnezars Traum die weisesten Astrologen am Hof durcheinander. Obwohl sie Heiden waren, erkannten diese Seher sehr schnell, daß die Wahrnehmung des Unbekannten zu „dem Gott im Himmel, der die Geheimnisse offenbart," gehört. Viele Jahre später mußte sich Belsazar an das Dilemma erinnern, dem sein Vater gegenübergestanden hatte: er wurde selbst mit einem Rätsel konfrontiert, das sogar seine zuverlässigsten Wahrsager nicht lösen konnten. Wieder wurde Daniel, der Diener Gottes, gerufen, weil seine Weisheit die der Wahrsager übertraf.

Menschen, die in der Astrologie Rat suchen, zeigen damit eine ängstliche und sorgenbeladene Haltung. Jesus sagte in Matthäus 6,25: „Sorget nicht um euer Leben" noch um das, was die Zukunft bringen mag. Er erklärte, daß der himmlische Vater für die lebensnotwendigen Dinge sorgen wird, wenn wir ihn an die erste Stelle in unserem Leben setzen. Der Mensch braucht nicht zu wissen, was in der Zukunft liegt, wenn er heute mit der Hilfe Gottes rechnen darf. Ein Christ kennt zwar die Zukunft nicht, aber er kennt den, der die Zukunft in seinen Händen hält.

In Psalm 19,1 heißt es: „Die Himmel erzählen die Ehre Gottes, und die Feste verkündigen seiner Hände Werk.“ Bei der Astrologie liegt die Betonung mehr auf der Natur als auf dem Gott der Natur. Dieser Psalm macht deutlich, daß der Himmel dazu dient, auf die Ehre Gottes hinzuweisen, nicht auf die Angelegenheiten von Menschen.

Die der Astrologie zugrundeliegende Philosophie besagt, daß das Schicksal eines Menschen in den Sternen liegt. Im Gegensatz dazu lehrt das Christentum, daß die Ereignisse im Leben durch eine Kombination aus Gottes souveränem Willen und den persönlichen moralischen Entscheidungen eines Menschen bestimmt werden. Die Astrologie versucht dagegen, die Verantwortlichkeit Gott gegenüber zu zerstören. Horoskop-Leser meinen möglicherweise, daß sie die Sterne für ihr Verhalten verantwortlich machen könnten. Doch die Bibel lehrt, daß alle Menschen eines Tages vor Gott stehen und von ihm gerichtet werden (Römer 14,12). Der Mensch trägt die Verantwortung für sein Verhalten, und Gott wird die fadenscheinige Entschuldigung, daß bestimmte Sterne und Planeten gerade in der falschen Konstellation waren, nicht berücksichtigen.

Christen sollen sich auf den Heiligen Geist verlassen, der ihr Leben führt, und sich daran erinnern, daß „es von dem Herrn kommt, daß eines Mannes Schritte fest werden“ (Ps. 37,23). Die rein auf Vermutungen beruhenden Voraussagen der Astrologie sollten für Gläubige, die einem sicheren Wort der Prophetie folgen, uninteressant sein. Gott hat in seiner Gnade die Zukunft vor den Augen des Menschen verschleiert (außer den Ereignissen, die in eschatologischen Passagen detailliert beschrieben werden). Wenn es möglich wäre, die Ereignisse von morgen genau zu kennen, würden die meisten Menschen ihr Vertrauen nicht auf Gottes Weisheit richten, mit der er liebevoll unsere Zukunft gestaltet. Satan, der nach Jesaja 14,14 Gott gleich sein wollte, möchte immer noch der Ersatzgott des Menschen sein. Die Astrologie ist ein Werkzeug, das der Teufel anwendet, um Menschen vom Vertrauen auf Gott durch eine Abhängigkeit von der Willkür des Horoskops abzulenken.

Begründer: Chaldäer innerhalb des Babylonischen Reiches.

Literatur: Verschiedene okkulte Werke und mündliche Überlieferungen. Einige Bibelpassagen wurden aus dem Kontext gerissen, um die Astrologie zu rechtfertigen.

Symbol: Die zwölf Tierkreiszeichen.

Anziehungskraft: In einem Zeitalter der Ungewißheit suchen die Menschen nach einer Struktur für ihr Leben. Politische, ökonomische und soziale Unruhen rufen Angst und Ungewißheit hervor, und viele erwarten eine Befriedigung, wenn sie die Zukunft kennen. Die Astrologie wird zu einem Glaubenssystem, und das Horoskop zur Liturgie. Menschen, die die Kirche aufgegeben haben, finden Trost in den Glaubenssätzen der Astrologie.

Ziel: Die Astrologie setzt voraus, daß das Leben eines Menschen durch die Position bestimmter Himmelskörper zum Zeitpunkt seiner Geburt beeinflußt oder vorherbestimmt wird. Ereignisse auf der Erde werden ebenfalls von den Positionen der Planeten und Sterne beeinflußt. Wichtige Entscheidungen und bedeutende Ereignisse sollten unter Berücksichtigung des Horoskops betrachtet werden.

Irrtümer: Die wissenschaftlichen Diskrepanzen sind bei der Mehrheit der Wissenschaftler und Astronomen dokumentiert und anerkannt. Zahlreiche Schriften greifen die Astrologie wegen ihrer fehlerhaften Prophezeiungen und ihrer falschen Betonung (Geschöpfe statt Schöpfer – Römer 1) an. Das ewige Schicksal wird bestimmt durch die eigene Entscheidung des Menschen, nicht durch eine fatalistische Konstellation von Himmelskörpern.

Quellenverzeichnis: The Toronto Star, 16. April 1977; Hell on Earth (Carol Stream, Ill.: Creation House, 1974); Charles Strohmer, What Your Horoscope Doesn't Tell You (Wheaton, Ill.: Tyndale, 1988).

Adresse/Hauptquartier: –

Baha'i

„We may never pass this way again." Dieser Song klang von unzähligen Radiostationen aus durch den Äther. In den Reimen dieses Liedes heißt es: „Leute, kehrt zu dem Baum der Einheit zurück." Es stammt aus der Feder von Jimmy Seals und Dash Crofts, zwei erfolgreichen Popmusik-Produzenten. In diesem Lied wird explizit auf den Glauben der Komponisten hingewiesen – die Baha'i-Religion.

Die Baha'i-Religion verkündet edle und selbstlose Ziele. Vor allem anderen steht der Wunsch, die gesamte Menschheit in einem religiösen Reich zu vereinigen. Dieser Versuch, als Sammelbecken für alle Glaubensrichtungen in der Einheit Gottes dienen zu wollen, ist zwar lobenswert, kann aber nicht in die Realität umgesetzt werden. Die Lehren dieser Religion, die die Einheit erreichen möchte, sind in vielen Punkten recht widersprüchlich. Dies zeigt, daß jede Anstrengung, eine religiöse Synthese auf globaler Ebene zu erreichen, vergebliche Mühe ist. Trotzdem verfolgt die Baha'i-Religion weiterhin dieses Ziel, auch religiöse Gegensätze zu vereinigen. Dieser Idealismus hat in über 160 Ländern beinahe 5 Millionen Anhänger angezogen.

Das Baha'i-Konzept der religiösen Einheit, einer internationalen Regierung und der planetarischen Interdependenz hatte seinen Ursprung vor über 100 Jahren in Persien. Dort verkündete im Jahre 1844 der fünfundzwanzigjährige Kaufmann Mirza Ali Muhammed (1819 – 1850), daß er der Bab (Tor der Wahrheit) wäre, ein Vorgänger des „Verheißenen", in dem Gott sich manifestieren würde. Sechs Jahre danach wurde er ermordet. Einer seiner Anhänger war der persische Edelmann Mirza Husayn Ali, der heute unter der Bezeichnung Baha'u'llah (die Herrlichkeit Gottes) bekannt ist. Dieser Mann gelangte zu der Überzeugung, daß er der von Mirza Ali Muhammed Prophezeite sei. Baha'u'llah verbrachte die meiste Zeit seines Lebens wegen Verschwörungen gegen den Schah im Gefängnis. Im Jahre 1863 verkündete er in Bagdad, daß er der verheißene Madhe (Messias) sei, eine weitere Offenbarung Gottes nach Abraham, Moses, Krishna, Buddha, Zoroaster, Jesus und Mohammed.

Als der Tröster aus Johannes 14,16 hatte Baha'u'llah eine große

Aufgabe zu erfüllen. Sein Anspruch auf Göttlichkeit wurde 1892 mit seinem Tod im Alter von 75 Jahren jäh beendet. Sein Sohn Abdu'l-Baha brachte die Botschaft der Baha'i-Religion im Jahre 1912 nach Amerika. In einem Zeitraum von acht Monaten verbreitete er diesen Glauben unter der amerikanischen Bevölkerung und legte den Grundstein zu dem attraktiven Baha'i-Tempel in Wilmette, Illinois, der 2,5 Millionen Dollar kostete. Nach Abdu'l-Bahas Tod wurde der Führungsstab von Baha'i an seinen Enkel Shoghi Effendi weitergegeben, der 1953 starb. Seither liegt die Leitung von Baha'i in den Händen eines geistlichen Rates.

Folgende Aussage faßt den Baha'i-Glauben zusammen: „Die Erde ist ein Land und die Menschheit die Bürgerschaft dieses Landes." Dieser Glaubensgrundsatz wird durch zwölf Prinzipien unterstrichen: die Unabhängigkeit der Erforschung der Wahrheit, die Einheit der ganzen Menschheit, die Einheit aller Religionen, die Eliminierung aller Vorurteile, die Übereinstimmung von Wissenschaft und Religion, die Gleichheit zwischen Mann und Frau, eine universale Erziehung, eine einheitliche Sprache, die Abschaffung der großen sozialen Unterschiede, ein internationaler Gerichtshof, die Arbeit als Gottesdienst, Gerechtigkeit und universaler Friede. Anhänger der Baha'i-Religion sind der Meinung, daß die Menschheit auf einen sozio-ökonomischen Zusammenbruch zusteuert. Aus dieser Katastrophe wird ein „goldenes Zeitalter" hervorgehen, und die Baha'i-Anhänger sind die einzigen, die zur Herrschaft in diesem neuen Zeitalter vorbereitet sind. „Der Krieg wird aufhören", sagt Baha'u'llah, „und alle Menschen werden wie Brüder zusammenleben." Anders als die passiveren Sekten betreiben Baha'is nachdrücklich Mission, um zur Erfüllung dieser Prophezeiung beizutragen.

Die Praktiken der Baha'i-Religion sind denen des Islam ähnlich (allerdings mehr der westlichen Welt angepaßt), obwohl diesen beiden Religionen völlig verschiedene Systeme zugrunde liegen. Denn die Überzeugung des Baha'i, daß die Linie der Propheten nicht mit Mohammed endet, sondern Baha'u'llah einschließt und in der Zukunft noch fortgesetzt wird, steht im Widerspruch zum orthodoxen Islam. Im Iran wurden Anhänger des Baha'i streng verfolgt und häufig wegen „Ketzerei" zum Tode verurteilt. So zerstörte eine wütende Horde das Haus des Bab in Shiraz, das bedeutendste Heiligtum des Baha'i. Es war offensichtlich eines der Ziele des verstorbenen Ayatollah Khomeini, die Baha'i-Religion in ihrem Ursprungsland zu vernichten. Nach der islamischen Revolution im Jahre 1979 flüchteten Tausende von Baha'is aus dem Iran, bis das Regime unter Khomeini ihnen keine Ausreisegenehmigungen mehr gewährte. Viele Flüchtlinge ließen sich in Amerika nieder, wo ihnen der Flüchtlingsstatus aufgrund von religiöser Verfolgung zuerkannt wurde. Jährlich fliehen etwa tausend Iraner in das benachbarte Pakistan, von wo aus sie sich in der ganzen Welt niederlassen.

Das Zentrum jeder Baha'i-Gemeinschaft ist ein neunköpfiger, gewählter geistlicher Rat. Baha'is treffen sich in wöchentlichen Versammlungen, haben einmal im Jahr eine Fastenzeit und halten sich an einen speziellen Kalender, bei dem Neujahr am 21. März ist. Es gibt keine „hauptberufliche" Geistlichkeit, und den führenden Mitgliedern ist es nicht erlaubt, Zahlen über die Mitgliederschaft zu veröffentlichen. Die geschätzte Zahl von 17 000 „Niederlassungen" basiert auf der Annahme, daß bereits ein Mitglied in einer bestimmten Gegend eine solche Niederlassung darstellt. Wie bei den Moslems gibt es bei den Baha'is eine bestimmte Gebetszeit pro Tag; auch werden sie dazu angehalten, wenigstens einmal eine Pilgerreise zu ihrem Mekka zu unternehmen, nämlich zu dem Tempel in der Stadt Ak'ka (in der Nähe von Haifa, Israel), wo Baha'u'llah starb und Mirza Ali Muhammed begraben liegt (auf dem nahegelegenen Berg Karmel).

Die Baha'i-Religion erhebt den Anspruch, die letztendliche Erfüllung des Judentums, Buddhismus, Islam, Zoroastrianismus und des Christentums zu sein. Während einerseits die Verdienste aller Weltreligionen proklamiert werden, wird ebenso betont, daß diese Religionen sich nun der Souveränität Gottes erfüllter Offenbarung in Baha'u'llah unterordnen. Die Unstimmigkeiten zwischen den Jüngern von Krishna, Mohammed oder Buddha zum Beispiel reichen jedoch schon aus, um alle Hoffnung auf eine Einheit zwischen ihnen aufzugeben. Der Gedanke, daß sie die Unterschiede zu Baha'i überwinden könnten, scheint ebenso unwahrscheinlich.

Für einen biblisch orientierten Christen ist es unmöglich, sich mit Baha'i zu identifizieren. Diejenigen, die glauben, daß „die ganze Fülle der Gottheit leibhaftig" in Christus wohnt (Kolosser 2,9), werden nicht gewillt sein, ihren Erlöser als einen von neun Manifestationen Gottes zu degradieren. Das Akzeptieren von Baha'i bedeutet die Ablehnung der stellvertretenden Sühne Jesu Christi und das Ignorieren aller Unterschiede zu den übrigen Weltreligionen. Die Baha'i-Religion lehrt, daß alle größeren Religionen auf den gleichen grundsätzlichen Wahrheiten beruhen. Wenn dies der Fall sein sollte, warum schließen die Glaubensgrundsätze der Baha'i und des Christentums dann einander aus? Der Schluß, der sich aus dieser Frage ergibt, kann nicht übergangen werden, gleichgültig, wie liebevoll, sanft und rücksichtsvoll die Anhänger des Baha'u'llah sind.

Begründer: Mirza Husayn Ali (1817 – 1892), bekannt unter der Bezeichnung Baha'u'llah. Er proklamierte im Jahre 1863, daß er die Manifestation Gottes für das momentane Zeitalter sei.

Literatur: Die Schriften von Shoghi Effendi und Baha'u'llah, besonders das „Heiligste Buch". Seine Lehren können folgendermaßen zusammengefaßt werden: „Einheit der Menschheit, Einheit der Religion, Einheit Gottes."

Symbol: Die Zahl Neun, ein heiliges Kennzeichen für die Struktur der Tempel (neun Seiten) und die Größe der lokalen Organisationen (mindestens neun Mitglieder).

Anziehungskraft: Für diejenigen, die sich den Weltfrieden und das Verschwinden religiöser Trennungen über äußere Unterschiede hinweg wünschen, gilt Baha'i als eine gute Religion mit hohen Idealen.

Ziel: Da alle Religionen angeblich etwas Gutes haben und in den Grundsätzen übereinstimmen, hoffen die Baha'is, daß sich alle Glaubensrichtungen vereinigen werden und der Mensch damit für ein geistliches Weiterkommen in diesem oder im nächsten Leben vorbereitet wird.

Irrtümer: Baha'is lehren, daß der Mensch Gott nicht direkt kennenlernen kann, sondern nur durch seine Boten. Christus wird nicht als die fleischgewordene Gottheit akzeptiert, sondern er wird auf die gleiche Ebene wie andere religiöse Lehrer gestellt. Ihm wird eine geringere Position zuerkannt als dem Baha'u'llah. Baha'is glauben nicht an die körperliche Auferstehung Christi, die Unfehlbarkeit der Bibel, das ewige Gericht, an eine buchstäblich existierende Hölle noch an die Sühne durch Jesu Blut am Kreuz. An die Stelle dieser Lehren tritt ein synkretistisches religiöses System, in dem Baha'u'llah als die zentrale Figur und die Quelle aller Wahrheit gilt. Die Widersprüchlichkeit, die sich aus den unterschiedlichen Gottesbildern der verschiedenen Weltreligionen ergibt, wird zugunsten des großen Themas „Einheit" ignoriert.

Quellenverzeichnis: Walter Martin, The Kingdom of Cults (Minneapolis: Bethany, 1965), 252-258; The Denver Post, 18. Oktober 1974, 7BB; Ibid., 20. Juni 1975, 2BB; East/West Journal, Dezember 1977, 80-83; Newsweek, 24. März 1980, 61; „The World Center of the

Baha'i Faith", Broschüre, die Besuchern des Heiligtums des Bab in Haifa/Israel zur Information überreicht wird; Kenneth L. Woodware, mit Janet Huck, „Iran's Holy War on Baha'is", Newsweek, 25. Januar 1982, 73; Ruhiyyih Jahanpour, „Refusal to Give Up Her Faith Led to Imprisonment, Torture and Exile for an Iranian Baha'i", People, 9. September 1985, n.p.; Fergus M. Bordewich, „Iran, Holz Terror", The Atlantic, April 1987, 28, 30; Pamphlet, National Spirit Assembly of the Baha'is of Canada, „Do You Know in What Day You Are Living?"; Pamphlet, National Spiritual Assembly of the Baha'is of the United States, „A New Way to Bring Poeple Together; The Baha's Faith"; W. Kenneth Christian, Basic Facts of the Baha'is Faith (Wilmette, Ill.: Baha'i Publishing Trust, n.d.).

Verbreitung/Adresse: Internationales Hauptquartier ist das Baha'i World Center in Haifa/Israel. Das amerikanische Hauptquartier (Baha'i National Center) befindet sich in Wilmette, IL 60091. In den meisten Weltstädten gibt es Baha'i-Zentren und Gruppen. In Deutschland liegt die geschätzte Mitgliederzahl bei etwa 2300 Baha'is.

Branhamismus

Als William Branham 1965 von einem betrunkenen Autofahrer getötet wurde, nahm man an, daß der Ruhm dieses umherziehenden „Jesus Only"-Predigers (er glaubte nicht an die Dreieinigkeit) bald dahinschwinden würde. Doch Branham war nicht einfach ein Evangelist. Er beanspruchte, der Prophet für dieses Zeitalter (vermutlich das Laodizäische Zeitalter) zu sein, die Stimme des siebten Botschafters aus der Offenbarung. Heute findet man immer noch überall in den USA, aber auch in Europa, Branham-Anhänger. Sie treffen sich in kleinen Gruppen, um die wenigen von ihm verfaßten Bücher zu lesen und primitiv aufgenommene Kassetten mit Predigten von ihm zu hören. Für diese Fanatiker ist der eine, der größer als Johannes der Täufer sein sollte, William Branham.

Branham wurde 1909 in den Bergen von Kentucky als Sohn eines Schnapsbrenners geboren. Mit sieben Jahren hatte er zum ersten Mal Visionen, die ihn durch sein ganzes Leben begleiten sollten. Am 7. Mai 1946 verbrachte er eine ganze Nacht in einer Höhle, wo ihm angeblich ein Engel erschien und ihm seine Vergangenheit und Zukunft erklärte. Der Engel offenbarte ihm außerdem, daß Gott ihm die Fähigkeit verleihen würde, Menschen zu heilen. Viele seiner Zeitgenossen waren über die spirituelle Seite, die bei seiner Heilungsgabe mitschwang, beunruhigt. Kam er mit einer Krankheit in Berührung, löste das bei ihm Vibrationen und ein Anschwellen seiner Hand aus. Manchmal sah er einen feurigen Ball im Raum umherschweben, der sich dann über denen bewegte, über die er eine Heilung aussprechen sollte. Im Jahre 1965 war ich bei einer Zusammenkunft anwesend, als dieser Feuerball angeblich auftauchte. Diese Erscheinung war sonst für keinen der Anwesenden sichtbar, jedoch hinterfragte niemand Branhams Erklärung. Trotz ständiger Warnungen von Kollegen im Gemeindedienst, daß diese Visionen dämonischen Ursprungs sein könnten, ließ Branham sich nicht beirren.

Branham unternahm viele Reisen ins Ausland und wurde von der Hauptrichtung der pfingstlerischen Gruppierungen zunächst weitgehend akzeptiert. Jedoch war seine kleine Gemeinde in Jeffersonville, Indiana, der Hauptkanal für seine Lehren. Branham sagte, daß Gott zu ihm dort durch eine Feuersäule sprechen und ihm die Geheimnisse aus Offenbarung 5-8 erklären würde. Dies führte ihn auch zu Voraussagen von zukünftigen Ereignissen, wie zum Beispiel Hitlers Machtergreifung (richtig) und der Zerstörung Amerikas durch eine Explosion im Jahre 1977 (falsch). Das Buch *Darlegung der sieben Gemeinde-Zeitalter,* das die zweite Prophezeiung enthält, gab das Jahr 1977 auch als das erste des Tausendjährigen Reiches an.

In den vierziger Jahren veranstaltete Branham große Heilungsversammlungen, bei denen Tausende wunderbare Heilungen erfuhren. Diejenigen, die Branham näher kannten, beschreiben ihn als einen demütigen, zurückhaltenden Mann, der trotz seines einfachen Hintergrundes einen erstaunlichen Sinn für geistliche Zusammenhänge hatte. War er jemand, der gut angefangen hatte, dann aber einer Irrlehre unterlag, da ihm die entsprechende theologische Ausbildung fehlte? Waren seine Visionen und Engelserscheinungen göttlichen Ursprungs, oder war er auf geschickte Weise von Satan getäuscht worden?

Eine Analyse aus der Retrospektive kann diese Fragen nicht schlüssig beantworten. Doch es ist möglich, Branhams Theologie zu untersuchen und sie auf Unstimmigkeiten mit der orthodoxen christlichen Lehre abzuwägen. Auch Branhams ergebenste Anhänger müßten zugeben, daß seine nicht schriftgemäßen Ansichten einen gewissen Skeptizismus hervorrufen, was seinen Anspruch, ein Endzeitprophet zu sein, angeht.

Branham lehnte die Dreieinigkeit ab und behauptete, daß Jesus ein Geschöpf und nicht der ewige Sohn Gottes sei. Ebenso glaubte er, daß Kain und Abel von zwei verschiedenen Zeugungen herrührten – Kain aus der Verführung der Schlange, Abel von Adam. Obwohl er die Existenz eines Feuersees wörtlich akzeptierte, behauptete er, daß dieser letztendlich zerstört würde. Einige seiner prophetischen Aussagen erfüllten sich, während andere sich als eklatante Irrtümer herausstellten.

Die Glaubwürdigkeit von noch lebenden Führern religiöser Gruppen zu analysieren, ist relativ einfach. Diejenigen, die schon verstorben sind, können jedoch nur nach den schriftlichen Zeugnissen beurteilt werden, die sie hinterließen. Es steht außer Zweifel, daß Branham ernsthaft glaubte, daß er ein Diener Gottes war, dessen Offenbarungen von Gott herrührten. Wenn man diese Theologie hinterfragt, bedeutet das nicht, daß man seine Bekehrung oder alles, was er sonst getan hat, als Irrtum ansieht. Doch wenn Gott tatsächlich geistliche Gaben auf das Leben William Branhams gelegt hatte, dann haben seine Anhänger jedenfalls die Warnung des Paulus in 1. Korinther 3 vergessen: Christen sollen nicht Menschen verherrlichen, seien diese auch noch so dynamisch oder charismatisch. Gott allein gebührt die völlige Hingabe.

Begründer: William M. Branham, geboren 1909, gestorben 1965.

Literatur: Maleachi 3,23 (Branham behauptete von sich, die Erfüllung dieser Prophezeiung zu sein, der Elia des sogenannten Laodizäischen Zeitalters.)

Symbol: Keines.

Anziehungskraft: Diejenigen, die der Meinung sind, daß die organisierte kirchliche Welt vom Glauben abgefallen ist und eine göttliche Offenbarung durch einen Propheten Gottes braucht, fühlen sich von der Lehre Branhams angezogen.

Ziel: Branhams Lehren durch die Verteilung von Traktaten und das Anhören seiner Botschaften in Gruppen zu verbreiten.

Irrtümer: Branham lehnte die Dreieinigkeit und das ewige Gericht ab; ungenaue Prophezeiung zukünftiger Ereignisse; falsche Interpretation von Evas Sündenfall; mögliche satanische Täuschung durch übernatürliche Erscheinungen.

Quellenverzeichnis: Western Tract Mission, Saskatoon, Saskatchewan, Canada; „William Branham“ (Pamphlet), Cal Beisner, Christian Research Institute; „God’s Word Came to the Prophet William Marion Branham“, Traktat von Spoken Word Publications; William Branham, A Man Sent from God, Gordon Lindsay, veröffentlicht 1950 von William Branham; Darlegung der sieben Gemeinde-Zeitalter, Krefeld 1968.

Verbreitung/Adresse: Ländliche Gegenden in Kanada und dem Mittelwesten der USA, aber auch in Deutschland („Freie Volksmission“, Krefeld, u. a.).

Charles-Manson-Kult

Er hatte die Vision eines Holocaust und einer elitären „Familie", die siegreich daraus hervorgeht. Charles Milton Manson dachte sich einen Plan aus, um einen blutigen Krieg zwischen Schwarzen und Weißen in die Wege zu leiten, und überredete seine sklavisch treuen Anhänger, die schmutzigen Taten auszuführen. Am 9. und 10. August 1969 gab Manson den Mord an einigen prominenten Weißen „in Auftrag", abscheuliche Verbrechen, von denen er hoffte, sie würden den Schwarzen angelastet und einen Rassenkampf entfachen. Insgesamt wurden sieben Menschen ermordet, unter ihnen die Schauspielerin Sharon Tate, die Kaffee-Erbin Abigail Folger und der reiche Supermarktketten-Präsident Leno LaBianca. Die Tate/LaBianca-Morde machten den Charles-Manson-Kult in der Öffentlichkeit bekannt.

Das Denksystem Mansons gründet sich auf die *Process Church,* auch bekannt als *Foundation Faith of God.* In den späten 60er Jahren veröffentlichte Robert DeGrimston ein Buch, das die Philosophie darlegte, Christus und Satan hätten ihre Feindschaft begraben und sich schließlich zusammengetan. Christus wird als der Richter gesehen und Satan als der Vollstrecker der Gerichtsurteile, die von Jesus verhängt werden. Daher ist es ein göttlicher Auftrag der Liebe zu Christus, den Teufel zu lieben und für ihn zu morden. Diese Dualität zwischen Christus und Satan faszinierte Charles Manson sehr – er selbst war bei seinen Anhängern als der Christus/Teufel bekannt.

Charles Manson und die „Brüder und Schwestern" seiner Kommune waren auch stark von Adolf Hitler beeinflußt. Vincent Bugliosi, Staatsanwalt im Charles Manson-Mordprozeß und Verfasser von *Helter Skelter*, schrieb: „Manson verehrte Hitler und sprach oft von ihm. Er erzählte seinen Jüngern, Hitler hätte für alles die beste Lösung und würde das Karma der Juden einebnen." Das Hakenkreuz, das Manson auf seiner Stirn einritzte, zeigt seine Bewunderung für Hitler. Manson wurde, wie Hitler, von seinen Anhängern als Führer betrachtet, der die arische Rasse retten wollte – „seine" ausschließlich weiße Familie.

Die *Process*-Philosophie wurde noch populärer mit der Veröffentlichung von *The Process,* einem Magazin, das dem Kult nahesteht.

Auf einem Titelbild quillt eine Gruppe marschierender Nazis aus dem Mund eines feuerroten Schädels hervor und zertrampelt Leute, die gerade in einem Feuer zugrunde gehen. In derselben Ausgabe erschien das Gesicht Hitlers in einem Zerrspiegel, und ein Mensch wurde abgebildet, der bei lebendigem Leibe verbrennt. Angst wurde als Macht vorgestellt.

Vincent Bugliosi nahm Bezug auf Mansons Verhältnis zur Angst. Er schrieb: „Die Haltung Mansons zur Angst war so seltsam, daß ich sie fast für einmalig hielt . . . bis ich eine Sonderausgabe des Magazins *The Process* zum Thema Angst las.“ Bugliosi sagte, Manson hätte über Angst als Energiespender und Waffe gepredigt, die einen Menschen neue Höhen erreichen und bitteres Versagen vergessen läßt.

Selbst beim Abbüßen der Gefängnisstrafe wegen Anstiftung der Tate/LaBianca-Morde steht Manson mit der Gesellschaft immer noch auf Kriegsfuß. Neulich lehnte man zum siebten Mal seine Freilassung ab. Albert Leddy, Vorsitzender des zuständigen Komitees erklärte, daß Manson „auf jeden Fall eine Gefahr darstellt“. Dennoch wartet Mansons „Familie“ auf seine Rückkehr. Charles Manson, der von seinen Jüngern immer noch als Christus/Teufel verehrt wird, dient als Inspiration für jene, die die Bibel verfälschen und Morde, Gemetzel und Verbrechen wie Kinderpornographie und Sado-Masochismus zu rechtfertigen versuchen. Der Endkampf der Rassen bleibt nach wie vor eine Vision für Kultmitglieder.

Die Sekte um Charles Manson hat die Jahre überdauert. Verherrlicht von Heavy-Metal-Musikern wie Ozzy Osbourne in Liedern wie „Blutbad im Paradies“ lockt Manson immer noch Begeisterte an. Während seines Mordprozesses höhnte Manson. „Ihr sagt, es seien nur einige wenige? Es gibt noch viele, viele, die in dieselbe Richtung gehen. Sie laufen in den Straßen – und sie rennen direkt auf euch zu!“

Es können nur die verdrehten Ideen arischer Überlegenheit und der kombinierten Christus- und Teufelsanbetung sein, die Menschen am Manson-Kult interessant finden. Die Fackel, die Manson 1969 entzündet hatte, lodert immer noch und versengt die Leben jener, die ihn als visionären Führer und heiligen Erlöser verehren.

Begründer: Charles Manson, beeinflußt durch die *Process*-Kirche und ihre Lehre von der Dualität zwischen Christus und Teufel.

Literatur: Robert DeGrimstons *As It Is,* außerdem Ausgaben von *Process,* einem Magazin, das in den 60er Jahren von der Process-Kirche herausgegeben wurde.

Symbol: Das offizielle Process-Symbol ist eine Art umgedrehtes Hakenkreuz. Außerdem wird die Mendez-Ziege, ein Symbol für Satan, verwendet.

Anziehungskraft: Charles Manson kommt denen entgegen, die seinen Haß auf die Gesellschaft und seine Hoffnung, die Dinge zum Besseren zu wenden, teilen. Sein Ruhm als geistiger Urheber der Tate/LaBianca-Morde macht ihn für einige sogar zum Gott.

Ziel: Wer Manson folgt, will auch Teil seiner „Familie" werden. Auf Mansons Seite zu stehen, falls wirklich ein rassisches Harmagedon stattfindet, bewirkt die Rettung dieses Menschen gemeinsam mit den anderen Gliedern der auserwählten „Familie".

Irrtümer: Der Gedanke, daß Christus und der Teufel nicht länger Feinde wären, ist falsch (Offb.20,2). Mansons Anhänger meinen, wenn sie für Satan morden, gleichzeitig einen ehrenhaften Auftrag für Christus auszuführen. Aber der Satan („Feind") ist der Feind Gottes. Die beiden werden sich nie verbünden, wie es die Offenbarung des Johannes klar bezeugt.

Quellenverzeichnis: Terry, The Ultimate Evil, New York: Doubleday, 1987; Bugliosi, Helter Skelter, New York: Bantam, 1975; The Rocky Mountain News, 9. Februar 1989.

Adresse/Verbreitung: Die meisten Kultmitglieder wohnen in Kalifornien.

Christian Science (Christliche Wissenschaft)

Zwölf Tage hatten Doug und Rita Swan zugesehen, wie sich ihr 16 Monate alter Sohn vor Schmerzen krümmte und schrie. Als sie ihn endlich ins Krankenhaus brachten, war es zu spät. Der kleine Matthew starb sechs Tage darauf. Doug und Rita hatten als hingegebene Anhänger der Christian Science einfach versucht, ihren Überzeugungen gerecht zu werden. Ihr „Ausüber" in der Kirche hatte ihnen die Anweisung gegeben, nicht mehr darüber zu beten, mit niemandem darüber zu sprechen und Matthews elenden Zustand zu ignorieren. Rita Swan, die inzwischen die Organisation CHILD (Child Health Care Is a Legal Duty = Das Achten auf den Gesundheitszustand von Kindern ist eine Gesetzespflicht) leitet, erzählt, daß sie von dem „Ausüber" eingeschüchtert wurde, als ihr Zweifel kamen. Denn schließlich hat „Mutter" Mary Baker Eddy proklamiert, daß Sünde und Krankheit nur Illusionen des Verstandes sind, die durch die richtige Denkweise korrigiert werden müssen.

Die tragische Geschichte von Matthew Swan ist nur eine von vielen. Es ist ein günstiger Umstand für die Anhänger der Christian Science, daß in den meisten Staaten Gesetze gelten, die eine strafrechtliche Verfolgung nicht zulassen, wenn einem Familienmitglied medizinische Hilfe versagt wird. Jedoch hinterfragt man in Gerichtskreisen diese Regelung ernsthaft, wenn es dabei um Kinder geht. Es wurden bereits mehrere Prozesse geführt, und vor kurzem hat man ein Elternpaar in Sarasota/Florida, das sich ebenfalls zur Christian Science bekennt, des Mordes an ihrem siebenjährigen Kind für schuldig befunden, weil keine ärztliche Hilfe in Anspruch genommen wurde.

Die Christian Science hat schon immer chiropraktische Methoden, die Behandlung mit Vitaminen und Drogen sowie Immunbehandlungen abgelehnt. Wenn Schmerzen oder Krankheiten auftreten, so sind Anhänger der Christian Science dazu aufgefordert, dem „Zeugnis der materiellen Sinne", also dem, was ihre fünf Sinnesorgane sagen, keinen Glauben zu schenken. Auch der Beschützerinstinkt einer Mutter wird als „falscher, sterblicher Glaube“ abgewertet. Die Mitglieder dieser Kirche können sich zwar gebrochene Knochen richten lassen, jedoch ist ihnen nicht erlaubt, sich einer medizinischen Diagnose zu unterziehen, da man laut Mrs. Eddy damit das erste Gebot bräche.

Wie kann solch ein unaufgeklärter Glaube eine autoritäre Macht über Menschen gewinnen? Die Christian Science-Kirche hat sich völlig von anderen religiösen Gruppen distanziert, so daß auch ihre Mitglieder isoliert werden. Sie unterhalten sich nur sehr ungern mit Außenstehenden, und es ist ihnen verboten, Literatur zu lesen, die ihre Kirche kritisiert. Sie haben auch einen guten Grund, von ihrer Kirche überzeugt zu sein. Mrs. Eddy hat erklärt: „Es gibt nur einen Weg in den Himmel ... die göttliche Wissenschaft zeigt uns diesen Weg. Die zweite Wiederkunft Jesu ist eindeutig der geistliche Beginn einer fortschrittlichen Gottesvorstellung, so wie bei der Christlichen Wissenschaft.“ Die Gottesdienste finden in luxuriösen Gebäuden statt. Die Leseräume sind sehr sorgfältig ausgesucht (meist an Hauptverkehrsstraßen) und angenehm ausgestattet. Die Tageszeitung *Christian Science Monitor* mit einer Auflage von über 100 000 Exemplaren ist journalistisch gut gemacht und wurde schon mit mehreren Pulitzer-Preisen ausgezeichnet.

Mary Baker Eddy war in ihren Ansprüchen sicher nicht bescheiden, und die meisten Kirchenmitglieder bewundern sie als die unfehlbare Mutter. Sie verkündete ihre Lehren als die „endgültige Offenbarung Gottes“. Mrs. Eddy betonte auch die göttliche Inspiration ihres Buches *Science and Health with Key to the Scriptures.* Sie wählte das Wort „Schlüssel“ aus ihrer Überzeugung heraus, daß sie die in Offenbarung 12 prophezeite Frau wäre. Viele ihrer frühen Anhänger maßen ihr den Status der Christusgleichheit zu, und sie widersprach dem auch nicht. Ihre tatsächliche Lebensgeschichte hinterläßt jedoch einen deutlich anderen Eindruck.

Die Eltern von Ann Morse Baker kamen aus New Hampshire. Ihre Kindheit war von emotionalen Unruhen und häufigen Krankheiten geprägt. Im Alter von 22 Jahren heiratete sie George Glover, der jedoch nach siebenmonatiger Ehe starb. Ihre zweite Ehe mit dem Zahnarzt Dr. Daniel Patterson endete mit einer Scheidung. 1877 heiratete sie Asa Eddy, der auch ihr erster Anhänger und Christian Science-Arzt wurde.

Während ihrer Ehe mit Dr. Patterson änderte sich ihr Leben radikal. Als sie 1862 Hilfe wegen einer Erkrankung der Wirbelsäule suchte, besuchte sie einen Geistheiler mit dem Namen Phineas Parkhurst Quimby. Er praktizierte eine Form der Heilung, bei der der Verstand Macht über die Materie gewinnt, die er Christian Science nannte. Wie tiefgehend Quimbys Einfluß auf Mrs. Eddy war, ist unklar. Auf jeden Fall gab er den Ausschlag für die Entwicklung ihrer religiösen Lehren, die sie schließlich Christian Science nannte. Nachforschungen ergaben, daß sie dabei stark von einer Arbeit des deutsch-amerikanischen Philosophen Francis Lieber plagiierte.

1866 stürzte Mrs. Eddy, damals Mrs. Patterson, und verletzte sich. Später behauptete sie, daß sie nach diesem Sturz nur noch drei Tage zu leben gehabt hätte (ihr Arzt bestätigte diese Diagnose jedoch nicht). Sie berichtet, daß sie am dritten Tag Matthäus 9,2 las und danach eine wunderbare Heilung erfuhr. Seit der Zeit spürte sie ihren Auftrag, diese „neue“ Entdeckung der Christian Science zu verbreiten. Im Jahre 1875 veröffentlichte sie *Science and Health,* in dem Menschen, die mit allen möglichen Leiden zu kämpfen haben, Heilung angeboten wird. 1879 wurde dann die *Church of Christ, Scientist* gegründet.

Viele Menschen stehen der Christian Science wohlwollend gegenüber, obwohl die Fälle, in denen eine medizinische Behandlung verhindert wurde, ihr Image nicht gerade unterstützt. Einige berufen sich auf begeisternde Zeugnisse von Mitgliedern, die eine Heilung erlebt haben. Andere werden durch die konservativen, gebildeten und sozial hochstehenden Mitglieder, die man in den Veranstaltungen der Kirche trifft, angesprochen. Ihre Absicht scheint nur die beste zu sein, und man würde kaum ihren wirksamen Dienst an solchen, die von seelischen und psychosomatischen Störungen gequält werden, verurteilen. Doch eine Sekte muß nach ihrer Grundlage, nicht nach dem Image beurteilt werden. Wichtige Kriterien sind dabei die Quelle der Autorität und Macht sowie die biblische Gültigkeit ihrer Lehren. Eine derartige Analyse deckt die Mängel der Christian Science in vielen Bereichen auf.

Bei einem Gottesdienst der Christian Science fallen die von den üblichen christlichen Kirchen abweichenden Formen auf. Es gibt keinen Klerus, sondern Laienprediger und ernannte vollzeitliche „Ausüber“, die die Heilungstechniken der Kirche anwenden. Es werden keine Sakramente anerkannt; der Gottesdienst wird mit dem Lesen des Vaterunsers beendet, das allerdings mit interpretatorischen Aussagen von Mrs. Eddy durchsetzt ist. Voraussetzung für die Mitgliedschaft ist das Beenden jeglicher Beziehungen zu anderen Kirchen oder religiösen Organisationen. *Science and Health* wird abwechselnd mit der Bibel gelesen, wodurch darauf hingewiesen wird, daß das Wort Gottes ohne Mary Baker Eddys Erleuchtung nutzlos ist.

Die Leitungsstruktur der Kirche wird im *Manual of the Mother Church,* das 1895 veröffentlicht wurde, dargestellt. Mrs. Eddy revidierte dieses Buch immer wieder in der Absicht, es ihrer Kirche als Autorität zu hinterlassen.

Der Beobachter erkennt die Lehren der Christian Science nicht auf den ersten Blick. Die Terminologie von Mrs. Eddy klingt zunächst sehr vertraut, bis man die semantische Oberfläche durchdringt und die unterschwellige Bedeutung ihrer Aussagen erkennt. Sie unterlag sehr stark dem Einfluß des *New Thought* und stützte ihre Lehren auf das hinduistische Konzept der bösen, illusorischen und materialistischen Welt. In diesem System ist das, was mit „Geist" zu tun hat, die einzige Realität. Diese Ansicht bestimmt auch ihre Konzepte über Gott, Sünde und Erlösung. Folgende Beispiele ihrer Lehren zeigen dies: der Tod ist eine Illusion; Engel sind Gedanken Gottes; Gott ist das göttliche Gemüt; Genesis 2 ist eine „Lüge"; die Jungfrauengeburt war ein geistlicher Gedanke; die Dreieinigkeit ist heidnisch; das Böse und die Sünde sind nur Einbildung; Krankheit kann durch das richtige Denken besiegt werden; Jesus war nicht Gott; der Himmel ist ein Geisteszustand; die Hölle existiert nicht; das Gebet um Sündenvergebung ist wirkungslos; Christus starb nicht; seine Auferstehung war geistig und nicht körperlich; das Blut Christi hat keinen Einfluß auf die Sünde.

Der Kernpunkt der Lehren der Christian Science ist die Lehre über Heilung. Kein anderer Grundsatz dieser Kirche zieht so viele Leute an wie dieser. Mrs. Eddy wurde von den führenden Medizinern ihrer Zeit immer wieder aufgefordert, einen Beweis dafür zu liefern, daß eine diagnostizierte organische Krankheit tatsächlich geheilt wurde. Dazu kam es nie, weil sie es nicht konnte. Am Ende wandte sie sich selbst an Ärzte, die ihr dann schmerzstillende Morphiumdosen verabreichten. Dennoch behält die Christian Science ihren Glauben bei, daß Jesus den Menschen ihre Krankheitsillusion offenbarte und sie dann heilte. Dieses will man ihm gleichtun.

Man kann allerdings nicht bestreiten, daß einige Heilungen der Christian Science echt sind. Diejenigen, die glauben, geheilt worden zu sein, lassen sich leicht auch für die anderen Lehren der Kirche gewinnen.

Was hat es mit diesen Heilungen aber auf sich? Da eine medizinische Beurteilung vorher nicht erlaubt war, kann man nicht genau sagen, wie viele Heilungen durch die Linderung der psychosomatischen

Ursachen erfolgten. Seelische Krankheiten wurden möglicherweise durch die beruhigende Wirkung der Therapie des „Ausübers" auf die Psyche geheilt. Einige ehemalige Mitglieder der Christian Science meinen, daß bei der Behandlung die Symptome einer Krankheit außer acht gelassen werden, was dann später zu Schmerzen und Leiden führte, denen man mit einer medizinischen Behandlung hätte entgegenwirken können. Außerdem zeigt die Begegnung Moses mit den Zauberern des Pharao, daß der Satan fähig ist, offensichtliche Wunder zu tun. Tatsächlich gehen viele dämonische Praktiken mit Heilungen einher, Satanismus und Spiritualismus eingeschlossen. Eine Heilung ist nicht unbedingt ein Zeichen dafür, daß Gott den Glauben des Heilenden bestätigt.

Da eine stark nachlassende Mitgliederzahl die Grundfesten der Mutterkirche in Boston ins Schwanken bringt, ist die Zukunft der Christian Science ungewiß. Heute hat die Kirche viel weniger Mitglieder als die 300 000, die das amerikanische Statistikamt für das Jahr 1936 ermittelt hatte. Die Zahl der „Ausüber", die im *Christian Science Journal* aufgeführt sind, sank in den fünfziger Jahren von 12 000 auf etwa 3 000. Interessanterweise nahm die Mitgliederzahl in den Ländern der Dritten Welt zu. Mrs. Eddy hatte einst prophezeit: „In fünfzig oder weniger Jahren wird die Christian Science der in der Welt vorherrschende Glaube sein." Diese Voraussage scheint genauso fehl am Platz wie ihre Behauptung, daß „der Mensch nicht fähig zu Sünde, Elend und Tod ist". Auschwitz und Mrs. Eddys eigener zerfallener Körper sind die besten Beweise dafür, diese optimistische Beurteilung und viele andere Aussagen zu hinterfragen.

Begründer: Mary Baker Eddy, geboren 1821 als Mary Ann Morse Baker. Das Buch *Science and Health* wurde 1875 veröffentlicht und die *Church of Christ, Scientist,* 1879 gegründet. Mary Baker Eddy starb 1910.

Literatur: Matthäus 9,2, angeblich die Bestätigung für die Heilung von Mrs. Eddy, die zur Formulierung der Glaubensgrundsätze der Christlichen Wissenschaft führte.

Symbol: Siegel eines Kreuzes in einer Krone.

Anziehungskraft: Die von der Christian Science versprochene Heilung geht auf den Wunsch des Menschen ein, die Furcht vor Schmerzen und Leid zu überwinden. Die Lehren von Mary Baker Eddy sprechen vor allem diejenigen an, die eine philosophische Grundlage dafür suchen, die Vergänglichkeit des Menschen und die Notwendigkeit der Buße zu ignorieren. Die Realität des Bösen wird als Einbildung abgetan.

Ziel: Den „Mythen" des traditionellen Christentums müssen die Grundlagen genommen werden. Der Mensch ist vollkommen und sollte nach dem gleichen Göttlichen Geist streben, den Jesus erreicht hatte. Krankheit kann ausgerottet werden, wenn ein Mensch erkennt, daß reine Gedanken die Illusion der Krankheit vertreiben werden. Als die einzige wahre Kirche ermutigt man die Mitglieder, zu bestätigen, daß Gott gut ist und deshalb das Gute Gott ist. In diesem System existiert das Böse nicht, da die Materie (= das Böse) nicht existiert.

Irrtümer: Nur wenige orthodoxe christliche Lehren bleiben unangetastet. Vom biblischen Standpunkt aus gesehen ist die Christian Science nicht christlich, und sie ist auch eindeutig nicht wissenschaftlich. Ihr liegt eine universalistische Theologie zugrunde. Jesus hielt sich angeblich nur im Grab versteckt – er starb also nicht wirklich –, und damit ist seine Auferstehung auch nicht die Hoffnung der Gläubigen, was im Widerspruch zu Paulus' Aussagen in 1. Korinther 15 steht.

Quellenverzeichnis: Newsweek, 21. Juni 1976, 87; Christianity Today, 10. Oktober 1975, 6-11; M. Thomas Starkes, Christian Scientists and the Baptist witness (Home Missions Board, S. C., n.d.); People, 31. März 1981, 30-32; Kenneth Boa, Cults, World Religions and You (Wheaton, Ill.: Victor, 1980); Encyclopedia Britannica, 1986 ed., s.v. „Christian Science"; Walter Martin, The Kingdom of the Cults (Minneapolis; Bethany Fellowship 1977); Kenneth Woodward, „The Graying of a Church", Newsweek, 3. August 1987, 60; „A Mild Matron Goes Modern", Time, 26. September 1988; William Dunn, „Conviction for Beliefs Ominous", USA Today, 7. April 1989, 3A; John Larrabee, „States Take on Power of Prayer", USA Today, 2. Mai 1988, 2A.

Verbreitung/Adresse: Mutterkirche in Boston, Massachusett. Etwa ein Drittel der 3000 existierenden Gemeinden befinden sich in 56 Ländern außerhalb der USA, davon etwa 100 in Deutschland. Leseräume befinden sich in allen größeren Städten. In Bayern, Hamburg, Niedersachsen und Berlin ist die Christliche Wissenschaft als Körperschaft des öffentlichen Rechts anerkannt.

Church of Armageddon

Love Family

Sanftmut, Geduld und Mut klingen wie bewundernswerte biblische Qualitäten. In der Church of Armageddon (manchmal auch Love Family genannt) stellen diese Tugenden jedoch die neu angenommenen Namen der Sektenmitglieder dar. Da die Love Family alle Christen für Nachkommen Israels hält, wird Israel als Nachname hinzugefügt. Die Führung der Gruppe hat Love Israel inne, ein ehemaliger Kaufmann mit dem Namen Paul Erdmann, der die in Seattle beheimatete Sekte in den 60er Jahren gründete, indem er Anhänger um sich sammelte und ihnen seine Visionen und Offenbarungen darlegte.

Ausgehend von Offenbarung 16,16, wo sein Stichwort, Harmagedon, vorkommt, lehrt Erdmann (Love Israel) seine Jünger, daß sie die wahre Familie Gottes sind. Neue Mitglieder übereignen ihren gesamten Besitz der Sekte, brechen alle Kontakte zur Außenwelt ab (einschließlich ihrer Eltern und Verwandten, mit Ausnahme der Kontakte, die Gaben in Form von Geld oder Gütern versprechen) und geben sich ganz den Zielen und der Person von Love Israel hin. Die Jünger werden außerdem dazu angehalten, einige sonderbare und ungewöhnliche Glaubensgrundsätze zu übernehmen. Das Essen gilt als Sakrament; der Konsum von Marihuana, Haschisch und Pilzen ist auch ein Sakrament; Kinder werden sehr hart bestraft; die Ehe ist durch eine „Bindung" unter der Autorität von Love Israel ersetzt; es wird Yoga praktiziert; das Annehmen medizinischer Hilfe von außen ist verboten; das Inhalieren von Toluoldämpfen (ein Lösungsmittel) gilt als religiöser Ritus. (Nachdem zwei Mitglieder an den Folgen dieser Praktik gestorben waren, ist sie offensichtlich eingestellt worden.)

Obwohl es Love Israel zweifellos gelungen ist, seine Nachfolger aus unsicheren Ausgestoßenen zu selbstsicheren Zeloten zu „verwandeln", zahlten sie mit dem Opfer ihrer persönlichen Freiheit einen sehr hohen Preis. Massenhafte Austritte in den frühen 80er Jahren hätten für die Sekte beinahe das Ende bedeutet; ausscheidende Mitglieder klagten Love Israel an, er habe sie mit betrügerischen Mitteln dahin gebracht, seine völlige Kontrolle über ihr Leben und Einkommen zu akzeptieren, so daß sie um das Nötigste kämpfen mußten, während er im Luxus lebte.

Glücklicherweise ist die Gruppe nie über einige hundert Mitglieder hinausgewachsen, was jedoch für diejenigen, die einen geliebten Menschen an die Sekte verloren haben, nicht sehr tröstlich ist. Da Love Israel das Zentrum der Aufmerksamkeit darstellt, scheint die Love Family viel eher eine Erweiterung seines eigenen Egos zu sein als ein „erfülltes" neutestamentliches Organ des Leibes Christi.

Quellenverzeichnis: J. Gordon Melton, The Encyclopedia of American Religions, Band 2 (Wilmington , N. C.: McGrath, 1978); Ronald Enroth, Youth, Brainwashing and the Extremist Cults (Grand Rapids, Mich.: Zondervan, 1977).

The Church of Bible Understanding

Forever Family

Ein zottiger Bart, eine Glatze umrahmende strähnige Haare, ein militärischer Arbeitsanzug, gelbe Freizeitschuhe, eine Kette von braunen Lederbeuteln, ein Dutzend bunter Filzstifte in seiner Brusttasche und ein großer Anstecker mit der Aufschrift „Get Smart, get Saved" (etwa: sei klug, bekehr dich) – dies ist wohl kaum das Erscheinungsbild, das man mit einem verehrten geistlichen Führer in Verbindung bringen würde, der sich selbst mit Elia gleichsetzt und zu verstehen gibt, daß er sehr wohl den genauen Zeitpunkt der Wiederkunft des Herrn wissen könnte. Doch Stewart Traill, Ex-Atheist und ehemaliger Verkäufer für gebrauchte Staubsauger, ist eben kein typischer messianischer Sektenführer.

Nach einer offensichtlichen Bekehrung in den frühen 70er Jahren begann Traill, Bibelstudien durchzuführen und Nachfolger um sich zu scharen. Mit seiner Frau und einigen Neubekehrten im Schlepptau gründete er im Jahre 1971 die *Forever Family.* Aus der Befürchtung heraus, daß es dem Namen an Respektabilität mangeln könnte, wurde sie im Jahre 1976 in *Church of Bible Understanding (COBU)* umbenannt. Seine Erfolgssträhne hielt an, bis er eine weitverzweigte Gemeinschaft mit schätzungsweise 10 000 Mitgliedern anführte (davon sind nur einige hundert übriggeblieben) und ein ansehnliches Vermögen anhäufte, darunter ein zwei Millionen Dollar jährlich abwerfendes Teppichreinigungsunternehmen und vier Flugzeuge.

Im Zusammenhang mit der Katastrophe von Jonestown verschlechterten sich Traills Aussichten allerdings. Sein Hauptsitz mußte mehrmals verlegt werden, bis der derzeitige Standort Philadelphia gewählt wurde. Obwohl die Mitgliederzahl geschrumpft war, scheint sie sich wieder stabilisiert zu haben. Frühere Mitglieder beklagten, man habe sie gezwungen, für einen Hungerlohn zu arbeiten (das ganze Einkommen wurde den Leitern der Kirche übereignet) und sie dabei auf von Ratten „bewohnten" Dachböden untergebracht. Das Teppichreinigungsunternehmen wurde von der amerikanischen Steuerbehörde zugemacht, und schließlich kam auch die Wahrheit über seine Scheidung und Wiederheirat ans Licht. Der 46 Jahre alte Traill und seine Frau hatten sich in einem schmutzigen Scheidungsverfahren gegenseitig des Ehebruchs angeklagt, wonach er nur sechs Wochen später seine COBU-Sekretärin – halb so alt wie er selbst – heiratete.

Ein genaues Bild der COBU-Lehre läßt sich kaum zeichnen, da nur wenige definitive Aussagen veröffentlicht worden sind. Der Lebensstil der Gemeinschaft unterscheidet „Wächter" (aktive Mitglieder in Leiterpositionen), „Schafe" (fortgeschrittene Gläubige) und „Lämmer" (Neubekehrte). Diejenigen, die die Kommune verließen, berichten, daß man sie mit Andeutungen über ein tragisches Ende derer, die wieder abfallen, eingeschüchtert habe. Die übriggebliebenen Mitglieder der COBU glauben, daß sie (über Traill) den einzig wahren Zugang zum „rechten Verständnis der Bibel" haben. Traill behauptet, daß Gott die Bibel absichtlich geheim codiert habe und daß nur sein „Ziffernsystem" und sein „Farbcodierungs"-Schema den Schlüssel zur wahren Interpretation des Wortes Gottes bilden.

Obwohl die grundlegende Botschaft der COBU auf eine „persönliche Annahme Christi" mit der Terminologie des „uralten Glaubens" abzielt, machen Traills Leugnung der Dreieinigkeit und seine unbegründeten Beschimpfungen von Gegnern („CCs" – Abkürzung für „Contentious Christians" = streitsüchtige Christen) ihn für Evangelikale der Hauptrichtungen wohl kaum annehmbar. Dazu kommt die Tatsache, daß Traill seine Bekehrten auffordert, alle familiären Beziehungen abzubrechen, da Menschen über 30 (mit Ausnahme Traills) geistlich einfach „hoffnungslos" seien. Er hält seine Herde mit einer Mischung aus emotionalem Mißbrauch und väterlicher Freundlichkeit zusammen.

Trotz aller Versuche Traills, sein persönliches Erscheinungsbild und das Image der COBU zu verbessern, erscheint eine Prognose für ein wesentliches Wachstum der Sekte recht zweifelhaft. Man kann darüber spekulieren, ob die Mitglieder der COBU „wirklich gerettet" sind oder nicht, doch mit ihren zwanghaften und strikt methodischen Mitteln des „Zeugnisgebens" werden sie wohl kaum in der Lage sein, viele Anhänger zu werben.

Quellenverzeichnis: Eric Pement, „Shepherd without Compassion: Stewart Traill and the Church of Bible Understanding", Cornerstone, Band 11, Nr. 60, n.d., 32-33; Joseph Duffy, Contemporary Christianity, Band 6, Nr. 3 (März-April 1977); Today Magazine (Philadelphia Inquirer), 24. Juni 1979; Alternatives, Band 4, Nr. 6 (April-Mai 1977); The Sunday Record, 25. September 1977.

The Church of the Living Word

Die Gemeinde des lebendigen Wortes

Die „Church of the Living Word", die gewöhnlich „The Walk" genannt wird, wurde von John Robert Stevens gegründet. Er ist ein klassisches Beispiel für das, was passiert, wenn man in einer christlichen Umgebung aufgewachsen ist, aber dann in einen Irrtum verfällt. Mit evangelikalen Begriffen rechtfertigt Stevens seine persönlichen Offenbarungen. Folglich wurde die Wahrheit der Bibel verändert – genug, um es herauszufinden, doch zu wenig, um offenkundig zutage zu treten. Die gebräuchlichen christlichen Schlagworte, die von den Mitgliedern des „Walk" verwendet werden, wurden mit neuer Bedeutung versehen. Wenn Stevens beispielsweise sagt, daß er „das Wort des Herrn rede", meint er in Wirklichkeit eine Offenbarung, die er als ein Medium erhalten hat – in gleicher Vollkommenheit, wie Christus sie hatte. Wer mit seiner Sekte nicht vertraut ist, vermutet, daß er bloß vom Predigen spricht. Daß Denk- und Sprechweise so verdreht sind, deckt sich jedoch mit seiner gesamten Art, an die Bibel heranzugehen.

Stevens, in einer Predigerfamilie aufgewachsen, erlebte 1954 eine ergreifende Vision, die ihn veranlaßte, seinem pfingstkirchlichen Hintergrund den Rücken zu kehren. Seine „Bekehrung" wird mit dem Erlebnis des Paulus auf der Straße vor Damaskus gleichgesetzt. Nachdem es zu einem bitteren Zerwürfnis mit der vor 50 Jahren von seinem Vater, W. J. ‚Dad' Stevens, gegründeten Gemeinde gekommen war, rief Stevens seine eigene Bewegung ins Leben, die heute 100 Gemeinden und Zentren in Iowa und Kalifornien haben soll.

Die Spaltung zwischen Vater und Sohn erreichte ihren Höhepunkt in einem gerichtlichen Prozeß, den John gegen seinen Vater führte. Der jüngere Stevens beschuldigte seinen Vater und die Ältesten, große Summen Gemeindegelder veruntreut, ernsthaft Gläubige betrogen und die Leiterschaft mißbraucht zu haben. Vater Stevens führte eine Gegenklage. Er beschuldigte John Stevens' Organisation der

Verschwörung mit der Absicht, „die Kirche . . . und deren Eigentum an sich reißen zu können". Während des juristischen Streits starb J. R. Stevens an Krebs. Zu jener Zeit erhob seine Gemeinde Anspruch auf erhebliche Besitztümer: eine 1100 Morgen große Landwirtschaft in Brasilien, ein 300 Morgen großes Gemeinwesen (Shiloh) bei Kalona, Iowa, und ein 150 Morgen großes Erholungsgelände bei Fresno, Kalifornien.

Nach Stevens Lehrmeinung sei die Bibel überholt und müßte durch spontane Prophetien ergänzt und eventuell ersetzt werden. In den lang andauernden und gefühlsbetonten Gottesdiensten werden die Mitglieder angehalten, die Vernunft abzulehnen und sich der spontanen Äußerung zu öffnen, die das „Lebendige Wort" darstellt. Derjenige, der gerade spricht, ist mehr als ein bloßes Sprachrohr Christi – er ist buchstäblich Christus selbst. Eine Lehre der Selbstvergöttlichung stellt also den Hauptpunkt des gemeindlichen Glaubens dar.

Solche individuellen Offenbarungen sind wichtig, doch immer denen untergeordnet, die Stevens selbst auslegte. Er nahm für sich apostolische Autorität in Anspruch. Wenn die Mitglieder der Auslegung Stevens nicht folgten, würde sie die Bibel (so wurde ihnen beigebracht) nur verwirren. Dieser autoritäre Führungsanspruch weitete sich auch auf die persönlichen Angelegenheiten aus. Alltägliche Entscheidungen waren der gemeindlichen Aufsicht unterstellt. Man glaubte schließlich, daß „The Walk" die einzig wahre Gemeinde ist.

Mit zunehmendem Wachstum der Gemeinde wurden vermehrt okkulte Phänomene offenbar. Da eine der Hauptlehren besagt, daß Christen zum Teil Gottes werden, was fast an Vergöttlichung grenzt, wird ihr göttliches Wesen williger Empfänger mystischer Erlebnisse. Diese Verschmelzung der eigenen Natur mit Gott verneint die Bedeutung einer eigenen Persönlichkeit. Außerdem öffnet es den Geist für Bewußtseinserlebnisse auf übersinnlicher Ebene. In manchen Gottesdiensten werden Teilnehmer aufgefordert, ihre Bewegungen zu intensivieren, wobei es sich um eine Praxis handelt, die an eine spiritistische Methode zur Bewußtseinsveränderung grenzt.

Viele Mitglieder von „The Walk" (weltweit etwa 5000) sind wiedergeborene Christen, die sich leblosen Gemeinden abgewandt haben. Ihr Interesse wurde durch die Dynamik der Gruppe und den Anspruch übernatürlicher Gaben wie Zungenrede, Prophetie und Heilung geweckt. Diese wohlmeinenden Menschen haben wahrscheinlich übersehen, wie leicht man in die Nähe spiritueller Mächte und ihrer Übertragung gerät und daß es sich hier um etwas Okkultes handelt. Dagegen ist ihre Ernsthaftigkeit keine Entschuldigung für ihren Anspruch, allen anderen Gemeinden und Denominationen überlegen zu sein. Eine solche, sich abgrenzende Haltung steht nicht mit 1. Korinther 12 im Einklang, wo trotz seiner Verschiedenheit die Einheit des Leibes Jesu betont wird.

Seit Stevens Tod ist der mit „Shiloh“ bezeichnete Zweig nicht länger dem kalifornischen angegliedert. Der ungeheure Reichtum hat einen Wettstreit zwischen einzelnen Abteilungen der Bewegung hervorgerufen. Einige haben sich auf die Seite der zweiten Frau John Roberts gestellt, andere haben sich mit Teilen der kalifornischen Gemeinde zusammengetan.

Begründer: John Robert Stevens, geboren am 7. August 1919 in Washington, Iowa; am 4. Juni 1983 an Krebs gestorben.

Literatur: Apg.9,3-4: Da die Begegnung des Paulus auf der Straße nach Damaskus mit Stevens' visionärem Erlebnis gleichgesetzt wird, sieht Stevens seine apostolische Autorität als begründet an.
Joh.16,13: Die Deutung dieser Stelle führt zu der Annahme, daß subjektive Offenbarung die objektive, biblische Wahrheit ersetze und erweitere.

Symbol: Keines bekannt.

Anziehungskraft: Unzufriedene Christen aus „kalten“ Kirchen finden bei „The Walk“ eine eher ungezwungene geistliche Atmosphäre vor. Diejenigen, die mit östlichen Religionen und okkulten Phänomenen vertraut sind, werden leicht die Ähnlichkeiten zwischen diesen Praktiken und den Lehren Stevens erkennen.

Ziel: Den Mitgliedern wird die Auffassung vermittelt, daß alle anderen Kirchen zu einem falschen babylonischen System gehören und daß die Gemeinde des lebendigen Wortes die Wahrheit Gottes als etwas Gegenwärtiges und Wirksames wieder herstellt. Dazu werden übernatürliche Gaben und Offenbarungen eingesetzt.

Irrtümer: Die Lehren Stevens' heben die Persönlichkeitsmerkmale Christi auf, weil Christus jetzt durch die Kirche verkörpert ist und jeder Christ eine vergöttlichte Fortsetzung Christi sein kann. Stevens ruft inständig auf: „Seid mit Göttlichkeit selbst umkleidet – das eigentliche Wesen Gottes wird in euch fortgesetzt.“ Eine Schlußfolgerung aus dieser Auffassung muß lauten: Dem Wesen nach entspricht die Gemeinde des lebendigen Wortes dem zweiten Kommen Christi. Die buchstäbliche Wiederkunft der Person Christi in den Wolken (Apg.1,11) wird übergangen. 1. Johannes 2,2 hält den Christen vor, daß sie noch sündigen können und es auch tun. Statt nach einem geheiligten Zustand der Selbstvergöttlichung zu streben, haben sie Buße zu tun und um Vergebung zu bitten (1.Joh. 1,8-9).

Quellenverzeichnis: „John Robert Stevens and The Church of the Living Word", Spiritual Counterfeits Project Newsletter, September 1976, Bd. 2, Nr. 7; Walter Martin, „The New Cults", Santa Ana, California, Vision House 1980, S. 269-296.

Verbreitung/Anschrift: Zuletzt bekanntes Hauptquartier in Los Angeles, CA.

Church Universal and Triumphant

Die allumfassende und siegreiche Gemeinde

„Ich bin, was ich bin", erklärt Elizabeth Clare Prophet, als sie der Hörerschaft, die gerade ihrer Ausführung lauscht, ihren Segen erteilt. Guru Ma – so ist sie ihren Anhängern bekannt – hat nicht nur Gottes Antwort an Mose (2.Mo.3,16) mißbräuchlich auf sich selbst bezogen, sondern erhebt auch andere außergewöhnliche Ansprüche. So gibt sie vor, die Reinkarnation der biblischen Martha zu sein, und behauptet, daß Jesus in einem vorherigen Leben direkt zu ihr gesprochen habe, als sie gerade mit ihrer Schwester Maria zusammen Brot knetete. Christus hätte ihr befohlen, so lange verkörpert zu bleiben, bis Gottes Geist am Anbruch des Wassermann-Zeitalters ausgegossen würde. Elizabeth Clare Prophet glaubt, daß dieser Zeitpunkt nun gekommen ist. Gegenwärtig gelte sie als einzige Mittlerin der Wahrheit, was auch die Zustimmung der „überlegenen Meister" gefunden hätte – Wesen, die zu einer höherentwickelten geistigen Ebene vorgedrungen sind. Ihre Lehren habe Frau Prophet von der „großen weißen Bruderschaft" empfangen, einer Gemeinschaft „überlegener Meister", denen verborgene Weisheit und Kenntnisse nachgesagt werden. Wer ihren Lehren folgt, müsse seine Seele durch die violett brennende Flamme gereinigt haben, um ein Christus-Bewußtsein erlangen zu können.

Dem Nichteingeweihten mögen diese Gedanken ein wenig verwirrend erscheinen. Aber für die eingeweihten Nachfolger der allumfassenden und siegreichen Gemeinde gehört dies alles zu dem Bemühen, die Gesetze des Karmas zu überwinden und sich zur eigenen, inneren Göttlichkeit zu bekennen. Während einige Sektengruppierungen in recht einfachen Begriffen dargestellt werden können, verwendet die „Church Universal and Triumphant" dagegen Vorstellungen und Ausdrücke, die erst genau beschrieben werden müssen, ehe eine Analyse ihrer Glaubensauffassung möglich ist.

Anfang des 20. Jahrhunderts haben Vertreter des Okkultismus und der Theosophie, wie Guy und Edna Ballard, ein religionsphilosophisches Gedankensystem entfaltet, das die Idee der „überlegenen Meister“ aufgreift. Die Theorie ähnelt dem Glauben der Gnosis, wonach es menschlicher, vergöttlichter Vermittler bedarf, um Zugang zu dem an sich unpersönlichen und unerkennbaren Gott zu finden. Die Botschafter, die Gott zur Verkündigung seiner Wahrheit gebraucht, sind jene Meister. Sie sind über den Kreislauf der Reinkarnation hinausgelangt, um in ihrem Bewußtsein mit Gott völlig eins zu werden. Diese „älteren Brüder und Schwestern, die anderen voraus sind“, enthüllen nun die verborgenen Geheimnisse der Wahrheit, indem sie durch ausgewählte menschliche Botschafter Predigten übermitteln. Elizabeth Clare Prophet behauptet, derzeit deren einziges „Sprachrohr“ zu sein. Der erste unter den „überlegenen Meistern“ ist der Heilige Germane, ein französischer Okkultist des 18. Jahrhunderts. Mit ihm zusammen sind im Reich der Geister auch Jesus, der Christus, seine Mutter Maria, Meister Kuthumi, Meister Godfre und El Morya (die Hauptquelle der Botschaften E. C. Prophets), versammelt. Diese Gemeinschaft ist unter der Bezeichnung „große weiße Bruderschaft“ bekannt.

Auf der Basis dieses spiritistischen Gedankenkonzepts von Ballard und anderen Theosophen und Okkultisten gründete Mark L. Prophet die „Church Universal and Triumphant“ (auch als „Summit Lighthouse“ bekannt). Seinen Anhängern gab sich Herr Prophet als zweite Erscheinung des legendären Ritters Lanzelot aus. Eines Tages erhielt er während der Arbeit eine Vision von dem überlegenen Meister El Morya. 1961 – in der Zeit, als er als Medium tätig war – traf er Elizabeth Clare Wulf. Zwei Jahre später, nachdem beide ihre Ehepartner verlassen hatten, heirateten sie.

Die beiden schienen sich offensichtlich zu ergänzen, hatte Elizabeth doch behauptet, ihre erste Begegnung mit Geisteswesen im Alter von vier Jahren gehabt zu haben. „Engelscharen“ hätten sie umgeben. Als sie das College besuchte, machten sie Stimmen auf die Bücher von St.Germain aufmerksam. In den folgenden Jahren habe eine Vielzahl von Geisteswesen den Kontakt mit Elizabeth aufgenommen. Doch ihre Lebensbestimmung sei erst erfüllt worden, als sie mit Mark zusammentraf. Mark Prophet, der zwei Jahre älter war als sie, starb 1973 durch einen Schlaganfall. (Nun wähnt man ihn unter den „überlegenen Meistern“ und im ständigen Austausch mit dem Geisteswesen Lanello.) Der Mantel, der einen Menschen zum Botschafter der „überlegenen Meister“ macht, sei nun ihr umgelegt worden. Ihre weltweite Anhängerschaft, die man gegenwärtig auf 75 000 bis 150 000 schätzt, hält sie für die absolute Autorität in allen geistlichen

Belangen. (Nebenbei bemerkt: ihrer Gemeinde wird ein Vermögen von ungefähr 50 Millionen Dollar nachgesagt.)

Das Evangelium, das die „überlegenen Meister“ durch Elizabeth als Medium ihren *Schelas* (Jüngern) verkünden, ist eine Mischung aus christlichen Begriffen und östlich-mystischen Gedanken. Man glaubt, daß sich jeder Mensch auf einer geistlichen Wanderschaft befindet, um durch unzählige Reinkarnationen hindurch von einem niederen zu einem höheren Ich zu gelangen. Die Warnung aus 1. Johannes 2,22, daß der Geist des Antichristen Jesus als den Christus leugnet, wird von Frau Prophet mißachtet. Vielmehr behauptet sie, daß der historische Jesus nur Mensch gewesen sei, eine Darstellung des Christus. So gesehen ist er nicht Gott, der fähig ist, „immerdar selig zu machen“ (Hebr.7,25), sondern nur ein Beispiel dafür, daß auch wir uns geistlich weiterentwickeln können, wenn wir uns bewußt machen, daß Christus in uns gegenwärtig ist.

Hilfe auf ihrer Wanderschaft finden *Schelas* in okkult-mystischen Praktiken, vor allem in den beschwörenden Formeln der mantra-ähnlichen Gesänge. Mit am meisten gebraucht werden die Worte „Ich bin, was ich bin“, wodurch die Selbstvergöttlichung bestätigt und der Aufstieg zur Überlegenheit ermöglicht wird. Wer in Hingabe lebt, trachtet auch nach Reinigung seines Karmas, was durch die *Violette Flamme* geschieht. Anstelle des Blutes Christi bietet sie Bewahrung vor jeder Art schlechter Einflüsse. Als Ergänzung zur *Violetten Flamme* lehrt Prophet ihre Anhängerschaft, wie man für sein persönliches Leben die Hilfe der sieben Erzengel Gottes gewinnen kann. Das reichhaltige Angebot in der Theologie von E. C. Prophet enthält auch *chakra*-Reinigung, Reflexmassage, Krankenheilung, Fasten, Ernährungslehre, Auras und kosmische Astrologie.

Gegenwärtig hat die Sekte ihren Hauptsitz auf der „Royal Teton-Ranch“ in Montana, wo große Konferenzen in jedem Jahr mehr Anhänger anziehen. Zahlenmäßig übertreffen die Mitglieder derzeit die Bevölkerungszahl der nahegelegenen Stadt Gardiner. Einmal entdeckte und veröffentlichte eine Lokalzeitung eine Liste von fast 200 Personen, gegen die die Sektenmitglieder beten – Gott möge ihren Widerstand brechen. Anhänger von E. C. Prophet haben, wie verlautet, unterirdische Schutzräume gebaut und mit Nahrungsmittelvorräten gefüllt, um bei einer drohenden nuklearen Katastrophe geschützt zu sein. Die Beschuldigung, daß Frau Prophet ohne Genehmigung große Mengen Waffen lagert, hat sie jedoch zurückgewiesen.

Interessanterweise erhielt ich von Anhängern und offiziellen Vertretern der „Church Universal and Triumphant“ bestärkende und anerkennende Briefe zu meinem Buch über okkulte und unmoralische Aspekte der Rockmusik. Diese Bücher wurden sogar bei öffentlichen Veranstaltungen von Frau Prophet empfohlen und verkauft. Da die „überlegenen Meister" wahrscheinlich verkleidete, aber vertraute Geisteswesen und die Botschaft von E. C. Prophet dämonische Äußerungen sind, ist zu fragen, wie dieselben Kräfte das Anliegen eines Vertreters historisch-christlicher Theologie unterstützen können.

Eine Antwort liegt möglicherweise in der Ernsthaftigkeit des Glaubens von E. C. Prophet und ihrer Anhänger. Trotz ihrer Übertretung biblischer Gebote gegen Totenbefragung (Nekromantie, 5.Mo.18,11) halten sie sich aufrichtig für Verteidiger moralischer Reinheit und Gegner von Hexerei. Um E. C. Prophet und ihre Anhänger sollte man sich liebevoll kümmern, damit sie den persönlichen Glauben an Jesus entdecken – und zwar an den Christus, der über alle Fürstentümer und Gewalten erhaben ist, einschließlich der „überlegenen Meister" (Eph.1,20-22).

Begründer: Mark L. Prophet (1918-1973); Elizabeth Clare Prophet, die heutige Führerin.

Literatur: „Ich bin, was ich bin" (2.Mo.3,14). Nach der Bibel ist diese Aussage Ausdruck des ewigen, allmächtigen und allwissenden Wesens Gottes. Ich-bin-Kulte behaupten, daß das Nachsprechen dieser Formulierung die Gegenwart des Göttlichen im Menschen bezeugt. Elizabeth Clare Prophet verfaßte auch das Werk „The Lost Years of Jesus" (Die verlorenen Jahre Jesu). Hierin offenbart sie angeblich jene Erfahrungen Jesu, die er im Orient als Schüler östlicher Philosophie hatte – bevor er nach Palästina zurückkehrte, um seinen Auftrag auf Erden zu vollenden. Später schrieb sie das Buch „The Lost Teachings of Jesus" (Die verlorengegangenen Lehren Jesu).

Symbol: Ein Kreuz mit einer Taube, die von der Mitte des Kreuzes aus aufsteigt; eine Flamme, die das heilige Feuer darstellt; ein Diagramm über die Höherentwicklung des menschlichen Ichs; Bilder verschiedener „überlegener Meister".

Anziehungskraft: Wer Interesse an Spiritismus und östlichen Religionen hat, findet hier einen christlichen Bezugsrahmen, um diese Art Glauben in synkretistischer Weise auszuüben. Andere werden von der ehrfurchtsvollen Art angezogen, in der sie unmittelbar aus dem Mund E. C. Prophets übernatürliche Botschaften verstorbener spiritistischer Meister erhalten.

Ziel: Nach eigenen Aussagen gilt es, „die Lehren überlegener Meister bekanntzumachen und Licht auf die verlorenen und verzerrten Lehren Christi zu werfen". Aus biblischer Sicht werden die Anhänger jedoch in ein Gewebe okkulter Praktiken und psychischer Erfahrungen verflochten, die auf ein ernstes Risiko spiritistischer Bindung hindeuten.

Irrtümer: Das ausdrückliche biblische Verbot, Geisteswesen (wie die „überlegenen Meister") als Tote zu beschwören oder zu befragen (5.Mo.18,9-14), wird mißachtet. Unter diesen Umständen trifft auf Elizabeth Clare Prophet die Beschreibung eines Hexenmediums voll und ganz zu. Laut theologischer Aussage der „Church Universal" ist Christus nicht Gott im Fleisch und auch nicht wert, angebetet zu werden (Phil.2,9-10), sondern vielmehr „der Mittler zwischen Gott und dem Menschen, d. h. dem Christus-Ich oder Christusbewußtsein." Was der Mensch braucht, ist nicht Vergebung durch Gottes Gnade, sondern vielmehr Reinigung seines Karmas, um in künftigen Wiederverkörperungen „aufzusteigen" oder unmittelbar in die Gemeinschaft „überlegener Meister" zu gelangen.

Quellenverzeichnis: Literatur der „Church Universal and Triumphant". Darunter befinden sich das Wochenblatt „Pearls of Wisdom" und die Zeitschrift „Climb the Highest Mountain"; Walter Martin, „The New Cults", Santa Ana, Cal., Vision House, 1980, S. 203-236.

Adresse/Hauptquartier: Abteilung der Summit University Press, Box A, Livingston, MT 59047-1390, Royal Teton Ranch, Box A, Corwin Springs, MT 59021/USA.

Terry Cole-Whittaker

„Um dem Leben eine neue Richtung zu geben, müssen Sie ein neues Leben mit Christus führen. Er hat die Welt überwunden . . . Das können Sie auch, und zwar jetzt."

„Rettung muß eine Handlung sein, mit der man sich selbst vor etwas schützt. Wenn Sie gerettet werden müssen, heißt das also, daß Sie sich in Gefahr befinden. Aber in Wahrheit befindet sich niemand in Gefahr. Sie haben nie mit den Gesetzen Gottes gebrochen. Sie sind rein und unschuldig."

Aus evangelikaler Sicht sind obige Zitate ganz offensichtlich widersprüchlich. Für die Anhänger von Cole-Whittaker sind sie Wahrheiten des neuen Christentums. Cole-Whittaker, die Doris Day ähnlich sieht, war zeitweise ein glitzernder Stern am religiösen Medienhimmel. Eine wöchentliche Fernsehsendung brachte die Botschaft ihres Wohlstandsevangeliums unter mehr als eine Million Zuschauer der wichtigsten Käuferschichten.

Im Frühjahr 1985 war sie ihrer Sache überdrüssig geworden und sagte ihren Anhängern Lebewohl. Einige glaubten, daß sie völlig erschöpft sei. Andere meinten, daß ihr Schuldenberg, der auf 400 000 bis 700 000 Dollar geschätzt wird, nicht mehr zu bewältigen war. Ihr eigener Kommentar dazu lautete: „Ich möchte nicht länger ein religiöser Führer sein. Ich möchte ich selbst sein."

Cole-Whittaker, die einst den dritten Platz im Wettbewerb um die „Miß Amerika" belegte, hatte sich bei den verschiedenen zeitgenössischen Kulten umgesehen, die das menschlich Machbare vertreten. Ihre Suche endete damit, daß sie sich bei einer religiös-wissenschaftlichen Sekte, der „Ernest Holme's School of Ministry", einschrieb. Mit ihrer kalifornischen Art, sich für das angenehme Leben zu begeistern, fand Cole-Whittaker schnell Gefallen an der dort gelehrten Art von Religiosität. Schon bald scharte sie in San Diego eine eigene Gruppe um sich, die „Science of Mind Church International".

„Gott vergibt gar nicht; man wird auch nicht verurteilt, es sei denn durch seine eigenen Gedanken." Was Cole-Whittaker hier von sich gibt, basiert auf einer Kombination von Psychologie, New Age-Vorstellungen und einem Glauben, der seine Anleihen von EST und aus dem Okkultismus genommen hat.

Als praktische Übungen empfiehlt sie: *A Course in Miracles (ein Einführungskurs über Wunder),* siehe dort; Gruppen-Wiedergeburt, eine Atemtechnik, die auf Prinzipien des Yoga basiert; Körpermassage; richtige Ernährung und Selbstbehauptung. Zu den weniger wichtigen Aspekten gehören, „ausschließlich schöne Umgebungen aufzusuchen. . . nur Kleidung zu tragen, die zu einem nach oben strebenden Leben passen . . . mit solchen Gemeinschaft zu pflegen, die reich und glücklich sind."

Flüchtlingslager oder Obdachlosenheime haben die Anhänger Cole-Whittaker's nie aufgesucht. Im Gegenteil: Armut hält Cole-Whittaker für ein Ergebnis von Verantwortungslosigkeit. In ihrer Gemeinde forderte sie dazu auf, Modeseminare zu besuchen und damit das Bild einer gefallenen Kreatur abzulegen – zugunsten des neuen Menschenbilds nach göttlichem Wohlstand.

Solche hedonistischen, yuppie-gerechten Aussagen wirkten auf das wohlhabende Bürgertum anziehend. Cole-Whittaker erklärt: „Unser geistlicher Dienst hat nichts mit Sünde, Schuld, Krankheit, Schmerz oder Hunger zu tun." Doch was ist mit dem Aufruf Jesu, sich selbst zu verleugnen und das Kreuz auf sich zu nehmen (Luk.9,23)? Dagegen behauptet Cole-Whittaker: „Nichts in der Welt wird uns von Gott vorenthalten."

Daß Cole-Whittaker die Umgangssprache der Evangelikalen beherrscht, sorgt für weitere Verwirrung unter ihren Nachfolgern. So sprach sie vom „Dienst des Gebets", „Liebesgaben" und äußerte sogar: „Ich bin durch den Heiligen Geist gerettet worden." Die Zeitschrift, die über ihre Tätigkeit berichtet, trägt den irreführenden Titel „Die Gute Nachricht". Zusammen mit einem besonderen Übungsprogramm auf Videokassette („Das Leben meistern" und „Den Glauben meistern") werden ihre Lehren in Büchern und auf Tonbandkassetten erläutert. Wer dieses Material verarbeitet, hat schließlich die sogenannten „Prinzipien" erlernt. Hierbei handelt es sich um eine willkürliche Auswahl aus dem Angebot der New Age-Lehren. Deren Aussage nach sind alle großen Weltreligionen „durch einen Lichtfaden miteinander verwoben und fügen das Eine, das hinter allen Ismen steht, zusammen".

Mit ihrem Cadillac, der von einem Chauffeur gefahren wird, und einem Jahresgehalt von 180 000 Dollar hat Cole-Whittaker sich ein angenehmes Leben verschafft. Ihre jungen und willigen Gemeindeglieder scheinen nichts dagegen zu haben. Sie sind überzeugt, von ihr wirklich geliebt zu sein und „als Kinder Gottes auf Erden zu wandeln", so, wie sie es ihnen gesagt hat. Kritiker argumentieren, sie sage den Leuten das, was sie über sich selbst hören wollen. Diese Anschuldigung hat sie bereitwillig bestätigt: „Ich sage den Leuten, daß sie wunderbar sind. Das stimmt!"

„Ich bin eine Forschende. Ich glaube an das Übernatürliche. Ich bin eine Evangelikale, ein Zögling aus dem pfingstlichen Lager", äußerte sich Cole-Whittaker. Ihre Hörerschaft reagiert mit Schreien und Rufen und dem steten Fragen, wie jemand, der in vier Ehen scheiterte, zu hoffen wagt, übernatürliche Liebe zu verstehen und ihre Anhänger aus deren eigenen Unsicherheiten herausführen kann. Andererseits, da Cole-Whittaker niemals ausdrückliche Anweisungen bezüglich der göttlichen Moralgesetze gibt, ist es den Leuten erlaubt, zu leben wie sie wollen, solange sie es nur als schön empfinden. Cole-Witthaker behauptete vielfach: „Je mehr ich selbst zu Wohlstand gelange, desto mehr gelangen andere zu Wohlstand."

Nachdem ihr Einflußbereich in den frühen 80er Jahren zerbröckelte, zog sich Cole-Whittaker aus Gründen offensichtlicher Erschöpfung zurück. Mit ihrem Buch „The Inner Path from Where You Are to Where You Want to Be" (Der innere Weg von dort, wo man steht, zu dem, wo man sein möchte), trat sie 1986 als neu gestärkte Befürworterin des New Age in Erscheinung. Hierin behauptet sie: „Gott ist das, was alle Wesen umfaßt. Gott ist alles und jedes und kann in keiner Weise von irgend etwas getrennt werden." Ihre neuen Interessen gelten verstärkt dem Esoterischen: Erkundungen über Energien der Göttinnen und Mutter Erde, gesteuerte Meditationen und Vermittlung von höherem Wissen.

Begründer: Terry Cole-Whittaker, geschieden. Ihre Urgroßmutter war sechsmal verheiratet und Anhängerin der Religious Science. Cole-Whittaker beschäftigte sich ausführlich mit dem *Course in Miracles* und den Lehren von Ernest Holmes.

Literatur: „Wohlstand ist dein göttliches Recht" – ein Erfolgsevangelium, das Motivations-Psychologie mit Selbstbestätigung verbindet, z. B.: es ist völlig berechtigt, wohlhabend zu sein.

Symbol: Ein geschmackvoll gestalteter Springbrunnen, der das Strömen des Wohlstands aus der Quelle Gottes darstellt. Der Springbrunnen hat sieben Spitzen, die ein Bild für die Vollkommenheit Gottes und seine Fülle sind.

Anziehungskraft: Cole-Whittaker spricht besonders drei Gruppen von Menschen an: 1. solche, die New Age- oder Human Potential-

Ideen anhängen und nach allem möglichen Neuen Ausschau halten, um sich in ihren eigensüchtigen Bestrebungen zu bestätigen; 2. solche, die losen Kontakt zu einer Kirche haben und einerseits die Atmosphäre einer Gemeinde und gottesdienstlicher Veranstaltungen schätzen, andererseits aber jeglichen theologischen Anspruch in bezug auf Schuld und Sünde meiden; 3. einzelne, die unsicher und in sich gekehrt sind. Ihnen bietet Cole-Whittaker ein verändertes Ich an, das Selbstvertrauen und Fähigkeiten hervorbringt, die für sie bislang als unerreichbar galten.

Ziel: Aufgrund der Betonung von Opfer und Schuld hat die herkömmliche Religion versagt. Cole-Whittaker lehrt, daß sich niemand wegen seiner persönlichen Verfehlungen schuldig fühlen muß. Sie behauptet sogar, daß der Massenmörder Richard Speck trotz seines Mordes an acht Krankenpflegeschülerinnen ohne Sünde gewesen sei. Die Opfer hätten ihr Schicksal selbst „verursacht". Der eigenen Aussage nach ist das Ziel Cole-Whittakers, andere „mit Gott eins werden zu lassen, damit sie das unmittelbare Erlebnis ihres grenzenlosen Wesens erfahren".

Irrtümer: Die Behauptung, daß alles Negative eine Illusion ist und jedes menschliche Wesen ein „Gedanke in Gottes Geist", hat Cole-Whittaker aus der Christlichen Wissenschaft übernommen. Cole-Whittakers Lehre steht im Gegensatz zur Aussage Jesu, der den reichen Jüngling aufforderte, seine ganze Habe zu verkaufen und das Geld den Armen zu geben (Mt.9,21). Obgleich sie vom Heiligen Geist spricht, zeigt eine genauere Untersuchung ihrer Theologie, daß der Begriff weniger auf eine göttliche Persönlichkeit angewandt wird, als vielmehr auf das, was man als Wirkung religiöser Rhetorik bezeichnen könnte. Jesus war für Terry Cole-Whittaker ein Gnostiker, der von Himmel und Hölle nur in bildlichem Sinn gesprochen hat. Obwohl Titus 2,1 ermahnt, nur das zu reden, was der gesunden Lehre entspricht, behauptet Cole-Whittaker, daß die traditionelle Lehre aufgehoben werden sollte. „Widersteht der Versuchung, euch von solchen Glaubensauffassungen einnehmen zu lassen", sagt sie. Auch verneint sie einen Widersacher Gottes und leugnet damit den Teufel als Person.

Quellenverzeichnis: verschiedene Schriften und Bücher von Terry Cole-Whittaker, die von ihrer Organisation vertrieben werden, 1984; verschiedenste Ausgaben von „The Good News", eine Zeitschrift, die von Terry Cole-Whittaker Ministries vertrieben wird; „People" vom 26. November 1984, S. 99-106; „Christianity Today" vom 21. September 1984, S. 73-75; Paul Zuromski (Hg.), „The New Age Catalogue" (New York, Doubleday, Island, 1988), S. 44.

A Course in Miracles

Ein Einführungskurs über Wunder

Sieben Jahre lang hatte zu Helen Schucman eine Stimme gesprochen, die behauptete, Jesus zu sein. Die Stimme begann mit den Worten: „Dies ist ein Einführungskurs über Wunder. Dieser Kurs ist ein absolutes Muß. Nur der Zeitpunkt dafür kann selbst gewählt werden."

Als Schucman, eine Psychologin der Columbia Universität, erstmals die Stimme vernahm, übertrug sie deren Botschaften durch automatisches Schreiben – ein Vorgang, der ihr, wie sie sagt, unbehaglich war. Anhand der Aufzeichnungen Schucmans schrieb ein enger Freund von ihr, Dr. William Thetford (Professor für Medizinische Psychologie an der Columbia Universität), dann das Manuskript *A Course in Miracles.* Zuerst kam es durch das Diktat der Stimme zu einem 622 Seiten umfassenden Text, danach folgte das Arbeitsbuch für Studenten mit 478 Seiten und zuletzt das 88 Seiten umfassende Handbuch für Lehrer.

Schucman, die der Religion eigentlich skeptisch gegenüberstand, mußte nun nahezu täglich Aufzeichnungen der „Stimme" notieren. Die Stimme behauptete, die Lösung des Schuldproblems wäre, anderen zu vergeben, und bestehe nicht darin, daß man einen persönlich erfahrbaren Gott um Vergebung bitten müsse. Zusammengefaßt lautet die Hauptaussage des Kurses: „Nichts von dem, was Wirklichkeit ist, kann bestritten werden – was nicht Wirklichkeit ist, existiert gar nicht."

1976 haben Robert und Judy Skutch von der „Foundation for Inner Peace" (Stiftung für inneren Frieden), die auch Tonbandkassetten, Videobänder und Bücher herausgibt, den Einführungskurs veröffentlicht. Die 1200 Seiten dieses dreibändigen Werkes nehmen nahezu alle orthodox-christlichen Lehren „aufs Korn". Trotzdem wurden mehr als 150 000 Exemplare ohne unterstützende Werbung verkauft.

Im *Handbuch für Lehrer,* das 1972 innerhalb von fünf Monaten durch Helen Schucman als Medium übermittelt wurde, wird behauptet: „Christus hat viele Erscheinungsformen mit unterschiedlichen Namen." Auch wird erklärt, daß man keine Hilfe benötigt, um in den

Himmel zu kommen, da man bereits dort ist. Da Jesus seiner Göttlichkeit beraubt wird, ist der Kurs nichts anderes als die Darstellung einer eigenartigen Philosophie. Dem entgegen steht die erkärte Absicht, „die Wichtigkeit Jesu als unserem gütigen Lehrer zu betonen".

Vergebung ist, gemäß des Kurses, eine „schöne Erfindung". Es ist nicht nötig, etwas zu vergeben, was Gott geschaffen hat. Einerseits wird Gottes Vergebung angeschwärzt und das Christentum für seine Überbetonung von Leiden, Opfer und Sakrament kritisiert; andererseits lehrt der Kurs, daß Frieden nur durch gegenseitige Vergebung zu erlangen ist.

Begründer: Helen Schucman als *channel* der *Stimme.*

Literatur: *A Course in Miracles,* Bd. 1 und 2, ergänzt durch Bd. 3, *Manual for Teachers.*

Symbol: Ein stilisierter Stern vor einem kreisrunden Hintergrund, auf dem das Wort „Vergebung" steht.

Anziehungskraft: Menschen, die an der Lehre von Jesus festhalten wollen, wird versichert, daß Christus tatsächlich durch den Kurs spricht. Auch ohne Anbindung an eine kirchliche Struktur könne man den Anspruch erheben, in direkter Verbindung mit der Wahrheit Jesu zu stehen.

Ziel: *A Course in Miracles* will Frieden und Harmonie durch eigene Vergebung schaffen. Auch versucht man Auffassungen zu korrigieren, die als „Irrtümer des Christentums" angesehen werden. Letztendliches Ziel ist die Beseitigung sämtlicher persönlicher Schuld. Dies wird erreicht, indem man anderen vergibt.

Irrtümer: Nach Lehraussage des Kurses wird das Heil durch eine Methode der Selbsthilfe ermöglicht, nicht durch die Gnade Gottes, wie es Epheser 1,7 sagt. Da der Mensch sich bereits im Himmel befindet, braucht er keine besonderen Anstrengungen zu unternehmen, um zu bekommen, was er bereits besitzt. Jesus hat durch einen Mittler (Schucman) gesprochen, um die Botschaften auszurichten, die nicht nur den grundlegenden Lehrsätzen des Christentums widersprechen, sondern auch ein in Trance versetztes Medium benötigen – eine Praxis, die nach der Bibel verboten ist.

Quellenverzeichnis: Zeitschrift „New Realities“, Juli/August 1984; Foundation for Inner Peace, „A Course in Miracles“ (Farmingdale, N.Y., Coleman Graphics, 1975).

Adresse/Hauptquartier: Foundation for „A Course in Miracles“, RD 2, Box 71, Roscoe, NY 12776/USA.

Crowleyismus

Aleister Crowley wurde von seiner Mutter als das Tier mit der Zahl 666 (nach Offenbarung 13) bezeichnet. Als Kind identifizierte er sich gerne mit bösen, gehörnten Kreaturen, die aus der Tiefe des Meeres aufsteigen und Gott lästern. Als Erwachsener galt er als der profilierteste Vertreter Schwarzer Magie und Satanist aller Zeiten. Obwohl er bereits seit Jahrzehnten tot ist, hat Aleister Crowley mit seiner Philosophie des Satanismus immer noch Einfluß auf seine Nachfolger. Sein Motto lautete: „Tue, was du willst."

Jimmy Page, einst Leadgitarrist der Rockgruppe „Led Zeppelin", gestand, Crowley zu verehren, und kaufte das Haus des Verstorbenen in Schottland. Page erzählt, daß man Kettengerassel und Fußtritte auf den Treppen dieses Hauses hören kann. Der „König des Heavy Metal", Ozzy Osborne, verfaßte ein Lied zu Ehren dieses Okkultisten. Er nannte es *Mr. Crowley.* Daryl Hall vom Duo „Hall und Oates" hat Crowley ebenfalls bewundert. Ein Photo von Crowley befand sich auch auf dem Beatles-Album *Sgt. Pepper.*

Das Leben Aleister Crowleys war vom Okkulten gänzlich in Beschlag genommen. Crowley, der 1875 in England geboren wurde, lehnte sich gegen seine strenge, fundamentalistisch-christliche Erziehung auf. Was Anton LaVey mit der Teufelsanbetung in den 60er Jahren in Amerika tat, hatte Crowley in den 20er und 30er Jahren durch den Satanismus in England zuwege gebracht. Crowleys Ruf, bisexuell und von geradezu unersättlicher sexueller Gier zu sein, brachte ihm den zweifelhaften Titel „verdorbenster Mann der Welt" ein.

Aleister Crowley unternahm im Alter von 28 Jahren eine Reise nach Kairo. Dort erschien ihm ein Geist, den er als seinen heiligen Schutzengel bezeichnete: Aiwass (auch Aiwaz geschrieben). Dieses Wesen beauftragte Crowley, eine Botschaft für die gesamte Menschheit aufzuschreiben. Aiwass gab sich selbst als Vertreter der sogenannten „Großen Weißen Bruderschaft" aus, die als überragende Geisteswesen die Erde regieren. Aiwass erklärte Crowley, daß der Okkultismus während einer Zeitspanne von 2000 Jahren Mittelpunkt eines neuen Äons sein würde, dessen Philosophie in einem einfachen Satz zusammengefaßt werden könnte: „Tue, was du willst – das ist das ganze Gesetz."

Crowleys Philosophie ist in einem Buch mit dem Titel *The Book of Law (Das Buch des Gesetzes)* dargelegt. Diesem Werk zufolge könne man die Geschichte in zwei Zeitabschnitte einteilen: der Äon der Isis, was gemäß der ägyptischen Mythologie die Vorherrschaft der Frau bedeutet, und der Äon des Osiris, die Periode des Judentums, Buddhismus, Islams und Christentums – eine Zeit der Vorherrschaft des Mannes. 1904, so nimmt man an, trat die Menschheit in das Zeitalter des Horus ein, eine durch ein Kind dargestellte ägyptische Gottheit. In dieser Zeit sollte das wahre Ich des Menschen vorherrschen, ohne auf äußere Autoritäten wie Priester oder Götter hörig zu sein.

Das Gedankenkonzept, auf das Crowley baut, ist der menschliche Wille, der die Handlungen des Menschen bestimmt. Die sich daraus ergebende Überzeugung lautet: „Lust – genieße alle Dinge äußerlicher Sinne. Befürchte nicht, daß irgendein Gott dich deshalb abweisen wird.“ Aleister Crowley glaubte, daß Sex magische Eigenschaften habe; er praktizierte Homosexualität, Bisexualität und verging sich sogar an Kindern. Sexuelle Vereinigung erreiche ihren höchsten Punkt, wenn menschlicher Geist, Atem und Sperma innegehalten werden – so Crowleys Lehre, die einer hinduistischen Idee, des vom Tantrismus beeinflußten Yoga, entnommen ist.

Crowley gründete die „Britische Gesellschaft für Magie“, bekannt als Argenteum Astrum, d. h. Silberstern. Diese Organisation schuf den „inneren Orden“ der Großen Weißen Bruderschaft. Der „äußere Orden“ bildete die sogenannte „Goldene Dämmerung“. Zeitweise tat Crowley sich mit solchen zusammen, die sich der Abtei von Thelema in Italien (Thelema = Wille) angeschlossen hatten. Die Mitglieder von Thelema praktizierten Satanismus und opferten dem Teufel. Als die italienische Regierung jedoch Hinweise auf Rituale Schwarzer Magie entdeckte und den Verdacht hegte, daß in der Abtei auch Kindesopfer dargebracht würden, wurde Crowley aus Italien ausgewiesen. Mit Ausbruch des Ersten Weltkriegs verlegte Crowley seine Aktivitäten nach Nordamerika.

Als intellektueller Vertreter des Satanismus schrieb Crowley mehrere Bücher und Bekenntnisse, so auch sein Hauptwerk über Okkultismus *Magick in Theory and Practice.* 1898 wurde seine pornographische Erzählung *White Stains* veröffentlicht. Eine ebenfalls indizierte Veröffentlichung ist Crowleys Buch *Snow Drops from a Curate's Garden.* Häufig hatte Crowley die Absicht, Prostituierte für seine Schwarze Magie zu werben. Schließlich erhielt er den Namen „Baphomet“, eine Bezeichnung Luzifers.

Als seine Lebensaufgabe betrachtete Aleister Crowley die Zerstörung des Christentums und den Aufbau der magischen Religion von Thelema. Dieses Ziel erreichte er jedoch nicht. Crowley selbst wurde heroinabhängig. Sein Sohn kam in einer Zeremonie, an der nur sie beide teilnahmen, auf mysteriöse Weise ums Leben. Später wurde Crowley geisteskrank und redete wirr und zusammenhangslos. Zu seiner Beerdigung wurde eine Schwarze Messe gehalten. Trotz eines solch schlimmen Endes gibt es Tausende in aller Welt, die noch heute seine Lehren übernehmen, indem sie ihr Gewissen ignorieren und ihrem eigenen Willen nachlaufen.

Der Orden von Thelema wurde als eine Studiengruppe des Crowleyismus gegründet. Sie verwirft jedoch die Versuche verschiedener Zweige des Ordo Templis Orientis (O. T. O.), die behaupten, in direkter Abstammung von Aleister Crowley zu stehen und sich ihre Autorität durch Verweis auf die Linie der Nachfolger Crowleys sichern. Mittels psychischer Praktiken, so glaubt der Orden, stehe Aleister Crowley mit ihnen in Verbindung. Solche Gruppen sind ganz und gar teuflisch inspiriert. Kein wirklicher Christ würde Aleister Crowleys Lehre darin recht geben, daß ungezügelte Lust und Ausschweifung geistliche Wahrheiten ergeben.

Begründer: Aleister Crowley (1875-1947), Dichter, Schriftsteller und Verfasser von Büchern über Magie und esoterischen Okkultismus.

Symbol: A _._ A _._

Literatur: Bücher von Aleister Crowley einschließlich der Werke: *Confessions, Magick in Theorie and Practice, White Stains, Snow Drops from a Curate's Garden.*

Anziehungskraft: Crowleys Philosophie basiert auf der völligen Aufgabe jeglicher Moral und dem Glauben, daß kein Gott unser Handeln beurteilt. Intellektuelle, die dem Okkultismus anhängen und aus dem Bereich des Bösen nach einem Prinzip für ihre lustorientierten Neigungen suchen, finden in Crowleys Lehren eine Begründung.

Ziel: Die meisten Satanisten stehen bei einem Großteil der Gesellschaft als Magier des Bösen in Verruf. Durch Crowleys intellektuelle Begründung kam es jedoch zum bereitwilligen Glauben an eine dämonische Übernatürlichkeit. Zwar machen viele Anhänger Crowleys bei Quälereien, Mord, Kindesmißhandlung und anderen kriminellen

Handlungen nicht mit, doch die, die seinen Leitgedanken übernehmen, haben ein Alibi für persönliche Ausschweifungen und die öffentliche Förderung des Satanismus gefunden.

Irrtümer: Nach der Übersetzung *Hoffnung für alle* sagt 1. Tim. 4,1-2 „Gottes Heiliger Geist sagt uns ausdrücklich, daß in Zukunft manche vom Glauben an Gott abfallen werden, weil sie falschen Propheten hinterherlaufen und teuflischen Lehren glauben. Diese gewissenlosen Verführer sind durch und durch verlogen." Crowley hatte sich gegen seine strenge christliche Erziehung aufgelehnt. Wie Crowley, so verkünden auch seine Nachfolger, daß die christliche Lehre sie in ihrer moralischen Freiheit verletze. Seiner Auffassung zufolge sind jegliche Handlungen, die der Erfüllung hemmungsloser Lust dienen, erlaubt.

Quellenverzeichnis: Passport Magazine, März 1988, S. 4; Richard Cavendish, Hg., Man, Myth & Magic, in: The Illustrated Encyclopedia of Mythology, Religion, and the Unknown, Freeport, N.Y.: Marshall Cavendish, 1983; The Book of Law, Kings Beach, Calif.: Thelema Publications, o. J.

Adresse/Hauptquartier: Thelema Publications, Box 1393, Kings Beach, CA 95719/USA.

Da Free John

Welcher Gott würde sich an das Bett eines Kranken setzen und über dessen Krankheit spotten? Oder wer würde von seinem Schüler eine Spende von 250 000 Dollar annehmen und ihm anschließend verbieten, an dem Ort geistlicher Zuflucht zu leben, den der Schüler durch sein Geld finanziert hat? Die Hindus haben für dieses widersprüchliche Verhalten einen Ausdruck: *lilas,* ein humorvolles, unlogisches Mißachten getroffener Vereinbarungen.

Was seine Person und seine Absicht betrifft, so ist Franklin Jones – so lautet der richtige Name von Da Free John – nicht gerade bescheiden. Er beansprucht nicht weniger, als die Inkarnation Gottes zu sein, ein Guru, der verehrt werden will: „Gebt mir all euren Besitz, das Empfinden eures eigenständigen Ichs, alle Gedanken und Wünsche, jeden Teil eures Wesens, sogar euren Körper." Freiheit und die Freude eines nie endenden Lachens wird jenen verheißen, die dieses tun. Man glaubt, in der Gegenwart dessen (Da) zu sein, der vollkommene Liebe ist, eines Siddha Gurus, der unmittelbar von Gott hergekommen ist. Aus dem sogenannten „Großen Bekenntnis" zitierend, sagen die Anhänger Da Free Johns: „Da ist die lebendige Wahrheit. Da ist der Weg des Heils .... Da, dem lebendigen Gott, übergebe ich Leib, Sinne und alle Aufmerksamkeit, die mir selbst gilt."

Jones begann als ganz gewöhnlicher Collegeschüler in Columbia und Stanford. Er probierte LSD aus – und studierte an einem lutherischen Seminar. Ende der 60er Jahre unternahm er Studienreisen nach Indien, wo er von dem Hindu Swami Muktananda so stark beeinflußt wurde, daß er sogar Visionen über diesen Lehrer hatte. Auch sah er die Erscheinung der Jungfrau Maria, die er für die Mutter Shakti, eine hinduistische Gottheit, hielt. 1970 glaubte er, eine Erleuchtung erhalten zu haben, und gründete daraufhin die sogenannte „Dawn Horse Fellowship", später „Free Primitive Church of Divine Communion" genannt. Weitere Organisationen, die unter seiner Leitung standen, waren der „Free Community"-Orden und das „Laughing Man Institute".

Die Sekte, die derzeit unter dem Namen „Johannine Daist Community" bekannt ist, kaufte im Jahre 1983 eine der Fiji-Inseln im südlichen Pazifik, Naitaumba. Auf dieser winzigen, abseits gelegenen Insel haben die Verehrer von Da ein Erholungszentrum gebaut. Dort lebt der Guru, umgeben von ausgewählten Anhängern. Andere, die für würdig gehalten werden, dürfen nur vorübergehend, für Zeiten der meditativen Besinnung, kommen. Viele aus dem engsten Kreis des Gurus leben – so ehemalige führende Mitglieder – von Spenden reicher Begünstiger. Treue Verehrer haben ihren Führer jedoch energisch dagegen verteidigt.

Da's Anspruch auf Göttlichkeit ist auf dem heutigen Markt mystischer Gurus und Sektenführer keineswegs einzigartig. Aber er ist der einzige, dem man nachsagen kann, daß er in Amerika geboren wurde und sein Kult ein heimisches „Produkt" ist. Aber wenn er nun behauptet, die Traditionen Moses, Krishnas, Jesu und Buddhas zu erfüllen, dann tut er dies (seinen Aussagen nach) als einer, der nur die Identität des Franklin Jones angenommen hat, um seine Schüler lehren zu können. Eine der neuen Autoritäten auf dem Gebiet des Zen-Buddhismus ist der Autor Alan Watts, der sich vehement für die östlichen Religionen einsetzt. Nachdem er Da auf einem Videoband gesehen hatte, mußte er vor Rührung weinen und gestand: „Es scheint, als handle es sich hier um einen *avatar*. Mein Leben lang habe ich gehofft, jemanden wie ihn zu finden."

Verbreitung finden die Lehren von Da Free John durch Videobänder, Filme, Kassetten, Verteilschriften und die vier von ihm veröffentlichten Werke: *The Knee of Listening, The Method of the Siddhas, Garbage and the Goddess, No Remedy.* Seine Lehre ist einfach: Es gibt keine objektive Wahrheit und Wirklichkeit. Das Leben ist ein nicht zu erklärendes Geheimnis. Die einzige Möglichkeit besteht darin, sich einseitig von der unpersönlichen Göttlichkeit ganz in Anspruch nehmen zu lassen. Dies geschieht dadurch, daß man das Ich und das Gewissen opfert und unentwegt in der Gegenwart eines Gurus lebt. So wird jedes schlechte Karma unmittelbar aufgelöst. Wer sich auf solch eine Reise einläßt und Gemeinschaft mit einer der Gruppen Da's pflegen will, muß einen sicheren Arbeitsplatz vorweisen können und zehn Prozent seines Einkommens an Da abgeben. Er muß sich vegetarisch ernähren, Sex auf die Ehe beschränken und sich täglich in die Lehren Free Johns hineinvertiefen. Diese Lehren umfassen die sieben Stufen des Lebens. Hiermit versucht der Guru, den gegenwärtigen und zukünftigen Zustand des Menschen, zu dem er sich emporentwickelt, zu beschreiben. Bezeichnenderweise hat Da Free John anerkannt, daß außer ihm auch einige seiner Anhänger die siebte Stufe erreicht haben. Die Sekte sieht dieses als einen Hinweis, daß nicht nur einige wenige, sondern alle Menschen Erleuchtung erlangen können.

Bubba (wie er früher genannt wurde) zu folgen, ist nicht nur eine Frage gedanklicher Zustimmung. Sein Anspruch, ein *avatar* zu sein, wird durch Phänomene gestützt, die außergewöhnlich und übernatürlich zu sein scheinen. Seine Anhänger haben den Vorzug, ihn als Heiler und Wundertäter zu erleben. Sie glauben ihm, daß er starke Stürme und Koronen um die Sonne hervorrufen kann. Einige Studenten behaupten auch, sogenannte *kundalini*-Phänomene miterlebt zu haben. Dazu gehören beispielsweise *kriyas* (sich selbst ordnende Bewegungen), *mudras* (plötzlich auftretende Yoga-Haltungen), Visionen, Offenbarungen und Zustände unbeschreiblicher Seligkeit, *samadhi* genannt. Der naheliegende Vergleich mit ähnlichen Geschehnissen im Dämonismus und klassischen Spiritismus sollte die Nachfolger Da Free Johns jedoch beunruhigen.

Begründer: Da Free John, ursprünglich Bubba Free John; geboren als Franklin Jones am 3. November 1939. 1979 hat er sich in Da Free John umbenannt.

Literatur: Schriften des Hinduismus; außerdem *Enlightenment of the Whole Body (Erleuchtung des ganzen Leibes)* von Da Free John.

Symbole: Keine bekannt.

Anziehungskraft: Da erhebt den Anspruch, ein *atman* (eine Seele, die sich selbst so darstellen kann, daß sie faßbare Wirklichkeit geworden ist) und auch ein *avatar* zu sein (die Inkarnation einer Gottheit). Seine hohen Ansprüche in bezug auf Erleuchtung und Wissen sind selten für jemanden, der aus dem Westen stammt. Doch weckt dies besonderes Interesse bei denen, die sich mit östlicher Mystik befassen. Einige werden von den Berichten über seine Anhänger angezogen, die spontan auftretende Heiterkeit in seiner Gegenwart erleben. Andere wiederum werden von den Geschichten seiner Jünger angezogen, die durch die bloße Berührung seiner Hand psychische Erlebnisse mit außergewöhnlicher Kraft erfahren.

Ziel: Indem er sein eigenständiges Denken und seine moralische Urteilsfähigkeit aufgibt, wird der Jünger völlig von seinem Guru (Da) vereinnahmt. Sein Bewußtsein wird dadurch eins mit Gott (weil der Guru ja selbst als Gott gilt). „Ihr könnt nicht mal wissen, was ein einzelnes Ding ist. Darum müht euch nicht ab – bleibt in der Unwissenheit", lehrt Da. Sich anzumaßen, etwas zu wissen, zu denken und zu sein, ist Ursache dafür, daß man unglücklich ist. Es ist sinnlos, bei Problemen nach Lösungen zu suchen. Jede Schwierigkeit wird dadurch gelöst, daß man fortwährend in der Beziehung zu dem steht, der eine Gotteserscheinung ist.

Irrtümer: 2. Thess. 2 beschreibt das Wesen des Antichristen in der Weise, daß er sich selbst über Gott erhebt, bis er behauptet, selbst Gott zu sein. Die Selbstvergöttlichung von Da Free John hat ohne Zweifel denselben Beweggrund. Er macht sich selbst zur höchsten Quelle der Wahrheit und des geistlichen Wissens und beansprucht für sich die Ebenbürtigkeit Christi.

Quellenverzeichnis: Die erwähnten Bücher von Franklin Jones; East-West Journal, Mai 1976, S. 60, 67; ebd. Juli 1976, S. 20-25; The Cult Observer, Juni 1985, S. 1-10; San Francisco Examiner, 14. April 1985, S. A22-23; The Cult Observer, Juni 1985, S. 10; David C. Lane in: Understanding Cults and Spiritual Movements, Band 1, Nr. 2, S. 50-55.

Adresse/Hauptquartier: The Dawn Horse Press, P.O. Box 3680, Clearlake Highlands, CA 95422/USA. Die „Johannine Daist Communion" unterhält Zentren auf den Fiji-Inseln, Hawaii und in Marin County, Kalifornien.

Divine Light Mission

Guru Maharaj Ji

„Gott hat sich zurückgezogen und lebt idyllisch in einer Villa in Malibu, Kalifornien." So könnte die Inschrift auf dem Grabstein der Divine Light Mission lauten. In den frühen 70er Jahren „regierte" Guru Maharaj Ji über eine der größten und am schnellsten wachsenden Anhängerschaften aller aufkommenden Sektenführer.

Überzeugt äußerte er sich einmal: „Der Schlüssel des gesamten Lebens, der Schlüssel zur Existenz des gesamten Universums liegt in der Hand von Guru Maharaj Ji." Doch dann brach alles auseinander. Der Aufschwung vergangener Tage, als er verehrt wurde als der, „der größer war als Gott, weil er den Menschen Gott zeigte", war trotz allen Bemühens nicht aufrechtzuerhalten.

Allerdings sollte man nicht glauben, daß man jetzt nichts mehr von ihm hören würde. Ein harter Kern von schätzungsweise einigen hundert bis einigen tausend Anhängern glaubt immer noch, daß er die Inkarnation Gottes ist, der vollkommene Meister für unser Zeitalter.

Guru Maharaj Ji verdankt die Gründung der Divine Light Mission (DLM) seinem wohlhabenden und geehrten Vater Brahman Samay Shri Hans Ji Maharaj, der dem Ashram Prem Nagar vorstand. Viele seiner Landsleute hielten Shri Hans für einen *Satguru* (vollkommenen Meister). Maharaj Ji, der am 10. Dezember 1957 in Hardwar, Indien, geboren wurde, fand wenig Beachtung, denn man hielt einen der drei älteren Söhne für den rechtmäßigen Nachfolger des Vaters. Maharaj Ji war jedoch außergewöhnlich klug. Bereits mit zwei Jahren meditierte er und hielt religiöse Ansprachen, *satsang* genannt.

Als Maharaj acht Jahre alt war, starb sein Vater. Den trauernden Verehrern stellte der Junge die Frage: „Warum weint ihr? Habt ihr nicht gelernt, was euch der Meister lehrte? Der vollkommene Meister stirbt niemals. Jetzt ist Maharaj Ji hier unter euch." Noch während sich die Anhänger seines Vaters vor Maharaj Ji verbeugten, bestätigte seine Mutter, Rajeshwari Devi, meist als Mata Ji bekannt, daß der Mantel geistlicher Kraft auf ihn übertragen sei. Ihm sei die Krone Krishnas verliehen worden. Und dreizehn Tage später, während er die

Asche seines verstorbenen Vaters anbetete, sprach eine innere Stimme zu ihm. Die Botschaft lautete schlicht und einfach: „Guru Maharaj ist dazu bestimmt worden, Retter der Menschheit zu werden."

Am 8. November 1970 führte Maharaj Ji eine Gefolgschaft von Tausenden von Anhängern durch die Straßen Delhis. Als sie zum sogenannten Tor von Indien kamen, verkündete er: „Ich werde auf dieser Welt Frieden schaffen." Das sind in der Tat beachtliche Worte für jemanden, der im neunten Schuljahr seine Schule, eine katholische Missionsschule, abgebrochen hat. In Indien waren es einige Millionen Nachfolger, die seinem Anspruch Glauben schenkten. In Amerika, wo er 1971 auftauchte, waren es jedoch nur eine Handvoll Verehrer, sogenannte *premies* (wörtlich übersetzt: Liebhaber), die ihn bei seiner Ankunft im Westen begrüßten. Und doch gibt es etwas Faszinierendes an diesem dicklichen Teenager, der von Sahneeis bis hin zu Horrorfilmen so ziemlich alles mochte.

Im folgenden Jahr ereignete sich jedoch der Wendepunkt. Plötzlich kamen 5000 Zuhörer zu den Veranstaltungen – die 2000 Mitglieder waren völlig überfordert. Nachdem ein weiteres Jahr verstrichen war, existierten bereits 480 DLM-Zentren mit 35 000 Mitgliedern in den Vereinigten Staaten. Die Organisation eröffnete verschiedene Gemeinschaften und Geschäftszweige, unter anderem eine Schallplattengesellschaft, eine Filmproduktion und eine Druckerei. Dann kam es im Astrodrome von Houston zu einer außergewöhnlichen Veranstaltung: „Millenium 1973".

Ich selbst habe dieses Festival miterlebt, an dem angeblich 144 000 Besucher teilnahmen. Zwar waren nur circa 20 000 zu sehen, doch zeigte deren Verehrung gegenüber Maharaj Ji, welche unheimliche Macht er besitzt. Rauschgiftsüchtige, die keinen Dope mehr brauchten, Ehebrecher, die enthaltsam lebten, Hippies und ganz normale Durchschnittsbürger – sie alle waren eins in ihrem gemeinsamen Lob: *Bholie Shri Satguru Dev Maharaj Ki Jai* – ein Hindu-Ausdruck von „Hipp-Hipp-Hurra" für den Herrn des Universums. Zu meiner Verwunderung warf sich die gesamte Hörerschaft von mehreren tausend Menschen vor Maharaj Ji's Thron, der fast zwölf Meter hoch war, zu Boden.

Dem Glanz folgte bald der Streit. Als ein Reporter dem Maharaj Ji eine Cremetorte ins Gesicht warf, wurde er von den Jüngern des Guru erbarmungslos zusammengeschlagen. Die indische Zollbehörde klagte Maharaj Ji an, weil er versucht hatte, Juwelen im Wert von 80 000 Dollar in sein Heimatland zu schmuggeln. Die Versammlung im Astrodome hinterließ einen riesigen Schuldenberg. Auch wurden an dem wahren Alter des Gurus und seinem materialistischen Streben Zweifel angemeldet. Doch gab es auch weiterhin treue Nachfolger, die sich bereit erklärten, für den korpulenten Jüngling zu sterben oder zu töten.

Als Maharaj Ji 1974 eine acht Jahre ältere Stewardess heiratete, kam es zum größten Umschwung. Er stellte sie als „zehnarmige Göttin Durga“ vor, „die auf einem Tiger reitet“. Als die Neuvermählte ihrer Schwiegermutter den Zutritt zu dem 554 000 Dollar teuren Anwesen in Malibu verweigerte, passierte es dann. Mutter Mata Ji bezichtigte ihren Sohn als Trinker, der sich in Nachtclubs herumtreibt und sich nur von Fleisch ernährt. Sie änderte den Namen der amerikanischen Organisation in „Spiritual Life Society“ (Gesellschaft für geistliches Leben) und bestimmte Maharaj Ji's älteren Bruder, Shri Satyapal Ji, auch Bal Bhagwan Ji genannt, zum neuen vollkommenen Meister. Selbst die Geburt zweier Enkelkinder, Premlata und Hans Pal Singh, konnten ihren Zorn nicht besänftigen. Maharaj Ji blieb trotz allem gelassen, zeigte sich verwundert und äußerte sich erstaunt darüber, wie sich jemand das Recht herausnehmen und Gott sagen könnte, er sei für sein Amt nicht länger geeignet.

Zeitweise ging es wieder aufwärts. Das Einkommen lag durchschnittlich bei über 400 000 Dollar pro Monat, was vor allem auf die Verpflichtung der Zehntenabgabe zurückzuführen ist. Maharaj Ji's Leidenschaft für Autos erstreckte sich nun auch auf Marken wie Jensen, Mercedes-Benz, Maserati, Lotus und Luxus-Wohnmobile. Die *Divine Times,* eine edle, vierfarbig aufgemachte Zeitung, berichtete von den Aktivitäten des Gurus in über 66 Ländern. Er veranstaltete auch weiterhin große Feste und sogenannte *lilas,* Spiele Gottes, bei denen die Hörer mit Wasser und roter Farbe bespritzt wurden. Doch je mehr „Goomerajee“, wie er im engsten Kreis liebevoll genannt wird, an Leibesumfang zunahm, desto mehr nahm die Zahl seiner Anhängerschaft ab.

Pläne für eine „Gottes-Stadt“ wurden zur Seite gelegt. Nahezu 100 DLM-eigene Fahrzeuge mußten verkauft werden. Bis auf eine wurden die 34 Lebensmittel-Genossenschaften aufgelöst. Im Internationalen Hauptquartier in Denver wurde das Personal von 250 auf 40 Mitarbeiter reduziert. Die Mehrzahl der von Maharaj Ji handverlesenen „Evangelisten“, *mahatmas* genannt, wurde bis auf zwanzig verringert und in „Initiatoren“ umbenannt. Das Einkommen geriet unter die 100 000-Dollar-Grenze pro Monat. Zwar schätzt man die verbleibende Mitgliederzahl auf etwas über eine Million, doch in den Vereinigten Staaten fiel die Zahl von einem Höchststand von 50 000 auf ungefähr 10 000. Einige Kritiker vermuten, daß sich die Zahl eher um 3 000 bewegt.

Doch bevor man das Ende über Guru Maharaj Ji ausruft, wäre es weise, seine Lehren und Praktiken zu bedenken, die seinen raschen Aufstieg zur Macht herbeiführten. Das Wachstum seines Kultes begünstigt möglicherweise auch den Aufstieg anderer Sektenführer, die zu östlichen Religionen tendieren. Wer versteht, was DLM lehrte und darstellte, erhält einen Hinweis, warum die Gesellschaft generell für Personenkulte anfällig ist.

Die Nachfolger Maharaj Ji's werden angehalten, nach seinen fünf Geboten zu leben:

1. Verschiebe nichts auf morgen, was du heute tun kannst;
2. Du sollst unentwegt Meditation betreiben und den Heiligen Namen in dein Gedächtnis rufen;
3. Gib dem Zweifel keinen Raum in deinem Denken;
4. Zögere niemals, einem satsang beizuwohnen (eine von Maharaj Ji's Ausführungen mit verschiedenen, zusammenhanglosen Geschichten und Illustrationen);
5. Vertraue stets auf Gott (im Klartext heißt dies: völlige Auslieferung an Maharaj Ji).

Die Theologie von DLM kann darin zusammengefaßt werden, daß man versteht, was mit Gott, Guru, Denken und Wissen gemeint ist. Gott gilt als eine Form von Energie, eine kosmische Schwingung. Als solches erstreckt sich „das Wort“ (hier eine Bezeichnung für Gott) auf alles und jedes, so daß selbst die Seele des Menschen ein Teil Gottes wird. Einmal hörte ich, wie Guru Maharaj Ji in einer Rede ausrief, daß er keine Beziehung zu Gott wünsche. Das würde nämlich bedeuten, daß die Gottheit vom Menschen getrennt ist – eine Umgehung der zentralen hinduistischen Lehre vom Einssein. Darum ist die Verschmelzung der menschlichen Seele mit dem unendlich Absoluten das oberste Ziel von DLM. Die Kräfte der Seele sollen von der universellen Kraft Gottes völlig aufgenommen werden.

Der Variante des Hinduismus, die Guru Maharaj Ji betont, liegt das Denkschema des *Siddha Yoga* zugrunde. Dieser Überlieferung nach kann die Verwirklichung des Göttlichen im Menschen nur durch die Hilfe eines Gurus erlangt werden. Daher ist es gut, wenn der Guru ein „vollkommener Meister“ ist. Der „vollkommene Meister“ gilt als sündlos. Schließlich ist sein subjektives Gewissen der einzige Maßstab, nach dem er beurteilt wird. Gott ist ja in ihm selbst. Äußere

Prinzipien von absoluten Werten leiten ihn nicht, da er nur auf die unmittelbare Beziehung zu seiner eigenen Göttlichkeit reagiert. Als lebender Meister verdient er es und hat das Recht, völlige Unterwerfung von seinen Nachfolgern zu fordern. Im Fall von Maharaj Ji wird diese Unterwürfigkeit durch sein überall abgebildetes Gesicht bestärkt, das jede Belanglosigkeit und jede Zeitschrift, die DLM herstellen, ziert.

Doch gibt es in der Nachfolge des „vollkommenen Meisters" auf dem Weg zur göttlichen Erkenntnis ein Hindernis: das Denken. Guru Maharaj Ji beharrt darauf, daß der rationalistisch eingestellte Westen der Fähigkeit, logisch zu denken, zuviel Gewicht beimißt. Seiner Einschätzung nach ist das Denken trügerisch, unzuverlässig und unvollkommen. Der Geist ist es, der die Fähigkeit zur Liebe und zum Frieden besitzt. Darum kann die Erkenntnis Gottes nicht durch objektive Information, sondern nur durch Erfahrung erreicht werden. Maharaj Ji beschreibt das Denken als eine Schlange, die getötet werden muß, damit die direkte Offenbarung göttlicher Kenntnis übermittelt werden kann. „Gebt es (das Denken) mir", bittet er inständig. „Ich bin bereit, es aufzunehmen. Gebt mir euren Verstand, denn für euch ist er störend."

Hat der Verehrer seine geistigen Fähigkeiten ausgeliefert, ist er in der Lage, die Kenntnis seines Gurus zu empfangen. Diese Erfahrung ist es, die das Leben der Jünger verwandelt und zu Robotern macht, die auf sein Geheiß hin handeln. Wenn *premies* gedrängt werden, dieses Phänomen zu erklären, geben sie glanzvolle Zeugnisse über deren Vorzüge. Doch von dem Vorgang selbst geben sie nichts preis. Nur emsige Nachforschung enthüllte die vier Aspekte des Verfahrens. Es besteht aus einem nicht sichtbaren Licht, das mit dem sogenannten dritten Auge geschaut wird, aus Hören von himmlischer Musik (vermutlich eine Anspielung auf Offenbarung 22), aus dem Schmecken einer süßen Substanz, die Nektar genannt wird und angeblich heilende Kräfte haben soll, und aus der Wahrnehmung einer uranfänglichen Schwingung, die das verinnerlichte Wort Gottes darstellt.

Hat ein Verehrer erst einmal seine völlige Unterwerfung unter Maharaj Ji bewiesen, gilt er als fähig, Wissen zu empfangen. Diese Unterwerfung zeigt sich darin, daß man seinen Besitz der DLM vermacht und stundenlang einem *satsang* zuhört. Dann betritt der Kandidat zu einem festgesetzten Zeitpunkt einen verdunkelten Raum. Dort sitzt er mehrere Stunden in ein Laken gehüllt. Während der ganzen Zeit unterrichtet ihn ein sogenannter *mahatma* über die Wichtigkeit der Kenntnis, die er gerade aufnimmt.

Schließlich legt der, der die Einführung gibt, seinen Daumen und Mittelfinger auf die Schläfen des Verehrers und fährt mit dem Zeigefinger an einen Punkt, der etwa in der Mitte der Stirn liegt. Hier befindet sich angeblich das dritte geistige Auge, die Zirbeldrüse. Der optische Nerv wird getroffen, und durch den Druck über der Netzhaut entsteht ein Licht, das für die Nerven wahrnehmbar ist. Durch bloßes Schließen der Augenlider und durch das Zurückrollen der Augäpfel in ihren Höhlen können *premies* diese Erfahrung je nach Belieben wiederholen.

Das „dritte Auge“ vermag göttliche Musik zu hören. Der *mahatma* legt dazu seine Finger in die Ohren dessen, der eingeführt wird – weit genug, damit der Empfänger sich der Klänge seiner eigenen, inneren Organe und Systeme bewußt werden kann. Ein *premie* beschrieb den Klang als „lauten Rock'n Roll“, eine andere dagegen bestand darauf, die gleichen Vibrationen zu vernehmen, die sie im Mutterleib miterlebt hatte.

„Göttlichen Nektar“ zu kosten, ist nicht einfach. Die Substanz soll eine aus dem Gehirn fließende Flüssigkeit sein, ein wahrhaftiger Zaubertrank, der Christus 40 Tage lang in der Wüste stärkte. Der *mahatma* legt seine Finger in den Rachen des *premies* und drückt die Zunge soweit nach hinten, bis sie gegen das Zäpfchen lehnt. Den Schleim, der dann hinter den Nasenbereich tröpfelt, hält man für „süßer als Honig“.

Schließlich zitiert man Johannes 1,14, um die Theorie zu rechtfertigen, daß sich Gottes Wort in menschlichem Fleisch befindet. Dem Kandidaten wird erklärt, daß rhythmisches Atmen nach einem sich wiederholenden Schema tatsächlich ein Mantra schafft. In Wirklichkeit ist dieses Erlebnis – als „uranfängliche Schwingung des göttlichen Wortes“ bezeichnet – eine überzogene Atemtechnik, die den *premie* in einen veränderten Bewußtseinszustand versetzt, ähnlich dem durch Drogen hervorgerufenen Hochgefühl. Die so gemachte Erfahrung schafft ein Empfinden für Allmacht und ein Gefühl des Einsseins mit dem Universum. Die Nachfolger des Guru bezeichnen dieses äußerste Hochgefühl als ein „Verzücktsein“.

Die Auswirkungen der vier Erkenntnisstufen von Guru Maharaj Ji können auf ganz natürlicher Basis erklärt werden. Nachdem der *mahatma* das Erlebnis im voraus erklärt hat, kann nämlich der Kandidat durch autosuggestive Hypnose beinflußt werden. So ist er bei jeder Stufe geneigt, das Phänomen nach den Erwartungen, die sein geistlicher Führer zuvor darlegte, zu interpretieren. Der passive, empfängliche Zustand des bereitwilligen Nachfolgers gibt zweifellos auch dämonischen Mächten die Gelegenheit, den jeweiligen Aspekt des Rituals zur Wissenssteigerung weiterzuführen.

Nachdem sich nun das Ansehen der Organisation wieder gebessert hat, überträgt der „vollkommene Meister" seine Kenntnis auf spitzfindigere Art. 1984 zog sich Guru Maharaj Ji mit seiner Frau und ihren vier Kindern nach Malibu und Miami zurück. Nachdem es zur Versöhnung zwischen ihm und seiner Mutter gekommen ist, behauptet er: „Jetzt bin ich mein eigenes Hauptquartier." Obwohl Guru Maharaj Ji keine offizielle Gruppe von Nachfolgern mehr anführt, schätzen Kritiker, daß ihn weiterhin mehr als eine Million Menschen weltweit verehren. Zwar haben seine Verehrer die indische Sitte des *darshan* (wörtlich: das Küssen der Füße Maharaj Ji's) eingestellt, doch seinen Fußstapfen folgen sie auch weiterhin.

Begründer: Balyogeshwar Param Hans Satgurudev Shri Sant Ji Maharaj (Guru Maharaj Ji), geboren am 10. Dezember 1957 in Hardwar, Indien.

Literatur: Schriften des Hinduismus.

Symbol: Bilder des Maharaj Ji, der auf einem Thron sitzt und die Krone des Krishna trägt.

Anziehungskraft: Obwohl sich die Jugend in den 70er Jahren gegen festgesetzte Ordnungen auflehnte, war sie doch für äußerst disziplinarische Strukturen empfänglich. Dazu bildet das Alter des Maharaj Ji einen ironischen Gegensatz, der angesichts des Autoritätsverlusts von Erwachsenen seinen Anklang findet. Die heutige Jüngerschaft der DLM scheint allgemein älter und besser erzogen zu sein. Angesichts der gegenwärtigen Friedensziele der DLM besteht ihre Praxis aus Meditationen und selbstlosem Dienst.

Ziel: Als einziger Weg zu Gott gilt die Unterwerfung unter einen *avatar,* einen Guru, in dem Gott ganz Wirklichkeit geworden ist. Dieser „vollkommene Meister" hilft, den Widerstand des logischen Denkens zu beseitigen, das das einzige Hindernis zwischen dem Menschen und seiner inneren, göttlichen Seele ist. Maharaj Ji's Kenntnis ist dem Heiligen Geist gleichbedeutend, was zu einem verbesserten Wohlbefinden und der Vereinigung mit dem Unendlichen führt.

Irrtümer: Alle Forderungen der DLM gehen davon aus, Gott durch Taten – wie Unterwerfung und Dienst – zu gefallen. Dies steht im

Widerspruch zu Epheser 2,8-9. Da die Erfahrung des neuen Wissens mit dem verbesserten Wohlgefühl zusammenhängt, nimmt man fälschlicherweise an, daß dies die Lehren Maharaj Ji's bestätigt. Sprüche 1,7 sagt jedoch aus, daß wahre Kenntnis in der „Furcht des Herrn" besteht, nicht in einer Folge hypnotischer Manipulationen von Seele und Nerven. Nach 1. Johannes 2,18-23 erfüllt Maharaj Ji eindeutig die Rolle eines Antichristen, wie er in Matthäus 24 prophezeit wurde.

Quellenverzeichnis: Who is Guru Maharaj Ji?, New York: Bantam, 1978; verschiedene Ausgaben von ‚Divine Times', eine Zeitschrift der DLM; verschiedene Pressematerialien der DLM; Bob Larson, The Guru, Denver: Bob Larson Ministries, 1974; Kenneth Boa, Cults, World Religions and You, Wheaton, Ill., Victor 1980; Empire Magazine, 28. April 1974, S. 52-61; The Denver Post, 2. April 1976; ebd., 13. August 1976; ebd., 18. Februar 1977, 3BB; ebd., 15. Dezember 1978, 3BB; Time, 28. April 1975, S. 75; ebd., 13. März 1978, S. 39; People, 15. März 1984, S. 170.

Adresse/Hauptquartier: Offiziell sind derzeit keine Angaben erhältlich.

ECKANKAR

Von allen neuen Religionen, die in diesem Jahrhundert auf dem religiösen Markt aufgetaucht sind, sind nur wenige verwirrender als ECKANKAR. Einfach aus Interesse an der sogenannten „altertümlichen Wissenschaft des Seelenreisens" greift man nach einer ihrer Werbeschriften, die im Wartezimmer des Arztes oder im Supermarkt ausliegen. Bei den Anhängern von ECKANKAR handelt es sich zumeist um intelligente, aufrichtige Menschen. Weltweit hat dieser Kult, den Angaben ihrer Leiter zufolge, drei Millionen Anhänger.

Paul Twitchell, ein Journalist, der häufig okkulte und mystische Praktiken ausprobierte und auch dem Mitarbeiterstab der Scientology-Kirche angehörte, gründete 1965 die erste ECKANKAR-Gemeinschaft. Seine Theologie ist eine neue Deutung hinduistischer Regeln. Demzufolge ist ECKANKAR (wörtlich: einer, der mit Gott zusammenarbeitet) durch die Verbindung zu zwei Meistern des ECK entstanden: Sudar Singh in Indien und Rebazar Tarzs im Himalaya. Bisher haben noch keine Unterlagen den Beweis erbracht, daß Twitchell die beiden Orte aufgesucht hat oder die beiden genannten Personen tatsächlich existieren. Die Begriffe des ECKANKAR stammen angeblich aus dem Amdo-Dialekt, einer Sprache Tibets. In bezug auf diese Sprache, die durch Sprachwissenschaftler nicht bestätigt ist, bietet Twitchell keine Erklärung, woher er sein umfassendes Wissen darüber hat. (Ein Kenner religiöser Kulte hält ECKANKAR für eine Abwandlung von „Ek-Onkar", der Name der höchsten Gottheit im Sabda Yoga.)

Sudar Singh und Rebazar Tarzs haben Paul Twitchell zum 971. lebenden ECK-Meister geweiht, zu einem *Mahanta,* (einer lebenden Darstellung Gottes). Für Twitchell ist solch ein Mensch „jenseits aller menschlichen Gesetzmäßigkeiten . . . allmächtig und allwissend". Das Lebensziel eines ECK-Meisters ist es, die Seelen der Menschen in „das Reich des Geistes" zu bringen, „auch bekannt als Himmelreich, wo Gott (SUGMAD) wohnt." Von SUGMAD aus fließt das Leben in Form von kosmischem Klang und Licht, gewöhnlich mit ECK bezeichnet. (ECK ist auch eine häufig gebrauchte Abkürzung von ECKANKAR.) Twitchell gibt Anleitungen zu vielen okkulten Übungen.

Dadurch soll sich der Schüler des ECK auf den ätherischen Klang Gottes einstellen. Zu den ersten dieser Phänomene gehört die Erfahrung, außerhalb des Körpers zu sein. Twitchell nannte es ursprünglich „Bilokation", später Seelenreisen. Seiner Erklärung nach ist dies „der geheime Weg zu Gott". (Anhänger des Okkultismus sprechen bei solchem Phänomen allgemein von „Astralprojektion".) Twitchell behauptet, Jesus, Buddha und Paulus hätten die Praxis der Seelenreise zugegeben.

Heilige Schriften des ECKANKAR sind *Shariyat-Ki-Sugma.* Twitchell behauptet, daß sie sich in einem Kloster in den Bergen Tibets befänden. *Anami Lok* ist die Bezeichnung für den wahren Himmel, wo SUGMAD wohnt. *Atma Sarup* ist der Körper der Seele, der sich vom physischen („leichten") Leib aus, dem *Nuri Sarup,* auf Astralwanderung begibt. Solche Ausdrücke (mit Hunderten anderer erfundener Worte des ECKANKAR) wären für den gewöhnlichen Menschen kaum von Interesse, wenn Twitchell nicht behauptete, daß man durch solche Seelenreisen Allwissenheit erreicht – „vorausgesetzt, die Seele wird von der Bindung an den fleischlichen Leib befreit". Tatsächlich wird im ECKANKAR behauptet, einen „Schlüssel zum Himmel" zu haben. Selbst die Erfindungen von Alexander Graham Bell und den Brüdern Wright sollen auf eine Astralreise zurückzuführen sein. Sie seien zu einem großen Museum nach *Sahasra-dal-Kanwal* gereist, der Hauptstadt der Geisteswelt.

ECKANKAR stellt sich nach außen sehr tolerant dar. In einer Anzeigenkampagne in größeren Tageszeitungen gibt ECKANKAR an, „weder Personen noch Lehren als falsch zu verurteilen. Wer einer Weltreligion zugehört, soll ihr auch weiterhin angehören". Trotzdem wird diese Erklärung von anderen Aussagen, die man in der Literatur des ECKANKAR findet, nicht notwendigerweise bestätigt. Diesen Schriften nach soll ECKANKAR auch kein Kult sein, da es um die Entfaltung der Individualität, nicht um Förderung einer gemeinschaftlichen Lebensform gehe.

In seinem Buch „ECKANKAR – Spirituelle Aufzeichnungen" beschreibt Twitchell Gott als ein Wesen, „das gegenüber allem Lebenden in diesem Universum eine gleichgültige Haltung bezieht". Gott existiere vom Menschen abgesondert und kümmere sich nicht um ihn. Zwar lehrte Christus, daß Liebe das größte Gebot sei, doch Rebazar Tarzs hätte den Menschen die Anweisung gegeben, so Twitchell, „nur die zu lieben, die man lieben muß". Der Böse (nach ECK mit *Kal* bezeichnet) wird in Twitchells Theologie als „Vater des christlichen Glaubens" identifiziert. Jesus sei „ein Sohn Kals, der König niederer Welten“. Die ansprechende Ausdrucksform, die in den Werbeanzeigen des ECKANKAR gebraucht wird, steht im Gegensatz zu den angegebenen Zielen, nämlich „der Weg totalen Bewußtseins“, „immerwährendes Evangelium“, „einzig wahre Quelle der Religion“ und „die dem Menschen am längsten bekannte Religionsphilosophie“ zu sein. „Darum ist ECK der eigentliche Weg . . . ohne diese himmlische Musik oder das sogenannte ‚Wort’ kann man Gott niemals wieder erreichen“ – so sagt es Twitchell in seinem Büchlein „ECK und Musik“. Zwar mögen andere Religionen nicht öffentlich verurteilt werden, doch weisen ihnen die Lehren des ECKANKAR eine untergeordnete Position zu.

Als Ersatz für die christliche Lehre von Sünde und Erlösung schlägt Twitchell den hinduistischen Gedanken des Karma und der Reinkarnation vor. Wer den endlosen Kreislauf von Wiedergeburt umgehen will, muß durch außerleibliche Erlebnisse lernen, durch elf Astralebenen hindurch aufzusteigen. Der Erfolg dieser Reise basiert auf der Anleitung des lebenden ECK-Meisters, der durch andere Geistesführer Unterstützung erfährt. Dieser Meister versucht, die Astralreise zu erleichtern, indem er dem Studenten hilft, die Schuld loszuwerden, die er in den vergangenen Leben angehäuft hat.

Der ECK-Meister ist aber nicht nur einer, der den Weg zeigt. Man hält ihn für Gott im Fleisch, eine Inkarnation SUGMADS. Der Meister gibt dem Schüler Anleitung: Empfindungsverlust, veränderte Bewußtseinszustände, Mantragesang, Trancezustände und Verbindung zu Geistführern helfen, zu höheren Erkenntnisebenen vorzudringen. Twitchell behauptete, daß ihm häufig Wesen erschienen, die vorgaben, „entrückte“ Meister zu sein (entrückt bedeutet in der Sprache des ECKANKAR *verstorben*). Über den jetzt lebenden Meister sollen die Schüler so lange nachsinnen, bis auch er sich ihnen als ein Wesen glühenden Lichtes zeigt.

Am 17. September 1971 starb Paul Twitchell unerwartet an einer Herzattacke. Nummer 972 als lebender Meister des ECKANKAR wurde Sri (ehrfurchtsvoller hinduistischer Titel) Darwin Gross. Gross gibt sich für den Guru Gottes unserer Zeit aus, er sei „das glänzendste Exemplar der Menschheit, der Edelste aller Edlen“, „der begabteste geistliche Führer, der heute lebt“, „ein Heiler, der viele von leiblichen Krankheiten und seelischen Qualen befreit hat“. Als der Göttliche hat er von Twitchell den Herrscherstab erhalten, was angeblich in der Geisteswelt stattgefunden haben soll, da Twitchell für eine ordnungsgemäße Übertragung der Führerschaft zu plötzlich verstarb. Gross gilt als die Fortsetzung „der längsten ununterbrochenen Linie geistlicher Führer auf diesem Planeten“.

Gross' Lehre des ECKANKAR setzt die Tradition Twitchell's fort. Über die Liebe sagt er: „Viele lehren die Menschen, den Nächsten und jedermann zu lieben. Das ist auch gut, wenn es in distanzierter Liebe geschieht. Man muß vorsichtig sein, an wen man seine Liebe verschenkt." Moral wird als „etwas Individuelles" beschrieben, „das durch die eigene Autorität festgelegt wird". Auch unterstützt Gross die Abtreibung, da er behauptet, daß die menschliche Seele nicht eher in den Körper eingeht, als bis das Kind in die äußerliche Welt gelangt, manchmal sogar noch später. Nach Auffassung von Gross haben auch Tiere eine Seele und ihren eigenen Himmel. Das Christentum habe den Gedanken der Jungfrauengeburt aus dem Hinduismus übernommen. Und die gegenwärtige geistliche Erweckung ist „nicht Evangelisten wie Billy Graham zu verdanken, sondern Meistern des ECKANKAR".

1981 übernahm Harold Klemp die Position des 973. lebenden ECK-Meisters. (Darwin Gross setzte seinen Weg als *Mahanta* fort – eine Bezeichnung, die früher nur auf eine einzige Person angewandt wurde.) Sri Harold Klemp berichtet, in seinem Seelenkörper zum Planeten Venus zu reisen, um den Moksha-Tempel der Goldenen Weisheit aufzusuchen.

Evangelikale Christen sind von dem spiritistischen Unterton des ECKANKAR beunruhigt. Andere hegen Skepsis an der vergöttlichten, autoritären Führerschaft. In „ECK und Musik" entgegnete Twitchell auf solche Bedenken: „Wenn sich der einzelne unter der Obhut des lebenden ECK-Meisters befindet, wird er keine Sorgen mehr haben, denn der Meister kümmert sich um ihn." (In Anlehnung an Christi Verheißung aus Matthäus 28,20 sagte ihm einst Twitchell's Meister, Rebazar Tarzs: „Ich bin bei euch allezeit.") Wenn ECK-Befürworter glauben, daß ihnen der Meister Twitchells erscheint, soll es der Meister mit der Nummer 971 sein, der seinen Jünger erscheint. Ein vertrautes Geisteswesen, das sich verstellt hat, kann leicht (im Sinne von Totenbefragung) die Rolle Twitchells übernehmen, um die Schüler des ECK näher zu SUGMAD zu führen.

Begründer: John Paul Twitchell, der irgendwann zwischen 1908 und 1912 in Paducah, Kentucky, geboren wurde. (Twitchells Biographie gibt als Geburtsdatum 1922 an.)

Symbol: Mehrere trichterförmig übereinander angeordente ovale Kreise, die die elf Astralebenen, die göttliche Welt des ECK, darstellen; der geistliche Fortschritt des ECKANKAR wird durch fünf menschliche Figuren, die horizontal aufsteigen, symbolisiert. Sie ähneln einem dünnen Stab und sind so angeordnet, daß die fünfte Figur von den übrigen kreisförmig umgeben ist.

Anziehungskraft: ECKANKAR verspricht aufregende, „außerleibliche" psychische Erlebnisse. Man gibt vor, dem Schüler unmittelbaren Zugang zu den entrückten geistlichen Meistern zu verschaffen, die ihm als Lichtwesen erscheinen. Die Fähigkeit zur Astralreise soll die Möglichkeit bieten, die eigene Zukunft vorherzusagen, Heilung zu erfahren und gegebenenfalls Allwissenheit zu erreichen. Einer, der sich in dieser Praxis übte, behauptete, auf dem Weg zur Arbeitsstelle seinen Körper zu verlassen, um das Verkehrsgeschehen zu überblicken und so vorausliegende Kreuzungen mit Verkehrsstaus vermeiden zu können.

Ziel: „Seelenwanderung ist die Möglichkeit, uns zur wahren Heimat zurückzuholen." Die Erhaltung der Individualität durch alle Ewigkeit hindurch ist das erklärte Ziel in der Literatur des ECK. Wenn erst einmal die Technik der Seelenreise beherrscht wird, können Suchende in verschiedene Reiche gelangen und gegebenenfalls eine Bewußtseinsebene erreichen, die sie zu „Mitarbeitern Gottes" macht.

Irrtümer: ECKANKAR bestreitet alle Hauptpunkte der christlichen Lehre einschließlich der Erbsünde, dem Fürbittegebet (das für eine okkulte Form Schwarzer Magie gehalten wird), die Jungfrauengeburt, Christus als Schöpfer und einzige Inkarnation des Vaters und daß Gott ausschließlich gut ist. Satan, *Kal* genannt, sei teilweise eine Kundgebung des göttlichen Charakters. Wer an einer Astralreise teilnimmt, öffnet der Möglichkeit zu dämonischer Besessenheit Tür und Tor.

Quellenverzeichnis: Schriften von Paul Twitchell, New Hope, Minnesota, Illuminated Way 1969; Spiritual Counterfeit Journal, September 1979, Bd. 3; ein offener Brief an alle Christen, eine Anzeige in verschiedenen Zeitungen, die von ECKANKAR finanziert wurde; Sri Darwin Gross, Your Right to Know, Menlo Park, Kalifornien, Illuminated Way 1979; The Seattle Times, 27. Januar 1983, S. E2; Zeitschriften: ECK-Kurier, ECK-Welle.

Adresse/Hauptquartier: Box 3100, Menlo Park, CA 94024/ USA
ECK ist auch in Deutschland durch Center und Studiengruppen vertreten.

Esalen-Institut

Wenigstens 1500 Menschen ziehen Sommer für Sommer durch die Tore des Esalen-Instituts, um in dessen Hainen umherzustreifen und ihren so lange unterdrückten Gefühlen Luft zu machen. Das Esalen-Institut, 1962 von Michael Murphy und Richard Price gegründet, ist einer der Großväter der sogenannten „Human-Potential-Bewegung". In seiner einsamen Lage am Küstenstreifen von Big Sur in Südkalifornien entstanden einige der ersten Versuche, sich in Gruppen zu treffen und die Empfindungsfähigkeit zu sensibilisieren.

Obgleich Esalen die psychologische Selbsthilfe betont, ist der religiös-mystische Einfluß auf die Schüler offenkundig. Nachdem Murphy Studien in einem indischen Ashram betrieb, gründete er Esalen – einem indischen Volksstamm nach benannt. Sein erklärtes Ziel war die Entfaltung geistlichen Lebens nach östlicher Art. Dazu wurde den Teilnehmern erlaubt, ihren wahren Gefühlen Luft zu machen, „hier und jetzt... nicht zwecks Anpassung, sondern zur Überwindung". Wer an den Esalen-Sitzungen teilnimmt, dem kann es passieren, daß er vor einer fremden, unbekleideten Person sitzt, die freudig ihren eigenen Körper streichelt. Diese Praxis ist zur Anregung des eigenen Bewußtseins in Gegenwart anderer vorgesehen. Man nennt sie Körperarbeit. Andere Teilnehmer werden angehalten, sich wie ein gequältes Tier aufzuführen oder Geräusche, wie sie beim Orgasmus typisch sind, nachzumachen. Manchmal müssen Esalen-Besucher so lange weiße Quadrate anstarren, bis sie eine Vision erleben. Übungen zum bildlichen Vorstellungsvermögen, Gestalttherapie und das Wecken von Empfindungen sind nur einige der Seminare, die angeboten werden. Heiße Bäder, denen sich „eingeweihte" Mitglieder unterziehen, werden als Ritus zum Übergang in ein neues Leben betrachtet. (Im Zeitalter von Aids wird diese Praxis allerdings eingeschränkt.)

Nach Aussage eines ehemaligen Präsidenten der Vereinigung amerikanischer Psychologen soll „Esalen möglicherweise das wichtigste Lehr-Institut der Welt sein".

1983 beteiligte sich das Esalen-Institut an einer sowjetisch-amerikanischen Satellitenverbindung in Zusammenarbeit mit der sowjetischen Regierung und der Akademie der Wissenschaften. Um Beziehungen zu entwickeln, die auch Zeiten der politischen Anspannung überdauern, haben Wissenschaftler beider Länder – auch jetzt noch – ein gemeinsames Interesse daran, Mittel zur Streßbewältigung zu erproben.

1987 beging Esalen den 25. Jahrestag. Dazu wurden in einer Festschrift einige „Vordenker" angeführt, unter ihnen Aldous Huxley, Alan Watts, Arnold Toynbee, Fritz Perls, B. F. Skinner und James Pike, Bischof der Episcopal-Kirche. Obgleich nicht alle in ihren Ausführungen übereinstimmten, stellt doch ihre „sich gegenseitig ergänzende Sicht . . . die Denkrichtung Esalens und deren Ziele dar . . . und wird uns zu weiteren Entdeckungen führen".

Quellenverzeichnis: Connie Zweig, Esalen's Soviet-American Exchange Program, in New Realities, o. J., S. 6; David Landau, New Age Journal, Januar 1984, S. 35-38; The Esalen Catalog – 25th Anniversary: The Early Years (Big Sur, Kalifornien: Esalen Institute 1987); Richard Leviton, Zeitschrift: East West, Januar 1988, S. 61; John Garabedian und Orde Coombs, Eastern Religions in the Eletric Age (New York, Workman 1969).

Siehe auch: Human Potential Movement.

EST

„Keine Frage – mit der Wahrheit ist es so eine Sache. Die Frage aber ist, was für eine." Lassen Sie sich nicht zum Narren halten, auch wenn dies wie ein scherzhaftes Rätsel klingt, weil es eine scheinbar harmlose Verdrehung einer Grundaussage ist. Hinter diesen Worten von Werner Erhard steht ein religions-philosophisches Gedankensystem, das seine Wurzeln in Mind Dynamics (Entfaltung von Sinneskräften), Yoga, Silva-Sinnesführung, in der sogenannten Gestaltpsychologie, Dale Carnegie, Subud und ganz besonders im Zen-Buddhismus und Scientology hat. Wer sich der EST-Ausbildung Erhards unterzieht, erfährt, daß er „ein vollkommener Gott ist, der seine eigene Welt geschaffen hat". Aufgrund dieser Lehre kam Erhard zu der Schlußfolgerung: „Wie kann ich wissen, ob ich nicht die Wiederverkörperung Jesu Christi bin?"

1935 wurde Erhard unter dem Namen Jack Rosenberg geboren. Er war gerade Mitte Zwanzig, als er seine Frau und seine vier Kinder verließ. Auf einer Flugreise begegnete er einer Frau namens Ellen, die seine zweite Frau werden sollte. (1984 reichte Ellen die Scheidung ein mit der Begründung, Erhard habe fortwährend Ehebruch betrieben.) Zufällig las er damals einen Artikel mit dem Titel „Der Mann, der das neue Deutschland schuf". Der deutsche Philosoph Nietzsche, der an den Übermenschen glaubte und die Grundlage für die politische Sicht Hitlers bot, hatte es Erhard schon lange angetan und bewegte ihn, eine neue Identität unter deutschem Namen anzunehmen. Nach Aussage der EST-Veröffentlichungen stammt der Name Werner von Werner Heisenberg und Erhard von Ludwig Erhard.

Zusammen mit seinem Freund Bill Thaw untersuchte er eine Reihe von östlichen Religionen und Kulten. Schließlich – so Thaw – las Erhard das Buch *est: das Handbuch des Steuermanns.* Die Abkürzung *est* gebrauchte der Autor, L. Clark Stevens, für ‚elektronisch soziale Transformation' (die elektronische Umformung der Gesellschaft). Erhard übernahm den Begriff und benutzte ihn für Erhard Seminar Training, kurz EST genannt. Als er eines Tages mit dem Wagen seiner Frau unterwegs war, hatte er eine Erleuchtung wie Paulus auf dem Weg nach Damaskus. Jetzt, so Erhard, hätte er es gefunden, und EST würde der Weg, um dies bekannt zu machen.

Keiner der Vertreter von EST, auch Erhard nicht, wissen wirklich, um was es sich konkret handelt – gemäß der Überlieferung des Zen-Buddhismus, wonach Erleuchtung persönlich, relativ und durch persönliche Eingebung erfahren wird. Um es trotzdem zu erreichen, muß man verstehen, daß es nichts zu erreichen gibt. EST zufolge gibt es keine objektive Wirklichkeit, nur Erfahrung. Einfach zu sein ist wichtiger, als etwas zu tun. Logisches Schlußfolgern ist untersagt, zudem ist die Begriffswelt verdreht. „Falsch ist in Wirklichkeit nur eine Form von richtig. Selbst wer immer falsch liegt, liegt richtig", behauptet man in EST. Der Sänger und Komponist John Denver, ein Befürworter von EST, lobt Erhards Lebensauffassung in seinem Lied „Looking for Space", in dem es heißt: „Wenn es eine Antwort gibt, dann die, daß es dieser Weg ist."

„Suchet, so werdet ihr finden", sagte Jesus. Erhard dagegen behauptet: „Was (jetzt) nicht da ist, ist auch nicht vorhanden. Man kann nicht eins mit dem anderen zusammenbringen . . . alles, was man zu tun hat, ist zu erfahren, daß es bereits zusammen ist."

Solch doppeldeutige Sprache und intellektuelle Unredlichkeit ist mehr als nur eine clevere Art, sich die verschiedenen Begriffe der Umgangssprache nutzbar zu machen. Es ist ebenso ein ausgeklügeltes Mittel, Gelder aufzubringen (16 Millionen Dollar pro Jahr), und Erhards Ziel, die Ich-orientierte Welterneuerung in der Öffentlichkeit zu verbreiten. Es begann alles damit, daß einige Interessierte 250 Dollar bezahlten, um mit 249 anderen zwei Wochenenden lang, insgesamt 60 Stunden, gruppentherapeutische Begegnungen abzuhalten. Zur Einführung wurde man mit einem Lächeln und einer Umarmung begrüßt. Doch änderte sich das schnell, als erst einmal die Zimmertür für die ersten der 15 bis 18 Stunden langen Sitzungen geschlossen wurde. Schreibzeug, Papier, Armbanduhren, Kassettenrekorder und Zigaretten durfte man nicht mit hineinnehmen. Die Teilnehmer durften vorher nichts gegessen und nicht zuviel getrunken haben, da nur eine einzige Toilettenpause genehmigt war, ausgenommen man hatte ein ärztliches Attest. Später wurde es gestattet, mehrere Male auszutreten.

Gleich zu Anfang beginnt der Übungsleiter, die Zuhörer immer wieder mit obszönen Worten zu beschimpfen. Wer sich selbst dagegen schützen will oder sich der Vorgehensweise des Übungsleiters widersetzt, wird ausgeschimpft und muß eine Kanonade demütigender Bezeichnungen über sich ergehen lassen. Augenzeugen berichteten, daß viele Teilnehmer urinieren mußten, abführten, Krämpfe bekamen, stöhnten, schrien und sich übergeben mußten, wozu extra silberfarbige Tüten von EST bereitgehalten wurden. Die einzige Erleichterung boten „meditative Praktiken", um einen „veränderten Bewußtseinszustand" zu erlangen. Oder man legte sich einfach auf den Boden . . . Letztere Entspannungspraxis wurde jedoch durch den Übungsleiter rasch beendet, der fortwährend Gefühle von Furcht und Gefahr schuf, worauf einige Teilnehmer hysterisch reagierten.

Nach drei Tagen unter solch seelischer Beeinflussung erwartete man von den Teilnehmern, „es" mit dem vierten Tag gefunden zu haben. Was sie jedoch bekommen hatten, war nicht ein besseres Selbstbild, sondern eine völlig veränderte Wahrnehmung der Realität, die mit der buddhistisch-okkulten Sicht des Universums übereinstimmte. „Du bist Teil eines jeden Atoms dieser Welt, und jedes Atom ist Teil von dir", war die Auffassung, die Anhänger von EST annehmen sollten. Die Lehre östlichen Denkens, nach der alles eins ist und das Bewußtsein verschmilzt, brachte die meisten Absolventen des EST-Seminars dazu, jeden anderen Glauben zu verwerfen. Zusammenfassend kann man sagen: EST zu kennen, bedeutet zu wissen, daß man Gott selbst ist.

Wer nur das Einfache und Grundlegende der Psychologie erlernt hat, kann schon erkennen, daß EST Psychosen hervorruft. Durch die Konfrontationsmethode, die die Fähigkeit zur inneren Verarbeitung ausschließt, werden Gefühlslabile in eine gefährliche und ungeschützte Verfassung versetzt. Doch als noch schwerwiegender muß angesehen werden, daß böse Mächte solche seelischen Schwächen ausnutzen und einen dämonischen Angriff ausführen können. Und schließlich bewirkt das zerstörte Selbstwertgefühl eine Verletzung, ein verborgenes Trauma. Ohne Gottes heilende Liebe und Vergebung, die diese Leere ausfüllen kann, bleibt dem EST-Teilnehmer, der mit seinen Gefühlen fertig werden will, nichts anderes übrig, als sich aus der Realität zurückzuziehen und einer mystisch, illusionären Lebensanschauung zu glauben.

Christi Gebot „liebe deine Feinde" (Luk.10,27) wird bei EST durch eine Lebenshaltung ersetzt, in der das eigene Ich im Mittelpunkt steht. Da es keinen Gott, sondern nur das eigene Ich gibt, wird moralischer Lebenswandel als Selbstbefriedigung abgeurteilt. EST ist ein Kult, der einem nicht vorschreibt, was man nicht tun darf. Unabängig von der moralischen Auffassung hält man sich für vollkommen, wenn man sich selbst gefunden hat. Wenn man EST durchlaufen und etwas für sich selbst als gut entschieden hat, dann ist es gut. Da es keine Götter anzubeten gibt, verehren einige Absolventen Erhard fast bis zum Grad von Vollkommenheit. Sein Wort gilt als „das Wort“. Was sie mit der Schuldfrage anfangen, ist eine ganz andere Sache. Die Wirklichkeit umzudeuten, kann das Gewissen nicht wirklich zum Schweigen bringen. Dazu braucht es mehr, als vier Tage lang in einem Hotelzimmer eingeschlossen zu sein. Dazu ist das vergossene Blut Jesu Christi nötig (Hebr. 9,22).

Zugunsten seiner neuen Errungenschaft, dem sogenannten „Forum“, hat Erhard 1985 EST beiseite gesetzt. (Siehe auch den in diesem Buch befindlichen Abschnitt über das Forum.) „Est stand im Prozeß, ‚es' zusammenzutragen“, das Forum ist dabei „‚es' zustandezubringen“, so Newsweek. Im Forum sind die anstrengenden Sitzungen abgeschafft, jetzt wird der Dialog zwischen Teilnehmern und Leiter betont. Die Seminare des Forums erstrecken sich über zwei Wochenenden und einen Abend und beinhalten Dialoge über praktisch jedes Thema. Obwohl die Forum-Seminare besonders emporstrebende Yuppies (und solche, die es sein möchten) anzieht, sind sie doch von dem versteckten Mystizismus von EST durchdrungen. Sprechern des Forums zufolge lautet das Schlüsselelement der Seminare „zu sein“. Für den Begriff „zu sein“ gibt es jedoch keine deutliche Erklärung. Ein Sprecher gab unbekümmert zu, „zu sein“ sei eben das Magische des Forums.

Diese Kombination von Geschäftsgebaren und unbestimmtem Mystizismus ist für heutige Kulte keineswegs ungewöhnlich, auch nicht, wenn Erhard – und ein Dutzend andere, die ihren Kult propagieren – darauf besteht, die Denkfähigkeit abzulegen. In unserem Zeitalter, in dem gefühlsbetonte Filme das Niveau menschlich-logischer Denkfähigkeit lenken und prägen, ist es nichts Außergewöhnliches, daß solche Kulte Zulauf haben, da sie lehren, nicht dem Verstand, sondern dem Gefühl zu trauen. Obwohl die Logik ihre Grenzen hat, müssen wir uns als Christen doch immer wieder bewußt machen, daß wir als Kinder Gottes Gott auch mit dem Verstand lieben sollen.

Begründer: Jack Rosenberg, umbenannt in Werner Erhard, geboren am 5. September 1935 in Philadelphia. 1971 war der offizielle Beginn dieser Bewegung. 1985 kündigte Erhard an, EST begraben und das „Forum“ ins Leben gerufen zu haben.

Literatur: Werner Erhard: „Was ist, ist.“ (Alles, was möglich ist, ist bereits vorhanden.)

Symbol: Nicht vorhanden.

Anziehungskraft: Menschen mit schwachem Selbstbewußtsein lernen sich zu behaupten, indem sie die Realität verleugnen. Für andere ist es die „andere Art der Erfahrung“, die mit erweitertem Gruppenbewußtsein verbunden ist. Wer sein Leben als bedeutungslos ansieht oder Ablehnung erfahren hat, erhofft sich von EST eine schnelle und billige Art der Psychotherapie. Das „Forum“ hat besonders für jene seinen Reiz, die „weiterkommen wollen“ und die eine unverbindliche Religiosität ohne Forderungen suchen, die sich mit ihren materialistischen Interessen vereinbaren läßt.

Ziel: Das, worauf es ankommt, gilt es zu erlangen. Was dies jedoch ist, kann von niemandem, auch nicht von Erhard, beschrieben werden. In der Info-Broschüre von EST ist zu lesen: „Ziel der Ausbildung ist die Verwandlung der Fähigkeit, Leben zu erfahren, so daß sich die Umstände, die man zu ändern versucht . . . sich im Verlauf des Lebens selbst aufhellen.“ Da Verständnis bedeutungslos ist, gilt es, das Leben nicht zu verstehen, sondern zu erfahren.

Irrtümer: Liebe, Interesse an anderen, Mitleid, Fürsorge und andere menschliche und christliche Werte werden für illusionistisch gehalten. Durch ein angefangenes Hungerprojekt versucht man, die Hungersnot weltweit bis 1997 zu beenden. Dieses lobenswerte Ziel soll jedoch nicht durch Speisung der Hungrigen erreicht werden, sondern durch die Erklärung, daß „das Ende des Hungers eine Idee ist, dessen Zeit jetzt reif ist“. Der Mensch ist sein eigener Gott, der Mittelpunkt des Universums. Sünde gibt es nicht. Jeder persönliche Lebenswandel wird durch die eigene Vervollkommnung gerechtfertigt. Die Wirklichkeit ist – wie im Zen-Buddhismus – eine Frage der jeweiligen Wahrnehmung, nicht der Objektivität.

Quellenverzeichnis: Newsweek, 18. August 1978, S. 50; ebd., 9. Mai 1977, S. 95; ebd., 15. Juni 1981, S. 18-21; Time, 7. Juni 1976, S. 53; Circus, Februar 1976, S. 45; Spiritual Counterfeits Newsletter, März 1976, Bd. 2, Nr. 3; Walter Martin, The New Cults, Santa Ana, Kalifornien, Vision House 1980, S. 105-151; New Times, S. 36-52, Erscheinungsdatum unbekannt; Eternity, März 1986, S. 55; Newsweek, 1. April 1985, S. 15.

Siehe auch Forum.

Die Farm

Die ländliche Wohngemeinschaft in Tennessee wird von manchen Nachbarn mit Besorgnis betrachtet. Andere loben sie wegen ihrer Selbstgenügsamkeit und scheinbarem Fleiß. Doch nur wenige durchschauen die geschichtlichen Fakten der „Farm“ oder erfassen die Lehren und Praktiken ihres Führers Stephen Gaskin. Die Farm, die einst 1500 Mitglieder hatte, betreibt Schulen, eine Kurklinik, ein Aufnahmestudio und ein mit Computern ausgestattetes Schreibbüro für einen Verlag. „Farm“ brüstet sich damit, die freiwilligen Sanitäter der New Yorker Bronx zu unterstützen, ebenso die Hilfsorganisation Plenty, die einige ihrer Mitglieder zur Entwicklungshilfe in die Dritte Welt sandte. Doch sind Gaskin und seine Anhänger weit davon entfernt, eine achtbare Gruppe ehemaliger Hippies zu sein, die sich „anständig benehmen“, um ihren Gemeinnützigkeits-Status nicht zu gefährden.

In den 60er Jahren war Stephen Gaskin als Assistent von S. I. Hayakawa am San Francisco State College tätig. Er stieg aus, probierte mit Drogen herum und wurde schließlich zu einem gefeierten Guru. Montags abends hielt Gaskin Veranstaltungen ab, wo er sich über die „reaktionären gesellschaftlichen Ordnungen“ ausließ. Nicht weniger als 2000 Zuhörer nahmen daran teil. Natürlich fehlten in diesen Vorträgen auch die „Offenbarungen“ nicht, die er durch Drogenerlebnisse und aufgrund seiner Studien verschiedener okkulter und östlicher Praktiken gewonnen hatte. 1971 wurde er zum Anführer einer Gruppe von Nichtseßhaften, die in Wohnwagen lebten. Auf insgesamt 60 Wohnmobile verteilten sich seine 250 sogenannten „Blumenkinder“. Nachdem sie kreuz und quer durch die Vereinigten Staaten gefahren waren, ließen sie sich nach fast 23 000 Kilometern auf einem wildwachsenden, 1700 Morgen großen Ackerland südlich von Nashville nieder. Die Farm war in Amerika anerkannterweise eine der wenigen Lebensgemeinschaften, die über einen längeren Zeitraum bestehen blieben. Aus welchem Grund auch immer wurde die Farm in der Mitte der 80er Jahre jedoch in private Bereiche aufgeteilt. Jeder Bewohner sorgt heute für sich selbst, obwohl sie sich noch gegenseitig helfen und mit einem Teil ihres Verdienstes zur Bezahlung des Grundstücks beitragen.

In der Anfangszeit führten die Mitglieder der Gemeinschaft ein sorgenfreies, wenn auch nicht sehr hygienisches Leben. Sie genossen die Wirkungen verschiedenster Drogen, die Gaskin alle zu Sakramenten erklärte. Schließlich führte die Polizei auf der Farm eine Razzia durch; Gaskin und drei seiner engsten Mitarbeiter mußten, aller Einsprüche bis hin zum Obersten Gerichtshof zum Trotz, für ein Jahr ins Gefängnis.

Gaskin versuchte, Gemeinschaftsehen mit allen sexuellen Privilegien einzuführen, aber das Experiment erwies sich als wenig sinnvoll. Heute ist man wieder zur regulären Familienform zurückgekehrt. Alle Farmmitglieder sind strikte Vegetarier, die weder Leder tragen (auch hierfür müssen Tiere sterben) noch Milchprodukte essen. Wer die Farm besucht – es sind ca. 10 000 in jedem Jahr – muß sich den Regeln fügen: nicht jagen, nicht rauchen, kein Alkohol.

Seine geistlichen Ziele hat Gaskin nicht aufgegeben. Ehemalige Mitglieder beschuldigen ihn, er habe sich mehrfach als „Botschafter Gottes“ ausgegeben. Auch fördert er mystisch-religiöse Erfahrungen und einen Glauben, der als eine Mischung von *tantra* (sexuelle Riten), *karma, mantra und bodhisattvas* (Inkarnationen Gottes im Buddhismus) anzusehen ist. Das letztere paßt sehr gut zu dem geistlichen Anspruch Gaskins. In seinen Schriften erkärt er Jesus und Buddha für Verkörperungen Gottes in deren jeweiligem Zeitalter. Für die heutige Zeit bedarf es eines weiteren *avatars.* Sünde gilt als ein Gedanke, der „nicht länger nötig ist“, und die Kreuzigung Christi „ist nicht länger als das anzusehen, was Jesus eigentlich lehren wollte“. Die Farm ist möglicherweise kein zweites Jonestown, doch ist die Mischung von Zen-Buddhismus und Landwirtschaft auch nicht gerade die „schöne Idylle“, für die sie einige Bewohner von Summertown halten.

Quellenverzeichnis: Rocky Mountain News, 3. August 1984, S. 70; Newsweek, 10. August 1981, S. 14; San Francisco Chronicle, 21. September 1981; SCP Journal, o. J.; East-West Journal, Mai 1981, S. 11; Stephen Gaskin, Hey Beatnik!, Summertown, Tenn., The Book Publishing Co., 1974; Stephen Gaskin, The Caravan, New York, Random House, 1977.

Findhorn Foundation

Mitglieder der Findhorn Foundation glauben an Feen und Elfen und Phantasiewesen, die in Blumen und Pflanzen wohnen. Das Ziel Findhorns ist das Einswerden mit Gott – ein Beitrag zum anbrechenden Neuen Zeitalter, das eine Kultur des Weltfriedens und eine erneuerte Menschheit aufkommen lassen wird.

Die Stiftung wurde 1962 in der Nähe von Findhorn, Schottland, gegründet. Ihre ertragreichen Gemüseplantagen und der artenreiche Garten, den sie nicht weit vom nördlichen Polarkreis entfernt angelegt haben, sind ein außergewöhnlicher landwirtschaftlicher Erfolg und ließen Findhorn rasch berühmt werden. Die Gründer der Organisation, Dorothy MacLean und Peter und Eileen Caddy, verdanken ihren Erfolg der „Kommunikation mit den Geisteswesen in den Pflanzen“. Auch andere, übernatürliche New Age-Praktiken werden ausgeübt: mediale Betätigung durch Trance und die Veränderung des menschlichen Bewußtseins, um sich zu einer neuen interplanetarischen Welt aufwärts zu entwickeln. Dadurch, so behauptet die Organisation, ist der Mitgliederschaft eine internationale, geistliche Gemeinschaft ermöglicht, in der man bemüht ist, die Ganzheit allen Lebens zu schaffen.

In Wohngemeinschaften fühlen sich die Mitglieder als Teil eines „lebenden Laboratoriums“, wo geheiligte Arbeit und geistliche Ideale täglich erprobt und bestätigt werden. Die Abteilungen der jeweiligen Arbeitszweige und die Unterrichtsräume von Findhorn sind so eingerichtet, daß sie als Ausgangsbasis zur Schaffung friedvollen Lebens und harmonischer Beziehungen dienen. Die Tätigkeiten der 200 Mitglieder zählenden Gemeinschaft erstrecken sich bis in und um die schottische Stadt Forres herum. In den verschiedensten Sprachen werden das ganze Jahr hindurch Veranstaltungen wie „Die Freude des heiligen Tanzes“, „Geistlich-psychische Heilung“ und „Meditation“ angeboten.

Die Findhorn-Lebensgemeinschaft besteht gegenwärtig aus dem Cluny Hill College in Forres, den Gärten von Cullern House, dem Newbold Haus, der Insel Erraid und einem Wohnwagenpark, wo ein „planetarisches Dorf“ geplant wird. Obwohl die Findhornstiftung als steuerbefreite, wohltätige Gesellschaft gilt, liegen die Beiträge für wöchentliche Veranstaltungen nicht unter 100 britischen Pfund.

Zwar habe die Gemeinschaft weder eine bestimmte Lehre noch ein Glaubensbekenntnis, doch sind ihre Hauptlehrsätze im Bereich der New Age-Vorstellungen anzusiedeln, wie es beispielsweise für die angestrebte Bewußtseinserweiterung zutrifft, für die Verbindung zu übernatürlichen Wesen und dem Wunsch, einen Glauben zu wecken, der Gott in allem Lebendigen finden will. Im Gegensatz zum Christentum, das vor allem das erlösende Blut Christi betont, verbreitet Findhorn eine Heilsauffassung, die auf dem Bewußtsein beruht, daß Gott in uns ist und durch das Zusammenwirken kosmischer Kräfte eine neue, harmonischere Welt geschaffen werden kann.

Begründer: Peter und Eileen Caddy mit Dorothy MacLean, im Jahre 1962.

Literatur: The Findhorn Garden (Der Findhorn-Garten).

Symbol: Keines.

Anziehungskraft: Die ökologische Ethik Findhorns, die eine interplanetarische Harmonie, eine erneuerte Menschheit und die Schaffung einer neuen Zivilisation verspricht, zieht solche an, die über ihre empfindungslose Beziehung zur Natur betroffen sind.

Ziel: Findhorns Überzeugung nach befindet sich die Menschheit in einem Prozeß der Bewußtseinserweiterung. Dies wird schließlich Veränderungen in der Weltgemeinschaft hervorrufen und eine planetarische Kultur mit geistlichen Werten fördern. Findhorn selbst stellt ein Modell zur Erreichung dieses utopischen Zieles dar.

Irrtümer: Findhorn übernimmt, wie viele New Age-Kulte, einen pantheistischen Glauben, in dem Gott mit den Elementen der Natur gleichgesetzt wird. Ebenso verbreitet man die Vorstellung, daß man das Einssein mit Gott durch eigenes Handeln und einen besonderen Lebensrhythmus erreicht. Da die Erde für etwas Besonderes gehalten wird, verehrt Findhorn die Schöpfung mehr als den Schöpfer. Hier handelt es sich um die Sünde, die im ersten Kapitel des Römerbriefes beleuchtet wird.

Quellenverzeichnis: Gästeprogramme der Findhornstiftung, Herbst/Winter 1984/85; The Findhorn Garden, New York, Harper & Row, 1975.

Adresse/Hauptquartier: Findhorn, Movay IV36 OTZ, Schottland.

Forum

Mit 18 Jahren hatte er ein Erlebnis, das er wie folgt beschreibt: „Ich verlor das Bewußtsein, mich an einem bestimmten Ort zu befinden. Ich selbst wurde zum Universum." Nachdem der in Philadelphia geborene Jack Rosenberg seinen Namen in Werner Erhard geändert hatte, wurde diese „Theologie" schließlich zum Ausgangspunkt für zwei erfolgreiche Organisationen. Etliche Jahre lang handelte Erhard mit Gebrauchtwagen, Fernkursen und Nachschlagewerken. Er hatte sich ausführlich mit dem Zen-Buddhismus und Hypnose beschäftigt und Lehrgänge von Scientology und dem kalifornischen Esalen-Institut besucht.

Werner Erhard, Gründer von EST (Erhard Seminar Training), bezeichnet das „Forum" als dessen Abkömmling. Das Forum will die Menschen zu einem effektiven Leben befähigen. Ausgangspunkt für das Forum war eine Reihe von Ansprachen, die Erhard über einen Privatsender an die erwartungsvolle Hörerschaft von EST richtete. Die Organisation arbeitet mit philosophischen Redewendungen wie: „Das Forum handelt davon, wie man in der Frage lebt . . . das ist viel hilfreicher, als bereits eine Antwort zu haben, die (weitere) Möglichkeiten ausschließt." Dieser Hauptsatz ist genauso unklar wie ein anderer Ausspruch des Forums, der besagt: „Bei allem, was geschieht: Zu sein ist doch der eine wesentliche Bestandteil, der für den einzelnen Menschen den entscheidenden Punkt darstellt." Arme und Gebrechliche brauchen sich bei Forum gar nicht erst zu bewerben, da nur „erfolgreiche und gesunde Leute" aufgenommen werden. Im Gegensatz zu Erhards berüchtigten 60-Stunden-Seminaren von EST (siehe dort) tritt das eher lockere Forum für einen Dialog zwischen Leitern und Hörerschaft ein. Der Kurs ist für gesunde, glückliche Menschen gedacht, die bereits Erfolge in ihrem Leben aufzuweisen haben. Es gibt auch die Abteilung „Forum für junge Leute" für Kinder zwischen 6 und 12 Jahren. Weitere Abteilungen sind u. a. „Das Hungerprojekt", „The Breakthrough Foundation", „The Education Network" und „Centers Leadership Program".

Die Entstehung des Forums fiel zeitlich genau mit einem wesentlichen Rückgang der Teilnehmerzahlen der EST-Seminare zusammen.

Innerhalb von drei Jahren waren sie um 10 000 gesunken. Einige Beobachter sehen Forum als eine Marketing-Strategie an, die man sich ausgedacht hat, um die EST-Seminare wieder attraktiver zu machen. Kritiker, die ihre Beschwerden vor Gericht brachten, kommentierte Erhard lediglich mit einem Schulterzucken. Das von EST unterstützte „Hungerprojekt", das den Hunger auf der Erde durch ein erhöhtes Bewußtsein beenden will, wird für „nichts weiter als ein riesiges Bankkonto" gehalten.

Mit dem Schwerpunkt „Motivation", der Arbeitnehmer zu mehr Produktivität anregen soll, ist man derzeit in der Geschäftswelt dabei, Seminare zur Streßbewältigung anzubieten. Folglich hat Erhard es auf erfolgreiche Firmen und „Aufsteiger" als neue Klienten abgesehen. Für 595 Dollar bietet er einen Kurs an (zwei Wochenenden und einen Abend), in dem die Teilnehmer einen „Durchbruch zu neuen Dimensionen von Möglichkeiten" erlangen sollen. Seiner Behauptung nach würden die Teilnehmer die Kosten für lächerlich halten, wenn sie erst mal einen Kurs beendet hätten.

Das Forum lehrt die Kursteilnehmer, sich für etwas ganzheitlich einzusetzen, egal, um was es sich handelt: es sei „bloß nötig zu wissen, was man will . . . und was immer du auch willst, ist gut . . . Setz dir ein Ziel . . . ganz egal, welches." Die Organisation gibt keine Erfolgsgarantie, da „die Ergebnisse der Schulung von Forum nicht vorauszusagen und schwierig zu beschreiben sind."

Den Teilnehmern des Forums wird die Erfahrung des „Seins" versprochen, doch wird gleichzeitig zugegeben, daß sich dieser Begriff einer genauen Beschreibung widersetzt. „Die Teilnahme verschafft einem einen unmittelbaren Zugang zu dem Bereich des Seins selbst." Interessenten wird geraten, Logik und Vernunft aufzugeben, bevor man das zauberhafte Geschäft des „Seins" anpackt. „Spitzenleistungen", so Erhard, „sind eine Sache des Spitze-seins." Ebenso sei Kreativität abgeleitet von kreativem Sein. Diese vereinfachte Systematisierung hat bereits viele tausend Menschen angezogen, die begierig das rätselhafte Wesen ihres „Seins" entdecken wollen.

Die Philosophie des Forums ist stark mit östlicher Mystik verknüpft. Erhard hat einmal behauptet, daß jeder Mensch „Teil eines jeden Atoms in der Welt" sei. Östliche Mystik findet sich auch in Erhards Vorstellung von der Aufhebung der Identität, die sich im „Seinszustand" des Lebens ergebe. Erhard selbst hat eingestanden, daß EST Zen-Buddhismus und Scientology-Einflüsse beinhaltet und daß das neu etablierte Forum von EST abstammt. Zwar behauptet man, kein Kult, keine Religion oder Philosophie zu sein, doch bekannte ein Leiter des Forums, daß die Organisation einer Religionsform sehr ähnlich sei.

Christen sollten „Selbstmotivations-Schulungen" gegenüber, wie sie das Forum anbietet, sehr vorsichtig sein, da es sich um eine moderne Verkleidung östlichen Gedankenguts handelt. Dessen unklare Begriffe und Ziele sind bewußt gewählt, um die satanische Täuschung zu vertuschen. Zudem wird dieses Unternehmen von einem Mann betrieben, den sein eigener Biograph als „Lügner, Betrüger und Schurke" bezeichnet hat. Man frage besser den wahren Kenner des „Seins", Jesus Christus. Er gebrauchte eine einfache Sprache, und seine Absicht ist eindeutig: „Man kann nur durch das schmale Tor in den Himmel gelangen! Der Weg zur Hölle ist breit, und dessen Pforte ist weit genug für die Massen, die den leichten Weg vorziehen. Doch ist das Tor zum Leben eng und die Straße schmal, und nur wenige werden es finden." (Matthäus 7,13-14, nach der amerikanischen *Living Bible.*)

Begründer: Jack Rosenberg (auch mit dem Namen Werner Erhard), ehemals Gebrauchtwagenhändler; geboren in Philadelphia.

Literatur: Lehren des Zen-Buddhismus.

Symbol: Keines.

Anziehungskraft: Firmen wird versprochen, daß die Arbeitnehmer durch Forum-Seminare zu mehr Produktivität und Kreativität stimuliert werden. Den Forum-Teilnehmern wird gesagt, daß das Leben von den Menschen gemeistert wird, die sich im Zentrum des eigenen Universums befinden. Gebote und Regeln gibt es nicht, es gilt nur das „Sein". Ein derart selbstsüchtiger Schwerpunkt ist für die finanziell Erfolgreichen und Strebsamen ein willkommener Anreiz.

Ziel: Es gilt, das menschliche Bewußtsein des eigenen, inneren Wesens und den Wissensumfang zu erweitern. Das Forum empfiehlt, die bisherigen religiösen und gesellschaftlichen Vorstellungen über Erfolg beiseite zu legen. Hat man erst mal den vom Forum dargestellten Zustand des „Seins" erreicht, wird all das, was man sich wünscht, irgendwie verwirklicht.

Irrtümer: Die Bibel lehrt, daß Gott und nicht der Mensch die Mitte des Universums ist. Unter dem Vorwand, Motivation aus sich selbst heraus schaffen zu können, wird durch das Forum nichts anderes als östliche Mystik verbreitet. Wenn man das Heil erlangen will, ist Gottes Geboten Folge zu leisten. Doch das Forum sagt, es gebe weder Regeln noch Verordnungen. Da die Begriffe, die das Forum verwendet, ihrer Bedeutung nach unzureichend definiert sind, ist auch das Ergebnis der Schulung gleichwohl zweideutig.

Quellenverzeichnis: The Cult Observer, Februar/März 1985, S. 2; ebd., April 1986, S. 3; Eternity, März 1986, S. 55; USA Today, 12. Dezember 1984, S. 5D; Newsweek, 1. April 1985, S. 15.

Adresse/Hauptquartier: Erhard Seminar Training – und angeschlossene Zentren befinden sich auch in vielen europäischen Großstädten.

Siehe auch EST.

Foundation Faith of God

Stiftung des millenialistischen Glaubens

Das Buch von Maury Terry *The Ultimate Evil* zieht eine Verbindungslinie von den Morden des berüchtigten Son of Sam zu Charles Manson und letztlich zur „Gemeinde des Gerichts". Diese Gemeinde gehört zu einer Gruppe, dessen Bezeichnung sich nur schwer beschreiben läßt und dessen Lehre kaum zu erklären ist. Anfangs (1963) war sie unter dem Namen „Gemeinde des Endgerichts" (kurz: „Der Prozeß") bekannt. Nachdem es 1974 zu einem Bruch mit dessen Gründer, Robert DeGrimston, kam, änderte man den Namen in „Stiftung des millenialistischen Glaubens". Der gegenwärtige Name lautet „Foundation Faith of God" (Glaubensgemeinschaft Gottes).

Die Anhänger DeGrimstons folgten seinen Lehren mit überschwenglicher Begeisterung. Seine Theologie vertritt einen Dualismus, der besagt, daß das Universum von zwei gegensätzlichen geistlichen Kräften beherrscht wird, von denen keine die Höchste und Allmächtige ist. In der Presse ließ man sich negativ darüber aus. Selbst Nichtchristen fühlten sich belästigt, wenn sie von Leuten in langen Gewändern, die um den Hals ein Silberkreuz mit roter Schlange trugen, auf der Straße angesprochen wurden. Die Lehren der „Gerichtsgemeinde" waren auch mehr als anstößig. Christus sagte: „Liebet eure Feinde." Sie behaupten: „Christi Feind war Satan. Durch die Liebe haben Christus und der Satan ihre Feindschaft beendet und endlich zueinander gefunden – Christus als Richter und Satan als der, der das Urteil ausführt." Darum ist die Verehrung Satans gleichbedeutend mit der Verehrung Christi, und im Namen Satan zu töten heißt, in Christi Namen zu töten. Aus dieser Lehre heraus ergab sich der Glaube, daß die Gemeinde des Gerichts in einem neuen Zeitalter, an dessen Spitze ein von Gott gesandter Messias steht, die moralische Führung übernehmen wird. Dies würde nach einer (der biblischen Aussage ähnlichen) apokalyptischen Zeit, wenn sich Christus und Satan endgültig versöhnt haben würden, stattfinden. Die dualistische Philosophie der Gerichtsgemeinde hatte ihre Wirkung auf Charles Manson, der von der Gruppe stark beeinflußt wurde. Der Staatsanwalt konnte Manson zwar nicht direkt als Mitglied jener Gemeinde bezeichnen, stellte jedoch fest, daß Manson von zwei Vertretern der Gemeinde im Gefängnis aufgesucht worden sei und er seitdem aufgehört hätte, von dieser Gruppierung zu sprechen.

Schließlich waren die schwarzen Gewänder, die düstere Theologie sowie Satans- und Nazisymbole selbst für die Mitglieder der Gerichtsgemeinde nicht mehr tragbar. DeGrimston wurde seiner Position enthoben, ist jedoch noch Leiter kleiner Gruppen, die unter dem ursprünglichen Namen übriggeblieben sind. Geändert wurde die Kleidung in blaue Anzüge und weiße Hemden, später wurde auch dies ganz aufgegeben. Das Schlangenkreuz wurde durch einen Davidstern mit zwei F ersetzt, eines davon seitenverkehrt. Zwar besteht die okkulte Praxis noch (Tarotkarten, übersinnliche Heilungen und Astrologie), doch man hat auch Elemente des Judentums, einschließlich der Sabbatgebräuche, übernommen, um das Ansehen der Sekte aufzuwerten. Die Vergangenheit und deren spukhafter Einfluß werden vertuscht. Der Glaube an einen bald erscheinenden Retter ist jedoch immer noch fester Bestandteil ihrer Auffassung.

Nach Angaben von Vater Luzius (Christopher de Peyer) und Vater Malachi (Peter McCormick), die gemeinsam die Gemeinde führen, sympathisieren schätzungsweise 500 000 Gläubige mit ihrer Glaubensrichtung, 20 000 davon gehören zum festen Kern. Diese Zahlen sind zweifellos weit übertrieben. Seitdem man sich nicht mehr öffentlich für die Versöhnungstheorie zwischen Christus und Satan ausspricht, scheinen die Vertreter dieser Gruppierung eindeutig mehr Anklang zu finden. Doch haben sie ihren Hauptaspekt des Glaubens an den kommenden Messias nicht aufgegeben. Ob es sich bei dieser Person nicht möglicherweise um den Antichristus handelt, auf den man einst als Schlange hörte, bleibt für die Bibelleser ein Rätsel.

Die „Stiftung des millenialistischen Glaubens“, die eine der erfolgreichsten Abkömmlinge der ursprünglichen Gerichtsgemeinde blieb, änderte 1980 ihre Benennung in „Foundation Faith of God“. Deren hauptamtliche Führer haben sich dem Gelübde eines lebenslangen Zölibats verpflichtet, was ein Zeugnis „für die Existenz des Himmelreichs“ sei. Diese Gruppe besteht aus 20 ordinierten Geistlichen, die immer mehr „Nachfolger“ um sich scharen. Ein sichtbarer Aspekt ihrer Arbeit ist ein Besuchsdienst bei schwerkranken Kindern. Ein Clown besucht die Kinder in Kranken- und Privathäusern und unterhält sie ein wenig.

Scheinbar gibt es in der Stiftung eine Verlagerung zu mehr konventionell-christlichen Lehrsätzen, was auch den Glauben an die Trinität, die Gottheit Jesu, Errettung von Sünden, die Notwendigkeit einer Wiedergeburt und das zweite Kommen Jesu mit einschließt. Besonders bei den „übersinnlichen Heilungen“ kommt Christus nach den Lehren der Gruppierung eine bedeutende Rolle zu. Doch besteht nach wie vor das besondere Charakteristikum in der Auffassung, daß jeder einzelne einen persönlichen Schutzengel hat, der zwecks Führung im alltäglichen Leben angerufen werden kann. Gegen eine Spende von zehn Dollar „belauschen“ die geistlichen Führer die Engel und schreiben eventuelle Anweisungen auf. Die meisten Engelsbotschaften sind allgemein gehalten und raten dazu, Hindernisse für das geistliche Wachstum zu beseitigen. Gegen eine steuerabzugsfähige Gebühr von drei Dollar können den Engeln weitere Fragen gestellt werden.

Zwei andere Lehrsätze der Glaubensgemeinschaft handeln von der Reinkarnation und der Wichtigkeit, sein eigenes Leben durch persönliche Entscheidungen zu lenken.

Begründer: Robert DeGrimston in London, im Jahre 1963.

Literatur: „Liebe deine Feinde – einschließlich Satan.“

Symbol: Das frühere Symbol war ein Kreuz, um das sich eine Schlange windet; heute ist es ein Davidstern mit den zwei sich gegenüberliegenden Buchstaben F, einer seitenverkehrt.

Anziehungskraft: Zunächst wurden Interessenten durch die exotischen Lehren, die Elemente des Satanismus und Christentums miteinander verbanden, angezogen. Jetzt, durch die Verlagerung zum konventionell-christlichen Glauben, wird mehr die allgemeine Öffentlichkeit angesprochen. Dies trifft besonders auf die Arbeit in Familien mit schwerkranken Kindern zu.

Ziel: Ursprünglich hatte DeGrimston zu erklären versucht, warum ein guter Gott den Teufel und das Böse geschaffen hat. (Der Teufel ist nicht wirklich böse und gilt deshalb letztlich als zu Gott gehörig.) Heute liegt das Schwergewicht mehr auf der Frage, welcher Art die kommende Apokalypse sein wird und welche Bedeutung die Mitglieder der Gemeinschaft in der sich dann ergebenden Gesellschaftsordnung haben.

Irrtümer: Anfänglich erhob die Gerichtsgemeinde Satan zum Verbündeten Christi. Nach der Auffassung der Gemeinde hätten Christus und Satan ihre Feindschaft beendet, um zu richten und das Urteil über die Menschheit zu vollstrecken. Zwar führte die Unzufriedenheit über die zunehmende Satansanbetung zur Entlassung von DeGrimston und zur Neugründung der „Stiftung des millenialistischen Glaubens", doch ist die Gemeinde von der „reinen Lehre" noch weit entfernt. Die Verwurzelung mit ihren Ursprüngen hängt der Gemeinde zu sehr an, und der Davidstern mit den zwei sich gegenüberliegenden F's sieht dem Hakenkreuz verdächtig ähnlich.

Quellenverzeichnis: The Processians (ein Kult-Magazin), März 1974; The Denver Post, 27. Juli 1973; ebd., 31. Mai 1974; J. Gordon Melton, The Encyclopedia of American Religions, Bd. 2, Wilmington, N. C., McGrath, 1978, S. 229; Toronto Star, 24. Januar 1981, S. 06; Informationsschriften der Bewegung.

Adresse/Hauptquartier: Foundation Faith of God, Faith Center, 3055 S. Bronco, Las Vegas, NV89102/USA.

Siehe auch: Charles Manson-Kult.

Foundation of Human Understanding

Roy Masters

„Jede Religion in Amerika ist eine Sekte. Nur diese Stiftung ist die wahre Kirche", so hatte Roy Masters einst behauptet. Amerika ist seiner Auffassung nach ein Land, das unter Hypnose steht. Sich selbst sieht er als einen mystisch veranlagten Christen, der andere zur Vollkommenheit anleiten kann. 1961 gründete Roy Masters die „Foundation of Human Understanding" (Stiftung für menschliches Verstehen). Das Zentrum befindet sich in Los Angeles. Seine landesweit ausgestrahlte Radiosendung hat drei Millionen Hörer.

Zwar erklärt er zuversichtlich: „Jeder von uns hat eine natürliche Neigung, richtig zu handeln", doch glaubt er an ein kommendes nukleares Harmagedon. Er selbst, der beschuldigt wird, sich ein kleines Waffenlager angelegt zu haben, hält sich für einen der Überlebenden. 1982 kaufte Masters sich eine 378 Morgen große Farm in Grants Pass, Oregon, und zog sich dorthin zurück. Die Hörer seiner Radiosendungen lud er ein, dort mit ihm zusammenzuleben. Mehr als 2000 Anhänger packten ihre Habseligkeiten zusammen und zogen los, um möglichst nahe bei Masters, seiner Frau und den fünf Kindern zu sein. Auf seiner Farm veranstaltet Masters Seminare und Einkehrwochenenden. Auch ist er dabei, in Grants Pass eine Schule einzurichten. Als ich ihn 1989 für meine eigene Radiosendung interviewte, erklärte er mir, daß er 150 000 Namen auf seiner Anschriftenliste stehen habe.

Roy Masters, Sohn eines jüdischen Diamantenschleifers, wurde unter dem Namen Reuben Obermeister in London geboren. Als junger Mann war er vom Hypnotismus fasziniert. Im Alter von 18 Jahren reiste er nach Südafrika und machte eine Lehre als Diamantenschleifer. 1949, im Alter von 21 Jahren, reiste er nach Amerika, um Vorträge über Diamanten zu halten. 1954 änderte er dort seinen Namen rechtsgültig in Roy Masters, ohne jedoch selbst jemals amerikanischer Staatsbürger zu werden.

Angezogen von dem populären Hypnosefall Bridey Murphy (unter Hypnose offenbarte eine amerikanische Frau scheinbar Einzelheiten eines früheren Lebens) wurde er Hypnotiseur und gründete das „Institut für Hypnose“. Er behauptet, Menschen durch seine meditative Hypnose der Selbstheilung helfen zu können. Anfang der 60er Jahre wurde er von der American Medical Association angezeigt, da er ohne Erlaubnis als Arzt praktizierte.

Masters behauptet, daß 100 000 Menschen an den Meditationskursen seiner Stiftung teilgenommen hätten. Seiner Meinung nach sind die Probleme Amerikas auf eine Täuschung zurückzuführen, die von den Predigern, Erziehern, Psychologen und Soziologen hervorgerufen wurde.

Seinen Anhängern empfiehlt er, sich innerlich von allen Gedanken zu entleeren und ihrem übersinnlichen Geist die Anleitung zum Verstehen zu überlassen. Die meisten Männer sind für Masters nur „Jammergestalten“. Er verurteilt Liberalismus und Intellektuelle. Der Rock'n Roll „wurde vom Satan komponiert“, und die Jugend erhält durch ihre Erziehung eine Gehirnwäsche. Aus Protest an der Gesellschaft veröffentlichte er die Zeitung „The Iconoclast“ (Der Bilderstürmer).

Die Schulung der „Stiftung für menschliches Verstehen“ besteht aus Meditationsübungen, die auf Yoga, Hypnotismus und östlichen Gedankenkonzepten basieren. Dadurch will Masters den Gläubigen helfen, die „innere Ausrichtung“ zu erlangen. Er bringt christliche Begriffe mit gnostischem Gedankengut zusammen. Seiner Auffassung nach ist „einer der größten Flüche des Christentums der falsche Gedanke, daß Jesus Gott ist.“ Trotzdem sagt er, die Bibel zitierend, daß er durch das Blut Jesu gerettet sei. Die Bibel sei „von Menschen geschrieben, die durch mystische Erlebnisse inspiriert wurden“. Doch hält er daran fest, daß die Bibel bloß eine Sammlung von Worten ist, die man zu Papier gebracht hat.

Seine Meditationsübungen vermittelt Masters durch drei Kassetten und ein Buch, die man zusammen für 25 Dollar erstehen kann. Darin betont er mit nachdrücklicher Stimme, daß die Hörer einen veränderten Bewußtseinszustand erreichen sollen, der sie, ohne denken zu müssen, in den Kontakt mit Gott bringt. Auf hypnotisierende Art beschwört er seine Anhänger, das inwendig Gute zu entdecken, damit sie in der Gnade Gottes wachsen: „Analysieren Sie nicht meine Worte, hören Sie nur, denken Sie nicht nach.“ Ein leerer Verstand ist alles, was nötig ist, um mit der inneren, erfahrbaren Reinheit in Verbindung zu treten.

Masters führt auch Exorzismus-Seminare durch. Mit beschwörender Stimme erklärt er den Teilnehmern, daß etwas Böses und Abscheuliches in ihnen wohnt. Dann schwenkt er so lange ein hölzernes Kreuz über ihnen hin und her, bis sie seelisch zusammenbrechen. Roy Masters hält sich für ein sündloses, vollkommenes Wesen, das dazu bestimmt ist, die Welt zu retten. Seiner Erklärung nach hat er „ein unmittelbares, angeborenes Wissen, das ihm ermöglicht, die Welt so zu sehen, wie sie einmal war". Das bewahrt ihn davor, den verschiedenartigsten Versuchungen zu erliegen. „Ich kann die Probleme der Welt" – so brüstet sich Masters – „innerhalb von einer Woche lösen, wenn ich dazu das Fernsehen gebrauchen könnte." Masters wüßte sich gern in dieselbe Linie gestellt wie Mose, Jesus, die Apostel, Buddha, Gandhi, Martin Luther King und John F. Kennedy. Steif und fest behauptet er: „Ich will keine politische Macht; mein Wunsch ist lediglich, Seelen zu retten."

Begründer: Roy Masters (ursprünglich Reuben Obermeister), Veranstalter von Talkshows und Autor von elf Büchern.

Literatur: „Wie man sich durch seinen Geist gesund erhält" und andere Bücher, die die Selbstheilungskräfte durch Hypnose unterstützen.

Symbol: Keines.

Anziehungskraft: Masters' Philosophie und seine Lebensweise sind ein Anreiz für solche, die emotional dafür empfänglich sind oder sich aus irgendwelchen Gründen nicht mehr in der Lage fühlen, ihr Leben zu meisten. Masters wird von seinen Anhängern als „Vollkommener" verehrt, der sie davor bewahren kann, in der Gesellschaft lebensunfähig zu werden. Masters vergleicht den Streit über seine Lehren mit der Verfolgung, die Jesus erdulden mußte.

Ziel: Menschen, die sich der Stiftung zugehörig fühlen, versuchen, seelische Belastungen zu verringern und einen Zustand der Vollkommenheit zu erreichen. Mittels Selbsthypnose bemühen sie sich, Stärkung und innere Ausrichtung zu finden.

Irrtümer: Der Mensch wird aus sich selbst heraus niemals den Zustand der Vollkommenheit erreichen. Von Gott abgefallen, bleibt er stets ein Sünder, obwohl er durch die Gnade gerettet werden kann.

Roy Masters verkündet eine Lehre der sündlosen Vollkommenheit und sagt, daß das Wissen der Feind geistlichen Verstehens ist. Obwohl er nicht glaubt, daß die Bibel Gottes Wort ist, und die Gottheit Christi und die Trinität verleugnet, benutzt er doch christliche Begriffe. Masters widerspricht sich selbst, wenn er Jesus als Gott leugnet und doch behauptet, durch das Blut Jesu gerettet zu sein. Geistliche Autorität haben nur solche Menschen – so die klare Aussage in 1. Johannes 4 –, die glauben und bekennen, daß Jesus Gott selbst im Fleisch ist.

Alle Lehren der Stiftung drehen sich um die Meditationsmethoden von Masters, die dazu anhalten, den Verstand zu entleeren und sich dem Eindringen von Dämonen auszusetzen. Durch einen bestimmten Prozeß, der dem Teilnehmer Fortschritte verschaffen soll, reinigt er seinen Verstand, ohne jedoch die erlösende Gnade mit zu berücksichtigen. Diese irreführende Medtation täuscht eine wahre geistliche Erneuerung durch die Kraft Christi vor. Masters Anhänger glauben eine Fähigkeit zu besitzen, durch die sie sich selbst vervollkommnen können. Darum mißachten sie auch die Verantwortung vor Gott für ihre Sünden und verleugnen das Heil durch Jesus Christus am Kreuz.

Quellenverzeichnis: Walter Martin, The New Cults, Santa Ana, Kalifornien, Vision House Publishers, 1980; Schriften von Roy Masters, Los Angeles, Kalifornien, Foundation Press, 1971; US, 23. April 1984, S. 36-41; Northwest Magazine, 4. September 1983, S. 5-10; Talk-Back with Bob Larson, ausgestrahlt am 27. Juli 1989 und 1. August 1989.

Adresse/Hauptquartier: Foundation of Human Understanding, 8780 Venice Blvd., Los Angeles, CA 90034/USA.

Freimaurerei

Man bezeichnet sie als die „größte und geheimnisvollste Kraft, die mächtigste in der Welt“. Andere sprechen von ihr als einer „widergöttlichen Bruderschaft teuflischer Finsternis“. Die römisch-katholische Kirche verurteilt sie als unvereinbar mit dem christlichen Glauben.

Die Freimaurerei wurde immer schon von Christen verurteilt, weil man davon ausgehen muß, daß freimaurerische Rituale und Grundsätze im Widerspruch zum christlichen Glauben stehen. Weil die Freimaurerei eine religiöse Organisation ist, die als Ziel die Besserung des Menschen und den Dienst für Gott verfolge, wird sie von deren Befürwortern jedoch vehement verteidigt.

Die Freimaurerei ist ein Geheimorden, eine Bruderschaft, die 1717 in England neu belebt wurde. Die Freimaurer führen die Ursprünge ihrer Organisation auf die alttestamentlichen Steinmetze zurück. Der Baumeister Hiram Abiff soll den Tempel Salomos gebaut haben. Weil er sich unter Einsatz seines Lebens weigerte, Geheimnisse des Handwerks zu verraten, gilt er als einer der verehrten Väter der Freimaurerei. Auf Anregung Abiffs trafen sich die Freimaurer bis zu dem Verbot ihres Bundes im Mittelalter in Logen und Gilden. Im 18. Jahrhundert lebten die alten Traditionen dann neu auf. Nachdem die Bedeutung der Freimaurer in bezug auf Bauwerke zurückging, wurde aus den handwerklich orientierten Freimaurern ein esoterischer Orden.

Obwohl die römisch-katholische Kirche diesen Bund verurteilt und viele Regierungen ihn verboten haben, sind die Freimaurer oft aktive Politiker. Zu ihnen zählten unter anderen George Washington, Benjamin Franklin, Theodore Roosevelt, Harry Truman und Gerald Ford.

Viele Freimaurer sind auch Mitglieder einer etablierten Kirche. Ihrer Auffassung nach ist die gesellschaftliche Tradition stark in religiösem Denken verwurzelt. Die meisten Freimaurer-Logen verlangen lediglich, daß man ein höchstes Wesen und ein Leben nach dem Tode anerkennt. Energisch streiten Freimaurer ab, daß es sich bei ihnen um eine geheime Gesellschaft handelt, doch geben sie zu, daß sie ihre

Geheimnisse haben, „gerade so wie auch andere Organisationen". Die mit Blut abgelegten Schwüre, die von den Freimaurern verlangt werden, seien symbolisch aufzufassen.

Die Mitglieder der Freimaurer-Logen sind in drei Grade eingeteilt: der Lehrling, der Geselle und schließlich der Meister. Das Symbol des Meistergrades zeigt einen Kompaß, der die männliche Kraft veranschaulicht, und ein Quadrat, das die weibliche Kraft darstellt. Beides ist durch den Buchstaben G miteinander verbunden. Er symbolisiert die Geometrie und den „Großen Baumeister aller Welten" (Gott).

Freimaurer geben sich sozial engagiert, unterstützen diverse Wohlfahrtseinrichtungen und sind bemüht, auch Familien der Freimaurer Wohltätigkeit zu erweisen. Witwen armer Mitglieder werden unterstützt, und für ältere Menschen sind Pflegeheime eingerichtet. Viele Krankenhäuser werden weltweit von Freimaurer-Logen mitfinanziert.

Die Freimaurerei und das Christentum sind miteinander unvereinbar. Freimaurerische Schwüre können von einem bibeltreuen Christen keineswegs gehalten werden. Viele Menschen haben sich der Freimaurer auch nur deshalb angeschlossen, weil sie zu einer Organisation mit Prestige und gesellschaftlichem Einfluß gehören wollten. Doch steht ihr Bund auf einem falschen Grund: Jesus halten sie nur für einen guten Menschen und Lehrer. Die Bibel sagt dagegen eindeutig aus, daß das Heil nur durch Jesus, Gottes geliebten Sohn, erlangt werden kann. Die einzige Bruderschaft, von der die Bibel spricht, ist jene, zu der man durch das Blut Jesu Christi gehört (1. Joh.1,3).

Begründer: Den Freimaurern zufolge kann ihre Geschichte bis zu den alttestamentlichen Steinmetzen zurückverfolgt werden, die den Tempel Salomos bauten. Wegen seiner Weigerung, anderen die Geheimnisse seines Handwerks zu verraten, gilt Hiram Abiff, vermeintlicher Erbauer des salomonischen Tempels, in den Augen der Freimaurer noch heute als Held. Nachdem die Freimaurerei 1717 in England eine Wiederbelebung erfuhr, waren es Albert Pike und Albert Mackey, die halfen, die Gesetze der Freimaurerei, die „Alten Pflichten", festzulegen. Albert Pike gilt als großer freimaurerischer Gelehrter und Historiker der Freimaurerei.

Literatur: Albert Pikes *Morals and Dogma;* Albert Mackeys *A Lexicon of Freemasonry, Manual of the Lodge, A Text Book of Masonic Jurisprudence, The Masonic Ritualist.*

Symbol: Kompaß und Quadrat, durch den Buchstaben G miteinander verbunden. Weitere Symbole sind: die Schürze, die die Unschuld eines Lammes darstellt; der Bienenkorb, ein Bild für Fruchtbarkeit; die fünf Spitzen der Gemeinschaft, ein Bild für einen Freimaurer dritten Grades; der Stern des Ostens und das Auge des Horus, das alles sieht.

Anziehungskraft: Viele, die einen bestimmten gesellschaftlichen Status erreichen wollen, schließen sich den Freimaurern an. Da die Bruderschaft auch Wohlfahrtseinrichtungen unterstützt, macht sie den Eindruck der Gemeinnützigkeit. Die vielen Grade der Mitgliedschaft und die kunstvollen Insignien sind für solche anziehend, die ansonsten ein einfaches Leben führen.

Ziel: Freimaurer sind bestrebt, mit Hilfe der bruderschaftlichen Vereinigung ihr eigenes Leben zu bessern. Um Gott und der Gemeinschaft zu dienen, unternehmen sie Aktivitäten zum Wohl der Menschen.

Irrtümer: Jesus, so glauben die Freimaurer, war nichts weiter als ein guter Mensch und Lehrer. Treue gilt es nur gegenüber dem höchsten Wesen zu leisten. Anhänger aller Glaubensrichtungen können Mitglieder werden. Nach der Lehre Jesu ist es eindeutig untersagt, Schwüre abzulegen, die man selber nicht ausführen oder halten kann (Matth. 5,33-37).

Quellenverzeichnis: The Courier Mail Saturday Magazine vom 22. Mai 1982, S. 23; Beaumont Enterprise vom 31. August 1985, S. 10A; The Birmingham News vom 12. August 1984; The Rocky Mountain News vom 30. Juni 1986, S. 27.

Adresse/Verbreitung: Freimaurer sind weltweit mit Logen vertreten.

Siehe auch Rosenkreuzer.

Hexenkunst

Vom 14. bis zum 17. Jahrhundert wurden schätzungsweise neun Millionen Frauen und Mädchen auf dem Scheiterhaufen verbrannt, weil sie Hexenkunst praktiziert hatten. Das aber konnte nicht verhindern, daß die okkulten Riten der Hexenkunst heute wieder weltweit praktiziert werden. Hexen droht nicht mehr die Todesstrafe, sie genießen in unserer toleranten New Age-Gesellschaft sogar ein gewisses Ansehen. Hexerei wird von der amerikanischen Steuerbehörde sogar als Religion anerkannt, und die „Church and School of Wicca" (Weisheitssuchende) genießt Steuerfreiheit. An einer Universität im Mittelwesten belegten 500 Studenten Kurse in Hexenkunst. Einige Hexen geben nur ungern ihre „heidnischen" Verbindungen bekannt, daher liegt die geschätzte Zahl von Personen, die in den Vereinigten Staaten mit organisierter Hexerei zu tun haben, zwischen 100 000 und 600 000.

Die Geschichte der Hexen ist nur bruchstückhaft bekannt, da Zeremonien und Glaubensinhalte mündlich überliefert wurden. Hexenrituale konnten bis zur Verehrung der griechischen Göttin Artemis – die Diana bei den Römern –, der ägyptischen Mondgöttin und der Fruchtbarkeitsgöttin der Kanaaniter zurückverfolgt werden. Hexen der heutigen Zeit glauben in erster Linie an zwei Gottheiten: Hekate, die griechische Göttin der Geister, und Pan (Luzifer), der Gott der Wälder und Hirten. Die Hexen betonen, daß Pan, obwohl er Hörner und einen Pferdefuß hat, nicht mit dem in der Bibel verdammten Luzifer übereinstimmt.

Viele Karikaturen von Hexen geben die Wahrheit ziemlich gut wieder. In der Zeit vor dem Christentum lebten alte Frauen am Dorfrand, die verantwortlich waren für Krankenheilung, Geburtshilfe und Seelsorge. Sie hielten Katzen, um die Mäuseflut in mittelalterlichen Hütten einzudämmen, und benutzten Besenstiele als Waffen, wenn sie im Wald unterwegs waren, um Kräuter zu sammeln. Dunkle Umhänge waren ein damals übliches Kleidungsstück. Von Kröten erhielt man ein Drüsensekret, das als Narkosemittel verwendet wurde. Damalige Rezepte für „fliegende Salben" enthielten Tollkirschen und Eisenhut, beides starke Halluzinogene.

Heute haben Hexen keine Ähnlichkeit mehr mit den Stereotypen in Shakespeares Macbeth; sie können sich hinter Ärzten, Polizisten, Sekretärinnen, Kaufleuten, Mechanikern – und sogar Pfarrern verbergen. Ihr Grundsatz lautet: „Tue, was du willst, solange niemandem Schaden zugefügt wird." Hexen behaupten, keine böse Magie zu praktizieren, da sie glauben, daß alles dreifach zu ihnen zurückkehren wird. Sie halten sich auch an Glaubenssätze von Reinkarnation und Karma.

Hexen identifizieren sich selber als Heiden, Druiden, Wiccas (altengl. für Hexe). Termini wie Erd- oder Naturreligion, positive Magie, Craft (= Kunst), Craft of the Wise, Wisecraft (= Kunst der Weisheit), Wimmin Religion (= Frauenreligion) und Schamanismus tauchen im Zusammenhang mit Gruppen, die Hexerei praktizieren, auf. Das Wiederaufleben der neopaganistischen Hexenkunst ist teilweise auf die Feministen- und Umweltschützerbewegung in den sechziger Jahren zurückzuführen. Margot Adler, Autorin von *Drawing Down the Moon,* einer ausführlichen Studie über Hexen und Zauberer in Amerika, sagt: „Der Neopaganismus ist zum Teil eine Reaktion auf die Krise unseres Planeten. Die Menschen heute suchen nach einer Religion, die zur natürlichen Welt paßt."

Einmal pro Woche treffen sich dreizehn Mitglieder zu einem Hexenzirkel *(Coven)* im Hause eines Leiters. Größere Zusammenkünfte werden an besonderen Feiertagen (Hexensabbat, der Terminus wurde 1662 zum ersten Mal gebraucht) abgehalten. Normalerweise ist jeder Hexenzirkel autonom, außer den Gruppen, die von anderen Hexenzusammenkünften ins Leben gerufen wurden. Zur Mitgliedschaft wird man eingeladen, und stufenweise wird man „befördert".

Einige Zeremonien beginnen damit, daß die Mitglieder ihre Kleidung abwerfen *(Skyclyd);* man glaubt, daß dadurch die Energien des Körpers leichter frei werden. Ein imaginärer Kreis wird mit einem rituellen Dolch *(Athame)* um den Hexenzirkel gezogen. Kerzen werden angezündet, Weihrauch wird auf einem Altar verbrannt. Ein Priester oder eine Priesterin bewegen sich in jede Himmelsrichtung, um die vier Wächter herbeizurufen, die die Elemente Erde, Luft, Feuer und Wasser symbolisieren. Solche Rituale stammen aus dem *Black Book* oder *Book of Shadows.* Die Hexen sprechen:

> Königin des Himmels, Königin der Hölle,
> gehörnter Jäger der Nacht.
> Leiht dem Zauber eure Macht,
> durch den magischen Ritus geschehe mein Wille.

Die zeremoniellen Handlungen beinhalten Zaubersprüche und Heilungen durch Handauflegung. Über ablehnende Freier kann ein Liebeszauber verhängt werden. Geister werden angerufen, die Fragen beantworten und durch Medien sprechen. Die Zeremonie kann mit einem Tieropfer beendet werden, doch lehnen die „angesehenen" Hexen, die die Hauptrichtung vertreten, diese Handlung ab.

Gerald Gardner, der 1884 in England geboren wurde und 1964 starb, war mehr als jeder andere neuzeitliche Mensch dafür verantwortlich, daß die Hexenkunst wiederbelebt wurde. Gardner war ein Okkultist, er rief den geheimnisvollen *Ordo Templi Orientis* ins Leben und war mit dem britischen Satanisten Aleister Crowley befreundet, von dem er bestimmte Praktiken übernahm. Obwohl er eine schlechte Schulbildung hatte, studierte er auf eigene Faust Anthropologie und beschäftigte sich zusammen mit der Tochter der Theosophin Annie Besant mit dem Okkultismus. Die Veröffentlichung seines Buches *Witchcraft Today* führte zu einem Wiederaufleben des Interesses an der Hexerei in England.

In Amerika wurde die Hexenkunst von Dr. Raymond Buckland, einem Anthropologen, und seiner Frau Rosemary, beide Schüler von Gerald Gardner, wiederbelebt. Die Hexe Sybil Leek, die mit den Gardnerischen Riten begann, kam 1960 ebenfalls nach Amerika und gründete mehrere Hexenzirkel. Der *Religious Order of Witchcraft* (Religiöser Orden der Hexenkunst) wurde 1972 in New Orleans, Louisiana, von der Hohenpriesterin Mary Oenida Toups, gegründet.

Anfang der siebziger Jahre eröffneten Gavin und Yvonne Frost die *Church and School of Wicca* (Kirche und Schule der Wicca), eine der offensichtlichsten und aktivsten Hexenbewegungen. Gavin und Yvonne richten sich nicht so sehr nach den traditionellen Hexengottheiten, sondern fördern statt dessen die Entwicklung der psychischen Kräfte. Ihre grundsätzliche Botschaft ist, daß jede Unterdrückung körperlicher Wünsche unnatürlich und unweise ist. Sie vertreten außerdem Gardners Konzept von astralem Sex mit Geistern (Inkubus oder Sukkubus).

Diverse andere Hexengruppen sind an die Öffentlichkeit gegangen. Die *Church of the Eternal Source* (Kirche der ewigen Quelle) konzentriert sich auf die alt-ägyptische Kultur und Okkultismus. Mitglieder werden durch die archäologische Bedeutung Ägyptens angezogen, die sie dann zu spirituellen Begegnungen mit den ägyptischen Gottheiten führen. Die *Church of All Worlds* (Kirche aller Welten) ist naturorientiert und betont die symbiotische Beziehung zwischen Mensch und Erde durch eine Form des Pantheismus. Die *Radical*

Faerie Movement (Radikale Feen-Bewegung) besteht aus Homosexuellen und Lesben, die ihre Sexualpraktiken mit uralten heidnischen Naturreligionen in Verbindung bringen.

Die meisten Interessenten am Okkultismus lassen sich nicht auf die Hexerei ein. Statt dessen lesen sie Bücher, befassen sich mit den Zeremonien der organisierten Hexenzirkel und finden dann ihre eigene Art der Zauberei. Sie verbinden dabei gewöhnlich Elemente der Hexenkunst mit Schwarzer Magie und selbstgestricktem Satanismus. Daraus ergibt sich allerdings eine gefährliche Mischung.

Begründer: Uralte heidnische Religion vor der Zeit des Christentums.

Literatur: Mündliche Überlieferung und das individuell zusammengestellte *Book of Shadows.*

Symbol: Pentagramm, fünfzackiger Stern, Ankh (Kreuz mit einer Schleife am oberen Ende).

Anziehungskraft: Unter den ernsthaften Schülern der Zauberei befinden sich häufig solche, die spüren, daß der Mensch die Kontrolle verloren hat und sich nicht im Einklang mit den Abläufen der Natur befindet. Sie beschäftigen sich mit Hexerei, um geheilt und eins mit ihrer Umwelt zu werden. Sie glauben, daß Wissen die Macht ist, durch die sie ihr Leben, ihr Schicksal und die Welt steuern können.

Ziel: Hexen behaupten, daß sie die Verbindung zwischen dem Menschen und seiner Umwelt zu verstehen suchen. Eine Hexe erklärte ihre Kunst folgendermaßen: „Wissen erlangen; Macht haben und sie einsetzen, um die Balance zu erreichen; Wahrheiten entdecken . . ., möglicherweise die Götter und Göttinnen in uns allen freilassen.“ Die Reinkarnation ist entscheidender Bestandteil des Glaubens der Hexen und damit das Wiederkehren von Gut und Böse durch das Karma.

Irrtümer: Die Hexenkunst leugnet die biblische Lehre von Himmel und Hölle, Ursünde und der Verurteilung der Dämonen. Die Schrift verurteilt Hexerei wiederholt (4.Mo. 19,26+32; 5.Mo. 18,10-11, Gal. 5,20). Die Kräfte der vier Elemente, die heraufbeschworen werden, sind Dämonen, und die gehörnte Gottheit, die verehrt wird, ist der Teufel. Obwohl weiße Hexen behaupten, wohlwollend zu sein, ist jede Verbindung zur Geisterwelt in der Bibel verboten.

Quellenverzeichnis: Insight Northwest, Oktober – November 1984; Calgary Herald, 22. Oktober 1983; Moody Monthly, Januar 1983; US, 23. Juni 1981; U.S. News & World Report, 7. November 1983.

Adresse/Hauptsitz: Weltweit verbreitet.

Siehe auch unter Schwarze Magie, Macumba, Voodoo/Santeria.

Holismus

Laurie Cabot, eine praktizierende Hexe, legt einen Kristall in ihre Feuchtigkeitscreme, damit ihre Haut schöner wird. Die Popsängerin Tina Turner drückt vor dem Betreten eines Hotelzimmers einen Kristall an sich, um damit die Einsamkeit zu bekämpfen. Die Schauspielerin Jill Ireland meditierte nach ihrer Brustamputation mit Quarzstücken. Ein Verfechter des Holismus meint: „Kristalle sind ein Instrument, das den Zugang zu anderen Bewußtseinsebenen ermöglicht."

Die zunehmende Unzufriedenheit mit den herkömmlichen Methoden hat Patienten dazu bewegt, holistische Heilungsmethoden als Alternative zur Schulmedizin anzuwenden. Wissenschaftler berichten, daß die Veränderung des physischen und emotionalen Zustands des Patienten sein Selbstbild und seine Weltanschauung tiefgreifend verändern kann. Folglich glauben die Befürworter des Holismus, daß die Angst vor chronischen und unheilbaren Krankheiten durch gesteuerte Meditationen verringert werden kann. Die letztendliche Absicht ist die Vereinigung von Leib, Seele und Geist, um in dieser Einheit einen Weg zur Gesundheit zu finden.

Vertreter des Holismus greifen nach dem Kristall, um Gesundheit und Glück zu fördern. Andere wiederum haben sich die Theorie des griechischen Philosophen Pythagoras zu eigen gemacht, der seinen Schülern nahelegte, sich durch tägliches Singen von Angst und Gefahr zu befreien. Die geeignete Musik könne Depressionen heilen, seelische Krankheiten diagnostizieren und die Folgen einer Operation vermindern. Um diese Theorie zu untermauern, beziehen sich die Anhänger der holistischen Heilung auf das biblische Beispiel, in dem David durch sein Harfenspiel König Saul von seiner Verzagtheit heilte.

Der Holismus gründet sich auf die Vorstellung, das Bewußtsein durch Meditation, okkulte Praktiken oder „Vergegenwärtigung" verändern zu können. Außer Kristallen und Musiktherapie gehören zu dieser Methode auch sogenannte metaphysische Massagen, Pyramidenkunde, Yoga, Irisdiagnose, Reflexmassage, Meditation, Trance-Channeling, Biofeedback, Akupunktur und andere Techniken.

Der Holismus hat viele Facetten. Makrobiotik – eine Theorie, die alle Energie in Gegensätze unterteilt – befürwortet eine Vollwerternährung, die durch bestimmte Übungen, Meditation und Gebet ergänzt wird. Rolfing ist dazu bestimmt, den Körper zu begradigen und geschmeidiger zu machen. Von seiten der Seelenforschungskunde greift man auf die Chromotherapie zurück, um weitere, unsichtbare Wirkungskräfte zu entdecken. Die Pflanzenheilkunde gibt vor, daß durch ihre Verordnungen Krankheiten besser behandelt würden als durch Medikamente und sie demetsprechend vorzuziehen seien. Die Polaritäts-Therapie („Akupunktur ohne Nadeln“) glaubt, durch Tiefenmassage die körpereigenen Energien in ein Gleichgewicht bringen zu können.

Dr. Whit Reaves, Sportarzt und Akupunkteur aus Los Angeles, hat an einer Gruppe von Sportlern Tests durchgeführt und dabei herausgefunden, daß sich die athletische Leistung verbesserte, wenn an bestimmten Körperstellen Akupunkturnadeln gesetzt wurden. Die Läufer berichteten, sich kraftvoller und leistungsfähiger zu fühlen. Die 200 Jahre alte Praktik der Homöopathie fußt auf der Vorstellung, daß Gleiches mit Gleichem geheilt wird, daß „eine in großen Dosen verabreichte Substanz, die an einer gesunden Person Krankheitssymptome erzeugen würde, in kleineren Mengen nach und nach Heilung bewirkt“.

Solche holistischen Theorien hängen alle von der Vorstellung ab, daß der Mensch in der Lage ist, seine eigenen Krankheiten zu heilen. Den Körper mit Silbernadeln zu punktieren, Elektroden an den Muskeln zu befestigen, Energien durch Handauflegung neu zu ordnen und eine Unzahl weiterer holistischer Heilungspraktiken umgehen die eigentiche Tatsache, daß viele Krankheiten sündigen Ursprungs sind.

Begründer: Volksheilkunde und Aberglaube.

Literatur: Verschiedene New Age-Bücher über Selbstheilung.

Symbol: Ein Kreis, der die Ganzheit des menschlichen Bewußtseins und die Verbindung des Körpers mit dem Kosmos darstellt.

Anziehungskraft: Weil herkömmliche Therapien der Allopathie (die Behandlung einer Krankheit mit einem Gegenmittel) versagten, haben sich manche der holistischen Methode zugewandt. Da einige Therapien (gesunde Ernährung zum Beispiel) sich als nützlich erweisen, wird dies als Bestätigung der ideologischen Auffassung gesehen, die hinter dieser Heilmethode steht.

Ziel: Herkömmliche medizinische Methoden gelten als zu teuer und „unnatürlich". Da holistische Therapien auf Vorbeugungsmethoden basieren, sollen sie billiger und wirksamer sein. Letztendliches Ziel ist die Wiederherstellung der Harmonie des Körpers mit den universalen Gesetzen des Kosmos für Gesundheit und Wohlbefinden.

Irrtümer: Ein Schwerkranker wird sich einer Behandlungsmethode möglicherweise entziehen, da er ihr eine Heilung nicht zutraut. Zwar wird durch psychosomatische Auswirkungen eine Art unmittelbarer Erleichterung erfahren, doch der wirkliche Grund für die Organstörung wird unbemerkt übergangen. Der Holismus glaubt, Seele und Geist ebenso wie den Leib zu behandeln. Doch entsprechen diese Begriffe nicht der Interpretation aus christlicher Sicht. Daher werden Heilungssuchende zunächst meist in die verschiedensten Formen mystischer Vorstellungen eingeführt. Häufig übernimmt man dabei eine Weltanschauung, die mit dem Hinduismus oder Buddhismus übereinstimmt.

Quellenverzeichnis: East West, Juli 1986, S. 51; East West, Juli 1986, S. 52; Masters of Life, Januar 1987, S. 14; New Age Journal, März/April 1987, S. 58.

Siehe auch New Age-Kulte.

Holy Alamo Christian Church

„In einem herrschaftlichen Haus, das sich auf einem abgelegenen, bewachten Bergkamm im ländlichen Arkansas erstreckt, ist in einem verdunkelten Andachtsraum ein Sarg aufgebahrt. In dem Sarg ruht der einbalsamierte Leib der Susan Alamo, die geduldig auf ihre Auferstehung wartet. Die Führerin der Sekte ist bereits seit mehr als einem Jahr tot. Angeregt durch Tony, Susans Ehemann, knien ihre Verehrer vierundzwanzig Stunden am Tag, im Wechsel von jeweils zwei Stunden, vor dem Sarg nieder und beten für Susans Rückkehr." So schrieb 1983 das Magazin *People* in einem Artikel über die Alamo-Sekte.

Es war im Jahr 1970. Ich stand an der Tür eines kleinen Holzhauses in unmittelbarer Nähe des Sunset Strips in Hollywood. Auf dem Türschild war zu lesen: *Christliche Alamo-Stiftung.* Drinnen befand sich eine Gruppe junger Mädchen, Schülerinnen. Als ich nach der Eigenart und Absicht dieser Gruppe fragte, gab mir ein leitender „älterer Bruder" unverzüglich zu verstehen, daß ich vom Satan geschickt sei, und befahl mir zu gehen. Diese kleine Schule und Lebensgemeinschaft war der unheilvolle Beginn des Alamo-Machtimperiums, das sich eines Tages von einer Ranch in Kalifornien bis in ein ruhiges Städtchen in Arkansas erstrecken sollte.

Tony wurde 1934 unter dem Namen Bernie Lazar Hoffman in Missouri geboren. Er selbst hielt sich für einen Star der Country-Gospel-Musik und änderte seinen Namen schließlich in Tony Alamo. In Los Angeles stieß er auf Susan, die verheiratet war und in armseligen Verhältnissen lebte. Geboren wurde sie in den 20er Jahren in Arkansas oder Missouri unter dem Namen Edith Opal Horn. Tony und sie heirateten einmal in Tijuana/Mexiko und zweimal in Las Vegas, um „dreifach sicher" zu gehen.

Tony und Susan Alamo profitierten von der Jesusbewegung der frühen 70er Jahre. Ihrer Aussage nach war diese „Revolution" von ihnen ins Leben gerufen worden. Das extravagante Paar schuf eine Organisation, die mit einer den Pfingstkirchen ähnlichen Theologie und den Methoden der Sektenführung operierte. Keiner von beiden war je offiziell zu einem geistlichen Amt ordiniert worden. Sie gingen einfach auf Hippies und Drogensüchtige zu und fragten sie: „Warum wollt ihr euren Verstand, eure Seele und euren Körper kaputtmachen?“ Dabei stießen sie auf Leute, die bereit waren, es einmal mit der Religion zu probieren.

Obwohl Tony und Susan im Luxus lebten, hinterfragten die „Bekehrten“ selten ihre Motivation. Die meisten Mitglieder der Stiftung haben die Alamos kaum gesehen, es sei denn, wenn sie in ihrem Fleetwood-Cadillac vorbeirauschten oder nach Los Angeles chauffiert wurden, um bei einer Alamo-Fernsehshow mitzuwirken.

In der Mitte der 70er Jahre, als sich die peinlichen Presseberichte häuften, verlegten die Alamos ihre Tätigkeit nach Alma in Arkansas. Susans Tochter verließ sie und beschuldigte das Elternpaar, ihre Nachfolger zu übervorteilen, während sie selbst immer reicher würden.

Die Stiftung machte sich unverzüglich in ihrer neuen Heimat breit. 29 Geschäfte nannten die Alamos bald ihr eigen und breiteten sich auch rasch in anderen Staaten aus. Das erhitzte schließlich erneut die Gemüter. Es wurde nämlich erwartet, daß sich die Mitglieder der Stiftung als „Freiwillige“ betrachteten, die für die Unternehmen zur Verfügung standen. Nachdem sich das amerikanische Arbeitsministerium damit befaßt und einen Fall durch alle Instanzen hindurch bis zum Obersten Gerichtshof durchgekämpft hatte, wurden die Alamos gezwungen, ihren Mitgliedern wenigstens einen Mindestlohn zu zahlen, sofern sie in ihren Geschäftsbereichen (von der Schweinezucht bis zum Hotelgewerbe) arbeiteten.

Selbst mit dem Mindestlohn sind die Lebensbedingungen noch weit davon entfernt, als angenehm bezeichnet werden zu können. In Kalifornien – und später auch in Arkansas – bestand die Kost der „Freiwilligen“ aus schroffen Predigten und harter Arbeit. Aufgrund einer Art Gehirnwäsche wurden solche, die keine Mitglieder der Sekte waren, als „Werkzeuge Satans“ angesehen. Frühere Bekanntschaften wurden gemieden. Man glaubte, in einem Belagerungszustand zu leben. Gelegentlich sprachen die Alamos von einem „Alarm“ und kündigten einen drohenden Angriff des Feindes an. Wenn ein Mitglied etwas benötigte, von der Kleidung bis hin zur medizinischen Versorgung, erwarteten die Alamos, daß ihnen das Anliegen durch eine schriftliche Anfrage mitgeteilt wurde. Nur Bücher, die die Alamos gebilligt hatten, durften von den Mitgliedern gelesen werden. Haustiere, Radios, Ferien, Filme und Zeitungen gab es für sie nicht. Alleinstehende Männer und Frauen der Stiftung durften nicht miteinander sprechen. Selbst Verheiratete konnten kaum einen Privatbereich für sich finden. Susan entschied, wer wie viele Kinder haben sollte.

Ein ehemaliges weibliches Sektenmitglied erzählte, daß sie die Küche in ihrem Haus nicht benutzen durften. Es wurde von den Sektenmitgliedern verlangt, in der Gemeinschafts-Cafeteria zu essen. Heizen durfte man nur zehn Minuten am Morgen und zehn Minuten am Abend, selbst in den kältesten Wintertagen.

Nach der Lehre der Alamos sind alle Kirchen verdorben. Obwohl sich die Sektenmitglieder von Abfällen ernähren und viele Stunden am Tag arbeiten, um ihr Fleisch zu kreuzigen, sind sie doch von dem Glauben ergriffen, die Vorhut der geistlichen Armee Gottes zu sein. Die Zeitungen erhoben wiederholt Beschuldigungen wie „Versklavung" und „Gehirnwäsche". Doch führten diese Behauptungen nur dazu, den Verfolgungswahn, der sich in der Sekte breitmachte, zu verstärken.

Tony Alamo ist der Initiator verschiedener Kampagnen gewesen, unter anderem einer, die die katholische Kirche verurteilte, und einer anderen, die zur öffentlichen Anklage gegen den damaligen Präsidenten Ronald Reagan aufrief. Er sei „einer der kleinen Helfer des Papstes". Tony rief eine Werbeaktion ins Leben, um unverheiratete Mütter zu gewinnen, ihre Kinder zur Stiftung zu bringen oder sie ihr zur Verfügung zu stellen. Das wiederum zog unerwünschterweise die Aufmerksamkeit der Regierung und damit der Sozialbehörden nach sich.

Die Mitglieder wurden angewiesen, eifrig für die Heilung von Susan Alamo zu beten, die trotzdem im April 1982 an Krebs starb. Susan galt als „Dienerin Gottes", die sich auf wundersame Art selbst heilen würde, um dann mit Tony einen weltweiten Feldzug anzuführen. Durch ihren Tod wurde der Glaube ihrer Anhänger sehr erschüttert. Das, was nun von der einst herausragenden und nun stark rückläufigen Jugendsekte der 70er Jahre übrigbleibt, wird von Tony und seiner zweiten Frau Elisabeth, die er 1985 heiratete, geleitet.

Quellenverzeichnis: People, 13. Juni 1983, S. 29-33; Charisma, August 1984, S. 98-100; The Christian Century, 8. Mai 1985, S. 464; America, 25. Mai 1985, Informationsschriften der Holy Alamo Christian Church, Box 398, Alma, AR 72921/USA, o. J.; People, 13. Juni 1983, S. 29.

Human Potential Movement (HPM)

Bewegung zur Förderung des menschlichen Potentials

Ihr Einfluß ist überall zu spüren – in Veröffentlichungen, täglichen Unterhaltungen, im Geschäftsleben, im Radio und Fernsehen. In dem Maß, wie diese Bewegung an Boden gewinnt, streben Menschen überall in der Welt danach, „ihre Möglichkeiten voll auszuschöpfen" und „alles zu sein, was sie sein können".

HPM behauptet, ein schnelles Heilmittel für eine Gesellschaft zu liefern, die menschliche Kontrolle und Zweckdenken über alles andere stellt. Verwurzelt in humanistischer Philosphie und Psychologie, nimmt der Mensch und nicht Gott den Mittelpunkt des HPM-Universums ein. Die Bewegung läßt die sündige Natur des Menschen außer acht und betrachtet das Universum als aus sich selbst heraus bestehend, und nicht als geschaffen. Gefühlsregungen und Empfindungen des Menschen werden auf Kosten des Verstandes betont. Jesus, so erklären HPM-Humanisten, war nur ein sterblicher Lehrer, der – wie bereits Buddha vor ihm – sein kosmisches Bewußtsein auf sein volles Potential ausweitete und eins mit dem Universum wurde. Heil und Göttlichkeit werden durch Erweitern des persönlichen Bewußtseins erreicht. Die extremsten HPM-Anhänger, wie z. B. Werner Erhard, der Gründer von „EST" und „Das Forum", bestehen darauf, daß der Mensch sein eigener Gott sein kann.

Um Göttlichkeit und volles menschliches Potential zu erlangen, muß man wieder aufbauen, was durch modernes wissenschaftliches Denken abgebaut wurde – vor allem, was den Körper und die Seele betrifft. Das volle menschliche Potential kann nur durch ein vertieftes Bewußtsein des „Gottes in mir" erreicht werden, eine Erkenntnis, daß alles in der Natur Gott ist und alles, was besteht, eins ist. Durch die Hinwendung des einzelnen zu HPM-Idealen wird eine neue, harmonischere Welt entstehen.

Um diese Verwandlung zu erreichen, werden verschiedene Wege beschritten. Therapien, die ins vorige Leben zurückführen, befreien von früheren Traumen und helfen dabei, die Wiedervereinigung mit dem Universum zu erreichen.

Rebirthing, Transpersonale Psychotherapie und eine Kombination aus westlichen Selbstverwirklichungstechniken und östlicher Weisheit werden ebenfalls angewandt.

Entstanden aus dem Sensitivity-Training der 40er Jahre, erreichten die HPM-Konzepte mit der Selbsthilfebewegung der 60er Jahre eine erneute Blüte. Als sich das Psychodrama der sogenannten „Selbstverwirklichung" entwickelte, nahmen die HPM-Sitzungen ein mehr therapeutisches Gesicht an. In den 70er Jahren hatte sich HPM bereits weltweit etabliert und betonte in zunehmendem Maße spirituelle und transpersonale Erfahrungen. Das Interesse an östlichen Religionen blühte auf. Psychische Phänomene, einschließlich der Beziehung des Menschen zum Kosmos, nahmen eine neue Bedeutung an.

Heute bleibt HPM die Grundlage, auf der sich viele New Age-Gedanken aufbauen. Aus ihren Wurzeln erwuchsen bekannte Programme und Gruppierungen wie Live Training, EST, Psychosynthese, das Esalen-Institut, Bioenergetik, Encounter-Gruppen, Gestalt-Therapien und Arica-Training. In all diesen Ausrichtungen werden Teilnehmer darin geschult, weniger analytisch zu sein und sich auf die Gegenwart zu konzentrieren.

HPM-Trainingsprogramme können brutal sein. Die Praktiken von Marathonsitzungen, strenger Disziplin, Verwendung von „buzzwords", Beschimpfungen, Angst und Demütigungen, um die Persönlichkeit zu zerbrechen, sind schon mit Gehirnwäsche verglichen worden. Negatives Denken und Fehler in der Vergangenheit verursachen angeblich Leiden – deshalb ist es verboten, Versagen oder Sünden in der Vergangenheit zu erwähnen. Gefühle und Empfindungen sind Kriterien, an denen die Wahrheit gemessen wird, so daß der eigene seelische Zustand ein Abbild reinen Bewußtseins wird, nachdem einmal alle Hindernisse entfernt sind.

Die Bucht von San Francisco hat sich als das Zentrum der Bewegung erwiesen. Mindestens 25 HPM-Zentren sind in dieser Gegend zu finden. Zwölf oder mehr Universitäten und Colleges führen themenverwandte Forschungen durch, und viele Therapeuten, Lehrer und Geistliche sind an ihren Aktivitäten in und um San Francicso beteiligt. HPM-Veranstaltungen kosten bis zu einigen hundert Dollar pro Sitzung. Außerdem wird öffentlich zu großzügigen Spenden aufgerufen.

Ein besorgniserregender Aspekt der HPM-Bewegung ist ihre offensichtliche antichristliche Ausrichtung. Obwohl sie für sich beansprucht, nicht religiös zu sein, stehen ihre synkretistischen, gnostischen und pantheistischen Ideologien in direktem Gegensatz zur christlichen Lehre.

Begründer: Gegründet teilweise aufgrund von Lehrsätzen, die im Humanistischen Manifest von 1933 niedergelegt sind, wieder aufgenommen 40 Jahre später im sogenannten „Manifest II". Die Anfänge können zurückgeführt werden auf Sensitivity-Training, Führungs- und Gruppentraining der 40er Jahre.

Literatur: Schriften des verstorbenen Psychologen Abraham Maslow und anderer Lehrer wie Napoleon Hill. Die Literatur von EST, dem Forum, dem Esalen-Institut und anderer HPM-Zentren wird empfohlen.

Symbol: Zu verschiedenartig, um sie einzeln darstellen zu können.

Anziehungskraft: Menschen, die Wärme und Sicherheit in einer verwirrenden Welt suchen, wenden sich motivierenden Therapien zu, um sich von der Masse abzuheben. Versprechen, sein eigenes Leben und Schicksal in der Hand haben zu können, ziehen jene an, die sich in einer bürokratischen Gesellschaft machtlos fühlen. Der Glaube, daß der Mensch alles haben kann, was er sich wünscht, ist für materialistisch Veranlagte attraktiv.

Ziel: HPM-Seminare versprechen, die Irrungen der Vergangenheit eines Menschen auszulöschen und eine Zukunft mit unbegrenzten Möglichkeiten zu schaffen. Zurückhaltung aufgrund der religiösen oder sozialen Position wird übergangen, um dadurch unbegrenzte Kräfte freisetzen zu können, die in jedem Individuum schlummern.

Irrtümer: Der Irrtum von Eden war die Lüge der Schlange, daß die Einsicht des Menschen ihn zu einem Gott machen könnte. HPM-Kurse lassen diese Lüge aus den angeblich reinen Beweggründen wieder aufleben, das Selbstwertgefühl verbessern und gute Beziehungen in der Geschäftswelt schaffen zu können. In diesem Prozeß wird der souveräne Wille Gottes ignoriert und der Ruf Christi zur Selbstverleugnung abgelehnt. Eine theo-zentrische Weltsicht wird durch einen anthropo-zentrischen Ansatz ersetzt, um Probleme zu lösen und persönliches Fortkommen zu ermöglichen.

Quellenverzeichnis: W. E. Biewett u. a.: The Human Potential Movement, EST and The Life Training, in The Christian Century, Sept. 1984; Harper's Bazaar, April 1988, The New Religious Consciousness, 1976, S. 93-115.

Adresse/Hauptquartier: Verbreitung überall in Nordamerika und Westeuropa.

Siehe auch unter Arica, Esalen, New Age-Kulte.

I AM-Institut

Institut für angewandte Metaphysik

„Nehmen Sie Ihre Metaphysik ernst, aber sich selbst leicht." So rät Winfred Grace Barton, die im Jahr 1963 das I AM („Ich-bin")-Institut für angewandte Metaphysik gründete. Ihr erstes Buch *Die Innere Macht* wurde im selben Jahr veröffentlicht. Weitere zehn Bücher folgten, einschließlich ihrem Hauptwerk *„Ich bin – Das Buch des Lebens"*. Aus einem Klassenzimmer in Ottawa, Kanada, erschloß sich diese okkulte Organisation den Zugang zu Universitäten und Firmen und hat Vertreter auf fünf Kontinenten und in zwölf Nationen.

Barton sagt, ihr Ziel sei, eine Methodik anzubieten, um „für die ganze Menschheit den Himmel auf Erden zu schaffen". Wie die meisten metaphysischen Ansätze aus der New Age-Bewegung glaubt Barton, daß ein erweitertes Bewußtsein den Weg zu spiritueller Gesundheit und persönlicher Entfaltung ebnet. In diesem Sinn ist Barton der Ansicht, daß „Ich bin" eine Art „abschließender Schule" darstellt, um das Juwel des Lebens zu schleifen, damit es die höchste Vollkommenheit erreiche. Studienkurse führen den Bewerber durch eine Reihe von Stadien mit metaphysischen Bestimmungsorten. Die erste nennt sich „Die Verwirklichung". Sie erfordert zwanzig Stunden Studium. Daran schließt sich „Die Erfüllung" an. Barton bezeichnet diese Phase als „Urlaubsaufenthalt, der Forschung gewidmet". Als nächstes folgt „Die Gelegenheit", von der Barton glaubt, daß Studenten in dieser Phase zu „vollwertigen Partnern der planetarischen Umgestaltung werden". Während „Der Gelegenheit" werden ICH-BIN-Lernende aufgefordert, fünf Monate ihres Lebens zur Verfügung zu stellen –, einen Monat auf einem ICH-BIN-Campus und die restlichen vier zu Hause. Danach werden sie zu eingetragenen Mitgliedern und „nutznießenden Teilhabern in der Errichtung des New Age-Zeitalters". Barton ermutigt ihre Anhänger, ihre Bücher, wie zum Beispiel *Die Verbindung,* gründlich zu lesen. Die Themen in ihren Bänden umfassen menschliche Ausstrahlung, psychische Phänomene, Meditation, Astralprojektion und Macht der Träume. Die Kosten für einen einzigen Kurs betragen 250 Dollar einschließlich Unterrichtsmaterial – kostspielig für einige, für andere wiederum wenig, um „die magischen Schwingungen zu erwerben, die die Luft erfüllen".

Begründer: Winfred Grace Baraton im Jahr 1963 in Ottawa, Kanada.

Literatur: Informationsmaterial vom *I AM Institute of Applied Metaphysics.*

Symbol: Eine menschliche Figur mit Flügeln, über deren erhobenen Armen das Motto steht: „Ich bin alles in allem".

Anziehungskraft: An New Age-Weisheiten Interessierte, die sich schon mit Metaphysik beschäftigt haben, werden vom intellektuellen Ansatz und dem wissenschaftlichen Aufbau der Kurse angezogen.

Ziel: Das I AM-Institut versucht eine Methode zu entwickeln, durch die Menschen die Welt verändern können, indem sie sich selbst verändern. Diese Umwandlung tritt durch eine geänderte Wahrnehmung der Wirklichkeit ein, die mit metaphysischen Erklärungen des Seins übereinstimmt.

Irrtümer: Das I AM-Motto „Ich bin alles in allem" deutet in einer humanistischen Weise an, daß der Mensch das Zentrum des Universums bildet und selbstgenügsam ist. Im Gegensatz dazu lehrt das Christentum, daß unser Weltall allein durch die Macht Gottes erhalten wird. Der Mensch ist aufgrund der Erbsünde unfähig, seine Verfehlungen und Unzulänglichkeiten selbst zu überwinden. Statt „alles in allem zu sein", steht die Menschheit unter dem Fluch von Eden.

Quellenverzeichnis: Informationsmaterial des *I AM Institute of Applied Metaphysics.*

Adresse/Hauptquartier: I AM Institute of Applied Metaphysics, 3940 Hancock Street, Suite 205, San Diego, CA 92110/USA.

Siehe auch unter Human Potential Movement, New Age-Kulte.

International Community of Christ / Jamilians

Internationale Gemeinschaft Christi / Jamilianer

Wären Sie gewillt zu glauben, daß Christus in Gestalt von Jamil Sean Savoy, dem Sohn des Eugene Douglas Savoy, geboren 1959 in USA und gestorben in den Peruanischen Anden im Jahr 1962, wiedergekommen sei? Und würden Sie auch die Tatsache akzeptieren, daß die Wunder Christi durch Solarenergie vollbracht wurden? Wenn nicht, dann ist diese „Geheimgemeinschaft", gegründet auf „dem System", wie es durch Gene Savoy offenbart wurde, nichts für Sie. Wenn Ihnen diese Inhalte aber glaubhaft erscheinen, können Sie sich in „Der Akademie und dem Heiligen College" (mit einer jährlichen Mindestgebühr von 735 Dollar) einschreiben, um die esoterischen, wahren Lehren Jesu, wie sie im „Dekodierten Neuen Testament" offenbart sind, zu entdecken. Um einzusteigen, füllen Sie einfach den „Test zur Entdeckung spirituellen Bewußtseins" aus, der in größeren Okkultismus-Magazinen angeboten wird.

Savoy, ein in den USA leidlich bekannter Schriftsteller, war der Enkel eines Baptistenpastors. Mit sechs Jahren hatte er die erste von mehreren Visionen und psychischen Erfahrungen, die ihn veranlaßten, sich näher mit den Weltreligionen zu beschäftigen. Mit 28 Jahren stieß er auf die Lehren der Essener und anderer mystischer Orden des Nahen Ostens. Savoy wurde überzeugt, daß Jesus nur ein „inspirierter Mann Gottes" war, dessen wichtigste Lehren nicht ins Neue Testament aufgenommen wurden. Er folgerte daraus, daß Christus seinen Nachfolgern ein geheimes, in sich abgeschlossenes System mitgeteilt haben müsse, das in den Evangelien nur verschlüsselt wiedergegeben ist. Jetzt sei die Zeit gekommen, der Kirche diese Botschaft, die jahrhundertelang verschollen war, wieder zu vermitteln.

Als Ergebnis von Forschungsreisen in die peruanischen Anden gewann Savoy die Überzeugung, daß die uralte Sonnenanbetung auf der Voraussetzung beruht, daß alle Menschen eigentlich „Lichtwesen" sind. Durch eine bestimmte Art, die Sonne anzustarren, werden

Initianten des Kultes gelehrt, Sonnenenergie zu absorbieren, eine neue Geburt zu erleben und ihr Leben um 15 bis 20 Prozent zu verlängern. Durch das „in sich Aufnehmen des unsichtbaren Lichtes", das die Sonne ausstrahlt, kann jeder Mensch sich seiner „wahren Natur" als „Lichtkörper" bewußter werden. Savoy behauptet, daß die „schöpferische Energie des Universums in der Sonne beginnt". Sein letztes Ziel sei die „Interkommunikation mit irgendeiner höheren Intelligenz mit Hilfe der Sonne".

Die Begründung für diese „die Sonne miteinbeziehenden" Lehren liegt in der Annahme, daß sein einziges Kind, Jamil, ein göttliches Wesen gewesen sei, das als Christus auf die Welt kam. Indem er die Aussagen Christi (das Reich Gottes als Kind zu empfangen – Matth.18,3) und die Prophetie Jesajas (daß „ein kleines Kind sie führen wird" – Jes.11,6) kombiniert, folgert Savoy, daß Jamil die Erfüllung dieser Schriften sei. Der Auftrag Jamils sei gewesen, das Christentum durch seine Prophetien zu ergänzen und zu seiner ursprünglichen Form „zurückzubringen". Obwohl jeder, der sich ein wenig in okkulter und östlicher Philosophie auskennt, nichts Neues in Jamils Worten finden wird, ist Savoy davon überzeugt, daß die Worte des Kindes göttlich inspiriert waren. Als Jamil 1962 starb („in die Welt des Lichts zurückkehrte"), gründete Savoy eine Kommunität bei Reno, Nevada. Gegenwärtig hat sie weltweit etwa 500 Mitglieder.

In Savoys theologischem Entwurf ist Christus eine universelle Macht, die man erfahren kann (anstatt sie als Gottheit anzubeten), und „der Mensch ist ebenfalls Sohn Gottes". Seine Schriften machen die Sühne durch das Blut Jesu lächerlich und versprechen ihrerseits, „das Buch des Lebens zu öffnen". Wenn Christus wiederkommt, wird er nicht ein „Retter sein . . . um die Menschheit zu erlösen, sondern eine neue spirituelle Sonne, nicht vergleichbar mit den Sonnen, die bisher schienen". Unter den Praktiken, die für die Entwicklung von Savoys Konzept der Solarenergie verwendet wurden, sind die Pyramidenlehre, Traumanalyse, wechselnde Bewußtseinszustände, Analyse von Visionen, Biorhythmen, Studien an Licht- und Farbkörpern und andere Spezialitäten aus der Welt des Spiritismus zu finden. Die Förderung von okkulten Phänomenen zusammen mit wiederholten Verweisen auf „Lichtwesen" sind unangenehme Erinnerungen an die Warnung des Apostels Paulus in 2. Korinther 11,14: „Denn Satan selbst hat sich verwandelt in einen Engel des Lichts."

Obwohl Savoys Religion falsch ist, sind sich amtliche Stellen nicht sicher, ob es überhaupt eine Religion ist. 1986 wurde der Kommunität der steuerfreie Status für ihren großen Landbesitz aberkannt.

Offensichtlich reichte das Ritual, die Sonne anzustarren, und die auf dem Gelände verstreuten 30 Kreuze nicht aus, um die Gruppe als Kirche zu qualifizieren.

Begründer: Eugene Douglas Savoy, geboren am 11. Mai 1927 in Bellingham, Washington.

Literatur: *The Essae Document, The Decoded New Testament, The Lost Gospel of Jesus, The Jamilians u.a.*

Symbol: Ein vierzackiges Kreuz mit gleichlangen Strahlen.

Anziehungskraft: Menschen mit einem nominellen christlichen Hintergrund und metaphysischen Neigungen könnten von Savoys Idee fasziniert sein, die wahren, aber verborgenen Lehren Jesu entdeckt zu haben.

Ziel: Die Kommunität offenbart die geheimen Lehren Christi, die er seinen Jüngern mündlich mitteilte und die nun durch die Schriften Savoys gedeutet werden. Diese Lehren werden durch die „Prophezeiungen" von Savoys verstorbenem dreijährigen Sohn Jamil „untermauert".

Irrtümer: Savoy lehnt es ab, die Bibel als unfehlbar zu akzeptieren, und nimmt an, daß die übernatürliche Kraft Jesu auf Solarenergie beruhte. Christus ist nur ein Prophet, der nicht bedeutender als andere war – ein Gesandter, nicht der Erlöser.

Quellenverzeichnis: Informationsbroschüren der Jamilianer, herausgegeben von Gene Savoy; East/West Journal, Dez. 1976, S. 19-21; ebd. April 1981; Project X: The Search for the Secrets of Immortality, 1977.

Adresse/Hauptquartier: International Community of Christ, Chancellory Building, 643 Ralston, Reno, NV 89503/USA.

International Society of Krishna Consciousness (ISKCON)

Internationale Gesellschaft für Krishna-Bewußtsein, auch Hare-Krishna-Bewegung

„Verschwinden Sie! Sie sind ein Dämon – ein unzüchtiger Fleischfresser!“ Diese Art von Verweis klingt überall grob, vor allem aber in einer überfüllten Flughafenhalle. Der Ausruf war an mich gerichtet, weil ich mich in etwas eingemischt hatte, was bis zu diesem Zeitpunkt ein erfolgreicher Versuch gewesen war, einen arglosen Touristen um sein Geld zu bringen. Wenn ich nicht dazwischengetreten wäre, hätte dieser Mann vermutlich nie erfahren, daß er das Opfer eines „transzendentalen Tricks“ geworden wäre, wie es Hare-Krishna-Anhänger gern bezeichnen. Sie hatten ihm weisgemacht, er gäbe seine 100-Dollar-Note als Spende für ein Buch über das Judentum.

Von allen neueren Kulten ist keiner allgegenwärtiger und verachteter als Hare Krishna. (Der offizielle Name der Organisation lautet International Society of Krishna Consciousness, im folgenden ISKCON genannt.) Obwohl die safrangelben Umhänge und die kahlgeschorenen Köpfe bereits bei vielen gegen Perücken und normale Kleidung eingetauscht worden sind, bleibt das Image von ISKCON negativ. Man betrachtet die Mitglieder als betrügerische, aufdringliche Bettler, die Ahnungslosen öffentlich auflauern. Aber hinter den *dhotis* und *saris* steckt mehr als eine Sammlung sozialer Aussteiger, die eine Gehirnwäsche durchgemacht haben.

30 Prozent der Krishna-Anhänger haben mindestens ein Jahr College hinter sich, und 70 Prozent waren regelmäßige Gottesdienstbesucher. Was sie bei Hare Krishna fanden, ist nicht einfach ein exotisches System autoritärer Enthaltsamkeit. Die 50 Prozent, die sich dem Kult auf Dauer anschließen, nehmen eine ähnlich enge persönliche Beziehung zur ihrem Herrn in Anspruch wie evangelikale Christen zu Jesus Christus. ISKCON-Mitglieder widmen sich einer Reihe Heiliger

Schriften und wollen ihr Leben einer höchsten Macht ausliefern. Sie anerkennen das angeborene Bedürfnis des Menschen, eine Gottheit außerhalb seiner selbst anzubeten, und gehen in ihrem Glaubenssystem mit ganzer Hingabe auf.

Das bedeutet jedoch nicht, daß Christentum und Krishna-Bewußtsein in irgendeiner Weise vereinbar wären. Eine Untersuchung der Geschichte und des Wesens von ISKCON zeigt leicht die heidnischen und mythologischen Wurzeln dieses inbrünstigen Glaubens auf. Die Anbetung des HERRN Krishna begann im 16. Jahrhundert in Bengalen, Indien. Damals versuchte Caitanya Mahaprabu, inspiriert durch die *Bhagavad-Gita* (ein heiliges Buch des Hinduismus), eine Religion wiederzubeleben, die ihren Schwerpunkt auf die Philosophie gelegt hatte und die aktive Hingabe des einzelnen vernachlässigte. Der Hinduismus hatte sich in zwei Richtungen gespalten: die einen beteten Shiva als die höchste Gottheit an (Brahma, Vishnu und Shiva), die anderen dagegen Vishnu. Caitanya bestand darauf, daß Vishnu tatsächlich eine Inkarnation von Krishna sei (Hauptperson der Gita) und daß der HERR Krishna der höchste Gott sei. Noch revolutionärer war seine Idee, daß Krishna mit seinen Nachfolgern auf persönlicher Ebene in vertrauliche Verbindung treten würde, eine fremde Vorstellung für die traditionelle hinduistische Sicht von Gott als Nicht-Person. Diese Gemeinschaft könne durch ekstatisches Singen und Tanzen, bekannt als *sankirtana,* möglich werden.

Diese Vorstellung der Anbetung Krishnas lebte im frühen 20. Jahrhundert durch die indischen Weisen Bhaktivinode Thakur und Sri Srimad Bhaktisiddhanta Sarosvati Gosvami Maharaj wieder auf. Ein Schüler des letzteren, Abhay Charan De, hatte einen Abschluß der Universität von Kalkutta in Philosophie und Wirtschaftswissenschaften. 1922 führte Gosvami Charan De in das *Bhakti Yoga* ein und beauftragte ihn damit, der westlichen Welt die Botschaft des Krishna-Bewußtseins zu bringen. Abhay Charan De wurde als Bhaktivedanta Prabhupada („zu dessen Füßen Meister sitzen") bekannt. Mit 58 Jahren verließ er seine Frau, fünf Kinder und ein florierendes Arzneimittelunternehmen, um das Leben eines *swami* zu führen. 1965 bestieg er ein Dampfschiff nach den Vereinigten Staaten und kam mit acht Dollar in der Tasche in New York an. Kurz vor seinem Tod wurde seine göttliche Gnade, A. C. Bhaktivedanta Swami Prabhupada, in schwarzen Limousinen chauffiert und konnte 40 Krishna-Tempel und ungefähr 10 000 Jünger allein in den Vereinigten Staaten vorweisen. Zu jeder anderen Zeit wäre dieser 70jährige Mann als „etwas sonderbar" eingestuft worden. In der blühenden Protestkultur der 60er Jahre war er jedoch der absolute „Star". Der Pop-Dichter Allen Ginsberg und eine Reihe anderer Hippie-Intellektueller wurde von Prabhupadas Botschaft angezogen. Der Ex-Beatle George Harrison schrieb einen Song über die Tugenden Krishnas („My Sweet Lord") und widmete ein ganzes Album (Living in the Material World) dem ISKCON-Glauben. Mit den Einnahmen aus diesen und anderen Aktivitäten unterstützte Harrison Prabhupadas Bemühungen, seine Botschaft auszubreiten. Damals hatte Bhaktivedanta zuversichtlich erklärt: „Ich sage voraus, daß das Krsna (seine bevorzugte Schreibweise)-Bewußtsein in allen Dörfern und Städten der ganzen Welt bekannt sein wird." Eine Zeitlang sah es aus, als ob er recht behalten sollte.

Was war seine Botschaft? Viele haben schon den Hare-Krishna-Singsang gehört und sahen Anhänger in ekstatischem Tanz an den Straßenkreuzungen der großen Städte. Aber nur wenige verstehen das Ziel solcher Handlungen, und noch weniger wissen etwas über das Objekt ihrer Hingabe, Krishna. Es ist für westlich orientierte Menschen eine verständliche Reaktion, wenn sie die Aktivitäten von ISKCON als absonderlich und anstoßerregend abtun. Was aber dem westlichen Verstand nicht unmittelbar einsichtig ist, ist das dahinterliegende komplizierte System von Religionsphilosophie.

Die Religionsphilosophie der ISKCON ist in der *Bhagavad-Gita* enthalten, einem langen Hindugedicht, das nach Meinung der meisten Gelehrten irgendwann im 1. Jahrhundert (nicht vor 5000 Jahren, wie Krishna-Anhänger behaupten) verfaßt wurde. Die Gita ist für die Krishna-Anhänger wie eine Bibel, solange sie in Form von Prabhupadas Kommentar *Bhagavad-Gita* zu Rate gezogen wird. Die Gita ist eine allegorische Erzählung und handelt von einem bestimmten Krieg. Der Dialog zwischen Krishna und dem Krieger Arjuna steht stellvertretend für ein Gespräch zwischen Gott und Mensch. Dieser Austausch soll die letztgültige Weisheit aller Zeiten verkörpern.

Arjuna zieht tapfer in die Schlacht, bis er erfährt, daß seine Verwandten von den gegnerischen Truppen gefangen wurden. Er ist verständlicherweise zutiefst besorgt über den bevorstehenden Tod seiner Verwandten. Krishna spornt ihn an und gibt ihm den Rat, Gefühle der Verbundenheit mit seinen Lieben zu vermeiden. Dieser Ansatz, sich von irdischen Wünschen und Gefühlen loszulösen, ist für die Botschaft Krishnas und die Theologie der ISKCON wesentlich. Hier wird ein Bild von Krishna-Anhängern gezeichnet, die seelenruhig an Armen und Leidenden vorüberschreiten. Die Gleichgültigkeit wird mit Krishnas Gebot erklärt: „Die Weisen bedauern weder die Lebenden noch die Toten." Prabhupada stimmte dem zu. Er schrieb: „Philanthropen, die Hospitäler und Kirchen errichten, verschwenden nur ihre Zeit."

Eine solch gefühllose Rechtfertigung ist noch gar nichts im Vergleich zu dem logischen Purzelbaum, der erforderlich ist, um Krishnas Charakter zu erklären. Hindu-Legenden stellen die Gottheit von ISKCON als einen blauhäutigen (Blau symbolisiert im Hinduismus Göttlichkeit), flötespielenden Spaßvogel dar. Er versteckt die Kleider von Mädchen, die im Fluß baden, und verführt die Ehefrauen anderer Männer, um mit ihnen im Mondschein herumzutollen. Sie werden von seinem romantischen Werben so überwältigt, daß jede meint, sie sei die einzige, die mit ihm Geschlechtsverkehr hätte. Obwohl Krishna eine bevorzugte Geliebte mit Namen Radha hat, verkehrt er auch mit 16 108 *gopis* (Kuhhirtinnen). Über einen Zeitraum von 125 Jahren zeugt er mit jeder von ihnen zehn Kinder.

Dieser orgiastische Überschwang ist Welten entfernt von dem Verhalten, das man heutzutage von Krishna-Anhängern erwartet. Ihr Leben ist so sorgfältig geregelt, daß jede persönliche Auswahl oder Entscheidung überflüssig wird. Der Krishna-Jünger steht morgens um drei Uhr auf und nimmt eine kalte Dusche, bevor die Tempelgötter „geweckt" werden. Diese Gottheiten werden dann angezogen und „gefüttert". Die Anhänger singen, zählen ihre *japa*-Perlen und ziehen dann los, um Spenden zu sammeln. Die Abende werden mit weiteren Gesängen und Anbetung der Götter verbracht, bevor man sich früh zur Ruhe legt. Nur sechs Stunden Schlaf auf hartem Boden werden den Krishna-Anhängern zugestanden.

Auch sonst ist ihr Leben karg und einfach. Alkohol, Drogen, Kaffee, Fleisch, Fisch, Glücksspiel oder Unterhaltung, die sich nicht auf Krishna bezieht, ist verboten. Magazine oder Zeitungen zu lesen, wird nicht gerade gefördert. Kontakt mit der Außenwelt, einschließlich Familie und Freunden, ist selten oder geschieht häufig gar nicht. Man entledigt sich persönlicher Besitztümer, damit der Krishna-Jünger ausschließlich vom Tempel abhängig ist. Kinder aus Verbindungen, die vom Tempel genehmigt wurden, werden den Eltern weggenommen und in speziellen ISKCON-Schulen untergebracht.

Tatsächlich werden Ehen als minderwertiger Status für diejenigen angesehen, die der höheren Berufung zum Zölibat nicht folgen können. Ehepaare leben in getrennten Räumen. Geschlechtsverkehr ist nur mit Genehmigung des Tempelpriesters erlaubt, und das auch nur einmal im Monat, am Höhepunkt der weiblichen Fruchtbarkeit, möglichst bei Vollmond und auch dann nur zum Zweck des Kinderzeugens, nicht zum Vergnügen. Außerdem muß jeder Partner vorher 50

Runden des Krishna-Mantras gesungen haben, eine Leistung, die ungefähr fünf Stunden Zeit erfordert. Schließlich, nachdem man Küsse und Vorspiel vermieden hat, wird der Geschlechtsakt in Begleitung einer Kassettenaufnahme mit der Stimme Prabhupadas vollzogen. Die Aussage eines früheren Mitglieds sollte nicht überraschen, daß 90 Prozent der ISKCON-Ehen scheitern.

Offensichtlich ist ein Krishna-Anhänger nicht Herr seines eigenen Körpers und Verstandes. Um diese Tatsache anzudeuten, markiert jedes Mitglied täglich seinen Körper mit 13 Zeichen aus Ton *(tilaka)*. Der Ton wird direkt aus Indien eingeflogen, und diese Zeichen stellen die totale Unterwürfigkeit unter Krishna dar. Jene, die mehr als sechs Monate im Kult bleiben, erhalten einen neuen Sanskrit-Namen und ein geheimes Mantra. Männer müssen ihre Köpfe kahl scheren mit Ausnahme eines Haarbüschels *(sikha),* an dem Krishna sie in den Himmel hinaufziehen kann, falls er es so will.

Die rasierten Köpfe entfernen auch das, was Prabhupada als „Symbol der Eitelkeit des Mannes" bezeichnet. Kahle Schädel sollen ein Zeichen des Verzichtes auf jegliche Mittel sexueller Anziehung sein. Frauen, die als geistig minderwertig und nur zum Dienst an Männern brauchbar angesehen werden, müssen sich in einfache indische *saris* kleiden. Dieses lange, lose fallende Kleidungsstück ist vorgeschrieben, um männliche Leidenschaft abzuschrecken. Derartige Praktiken sind in der Krishna-Lehre entscheidend wichtig, daß nämlich alles Verlangen unterdrückt werden muß. Der Körper ist der Feind des Geistes; und nur dadurch, daß man ihm Bequemlichkeit und Aufmerksamkeit vorenthält, kann man das hohe Ziel der Vertrautheit mit Krishna erreichen.

Prabhupada entwickelte eine strenge, fundamentalistische Form von hinduistischer Philosophie. Im wesentlichen war sein Hauptanliegen, seinen Jüngern zu helfen, ihre reinen Seelen aus der spirituell minderwertigen Natur ihrer Körper zu befreien. „Ich bin nicht dieser Körper", sagen Anhänger gern. Sie meinen damit, daß alle Materie *maya* (trügerisch und vergänglich) und nur der Geist ewiger Aufmerksamkeit wert sei. Das Hauptproblem im Leben eines Menschen ist seine Unkenntnis über die Krishna Gott-Natur seines Geistes. Dieser unselige Zustand wurde durch die Verleiblichung verursacht, die Überkleidung des Geistes mit dem Körper. Der einzige Vorteil eines menschlichen Körpers ist die Möglichkeit, statt dessen als Inkarnation eines niederen Tieres leben zu müssen. Zumindest bedeutet ein menschlicher Körper, daß die vorige Inkarnation ein gutes Karma ausgestrahlt haben muß.

Wie entgeht man den Zwängen der sinnlichen Versuchungen von Fleisch und Blut? ISKCON lehrt, daß der Heilsweg nur von einem Guru gezeigt werden kann, dessen spirituelle Abstammung rechtmäßig ist. Prabhupada erhebt Anspruch auf eine solche Abstammung, indem er behauptet, er sei der geistliche Erbe von Caitanya, Krishnas Inkarnation für die gegenwärtige Zeit. (Einige Jünger glauben sogar, daß Prabhupada selbst eine Inkarnation von Krishna war und insofern größer als Christus.) Prabhupada lehrte, daß die Befreiung der Seele in diesem Zeitalter, genannt *kali-yuga* (Dunkle Zeit), nur durch *kirtana* möglich ist: die Rezitation des Hare-Krishna-Gesangs. Der Jünger, der dies praktiziert, ist von *samsara* befreit (endlose Zyklen der Reinkarnation) und beginnt seine Wallfahrt „zurück zur Gottheit".

Man muß den Erfolg der Krishna-Anhänger bewundern. Unter anderem haben sie es geschafft, die Öffentlichkeit mit ihrem 16-Worte-Gesang vertraut zu machen: „Hare Krishna, Hare Krishna/ Krishna, Krishna, Hare, Hare / Hare Rama, Hare Rama / Rama, Rama, Hare, Hare." Trotz der Kürze werden der reinen Äußerung dieses *maha* (großen) Mantra erstaunliche Kräfte zugeschrieben. Begleitet von transzendentalen Klangschwingungen (Trommeln und Fingerzimbeln) sollen diese Worte Krishna selbst verkörpern. (Rama ist ein anderer Name für Krishna, und Hare, ein Kosename für seine Gefährtin Rhada, drückt seine schöpferische Kraft aus).

Anhänger rezitieren den Gesang oft in Zusammenhang mit jeder der 108 *japa*-Perlen am Rosenkranz, der in einer Tasche um den Hals hängend aufbewahrt wird. Sie können den gesamten Zyklus bis zu 16mal täglich wiederholen. Den Sängern ist es gleichgültig, ob die Zuschauer während ihrer öffentlichen Auftritte spotten oder völlig desinteressiert zuhören. Prabhupada sagte ihnen, „daß es nicht notwendig sei, die Sprache des mantra zu verstehen". Jeder Zuhörer wird automatisch durch den Namen Krishnas beeinflußt werden. Aus einem ähnlichen Grund wird ISKCONs eigener Weihrauch („spiritueller Himmel") während des Gesanges verbrannt, um für einen Duft zu sorgen, dem Krishna innewohnen kann. Anhänger glauben, daß jene, die ihn riechen, Krishna buchstäblich inhalieren. Und es steckt mehr hinter dem Singsang als nur das dümmliche, glückselige Lächeln auf den Gesichtern der Krishna-Jünger. Seine Göttliche Gnade versprach ihnen, daß sie schließlich erleben werden, wie ihre Körperhaare zu Berge stehen, ihre Stimme „umkippt", sie in Ekstase schreien und in Trancezustände verfallen.

Das Ergebnis dieser Form suggestiver Hypnose ist, daß der Teilnehmer in einen Zustand eintritt, der Kontrollverlust und dämonische

Besessenheit ermöglicht. Zumindest aber kann eine solche Methode die Anhänger in Roboter verwandeln, die blind das ausführen, was immer sie als Krishnas Willen erkennen.

Der Hare-Krishna-Gesang ist vom Wesen her eine Anrufung des hinduistischen Götterpantheons. Dieses Heidentum wird auch in einer Vielfalt von Tempelpflichten und -riten deutlich. Man glaubt, daß Krishna den metallenen und hölzernen Götterbildern innewohnt, die in den ISKCON-Einrichtungen aufgestellt sind. Diesen Statuen bietet man 6mal täglich Essen an, das später von den Jüngern aufgegessen wird (eine Handlung, die *prasada* genannt wird); sie stellt einen Weg dar, Krishna tatsächlich in sich aufzunehmen. Wenn Wasser verwendet wird, um die Götter abzuwaschen, wird es als Trinkwasser für die Jünger gesammelt. Ein Exemplar der indischen *Tulasi Devi*-Pflanze wird in jedem Tempel gepflegt – ein Gegenstand der Anbetung, der Sünde und Krankheit beseitigen kann.

Trotz all dem erklärte Prabhupada, sein Religionssystem sei nicht abgöttisch. Für ihn war Götzendienst „die Anbetung einer materiellen Form Gottes". Er beharrte darauf, daß der Jünger in Hare Krishna keine Form Gottes anbetet. „Die Form ist Gott", erklärte Prabhupada. In Krishnas Fall „gibt es keinen Unterschied zwischen der Form Gottes und Gott selbst". Was auch immer die Erklärung dafür sein mag, solche Praktiken sind unvereinbar mit Exodus 20,4-5.

Aber diese Vorwürfe des Götzendienstes sind „kleine Fische" im Vergleich zu den Anklagen, die in jüngerer Zeit gegen ISKCON gerichtet wurden. Seit dem Tod Prabhupadas warf man der Organisation Drogenschmuggel, Anlegen von Waffenlagern, Morde und geplante Diebstähle vor. Die Werbemethoden für noch Ungläubige *(karmi)* haben die Gerichte beschäftigt, wie auch Spendenbetrug, Vorspiegelung falscher Tatsachen und sogar die Bezahlung erfahrener Diebe, um die Jünger in der Methodik professionellen Taschendiebstahls zu unterrichten. Das Geld floß in einen bestimmten Topf: der kunstvolle, mit Onyx, Teakholz, Ebenholz, Marmor und Gold geschmückte Tempel in den Hügeln West Virginias ist der größte der weltweit 300 Zentren.

Prabhupada starb 1977 an Herzversagen und hinterließ nur wenige Anweisungen bezüglich seiner Nachfolge in der Leitung von ISKCON. Schließlich ging die Führung auf elf Gurus über, jeder mit seinem eigenen, geographisch genau umrissenen Einflußgebiet. Diese Gurus teilten die Welt im Wettbewerb um Geld und neue Mitglieder unter sich auf. Enttäuschte Anhänger nahmen ihren Abschied. Nur etwa 10 000 überzeugte Mitglieder (davon 2 500 in den USA) blieben übrig. Eine Verwaltung wurde eingerichtet, die sechs der elf Gurus wegen sexueller Verführung, gewalttätigem Verhalten, Homosexualität und Drogenmißbrauch aus der Gemeinschaft ausschloß.

Auch von anderen Schwierigkeiten wurde ISKCON heimgesucht. 1983 erwirkte ein Gericht in Kalifornien ein 32-Millionen-Urteil gegen die Organisation wegen Entführung und Gehirnwäsche und anderer Handlungen an einem 15jährigen Mädchen, die zum Tod ihres Vaters durch Herzversagen führten. Obwohl der Richter die tatsächliche Strafe auf 9,7 Millionen Dollar reduzierte, war es damals das höchste Urteil, das je gegen eine Sekte verhängt wurde.

ISKCON verteidigt seine Geldsammelmethoden immer noch mit der Behauptung, daß sogar Täuschungsmanöver einem guten Zweck dienen. Der *karmi,* der ahnungslos um sein Geld gebracht wird, trägt zu seinem eigenen Heil bei, indem er es Krishna zur Verfügung stellt. Auf diese Weise hat der Werber dem Spender sogar einen Gefallen getan, indem er ihn dazu brachte, Krishna das zurückzugeben, was ihm sowieso schon gehörte.

Einige der Sekten-Praktiken wurden allerdings revidiert. In Zukunft werden Mitglieder nicht alles aufgeben und in den Tempel ziehen müssen, solange sie eine vegetarische Diät einhalten und in ihrem Heim einen Altar errichten. Auch andere religiöse Ansichten werden fortan ein wenig toleranter gesehen. Krishna soll gesagt haben: „Es gibt keine Wahrheit, die mich übersteigt." Was er von derartigen Lockerungen hält, kann sich jeder selbst ausmalen. Sicher ist jedenfalls, daß nach 100 Millionen verteilten Büchern (plus 500 000 Ausgaben der Monatszeitschrift) die Unschuld der Flower-Power-Jahre dahin ist. Hare-Krishna steht einer skeptischeren Welt gegenüber, in der Verheißungen von Ekstase durch Singsang weder die Sammelbeutel füllen noch die Mitgliederzahlen steigen lassen.

Begründer: Seine Göttliche Gnade, A. C. Bhaktivedanta Swami Prabhupada, geboren in Kalkutta am 1. September 1896 als Abhay Char De. Starb am 14. November 1977 an Herzversagen.

Literatur: Die heiligen Hindutexte, besonders die *Bhagavad-Gita* nach der Erklärung Prabhupadas.

Symbol: Traditionelle religiöse Gemälde im indischen Stil von Göttern und Halbgöttern, besonders von Krishna als der höchsten Person der Gottheit, die den Streitwagen Arjunas fährt.

Anziehungskraft: Die Jugend der 60er Jahre war reif für exotische, vereinfachende Antworten auf Fragen, die durch den technischen Fortschritt unbeantwortet blieben. Sogar heute noch mögen sich Menschen, die von der Vergänglichkeit des Materialismus frustriert sind, auf ein System zurückziehen, das jedes Vergnügen an sinnlicher Befriedigung ablehnt. Die autoritäre Struktur des Tempellebens mag einem Bedürfnis nach diszipliniertem Lebensstil entgegenkommen.

Ziel: ISKCON bietet ein überaus religiöses Leben in der Gemeinschaft von Gleichgesinnten an. Alle Rituale und Andachtsübungen sind darauf abgestimmt, den Menschen von seiner Unwissenheit zu befreien, wegen der er seine wahre, persönliche Beziehung mit Krishna vergessen hat. Dies kann nur dadurch erreicht werden, daß der spirituelle vom physischen Leib befreit wird. Hare-Krishna zu rezitieren, reinigt Geist und Herz von ihrer Sorge um die materielle Welt.

Irrtümer: Das gesamte religiöse System der ISKCON gründet sich auf mythologische Schriften von legendären Ereignissen und Personen (einschließlich Krishna). Es gibt keine Sünde, von der man erlöst werden müßte, nur den Anschein des Bösen, der ausgelöscht werden muß. Jesus warnte in Matthäus 6,7, daß „leere Wiederholung“ eine fruchtlose Gebetsform sei. Nach 1. Korinther 8,6 gibt es nur einen HERRN – Christus, und nicht Krishna. Jesus starb freiwillig und stand von den Toten auf. Krishna endete durch einen Pfeilschuß im Fuß und konnte den Tod nicht überwinden.

Quellenverzeichnis: verschiedene Schriften und Veröffentlichungen der ISKCON, u. a. A. C. Bhaktivedanta, Die Lehren Sri Krsna Caitanyas, o. O. 1968; ders. Die Schönheit des Selbst, Frankfurt u. a. 1979; Life, April 1980, S, 44-51; Time, 15. September 1980, S, 71; The Advisor, August 1983; Rolling Stone, 9. April 1987, S. 10A.n.

Adresse/Hauptquartier: International Society for Krishna Consciousness, 3764 Watseka Avenue, Los Angeles, CA 90034/USA.

Das internationale Himalaya-Institut für Yoga-Wissenschaft und Philosophie

Biofeedback ist eine psycho-physiologische Technik, bei der die Körperfunktionen und -reaktionen mental gesteuert werden. Dr. Green, Mitarbeiter der angesehenen Menninger-Stiftung, entwickelte die Prinzipien des Biofeedback, nachdem er Swami Rami, einen Mitstudenten Gandhis, aufmerksam beobachtet hatte. Rami konnte in einem meditativen Trancezustand nicht nur seinen Herzschlag 17 Sekunden lang aussetzen lassen, sondern durch die sogenannte Psychokinese – eine Fähigkeit, von der man glaubt, daß sie materielle Gegenstände durch mentale Kräfte beeinflussen kann – auch eine Aluminium-Stricknadel aus einer Entfernung von 1,50 Metern bewegen.

Jeden Monat strömen 5000 Studenten im Internationalen Himalaya-Institut für Yoga-Wissenschaft und Philosophie in Glenview, Illinois, zusammen. Dort lernen sie mittels *Raja Yoga,* „ihre Probleme auszuatmen" und „Energie einzuatmen", um „eine Welle der Glückseligkeit im Meer des Universums" zu werden. Rami, der vorgibt, acht Stunden täglich zu meditieren und nur drei Stunden pro Nacht zu schlafen, sieht seinen Auftrag in einer Kombination von indischen und religiös-therapeutischen Techniken. Zuvor war Rami Mönch des Shankaracharya-Ordens. In den ersten Jahren dieses Lebensabschnittes zog er über den ganzen indischen Subkontinent von Kloster zu Kloster und verbrachte einige Zeit bei verschiedenen Sadhus. Statt die erlernten Traditionen bekannt zu machen, versuchte er, eine eindeutig wissenschaftliche Basis für Yoga und andere Meditationspraktiken zu finden. Als Oxford-Absolvent, ein Guru mit westlicher Prägung also, war er bestens dafür geeignet, „eine Brücke zwischen Ost und West zu schlagen". Noch während er dabei war, diese Brücke zu erstellen, merkte Swami Rami, daß die exotische Kombination von alter Tradition und zeitgenössischer Wissenschaft bei vielen geistlich hungrigen Menschen Anklang fand.

Quellenverzeichnis: J. Gordon Melton, The Enzyclopedia of American Religions, Band 2, Wilmington, N. C., McGrath, 1978; People vom 24. Oktober 1977.

Die Kampfsportarten

Er steht bewegungslos da, gehüllt in seine weiße Uniform, genannt *ghi.* Stille herrscht im Raum. Die Augen geschlossen, füllt nur ein Gedanke seinen Verstand aus. Schließlich ist er bereit.

Eine leichte Verneigung vor seinem *sensei* (ehrenwerter Lehrer), dann tritt er dem Gegenstand seiner Aufmerksamkeit näher. In der Mitte des Hauptraumes des *dojo* (Trainingszentrum) hat jemand sechs Kiefernbretter aufeinandergestapelt. Jedes Ende des Stapels ruht auf zwei Zementblöcken, die etwa 30 Zentimeter hoch sind.

Einige Momente starrt er auf die Bretter, als würde er einem gefährlichen Gegner gegenüberstehen. Plötzlich atmet er einige Male tief, schnell und rhythmisch ein und stürzt sich dann in Richtung des Stapels. Sein Arm ist erst hoch in der Luft und fährt dann wie eine Spaltaxt nieder. Er stößt einen durchdringenden Schrei aus *(kiyai).* Fast gleichzeitig, schneller als man sehen kann, trifft seine Hand auf die Mitte der aufgestapelten Bretter.

Knacks! Sechs dicke Kiefernbretter splittern und fallen auf den Boden.

Ein hörbares Zeichen der Erleichterung kommt aus den Reihen der Zuschauer. Einige nicken zustimmend, während andere ungläubig den Kopf schütteln. Wenn überhaupt, dann erkennen nur wenige, daß sie gerade Zeugen einer uralten geistigen Disziplin waren, dazu entwickelt, den Körper mit den Energien des Universums in Einklang zu bringen, um religiöse Erleuchtung zu erreichen.

Man hört viele Geschichten (einige erfunden, andere wahr), die von übernatürlichen Meisterleistungen der *senseis* berichten. Manche können Kugeln zwischen den Zähnen fangen, Faustschläge versetzen, die schmerzen, ohne die Haut berührt zu haben, und durch Psychokinese (Bewegung von materiellen Objekten durch geistige Macht) Unglaubliches vollführen.

Diese Erfolge haben einen Namen: *noi cun.* Die Kraftquelle für solche Meisterleistungen wird *ki* genannt (manchmal auch *chi). Ki* ist allgemein im Okkultismus als die „lebenskraftschaffende Macht des Universums" bekannt. Fortgeschrittene in den Kampfsportarten schreiben *ki* die Macht zu, einen Mann niederzuschlagen, obwohl sie ihn kaum berühren oder nur mit dem Finger auf ihn zeigen. Einige haben *ki* so weit vervollkommnet, daß sie einen Mann allein durch ihren Atem oder einen Blick ihrer Augen niederstrecken können. Ein Fachmann in Kampfsportarten, den ich interviewte, erzählte, sein *sensei* könne seine Knöchel auf den Brustkorb eines Mannes legen und dadurch einen brennenden Schmerz durch dessen Körper jagen, der ihn die Wände hinauftreiben würde.

Die meisten Menschen interessieren sich aus weniger exotischen Gründen für die Kampfsportarten. Bestrebt, Räuber abzuwehren oder die körperliche Leistungskraft zu verbessern, verbringen sie viele Abende in einem *dojo*-Studio beim Lernen von Fußtritten und Faustschlägen. Es geht ihnen mehr darum, einen Gegner niederzustrecken als um spirituelle Einsichten zu gewinnen. Manche mögen vielleicht eine wirkungsvolle Art der Selbstverteidigung suchen, die Freunden und Geliebten ein Macho-Image vermittelt. Aber die damit verbundenen Prinzipien des Heidentums, die den Kampfsportarten zugrunde liegen, garantieren dem Anfänger, daß er sich vielleicht mehr einhandelt, als er ursprünglich erwartet hatte.

Interessanterweise sind die jahrhundertealten Praktiken der Kampfsportarten in der westlichen Welt relativ unbekannt. Das änderte sich erst, als zurückkehrende Soldaten sie aus dem Zweiten Weltkrieg mit nach Amerika brachten. Später produzierte die Filmindustrie Streifen wie „Die fünf Finger des Todes“ und „Duell der Eisenfäuste“. Aber erst der amerikanische Schauspieler David Carradine machte die Kampfsportarten bei den Massen populär. In den 70er Jahren brachte seine erfolgreiche TV-Serie „Kung Fu“ eine Welle ins Rollen, die weit über das Durchschlagen von Brettern hinausging. Bruce Lee, der Filmstar, für den kung fu mehr als nur eine körperliche Übung bedeutete, erforschte auch seine spirituellen Tiefen, bis ihn ein verfrühter, mysteriöser Tod ereilte. Carradine erzählte seinen Fans: „Als Bruce Lee starb, nahm sein Geist in mir Wohnung. Ich bin besessen.“

Es gibt viele einander widersprechende historische Theorien, wenn es um die Entstehung der Kampfsportarten geht. Die hier vertretene Darstellung beruht auf einer anerkannten Untersuchung, die die Geschichte der Kampfsportarten bis zum Beginn der Zivilisation in Indien zurückverfolgt. Vor 3000 Jahren waren die Kampfsportarten in China sogar noch weiter entwickelt. Als im Jahr 770 v. Chr. die Feudalstaaten gebildet wurden, war kung fu bereits allgemein bekannt. Im Jahre 1900, während des Boxeraufstandes, waren die Kampfsportarten in China teilweise verboten, wurden 1928 aber in Kriegskünste umbenannt und erhielten nationale Anerkennung.

Durch die Jahrhunderte wurden verschiedene Aspekte verändert und entwickelten sich schließlich in mehr oder weniger gewalttätige Spielarten. Außerdem entstanden „nördliche“ und „südliche“ Schulen und „harte“ und „weiche“ Formen. Kung fu war der ursprüngliche, allumfassende Oberbegriff für die Kampfsportarten. Erst später bekamen die verschiedenen Ausprägungen eigene Namen: karate, tai chi, judo, jujitsu und aikido. In Korea kannte man sie als Taekwondo, und in Okinawa entwickelten sie sich auf ihren höchsten Leistungsstand. Obwohl man oft Japan als das Ursprungsland sieht, haben die Kampfsportarten doch viele Wurzeln und kulturelle Variationen.

Das ursprüngliche religiöse Gedankensystem des kung fu geht auf das Jahr 2696 vor Christus zurück, wo es in den okkulten Formen von Weissagungen, bekannt als *I Ging* und „Buch der Wandlungen“, verwurzelt war. Lao-tzu, der chinesische Weise, der im Jahr 604 v. Chr. geboren wurde, fügte weitere Ergänzungen hinzu. Seine Lehren entwickelte er in einem 5280 Worte-Manuskript mit dem Titel *Tao-te ching,* oft einfach „Tao“ oder „Der Weg“ genannt. Er lehrte, daß Erlösung nicht durch Gebet, sondern durch Beachtung der Natur, den natürlichen Weg, erreicht werden kann. Wie die Bäume sich im Winde beugen und die Flüsse dem Weg des geringsten Widerstandes folgen, so muß sich der Mensch dem Rhythmus des Nebeneinanders von Gut und Böse anpassen.

Der nächste Abschnitt in der Entwicklung von kung fu fand statt, als ein Mönch names Bodhidharma den Buddhismus im 6. Jahrhundert n. Chr. nach China brachte. Als er entdeckte, daß die Mönche während seinen Vorlesungen schliefen, führte er Übungen ein, um ihnen bei der Meditation zu helfen. Unter dem Begriff *I Ging Sutura* verband sein System kung fu mit den philosophischen Prinzipien des Zen und entwickelte dadurch eine hochkomplizierte Form des waffenlosen Kampfes. Die Mönche an seinem Shaolin-Tempel wurden berühmt für ihre brutalen Methoden der Verteidigung, die sie immer dann anwandten, wenn sie während ihrer Wallfahrten überfallen wurden. Schließlich entwickelten sich bei den Kampfsportarten zwei Schulen: Ch'uan Fe (kung fu), beruhend auf der Harten (äußeren) Schule des Buddhismus, und anderen Arten, die sich aus der weichen (inneren) Schule des Taoismus herleiteten. In dem Maß, wie sich die Kampfsportarten über die Klöster hinaus auf Kriegsschauplätze ausbreitete, verlor sich einiges vom religiösen Anstrich. Aber das wesentliche Glaubenssystem hinter diesen Disziplinen wurde nie völlig aufgegeben, auch heute nicht. Nach jahrhundertelangen Anpassungen haben sich die Kampfsportarten in sechs grundlegende Formen entwickelt, unter denen sie in der westlichen Welt bekannt sind. Es gibt noch weitere Spielarten, aber um der Kürze willen soll die Einteilung in die sechs Hauptrichtungen ausreichen.

a) Kung fu

Diente ursprünglich als umgangssprachlicher Ausdruck für jegliche Kampfsportart. Kung fu wird als Mutter aller derartigen körperlichen Disziplinen angesehen. Von den Alchemisten, die es entwickelten, sagte man, sie seien sprichwörtlich von kung fu besessen gewesen. In *The History and Philosophy of Kung Fu* schreibt Earl C. Mederiros: „Kung fu steht für die Entwicklung des Menschen zu einer vollständigen Persönlichkeit. Es verbindet das Theologische mit dem Philosophischen und bringt beides mit dem Körperlichen zusammen, so daß diese Haltungen im Einklang mit den Naturgesetzen stehen . . . eine vollkommene Harmonie des Physischen mit dem Metaphysischen."

Kung fu ist hauptsächlich für seine „harte" Schule bekannt – kraftvolle, schnelle Fußtritte und Faustschläge. Die Kraft dazu bezieht man von *ki* und kann sowohl auf die Verbesserung der eigenen Gesundheit als auch auf die Selbstverteidigung gelenkt werden. Aber ihre Anziehungskraft für den Durchschnittsmenschen liegt mehr in ihrem aggressiven Charakter, der sich der Gewalt bedient, um Gewalt zu brechen. Kung fu kann auch das Schlagen von Vitalpunkten, „tödliche Berührungen" und die Anwendung psychischer Kräfte einbeziehen.

b) Tài Chi Chùan

Manche historische Tatsache deutet darauf hin, daß diese Kunst sich aus der „weichen" Schule von kung fu entwickelte. Es wurde von Chang San-feng entwickelt, der über dem okkulten I Ging drei Wochen lang meditierte, während er den Kampf zwischen einer Schlange und einem Kranich beobachtete. Wie Lao-tzu interessierte er sich für das ausgewogene Zusammenspiel von Gegensätzen, bekannt als *yin* und *yang*. In Tài Chi Chùan sollen diese negativen *(yin)* und positiven *(yang)* Prinzipien eine harmonische Dualität erreichen, wenn Verstand, Atem und Sexualenergie sich vereinen. In diesem Stadium wird *ki* Ruhe bewirken und Impotenz und Depressionen heilen.

All dies wird durch die Praxis des „Schattenboxens" erreicht, während man sich auf das psychische Zentrum unterhalb des Nabels konzentriert. Bereits frühmorgens beginnt man damit, die fließenden, rhythmischen Bewegungen von Tài Chi zu praktizieren. Einige behaupten, daß es natürliche Gesundheit bewirkt (ein Teilnehmer soll 250 Jahre alt geworden sein). Einer der bekanntesten Lehrer des Tài Chi im Westen, T. T. Liang, stellt fest: „Das höchste Ziel, Tài Chi zu lernen und auszuüben ist, unsterblich zu werden." Das wird dadurch erreicht, daß man den Körper in Harmonie mit den Naturgesetzen bringt. Einige Befürworter sprechen von übernatürlichen Mächten und warnen vor seiner zerstörerischen Gewalt als Kampfart.

c) Karate

Dieses ist die im Westen bekannteste und am häufigsten ausgeübte aller Kampfsportarten. Heute wird sie wesentlich als eine Form der Selbstverteidigung und des sportlichem Kampfes eingesetzt, indem man die bloßen Hände, Arme und Handgelenke benutzt.

Amerikanische Besatzungstruppen brachten Karate aus Japan mit, wo es aus Okinawa und China eingeführt worden war. Es hatte sich in diesen Ländern entwickelt, weil die japanischen Herrscher ihren Untertanen den Gebrauch von Waffen verboten hatten. Gichin Funakoshi, der es als *Shotokan Ryu* entwickelte, betonte, daß der Schüler seinen Verstand von Boshaftigkeit reinigen muß, um überhaupt verständig reagieren zu können, und aus dieser Überlegung stammt die Bezeichnung *karate (kara* bedeutet leer, *te* heißt Hand). In Okinawa verband sich Karate mit der Zen-Philosophie.

Buddhistische Einflüsse zeigen sich in einigen Kampfsportarten durch die Betonung der Verbeugung, von Atemübungen, Meditation im Sitzen, intensive Konzentration und erhöhte Wachsamkeit. Zum analytischen Denken wird nicht aufgefordert – ein anderer Einfluß aus dem Buddhismus. Da Karate eine Übung des Geistes ist, lautet sein erklärtes Ziel, Verstand, Körper und Geist zu vereinen, um die durch *Zen* angestrebte Einheit zu erreichen.

Die auffallendste Übung in Karate wird *kata* genannt, eine genau festgelegte Abfolge von Fußtritten, Faustschlägen und Atemtechniken. Sie wirkt wie ein anmutiger, kraftvoller Tanz, aber ihre Schläge können tödlich sein. Glücklicherweise hegt Karate als Sport nicht die Absicht, einem anderen das Leben zu nehmen oder den Gegner schmerzhaft kampfunfähig zu machen. Und die meisten Ausbilder verfolgen nicht das spirituelle Ziel, die Beziehung zu *ki* zu pflegen, um eine Vereinigung mit einem innewohnenden Gott zu erreichen. Aber es fragt sich, ob ein Schüler, der von einem traditionellen *sensei* unterrichtet wird, von dem ausgeprägt heidnischen Bezugsrahmen, der mit Karate verbunden ist, unbeeindruckt bleiben kann.

d) Aikido

Diese Kampfsportart ist am offensichtlichsten religiös. Wörtlich bedeutet der Begriff „der Weg“ *(do)* „zu einer Einheit“ *(ai)* mit dem „universalen Geist“ *(ki).* Sie wurde gegründet von Morihei Uyeshiba, der darüber beunruhigt war, daß er seine Kraft nicht beherrschen konnte, ohne auch Herr seines Geistes zu sein. Endlich, nach dem Besuch vieler Tempel, erlangte er „Erleuchtung“ und erlebte sich selbst, in der theologischen Vorstellung des Buddhismus, als „eins mit dem Universum“. In diesem Moment, erklärte er, „ist das grundlegende Prinzip der Kampfsportarten die Liebe Gottes und die universale Liebe. Die wahren Kampfsportarten regulieren das *ki* des Universums“.

Alle Körperbewegungen von Aikido sollen mit den universalen Naturgesetzen übereinstimmen und dem Schüler die Macht *ki* bringen, die in den Unterleib eingeatmet und durch die Hände wieder ausgeatmet wird. Wenn die angeborenen psychischen Kräfte aller Menschen mit dem Geist und dem Körper vereinigt sind, sagen Aikidoisten voraus, wird die Welt aus einer Familie bestehen.

Ein Aikido-Trainer mit dem schwarzen Gürtel 10. Grades aus Japan sagt von seiner Kunst: „Wir schaffen eine universale Harmonie, die alle Welten miteinander vereinigt – die sichtbare Welt um uns, die Welt der unsichtbaren Geister und die reine Welt der Energie. Dieser Aufbau der Einheit und die Vereinigung des Universums mit uns selbst ist das Wesen und der letzte Sinn von Aikido.“

Morihei Uyeshiba (bei seinen Anhängern als *O'senei* bekannt) beschrieb einmal ein seltsames, psychisch-okkultes Erlebnis von Strahlen, die vom Himmel herabkamen. „Ich fühlte, daß mein Körper größer wurde und den ganzen Kosmos erfüllte. Während ich noch von dieser Vision begeistert war, erkannte ich plötzlich, daß ich nicht auf Siege aus sein sollte: eine Kampfsportart sollte ein Lebensstil sein.“

e) Judo und Jujitsu

Jujitsu ist eine Kombination von kung fu mit japanischen Kampfsportarten. An der Wende zum 20. Jahrhundert war es der japanische Nationalsport. Die Basis ist das Wissen um die verletzlichen Teile am Körper des Gegners, und wie man sie angreifen kann.

Judo ist eigentlich Jujitsu ohne die tödlichen Schläge. Es wurde 1882 von Jogoro Kano, einem Jujitsu-Schüler, gegründet. Nicht vergleichbar mit Karate, das dem Boxen ähnelt, gleicht die sanftere Art von Judo eher dem Ringen. Man setzt Gleichgewicht und Hebelkraft ein, um einen Gegner niederzuwerfen. In manchen Judo-Handbüchern steht, daß diese Kunst nicht gelernt werden sollte, ohne meditative Übungen mit einzubeziehen. Sein Gründer stimmt dem zu und nennt es „eine Methode, um Selbstverwirklichung zu erreichen".

Während es zutreffen mag, daß die verschiedenen Disziplinen des Kampfsports unterschiedliche Ausprägungen haben, weisen alle ähnliche religiöse Hintergründe und Ziele auf. Aufgrund ihrer Verwurzelung im Taoismus und Buddhismus sehen sie das gesamte Universum als Zusammenspiel von aufeinander abgestimmten Gegensätzen, dem *yin* und dem *yang*. Der Weg des Tao wird nachgegangen, indem man nachgibt und niemals Widerstand leistet. Wie es schon bei kung fu verdeutlicht wurde, ist jede Bewegung ununterbrochen und fließend. Das Ende jeder Handlung ist der Beginn der nächsten, so daß *yin* und *yang* im Gleichgewicht bleiben. Wenn das Ziel des Zen, die zur Ruhe gekommenen Sinne, erreicht ist, soll diese ausgewogene Harmonie helfen, in das universale Bewußtsein einzutauchen.

Für den Christen kommt das Heil durch das Geschehen am Kreuz, wo Christus für die Sünde der Menschheit geopfert wurde. Und durch seine Auferstehung hat der Mensch Hoffnung auf ewiges Leben. Das Heil im Zen wird durch das Verstehen des göttlichen Wesens des Menschen, der eine Erscheinung der Universalseele ist, erreicht. Anhänger des Zen glauben, daß eine derartige Erleuchtung dadurch Kreise zieht, daß *ki* ausgesandt wird, um die spirituelle Dunkelheit der Welt zu erhellen. Ob die Form des Kampfsports, die man ausübt, auf der Lehre des Naturalismus beruht, der sich im Taoismus gründet, oder auf der Lehre der Illusion aus dem Buddhismus – die philosophischen Voraussetzungen beider leugnen ausdrücklich die Sühne durch das Blut Jesu Christi. Wenn ein Christ Kampfsport ausübt, muß er sich fragen, ob eine Beschäftigung mit solchen körperlichen Disziplinen nicht doch eine automatische Zustimmung zu den dahinterliegenden religiösen Prinzipien mit sich bringt. Er sollte auch darauf achten, ob sein Trainer die mystischen Aspekte der Kampfsportarten von ihren ausschließlich körperlichen Bestandteilen fachgerecht trennt.

Begründer: Die meisten Historiker halten den buddhistischen Mönch Bodhidharma im 6. Jahrhundert für den Gründer.

Literatur: Buddhistische Lehren des Zen; Tao; I Ging.

Symbol: Das sogenannte „Spiralensymbol“ aus dem I Ging, das den Glauben an Reinkarnation und zyklische Evolution darstellt. Doppelter Fisch gezeichnet als eine geschwungene Linie in Form eines „s“, das einen Kreis teilt. Eine Seite des „s“ ist hell, die andere dunkel. Dies soll die aufeinander abgestimmten Gegensätze von *yin* und *yang* darstellen.

Anziehungskraft: Selbstverteidigung als Abschreckung für Verbrecher; körperliche Ertüchtigung, Sport, Faszination an Kampfsportfilmen und Fernsehstars; Wunsch nach körperlicher und spiritueller Beherrschung als ein Lebensstil, mit dem man Unsterblichkeit erreicht.

Ziel: Die Absicht ist abhängig von der Form der Disziplin und dem Ausbilder. Traditionelle östliche *senseis* werden die Kampfsportarten möglicherweise als eine Religion mit Meditationstechniken darstellen. Westliche Ausbilder werden eher die sportlichen Aspekte betonen.

Irrtümer: Die religiösen und philosophischen Wurzeln der meisten Kampfsportarten setzen eine pantheistische Sicht des Kosmos voraus. Sogar der vorsichtige Schüler läuft Gefahr, durch die Techniken geprägt zu werden, die das Ziel einer unpersönlichen Einheit mit dem Universum verfolgen. Diese Prinzipien sind ein wesentlicher Teil der letztendlich spirituellen Ziele der meisten Kampfsportarten.

Quellenverzeichnis: Aikido in Daily Life, Tokio: Rikugei, 1966; Handbook of the Martial Arts and Self Defense, New York: Funk and Wagnalls, 1975; East/West Journal, September 1976; ebd., November 1978; Sports Illustrated, 18. August 1975; Newsweek, 2. Januar 1978.

Adresse/Verbreitung: Trainingszentren für Kampfsportarten *(dojos)* befinden sich in den meisten größeren Städten der westlichen Welt.

Kinder Gottes / Familie der Liebe

„Sie sind von uns ausgegangen, aber sie waren nicht von uns." Diese Äußerung des Apostels Johannes über Glaubensabtrünnige aus dem ersten Jahrhundert (1.Joh.2,19) trifft wahrscheinlich genau das, was die Pioniere der Jesus-Bewegung über die Kinder Gottes dachten. (Anfang der achtziger Jahre wurden die *Kinder Gottes* umbenannt in *Familie der Liebe,* um eine Identifikation mit dem schlechten Image zu vermeiden, das die Kinder Gottes damals hatten.) Im Jahre 1981 war der Clan von David „Mose" Berg in 72 Ländern verstreut und konnte auf 10 000 Mitglieder verweisen. Heute ist Bergs Reich der „Königlichen Familie" ein Chaos.

David Berg war der Sohn von christlichen Eltern, die der Missionary Alliance angehörten. Sein Vater Hjalmer unterrichtete an einem christlichen College. Seine Mutter Virginia war Radioevangelistin. 1944 heiratete David Berg seine Frau Jane und begann seinen Dienst als Evangelist. Nach und nach ödete ihn das organisierte Christentum an. Er tat sich mit dem extremen O. L. Jaguers und dem TV-Evangelisten Fred Jordan zusammen. Während der Anfangsjahre der Jesus-Bewegung an der amerikanischen Westküste begann Berg, seiner Mutter bei der Leitung einer Teestube von Teen Challenge zu helfen. Dort schlug sein radikalisiertes, Anti-Establishment-Evangelium Wurzeln unter den religiös begeisterten Hippies, woraus zunächst eine Gruppe entstand, die sich *Teens for Christ* nannte.

Im August 1968 erschien Bergs öffentliche Erklärung *„Krieg dem System"* in der Huntington Beach-Zeitung. Darin verkündete er seinen „Krieg gegen das System – das Erziehungssystem, das kirchliche System, das Elternsystem . . ."

1969 verließ Berg die Teestuben-Arbeit und zog mit 50 Anhängern auf einem Treck nach Arizona, was er später mit der Wüstenwanderung des Volkes Israel verglich. Die bunt gemischte Gruppe nahm bald eine organisierte Struktur an, wobei die Mitglieder sich biblische Namen gaben. Zwölf Gruppen wurden gebildet und nach den zwölf Stämmen Israels benannt. Maria, eine Gemeindesekretärin aus Tucson, trat der Gruppe bei und wurde bald zu Bergs Liebhaberin erhoben. Jane Berg erhielt den Spitznamen „Mutter Eva". Ihr wurden bestimmte „Rechte" zuerkannt, zum Beispiel wann sie mit David schlafen durfte. (Sie verließ bald darauf die Sekte.)

Nach Kalifornien konnten sie nicht zurückkehren, weil Berg zweimal das genaue Datum „prophezeit" hatte, an dem dieser ganze verdorbene Staat im Meer versinken würde. Ihr Umherziehen endete damit, daß Fred Jordan sie einlud, sich auf seiner *Soul Clinic Missionary Ranch* in Texas niederzulassen.

Als die erste Welle der Kontroversen um die Kinder Gottes aufkam, bei der man der Sekte Entführung und Gehirnwäsche vorwarf, setzte Fred Jordan sie wieder auf die Straße. Zu dieser Zeit zählte die Gruppe schon 2000 Mitglieder und hatte genügend Potential, um auf eigenen Füßen zu stehen. Eine Abzweigung mit dem Namen THANK COG (aus Eltern von Mitgliedern bestehend, die den Kindern Gottes wohlgesonnen waren) wurde aktiviert, um die Vorwürfe der FREE COG-Eltern niederzuschlagen, die behaupteten, daß ihre Kinder von Berg auf unrechte Weise bevormundet wurden. Die gemeinschaftlichen Organisationen wurden in Kolonien aufgeteilt. Um mit den immer weiter verstreuten Mitgliedern zu kommunizieren, begann Berg, regelmäßig Rundbriefe herauszugeben, die „MO-Briefe". Berg fuhr damit auch dann noch fort, als er sich Anfang der siebziger Jahre aus den täglichen Abläufen der Gruppe zurückzog. Der weitschweifende und grammatikalisch schlecht formulierte Inhalt von Bergs Briefen entwickelte sich zu Verkündigungen, die als göttlich inspiriert angesehen wurden. MO-Briefe waren angeblich Gottes inspiriertes Wort für jeden Tag und standen weit über dem, was vor Tausenden von Jahren in der Bibel aufgeschrieben worden war. Die Briefe wurden nach dem Rang der Mitglieder kategorisiert, die Zugang dazu hatten.

Obwohl keine offizielle systematische Theologie verkündet wurde, war doch eine philosophische und methodologische Struktur zu erkennen. Ein pyramidisches Führungssystem (mit Berg an der Spitze und „Babys", Neubekehrte, auf der untersten Stufe) stellte sicher, daß Berg die völlige Kontrolle über seine „Königliche Familie" hatte. Als autokratischer Messias behauptete er, in direkter Kommunikation mit Gott zu stehen, also der „Mose" von heute. Sein Wort wurde nicht hinterfragt, und jede Äußerung, die sich auch nur leicht mit seinen Ansichten widersprach, wurde als Todsünde betrachtet.

Die Praktiken der Kinder Gottes rufen überall, wo sie auftreten, starke Reaktionen hervor. Die Mitglieder der Gemeinschaft vegetieren oft in unhygienischen Verhältnissen dahin, ihnen wird manchmal medizinische Hilfe verweigert, und ihre Ernährung beschränkt sich auf die notwendigsten Lebensmittel, die aus Supermärkten „beschafft" werden. In dem „Revolutions-Vertrag", den sie unterschreiben, verpflichten sie sich, ihren gesamten Besitz der Sekte zu überlassen; die meisten Kontakte zu früheren Freunden und der Familie werden abgebrochen, außer wenn Personen darunter sind, die zum Einkommen der Gruppe beitragen könnten. Kein Mitglied wird jemals alleingelassen. Die Eltern müssen gehaßt und verachtet werden.

Die Zeit am Tag, die nicht damit verbracht wird, über die MO-Briefe nachzudenken, wird dem sogenannten „litnessing" gewidmet, d. h. Evangelisieren durch Verteilen von Literatur. Dies ist auch die Haupteinkommensquelle der Sekte, wobei Einnahmequoten festgesetzt wurden, die als Barometer für den Grad des Eifers dienen. Die zweite Einkommensgrundlage ist die religiöse Prostitution, die im Jargon der Kinder Gottes „FFing" („flirty fishing") genannt wird. Die weiblichen Mitglieder werden dazu angehalten, ihren Körper als Anreiz für Männer anzubieten, die sie für die Organisation gewinnen sollen, wobei erwartet wird, daß die „Fische" für solche Gefälligkeiten bezahlen. Kinder, die dabei entstehen, werden „Jesus-Babys" genannt. (Unverheiratete Mütter nennt man euphemistisch „Witwen".) Ehemänner werden dazu aufgerufen, ihre Frauen als Zeichen der Hingabe für die Sache „zur Verfügung zu stellen". Das Auftreten einer Geschlechtskrankheit wird als Bereitschaft gesehen, für Christus zu leiden. Berg gibt zu, daß er ebenfalls davon betroffen ist. Berg behauptet, daß Jesus Geschlechtsverkehr mit Maria und Martha hatte und sich absichtlich ansteckte, um zu zeigen, daß er sich mit dem menschlichen Gebrechen identifizierte.

Wenn man Bergs ständige Sorge um den sexuellen Bereich in Betracht zieht, ist es verständlicherweise klug von ihm, bestimmte MO-Briefe nur an die engsten Vertrauten weiterzuleiten. Sexualität ist ein zentrales Thema der anzüglichen MO-Briefe. Nichts ist verboten. Sogar Homosexualität und Analverkehr, was früher ein Tabu war, wurde „innerhalb der Grenzen der Liebe Gottes" legitimiert. Für Baden „oben ohne" wird Werbung gemacht, die Mädchen werden dazu ermutigt, keine Unterwäsche zu tragen, die meisten tragen keinen BH. Nach Bergs Tochter Deborah praktizieren die Kinder Gottes jegliche Form der Unzucht, Ehebruch, Betrug, Analverkehr, Homosexualität, Lesbianismus, Mißbrauch von Kindern und lehren den Inzest als Doktrin.

Eine Ehebeziehung (muß vom Leiter der Kolonie genehmigt werden) besteht lediglich darin, mit dem gewählten Partner zusammenzuleben. Standesamtliche Trauungen werden als Teil von „Babylons" korruptem System angesehen. Lesbianismus und Inzest sind besonders erstrebenswert.

Bergs Sexualphilosophie schließt auch folgendes mit ein: Frauentausch – wird mit Apostelgeschichte 2,44 gerechtfertigt: „und sie hatten alle Dinge gemeinsam"; Bestrafung der weiblichen Mitglieder dadurch, daß sie vor männlichen Zuschauern masturbieren müssen; Liebkosen von Kindern und nackt bei ihnen schlafen; der Glaube, daß Gott Geschlechtsverkehr mit Maria hatte, um Jesus zu zeugen! „Gott ist dabei, Familien zu zerbrechen . . . die Erlösung befreit uns vom Fluch der Kleidung und der Scham der Nacktheit", schreibt Berg. „Gott ist ein Zuhälter", äußert er blasphemisch. „Erfahrt einen geistigen Orgasmus durch die Erfüllung mit dem Heiligen Geist." Auf die Frage nach seinen persönlichen sexuellen Ausschweifungen vertritt Berg den Standpunkt, daß er König David sei, und wie bei seinem Namensbruder sähe Gott über seine Promiskuität hinweg.

Der erschreckendste Aspekt an Bergs sexueller Besessenheit ist seine Behauptung, Sukkubus-Beziehungen zu haben, d. h. Geschlechtsverkehr mit Geistwesen, die er „Göttinnen" nennt. Tatsächlich kokettiert Berg schon seit langem mit der okkulten Welt. Er sagt, daß „Geist-Berater" ihn regelmäßig besuchen und sogar in seinen Körper eintreten und aus seinem Mund reden. Einer von ihnen ist Abrahim, angeblich ein Zigeunerkönig, der schon über tausend Jahre tot ist. Berg hat sich auch mit Handlesen, Wahrsagerei und Astrologie beschäftigt. Er zieht den Schluß: „Spiritualistische Kirchen sind gar nicht so schlecht."

Nach Bergs Ansicht sind die Kinder Gottes die 144 000 aus Offenbarung 7 und 14, also das erneuerte Israel. In den USA wird eine kommunistische Regierung an die Macht kommen, dann wird nach einer kurzen Regierung des Antichristen der Satan die Herrschaft übernehmen. Die Mehrheit der bekennenden Christen werden das Zeichen des Tieres annehmen, nur die Kinder Gottes werden dem Herrn treu bleiben.

Trotz der Liste fehlgeschlagener Prophezeiungen (der Komet Kahoutek zum Beispiel zerstörte Amerika nicht) sagt Berg voraus, daß das Ende 1993 kommen wird. Nichtmitglieder der Kinder Gottes brauchen sich aber trotzdem nicht zu fürchten, denn Bergs universalistische Theologie läßt ihnen eine zweite Chance; wenige werden am Ende tatsächlich in der Hölle landen. Die, die jetzt leben, können sogar Verwandte und Freunde aus der Hölle herausbeten.

Wegen ihres schlechten Rufes in den USA verlagerten die Kinder

Gottes ihr internationales Hauptquartier nach Zürich. Derzeit ist Bergs Aufenthaltsort unbekannt. Gerüchten zufolge ist er irgendwo in der Schweiz untergetaucht.

Berg hatte einmal die israelische Staatsbürgerschaft beantragt, vertrat danach aber einen radikalen Antisemitismus. Er warb um die Gunst des lybischen Staatschefs Ghaddafi und sagte über Juden: „Sie sind menschliche Teufel . . . wenn ich ein Gewehr hätte, würde ich sie selbst alle erschießen!" In einem Bulletin, das von einer Elternorganisation veröffentlicht wurde, wird berichtet, daß Berg unter der Protektion Ghaddafis einen internationalen Callgirl-Ring aufgebaut habe. Das Bulletin erwähnte außerdem, daß viele Mitglieder der Kinder Gottes in Deutschland leben. In Großbritannien wurden bei einer Untersuchung über die Kundenwerbung der Kinder Gottes Handzettel entdeckt, die einer „Anleitung zur Prostitution" gleichkamen und für weibliche Mitglieder der Kinder Gottes bestimmt waren, die „in ‚Hostessen'-Agenturen in London arbeiteten". Auf den Philippinen trafen sich die Kinder Gottes unter dem Namen „Heaven's Magic" (Himmlischer Zauber).

Im Laufe der Jahre hat für Bergs ungehobelte Sprache (die MO-Briefe sind mit unflätigen Ausdrücken nur so gespickt) und seine unmoralische Philosophie wohl endgültig die Stunde geschlagen. Die Zahl der Abtrünnigen wird immer größer und schließt seine direkten Familienmitglieder und sogar Barbara Cane („Königin Rahel"), Bergs auserkorene Erbin, mit ein. Nach dem Zusammenbruch des Kommunismus werden aber neue Aktivitäten in Osteuropa festgestellt.

Bergs Frau und Kinder kehrten der Sekte den Rücken. Sein Sohn Paul sprang 1973 in den Schweizer Alpen zu Tode, weil er nicht länger mit der bizarren Lehre und der beleidigenden Autorität seines Vaters fertig wurde. Bergs Tochter Deborah Berg Davis verließ schließlich die Sekte, zusammen mit ihrem Mann Bill. 1972 hatte ihr Vater ihr den Titel einer Königin verliehen, doch als sie sich seinen sexuellen Annäherungsversuchen widersetzte, wurde sie denunziert. 1984 veröffentlichte Deborah, die sich heute zum Christentum bekennt, ein Buch, das die geheimen Praktiken der Kinder Gottes ans Licht brachte („Die ungeschminkte Wahrheit. Die Geschichte der Kinder Gottes", Asslar 1985). Ihr Mann Bill sagte, daß die Kinder Gottes „das Evangelium der Rebellion predigen . . . Wir bringen ihnen bei . . . wie man seinen Eltern sagt, daß man sie haßt, wie man gegen die Regierung rebelliert, wie man gegen das System kämpft."

Sogar die Anhänger, bei denen die Gehirnwäsche am effektivsten durchgeführt wurde, können nicht mehr über den Größenwahn ihres

Führers und seine Ansprüche auf göttliche Billigung hinwegsehen. Carole Hausmann und Gretchen Passantino schrieben in *The New Cults:* „Der Heilige Geist ist kein Liebestrank. Gott-Vater ist nicht irgendein Lustmolch. Sein Sohn ist kein promisker Jüngling mit einer Geschlechtskrankheit." Zu diesem Schluß sind offensichtlich viele der ehemaligen Mitglieder der Kinder Gottes gekommen.

Begründer: David Brandt Berg, geboren am 18. Februar 1919.

Literatur: Die Bibel, darüber hinaus MO-Briefe, denen eine größere Bedeutung zugemessen wird. Die MO-Briefe sind weitschweifige Diskurse, die regelmäßig erscheinen und über die Berg mit seinen Anhängern kommuniziert. Die meisten Briefe haben einen sexuellen Schwerpunkt und sind überschrieben mit Titeln wie „Sex funktioniert!" und „Mach schon, Ma! Zieh deinen BH aus!" In anderen Briefen werden Fragen der Lehre diskutiert und die Vertreter des „Systems" beschimpft, zu denen jeder gezählt wird, der nicht mit den Idealen der Kinder Gottes übereinstimmt.

Symbol: Keines bekannt außer den MO-Briefen, die überall verteilt werden.

Anziehungskraft: Bei der Werbung von Mitgliedern konzentriert sich die Sekte auf einsame junge Menschen, die vielleicht von den wirtschaftlichen oder religiösen Institutionen der Gesellschaft enttäuscht sind. Bibelverse werden ohne Zusammenhang zitiert; ein Gefühl des Glücks und der Brüderlichkeit werden vermittelt, um den Eindruck zu erwecken, daß die Kinder Gottes hingegebene Christen sind. Das potentielle Mitglied wird mit Schuldgefühlen bombardiert, weil er zu einem verdammten satanischen System gehört und nie mehr eine Chance haben wird, Gott treu zu dienen.

Ziel: „Zerstört die alte Ordnung", ruft Berg mit revolutionärer Inbrunst. Dies ist die letzte Generation der Menschheit, und die Vereinigten Staaten ist die „große Hure auf vielen Wassern", das Babylon der Offenbarung. Lediglich die Kinder Gottes werden sich an Gott halten und dem drohenden Weltuntergang entgehen. Sie werden schließlich als eine elitäre Gruppe auf der Erde regieren und die Verheißungen Gottes erfüllen.

Irrtümer: Zeitweise lehnte Berg die Dreieinigkeit ab („Ich glaube nicht an die Dreieinigkeit."). Bei anderen Gelegenheiten sprach er sich jedoch für eine Einheit aus Vater, Mutter und Sohn bestehend aus. Der Heilige Geist, „die Heilige Königin der Liebe", wird als halbnackte Frau dargestellt. Christus wird aus einer Fehlinterpretation von Offenbarung 3,14 als geschaffenes Wesen bezeichnet. Die biblische Anordnung, keinen Kontakt zu Geistern aufzunehmen, wird ignoriert (Deut.18,9-14; Jer.14,14); man kommuniziert mit Wesen, die Berg als „Hexen Gottes" bezeichnet. Er widersetzt sich außerdem den Segensverheißungen für die Juden (Apg.1,18; Röm.9,4-5) und flucht: „Möge Gott die verdammten Juden ausrotten." Berg ermutigt zu Unzucht, Polygamie, Inzest und Ehebruch und setzt sich damit über die biblische Ansicht der ehelichen Sexualität hinweg, wie sie von Paulus in Hebräer 13 und Epheser 4 ausgedrückt wird. In seiner Rebellion gegen die traditionelle Kirche hat Berg es in den Worten des Sektenexperten Jack Sparks „geschafft, einen gigantischen persönlichen Wutanfall gegen die Autorität in eine weltweite Bewegung umzusetzen".

Quellenverzeichnis: Christianity Today, 28. Februar 1977, 19–23; Ibid., 25. Februar 1980, 40-41; Jack Sparks, The Mindbenders (Nashville: Thomas Nelson, 1977); Ronald Enroth, Youth Brainwashing and the Extremist Cults (Grand Rapids: Zondervan, 1977); Walter Martin, The New Cults (Santa Ana, Calif.: Vision House, 1980); Eric Pement, „Children of God Still Active", Cornerstone, n.d., 30; Eric Pement, „Built on a Lie", Cornerstone, n.d., 4; „Ex-Children of God ‚Queen' Tells Story", Eternity, Januar 1983, 10; „Children of Children of God", Eternity, Juli-August 1984, 24; Interview in Fundamentalist Journal, Oktober 1985, 22; „Family of Love", Encyclopedia Britannica, 1986, 674; Bob Larson, Strange Cults in America (Wheaton, Il.: Tyndale, 1986), 70-71.

Adresse/Hauptquartier: Letztes bekanntes Hauptquartier in Zürich/Schweiz.

Kirpal Light Satsang

Diese Organisation vertritt den Glauben, daß ein spiritueller Meister *(avatar)* zu allen Zeiten in der Welt existiert und daß Menschen ihr vergangenes *karma* verbrennen können, indem sie ihm folgen. Ihre Anhänger sind Vegetarier, die drei Stunden täglich meditieren und regelmäßig Introspektion (Selbstbeobachtung) betreiben. Mitglieder von Kirpal Light Satsang dürfen nicht in politischen Parteien mitarbeiten und müssen sich zu totalem Gehorsam gegenüber ihrem Meister verpflichten.

Schriften von Kirpal Light Satsang beschreiben die Organisation als vorrangig dienstorientiert. Gemäß dem Gründer, Thakar Singh, dient der Kult sowohl dem Selbst (der Seele) als auch dem Körper (dem Vehikel). Singh betont: „Jeder Dienst am Körper, der nicht von einem Dienst an der Seele begleitet ist, hat keinen Nutzen."

Die Aufnahme in die Gruppe ist kostenlos; die Organisation wird nach eigenen Aussagen nur durch private Spenden von Mitgliedern getragen. Thakar Sing sagt seinen Nachfolgern, sie sollten ihm erst dann glauben, wenn sie von der Richtigkeit seiner Worte überzeugt sind. Er besteht darauf: „Wenn du blind nachfolgst, wirst du sehr wahrscheinlich fehlgeleitet; du hast dann nur einen blinden Glauben, der zur Blindheit führt."

Trotzdem sind Singhs Jünger blind, wenn sie seiner Behauptung Glauben schenken, er brauche kein Geld und lebe von seiner „Rente". Er und seine Organisation planen gerade die Errichtung eines Zentrums, das mindestens 1 Million Dollar kosten wird.

Thakar Singh reist um die Welt und behauptet, er habe keine Nachfolger oder „Jünger", sondern nur geliebte Brüder und Schwestern. Er sagt, er diene den Menschen und lebe mit ihnen in Harmonie und im Glauben an Gott. Für ihn ist „Erfolg" das Ausmaß an Dienst und Liebe, das sich seine Sektenmitglieder entsprechend seiner Unterweisung gegenseitig geben. Er hält dies für den „größten Dienst, den wir der Menschheit tun können."

Kirpal Light Satsang wurde von Thakar Singh im Jahr 1976 gegründet. Die Organisation stellt sich selbst als spirituelle und soziale Gruppe dar, die sich dem Dienst an anderen widmet. Ihr Hauptquartier liegt im Staate New York. Satsangs (spirituelle Zentren) sind überall in den USA, aber auch in Europa zu finden.

In den Vereinigen Staaten gibt es ungefähr 2000 aktive Kirpal Light Satsang-Mitglieder. Weltweit sollen es 130000 Mitglieder in sechzehn Ländern sein.

Thakar Singh wurde 1929 als einziges Kind einer zutiefst frommen Sikh-Familie geboren. Sein Vater, ein Schmied und Zimmermann, starb, als Thakar elf Jahre alt war. Thakar sorgte für den Lebensunterhalt seiner Familie und schaffte trotzdem noch einen guten Schulabschluß. Er wurde zu einer Ingenieurschule zugelassen und arbeitete später als Ingenieur in der Stadtverwaltung von Punjabi.

Thakar Singh suchte während seiner ganzen Jugendzeit nach Wahrheit und der vollkommenen Religion. Schließlich, im Jahre 1965, traf er dann Kirpal Singh, einen angesehenen indischen Guru. Geboren 1894 in Indien, war Kirpal Singh zeit seines Lebens eine führende geistliche Persönlichkeit, ein eifriger Religionsgelehrter und Autor zahlreicher Bücher über Spiritualität. Thakar Singh schloß sich ihm schließlich als Schüler an.

Siebenundzwanzig Jahre lang leitete Kirpal Singh die „Weltgemeinschaft der Religionen" und organisierte die erste „Weltkonferenz für die Einheit der Menschen". Kirpal bereiste mehr als 50 Länder, sprach mit Papst Paul VI und traf mit Königen, Diplomaten und hohen Regierungsbeamten zusammen.

Nachdem Thakar tagelang Kirpal Singh über Wahrheit und Religion befragt hatte, wurde er in *Surate Shabd Yoga* (Meditation des Inneren Lichts) eingeführt. Vor seiner Initiation befand sich Thakar in geistlichem Ringen, weil seine Sikh-Religion ihn gelehrt hatte, daß der Guru Gobind Singh der letzte Meister sei und daß es keinen anderen auf Erden geben dürfe. Aber nachdem er einmal Kirpal Singhs Glaubenssätze angenommen hatte, machte er als Schüler des *Surate Shabd Yoga* rasche Fortschritte. Sechs Stunden meditierte er nun täglich.

1974 zog er sich von allen anderen Verpflichtungen zurück, um sich ganz der Aufgabe widmen zu können, die ihm sein Meister, Kirpal Singh, aufgetragen hatte. Thakar Singh erklärt dies so: „Er gab mir den Auftrag, weiterzumachen und anderen bedürftigen Seelen hilfreich zur Seite zu stehen. Aufgrund seiner Anweisungen und durch den Willen Gottes mache ich weiter. Seine Kräfte sind hier am Werk. Ich werde nur als ein Instrument gebraucht."

Thakar Singh glaubt, er habe diesen „Auftrag" von Kirpal Singh deshalb angenommen, weil er sich danach gesehnt habe, in früheren

Leben Gott zu finden. Durch den Aufbau eines Kultes auf der Grundlage der Lehren von Kirpal Singh meint Sant Thakar Singh nun, Gott gefunden zu haben. In westlichen Ländern lehrt er aus der Bibel. Wenn er sich im Osten befindet, bezieht er sich auf die Hindu-Schriften, wie die *Veden* und *Adi Granth, die Mahabharata* (die die bekannte *Bhagavad-Gita* enthält) und die *Ramayana.*

Thakar Singh übernahm von Kirpal Singh die Vorstellung des *Manav Kendra,* des Menschen-Zentrums. Diese Zentren bieten kostenloses Essen an, unterhalten Altersheime und Kindergärten für Waisenkinder oder Kinder aus sozial schwachen Familien (in Deutschland als „Lichtheim-Kindergärten" bekannt). Hilfe gibt es auch für Behinderte, ebenso ist medizinische Versorgung möglich. Die Zentren dienen außerdem als erster „Kontaktpunkt" für Menschen, die geistlich auf der Suche sind.

Kirpal Light Satsang beansprucht, eine weltweit tätige spirituelle und soziale Hilfsorganisation zu sein. Die Mitglieder kommen aus allen sozialen Schichten, zeichnen sich durch eine abgöttische Hingabe an ihren Meister aus und müssen seine häufig harte Zucht ertragen können. Die Anhänger werden nicht aufgefordert, ihre Religionen aufzugeben, sondern müssen täglich die Ideale praktizieren, die in den Schriften aller Weltreligionen niedergelegt sind. Meditation, vegetarische Kost und Introspektion sind grundlegende Elemente des Kultes.

Die Praktiken von Kirpal Light Satsang sind allerdings nicht ganz risikolos. Die „Rückführung der Seele zu ihrer Gott-Quelle" wird durch *Surate Shabd Yoga,* die Meditationspraxis der Organisation, gelehrt. Begeisterte Anhänger glauben, daß dadurch in jedem Menschen „Licht und Ton" erweckt werden können. Meditation ist die unbeirrbare Hinwendung zu dieser höchsten Größe – Gott, der gesehen, gehört und genossen werden kann. Menschen, die meditieren, sollen die wohltuende und friedliche „innere Musik Gottes" fühlen. Die Initiation (Einführung) dauert gewöhnlich etwa zwei Stunden und wird im Haus des Anwärters oder im Satsang-Zentrum vorgenommen. Während der Initiation „verbrennt" der Meister das vergangene Karma des Bewerbers, das sich „seit langen Zeiten" angehäuft hat, so daß die Seele neu erstehen kann. Durch die tägliche Praxis der Selbstbeobachtung kann der Lernende sehen und erleben, daß Gott in seiner Seele wohnt.

Einige Menschen machten allerdings die Erfahrung, daß die Kirpal Light Satsang-Meditation gar nicht so friedlich verläuft, wie es den Anschein hat. Sechs ehemalige weibliche Schüler von Thakar

Singh haben den Guru öffentlich der Körperverletzung und des sexuellen Mißbrauchs angeklagt. Eine Frau beschrieb eine 45-Minuten-Sitzung mit Schlägen, einschließlich Karateschlägen an ihren Kopf, als eine Übung, die der Guru angeordnet hatte, um sie von negativen Gefühlen zu befreien. Andere Frauen haben sich über sexuelle Übergriffe beklagt, die unter dem Anschein meditativer Massagen begangen wurden.

Wer sich für Kirpal Light Satsang interessiert, muß zunächst einmal Vegetarier werden: Fleisch, Fisch, Geflügel und Eier sind als „nicht zuträglich" für Körper und Seele einzustufen. Ebenso erwartet man von Bewerbern, daß sie ehrlich sind und sich ethisch einwandfrei verhalten – und eine unerschütterliche Hingabe an ihren Meister zeigen. Sie müssen mindestens drei Stunden täglich meditieren und sich berauschender Drogen enthalten.

Die Satzung von Kirpal Light Satsang verbietet den Mitgliedern auch, sich in irgendeiner Weise politisch zu engagieren. Die alleinige Aufgabe der Gruppe ist es, Menschen zu ermutigen, „Gott-Verwirklichung" zu erreichen.

Die Organisation gibt ein Monatsmagazin mit dem Titel *SAT* heraus, was „Wahrheit" bedeutet. Thakar Singh nennt Kirpal Light Satsang eine universelle Religion der Liebe und des Dienstes und plant, in Oregon eine Schule zu errichten, damit seine Ideen auch in folgende Generationen weitergetragen werden können.

Diese „Leuchtturm-Schule" stand schon im Mittelpunkt zahlreicher Angriffe. Die Bürger von Oregon erinnern sich noch an Guru Bhagwan Shree Rahjneesh und seinen Einwanderungsschwindel, die Mordversuche und das Anzapfen von Telefonleitungen. Thakar Singh ist ebenfalls ein „von Gott autorisierter" Guru, der aufgrund seines undurchsichtigen Programms Ängste hervorruft.

Begründer: Sant Thakar Singh, geboren 1929 in Indien in einer frommen Sikh-Familie; Ausbildung zum Ingenieur. Geprägt von seinem Guru Kirpal Singh (1894 – 1974).

Literatur: Monatsschrift *SAT* („Wahrheit"). Kann beim nationalen Hauptquartier bestellt werden.

Symbol: Leuchtturm mit Slogan: „Die Meister kommen, um bestehende Religionen zu vervollkommnen, nicht neue zu stiften." Außerdem: „Die ganze Menschheit ist eins."

Anziehungskraft: Kirpal Light Satsang spricht den selbstlosen Menschen an, ebenso auch Eltern, die den Eindruck haben, daß die Gesellschaft die Werte zerstört, die sie ihren Kindern zu vermitteln versuchen. Die Betonung auf „Dienst an anderen" steht im Gegensatz zu der offensichtlichen Selbstbezogenheit der meisten hinduistischen Kulte.

Ziel: Anderen zu helfen und „Gott-Verwirklichung" im Selbst zu erreichen. Die Organisation lehrt ihre Anhänger, das eigene religiöse Bekenntnis nicht aufzugeben, sondern durch universale Liebe und Bruderschaft mit der ganzen Menschheit in Verbindung zu bringen.

Irrtümer: Kirpal Light Satsang steht im Widerspruch zum Christentum und zur Bibel. Christen glauben, daß Jesus Christus Gottes Sohn ist, der einzige Retter der Welt. Im Gegensatz dazu sagt Thakar Singh (Gründer von Kirpal Light Satsang): „Ich glaube, die Christen haben die anderen Schriften nicht alle gelesen. Sie liegen nicht falsch, wenn sie behaupten, daß Christus der einzige Sohn Gottes war, aber wie er selbst sagte: ‚Solange ich in der Welt bin, bin ich das Licht der Welt.' Er war das Licht des Lebens, solange er in der Welt war." Da Jesus nicht länger auf der Erde lebe, müsse jemand anders (Singh selbst) der neue Meister und das gegenwärtige Licht sein.
Der Kult stellt sich selbst und seinen Führer, aber nicht Christus oder Gott in den Mittelpunkt. Kirpal Light Satsang ist eine gefährliche Sekte, die die Bibel falsch auslegt und mit östlichen Weltanschauungen und Glaubensinhalten vermischt. Thakar Singh manipuliert seine Jünger geistlich und steht unter dem Vorwurf, körperliche und sexuelle Gewalt gegen einige von ihnen verübt zu haben.

Quellenverzeichnis: Veröffentlichungen von Kirpal Light Satsang und der Lighthouse School, März 1988; The Register Guard, 31. Juli 1988; ebd. 2. August 1988.

Adresse/Hauptquartier: Kirpal Light Satsang, Inc. National Headquarters, Merwin Lake Road, Kinderhook, NY 12106/USA. Kirpal Light Satsang, Inc. Lighthouse School, 7637 Tyee Road Umpqua, OR 97486/USA.

Krishnamurti-Stiftung

Annie Besant, eine einflußreiche Persönlichkeit der Theosophischen Gesellschaft, hielt ihn für eine Inkarnation Gottes, der göttliche Geist in menschlicher Form. Eine Zeitschrift wurde gedruckt „Herold des Sterns“ und eine Organisation gebildet „Der Orden vom Stern des Ostens“, um der Welt seine Erscheinung anzukündigen. Unglücklicherweise für Annie und die mehr als 100 000 Mitglieder des Ordens war Jiddu Krishnamurti gar nicht daran interessiert, angebetet zu werden. Er begann, um die Welt zu reisen und seine Anschauung zu verbreiten, daß die Krisen der Menschheit psychologischer Natur seien. Obwohl Krishnamurti der Sohn eines frommen Brahmanen war, erklärte er: „Gebt alle Theologien und Glaubenssysteme auf.“ Er vertrat die Überzeugung, daß alle Probleme gelöst werden könnten, wenn die Menschen „eine richtige Beziehung zueinander aufbauen könnten“.

Die Krishnamurti-Stiftung wurde nicht von Jiddu Krishnamurti selbst ins Leben gerufen. Annie Besant, damals Vorsitzende der Theosophischen Gesellschaft, „entdeckte“ den Teenager am Strand in Südindien. Fasziniert von seiner „Ausstrahlung“, adoptierte sie Jiddu und erzog ihn in Europa – immer im Hinblick auf die Rolle, die sie für ihn im Sinn hatte. Besant glaubte mit anderen Theosophen an ein höchstes Wesen namens *Maitreya.* Sie war der Überzeugung, daß Maitreya schon als Buddha und als Christus auf die Erde gekommen war und sich nun in Krishnamurti verkörpern würde. 1911 gründete sie den „Orden des Sterns“ mit Jiddu als Weltlehrer.

Zuerst akzeptierte er die Situation, aber 1929 löste er den Orden auf und erklärte, er sei nicht der Messias, sei nicht göttlich und nicht einmal ein geistlicher Führer. Schlußendlich einigte er sich mit Besant und der Theosophischen Gesellschaft. Er verbrachte des Rest seines Lebens auf Reisen zwischen England, Indien und Kalifornien. In Kalifornien befand sich sein Meditations- und Erholungszentrum.

Krishnamurtis Lehre war, daß es keinen Weg zur Wahrheit gibt. Der Mensch kann sie nicht durch Glaubensbekenntnisse, Lehren, Organisationen oder Wissen erreichen. Immer wieder erklärte er, daß er an nichts glaube. Er ermutigte jene Menschen, die bei ihm spirituelle Weisheit finden wollten, „im Innern nach der Unzerstörbarkeit des Selbst“ zu suchen.

Sogar als gealterter „Nicht-Guru“, der Anhänger verachtete, zog er immer wieder viele Zuhörer an, meist junge Leute, die begierig waren, ein geheimnisvolles „erweitertes Bewußtsein“ zu erleben. Bis zu seinem Tod im Jahr 1986 mit 90 Jahren reiste er zwar weniger häufig als in seiner Jugend, aber unternahm immer noch jährlich einige Weltreisen. Seine Reisen in die Vereinigten Staaten wurden zum Beispiel oft von New Age-Gruppen finanziert.

Die Theosophen haben ihn nicht völlig abgelehnt; sie führen seine Schriften weiter in ihren Buchläden. In *The New Religions* bemerkt Jacob Needleman: „Viele Menschen halten ihn immer noch für den Weltlehrer, sogar wenn er ihnen ins Gesicht sagt, daß es überhaupt keine spirituelle Autorität gebe und daß er niemandes Lehrer sei. Wer seinen Hintergrund und seinen Ruf nicht kennt, nimmt seine Reden hauptsächlich als Ausdruck des eigenen Überdrusses an der Gesellschaft, ihrer Heuchelei, ihren Vorstellungen von nationaler Ehre, Pflicht, Rasse und Klasse, ihrer bürgerlichen Ideale und Moral auf.“

Quellenverzeichnis: East/West Journal, Juli 1983; People, Dezember 1985; Time, 3. März 1986; Jacob Needleman, The New Religions, New York: Dutton, 1970.

Siehe auch unter Theosophie.

Ku-Klux-Klan

Es war kein gewöhnliches Picknick. Weißgekleidete Figuren mischten sich im ländlichen Alabama unter Mütter und Kinder, Teenager und College-Studenten. Einige drängten sich vor einem Würstchenstand. Ein Mann verkaufte Autoaufkleber, Gürtel, Brieftaschen, Messer – alle mit dem Zeichen KKK. Später entzündeten maskierte Ku-Klux-Klan-Mitglieder feierlich Fackeln. Auf Befehl ihres Führers warfen die verkleideten Männer ihre lodernden Fackeln einem großen hölzernen Kreuz zu Füßen. Flammen schossen auf jeder Seite des Kreuzes empor. Ein Mann in der Nähe erklärte seiner kleinen Tochter stolz: „Das ist die Macht der Weißen!" Ein anderer Teilnehmer sagte: „Wir verbrennen keine Kreuze, wir erleuchten sie!"

Der KKK besteht darauf, eine christliche Organisation zu sein. Ein Kreuz in Flammen zu setzen, sei „eine religiöse Feier und Zeremonie . . . kein Akt der Entweihung". Viele Mitglieder verstehen den Klan als Kirchenersatz. Seine elitären Regeln erfordern, daß künftige Mitglieder weiße, nicht-jüdische amerikanische Staatsbürger sein müssen, die eine weiße Regierung und Rassentrennung bevorzugen. Der Klan hat es auch auf Homosexuelle abgesehen. Seine Einstellung gegenüber Katholiken hat er allerdings geändert: er akzeptiert sie nun als Mitglieder.

Der Ku-Klux-Klan (*kuklos,* griech. bedeutet Kreis oder Rad) entstand aus dem Bürgerkrieg. Beunruhigt durch die sich ändernden sozialen Verhältnisse im Süden – Schwarze waren keine Sklaven mehr und skrupellose Nordstaatler, bekannt als Ämterjäger, zogen in den Süden, um die besiegten Konföderierten zu übervorteilen – gründeten ehemalige Soldaten und Sympathisanten der Konföderierten den KKK. Es war nur zu verständlich, daß im politisch und sozial veränderten Süden die Südstaatler in irgendeiner Weise reagieren würden.

Aber der Klan wurde erst zu einer ernstzunehmenden sozialen Kraft, als der Film *Birth of a Nation* „Geburt einer Nation" im Jahr 1915 in den Kinos anlief. Der Film verklärte den KKK und schürte den Rassenhaß derart, daß der Klan im Jahr 1920 fast fünf Millionen Mitglieder zählte. In den folgenden 50 Jahren erlebte er eine Blütezeit – mit beträchtlichem politischen Einfluß und etlichen Senatoren und

Gouverneuren unter seinen Mitgliedern. Viele Jahre lang war der Klan eine geachtete, wenn auch geheime Männerbund-Organisation, und maskierte Ku-Kluxer marschierten bei öffentlichen Paraden mit und zeigten weißen und nicht-weißen Zuschauern dadurch, daß die weiße Vorherrschaft immer noch tonangebend war.

Der KKK sieht sein vorrangiges Ziel darin, die weiße Rasse zu schützen und zu erhalten und die freiwillige Trennung der Rassen zu sichern. Seine gewalttätige Geschichte schloß auch Lynchjustiz, Morde und Bombenanschläge nicht aus. In den späten 70er Jahren stießen 125 Gewehre schwingende Ku-Kluxer mit 100 schwarzen Demonstranten in Decatur, Alabama, zusammen. Nach dem Ende der brutalen Schlägerei klagte der Staat nur einen Teilnehmer wegen eines Schwerverbrechens an: einen Schwarzen, der einen verkleideten Ku-Kluxer erschossen hatte. In den 60er und 70er Jahren gingen viele Ku-Kluxer in den Untergrund oder verließen den KKK aufgrund innerer Spaltungen und Rivalitäten.

Ein junger Pastor, der sich vor kurzem weigerte, eine Mitgliederwerbung des Klans in seiner Kirche in Cambridge, Massachusetts, zuzulassen, wurde gewarnt, daß er binnen zweier Wochen auf seiner Kanzel erschossen werden würde. Ein großes Metzgermesser steckte zur Bekräftigung dieser Warnung in der gepolsterten Rückenlehne seines Schreibtischstuhls. Darunter stand auf einem Zettel: „Du bist des Todes.“ Lydia Jackson, Präsidentin der Vereinigung Schwarzer Studenten in Harvard, wurde vom KKK mit Vergewaltigung bedroht, falls sie „nicht aufhöre, Schwierigkeiten zu machen und auf dem Campus Aufsehen zu erregen“.

Nach dem *Klanwatch,* einer Zeitschrift, die über KKK-Aktivitäten berichtet, gab es im Jahr 1984 in 25 öffentlichen Klan-Gruppen weniger als 10 000 Mitglieder. Die Zeitschrift schrieb, daß eigentlich alle Gruppen sich auf ihre „christliche Berufung“ stützen, wenn sie fordern, Minderheiten entweder zu trennen oder auszulöschen. Ein früherer Großmeister sagte, daß „Minderheiten vom Satan hergebracht wurden, um sie zu vernichten“.

KKK-Führer deuten willkürlich verschiedene biblische Passagen um, um ihre Vorurteile zu stützen und ihren Ansichten einen christlichen Anstrich zu geben. Eine Sicht ist, daß Eva Geschlechtsverkehr mit Satan hatte und Kain gebar, von dem die jüdische Rasse abstamme. Der Klan lehrt, daß die Juden dann in den Wald flohen, wo sie mit Tieren Geschlechtsverkehr hatten und so alle anderen Minderheitengruppen zeugten. Nur die Erwählten, die weiße Rasse, stamme von Adam ab. Die Lehre des Klans umgeht die Tatsache, daß auch

Jesus Jude war, indem behauptet wird, er stamme von Adam ab und sei deshalb Glied der arischen Rasse.

In den 70er Jahren wurde das Aufleben des Klans durch wirtschaftliche Schwierigkeiten, soziale Veränderungen und eine weiße Gegenreaktion begünstigt. Aber das Programm des Hasses und des elitären Denkens stieß auf beispiellosen Widerstand. Viele Staaten erließen Gesetze, die sich auf rassisch und religiös bedingten Terrorismus bezogen, und griffen auch gegen paramilitärische Lager durch, die der KKK eingerichtet hatte.

Es gibt keinen größeren Irrtum, als wenn Menschen Gott spielen und entscheiden, wer menschlicher Würde wert ist. Der Ku-Klux-Klan mißbraucht christliche Nächstenliebe, indem er göttliche Anweisungen für seine teuflischen Pläne, Minderheitsgruppen auszulöschen, beansprucht. Terrorismus und Mord sind Beispiele satanischer Aktivität und haben mit der Toleranz und Liebe, die Christen anderen entgegenbringen sollten (ohne Rücksicht auf Rasse, Hautfarbe oder Glaubensbekenntnis), nichts gemein. Sorgfältig gestaltete Rhetorik kann der Tatsache keinen Abbruch tun, daß ein brennendes Kreuz Haß und tiefsitzende Vorurteile gegen Gottes ureigenstes Handeln symbolisiert.

Begründer: Kleine Gruppen ehemaliger konföderierter Soldaten in Tennessee nach dem Bürgerkrieg.

Literatur: Abschnitte aus der Bibel, aus dem Zusammenhang gerissen und mißbraucht, um Rassenhaß zu rechtfertigen.

Symbol: Weiße Kapuzen und Roben, brennende Kreuze.

Anziehungskraft: Die wirtschaftlich Benachteiligten sind in der Geschichte durch Sündenbock-Erklärungen irregeführt worden. In diesem Fall werden für Unterbeschäftigung, Verbrechen und soziale Spannungen rassische Minderheiten verantwortlich gemacht. Solche vereinfachenden Antworten sind für die Ungebildeten einleuchtend, die die komplexen Ursachen sozialer Spannungen nicht verstehen können.

Ziel: Der KKK fordert die totale Trennung der Rassen und die Ausrottung von Minderheiten. Einige bevorzugen die „Zurück-nach-Afrika-Lösung“, während andere rassische Separatisten vorschlagen, die Vereinigten Staaten in voneinander abgegrenzte Gebiete aufzuteilen. KKK-Anhänger glauben, sie fördern den ethnischen Stolz der Weißen.

Irrtümer: Das Neue Testament lehrt, daß alle wiedergeborenen Gläubigen zu einer Familie in Christus gehören. Für den Apostel Paulus gab es weder Juden noch Griechen, Mann oder Frau, sondern alle Jünger Jesu bildeten einen Leib (Gal.3,27-28). Ironischerweise übernahmen die Ku-Kluxler die Theorie der sexuellen Verführung Evas durch die Schlange von okkulten jüdischen Rabbinern.

Quellenverzeichnis: Christianity Today, 20. April 1984; Denver Magazine, 1978; Cornerstone, 1981.

Adresse/Verbreitung: Ursprünglich der ländliche Süden der USA. Heute auch in städtischen Gebieten, vor allem im Mittleren Westen der Vereinigten Staaten.

Life Training

Schlagzeilen kündigen an: „JETZT können Sie kraftvoll und sinnvoll leben. Das LEBENSTRAINING: Eine eindrückliche Bildungserfahrung." Broschüren versprechen: „Sie können die Auswirkungen von Spannungen in Ihrem Leben vermindern und zu leben beginnen ... entsprechend der Vorstellung, die Sie schon immer hatten!" Werbeanzeigen locken: „Sie können sich nun befreit zum Wohle aller einbringen." Dies alles und noch mehr können Sie erleben, wenn Sie Ihr Bewußtsein und Ihr Ich, Ihr Herz und Ihre Seele durch das Wunder des *Life Training* erweitern. In den späten 70er Jahren gründeten zwei in Kalifornien von EST trainierte episkopalische Priester, W. Roy Whitten und K. Bradford Brown, das Life Training. Verwurzelt im New Age und der HPM (Bewegung zur Förderung des menschlichen Potentials), verspricht es Interessenten, sie können „frei sein von Ängsten, Entscheidungen, Urteilen, Erwartungen und Glaubenssätzen", wenn sie lernen, ihre grundsätzlichen Reaktionen auf die Probleme des Lebens zu ändern. Seit 1979 haben über 5000 Menschen versucht, die Wahrheiten des Life Trainings durch die Wiedererweckung oder bewußte Wahrnehmung zu entdecken. Life Training wird in den USA und England an verschiedenen Orten angeboten.

Im Zentrum des Life Trainings steht die humanistische Philosphie des bekannten Psychologen Albert Ellis. Nach seiner Ansicht ist alles Leiden durch unlogisches Denken verursacht. Der Mensch, nicht Gott ist der Mittelpunkt des Universums, und jedes religiöse Denken ist irrational.

Trotz der Behauptung der Gründer des Life Trainings, es sei ein „Ursprungsevangelium", gibt es mehr Ähnlichkeit zu New Age-Programmen wie EST als zum Christentum. Beispiele dafür sind die 2-Wochen-Einheiten, die Gruppengröße, die Unterbringung in neutralen Hotels, Schaffung einer überwachten Umgebung, Einschüchterung, umformende New Age „buzzwords", Gruppendynamik, eine mystische Weltsicht, öffentliches Zurschaustellen von schmerzlichen Erfahrungen der Vergangenheit und Slogans wie „Die Umwandlung beginnt mit dem Life Training".

Der Gründer Whitten räumt ein, daß seiner Ansicht nach ein

nichtreligiöser Ansatz mehr Menschen erreicht als ein religiöser. Folglich wird die sündige Natur des Menschen und der gefallene Zustand der Welt übergangen. Obwohl es nicht ausdrücklich erwähnt wird, macht diese Technik einen Erlöser überflüssig.

Als geschickter Demagoge wendet Whitten körperliche Berührung, Augenkontakt, Humor und bestätigenden Beifall an, um Menschen zu entwaffnen. Er zitiert die Bibel, vermeidet aber sorgfältig jede Aussage über seine Einstellung zur Person Jesu. Als „heilige Bücher" bezeichnet er die hinduistischen Upanishaden, die Bhagavad-Gita und den Koran ebenso wie die Bibel. Er behauptet, seine Ausbildung würde für Mitglieder aller Religionen von Nutzen sein. Life Training-Werbeschriften beschreiben die Vielfalt der Gruppe mit der Feststellung, daß „ungefähr ein Drittel der Teilnehmer in einer Kirche, Synagoge oder in einem Tempel engagiert ist, ein zweites Drittel betrachtet sich selbst als ‚spirituell', aber keiner religiösen Gruppierung angeschlossen, und das letzte Drittel hat genug vom Thema Religion oder ist schlichtweg nicht interessiert".

Die typischen Kurse finden an zwei Wochenenden statt, 17 Stunden täglich, und überschneiden sich mit dem traditionellen Sonntagsgottesdienst. Der Unterricht ist intensiv und dauert von 9 Uhr morgens bis 2 Uhr nachts. Durchschnittlich werden pro Kurs 150 bis 200 Studenten angenommen. Ausführliche Sitzungen behandeln Sitzordnung, Zeitpunkt und Art des Redens und Mittel gegen Müdigkeit. Kaugummikauen, Uhren und Lesematerial von außen sind verboten, ebenso wie die Namen Jesus, Gott, Christus und Buddha. Zuhörer werden aufgefordert, schmerzliche persönliche Erlebnisse mitzuteilen. Für zusätzliche Ausbildung sind „Oberkurse" möglich. Sind Absolventen einmal durch Brown oder Whitten zugelassen, stehen sie als Mitarbeiter für Wochenendseminare zur Verfügung.

Spezialprogramme bieten vertiefende Vorträge, Kurse und Seminare an, die verhindern sollen, daß die Absolventen in alte Gewohnheiten zurückfallen. Life Training-Anhänger glauben, daß diese Vertiefung es ermöglicht, eine größere Selbstbeherrschung und Einsatzfreude zu erreichen. Außer dem Streben nach höherem Bewußtsein werden die Absolventen aufgefordert, Gäste zu „Lebensgesprächen" mitzubringen.

Life Training wird von der *Kairos-Stiftung,* einer gemeinnützigen Bildungsorganisation, die 1983 durch Whitten und Brown eingerichtet wurde, veranstaltet. Interessenten wird gesagt, die Programme seien durch Spenden früherer zufriedener Teilnehmer finanziert. Das mag „preiswert" klingen, aber der geistliche Preis kann die eigene Seele sein.

Begründer: W. Roy Whitten (M. Div.) und K. Bradford Brown (Ph. D.). Gegründet in San Jose, Kalifornien.

Literatur: Keine spezielle. Die Bibel wird für jene zitiert, die danach fragen. Während des Trainings werden Übungsvorschriften in gedruckter Form ausgehändigt.

Symbol: Eine Schlangenlinie, die für das Auf und Ab des Lebens steht.

Anziehungskraft: Life Training bietet die Befähigung an, sich selbst und die Welt durch ein einfaches System psychologischer Techniken ähnlich der „Rational-Emotive-Therapie" von Albert Ellis zu verändern. Die Gründer meinen, „sich selbst die Wahrheit zu sagen", kann Schmerzen und Leiden heilen. Menschen mit geringem Selbstwertgefühl und Gefühlen von Macht- und Hoffnungslosigkeit sehen Life Training als eine Lösung für ihre Probleme an.

Ziel: Aus der Life Training-Literatur wird folgendes Ziel ersichtlich: „Sie mit einer Lebenserfahrung zu stimulieren, die Ihre Fähigkeit, mit dem Leben umzugehen, grundlegend verbessert."

Irrtümer: Nach Meinung des Life Trainings sind Schmerzen und Leiden im Leben die Folge von „Selbstgesprächen", die schädlich und unzuverlässig sind. Eine psychologische Technik, *Prozeß* genannt, wird angeblich alle Probleme lösen. *Selbsterweckung* soll eine Erfahrung der Gottes-Verwirklichung sein. Im Einklang mit dem Ansatz der HPM stellt Life Training fest, daß der Mensch sein eigenes Universum schafft. Die Ausbildung zeigt eine starke Beschäftigung mit dem Selbst und behauptet fälschlicherweise, daß menschliche Erfahrungen und Gefühle Gradmesser für Wahrheit sein können. Sünde wird übergangen, und Heil wird ohne Jesus Christus angeboten.

Quellenverzeichnis: Biewett, Beauchamp, Fouse, The Human Potential Movement, EST and The Life Training, 14.9.1984.

Adresse/Hauptquartier: 15810 Los Gatos Boulevard, Los Gatos CA 95030/USA;

Siehe auch unter Human Potential Movement, New Age-Kulte.

Lifespring

Sektenforscher, die mit EST vertraut sind, sind sich darüber im klaren, daß einige seiner Vorstellungen aus der Mind Dynamics stammen, einer Organisation in San Francisco, die bis zu ihrer Auflösung im Jahr 1975 Techniken lehrte, die auf der Kraft des Verstandes beruhten. Werner Erhard (Gründer von EST und Forum) war ein Angestellter der Mind Dynamics, ebenso wie John Hanley und Randy Revell, die Gründer von Lifespring. Hanley behauptet, seine Bewegung sei durch Denker wie Soren Kierkegaard, Martin Heidegger und Abraham Maslow beeinflußt. Hanley beschloß, bewußt anti-intellektuell und nicht-logisch zu sein. Annähernd 150 000 Menschen (jeder zahlte eine Gebühr von 350—750 Dollar) wurden durch diese Bewegung des „Persönlichkeitswachstums", die freiwillig ihre Ähnlichkeiten zu EST zugibt, bislang ausgebildet. (Ein Unterschied wäre, daß Lifespring den Schwerpunkt mehr auf persönliche Beziehungen legt als EST.) Im Kurs selbst bringen „Rednerinnen" Leitlinien vor, an denen die Teilnehmer ihren Glauben und ihr Verhalten messen können, obwohl die „Rednerinnen" kein verbindliches Lehrsystem darlegen. Die Vorstellungen von Lifespring spiegeln eine mystische Sicht der Realität wider. Obwohl man nicht für besondere theologische Grundsätze wirbt, wird Kursteilnehmern empfohlen, sich in Parapsychologie, Meditation und „Phantasien unter Anleitung" zu vertiefen. Eigenliebe wird als die „größte Liebe" dargestellt, die man erfahren kann. Tatsächlich ist das Hauptziel des Kurses, Menschen klarzumachen, daß sie „gut genug" sind. Solche Praktiken und Lehren gewöhnen den Teilnehmer natürlich daran, das Leben durch eine nichtchristliche Brille zu sehen.

Enthüllungen durch die Medien und gerichtliche Klagen von ehemaligen Teilnehmern haben das Bild von Lifespring getrübt und ernstzunehmende Anfragen an ihre Techniken ausgelöst. Kritiker bezweifeln, daß sie tatsächlich Menschen helfen kann, ihren „Kern, . . . ein vollkommenes, liebendes und fürsorgliches Wesen", zu entdecken. Trotzdem hat die Bewegung immer noch Ausbildungszentren in dreizehn amerikanischen Städten, ein Ausgabenbudget von über 10 Millionen Dollar und über 100 hauptamtliche Mitarbeiter.

Quellenverzeichnis: Miller, Lifespring, Christian Research Institute, 1979; Forward, Nr. 4/1.

Macumba

Schwarze Hähne mit aufgeschlitzten Hälsen, brennende Kerzen mit verschiedenfarbigen Bändern und Flaschen mit Zuckerrohrschnaps an Straßenkreuzungen sind in Brasilien alltägliche Zeichen, die auf Macumba hinweisen. In einem Land, in dem der Hunger herrscht, berührt keiner die Opfergaben, die an solchen Straßenkreuzungen niedergelegt wurden – aus Angst, die Götter zu verärgern.

Zu Silvester glitzert der weltberühmte Strand der Copacabana in Rio de Janeiro mit brennenden Kerzen, die in Sandkuhlen gestellt wurden – eine rituelle Ehrerbietung an Iemanja, die Göttin der See. Weißgekleidete *macumbeiros* (Macumba-Priester) halten Hof vor blumenübersäten Sandaltären. Um Mitternacht waten Tausende von Anhängern ins Wasser, in den Händen frische Blumen und andere rituelle Opfergaben, die auf Spielzeugbooten der Göttin entgegentreiben. Hat die See einmal die Gaben angenommen, so der Glaube, werden die Wünsche für das kommende Jahr auch in Erfüllung gehen. Kürzlich versammelten sich zwei Millionen Menschen an den Stränden Brasiliens, um Iemanja an einem Macumba-Feiertag zu ehren. Sie opferten Geld, Juwelen und Champagner – alles wurde ins Meer geworfen.

Obwohl Brasilien das größte römisch-katholische Land der Welt ist, heißt seine sehr viel weiter verbreitete, inoffizielle Religion Macumba. Als afro-brasilianischer Kult, der Spiritismus, Katholizismus und Voodoo in sich vereinigt, wurde Macumba im 16. Jahrhundert von afrikanischen Sklaven ins Land gebracht, die auf den Zuckerrohrplantagen arbeiteten. Während die meisten anderen Kulte Brasiliens eher regional begrenzt sind, kann man Macumba und die verwandten Kulte Umbanda und Candomble landesweit antreffen. Geschätzte 25 Prozent der acht Millionen Einwohner von Rio de Janeiro glauben an Iemanja, und ungefähr 40 Millionen Brasilianer verbinden Christentum mit Geisteranbetung. Macumbaläden findet man in fast jeder Straße in allen größeren Städten Brasiliens. Die Gläubigen wählen ihre Götter aus einem Pantheon von christlichen/afrikanischen Gottheiten und opfern, um ihre Gunst zu gewinnen.

Während der Macumba-Rituale sprechen die Götter durch Medien, die sich in Trance befinden. Die Mutter der Götter, die Zeremonienmeisterin, darf nicht in Trance verfallen und beaufsichtigt die Rituale, während sie eigenständig Kontakt mit Macumba-Gottheiten aufnimmt.

Candomble verbindet wie Macumba afrikanischen Spiritismus mit portugiesischem Katholizismus. An jedem katholischen Heiligenfeiertag beten und singen Candomble-Gläubige zu *orixa,* einer afrikanischen Gottheit, die mit dem Heiligen in Verbindung steht. Nur ist Candomble, im Gegensatz zu den meisten anderen Kulten, monotheistisch und erklärt, daß das höchste Wesen, *Olorum,* Himmel und Erde geschaffen hat.

Macumba ist vor allem, aber nicht nur, eine Religion der Armen und Ungebildeten. Allein im Einzugsbereich von Rio de Janeiro gibt es ungefähr 62 500 Tempel. Ein Abgeordneter des brasilianischen Parlaments gewann eine Wahl, weil er staatliche Unterstützung für den Macumba-Kult versprach; bekannte Sportler und Sänger bekennen sich öffentlich zu ihrer Mitgliedschaft im Kult. Ein Macumba-Anhänger aus der Oberschicht sagte: „Man kann sich jetzt aus dem Versteck heraustrauen."

Um seinen Glauben an einen verstorbenen katholischen Priester zu demonstrieren, der heiliggesprochen wurde, nachdem er eine Hostie angeblich in Blut verwandelt hatte, ging ein junger Brasilianer auf zersplittertem Glas und heißen Kohlen, schluckte Rasierklingen, Nägel und Schrauben, aß Glühbirnen und rammte sich Nägel durch seine Wangen. Diese Macumba-Praktiken konnten ihm nichts anhaben. Er behauptete, er würde dabei auch keine Schmerzen empfinden, weil er an den verstorbenen katholischen Priester glaube.

Als Portugal noch Brasilien beherrschte, versuchte die römisch-katholische Inquisition, ketzerische Sektenanhänger auszurotten. Doch sie schaffte es nicht. Im späten 19. Jahrhundert überredete Antonio Conselheiro Tausende seiner Anhänger, die katholische Kirche zu verlassen und die Autorität des Staates abzulehnen. In vier militärischen Aktionen konnte die Hochburg der Aufständischen endlich zerstört werden. Spätere Regierungen Brasiliens hielten es für einfacher und klüger, die Anhänger des Macumba-Kultes einfach zu dulden.

Begründer: Westafrikanische Sklaven, die nach Brasilien gebracht wurden.

Literatur: Mündliche Überlieferungen.

Symbol: Viele, einschließlich Zauber, Zeichen, einfache Götterfiguren, Opfer wie Geld, Alkohol, Zigarren, Blumen.

Anziehungskraft: Versprechen von Reichtum, Gesundheit und Vergeltung ziehen eine analphabetische Mehrheit an. Gebildetere Anhänger sind fasziniert von dem Versprechen der unmittelbaren Antwort auf Bittgesuche. Die Popularität spiritistischer Kulte in Brasilien kann auf einen Hunger nach Transzendenz zurückgeführt werden, den viele Kirchen nicht gestillt haben.

Ziel: Gläubige suchen die Gunst der Götter, oder wollen Vergeltung an einem Feind durch Eingreifen der Götter üben. Materieller Gewinn und sozialer Aufstieg locken jene, die keine andere Möglichkeit haben, in Brasiliens brüchiger Wirtschaft Vermögen zu erwerben. Viele gebildete Menschen nehmen den Macumba-Glauben an, weil er wenig ethische oder moralische Forderungen stellt und, so behaupten sie, eine logische Vervollständigung zum Judentum, Christentum und dem Islam bildet.

Irrtümer: Macumba unterstützt ein heidnisches, polytheistisches Glaubenssystem, das die christliche Vorstellung des einen Gottes ablehnt. Heidnische Gottheiten werden mit christlichen Heiligen identifiziert, noch verstärkt durch die Schwäche der römisch-katholischen Kirche, solchen Synkretismus überhaupt zuzulassen. Böse Geister, Fetische, Zauber, Symbole und Zeichen sind Werkzeuge Satans, natürlich auch alle Erscheinungsformen von Hexerei und Schwarzer Magie. Macumba unterdrückt ein Volk geistlich, das schon vollkommen von Aberglauben und Analphabetentum durchdrungen ist, und beeinträchtigt die christliche Missionsarbeit in Brasilien erheblich.

Quellenverzeichnis: To the Point International, 26. Dezember 1977; Newsweek, 27. Februar 1978; Christianity Today, 4. April 1980; Time, 21. Juli 1980.

Adresse/Verbreitung: Brasilien, Südamerika.

Siehe auch Schwarze Magie und Voodoo/Santeria.

MANS-Orden

Die allgemein verbreitete Fachliteratur beschreibt den MANS-Orden nicht als Religion, sondern als Jüngerschaftsbewegung. Interessenten wird erklärt, daß der Orden die allgemeinen Schöpfungsgesetze, die in alten christlichen Mysterien zutage traten, vermitteln will. Das Erforschen vollzieht sich nach einer Liste von 12 Lebensregeln. Dazu gehören auch die Abgabe des Zehnten (für Neulinge 5 Dollar pro Monat) und der absolute Gehorsam, der dem Meister der Klasse, dem man zugeordnet wird, zu leisten ist.

Sobald der Bewerber ein Antragsformular ausgefüllt hat, ist der Eintritt in den Orden vollzogen. Doch muß der Neuling auch geloben, die Lehren des Meisters Jesu bereitwillig anzunehmen. Dieser rein äußerliche Bezug auf Christus deckt sich ganz mit der Auffassung des Ordens. Jesus sei zwar ein großer Meister, doch nur einer von mehreren großen *Avatars.* Der MANS-Orden behauptet, ein christliches Glaubenssystem zu haben. Zwar finden sich häufig Hinweise, die den Suchenden anhalten, „die christliche Moral" aufrechtzuerhalten, doch verraten die Anspielungen auf Begriffe wie „Selbstverwirklichung", das „Zeitalter des Wassermanns", das „innere Licht Christi", der „esoterische Rat" und „erlangte Erleuchtung" das wahre mystische Wesen des Ordens.

Um den sogenannten Grundkurs zu durchlaufen, benötigt man zwei Jahre. Danach darf das neue Mitglied, das nun Laienbruder bzw. -schwester ist, mit dem Kurs für Fortgeschrittene weitermachen oder die höchste Ebene anstreben, ein Jüngerschafts-Lehrer zu werden. Ab dann wird von jedem Mitglied erwartet, daß es Eigenschaften wie Selbstkontrolle, Wohltätigkeit und inneres Losgelöstsein von materiellen und leiblichen Wünschen aufweist. Dunkle Kleidung mit einem weißen „Pfarrerkragen" sind vorgeschrieben, womit der Unterschied zwischen Mitgliedern und „dem gewöhnlichen Volk" verdeutlicht werden soll. Solche Kleiderordnungen weisen auf die katholischen Einflüsse des Ordens hin. (Tatsächlich hat der Orden viele Praktiken der römisch-katholischen Kirche aus der Zeit vor dem Zweiten Vatikanischen Konzil wieder eingeführt. Zwar würden einige gewissenhafte Katholiken die Vorgehensweise des Ordens als höchst zweifelhaft bewerten, doch bestätigt die Betonung der Sakramente in diesem Orden die geistliche Verknüpfung mit dem Katholizismus. Aufgrund der Veränderung im Katholizismus, die sich nach dem Zweiten Vatikanischen Konzil ergab, haben interessanterweise viele verärgerte Katholiken eine Religiosität gesucht, die dieselbe Betonung der Sakramente aufweist wie der Katholizismus vor dem Zweiten Vatikanum.)

Zwar gibt es keine Vorschrift strenger Moralgesetze, doch scheint man zu glauben, daß das persönlich gewonnene Christus-Bewußtsein eine positive Lebenseinstellung vorgibt. Mitglieder brauchten ihre Kirche nicht zu verlassen und ihre Glaubenszugehörigkeit aufzugeben, weil die Ordensvorschriften keine Lehren betreffen. Der MANS-Orden stellt sich jedoch in Gegensatz zum rechten biblischen Glauben, da er Christus als einzigen Retter und Schöpfer verneint und ihn lediglich als Einfluß strahlenförmiger Energie ansieht. Auch verleugnet der Orden den biblischen Begriff der Hölle. Die einzige Hölle, die wir kennen, sei die, die wir uns selbst schaffen.

Eine noch ernsthaftere geistliche Gefahr begegnet uns möglicherweise in den Meditationstechniken, die dazu bestimmt sind, „das höhere und innere Sein der eigenen Person zu erlangen". Wenn es auch keinen Grund zu der Annahme gibt, daß Spiritismus und Totenbefragung absichtlich gewollt sind, kann solches Bemühen doch in spiritistischen Praktiken enden. Zweifellos begünstigt man, in die Praxis von Tarot-Karten, Astrologie, Kabbala und Parapsychologie verwickelt zu werden.

Eine positivere Seite ist das sogenannte Raphael-Haus, ein Obdachlosenheim für Nichtseßhafte und Mißhandelte, das der Orden in San Francisco unterhält. Die Bewohner des Raphael-Hauses dürfen so lange bleiben, bis sie Arbeit gefunden haben oder mit staatlicher Unterstützung rechnen können.

Die größte Herausforderung dieses Ordens liegt in dem Anreiz, ein höheres Bewußtsein zu erlangen. Diesen Zustand hat man erreicht, wenn man dasselbe Christus-Bewußtsein erlangte wie Jesus auch – ein Mensch, in dem Gott sich verwirklichte. So werden die Mitglieder darauf vorbereitet, in ein Neues Zeitalter einzutreten, in dem der Mensch geistliches Verständnis gewonnen hat. Ihr Schlagwort, eine Umdeutung von Matthäus 7,20, lautet: „Und an ihrem Wirken sollt ihr sie erkennen." Ob nun das Wort *Frucht* durch das Wort *Wirken* willkürlich ausgetauscht wurde oder nicht, so zeigt es doch den wesentlichen Unterschied zwischen dem Orden und dem biblischen Christentum. Zwar sind die ethischen Ziele des Ordens lobenswert, doch letztlich nicht zu erreichen. Ein wahrer Christ wird an der Frucht des Geistes erkannt (Gal.5,22-23), die sich aus der ihm innewohnenden Person Christi ergibt, nicht aus dem innewohnenden Bewußtsein. Zwar berichtet der MANS-Orden gern von seiner Akzeptanz bei einigen Christen, doch wird kein wachsamer Christ die falsche Theologie des Ordens und dessen Mischung aus Christentum und Okkultismus übernehmen können.

Begründer: Earl Blighton, ehemaliger Ingenieur, wurde scheinbar durch eine „göttliche Offenbarung" veranlaßt, den Orden ins Leben zu rufen.

Literatur: Die Bibel, insbesondere das Neue Testament mit mystischer Betonung der Paulusbriefe; ferner Seminare und Fernstudienmaterial.

Symbol: Ein goldenes Kreuz, darüber ein flammendes Schwert. Die Buchstaben MANS sind die Anfangsbuchstaben von: *Mysterion* (Mysterium, Geheimnis), *Agape* (göttliche Liebe), *Nous* (Verstand, Wissen) und *Sophia* (Weisheit).

Anziehungskraft: Um Menschen anzulocken, die über den moralischen Verfall der Gesellschaft erschüttert sind, werden Askese und ethische Aufrichtigkeit besonders stark betont. Da zukünftigen Mitgliedern kaum etwas über den Orden bekannt ist, kann ihnen eine Neigung zu dessen geheimen Lehren nicht nachgesagt werden.

Ziel: Der MANS-Orden verspricht, verborgene christliche Mysterien zu enthüllen. Diese Wahrheiten sollen das geistliche Bewußtsein erweitern und auf das Neue Zeitalter vorbereiten, das bald über die Menschheit hereinbrechen wird. Den Mitgliedern wird der Beitritt zur „großen Bruderschaft" versprochen, einer Gemeinschaft von christusgleichen Individuen, die einst mit dem „kosmischen Christus" regieren werden.

Irrtümer: Christus gilt nicht als ewiger Gott, sondern als großer Lehrer. Gott-Vater ist „während des Saturnzeitalters der am besten Eingeweihte unter der Menschheit", Jesus ist „der Best-Eingeweihte während des Sonnenzeitalters", der Heilige Geist ist „der Best-Eingeweihte im Zeitalter des Mondes". Mystische Weisheit wird als gültige Wahrheit angesehen und kommt der Autorität der biblischen Wahrheit gleich.

Quellenverzeichnis: Werbebriefe des MANS-Ordens; Einführungsbroschüre Steps Along the Way; Spiritual Counterfeits Project Newsletter, Februar 1976, Bd. 2, Nr. 2.

Adresse/Hauptquartier: Holy Order of MANS, 2101 Seymour Avenue, Box 308, Cheyenne, WY 82001/USA.

Mind Sciences

Verstandeswissenschaften

„Wenn Sie mit christlich meinen, daß wir durch das Blut Christi am Kreuz gerettet sind, dann sind wir es nicht." Daß ein Pastor der *Church of Religious Science* dies so ausdrücklich zugibt, zeigt den wesentlichen Unterschied zwischen den Sekten der Verstandeswissenschaften und dem historischen Christentum. Diese Organisationen schließen einige bekanntere Gruppen ein, die anderswo besprochen wurden (Christliche Wissenschaft und Unity School of Christianity) als auch andere Körperschaften, die ihre Lehren vor allem aus den Gedankenspielereien des Ernest Holmes beziehen. Sie bezeichnen sich mit Begriffen wie „Religiöse Wissenschaft", „Göttliche Wissenschaft" und „Wissenschaft des Verstandes".

Mit Entlehnungen aus dem metaphysischen Erbe von Charles und Myrtle Fillmore, Warren Felt Evans, Mary Baker Eddy und Phineas Parkhurst Quimby gründete Holmes im Jahr 1927 das Institut der Religiösen Wissenschaften. *Science of Mind,* herausgegeben von Holmes im Jahr 1938, ist das Grundlagenwerk für die Lehren der Verstandeswissenschaften mit dem Schwerpunkt, daß das Gesetz und die Liebe Gottes (das „Ding-an-sich") vollkommen sind. Diese Theorie auf das Leben anzuwenden, ist ein nicht-übernatürlicher Prozeß von „Wissenschaft". Sich seines innewohnenden Selbstwertes gewahr zu werden, als von einem göttlichen Funken ausgehend, ist die Kernaussage der Lehren Holmes'. „Wenn ein Mensch seine wahre Einheit mit dem Unendlichen erkennt, wird er automatisch zu Christus selbst", schrieb er. Indem man den bestimmten Artikel „der" verwendet, wenn man von Christus spricht, unterscheiden die Verstandeswissenschaften zwischen Jesus als dem Menschen und der göttlichen Idee der Christus-Verwirklichung, die von allen Menschen erreichbar ist.

Die Fleischwerdung Christi und seine Göttlichkeit sind nicht die einzigen orthodoxen Lehraussagen, die von den Sekten der Verstandeswissenschaften abgelehnt werden. Während sie alle biblische Wahrheit vergeistlichen, deuten sie auch Himmel und Hölle in geistige Zustände um und behaupten, daß die Auferstehung keine leibliche Auferstehung Christi mit sich brachte. Sie lehnen biblische Lehre ab, übernehmen dafür bereitwillig eine Vielfalt nichtchristlicher Philosophien und heiliger Bücher und verschmelzen diese verschiedenen Ansätze in ein synkretistisches Ganzes. Trotz ihrer besonderen Betonung auf dem heutigen Interesse an Heilung und Positivem Denken unterscheiden sich die Grundannahmen der Verstandes- und Religiösen Wissenschaften wenig von den gnostischen Häretikern, mit denen der Apostel Paulus vor über 1900 Jahren konfrontiert wurde.

Quellenverzeichnis: Melton, The Encyclopedia of American Religions, Wilmington, N. C.: McGrath, 1978; Ehrenborg, Religion, Science or Science of the Mind, Christian Research Institute, 1979.

Siehe auch unter Christlicher Wissenschaft,
Unity School of Christianity.

Die Mormonen

Sie sind leicht zu erkennen. Erstens sieht man sie immer zu zweit. Dann fallen die kurzgeschnittenen Haare und die dunklen Anzüge, die weißen Hemden, dezenten Krawatten, polierten Schuhe und Namensschilder mit dem beeindruckenden Titel „Ältester“ auf. Ihre Ernsthaftigkeit steht außer Frage. Und sie vertreten die grundlegendsten menschlichen Werte – Patriotismus, Nüchternheit, Verantwortung für die Familie und ehrliche Arbeit.

Während sie zwei Jahre ihres Lebens damit verbringen, das Evangelium der Mormonen *Das Buch Mormon* zu verbreiten, werden diese jungen Missionare von Eltern, Freunden und Verwandten unterstützt. Jeder muß einen Wochenbericht einreichen, der Rechenschaft über jede Stunde des Tages ablegt. Ihre Aufgabe ist nicht einfach. Statistisch gesehen öffnen sich nur neun von tausend Türen, an die sie klopfen. Aber der Aufwand lohnt sich. In eineinhalb Jahrhunderten wuchs die *Kirche Jesu Christi der Heiligen der Letzten Tage* von 6 Anhängern auf fast 6,5 Millionen Mitglieder weltweit.

Woher kommt dieser Eifer? Der Gründer Joseph Smith erklärte, er hätte eine Vision von Gott-Vater und Jesus Christus gehabt. Sie offenbarten ihm, daß alle Kirchen und Glaubensbekenntnisse dem Herrn ein Greuel seien. Er, Smith, solle ein Prophet sein, der die „wiederhergestellte Botschaft des wahren Evangeliums“ verkündigen müsse. Heute „evangelisieren“ 30 000 mormonische Missionare 200 000 Bekehrte pro Jahr, während die Kirche ungefähr 1,3 Milliarden Dollar jährlich einnimmt. (Der Wert des Eigentums der Mormonenkirche wird vorsichtig auf 8 Milliarden Dollar geschätzt.) Die den Mormonen eigene „Brigham Young Universität“ ist die größte private Universität in den USA; außerdem betreiben sie einen der weltweit größten Medienkonzerne. Das 28stöckige Hauptquartier in Salt Lake City, Utah, könnte auf seinem Dach gut und gern die Inschrift „Erfolg“ tragen.

Erwähnt man die Moonies oder Hare Krishna dem Normalbürger gegenüber, wird er mit Verachtung reagieren. Aber das Wort Mormone ruft normalerweise sofort ein zustimmendes Nicken hervor. Das korrekte Auftreten macht offenbar Eindruck. Mormonen sind dafür bekannt, daß sie Tabak, Kaffee und vorehelichen Geschlechtsverkehr meiden, das Familienleben und freies Unternehmertum dagegen achten. Sie haben – statistisch gesehen – seltener Krebs und sind im Vergleich zur Allgemeinbevölkerung körperlich leistungsfähiger. Wer würde nicht eine religiöse Gruppe bewundern, die die Pfadfinder unterstützt und „Fastenopfer" zur Fürsorge für Witwen, Arme und Bedürftige einsammelt? Die eigenartige Entstehungsgeschichte und die sonderbaren Glaubensinhalte der Mormonen werden oft in der Annahme übersehen, eine gesunde Moral mache schon eine gute Religion aus. (Offensichtlich ist die amerikanische Regierung von der Rechtschaffenheit der Mormonen besonders beeindruckt. Der FBI und der CIA holen sich ihre Mitarbeiter bevorzugt von den Mormonen, und die Reagan-Regierung beschäftigte mehr Mormonen als jede Verwaltung zuvor.)

Die meisten Menschen wissen wenig über die Lehren und die Anfänge der Mormonen. Sie mögen mit den Namen Joseph Smith oder Brigham Young vertraut sein. Ezra Taft Benson und George Romney waren als Mormonen öffentlich politisch tätig. Und die Konzerte des *Mormon Tabernacle Choir* gewannen die Achtung von Musikkritikern. Nur wenige kennen die sonderbaren Praktiken der Ferntaufen und der himmlischen Ehen. Um das Mormonentum wirklich zu verstehen, muß man durch all die geheimen Lehren und Werbeschriften der Heiligen der Letzten Tage hindurchgraben und bis zur kleinen Stadt Palmyra, New York, im Jahr 1820 vorstoßen.

Joseph Smith wird von Millionen Mormonen als Seher und Prophet verehrt. Zeitgenossen, die ihn kannten, und auch seine Eltern sahen das ein wenig anders. Nachbarn bezeichneten die Familie Smith als „Analphabeten, Whiskysäufer, Faulenzer und Gottlose". Joe (so nannte man ihn) war als träge bekannt mit einer Neigung zu Übertreibung und Unwahrhaftigkeit. Seine Mutter, Lucy Mack, praktizierte Magie und hatte Visionen. Sein Vater, Joe Senior, war als vernarrter Schatzsucher bekannt, der hinter dem sagenhaften Schatz von Captain Kidd her war. Der Gründer der Mormonen begleitete seinen Vater oft auf diesen Expeditionen und war selbst am Okkulten interessiert, vor allem an der Wahrsagerei.

An einem Tag im Jahr 1820, während Joseph Smith im Wald betete, erlebte er seine sagenhafte Vision von Gott und Jesus. 1823 erschien ein Engel namens Moroni an seinem Bett. Der Besucher gab sich als Sohn des Mormon aus, dem verstorbenen Führer einer amerikanischen Rasse, den Nephiten. Moroni erzählte ihm von einem Stapel „Goldplatten", die die „Fülle des ewigen Evangeliums" enthielten. Vier Jahre später grub Smith die Tafeln auf dem Hügel Cumorah (bei Palmyrah, New York) aus. Mit den Tafeln war auch eine große „Prophetenbrille" vergraben, bekannt als „Urim und Thummim". Sie sollten der Übersetzung der Hieroglyphen auf den Platten dienen, einer Sprache, die „Neuägyptisch" genannt wurde. (Archäologen und Ägyptologen stellen jeden historischen Beweis für eine derartige Form der Kommunikation in Abrede.)

Joseph begann sofort mit der Übersetzung der Platten. Er behauptete, daß ihm während dieser Zeit auch Johannes der Täufer (gesandt von Petrus, Jakobus und Johannes) erschien und eine göttliche Ordination vollzog. Als die Übersetzung abgeschlossen war (mit Hilfe von Oliver Cowdery, einem herumziehenden Schullehrer, und Emma Hale, seiner ersten und einzigen legalen Ehefrau), gab er die Platten an Moroni zurück. Das „Buch Mormon" wurde 1830 veröffentlicht. Der Untertitel „Ein anderes Testament von Jesus Christus" wurde in jüngerer Zeit hinzugefügt, um das „Buch Mormon" in engere Verbindung zu dem orthodoxen Christentum zu bringen. Am 6. April desselben Jahres gründeten Cowdery, Smith und seine Brüder Hyrum und Samuel offiziell die „Kirche Jesu Christi", heute bekannt als die „Kirche Jesu Christi der Heiligen der Letzten Tage".

Das „Buch Mormon" ist der Grundstein des Glaubens der Mormonen. Mit den anderen Büchern von Smith, „Lehren und Bündnisse" und „Die köstliche Perle", wird es als eine der Bibel überlegene göttliche Offenbarung angesehen. Im praktischen Gebrauch wird bei einem Widerspruch zwischen dem Buch Mormon und der Bibel dem ersteren größere Autorität zugemessen. Was ist nun sein genauer Inhalt?

Es erzählt die Geschichte zweier Völker aus dem Mittleren Osten, die nach Nord- und Südamerika auswanderten. Die Erzählung wird in einer Reihe von Büchern wiedergegeben, die zwischen 600 v. Chr. und 400 n. Chr. verfaßt wurden. Eine altertümliche Zivilisation, die Jarediten, zogen vom Turm zu Babel bis nach Zentralamerika. Als verderbtes Volk gingen sie wegen ihrer eigenen Sittenlosigkeit zugrunde. (Ich habe alte Maya-Ruinen in Zentralamerika besichtigt, in denen mormonische Archäologen nach Hinweisen zur Bestätigung historischer Ansprüche der Mormonen suchen. In Tikal/Guatemala und Copan/Honduras sah ich Steinreliefs, die einem Davidsstern ähneln, was für die Mormonen ein Beweis ihrer Aussagen ist.)

Später floh eine Gruppe von Juden unter der Führung eines Gerechten namens Nephi aus Jerusalem, um der Babylonischen Gefangenschaft zu entgehen, und landete in Südamerika. Sie spalteten sich in feindliche Gruppen auf, die Nephiten und Lamaniten. Die letzteren schlugen die Nephiten in einer vernichtenden Schlacht bei Palmyra, New York, im Jahr 428. Ihr Sieg führte zu einem Fluch – die dunkle Haut. Sie bevölkerten allmählich den Kontinent und wurden zur indianischen Rasse. Vor seinem Ableben stellte Mormon, der Führer der Nephiten, einen Bericht über seine Kultur zusammen und über die Erscheinung Christi, die angeblich nach seiner Auferstehung bei ihnen stattgefunden haben soll. Er beschrieb, wie der Herr die Nephiten in Südamerika damit beauftragte, die Sakramente des Abendmahls, der Taufe und des Priestertums einzusetzen. Der vollständige Abriß war auf den goldenen Platten verzeichnet, die Mormon eingegraben hatte und von Joseph Smith 1400 Jahre später wiedergefunden wurden.

Bevor wir mit der historischen Sage von Smith und seinem Nachfolger Brigham Young fortfahren, bedarf das *Buch Mormon* einer genaueren Prüfung, weil es Gleichrangigkeit mit der Bibel beansprucht. Es behauptet von sich, das versiegelte Buch aus Jesaja 29 zu sein und ein Bericht über die „anderen Schafe", die Jesus in Johannes 10,16 erwähnt. Aber die Beweise sind fragwürdig, und die Ungereimtheiten offensichtlich.

Obwohl es eine zusätzliche Offenbarung zur Bibel sein will, enthält die amerikanische Originalausgabe wortwörtliche Verweise in King-James-Englisch, obwohl es angeblich einige Jahrhunderte vor dieser Bibelübersetzung verfaßt worden sein soll. Die einander entsprechenden Passagen enthalten sogar die Fehler der Übersetzer aus dem 17. Jahrhundert – ein seltsamer Zufall. Außerdem schreibt das *Buch Mormon* den Einwanderern in die Neue Welt Fähigkeiten zur Metallproduktion zu, eine Behauptung, die durch archäologische Forschung nicht bewiesen worden ist. Mormon beschrieb sogar Elefanten, die auf der westlichen Halbkugel gelebt haben sollen, obwohl nie irgendwelche Skelette gefunden wurden.

Das *Smithsonian-Institut* bestreitet kategorisch jede Beziehung zwischen archäologischen Entdeckungen in Amerika und der Information, die im *Buch Mormon* enthalten ist. Eine seiner Veröffentlichungen, „Das Zeugnis Joseph Smiths", schließt ihre glühende Lobrede auf das *Buch Mormon* mit der Nennung von insgesamt elf Zeugen. Allerdings vergaß der Verfasser des Traktats zu erwähnen, daß drei von ihnen, Oliver Cowdery, David Whitmer und Martin Hanes, später von Smith öffentlich abgelehnt wurden. Unter den anderen acht sind fünf, die mit David Whitmer verwandt waren. Von den restlichen Zeugen war der eine Smiths Vater und die anderen beiden seine Brüder – kaum eine Gruppe von unabhängigen Beobachtern.

Wer schrieb nun das *Buch Mormon?* Gott, Satan, Smith oder ein anderer Sterblicher sind die einzig möglichen Autoren. Einige, die seine göttliche Inspiration bezweifeln, deuten an, daß Smith ein phantasievoller Spinner gewesen sein könnte, der alte Bibeltexte mit historischen Spekulationen aus dem 19. Jahrhundert kombinierte, um eine frei erfundene Geschichte zusammenzuschreiben. Andere meinen, daß einer seiner Anhänger, Sidney Rigdon, ein Manuskript von Solomon Spaulding, einem 1816 verstorbenen Schriftsteller und Pastor, plagiierte. Einige wenige bestehen darauf, daß Smiths Schriften eine starke Ähnlichkeit zu denen von Rev. Ethan Smith aufweisen. Die meisten evangelikalen Kritiker neigen zur Plagiat-Theorie, indem sie darauf hinweisen, daß Smith seine Schriften immer hinter einem Vorhang diktierte.

Gleichgültig, wer das Buch wirklich verfaßte – seine Enthüllungen und seine Anhänger verursachten Aufruhr, wohin sie auch kamen. Die Mormonen waren ein kämpferischer Haufen, die alle anderen Sekten herausforderten und ihre Vielweiberei protzig zur Schau stellten (von Smith erzählt man, er habe mindestens 27 Frauen gehabt). Verfolgung trieb sie aus New York nach Ohio über Missouri nach Nauvoo, Illinois, wo sie in harter Arbeit die größte Stadt im Staate errichteten. Smith erzählte seinen Anhängern, daß Nauvoo auf hebräisch „Schöne Plantage" bedeute, und erhielt einen Freibrief, der die Stadt zu einem Stadtstaat mit eigenem Militär machte. Aber Joseph und sein Bruder Hyrum kamen mit dem Gesetz in Konflikt und landeten 1844 im Gefängnis. Ein aufgebrachter Mob stürmte ihre Zelle und brachte beide um. Dieser tragische, gesetzlose Akt machte Smith sofort zum Märtyrer.

Unmittelbar auf dieses Debakel folgte eine Spaltung. Eine Gruppe unter der Führung seiner Witwe meinte, der Mantel des Führers sollte einem von Josephs Söhnen umgelegt werden. Sie brachen nach Missouri auf, um sich an der Stelle anzusiedeln, wo nach der Voraussage des Propheten die Wiederkunft Christi stattfinden sollte. Diese Gruppe, heute als „Reorganisierte Kirche Jesu Christi der Heiligen der Letzten Tage" bekannt, setzte sich von einigen wichtigen Lehrsätzen der Mormonen ab. Obwohl sie auf einen gemeinsamen Ursprung hinweisen und auf ihre Verehrung für das *Buch Mormon,* lehnt die Reorganisierte Kirche einige zentrale Glaubenssätze des Utah-Zweiges (z. B. Geheimriten, eine Vielheit von Göttern und „versiegelte Ehen") ab. Zu all dem erheben sie den Anspruch, die einzig legitime Kirche der Heiligen der Letzten Tage zu sein, indem sie behaupten, daß Joseph Smith seinen Sohn als Nachfolger für die Leitung der Kirche ernannte. Ein kürzlich entdecktes Dokument in der

Handschrift Smiths, datiert auf den 17. Januar 1844, scheint ihre Behauptung zu bestätigen. (Siehe auch unter „Reorganisierte Kirche".)

Aber derartige historische Begründungen bedeuten heute wenig. Tatsache ist, daß Brigham Young nach dem Mord an Smith eine Mehrheit dazu überredete, ihm auf dem mühsamen Treck nach Utah zu folgen. Im Juli 1847 schauten Young und seine Gruppe über das Tal des Salzsees und erklärten: „Dies ist der Ort." Brigham Young forderte zur Polygamie auf, heiratete selbst 25 Frauen und hatte vor seinem Tod im Jahre 1877 140 000 Anhänger um sich versammelt. Er hielt überzeugt an der selten erwähnten Lehre der Mormonen über die „Sühne durch das Blut" fest. Das Blut Christi, so glaubte er, könne gewisse Sünden nicht sühnen. Solche Taten erforderten das eigene Blut eines Menschen. Auch Mord konnte also eine gerechte Tat sein, die er so erklärte: „. . . unseren Nächsten wie uns selbst zu lieben . . . wenn er Rettung will und es notwendig ist, sein Blut zu vergießen . . . vergießt es". Die Mormonen haben diese Lehre heute zurückgestellt (aber nicht offiziell aufgegeben).

Dennoch haben sie noch unangenehme Erinnerungen an den Tag, als ihr zweiter „Prophet" befahl, 120 Männer, Frauen und Kinder der Fancher-Gruppe, die auf ihrem Weg nach Kalifornien Land der Mormonen überquerten, anzugreifen und abzuschlachten.

Brigham Young trat auch noch für zwei andere Lehren ein, die die Mormonen lieber vergessen würden. Er behauptete, daß Adam eigentlich Gott war, der einen Körper annahm und mit Eva, einer seiner himmlischen Frauen, nach Eden (in Missouri) kam. Dieser Adam-Gott (der Erzengel Michael) zeugte Jesus durch Geschlechtsverkehr mit der Jungfrau Maria. „Er (Christus) wurde nicht vom Heiligen Geist gezeugt", erklärte Brigham mit Nachdruck. Es war Youngs Eintreten für die Polygamie, das den Mormonen einen denkbar schlechten öffentlichen Ruf einbrachte. Er lehrte seine Anhänger: „Die einzigen Männer, die Göttlichkeit erlangen, sind jene, die in Polygamie leben."

Sogar heute noch gibt es in Utah ungefähr 30 000 Mormonen-Fundamentalisten, die in polygamen Ehen leben. Sie sind fest davon überzeugt, daß sie vom Himmel ausgeschlossen sind, wenn sie nicht dem „Bund der Polygamie" folgen, den Joseph Smith im Jahr 1843 eingesetzt hat. Im späten 19. Jahrhundert war der amerikanische Kongreß so besorgt über das Verhalten der Mormonen, daß er das „Edmunds-Tucker-Gesetz" verabschiedete – eine Androhung, Eigentum der Mormonen zu konfiszieren und seine Führer ins Gefängnis zu bringen. Die Kirche widerrief dieses Gebot im Jahre 1890, und heute pflegen die meisten „Normal-Mormonen“ das Bild der glücklichen Einehe.

Polygamie und die Adam-Gott-Theorie sind nicht die einzigen unorthodoxen Lehren des Mormonismus. Sie vertreten die Vorstellung eines Gottes in Menschengestalt mit materiellen Dimensionen. Er ist ein zeugender Vater (alle Menschen waren präexistente Geister, die er zeugte) mit einer göttlichen Mutter-Ehefrau. Es ist genau diese Vorstellung, die der Betonung der Mormonen auf Ehe und Elternschaft in diesem und im jenseitigen Leben zugrunde liegt. Einige Mormonen glauben sogar, daß Jesus mit Maria und Martha verheiratet war und auf Erden Kinder gehabt habe. Gute Mormonen betreten ihre Tempel, legen weiße Kleider an und geben sich esoterischen, den Freimaurern ähnlichen Ritualen hin, um ihre Ehen für die Ewigkeit zu versiegeln.

Der bekannteste aller Lehrsätze der Mormonen lautet: „Wie der Mensch jetzt ist, war Gott einst; Wie Gott jetzt ist, kann der Mensch werden.“ Gott selber wurde einst in einer anderen Welt gezeugt, und nun sollen Menschen nach dem Status des Erzeugers streben. Adam tat recht daran, von der verbotenen Frucht zu essen, weil es ihn befähigte, die menschliche Rasse zu zeugen. Mit anderen Worten: „Adam fiel, damit Menschen entstehen konnten.“ Das Recht auf Gottheit wird nicht durch die Gnade Jesu erreicht, sondern dadurch, daß man ein guter Mormone ist.

Jene, die vor der Gründung der Mormonen im Jahr 1830 geboren wurden, können das Himmelreich nicht ohne Nachhilfe von heutigen Anhängern betreten. Die Kirche hat in den Granitstein einen Tunnel sprengen lassen (er kann sogar eine Atomexplosion unbeschadet überstehen), um die Ahnenlisten frommer Mormonen aufzubewahren. Außerdem ist es möglich, auch nach der Bestattung „Ferntaufen“ zu vollziehen. Die Mormonen geben 10 Millionen Dollar jährlich aus, um die Tempelanlagen instand zu halten, aber für sie ist es der Mühe wert. Einige unterziehen sich der dreistündigen Zeremonie sogar für einen Verwandten, den sie nicht einmal gekannt haben. Mormonen sind Universalisten und glauben daran, daß jeder Mensch schließlich Unsterblichkeit erlangen wird, während nur getaufte Mormonen Göttlichkeit erlangen. (Der Glaubensartikel Nr. 3 stellt fest: „Wir glauben, daß durch den Opfertod Christi die ganze Menschheit errettet werden wird.“)

Das Konzept des Priestertums (abgeleitet von der erneuerten Priesterschaft Aarons und Melchisedeks) stellt eine der kennzeichnendsten Abweichungen von der christlichen Tradition dar. Alle männlichen Mormonen über 14 Jahre sind für die aaronitische Priesterschaft aufnahmeberechtigt. Mit 20 Jahren können sie in das höhere Amt des Melchisedek aufrücken und zum Ältesten bestimmt werden. Die Tempel der Mormonen (es gibt weltweit ungefähr 40) waren für Schwarze nicht zugänglich, weil Joseph Smith gelehrt hatte, sie seien Abkömmlinge Kains und deshalb verflucht. Die Kirche lehnt die Lehre der Erbsünde ab und glaubt, daß Sünder schon auf Erden für Verfehlungen in ihren vergangenen Geisterleben bestraft werden. Schwarze waren daher der präexistenten Sünde der Rebellion mit Luzifer schuldig und vom Priestertum ausgeschlossen, bis der Führer der Mormonen, der Erste Präsident Spencer Kimball (gestorben 1985, abgelöst von Ezra Taft Benson), eine „Offenbarung“ empfing, die diese Anordnung auflöste.

Die meisten Aspekte der Kirchenstruktur sind Außenstehenden schwer zugänglich. Der *Erste Präsident* wird als prophetischer Nachfolger Smiths betrachtet und ist daher ein Prophet und Offenbarer, der in Gottes Namen spricht. Von ihm ausgehend stuft sich die Autorität auf hierarchische Weise ab zu den beiden *Beratern des Präsidenten,* dem *Rat der Zwölf,* dem *Rat der Siebziger* und der *präsidierenden Bischofschaft.* Einzelne Mitglieder werden in „Distrikte“ von 500 bis 1000 zusammengefaßt. Die Distrikte selbst werden zu „Pfählen“ organisiert. Der begrenzte Raum erlaubt keine ausführliche Darlegung der einzigartigen Praktiken der Mormonen. Nachfolgend werden daher nur einige erwähnt: Nichtbeachtung von Ostern und der Bedeutung des Kreuzes, ebenso der geistlichen Gaben; Betonung des Montag als Familienabend; Anlegen von Nahrungsmittelvorräten für Zeiten der Not; Beharren darauf, daß die Verfassung der USA. göttlich inspiriert sei; Status der Frau dem der Männer unterlegen; Ablehnung von Geburtenkontrolle; Widerstand gegen gemischtrassige Ehen; bindende Tempelschwüre (Bruch derselben kann die Hoffnung auf ewiges Leben in Gefahr bringen) und Glaube an die Bruderschaft von Jesus und Luzifer. Mormonen glauben auch an einen „dreistöckigen“ Himmel mit getrennten Abteilungen für Heiden, nichtmormonische Christen und für jene mit „versiegelten Ehen“, deren irdische Verbindungen für immer bestehen bleiben.

Christen mögen sich fragen, warum eine solch unorthodoxe Theologie so anziehend für moderne Menschen sein kann. Dies ist allerdings leicht zu verstehen, wenn man überlegt, warum sich ein Mensch der Mormonenkirche angeschlossen haben mag. Zunächst finden „frischgebackene“ Mormonen sofort eine soziale Gemeinschaft mit gottorientierten Werten vor. Die starke Betonung auf christlichen Tugenden und das intensive Engagement gerade der Laien bringt es mit sich, daß die meisten neuen Mitglieder über die zweifelhafte Geschichte der Heiligen der Letzten Tage einfach hinweggehen. Druck von seiten der Familie hält viele enttäuschte Mormonen davon ab, die Kirche zu verlassen, vor allem dann, wenn sie bereits in der zweiten oder dritten Generation Mitglieder sind. Menschen haben heutzutage oft einen pragmatischen Zugang zur Religion, der dazu neigt, Theologie als eine hinderliche Zugabe zu sehen. Sie wollen etwas, das funktioniert und ihnen gefühlsmäßige Sicherheit und gemeinsame Ziele bringt. Mormonismus befreit, und für Millionen von Menschen reicht das schon aus. Während uns ihre Abweichung von der rechten Lehre – und ihr Erfolg – beunruhigen mögen, sollten sie uns auch dazu veranlassen, mit ihnen gleichzuziehen oder sie sogar zu übertreffen, wenn es darum geht, suchenden Menschen Liebe und Interesse entgegenzubringen.

Begründer: Joseph Smith, geboren in Sharon, Vermont am 23. Dezember 1805. Ermordet am 27. Juni 1844 in Carthage, Illinois. Das „Buch Mormon“ wurde 1830 veröffentlicht, und die „Kirche Jesu Christi der Heiligen der Letzten Tage“ wurde am 6. April 1830 gegründet. (Ursprünglich hieß sie die „Kirche Jesu Christi“. Der heutige offizielle Name wurde 1837 übernommen.)

Literatur: Johannes 10,16: „Andere Schafe habe ich noch, die nicht aus diesem Stall sind.“ Diese Worte beziehen sich angeblich auf eine Volksgruppe aus dem Mittleren Osten, die nach Amerika auswanderte. Christus predigte zu ihnen (den Nephiten) nach seiner Auferstehung. Die Bibel ist das Wort Gottes nur dann, „insofern es zutreffend übersetzt wurde“. Ein mormonischer Glaubensartikel sagt, daß „wir auch das *Buch Mormon* für das Wort Gottes halten“.

Symbol: Der Engel Moroni, meist auf der Spitze von Tempelzinnen, mit der Trompete in der Hand.

Anziehungskraft: Beobachter von außen, die die mormonische Lehre nicht gründlich prüfen, mögen von der Betonung der Tugenden und der Ernsthaftigkeit der Mitglieder angetan sein. Sie halten an der Funktion göttlicher Offenbarung fest, die ihrem Glauben Autorität verleiht.

Ziel: Da der Mormonismus die einzige wiederhergestellte, wahre Kirche ist, muß ihr Heilsweg genau befolgt werden. Der höchste Himmel steht nur treuen Mormonen offen, die „in schöpferische Partnerschaft mit Gott eintreten“, der einst das war, was Menschen jetzt sind. Das Leben auf der Erde ist eine Übung, durch die man seine Fähigkeiten trainieren kann, ein himmlisches Königreich mit einer Ehefrau und Kindern zu regieren. Ehe und große Familien auf Erden werden als Teil dieses Entwicklungsprozesses in Richtung Gleichheit mit Christus gefördert, der der „ältere Bruder“ der Mormonen ist. Noch nach ihrem Tod versuchen die Mormonen in den himmlischen Bereichen Nicht-Mormonen zu bekehren, die in den tieferen Ebenen leben, so daß diese „Heiden“ ebenfalls die Offenbarungen Joseph Smiths annehmen können.

Irrtümer: Mormonen befinden sich in der Zwickmühle, einige ihrer unangenehmeren Lehren (z. B. Sühne durch Blut, das Adam-Gott-Konzept, Polygamie, Ablehnung der Schwarzen) entweder ändern oder aufgeben zu müssen, während sie gleichzeitig den Männern, die diese Gedanken lehrten, prophetischen Status zuerkennen (Joseph Smith, Brigham Young, u. a.). Die Vorstellung des Priestertums wird durch Hebräer 7 und 1. Petr. 2,9-10 widerlegt. Die Ordnung des Aaron und des Melchisedek wurden in Christus vollendet; nun sind alle Gläubigen Teil einer „königlichen Priesterschaft“. Der Jesus der Mormonen ist nicht der ewige Gott-Jehova (Elohim), der „sie für immer retten kann“ (Hebr.7,25). Er ist daher „ein anderer Jesus“, und Moroni ist der falsche Engel des „verfluchten“ Evangeliums, das Paulus in Gal. 1,8-9 erwähnt.

Quellenverzeichnis: Bücher von J. Smith: Die köstliche Perle, Lehre und Bündnisse, Frankurt 1974; Moody Monthly, Juni 1980; Newsweek, 21. November 1971; ebd., 27. April 1981; Walter Martin, The Kindom of the Cults, Minneapolis: Bethany Fellowship, 1977; Time, 11. Juli 1977; ebd., 19. Juni 1978; Newsweek, 25. November 1985.

Adresse/Hauptquartier: The Church of Jesus Christ of Latter-day Saints, 47 East North Temple Street, Salt Lake City, UT 80150/USA. Die *Kirche Jesu Christi der Heiligen der Letzten Tage* ist auch im deutschsprachigen Raum weit verbreitet. 1990 bekannten sich in Deutschland ca. 30 000, in Österreich ca. 2 900 und in der Schweiz ca. 4 700 Menschen zu dieser Gemeinschaft.

Siehe auch unter Reorganisierte Kirche Jesu Christi der Heiligen der Letzten Tage.

Muktananda Paramahansa

Shree Gurudev Siddha Yoga Ashram

In den 60er Jahren war Joe Don Looney sowohl auf als auch außerhalb des Fußballfeldes ein Schrecken für alle, die mit ihm zu tun hatten. Nun ist er ein gutmütiger, disziplinierter Lastwagenfahrer. John Denver sang davon, „Rocky Mountain High" zu sein – mit wörtlichen Anspielungen auf die durch Drogen verursachten „Höhen" in seinem eigenen Leben. Nun singt er nur noch von transzendenter Glückseligkeit. Beide, Joe und John, schreiben ihre Verwandlung dem Druck zweier Finger gegen ihre geschlossenen Augenlider zu. Es waren die Finger von Swami Muktananda Paramahansa.

Baba (Vater) Muktananda legte von seiner Heimat in Mangalore, Indien, einen langen Weg nach Amerika zurück. Mit 15 Jahren verließ er seine Eltern, um mehr als 20 Jahre lang nach geistlicher Wahrheit zu suchen. 1947 traf er Guru Bhagwan Sri Nityananda. Nityananda behauptete, ein *siddha yogi* zu sein, ein nach dem Hinduglauben vollkommener Meister, der die verborgene spirituelle Macht von *Shakti* erwecken kann. (Shakti ist die höchste Muttergottheit der Hindus.) Er erzählte Muktananda, der Mensch hätte seine göttliche Natur vergessen, und *Shakti* zu erwecken bewirke Gottes-Verwirklichung. Ganz und gar nicht wie die meisten anderen Gurus, die manchmal Jahre brauchen, um die Macht von *Shakti* in einem Menschen zu wecken, übertrug Nityananda diese Erfahrung sofort auf Muktananda. Er war überwältigt von Lichtstrahlen und einem heißen, brennenden Fieber.

Dieses System der Erleuchtung unter der Bezeichnung *shaktipat* wurde an Muktananda weitergegeben. Als Nityananda im Jahr 1961 starb, wurde der Shree Gurudev Siddha Yoga Ashram gegründet. Muktananda kam auf seiner Weltreise im Jahr 1970 nach Amerika. Kurz vor seinem Tod 1982 hatte Muktananda schätzungsweise über 300 000 Jünger im Westen, die unter seinen Händen *shaktipat* erfuhren. 300 Meditationszentren führen die Arbeit in den Vereinigten Staaten weiter (der EST-Gründer Werner Erhard sponsorte eine seiner Amerika-Touren). Anhänger berichten von Visionen, ätherischen Tönen, und Frauen sogar von Orgasmen. „Gott ist in dir", erklärte Muktananda. „Halte dein inneres Wesen in Ehren und bete es an." Die Zuhörerschaften waren verhältnismäßig reife Menschen mit einem hohen Anteil an gehobenen Berufen. Für Menschen aus dem Westen, die auf sofortige Befriedigung aus sind, muß diese Spielart von Gottes-Verwirklichung besonders anziehend erscheinen.

Begründer: Swami Muktananda Paramahansa, geboren in Mangalore, Indien. Starb 1982.

Literatur: Hinduschriften.

Symbol: Keines.

Anziehungskraft: Muktananda war weniger geheimnistuerisch und nicht so protzig wie die meisten östlichen Gurus. Das ließ ihn glaubwürdiger erscheinen. Anhänger bezeugen spontane, gefühlsmäßige und körperliche Erfahrungen bei seinen Einführungszeremonien. Sie glauben, daß diese Begegnung ihrem Leben Sinn vermittelte, ohne daß sie irgendwelche religiösen Dogmen hätten glauben oder aufgeben müssen.

Ziel: Mit einem Strich seines Pfauenfederwedels oder dem Druck seiner Finger auf die Augen eines Jüngers (ein altes Hindurezept, um neurologischen Druck auf der Augennetzhaut zu erzeugen), behauptete Muktananda, die elementare Energie von *Shakti* zu erwecken. Nachfolger wurden dazu angehalten, ihre Hingabe und Meditation mit bedingungslosem Eifer auf Muktananda zu richten. Als Belohnung erhielten sie Gottes-Verwirklichung.

Irrtümer: Das gesamte System von Siddha Yoga beruht auf der falschen Voraussetzung, daß ein Mensch ein Kanal zur Gottes-Verwirklichung sein kann. In 1. Timotheus 2,5 steht: „Es gibt einen Gott, und einen Mittler zwischen Gott und den Menschen . . . Christus Jesus." Die sogenannte Erweckung der *Kundalini*-Macht von *Shakti* kann das Ergebnis einer vorweggenommenen psychologischen Reaktion sein. Diese Erfahrung kann aber auch durch dämonische Aktivität herbeigeführt werden.

Quellenverzeichnis: People, 24. Mai 1976; ebd., 3. Dezember 1979; ebd., 9. März 1981; Time, 26. Juli 1976; SCP-Newsletter, Oktober 1982.

Adresse/Hauptquartier: In Indien ist Muktanandas Zentrum als *Shree Gurudev Siddha Yoga Ashram* bekannt. Zentren in den USA führen die Bezeichnung *Siddha Yoga Dham.* Das Hauptquartier ist in Oakland, Kalifornien. Seine Meditationsgemeinschaft, früher in den Catskill-Bergen bei New York, wurde in ein Hotel von Miami Beach verlegt, dessen Adresse nicht bekannt ist.

Neognosis

Als die junge Kirche versuchte, ihren Glauben in eine lehrmäßige Form zu bringen, veranlaßte eine Gruppe von Querdenkern den Apostel Paulus, einen Brief an die Kolosser zu schreiben. Diese Leute leiteten ihren Namen aus dem griechischen Wort für „Wissen“ (gnosis) ab und lehrten, daß Jesus entweder ein Zauberer, ein Asket oder ein sexuell Abartiger gewesen sei, der seine Jünger mit Hilfe von Geheimzeremonien kontrolliert hätte. Der Apostel hielt es für notwendig, die Einzigartigkeit der Person und des Erlösungswerks Christi angesichts von Behauptungen, Jesus sei nur einer von vielen Engel-Mittlern zwischen Gott und den Menschen gewesen, zu verteidigen. Er betonte ebenfalls, daß das Heil in Christus im Widerspruch zur gesetzlichen Askese des Gnostizismus stehe (Kol. 2,20-30).

Ein ernsthafter Konflikt brach zwischen der orthodoxen, schriftlich niedergelegten biblischen Lehre und den mystisch-philosophischen Konzepten derer auf, die behaupteten, sie seien die wahren Nachfolger der esoterischen Lehren Christi. Schließlich gewann die Orthodoxie die Oberhand. Heutzutage aber steht diese frühchristliche Häresie in voller Blüte und wird in angesehenen Seminaren diskutiert. Die Neugnosis bildet die theologische Grundlage für viele moderne Kulte und hat sogar eine eigene Struktur ihrer Glaubensinhalte entwickelt. Obwohl er keinen offiziellen organisatorischen Apparat aufgebaut hat, werden die Lehrsätze des Neugnostizismus von einer wachsenden Zahl gebildeter Menschen vertreten.

Die Gnosis, wie sie nicht nur in Texten aus dem 4. Jahrhundert, sondern auch in den in neuerer Zeit veröffentlichten Werken *Das geheime Evangelium, Das Thomasevangelium* und *Das verbotene Evangelium* zum Ausdruck kommt, kann wie folgt zusammengefaßt werden: Gott ist eigentlich eine abstrakte Figur in einem unsichtbaren Reich. Der Jüdisch-Christliche Schöpfer wird durch eine andere Gottheit namens Yaldabaoth ersetzt. Die Schlange in Eden wagte es heldenhaft, Adam und Eva geheimes Wissen zu enthüllen, das Yaldabaoth ihnen vorenthalten hatte. Die Gnostiker bewahrten dieses Wissen durch die Geschichte hindurch sorgfältig auf. Die Sintflut und die Zerstörung von Sodom und Gomorrah waren Yaldabaoths Art, sich an den Gnostikern zu rächen. Trotzdem ist das göttliche Licht der Gnosis in einigen erleuchteten Seelen bis in die Gegenwart nicht erloschen.

Jesus war nach gnostischem Glauben einer der Menschen, die ein höheres Bewußtsein besaßen. Wie er dieses Wissen erwarb und was er daraus machte, gibt unter heutigen Gnostikern Anlaß zu Vermutungen. Einige glauben, daß er heimlich nach Indien reiste, um sich mit dem Buddhismus und der Weisheit der Brahmanen vertraut zu machen. Andere meinen, daß Christus von den abgeschieden lebenden Essenern erzogen wurde, die ihn in Mysterienrituale einwiesen. Alle Gnostiker stimmen darin überein, daß Christus nicht für die Sünde der Menschen starb, und unterstellen sogar, daß er Simon von Kyrene mit einem Trick dazu brachte, für ihn zu sterben.

Der Gnostizismus fällt in zwei Lagern auf fruchtbaren Boden. Der Atheist findet wie der Agnostiker Trost bei dem Gedanken, daß Christus nur ein Mensch war, dessen Charisma hypnotischen Techniken oder sexuellen Taufzeremonien zuzuschreiben war. Der mystisch geneigte Student östlicher Philosophie entdeckt eine vermutete Harmonie zwischen dem gnostischen Jesus und dem avataristischen Konzept spiritueller Führerschaft, wie es in hinduistischen Texten dargestellt ist. Obwohl die Neugnosis Theorien entwickelt, die für den Durchschnittsmenschen zu abstrakt sind, zieht er jene an, die durch ihre Bildung in den oberen Gesellschaftsschichten anzusiedeln sind. Als ein elitärer Kult ist der Neugnostizismus eine ernstzunehmende intellektuelle Herausforderung für das Christentum. Diejenigen, die sich mit seiner Lehre beschäftigen, werden sich ausgefeilte Begründungen aneignen, um die Gottheit und den Opfertod Jesu ablehnen zu können.

Begründer: Häretiker aus dem 1. Jahrhundert, oder frühere mystische Religionen.

Literatur: Nag-Hammadi-Dokumente; verschiedene gnostische Manuskripte; moderne Werke auf der Grundlage angeblich alter Texte; die Bibel.

Symbol: Keines bekannt.

Anziehungskraft: Geheimes Wissen, das Nicht-Eingeweihten nicht zugänglich ist, bildet den Hauptreiz des Neugnostizismus.

Ziel: Orthodoxe christliche Lehre wird abgelehnt und durch eine andere Erklärung für die Schöpfung, den Sündenfall und die Erlösung ersetzt.

Irrtümer: Die inspirierten Schriften werden zugunsten der „wahren" Lehren Christi geleugnet. Diese esoterischen Lehren sind nur den Anhängern des Neugnostizismus zugänglich. Diese können dieselbe Bewußtseinsebene wie Jesus erreichen.

Quellenverzeichnis: Time, 4. Juni 1973; ebd., 9. Juni 1975; Newsweek, 3. März 1975; The Denver Post, 2. Dezember 1977; East/West Journal, Januar 1978.

Adresse/Verbreitung: Hauptsächlich in den Vereinigten Staaten und Europa.

New Age-Kulte

Von körperlosen Wesen namens „Theos“ empfängt sie Informationen, die Botschaften von den kosmischen Geschöpfen vermittelt sie dann für 85 Dollar pro Stunde an Klienten weiter. Um ihre Begegnungen mit den Theos zu dokumentieren, schrieb Sheila Peterson-Lowary das Buch *The Fifth Dimension: Channels to a New Reality* (Die fünfte Dimension: Zugänge zu einer neuen Wirklichkeit). Frau Peterson-Lowary behauptet, ein neues Zeitalter namens „die fünfte Dimension“ folge dem ausgehenden, 26 000 Jahre dauernden Zeitzyklus. Die Theos, denen sie als Medium dient, bieten den Kunden Strategien für den Einstieg in das neue Zeitalter der Aufklärung an.

„Eine unheimliche Mischung von Spiritualität und Aberglauben ergreift das Land“, berichtet die Zeitschrift *Time. Choice and Connections,* eine Zeitschrift zur Erforschung des New Age. „Viele von uns fragen immer noch, was das New Age eigentlich soll. An erster Stelle scheint es eine explosionsartige Zunahme an Neugier und Schöpferkraft unter den Menschen zu sein. Es ist eine Zeit, in der einzelne leidenschaftlich das Ziel verfolgen, ihr noch unentdecktes Potential zu entfesseln. Während dieses Unterfangen für manche Größenwahnsinn bedeuten mag, scheint es jedoch bei vielen dem ernsten Wunsch zu entspringen, das jedem Menschen angeborene Gute zur Entfaltung kommen zu lassen.“ Was ist diese Bewegung, und woher kommt sie? Immerhin gibt es den Namen *New Age* bereits seit einigen Jahrzehnten, seine Techniken bezaubern Mystiker seit Jahrhunderten. Was also ist das Neue an der heutigen New Age-Bewegung?

Die Zeit scheint gekommen zu sein für das, was unter New Agelern als „der Paradigma-Wechsel des evolutionären Bewußtseins“ bezeichnet wird. Während erfolgreiche Geschäftsleute sich vom Horoskop beraten lassen, reden Investment-Banker aus der Yuppie-Schicht von vergangenen Leben. Moralisch verantwortungsbewußte Aktionäre fragen, ob eine Firma, deren Aktien sie erwerben wollen, auch einen Beitrag zur Gesellschaft geleistet habe. Bücher wie *Love, Medicine and Miracles* (Liebe, Medizin und Wunder) von Dr. Bernie Siegel und *The Relaxation Response* (Die Entspannungs-Reaktion) von dem an der Harvard University lehrenden Arzt Herbert Benson sind in den USA zu Bestsellern geworden. Das US-amerikanische *National Institute of Health,* die oberste Gesundheitsbehörde, vergibt jährlich 70 Millionen Dollar für Forschungsprojekte über Bio-Feedback und Hypnose.

In Wirklichkeit ist das New Age eine alte Geschichte. Gleichermaßen wie Metaphysiker des Mittelalters und östliche Mystiker der Antike verkündigt der New Age-Glaube, daß der über erhabene Kräfte verfügende Mensch Mittelpunkt des geistlichen Universums sei. Seit Jahrhunderten versuchen Menschen, sich selbst zu vergöttlichen sowie die Geheimnisse der Geistlichkeit heraufzubeschwören. Die griechischen Orakel, die hinduistischen Veden und die Geheimnisse der Pharaonen gehen alle davon aus, daß die sinnliche Wirklichkeit das Geheimnis der Existenz verdeckt. Diese kryptischen Wahrheiten hat man in abgelegenen Wäldern, in muffigen Grotten sowie in den Labyrinthen der Pyramiden unter Anwendung von Riten und Zeremonien gesucht. Vielfältiger und origineller sind die Methoden, mit denen New Age-Sekten heute versuchen, die Geheimnisse der Religion zu lüften.

Hinter dieser Suche steckt die Annahme, daß es jenseits der sinnlichen Wirklichkeit ein „noch wirklicheres" Universum gebe, wo sich die unsichtbare Ordnung in ein Ganzes zusammenfüge. Den Anhängern des New Age gemäß gilt es, eine Art „kopernikanische Schwelle" zu überwinden, um das Geheimnis der menschlichen Beziehung zur universellen, spirituellen Wahrheit zu enträtseln. Demzufolge werde der jetzige Zustand sich gegenseitig widersprechender Glaubensrichtungen durch eine die ganze Welt umfassende Einheit von Geist und Seele ersetzt.

Alle Pilger auf der Fahrt ins New Age streben nach dem einen Ziel, das Gemeinsame hinter allen Spiritualitätsrichtungen zu entdecken. Während die Religionen der Vergangenheit zur Sonne, dem Mond, den Sternen sowie den kosmischen Mächten hinaufblickten, treten die nach Kenntnis der verborgenen Wahrheiten strebenden New Age-Anhänger die Reise nach innen an, um dort Verbindung mit dem Urgrund allen Seins aufzunehmen. Dieses Bewußtsein sowie die astrologische Vorhersage des am Ende unseres Jahrhunderts anbrechenden Zeitalters des Wassermanns gehören zu den Hauptinhalten des Begriffes „New Age".

New Age-Gläubige suchen die Göttlichkeit in sich selbst und sind somit bestrebt, ihren einzigartigen Platz im Universum bewußt einzunehmen. Gott wird zum Selbst, und das Selbst wird zum Gott. In ihrem Plädoyer für die New Age-Bewegung, *The Aquarian Conspi-*

racy (Die sanfte Verschwörung), beschreibt Marilyn Ferguson das New Age als das Zeitalter, in dem Menschen die Gottheit in sich selbst entfesselten. Ferguson ermutigt die New Ageler, zu „den Tiefen der Seele vorzudringen, da sich dort die ganze Kraft Gottes konzentriere".

Verfechter des New Age behaupten, daß die letzte Wirklichkeit nur in Abwesenheit der Ablenkungen des Alltags erfahren werden könne. Durch Techniken wie mystische Meditation verändern sie den Geisteszustand und führen somit ein kosmisches Kollektivbewußtsein herbei. Unterdessen nehmen die meisten New-Ageler die Position des philosophischen Relativismus ein, eine Idee, nach der sich das Handeln an der Bedeutung der jeweiligen Situation und nicht an vorgegebenen Regeln orientiert. Die Wirklichkeit ist Sache des einzelnen, Augenblick für Augenblick entsteht sie neu. Durch Anwendung dieser Theorie meinen New Ageler, Energien zur Selbsterleuchtung sowie verborgene Kräfte freisetzen zu können und somit zu Mitschöpfern an der Seite des Göttlichen zu werden.

Jeder Bereich der modernen westlichen Gesellschaften wird vom Gedankengut des New Age durchdrungen, angefangen von Wirtschaft und Sport bis hin zum Erziehungswesen und zur Politik. Arbeitsstrategien zur Bewältigung von Streß bedienen sich häufig Meditationsverfahren wie z. B. Selbsthypnose, Visualisierung, Yoga und „Centering". Die Human Potential-Bewegung nimmt jährlich vier Milliarden Dollar von amerikanischen Firmen ein, die Angestellten entweder empfehlen oder diese sogar verpflichten, an Seminaren für Motivationstraining teilzunehmen.

Neben dem öffentlichen Bereich dringt der Kult des New Age in die Familie ein, wo Philosophien über Selbstverwirklichung Aufnahme finden. Holistische Medizin wird von Hausfrauen als „neue Methode" zur Behandlung ihrer kranken Kinder gepriesen. Paare singen ein Loblied auf die Kraft der Pyramide, die angeblich Energien konzentriert und somit den Orgasmus steigert. Eltern und Kinder ziehen gleichermaßen Horoskope zu Rate, um die Zukunft zu deuten.

Überall werden die Beeinflussungstechniken des New Age eingesetzt. Visualisierung als Technik zur Selbstverwirklichung und zur Bewältigung von Lebensaufgaben kommt sowohl im Beruf als auch zu Hause zur Anwendung. Neurolinguistische Trainer beobachten die Körpersprache, damit sie Klienten helfen können, Lernschwierigkeiten oder Unsicherheit zu beseitigen. Oft findet man kreative Visualisten gerade im Schulbereich, wo versucht wird, die schöpferischen Kräfte des inwendigen Menschen mittels Visualisierung freizusetzen.

Dabei fördert der Lehrer die Phantasie der Schüler, indem diese dazu angehalten werden, sich vorzustellen, sie wären Tiere oder Gegenstände. In einem Fall suggerierte der Lehrer den Kinder ein, winzige Geier würden in jedem von ihnen wohnen; je nachdem, ob sie schlecht oder gut seien, würden diese Tiere wachsen oder abnehmen.

Die Bewegung zur holistischen Medizin geht vom New-Age-Gedanken aus, der Körper könne durch das Bewußtsein beeinflußt werden. Manche Ärzte empfehlen das „Rolfing", eine Technik zur Verbesserung der körperlichen „Synkronizität" durch Kontakt zwischen Händen oder Ellbogen und Bindegewebe, um Krankheiten zu heilen. Andere ziehen die Reflexologie vor, wobei die Fußsohle als Mikrokosmos des Gesamtkörpers betrachtet wird. Durch gezielte Massage des betreffenden Energiepunktes wird angeblich die gewünschte Heilung herbeigeführt. Nach den „Polarity Therapists" entstehen Krankheiten durch die Blockierung körperlicher Energien, welche wiederum durch Manövrierung wieder ins rechte Lot gebracht werden können. Herbologen ihrerseits setzen Pflanzen zur Heilung geringfügiger Krankheiten ein.

Die meisten Anhänger des New Age glauben sich selbst durch positive Wahrnehmung heilen zu können. Manche schwören auf die Visualisierung, um Krankheit mittels innerer Kraft zu vernichten. Holistische Heiler plädieren für das therapeutische Berühren zur Wiederherstellung des körperlichen Gleichgewichts. Diese Technik wird bereits an vielen Krankenpflegeschulen vermittelt. Die Homöopathie postuliert die Theorie, daß Gleiches mit Gleichem zu behandeln sei, und verabreicht dem Patienten den Giftstoff, der ihn vermutlich krank gemacht hat.

Menschen, die den Körper durch das Bewußtsein beeinflussen wollen, sollten sich allerdings warnen lassen. Der Körper kann nämlich auch umgekehrt den Geist beherrschen, und dies zum Nachteil der ganzen Person. Auf die Gefahren der Human-Potential-Bewegung geht Dr. Carl Raschke, Professor für Religionswissenschaft an der University of Denver, ein. Er bezeichnet die Praktiken des New Age als „eine Art spirituelles AIDS", denn „sie zerstören die Fähigkeit, sich im Leben zurechtzufinden und zu funktionieren".

Der New-Age-Kult umfaßt auch spiritistische Erscheinungsformen. Unlängst ergab eine von der University of Chicago durchgeführte Meinungsumfrage, daß 67 Prozent der US-Amerikaner behaupten, spiritistische Erfahrungen gemacht zu haben. Spiritisten streben nach der inneren Vergöttlichung durch übersinnliche Erfahrungen und Telekinese, das heißt Konzentrierung psychischer Energien auf äußere Ereignisse, Situationen oder Objekte. Die Parapsychologie erforscht die geistigen und physischen Auswirkungen übersinnlicher Phänomene. Hellseher empfangen Informationen von einem Gegenstand oder einem Ereignis. Mittels Telepathie werden Gedanken auf das Bewußtsein anderer Personen übertragen. Durch „Rebirthing" wird der erste Augenblick der Geburt wiederholt, damit man das damit verbundene Trauma verarbeiten kann und das Selbst sich zu neuen Erlebnishöhen weiterzuentwickeln vermag.

Steven Rogat, selbst Referent bei spiritistischen Seminaren im Sinne des New Age, hält intuitive Beratung für ein Mittel zur Verbesserung der spirituellen und körperlichen Kondition. Seinen Klienten erteilt er Rat über karmische Beziehungen und sagt ihnen die Zukunft mit Hilfe von Traumtherapie, numerologischen Untersuchungen und Kartenlegen voraus. Als gelernter Masseur behauptet Rogat, magnetische Therapie lindere Menstruationskrämpfe sowie andere körperliche Schmerzen. Es gehört zu seinem Alltag, mittels New Age-Techniken Klienten von ihren Leiden zu befreien.

Auch okkulte Praktiken wie Wahrsagerei wenden New Age-Anhänger an, um das dem Sterblichen zustehenden Maß an Allmacht zu erreichen. Ehe eine wichtige Entscheidung im Beruf oder Privatleben getroffen wird, muß zuerst das chinesische *I Ging* befragt oder ein Tasseograph beauftragt werden, Teeblätter zu deuten oder das Kismet zu berechnen. Andere greifen zu den Runen, um in schwierigen Lagen Rat zu erhalten. Wer sich einer Traumtherapie unterzieht, muß lernen, seine Träume gebührend anzuerkennen, und sich verpflichten, sie im wachen Zustand zu verwirklichen. Großes Ansehen genießt die Aura, die bunten Kraftfelder, die als Ausstrahlung des höheren Selbst angeblich jeden menschlichen Körper umgeben. Protagonisten der Aura lassen die Ausströmungen untersuchen, um der Gesundheit, den Gefühlen und dem Selbstvertrauen auf der Spur zu bleiben.

Durch den Massenverkauf von Büchern, Musik und Zeitschriften hat sich New-Age-Gedankengut mittlerweile in jeden Bereich des Gesellschaftslebens eingeschlichen. Verfechter des New Age-Bewußtseins meditieren in Begleitung von New Age-Musik und entwickeln somit ihre inneren Qualitäten. Die Schriften des kosmischen Superstars des New Age, Shirley MacLaine, sind inzwischen der breiten Öffentlichkeit bekannt. Das 1983 erschienene Buch „Zwischenleben" erzählt den Anfang der Entwicklung MacLaines von einer Agnostikerin zur Anhängerin des Spiritismus. Im zweiten Buch mit dem Titel „Tanz im Licht" wird beschrieben, wie man mit Hilfe von Kristallkugeln und hinduistischen Mantras spirituelle Macht erhält. In „Tanz im Licht“ erzählt MacLaine, wie ihr geistlicher Führer ihr folgendes Gesetz offenbart habe: „Jeder ist Gott. Jeder.“

Das jüngste Buch MacLaines, „Die Reise nach innen“, bekennt sich zu Yoga sowie zu den Chakras, den sieben Rädern des Bewußtseins, die miteinander in Einklang zu bringen sind. Die oscargekrönte Schauspielerin MacLaine brachte zuletzt Meditationsübungen mit dem Titel „Shirley MacLaine's Inner Workout“ (Shirley MacLaines Gymnastik für den Geist) auf Video heraus. Sie behauptet, daß man die höchsten Ebenen der Entspannung und des Bewußtseins erreichen könne, wenn man die sieben Energiereserven regelmäßig trainiere.

Manche New Ageler behaupten, ihr höheres Selbst bei einer nahen Begegnung mit dem Tod entdeckt zu haben, indem ihr Sinn für das Heilige neu zum Leben erweckt wurde. Jüngst ergab eine Meinungsumfrage des Gallup-Instituts, daß zwischen acht und neun Millionen Amerikaner von mystischen Erlebnissen zu berichten wissen, die sie im vorläufigen Zustand des „Todes“ oder am Sterbebett gehabt haben wollen. Dr. Raymood A. Moody, Psychiater im Bundesstaat Georgia, sieht Hinweise auf ein Leben nach diesem Leben in solchen Nahbegegnungen mit dem Tod. Moody konstatiert: „Daß Menschen, die den Tod beinahe erfahren haben, dadurch völlig verwandelt werden, beweist die Wirklichkeit und Kraft solcher Erfahrungen.“

Der New Age-Kult empfiehlt auch solche Therapien, die das Geheimnis früherer Leben zu enthüllen suchen. Somit meinen die Anhänger der Bewegung, gegenwärtige, jedoch von einem früheren Leben herrührende Ängste und Phobien zu beseitigen. Dr. Ronald Wong Jue, Präsident der *Association for Transpersonal Psychology* (Verein für transpersonale Psychologie), versetzt seine Patienten in einen hypnotischen Zustand, damit Erinnerungen und Träume aus vergangenen Leben analysiert werden können. Als geprüfter klinischer Psychologe glaubt er an die gegenseitige Verbindung der materiellen Welt mit dem Bewußtsein.

Nach Dr. Jue laufen Vergangenheit, Gegenwart und Zukunft zusammen, wenn man die linearen und mythischen Zeitzonen des Patienten untersucht. Er behauptet zum Beispiel, daß der Patient, dem Eitelkeit ein Problem ist, in einer Präexistenz wie Kleopatra gelebt haben könnte. Unter den Theorien Jues befindet sich die Vorstellung, daß die Opfer gewaltsamer Verbrechen in vergangenen Leben selbst Täter waren. Er bemüht sich, das Bewußtsein des Patienten für die mythische Dimension seiner Probleme zu erwecken und somit einen erfolgreichen Therapieverlauf anzustreben.

Andere Vertreter des New Age, wie z. B. die *Findhorn Founda-*

tion und die *Perelandra Community,* nehmen Verbindung mit Pflanzen auf, da diese von Naturgeistern, Deven, beseelt sein sollen. Wer mit den Pflanzen kommuniziert, erhofft sich Weisheit und Wegweisung von ihnen, schreibt ihnen Gefühle und Intelligenz zu. Andere New-Ageler empfehlen die Astralprojektion als Mittel zur Reinheit des Geistes. Von dem ins Sternengefilde emporgetriebenen Geist wird behauptet, er sei eine vorübergehende Erscheinung des höheren, ewigen Geistes, welcher mit Christus gleichzusetzen sei.

Auf der anderen Seite weisen Kritiker darauf hin, daß die Suche nach dem neuen Zeitalter in Wirklichkeit nur die Neuauflage althergebrachter okkulter Grundsätze und Methoden sei. Reinkarnation, Astralreisen, Schamanismus, Astrologie, Anbetung von Göttinnen, Visualisierung, die inwendige Göttlichkeit – dies alles seien keine neuen Wege zur Spiritualität. Vielmehr hätten sie bereits in der Antike als vermeintliche Beweise für die Verbindung zwischen Gott und dem Menschen gedient. Gegner der Bewegung behaupten sogar, daß die Entdeckungen des New Age überhaupt keine Geheimnisse seien. Sie seien lediglich Beispiele für heidnischen Spiritismus, die von religionsgeschichtlich schwach geschulten Menschen neu entdeckt würden, denen es an gesunder Ehrfurcht vor dem Unbekannten mangle.

In ähnlicher Art wie Kopernikus und Einstein die Welt veränderten, treiben die Theoretiker des New Age eine Revolution im Verhältnis zwischen Menschen und Makrokosmos voran. Die Vorstellung vom Zusammenhang zwischen dem Körper, Geist und Denken des Menschen wird unwiderruflich verändert. Durch positive Visualisierung, therapeutische Heilung, Meditation unter Anleitung und kreatives Bilderlebnis wird eine einzige transzendente, alles vereinende Macht hervorgerufen. An die Stelle von Gandhi, Jung und Christus als geistliche Führergestalten treten Abermillionen von Alternativdenkern, jeder einzelne von ihnen mit der Absicht, sich von der Vergangenheit zu lösen, und mit einer Vorliebe für neue Erklärungen der Wirklichkeit. Carl Raschke hat trefflich bemerkt, daß die New-Age-Bewegung „im Grunde die Vermarktung des politisch verpackten Okkultismus . . . die Brutstätte für eine neue Form des Faschismus“ sei.

Die Devise des New Age lautet, nicht mehr des Bruders Hüter zu sein. Der Wichtigste ist immer man selbst. Der dazu passende Begriff lautet *Autarchie,* Selbstregierung des einzelnen. Daher umfaßt das politische Programm des New Age solch unterschiedliche Anliegen wie Recht auf Abtreibung, Rechte für Homosexuelle bis hin zu Rechten für Tiere. Für manche ist das Recht auf Polygamie, Prostitution und Glücksspiele darin enthalten, bei den extremsten Verfechtern sogar die Freigabe von Drogen. Warum auch nicht? Im Neuen Zeitalter wird das verwandelte Selbst von sich aus nach Moral streben, ohne durch ein äußeres Gesetz gelenkt werden zu müssen.

Anders ausgedrückt, gibt es nach dem New Age-Denken keine endgültige Wahrheit, sondern immer nur eine vorläufige. Moralische Absolutheitsansprüche werden sogar als eine Art dogmatische Geistesstagnierung angesehen. Die New Age-Denkerin und -Autorin Marilyn Ferguson sagt, daß die den Menschen verwandelnden Methoden des New Age-Ansatzes „zu der Einsicht führen, daß . . . es keine letzten Antworten geben wird". Besteht Wahrheit nur aus der flüchtigen Wahrnehmung einer sich ständig wandelnden Wirklichkeit, so werden Gut und Böse je nach Situation immer neu zu bestimmen sein. Als Folge gilt Zweigeschlechtigkeit als wünschenswerter Zustand, Homosexuelle müßten zu den erleuchtetsten Menschen überhaupt gehören.

Das New Age zielt auf eine neue Weltordnung, in der alles eins wird. Durch die internationale Vereinheitlichung von Wissenschaftszweigen wie Theologie, Philosophie, Wirtschaftswissenschaften und Soziologie wird die Forschung von nationalen Tendenzen befreit. Daraufhin könnte eine Zentralgewalt einen für alle gleichermaßen gültigen Konsens in bezug auf die wichtigsten Probleme der Politik und Religion erreichen. Wem dieses Bild zu demagogisch erscheint, wer darin die Gefahr der Totalüberwachung durch den „großen Bruder" erblickt, braucht sich keine Sorgen zu machen: Alles ist ja eins, Gott ist eins, du bist eins und du bist – selbst Gott. Da Gott in dir alles entscheidet, sind alle deine Entscheidungen völlig richtig. Was passiert jedoch, wenn sich jemand querlegt? Da liegt der Haken.

Ganz anders die christliche Weltanschauung. Das „Du-Sollst-Nicht" Gottes zielt nicht auf die Gleichschaltung aller Situationen, sondern wird von einer göttlichen Perspektive aus gesprochen, von der der Ursprung alles Guten erkennbar ist. Ungehorsam Gott gegenüber bringt immer Schmerz und Fehlanpassung mit sich, jedoch nicht aufgrund einer willkürlichen Verfügung Gottes, sondern weil dessen Eigenart der Ordnung des Universums zugrunde liegt. So gesehen geht das Gesetz Gottes aus seinem Charakter hervor. Folglich sind die Zehn Gebote nicht nur zehn gute Vorschläge, sondern stellen Wahrheiten dar, die für das Fortbestehen des Guten unter Menschen unentbehrlich sind – in ähnlicher Weise, wie die thermodynamischen Gesetze für das Weiterbestehen des Kosmos mitverantwortlich sind. An dieser Stelle muß man fragen, was die New Age-Bewegung als Nächstes vorhat. Nachdem jede Erinnerung an ein moralisches Gesetz aus dem Bewußtsein der Gesellschaft gebannt wurde, wird man dann der Schwerkraft ihre Bedeutung für das Universum absprechen?

Begründer: Entstammt vielen alten und neuen Quellen. Zu den Haupttheoretikern des New Age gehören Marilyn Ferguson, David Spangler, Michael Harner, Jean Houston, Robert Muller und Shirley MacLaine.

Literatur: *Die sanfte Verschwörung* von Marilyn Ferguson, *Das Tao der Physik* von Fritjof Capra, *Zwischenleben, Tanz im Licht* sowie *Die Reise nach innen* von Shirley MacLaine, zudem die Schriften von Jose Arguelles, Ram Dass, Barbara Marx Hubbard und vielen anderen.

Symbole: Der Regenbogen, der Globus, die Lotusblume, das Mandala, die Taube.

Anziehungskraft: Praktizierende Anhänger der New Age-Philosophien versprechen sich den Aufstieg zur Gottheit; damit geht die Verleugnung der christlichen Vorstellung von der Erbsünde einher. Von jeglicher Verantwortung vor Gott befreit, fühlen sich New Ageler anderen gegenüber stark und überlegen.

Ziel: Der New Age-Kult ist bestrebt, Menschen zu helfen, die Gottheit in sich selbst zu verwirklichen und dadurch allmächtig zu werden. Der mittels New Age-Techniken geöffnete Zugang zum Unterbewußtsein macht den Weg frei für die Selbstverwirklichung. Man geht davon aus, daß das Unterbewußtsein sich über alle Feinde und alle negativen Gedanken behaupten werde. Indem man die eigenen Wahrnehmungen neu strukturiert, erlebt man persönliches Glück und Kraft.

Irrtümer: Die meisten New Ageler nehmen an, Gott habe einen Fehler begangen, als er dem Menschen verbot, vom Baum der Erkenntnis im Garten Eden zu essen – dessen Frucht hätte die schlummernden Kräfte des Menschen entfesselt. Das Problem des Menschen liegt jedoch nicht in seiner Blindheit für das ihm angeborene Gute und für seine Veranlagung zum Göttlichen, sondern in seiner mangelnden Fähigkeit, sich vor der Allmacht Gottes zu beugen. Auch Christen halten ein umfassendes Umdenken in bezug auf menschliche Wertvorstellungen und Vorgehensweisen zur Herstellung des weltweiten

Friedens für notwendig. Jedoch nur nachdem einzelne Menschen durch die Gnade Gottes verwandelt wurden, können gesellschaftliche Institutionen transformiert und menschliches Verhalten verändert werden. Eine Lösung des menschlichen Dilemmas, die weder die Verderbtheit des Herzens noch die überlegene Weisheit Gottes anerkennt, wird kein neues Zeitalter einleiten. Damit wird lediglich einer alten Lüge das Wort gesprochen. Über esoterische Halbwahrheiten führt kein Weg zu Gott. Sie sind vielmehr Erscheinungsformen des „Geheimnisses der Gesetzlosigkeit", von dem in 2. Thess. 2,7 die Rede ist. Die wunderbaren Einsichten und faszinierenden Erkenntnisse der New Ageler gehören zu den „Lügenzeichen und Scheinwundern" des Satans und dessen Antichristen.

Quellenverzeichnis: Marilyn Ferguson, Die sanfte Verschwörung. Persönliche und gesellschaftliche Transformation im Zeitalter des Wassermanns (2. Aufl. Basel 1982); Straight Answers on the New Age (Nashville: Thomas Nelson, 1989); Christianity Today, 16. Mai 1986; The Denver Post, 23. September 1988; New Age Journal, Mai-Juni 1988; International Transpersonal Conference 1988 Notes.

Adresse/Verbreitung: Weltweit.

Siehe auch unter Holismus, Human Potential Movement, I AM-Institut, Spiritismus, Trance Channeling.

Nichiren Shoshu / Soka Gakkai

Die meisten östlichen Kulte bieten spiritistische Erfahrungen, autoritäre Vatergestalten oder asketische Vorschriften an, die sich als Gegensatz zum genußsüchtigen, westlichen Lebensstil verstehen. Aber welche Anziehungskraft übt die Vorstellung aus, vor einer schwarzlackierten Kiste zu knien, die lediglich eine kleine, allerdings heilige Schriftrolle enthält, und fremde Laute vor sich her zu singen? Tagtäglich vollzogen mindestens zehn Millionen Menschen in aller Welt diese Zeremonie, bis ein Skandal aufflog, in dem es um Anschuldigungen gegen die Nichiren Shoshu-Organisation wegen Unterschlagung von Geldern sowie um das fragwürdige Sexualverhalten des Oberhauptes ging. (Die Mitgliederzahl dieser Sekte wird in Japan auf 10 Millionen geschätzt, weltweit könnte sich die Zahl auf 30 Millionen belaufen, wenn man auch Ablegersekten dazunimmt.) Wer sich das kaum vorstellen kann, muß sich noch dazu mit den Zeugnissen der Sektenanhänger auseinandersetzen, Nichiren Shoshu habe ihnen Liebe, Gesundheit, Reichtum und alles andere gebracht, was das Herz begehrt. Der Jazz-Musiker Herbie Hancock ist nur einer von vielen, die behaupten, Nichiren Shoshu habe ihnen ein harmonisches Leben geschenkt.

Auf der Suche nach dem Kern der verschiedenen buddhistischen Lehren verkündigte ein japanischer Mönch des 13. Jahrhunderts namens Nichiren Daishonen, den „wahren Buddhismus" entdeckt zu haben. Dieser sei verkörpert, so Nichiren, im *Lotus Sutra,* einem Buddha zugeschriebenen Werk, das aber in Wirklichkeit viel später entstand. Obwohl Nichiren selbst zahlreiche Schriften verfaßte, wurden seine Lehren erst nach der Gründung des Soka Gakkai (Gesellschaft zur Wertentstehung) im Jahre 1930 verbreitet. (Soka Gakkai ist der politisch aktive und missionarische Zweig der Organisation, der eine Tageszeitung mit einer Auflage von 4,5 Millionen Exemplaren herausgibt und einen riesigen Tempel in der Nähe vom Berg Fuji besitzt.)

Nach dem Zweiten Weltkrieg nahm die Bewegung unter der

Führung von Daisaku Ikeda kräftig zu. Ihm gelang es durch Gründung einer eigenen politischen Partei mit dem Namen Komei („saubere Politik"), Soka Gakkai zu einer hervorragenden Stellung in der japanischen Politik zu verhelfen. Im Gegensatz zur Lehre Christi, der Erste solle zum Diener aller werden (Mt.20,27), stellt Ikeda fest: „Man muß zuerst Macht erlangen, ehe man überhaupt etwas Bedeutsames tun kann."

Diese Macht geht auf eine Anzahl heidnischer Riten und Glaubensvorstellungen zurück. Über eine als *Shakubuku* („Schlagen der Augenbraue") bekannte Bekehrungspraxis, welche wegen ihrer Ähnlichkeit mit einer Gehirnwäsche nicht unumstritten ist, werden Sektenmitglieder angeworben. Eine Schrift des NSA (Nichiren Shoshu of America) nennt diese Praxis „eine barmherzige Methode, Ungläubigen den wahren Buddhismus beizubringen". Nach ihrem Beitritt gelangen viele Gläubige zu der Überzeugung, das NSA sei der Weg zu Einheit und Frieden für die ganze Welt. Diese lobenswerten Ziele lassen sich angeblich durch das wiederholte Singen von *nam-myoho-renge-kyo* („Ehre sei dem *lotus sutra* des geheimnisvollen Gesetzes") vor einem Altar erreichen, auf dem das *Gohonzon* (die heilige Schriftrolle) in dem *Butsodon,* der schwarzen Kiste, aufbewahrt ist. Währenddessen hat der Anbetende die 108 Kugeln des Rosenkranzes durchzubeten.

Solche Anbetung zielt auf die Verschmelzung des Selbst mit dem Wesen des Buddha hin. (Im Vergleich zu anderen buddhistischen Sekten fällt bei Nichiren Shoshu auf, daß Nichiren sogar über den Buddha erhöht wird.) Vom wiederholten Singen des *Diamoku* (Anbetungsformel) wird eine Einstimmung in den kosmischen Rhythmus erwartet. Im Vergleich etwa zur Psychotherapie ist das Singen von *nam-myoho-renge-kyo* natürlich billiger und einfacher. Vielleicht bezeichnender für diese Religion ist aber die Tatsache, daß das geistliche Ziel, das Karma zu ermitteln, dem unmittelbareren, nämlich egoistische Wünsche zu erfüllen, nachgeordnet ist. „Glückliche Menschen können eine glückliche Welt bauen", so lautet die Devise des NSA, ein auf das Lustprinzip aufgebautes Motto, das selbstverständlich gerade in westlichen Wohlstandsgesellschaften gern gehört wird. Wäre der Buddha heute noch am Leben, stünde er solch selbstsüchtigen Zielsetzungen möglicherweise mit Befremdung gegenüber, denn schließlich lehrte er die Selbstverleugnung und die Enthaltung von weltlichem Streben.

Während das NSA in der Hauptsache das Streben nach Reichtum, Macht und Privatglück betont, dürfen evangelikale Christen auch nicht übersehen, daß hier heidnisch-religiöses Gedankengut mitschwingt. Das Singen vor dem *Gohonzon* kommt dem Götzendienst gleich, und der Glaube an dessen übernatürliche Eigenschaften könnte dämonischem Einfluß Tür und Tor öffnen. Als Gottesersatz impliziert das *Gohonzon* zugleich eine pantheistische Gottesvorstellung. Mit dem Eintreten für die Philosophie des Karma und die Reinkarnation distanziert sich das NSA noch einen Schritt weiter vom biblischen Christentum. Das Ziel des Buddhismus, die Verschmelzung des einzelnen mit dem Universum, steht im Widerspruch zur Eigenverantwortlichkeit des einzelnen für Sünde und Heil. Der endlose Gesang des NSA mag bestimmte materielle Vorteile nach sich ziehen, Übereinstimmung mit den moralischen Gesetzen Gottes und Sündenvergebung jedoch können sinnlose Wiederholungen nie herbeiführen.

Begründer: Nichiren Daishonen (1222-1282); Gründer der Neuzeit ist Tsunesaburo Makiguchi (1930). Die bisher größte Ausbreitung des Kultes geschah unter der Führung von Daisaka Ikeda, der 1979 unter dem Verdacht sexueller Vergehen und der Geldunterschlagung seines Amtes enthoben wurde.

Literatur: Der *Lotus Sutra* (irrtümlicherweise Buddha zugeschriebene Schriften) und *Gosho* (gesammelte Werke des Nichiren Daishonen).

Symbole: Der Rosenkranz; das *Gongyo,* ein Büchlein mit Worten aus dem *Lotus Sutra;* das *Butsodon,* die schwarze Kiste, in der das *Gohonzon* (heilige Schriftrolle) aufbewahrt wird.

Anziehungskraft: Manche Mitglieder werden von ehrenwerten Zielen wie der Bemühung um Weltfrieden, der nuklearen Abrüstung und der Abschaffung des Krieges angesprochen. Andere treten der Sekte in der Hoffnung bei, persönliche Wünsche erfüllt zu bekommen, ohne christliche Moralforderungen oder die Wünsche anderer berücksichtigen zu müssen.

Ziel: Die Bekehrung neuer Mitglieder mit dem Fernziel, die politische Weltherrschaft zu erlangen.

Irrtümer: Nichiren Shoshu verbreitet einen der buddhistischen Weltanschauung verpflichteten Glauben ohne Christus, verleugnet jedoch gleichzeitig grundlegende Lehren des Buddha. Das Heil wird durch

Erleuchtung erlangt, wenn der Anhänger selbst zum Buddha wird. Okkulte und spiritistische Erscheinungen wie Götzenanbetung, Schreine, Zaubermittel und endloser Gesang kommen bei dieser Sekte auch vor.

Quellenverzeichnis: Newsweek, 5. Juni 1973; ebd., 27. August 1973; Time, 13. Januar 1975; Walter Martin, The New Cults (Santa Ana, California: Vision House, 1980); Pat Means, The Mystical Maze (San Bernardino, California: Campus Crusade, 1976); Encyclopedia Britannica (1986), Bd. 6.

Adresse/Verbreitung: Hauptsitz und -tempel sind in Japan. Zweige des Kultes befinden sich überall in der westlichen Welt, insbesondere in den USA.

Nostradamus

Angeblich sagte er die Ankunft zweier Antichristen voraus, die als Napoleon und Hitler Gestalt annahmen. Viele glauben, daß Nostradamus, Arzt und Mystiker des 16. Jahrhunderts, jene Vorhersagen tatsächlich vor 400 Jahren gemacht habe und daß dessen Prophezeiung über einen dritten Antichristen ebenso erfüllt werde. Nostradamus-Gläubige sehen auch den Lufttransport, den Luftkrieg, die Raumforschung, Strom, U-Boote, ja sogar ein noch ausstehendes Bombardement New Yorks bei ihm vorangekündigt. Sein Buch von Prophezeiungen mit dem Titel *Centuries* ist heute beliebter denn je. Der Begriff *Centuries* bezieht sich auf die hundert Quatrains oder Vierzeiler, welche Nostradamus aus Angst vor Verfolgung wegen Zauberei bewußt in verschlüsselter Sprache niederschrieb.

Der aus dem Judentum stammende Nostradamus wurde 1503 geboren und wuchs unter dem Einfluß der katholischen Kirche auf. Obwohl er Arzt wurde und den Ruf als „Heiler der Leidenden" genoß, studierte er auch den Okkultismus sowie Alchemie und Zauberei. Astrologie unterrichtete er ebenfalls. Den Weltuntergang sagte Nostradamus für das Jahr 3793 voraus. Solche, die den Atomkrieg fürchten, finden bei ihm folgende Worte: „Im Jahre 1999 und sieben Monate wird der große Schreckenskönig vom Himmel herniederfahren, um den großen Mongolenkönig wieder aufzurichten. Vorher und nachher wird Mars mit Willkür herrschen."

Wegen seines Gebrauchs von hauseigenen Rezepten wurde er von zeitgenössischen Medizinern mit Argwohn betrachtet. Einer der in jener Zeit immer wiederkehrenden Pestwellen fielen Frau und Kinder zum Opfer, woraufhin sich Nostradamus auf langjährige Reisen begab. Als er sich wieder in Salon/Frankreich niederließ, veröffentlichte er sein erstes Jahrbuch, das Prophezeiungen für das folgende Jahr enthielt. Dieses erste Werk war so erfolgreich, daß ein neues in jedem folgenden Jahr erschien. Der Prophetenruf des Nostradamus sorgte auch für Kontroversen; Anhänger kamen aus ganz Frankreich, um ihn aufzusuchen. Während seine Gegner ihn für den leibhaftigen Teufel hielten, wurde er von Katharina de Medici an den königlichen Hof geladen, um das Horoskop für den König und dessen Kinder zu erstellen.

Auch Hitler entwickelte eine Faszination für Nostradamus, nachdem die Frau des Propagandaministers Goebbels ihn 1939 auf die *Centuries* aufmerksam gemacht hatte. Flugschriften mit einer verfälschten Nostradamus-Prophezeiung über den Sieg Deutschlands wurden von deutschen Flugzeugen im Zweiten Weltkrieg abgeworfen.

Nostradamus behauptete, alle seine Visionen von Gott selbst erhalten zu haben, räumte jedoch ein, daß die Bibel seine Methoden, zu denen okkulte Praktiken gehörten, verurteile. Die *Centuries* könnten mit Hilfe von Geisterbeschwörung, Kartenlegen, Zauberei oder spiritistischer Eingebung geschrieben worden sein; die Bibel sagt ausdrücklich, daß solches Vorhersagen verboten ist.

Begründer: Michel de Nostredame (Nostradamus).

Literatur: *Centuries.*

Symbol: Keines.

Anziehungskraft: Heutzutage stoßen verschiedene Formen der Geisterbefragung auf große Beliebtheit; alte, okkulte Weisheitslehren genießen gleichermaßen Anerkennung. In einer ungewissen Zeit übt die Vorstellung, die Zukunft vorhersagen zu können, eine eigene Faszination aus. Im Dritten Reich wurden viele an Nostradamus erinnert, die dessen dunkle Vierzeiler mittlerweile vergessen hatten.

Ziel: *Centuries* stützt die übernatürliche Vorstellung, daß der Mensch in die Zukunft blicken kann, um sich auch in der Gegenwart einen Vorteil zu verschaffen.

Irrtümer: Die Prophezeiungen des Nostradamus kamen mittels okkulter Praktiken zustande, folglich sind sie ein Werk des Satans. Gott allein weiß die Zukunft (Offb.1,8), der Mensch kann sie nicht erforschen. Die Bibel verbietet jede Art von Geisterbeschwörung zur Vorhersage der Zukunft (5.Mo.18,22).

Quellenverzeichnis: The Prophecies of Nostradamus, herausgegeben von Erika Cheetham (New York: Berkley Books, 1973); The Complete Prophecies of Nostradamus, herausgegeben von Henry C. Roberts (New York: Crown, 1982); The Plain Truth, April 1983.

Penitentes

Hoch oben im abgelegenen Gebirge der amerikanischen Bundesstaaten Colorado und New Mexiko lebt eine Gruppe von Menschen, für die die Zeit zum Stillstand gekommen ist und die sich seit Jahrhunderten denselben Bußriten unterziehen. Jedes Jahr zu Ostern inszenieren die *Brüder unseres Vaters Jesu* (allgemein als *Penitentes* bekannt) die Kreuzigung Christi neu. Selbstgeißelung und schweres Leiden gehören zu ihrer Frömmigkeitsform – manche Zeugen berichten sogar von tatsächlichen Kreuzigungen, die jährlich in der Karwoche stattfinden sollen. Obwohl Sprecher der Brüder selbst diese Behauptung abstreiten, bleiben immerhin einige Besucher der jährlichen Zeremonie bei der Aussage, die Kulthandlung schließe mit der Erhöhung eines Menschen auf einem Kreuz. Wenn auch von der Verwendung von Nägeln oder von Todesfällen unter den Teilnehmern erzählt wird, ist es dennoch kaum möglich, solche Behauptungen nachzuprüfen.

Die Geschichte der Penitentes reicht auf eine Bußbewegung innerhalb der römisch-katholischen Kirche im fünften Jahrhundert zurück. Spanische Anhänger dieser Bewegung wanderten später in die Neue Welt aus, um sich schließlich fern von aller Zivilisation in dem wilden Gebirge im Südwesten von Nordamerika niederzulassen. Erst nach zwei Jahrhunderten erfuhr man wieder von ihrer Lebensweise. Obwohl die gruseligen Praktiken der Brüder von der katholischen Kirche offiziell verurteilt wurden, erregte die bizarre, heimliche Kultform immer wieder großes Interesse.

Im Unterschied zu den wohl bekannteren Mitbrüdern in Brasilien und auf den Philippinen haben sich die amerikanischen Penitentes strengster Verschwiegenheit verpflichtet. Deshalb ist es schwierig, Augenzeugenberichte über heutige Kreuzwege, Selbstgeißelungen oder andere folterhafte Bußhandlungen zu verifizieren. Unter denen, die behaupten, mit der grotesken Sekte Kontakt zu pflegen, sprechen manche von einer neuen Welle des Interesses an der Aufnahme in die Gruppe. Es gibt sogar Hinweise für die Gründung von Ortsgruppen in einigen Großstädten im Westen der USA. Es bleibt nach wie vor umstritten, ob die gegenwärtige Faszination an dunklen okkulten Praktiken das Wiederaufleben der masochistischen Kulthandlungen aus der Antike begünstigt.

In einer Zeit, in der sich Gefühlsarmut und Selbstzufriedenheit breitmachen, erscheint es kaum überraschend, daß die Leiden Jesu Faszination auf den menschlichen Geist ausüben. Wer aber diese Schmerzen nicht als die Vollendung des Versöhnungswerkes begreift, mag sich zur Vorstellung hingezogen fühlen, selbst solche Peinigung erleiden zu müssen, um Gottes Wohlgefallen zu erzwingen. Lediglich einige tausend Menschen meist spanischer Herkunft gehören zu den aktiven Penitentes. Trotzdem übt der Kult eine unheimliche Anziehungskraft auf potentielle Neumitglieder aus, welche an der Passion Christi selbst teilnehmen wollen. Sie machen uns darauf aufmerksam, daß die Kirche möglicherweise um einen Anreiz zur ernsthaften Spiritualität ärmer geworden ist, weil sie die Herrlichkeit Christi betont, gleichzeitig aber vergißt, daß er, „an dem, was er litt, den Gehorsam gelernt" hat (Hebr. 5,8).

Begründer: Spanisch-katholische Einwanderer nach Amerika um 1700.

Literatur: Die Bibel; mündlich überliefertes Volksgut.

Symbole: Religiöse Statuen und Ikonen.

Anziehungskraft: Die Anhänger haben angeblich an der Passion Christi teil.

Ziel: Gottes Wohlgefallen durch selbstauferlegte Bußhandlungen zu bewirken.

Irrtümer: Die Penitentes glauben an die Versöhnung durch eigenes Blutvergießen, statt durch Tod und Leiden Christi.

Quellenverzeichnis: National Courier, 16. April 1976; „Guarded Secrets of the Penitentes", Denver Monthly, Mai 1980; Dallas Times Herald, 12. April 1981.

Adresse/Hauptquartier: Der Kult wird auf den Philippinen, in Brasilien und im Südwesten der USA praktiziert.

Ram Dass

Welcher Student an der Harvard University in den 60er Jahren hätte gedacht, daß der Psychiatrie-Professor Dr. Richard Alpert eines Tages zum Hindu-Guru werden würde?

Man schrieb das Jahr 1961, als ein Professorenkollege Alperts, Dr. Timothy Leary, begann, sich mit LSD auseinanderzusetzen. Alpert machte es ihm nach, um dann nach fünf Jahren endlich festzustellen, daß der Rausch die Probleme nie wirklich gelöst hatte. Daraufhin entschloß sich Alpert zu einer Reise nach Indien, wo er einen 23jährigen Mann namens Bhagwan Dass kennenlernte. Alpert war so beeindruckt von Dass, daß er sich in Fasten, Yoga und Meditation vertiefte. Nach einiger Zeit wurde Alpert in das himalajische Vorgebirge geführt, um dem Guru von Dass, Maharaji, zu begegnen. Dr. Alpert taufte sich auf Ram Dass um, kehrte in die USA zurück und schrieb bald ein Buch mit dem Titel *Be Here Now* (Dasein hier und jetzt). Darin legte er seine Anschauung dar, daß man „jeden Augenblick in bedeutungsvoller Weise verbringen" soll.

Ram Dass geht davon aus, daß sich jeder auf derselben spirituellen Reise befinde, bei der es darum gehe, die Einheit aller Religionen sowie die „Wahrheit" über das Innewohnen des Geistes Gottes in jedem Menschen zu begreifen. Damit diese „Wahrheit" offenbar werde, brauche jeder einen Guru, denn der geistliche Führer könne dem Suchenden am ehesten sagen, wie dieser das Sein „jetzt und hier" am einfachsten erleben könne. Dem einen wird empfohlen, sich dem Yoga oder dem Sex hinzugeben, dem anderen wird Mut gemacht, zu meditieren oder Mantras zu singen. Manchem Jünger werden sogar dieselben psychedelischen Drogen nahegelegt, die Alpert ursprünglich nicht befriedigen konnten. Weit davon entfernt, Drogen zu verurteilen, mißt ihnen Ram sogar eine wichtige Rolle in der eigenen geistlichen Erleuchtung bei, da er mit ihrer Hilfe angeblich halluzinatorische Erfahrungen machte, die mit Beschreibungen spiritistischer Begegnungen im *Tibetischen Totenbuch* vergleichbar sind.

In seiner neuen Identität als Ram Dass schwor Richard Alpert seiner jüdischen Erziehung im amerikanischen Boston ab. (Dies hatte zur Folge, daß sich Alpert von seiner Familie entfremdete, wiewohl er sich um Wiederannäherung bemühte. Tatsächlich pflegte er seinen Vater bis zu dessen Tod, nachdem dieser an Krebs erkrankt war.) Ram Dass ließ Dr. Alpert so weit zurück, als wäre er in einem früheren Leben einmal Psychiater gewesen. Jedes zweite Jahr fährt er nun nach Indien, um spirituell aufzutanken. Ansonsten reist er von Vortrag zu Vortrag und scheint dabei solche Zufriedenheit auszustrahlen, wie er sie in seiner Zeit an der Harvard University, als er noch dem Materialismus frönte, nie erlebt hat. Er ist sogar zum Mitarbeiter der *Seva Foundation* geworden, einer karitativen Organisation, die er selbst mitgründete. Als eine Art Vatergestalt aus der so stürmischen Flower-Power-Zeit vermittelt Ram Dass eine Botschaft, die in den östlich-mystischen Trend des modernen Denkens gut hineinpaßt.

Begründer: Dr. Richard Alpert, der durch die Buchveröffentlichung *Be Here Now* Anfang der 70er Jahre eine große Anhängerschaft gewann.

Literatur: Hindu-Schriften.

Symbol: Keines bekannt.

Anziehungskraft: Wer in Drogen ein Mittel zur Transzendenz sieht, hält Ram Dass für einen psychedelischen Vorkämpfer, der als „Insider" weiß, wovon er spricht. Aufgrund seiner Vergangenheit wird Dass als Autorität in religiösen Fragen angesehen, wenn auch seine Ansichten nichts anderes sind als eine Neuauflage der Lehren des *Raja Yoga.*

Ziel: Laut Baba Ram Dass kommt die Erfüllung, wenn man die Selbstprüfung im Blick auf Vergangenheit und Zukunft meidet. Statt dessen macht er seinen Anhängern Mut, ihre innere Göttlichkeit und ihre Einheit mit der universalen Gottheit anzuerkennen. Das Ergebnis, so wird behauptet, sei die starke Neigung, die augenblickliche Befriedigung auszukosten, ohne jedoch dem Lusttrieb zu verfallen.

Irrtümer: Die Lehren des Ram Dass sind im Hinduismus verwurzelt, der sich im Gegensatz zur christlichen Weltanschauung befindet. Moralische Hemmungen werden zugunsten einer Art Lustprinzip, welches das Auskosten des Augenblicks als Weg zur Erfüllung des Karma versteht, fallengelassen. An die Stelle des biblischen Prinzips der zukünftigen Verantwortung des einzelnen für seine Sünden tritt die Vorstellung, daß es wichtiger sei, heute inneren Frieden zu erleben, als sich auf das zukünftige Gericht vorzubereiten.

Quellenverzeichnis: Ram Dass, Be Here Now (San Cristobal, New Mexico, USA: Lama Foundation, 1971); Circus, Juli 1971; The Denver Post, 15. Mai 1981; Jane Sugden, „Ram Dass, Veteran Guru", People, 28. September 1987, S. 79.

Adresse/Hauptquartier: The Sun, 412 W. Rosemary St., Chapel Hill, North Carolina, 27514/USA.

Rastafarianer

Er stellte den sakramentalen Haschischgenuß und einen König bzw. Gott namens *Ras Tafari* vor. Über die Reggae-Musik, auch „Jah-Musik", „Roots-Musik" und „Zion-Rock" genannt, lernten die Massen seine Religion des Ras Tafari kennen. Er schwebte auf der Bühne in einem Schwall von *Ganja,* Haschisch, er zeigte auf ein Bild des verstorbenen äthiopischen Kaisers Ras Tafari (Haile Selassie) und er rief seinem Gott unter Beifall der Fans einen Gruß zu.

Die Rede ist von Bob Marley. Zusammen mit seiner Band „The Wailers" stellte Robert Nesta Marley Anfang der siebziger einem entzückten Publikum aus der ganzen Welt seine Roots-Rock-Reggae-Musik vor. Das Wort *Reggae* selbst kommt aus dem Lateinischen und bedeutet soviel wie „für den König". Marleys Musik enthielt viele Botschaften des Rastafarianismus, wie zum Beispiel das Aufrufen zur Verehrung Haile Selassies, zum Rauchen der „heiligen Kräuter" und zu einer lockigen Haartracht, die man *dreadlocks* nennt. Marley hielt sich selbst für einen geistlichen Führer, der zur Verbreitung der Ras-Tafari-Religion auserkoren war. In einem seiner Lieder heißt es: „Manche sind Blätter/ manche sind Äste/ ich und Ras Tafari sind die Wurzeln."

Die Rastafarianer halten sich für reinkarnierte Hebräer, die Söhne und Töchter des Jah, Nachkommen der Israeliten. Nach der eigenen Vorstellung sind sie Exil-Äthiopier, die kämpfen müssen, um sich aus dem Griff des westlichen Kapitalismus zu befreien. Dazu dienen Friede, Liebe und Bruderschaft als Vorwand. Die ganze Welt akzeptiert die Reggae-Musik und ihre Filme (hier sei „The Harder They Come" mit den „Rastamännern" Jimmy Cliff und Carl Bradshaw in den Hauptrollen als Beispiel genannt) als harmlose Unterhaltung, ohne darüber einen Gedanken zu verlieren, wer die Rastafarianer sind und was ihre Musik aussagen will.

Die offene Empfehlung von Drogen sowie der Aufruf der Reggae-Musik an Schwarze, sich von weißer Herrschaft zu befreien, machen die Rasta-Religion an manchem Verbrechen mitschuldig. In Häusern, wo Haile Selassie verehrt wird, haben Diebe, gierig nach *Ganja,* wiederholt Morde begangen. Große Mengen des „Weisheitskrautes“ werden nämlich in den Häusern der Rastaleute für kultische Zwecke aufbewahrt, was natürlich sowohl Verbrecher aus den eigenen Reihen als auch „Wölfe in Schafspelzen“ (also „dreadlock“-tragende Nichtrastafarianer) dazu verleitet, um der Droge willen einzubrechen und anzugreifen.

Ein engagierter Verfechter dieses in Jamaika beheimateten politischen und religiösen Kultes war Bob Marley, an dem 1976 von politischen Gegnern ein Attentat verübt wurde. Sie konnten Marley zwar nicht erledigen, dennoch starb der Reggae-Star 1981 im Alter von 36 Jahren an Gehirnkrebs. Der Musiker hatte sieben Frauen und zeugte elf Kinder. Nach wie vor wird er für einen Propheten gehalten und von vielen Rastafarianern verehrt. Manche glauben an das Weiterleben seines Geistes in anderen Reggae-Sängern, andere halten seinen Sohn Ziggy für seine Reinkarnation.

Marley kam in einem Armenviertel Jamaikas zur Welt, brachte es aber mit Hilfe der Reggae-Musik, deren rhythmische Wurzeln auf afrikanische Kulturen zurückgehen, zur weltweiten Anerkennung und zum Wohlstand. Marley wurde 1962 in der Hauptstadt Jamaikas, Kingston, von dem Sänger Jimmy Cliff einem Schallplattenproduzenten vorgestellt. Ein Jahr später gründete er, zusammen mit Peter Tosh und Bunny Wailer, die Gruppe *Bob Marley and the Wailers.* Nachdem Haile Selassie dem Bandleader Marley in einer Vision angeblich erschienen war, nahm die gesamte Band die Religion des Rastafarianismus an. Marley vertiefte sich in rastafarische Glaubensvorstellungen und verwendete die Reggae-Musik als Ausdrucksmittel für die damit verbundenen geistlichen, kulturellen und politischen Vorstellungen. Die Verschmelzung von Reggae und Rasta im Horizont moderner Musikhörer ist also das Verdienst von *Bob Marley and the Wailers.*

Seit Marleys Tod wartet die Reggae-Welt auf einen neuen Musikmessias, der den Armen und Ruhelosen neue Hoffnung bringen soll. Reggae-Musiker wie *Toots and the Maytals, Jimmy Cliff, Sly and Robbie, Black Uhuru, Steel Pulse, Burning Spear, Bad Brains, Ziggy Marley and the Melody Makers, Bunny Wailer,* der bereits verstorbene *Peter Tosh* und natürlich Bob Marley hören nicht auf, die Reggae-Fans mit Botschaften aus dem Rastafarianismus zu beeinflussen. Andere Kulte sind seit dem Tod Marleys um Musiker wie *Sly Dunbar, Robbie Shakespeare, Judy Mowat* und *Yellowman* entstanden. Viele sehen Ziggy Marley als den nächsten musikalischen Messias an.

Der Mitmusiker von *Bob Marley and the Wailers, Peter Tosh,* konnte seinen Mördern nicht entkommen. Vorerst schien seine Ermordung im September 1987 das Werk von Einbrechern zu sein. Viel wahrscheinlicher ist es jedoch, daß der Tod im Zusammenhang mit dem Drogenhandel zu sehen ist, den Tosh selbst unterstützte. Eine eigene Theorie präsentierte Toshs Buchhalterin, zugleich dessen Liebhaberin, die behauptete, Satan habe Tosh umgebracht, weil die beiden vorgehabt hätten, einen Sohn auf die Welt zu bringen, „einen starken Jungen mit dem Davidsstern auf der Stirn".

Viele Rastafarianer unterstützen die Revolution auf gewaltsame Weise und schüren den Haß gegen Weiße. Auf der karibischen Insel Dominika entstand 1975 eine Gruppe schwarzer Guerillas nach dem Muster der „dreadlocks"-tragenden Rastafarianer und gab sich selbst den Namen „The Dreads". Sie brachten zwei kanadische Inselbewohner um, ermordeten einen amerikanischen Touristen und überfielen andere Einheimische. Aus dem daraus entstehenden Schaden für den dominikanischen Tourismus wurde ein Wirtschaftsdebakel, das die „Dreads" schließlich in den Untergrund zwang. Nachdem die „Dreads" Dominika verwüstet hatten, ereignete sich in der Folge in ganz Westindien eine Verbrechenswelle, bei der „Dreadlocks"-Träger Diebstahl, Vergewaltigung und gelegentlich Mord begingen.

Der eigentliche Gründer des Rastafarianismus war Marcus Garvey, der auf Jamaika geborene Führer der schwarzen Menschenrechtsbewegung des frühen 20. Jahrhunderts. Der Protagonist der Rassentrennung sah in Äthiopien das schwarze Gelobte Land und rief die Schwarzen dazu auf, sich mit dem wandernden Volk Israel zu identifizieren. Seine Ansichten stießen zuerst in Jamaika, später dann in den USA auf große Beliebtheit. Zudem prophezeite Garvey die Krönung eines afrikanischen Königs zum schwarzen Messias und Erlöser. Als 1930 der Thronfolger Äthiopiens, Ras Tafari, seine Abstammung von König Salomo und der Königin von Saba enthüllte, bald danach zum König des Landes gekrönt wurde und den Namen Haile Selassie (das heißt „Macht der heiligen Dreieinigkeit") annahm, wurde er von Marcus Garvey und dessen Nachfolgern als der langersehnte Messias begrüßt. Als Anbeter des Ras Tafari nannten sie sich Rastafarianer (Rastafarians) oder Rastamänner (Rastamen).

Der Kult des Rastafarianismus ist eine Mischreligion aus äthiopischem Christentum, alttestamentlichem Judentum, afrikanischem Animismus und Spiritismus. Die Religion weist weder eine in sich geschlossene Lehre noch einen Hauptsprecher auf, außer den Reggae-Musikern. Haschischgenuß wird gleichermaßen als biblisches Gebot und als Weg zu Gott gewertet. Diese Vorstellung entnehmen die Rasta der Bibelstelle in 2. Samuel 22,9, wo gesagt wird: „Aus seiner Nase quoll Rauch, aus seinem Munde kam fressendes Feuer, Glühkohlen sprühten aus ihm." Nach den Rastas führt Haschischgenuß zu Geisteseingebungen und einem „vernünftigen Austausch" unter den Rauchern.

Rastas halten Haile Selassie für das Lamm, den heiligen Gott der Schwarzen. Ihre „dreadlocks" gelten als „Lammwolle", ein geistliches Symbol für ihre Hingabe an den Schöpfer, Jah. Sie tragen schmutzige, zerfetzte Kleider und wohnen in größeren Gemeinschaften zusammen. Polygamie wird praktiziert, und Diebstahl kommt oft genug vor, denn die Rastas arbeiten nicht. Sie greifen Polizisten an und lehnen deren Autorität ab.

Nach rastafarischer Schriftauslegung wird die westliche Welt in naher Zukunft zerstört. Ihr Gott, Haile Selassie, der auch mit „Jah", „König der Könige" und „Herr der Herren" angerufen wird, wird als der kommende Messias erwartet. Vor mehr als einem Jahrzehnt gestorben, werde Selassie, so die Rastas, schließlich von den Toten auferstehen.

Begründer: Marcus Garvey, schwarzer Menschenrechtsführer des frühen 20. Jahrhunderts, der für die Würde, Einheit und Unabhängigkeit der Schwarzen eintrat. Garvey sah Äthiopien als Gelobtes Land der Schwarzen und predigte deren Identität mit den wandernden Stämmen Israels.

Literatur: Marcus Garveys Ermahnungen zur Rückkehr nach Afrika sowie die koptischen und englischen (King James-) Bibelübersetzungen dienen als Quellen der rastafarischen Ideologie.

Symbol: Rastas tragen das Haar in schneckenförmigen Locken, die als „dreadlocks" bezeichnet werden. Zum einen symbolisieren die „dreadlocks" die Lammwolle ihres Gottes, Haile Selassie, zum anderen sollen die Locken den Weißen Angst einflößen. Rastafarianer sowie Reggae-Fans tragen oft die Farben Rot, Grün und Gold nach dem Muster der äthiopischen Fahne, die Marley als Requisit auf Konzertbühnen verwendete. Viele Rastas leben streng vegetarisch. Da sie sich als Juden betrachten, tragen sie häufig den gelben Davidsstern oder einen Löwenkopf, um den Löwen aus Juda darzustellen. Das Bild Haile Selassies als Teil des Bühnenhintergrundes ist keine Seltenheit bei Reggae-Konzerten.

Anziehungskraft: Rastas glauben, daß Jamaika von den rastafarischen Idealen des Friedens, der Liebe und der Bruderschaft profitieren wird. Einmal bemerkte Bob Marley: „Die Verhältnisse in Jamaika werden sich erst verbessern, wenn die Rastas an die Macht kommen." Somit spricht diese Religion Schwarze an, die von der weißen Kultur enttäuscht sind. Der Rastafarianismus erteilt darüber hinaus eine religiöse Legitimierung für den Haschischgenuß. Reggae-Musik selbst vermittelt eine verschleierte Spiritualität und prangert oft soziale Ungerechtigkeit und Unterdrückung an.

Ziel: Das erklärte Ziel des Rastafarianismus ist der Sturz privilegierter Kapitalisten. Marley stellte fest: „Es wird so lange Krieg geben, bis die Philosophie der Rassenungleichheit endgültig aufgegeben und diskreditiert wird." Die Jamaikaner nehmen ihre Musik und deren Botschaft sehr ernst.

Irrtümer: Die Rastafarianer verehren Haile Selassie wie Christus und behaupten, jener lebe und regiere weiter, da weder von dessen Leichnam, dessen Grab noch dessen Asche je eine Spur gefunden wurde. Einmal brachte Bob Marley seine Abscheu vor Materialismus und Besitztum zum Ausdruck und bemerkte dabei: „Gott hat die Erde für uns geschaffen. Trotzdem fragen Menschen, wem der Baum, die Leiter oder die Ganja-Pfeife gehöre." Als man jedoch auf Marleys silbernen BMW verwies, antwortete der Sänger: „BMW? Das ist eine Abkürzung für Bob Marley and the Wailers. Das Auto schien für uns persönlich bestimmt zu sein." Wer in Bob Marley den Propheten des Rastafarianismus erblickte, hält seinen Sohn für dessen Reinkarnation. Dazu Ziggy: „Mein Vater war wie das Alte Testament, ich also bin das Neue." Reggae-Musik vermittelt eine Botschaft über einen falschen Gott, eine schwarze Revolution und die Legalisierung von Haschisch.

Quellenverzeichnis: The Philadelphia Inquirer, 27. September 1981; To the Point, 21. Juli 1978; Media Update, 8. Juli 1988; Billboard, 1. August 1987; Rolling Stone, 25. Juni 1981; ebd., 24. März 1988.

Adresse/Hauptquartier: Der Hauptsitz der Rastafarianer befindet sich auf Marcus Garvey Drive in Kingston/ Jamaika.

Die Reorganisierte Kirche Jesu Christi der Heiligen der Letzten Tage

Unter den ersten Frauen, die 1985 als Älteste der Reorganisierten Kirche Jesu Christi der Heiligen der Letzten Tage, auch die „Heiligen"-Kirche oder RLDS (Reorganized Latter Day Saints) genannt, gewählt wurden, befand sich Emily Fern „Bunny" Spillman, eine 73jährige Großmutter aus Denver/Colorado. Frau Spillman und ihre Kolleginnen dürfen seither predigen, die Sakramente verwalten und Seelsorge ausüben – alles Aktivitäten, die bis dahin nur männlichen Ältesten erlaubt gewesen waren.

Die RLDS entschied sich zu diesem Bruch mit der Tradition, nachdem der Präsident der Kirche, Wallace B. Smith, den Delegierten auf einem Kongreß eine geschriebene Offenbarung vorgelegt hatte. Das Dokument wurde von den Kongreßteilnehmern als das Denken und der Wille Gottes angenommen, somit konnte zugunsten der Aufnahme von Frauen in die Priesterschaft abgestimmt werden. (Einige Beobachter sehen das eigentliche Motiv hinter der Offenbarung Smiths in der Tatsache, daß die Leitung der RLDS immer weitervererbt wurde; der derzeitige Prophet-Präsident hat aber nur Töchter, keine Söhne.) Dieses Ereignis vergrößerte die doktrinäre Kluft zwischen der RLDS und der bekannteren Kirche Jesu Christi der Heiligen der Letzten Tage – landläufig als Mormonen bekannt –, da ja diese nach wie vor keine Frauen ordiniert. (Vgl. das Kapitel über die Mormonen.)

Wallace B. Smith stammt von Joseph Smith Jr., Gründer sowohl der Mormonen als auch der RLDS, ab. Beide Glaubensrichtungen berufen sich auf das bekannte *Book of Mormon* (Buch Mormon) als ihre schriftliche Autorität, ein Werk, das Joseph Smith Jr. angeblich von goldenen Tafeln übersetzte, die ihm der Engel Moroni überreicht hatte. Sieben Jahre zuvor hatte Smith eine Vision empfangen, in der ihn Jesus Christus vor Mitgliedschaft in jeglicher Kirche gewarnt haben soll, da jede dem Herrn ein Abscheu sei. Smith sollte warten, bis

Gott ihn auserwählte, um „die Fülle des ewigen Evangeliums Christi auf der Erde wiederherzustellen". Es mag wohl sein, daß Smith als Prophet der letzten Tage nur schlecht überzeugen konnte und daß sein Werk, das *Buch Mormon,* nichts anderes als eine kaum zumutbare Mischung aus Dichtung und abgeschriebenen Bibelworten ist. Dennoch werden Smith und sein Buch heute immer noch von den Mormonen und der RLDS gleichermaßen als ihre jeweiligen Glaubensautoritäten anerkannt.

Die bis dahin gemeinsame Geschichte der beiden Kirchen fiel im frühen 19. Jahrhundert auseinander, als unter den Heiligen der Letzten Tage eine Spaltung über Lehrmeinungen aufkam (Vielehe/Polygamie, Taufe für Verstorbene, Götter-Vielfalt). Nachdem Joseph Smith und sein Bruder im Gefängnis von einer Menschenmenge umgebracht worden waren, teilten sich die Heiligen der Letzten Tage in zwei Gruppen. Während ungefähr 10 000 von ihnen Brigham Young in den Westen folgten und sich schließlich in Salt Lake City/Utah niederließen, zerstreute sich die Mehrheit der „Heiligen", um zu warten, bis der damals noch junge Sohn Smiths, ebenfalls Joseph genannt, die Prophezeiung erfüllen konnte, die ihn zum Nachfolger seines Vaters ernannt hatte.

1860 wurde Joseph Smith III. im Alter von 27 Jahren zum Oberhaupt der Heiligen der Letzten Tage. Um sich von der Sekte in Utah deutlicher zu unterscheiden, wurde dem Namen der Kirche das Wort *Reorganized* („reorganisiert") hinzugefügt. Nach einer Veröffentlichung der RLDS ging die Kirche daran, „die zerstreuten Mitglieder zu sammeln, ohne den bei der Entstehung der Gemeinschaft 1830 in Fayette/New York beschlossenen Gründungsartikeln etwas hinzuzufügen, noch etwas von ihnen wegzunehmen".

Heute zählt die Reorganisierte Kirche Jesu Christi der Heiligen der Letzten Tage 200 000 Mitglieder in den USA und hat sich auch in vielen anderen Ländern etabliert. Der Hauptsitz befindet sich in Independence im amerikanischen Bundesstaat Missouri. Die RLDS gibt sich als die wahre Kirche der Heiligen der Letzten Tage aus und lehnt viele der eher auffälligen Vorstellungen der Mormonen als Häresien ab. Die Mitglieder bekennen sich zum Christentum, indem sie an „dem Glauben an Gott und insbesondere an Jesus Christus" festhalten, „den Sohn, der auf die Erde kam, um die Menschheit zu erlösen". Der Heilige Geist wird folgendermaßen beschrieben: „Die lebendige Gegenwart Gottes, die im Leben einzelner sowie der Kirche durch die Jahrhunderte erfahren wurde." Gott wird als Person begriffen, „der Schöpfer und Erhalter des Universums", der sich dennoch Zeit nehme, in die Geschichte einzugreifen und sich seinen Nachfolgern zu offenbaren.

Obwohl Gott nicht vollständig begriffen werden könne, so das Denken der „Heiligen“, weise „die Tatsache, daß Gott sich auf verschiedene Weise erfahren läßt, darauf hin, daß er sich zu erkennen geben will“. Gott habe sich unter anderem durch „Wunder“ sowie durch die geistlichen Erlebnisse von Gruppen und einzelnen offenbart.

Einer anderen Offenbarungsschrift, *The Doctrine and Covenants* (Lehre und Bündnisse), werden Aufzeichnungen der spirituellen Erlebnisse von RLDS-Präsidenten-Propheten hinzugefügt. Das ursprüngliche Buch geht auf das Jahr 1828 zurück und stellt insgesamt ein Kompendium aller Urkunden dar, die diese Kirche als inspirierte Aussagen akzeptiert. Folglich gelten sie als „das Denken und der Wille Gottes“ und somit als maßgebend für das Recht und die Praxis der Kirche. Jeder neue Präsident-Prophet wird dazu angehalten, seine Vorstellung von Gottes Willen für die Kirche aufzuschreiben. Nachdem diese Dokumente von Ausschüssen und Mitgliederversammlungen der RLDS gelesen wurden, wird über sie mit dem Ergebnis abgestimmt, sie den Texten der *Lehre und Bündnisse* anzuhängen. Somit gründet sich die Kirche auf drei schriftliche Autoritäten, die Bibel, das *Buch Mormon* und *Lehre und Bündnisse.* Alle drei gelten als inspirierte Schriften. Weil Gott sich jedoch bis in die heutige Zeit hinein offenbare, befinde sich der Mensch in einem nie ganz abgeschlossenen Verstehensprozeß hinsichtlich dieser Schriften.

Kennzeichnend für die RLDS sind ihre zwei Priesterschaften. Die aus Priestern, Diakonen und Lehrern bestehende aaronische Priesterschaft kümmert sich um „zeitliche“ Angelegenheiten. Die erhabene Priesterschaft Melchisedeks umfaßt Älteste und Hohepriester, die z. B. Seelsorge üben, predigen, lehren, die kirchlichen Gesetze ausführen und kirchliche Angelegenheiten verwalten. „In Antwort auf den Geist der Eingebung und der Unterscheidung“ berufen kirchliche Amtsträger andere Mitglieder zum Dienst in einer der beiden Priesterschaften.

Die Heiligen der Letzten Tage kennen folgende Sakramente: die Taufe, die an Kindern im Alter von acht Jahren vollzogen wird; die durch Handauflegung durchgeführte Konfirmation; die Kindersegnung; „Das Herrenmahl“ bzw. die Kommunion; die Eheschließung; die Krankenölung; die Ordination zur Priesterschaft; und die väterliche Segnung, die im privaten Rahmen ebenfalls durch Handauflegung vollzogen wird.

Die RLDS-Kirche glaubt, zur Ausführung des Werkes Gottes unter seinem Volk bestimmt zu sein. Zu dieser Vorstellung gehört das „Zion"-Ideal. Nach dieser Idee sei die Kirche dazu berufen, „das Bundesvolk in Vorbildgemeinschaften zu sammeln, die den Willen Gottes mitten in allen Bereichen des Gesellschaftslebens veranschaulichen". Die mögliche Zusammenarbeit der Kirche mit Staatsbehörden, kommunalen Körperschaften und Privatfirmen wird gefördert. Kooperationen mit solchen Einrichtungen werden eingegangen, um die Lebensqualität innerhalb der Gesellschaft zu verbessern.

Für manche ist die Reorganisierte Kirche Jesu Christi der Heiligen der Letzten Tage eine weitaus annehmbarere Alternative zur Schwesterkirche mit Sitz in Salt Lake City. Hier findet man manchen Vorzug des Mormonentums, wobei auf den Großteil der seltsamen Bräuche verzichtet wird. Nichtsdestoweniger beruft sich die RLDS nach wie vor auf Joseph Smith und das *Buch Mormon* und vertraut zudem auf private Offenbarungen der Hauptverantwortlichen. Daß solche Offenbarungen menschliche Fiktion oder sogar dämonische Verführungen sein könnten, kann nicht geleugnet werden.

Begründer: Joseph Smith III. etablierte die Kirche 1860 nach Vorbild der von seinem Vater Joseph Smith Jr. 1830 gegründeten Gemeinschaft.

Literatur: Die Bibel, das *Buch Mormon, Lehre und Bündnisse.*

Symbol: Das Emblem ist ein elliptischer Globus, auf dem das Christuskind zwischen einem liegenden Löwen und einem kleinen Lamm stehend abgebildet wird; die Aufschrift lautet „Friede".

Anziehungskraft: Die Heiligen glauben an die Wichtigkeit ihrer Arbeit sowie an die Einzigartigkeit ihrer Geschichte und Berufung. Anziehend wirken auch die Betonung auf Dienst an der Menschheit und die hoffnungsvolle Zukunftsschau, die im utopischen Zion-Ideal zum Ausdruck kommt.

Ziel: Sechs Zielvorstellungen, ursprünglich 1966 angenommen und 1977 neu formuliert, nehmen Bezug auf das neue, säkulare Verständnis von der Zion-Vorstellung. Andere Anliegen sind u. a. Evangelisation, der besondere Stellenwert des einzelnen und ein wachsendes, gegenseitiges Verständnis auf der ganzen Welt.

Irrtümer: Die RLDS verehrt Joseph Smith Jr. und dessen Abkommen als Propheten-Präsidenten. Während das *Buch Mormon* und *Lehre und Bündnisse* als heilige Schriften gelten, wird die Irrtumslosigkeit der Bibel mit der Begründung geleugnet, gewisse Stellen seien durch menschliche Redaktion verlorengegangen. Durch das Bild des Menschen als ewiges und präexistentes Wesen wird der Stellenwert der Fleischwerdung Jesu Christi relativiert. Die RLDS hat eine unbiblische Priesterschaft ins Leben gerufen, die für sich einen besonderen Zugang zu göttlichen Geheimnissen beansprucht. Das Heil gründet sich auf gute Taten; spirituelle Erfahrungen und göttliche Offenbarungen führen zum besseren Verständnis des Wortes Gottes, womit der Vorstellung von einer sich fortwährend entwickelnden geistlichen Wahrheit Tür und Tor geöffnet wird.

Quellenverzeichnis: The Rocky Mountain News, 18. November 1985; An Introduction to the Reorganized Church of Jesus Christ of Latter-day Saints (Independence, Missouri: Herald Publishing House, o. J.); Who are the Saints? (Independence, Missouri: Herald Publishing House, o. J.).

Adresse/Hauptquartier: Evangelism Commission, Saints Auditorium, Box 1059, Independence, Missouri 64501/USA.

Siehe auch unter Mormonen.

Reverend Ike

„Der Mangel an Geld ist die Wurzel allen Übels." So spricht der schwarze Prediger Rev. (Reverend bzw. Pastor) Ike. Diese Verzerrung der Bibelstelle 1. Timotheus 6,10 ist kennzeichnend für Ikes Philosophie der „Science of Living" (Lebenswissenschaft), eine mit evangelikaler Begrifflichkeit gespickte Mischung aus schwarzem Pfingstlertum und christlicher Wissenschaft. Der Mammon-Messias verkündigt: „Vergessen Sie das himmlische Schlaraffenland. Wichtig sind nur Heute und Jetzt. Sie können sich auf mein Wort verlassen."

Was steht hinter diesem „Wort"? Im Gegensatz zu anderen Kultführern, die ihre eigentliche Lehre mit orthodox-christlicher Theologie übertünchen, macht Ike kein Hehl aus seinen abartigen Überzeugungen. Für ihn ist die Bibel „ein psychologisches und kein theologisches Buch", Satan „die negativen Vorstellungen von Mangel und Begrenztheit", und Gott „das Innewohnen Gottes in dir". Durch seine Predigt versucht Ike, „dem einzelnen beizubringen, wie er sein Selbstbild manipulieren kann und so zum Herrn des eigenen Lebens wird". Die Vorstellung vom Himmel wird durch „das ewige Jetzt" ersetzt, da es keine geistliche Wirklichkeit im buchstäblichen Sinne gebe. Im Anklang an Mary Baker Eddy stellt Ike fest: „Alles geht auf Geisteszustände zurück."

Ikes Beliebtheit liegt ein offenkundig materialistisches Verständnis von Erfolg und Zufriedenheit zugrunde. In geradezu unverschämter Art behauptet Ike, wer großzügig opfere, um Ikes aufwendigen Lebensstil mitzufinanzieren, werde seinerseits mit Hilfe des „Gottes-in-dir" in den Genuß ebenbürtiger Leistungen gelangen. Die Hoffnung auf schnellen Reichtum führt das Publikum bei Ikes „Treffen zur Lebensfreude" dazu, die Brieftasche zu leeren. Am allermeisten sind schwarze Ghetto-Einwohner gefährdet, die kaum eine Chance zum materiellen Aufstieg sehen. So muß die biblische Vorstellung, man werde durch das Geben selber beschenkt, der kompromißlosen Habgier weichen. „Die Bibel erzählt, daß Jesus auf einem geliehenen Esel geritten ist. Ich werde lieber einen Rolls-Royce fahren!" meint Ike. Typisch für den unverhohlenen Materialismus ist ein 1987 ausgesandter Rundbrief, der folgenden Aufruf enthielt: „Als Gottesmann spüre ich den Auftrag, Ihnen mitzuteilen, Sie sollten Gott genau 18.02 Dollar geben." Das sieht wie eine geringe Summe aus, aber die Reaktion seiner zahlreichen Anhänger sorgt seit Jahren dafür, daß Ikes Geldschrank prall gefüllt ist. Zum Thema Armut bemerkt Ike folgendes: „Wenn es für den Reichen so schwer sein soll, in den Himmel zu kommen, stellen Sie sich vor, welche Schwierigkeiten der Arme hat. Er kann ja nicht einmal den Torwächter bestechen!"

Der evangelikale Christ vermag die Irrtümer solch unbiblischer Haltung ohne weiteres zu durchschauen. Für den aber, der die Bibel nicht kennt, hat der schlaue Ike eine Lücke entdeckt, deren Entstehung die Kirchen möglicherweise mitverursacht haben. Manche Kirchen haben nämlich die biblische Verkündigung zugunsten des sogenannten „Wohlstandsevangeliums" vernachlässigt, so daß mancher nichts Schlimmes an finanziellem Gewinn im Namen des Glaubens findet. Den mit dieser „Seuche" infizierten Taufscheinchristen dürfte es kaum auffallen, daß Ikes Anschauungen nichts anderes als wiederaufgewärmte Psychoträumereien darstellen. Es ist nicht unwahrscheinlich, daß die Beliebtheit des Rev. Eikerenkoetter schlagartig schrumpfen würde, wenn sich Christen ernsthaft mit Gottes Haltung den Armen gegenüber auseinandersetzten und so lebten, als würden sie wirklich glauben, daß „auch mitten im Überfluß das Leben eines Menschen nicht durch seine Güter gesichert ist" (Lk. 12,15).

Begründer: Rev. Frederick Eikerenkoetter, geb. 1935.

Literatur: „Der Mangel an Geld ist die Wurzel allen Übels", eine Verdrehung von 1. Timotheus 6,10. Nach Rev. Ikes Lesart hört sich Johannes 3,16 so an: „So sehr hat Gott die Welt geliebt, daß er jedem Menschen die göttliche Sohnschaft schenkte. Und wer an die eigene göttliche Sohnschaft, an die eigene Beziehung zu Gott glaubt, wird nicht verlorengehen, sondern ewiges Leben haben."

Symbol: Keines.

Anziehungskraft: Als Folge einer positiven Geisteshaltung sich selbst gegenüber verspricht Ike Selbstbesserung und finanziellen Aufstieg. Da die gesamte Wirklichkeit als Geisteszustand gilt, wird dem, der aufgrund mangelnder Naturbegabung oder Ausbildung sich finanziell nicht verbessern kann, nahegelegt, durch regelmäßige Spenden an Rev. Ike ein gewisses inneres Potential zum Wohlstand zu entfalten.

Ziel: Nach außen hin gibt Ike vor, negative, Armut erzeugende Gedanken aus der Welt schaffen zu wollen und diese durch eine positive, Wohlstand bringende Geisteshaltung zu ersetzen. In Wirklichkeit aber wird Ikes eigener Wohlstand gefördert, wie sein unverschämtes Protzen mit Diamanten und seinen sechszehn Rolls-Royces belegen.

Irrtümer: Der orthodoxe christliche Glaube an den Stellenwert der Opferbereitschaft, die Selbstverleugnung, den transzendenten Gott, das Jenseits und den erhabenen Stellenwert des Geistlichen gegenüber dem Materiellen wird restlos verneint. An dessen Stelle tritt eine Pseudowissenschaft des Geistes, die unmittelbaren finanziellen Gewinn im Gegensatz zu moralischen Überlegungen im Blick auf die Zukunft betont. Ike meint: „Es gibt keinen Gott außerhalb von dir, der überhaupt etwas für dich tun könnte. Einzig und allein hilft dir die Einsicht, daß du der Christus bist, der Sohn des lebendigen Gottes." Sein Gedankensystem steht in krassem Gegensatz zum Gebot Christi in Matthäus 6,33: „Trachtet zuerst nach dem Reich Gottes."

Quellenverzeichnis: Einzelne Nummern der Zeitschrift *Action,* herausgegeben von United Evangelistic Association; People, 1. November 1976; US, 21. Oktober 1985.

Adresse/Hauptquartier: United Christian Evangelistic Association, 910 Commonwealth Avenue, Boston, MA 02215/USA.

Die Rosenkreuzer

Was die meisten Geheimbünde betrifft, sind die Antworten auf die Fragen nach deren Identität, Herkunft und Glauben nach wie vor umstritten. Bei den Rosenkreuzern wird es noch schwieriger, denn diese verbreiten buchstäblich Bände an nichtdokumentierter Literatur. Fest steht, daß sie sich selbst weder als selbständige Religion noch als okkulte Gemeinschaft ausgeben und jegliche Beziehung zur Freimaurerei oder zum Spiritismus ableugnen. Trotz vieler Hinweise, die diesen Beteuerungen widersprechen, bleiben die Rosenkreuzer bei der Behauptung, eine „Ordensbruderschaft" zu sein, dessen Ziel es ist, „die schlummernden, verborgenen Fähigkeiten des einzelnen zu erwecken, damit dieser seine natürlichen Begabungen zum eigenen Vorteil besser einsetzen und somit ein glücklicheres, nützlicheres Leben führen kann".

Auch wenn dieses erklärte Ziel lobenswert klingen mag, verschleiert es nur die nicht ganz makellose Geschichte samt esoterischen Praktiken, die den Rosenkreuzer-Glauben charakterisiert. Versteht man Religion im Sinne der herkömmlichen Auffassung als ein System des Glaubens und der Gottesverehrung, so müssen die Rosenkreuzer als Religion eingestuft werden. Wer sich in ihre Lehren vertieft, stellt bald fest, daß die Selbstverbesserung kein rein mit psychologischen Mitteln zu erreichendes Ziel ist. Vielmehr begegnet man einem komplexen System von Lehren, Riten und Kulthandlungen, die zwar mit jüdischen und christlichen Vorstellungen durchzogen sind, jedoch auf heidnischer Mythologie und okkulten Praktiken beruhen.

Im 17. Jahrhundert erschien in Deutschland ein Werk mit dem Titel *Fama Fraternitatis,* eine Beschreibung der religiösen Entdeckungen des Christiani Rosencreutz, der nach Ägypten gereist sein soll, um dort das Geheimnis des „Rosenkreutzes" zu lüften. Obwohl diese Gestalt historisch belegt ist (1378-1484), halten die Rosenkreuzer den Namen Christian Rosenkreutz lediglich für symbolisch, was ihnen ermöglicht, den Ursprung des Ordens viel früher anzusetzen. Wo nun die eigentlichen historischen Wurzeln der Bewegung auch liegen – fest steht, daß sich Gesellschaften der Rosenkreuzer im Europa des 17. und 18. Jahrhunderts stark verbreiteten. Manches weist auf einen

Gedankenaustausch mit den Freimaurern hin; heutige Rosenkreuzer streiten allerdings solch eine gegenseitige philosophische Befruchtung ab. Trotzdem weist die Freimaurerei einen *Orden der Gold- und Rosenkreuzer* auf, was die historische Verbindung zwischen den zwei Geheimbünden so gut wie belegt.

Amerikanische Rosenkreuzer setzen den Anfang ihres Ordens im Jahr 1694 mit der Ankunft des Großmeisters Kelpius an, der bereits in Europa einer Loge angehört hatte. Nach anfänglichem sichtbaren Gedeihen – selbst Benjamin Franklin und Thomas Jefferson sollen Rosenkreuzer gewesen sein – rief der Orden eine Zeit des „Schweigens nach außen hin" aus, die insgesamt 108 Jahre dauern sollte. Während das geheime Treiben sich fortsetzte, gelangte die Gesellschaft erst im Zuge einer Wiederbelebung im 20. Jahrhundert wieder ins öffentliche Bewußtsein. Ordensschriften aus dem Jahr 1909 sprechen von einem Treffen zwischen führenden französischen Rosenkreuzern und dem Amerikaner Dr. H. Spencer Lewis, der nach seiner Einweihung in die USA zurückgekehrt sein soll, um den dortigen Orden neu zu erwecken. Seine Bemühungen setzen sich bis zu seiner „Verwandlung" – eine Bezeichnung der Rosenkreuzer für den Tod – im Jahre 1939 fort. Ab diesem Zeitpunkt trat sein Sohn Ralph an seine Stelle.

Rosenkreuzer-Schriften unterdrücken völlig Lewis' Verbindung zur okkulten Gesellschaft des Ordo Templi Orientis (OTO) und dessen Führer Alistair Crowley. (Crowley war Homosexueller, Mörder und aktiver Verfechter der schwarzen Sexualmagie. Jegliches moralische Gesetz suchte er zu übertreten, er gab sich sogar den Titel „Das Tier 666".) 1915 gründete Lewis den *Ancient and Mystical Order of Rosae Crucis* (abgekürzt AMORC), wobei er sich nicht scheute, den Orden vom OTO öffentlich empfehlen zu lassen, trotz dessen berüchtigter Bräuche. Der Religionsforscher J. Gordon Melton belegt sogar die Herkunft etlicher AMORC-Symbole, darunter jenes des Rosenkreuzes, in den Zeitschriftenveröffentlichungen Crowleys. Derartige Beobachtungen lassen die Behauptung des AMORC, keine okkulten oder abergläubigen Vorstellungen zu unterstützen, als um so fraglicher erscheinen. Im übrigen gibt es andere Orden der Rosenkreuzer wie z. B. die von Max Heindel gegründete *Internationale Rosenkreuzer-Gemeinschaft* sowie die *Societas Rosicruciana,* eine amerikanische Gründung, die Mitgliedschaft bei den Freimaurern fordert. Da der AMORC der zugleich größte und öffentlichkeitswirksamste Vertreter der Bewegung ist, werden sich die folgenden Erörterungen auf ihn beschränken.

Um seine Tradition zu untermauern – und vielleicht auch die jüngste, zweifelhafte Geschichte zu unterdrücken –, besteht der AMORC auf seiner altägyptischen Herkunft. Pharao Thutmosis III. soll bereits um 1500 v. Chr. gewisse „Mysterienschulen“ der Großen Weißen Loge ins Leben gerufen haben. Von dessen Nachfolger, Amenhotep IV., wird behauptet, er sei „der am meisten erleuchtete Mensch seiner Zeit“ gewesen – er wird deshalb vom AMORC in gebührender Weise verehrt. Es gibt aber keine objektiven Beweise, die solch antike Kulte mit modernen Rosenkreuzer-Praktiken nahtlos verbinden. AMORC bemüht sich zwar um den Nachweis einer solchen Verbindung, indem auf geheime Kultaktivitäten hingewiesen wird, welche die Zeremonien und Riten der Rosenkreuzer während immer wiederkehrender Zeiten des „Schweigens nach außen hin“ angeblich in Erinnerung hielten. Folglich ist die Echtheit des Kultes mangels historischer Beweise nicht überprüfbar.

Der moderne Glaube des AMORC setzt sich aus religiösen Vorstellungen Altägyptens, parapsychologischen und spiritistischen Interessen und pseudo-wissenschaftlichen, in der Alchemie verwurzelten Zielsetzungen zusammen. Die Mitglieder treten Seelenreisen an, suchen ihre innere „Intuition“ zu entfalten und sich gegenseitig zu heilen und führen chemische Experimente durch. Das alles in sich vereinigende Unterfangen umfaßt quasi jede Art mystischer oder transzendenter Erfahrung, von der Wünschelrute bis hin zur Gedankensteuerung. Neumitglieder werden vorwiegend mittels einer Reihe *Mandamus* eingeführt, also geheime, versiegelte Unterweisungen. Novizen werden davor gewarnt, den Inhalt solcher Schreiben preiszugeben oder die geheimnisumwobenen Kulthandlungen Nichteingeweihten gegenüber darzulegen. „Sagen Sie ihnen einfach, daß Sie an einem Abend in der Woche lernen“, heißt es für die Neumitglieder. „Betonen Sie immer, daß AMORC keine Religion ist.“

Die Tatsachen weisen in eine andere Richtung. Die Mitglieder werden im Bau eines *telesterion,* in Wirklichkeit eines Heimaltars, unterwiesen. Zu den Kultgegenständen können Weihrauch, ein *Ankh,* Kerzen sowie Götzenbilder ägyptischer Gottheiten und Herrscher gehören. Auf die Wand darf man eine Urkunde mit der Überschrift „Bekenntnis zu Maat“ aufhängen. (*Maat* soll das ägyptische Wort für Wahrheit sein.) Das Glaubensbekenntnis fängt mit den Worten an: „Ehre sei dir, dem großen Gott, Herrscher aller Wahrheit, ich bin rein.“ Neubekehrten wird mitgeteilt, sie riefen damit die „42 Hauptgötter . . . und die Hauptgottheit, den Sonnengott AMEN-RA“, an.

Jede Lektion bringt zunehmend mehr AMORC-Theologie. Da

sich der Novize zur eigenen Reinheit bekennt, wird Sündenvergebung überflüssig – man begegnet lediglich „psychologischen Hindernissen“, die durch „Selbstbeichte“ überwunden werden. Gebetet wird zum Gott des Herzens. Die Strafe, die man sich durch schlechtes Karma angehäuft hat, kann mittels des Gesetzes des *AMRA* abgebüßt werden – in diesem Fall wird eine Geldüberweisung an den AMORC empfohlen. Gott wird unterschiedlich als „die höchste Intelligenz“, eine Art „reine Energie“ oder „der Ursprung von allem“ bezeichnet. Diese Gottesvorstellung, dem Brahmanentum ähnlich, ist völlig unpersönlich, wird sogar als „eine mit Bewegung begabte Zahl“ expliziert.

Beim AMORC kommt die Bibel schlecht weg. Die Genesis wird kurzerhand als „schönes Gedicht“ betrachtet, während man am Neuen Testament das Fehlen der wichtigsten und geheimsten Lehren Jesu auszusetzen weiß. Anstelle der Heiligen Schrift werden andere Bücher empfohlen, die die Reinkarnationslehre vertreten, wie z. B. *Die Geheimlehren Jesu* und *Das Buch Jascher.* Als Ersatz für die Bibel dient ein Potpourri von Erzählungen über den versunkenen Kontinent *Atlantis* und eine schwarze Rasse, die als *Lemuren* bezeichnet wird. Jesus gilt als der erste Eingeweihte des Sonnenzeitalters, der Heilige Geist nimmt die gleiche Stellung für das Mondzeitalter ein.

Trotz offizieller Ablehnung des Spiritismus legt der AMORC seinen Mitgliedern in den versiegelten Unterweisungen nahe, mit verstorbenen geistlichen Meistern Kontakt aufzunehmen. Solche werden als „übersinnliche Kontakte mit Seelenpersönlichkeiten“ bezeichnet und gelten als Teil der „Allseele“. Von diesen „Persönlichkeiten“ wird behauptet, sie bräuchten eine „Identität“, um sich auszudrücken, deshalb wird der Neueingeweihte zur Rolle des „physischen Mediums“ auserkoren. Christliche Theologen würden ihrerseits dieses Phänomen als Beispiel für Dämonenbesessenheit qualifizieren, insofern die „Persönlichkeit“ (der Dämon) in das „physische Medium“ (den Körper) des naiven Eingeweihten einkehrt, ihn also besetzt. So gesehen ist es vielleicht nicht ganz fehl am Platz, wenn der AMORC jegliche Ähnlichkeit des „rosigen Kreuzes“ mit dem Kreuz Christi ableugnet, zumal dieses als Symbol für den Sieg über das Satansreich gilt.

Begründer: Nach eigener Überlieferung Christiani Rosencreutz (1378-1484); der AMORC, dessen deutsches Hauptquartier in Baden-Baden ist, verfolgt seinen Ursprung auf die altägyptischen „Mysterienschulen“ zurück; die heutigen Rosenkreuzer in den USA gehen auf eine 1915 durch Dr. H. Spencer Lewis erfolgte Neugründung zurück. In Hamburg ist der Sitz der *Internationalen Weltloge der Bruderschaft zum Rosenkreuz e.V.,* einer Gemeinschaft, die hauptsächlich in Geheimkünste und Magie einführen will.

Literatur: Verschiedene geometrische und hieroglyphische Symbole sowie das verborgene, esoterische Wissen der *Kher-Heben,* die als Meister der altägyptischen Mysterienschulen gelten.

Symbol: Das wichtigste Symbol ist das Rosenkreuz, ein mit einer Rose versehenes christliches Kreuz. Dagegen behaupten die Rosenkreuzer, die Christen hätten das Kreuz nur „willkürlich" zum Symbol genommen. Für den AMORC stellt das Kreuz den Leib des Menschen dar, die Rose „die sich entfaltende und aufsteigende Menschenseele".

Anziehungskraft: Interessenten werden durch Werbung angesprochen, in der die Möglichkeit „zur Entwicklung des seelischen Potentials" in Aussicht gestellt wird. Darin werden auch Geistesgrößen wie Isaac Newton, Francis Bacon und Rene Descartes als Rosenkreuzer vorgestellt und behauptet, sie hätten „Inspiration sowie Motivation von den Lehren und Erkenntnissen der Rosenkreuzer empfangen."

Ziel: Das exotische Ziel ist, Menschen zu helfen, „die Naturgesetze des Kosmos als das einzige Mittel zur Lebensbewältigung" zu begreifen.

Irrtümer: Die esoterischen Kulthandlungen der Rosenkreuzer führen die Eingeweihten in altägyptische Geheimrituale ein, die dämonische Phänomene wie Besessenheit und Geisterbeschwörung auslösen können. (Im anglo-amerikanischen Raum wird der Einweihungsritus mit den Worten „So mote it be" dt. „So möge es sein" , einer in der Zauberei weitverbreiteten mündlichen Schwurformel, bestätigt.)

Quellenverzeichnis: Verschiedene AMORC-Schriften, u. a. *Master of Life, Who and What Are the Rosicrucians? Rosicrucian Digest (März) 1975,* History of the AMORC, Rosicrucian Initiation-Neophyte Guide, Recognition; einzelne Nummern von Master Monograph, The Celestial Sanctum; Walter Martin, The Kingdom of the Cults (Minneapolis: Bethany Fellowship, 1977); J. Gordon Melton, The Encyclopedia of American Religions (Wilmington, North Carolina: McGrath, 1978).

Adresse/Hauptquartier: Rosicrucian Park, San Jose, CA 95191/ USA.

Siehe auch unter Freimaurerei.

Sathya Sai Baba

Die meisten haben schon erlebt, wie ein Zauberer mit der Hand eine Geste macht und dann plötzlich einen Vogel von scheinbar nirgendwoher hervorbringt. Normalerweise trägt der Zauberer eine Jacke, was zu Vermutungen über den Inhalt der Ärmel führt. Stellen Sie sich jedoch einen Mann in einem ärmellosen Gewand vor, der mit der Hand winkt und – Schauplatz des Ereignisses ist Indien – eine amerikanische Geldmünze hervorbringt, die in Ihrem Geburtsjahr geprägt wurde.

Solches gehört zu den vielen offiziell dokumentierten „Wundern" des Sathya Sai Baba, vielleicht der bewundernswerteste Guru des Jahrhunderts. Weil die eigenen, tendenziellen Biographen bei weitem die meisten Angaben über Sai Baba liefern, liegen dem folgenden Kapitel hauptsächlich solche Informationen zugrunde. Folglich bleiben viele Angaben zu seiner Vergangenheit unbelegt, und somit ist durchaus die Möglichkeit gegeben, daß zumindest einige Behauptungen eher auf Legenden als auf Tatsachen beruhen.

Der Vorgänger Sathya Sai Babas hieß ebenfalls Sai Baba und wurde Mitte der achtziger Jahre des vorigen Jahrhunderts in Shirdi im indischen Bundesstaat Hyderabad geboren. Ehe Sai Baba 1918 starb, war er sowohl in den Augen von Verehrern als auch von Skeptikern aus der Gegend zu einem *avatara,* einer Inkarnation Gottes, aufgestiegen. Legenden erzählen davon, daß er Leprakranke geheilt und Dämonen ausgetrieben haben und als Mensch und Tier in verschiedener Gestalt erschienen sein soll. Insbesondere erfreute er sich des Gebrauchs von *udhi,* der heiligen Asche, die er angeblich aus dem Nichts mit einer Handgeste hervorgezaubert und zur Krankenheilung sowie zu anderen wundersamen Zwecken eingesetzt hat. Nach seinem Tod machten sich die Trauernden darüber Gedanken, wessen Körper er als nächstes beseelen würde. Immerhin gibt es unzählbare indische Gurus, die den Anspruch erheben, *avataras* zu sein; laut Hindu-Theologie kann es jedoch nur jeweils eine Inkarnation Gottes geben.

Unter die möglichen *avataras* reihte sich der 1926 in Prasanti Nilayam, Indien, geborene Sathya Sai Baba ein. Schon vor seiner Geburt als Satyanarayana Raju – sein eigentlicher Name – ereignete sich angeblich Außergewöhnliches im Elternhaus. Ohne menschliches Zutun spielten Saiteninstrumente in der Nacht, unsichtbare Hände trommelten auf das *maddala,* eine Art Trommel. Nach seiner Geburt legten ihn seine Eltern manchmal in Bettüchern auf den Fußboden. Als man unter den Tüchern Bewegung bemerkte, wurde eine Kobra entdeckt, die sich um den Körper des Säuglings herumgewickelt hatte. Erstaunlicherweise blieb das Kind unverletzt. (Später deuteten Verehrer die Geschichte so aus, daß auch Sheshiara, der Herr der Schlangen, in das Kind eingegangen wäre.)

Als Schulkind holte Satyanarayana Bonbons und Obst für seine Freunde hervor – aus einem leeren Sack. Als er gefragt wurde, wie er solch übernatürliche Leistungen erbringe, verwies er auf einen unsichtbaren Helfer namens Grama Sakti, der ihm jeden Wunsch erfülle. Mit 13 Jahren wurde er von einem Skorpion gebissen – allerdings konnte nachher niemand das Tier finden – und verfiel in ein Koma. Bald danach verwandelte sich seine Persönlichkeit immer wieder, wobei verschiedene Stimmen aus ihm sprachen. Einige dieser Fremdwesen sagten umfangreiche Stellen aus dem Hindu-Schrifttum auf, die der Junge nie gelernt hatte. Seine Eltern wandten sich an einen Schamanen, der aber keine bösen Geister aus dem Kind austreiben konnte. Genau zwei Monate und 15 Tage nach dem Insektenbiß konnte der Junge plötzlich mit nur einer Geste der Hand Gegenstände aus der Luft hervorzaubern. „Ich bin Sai Baba", kündigte er an, es wußte jedoch niemand, wovon er sprach.

Mit der Zeit erfuhren die Menschen im Dorf Prasanti Nilayam von Sai Baba aus Shirdi, und bald waren sie überzeugt, daß Satyanarayana Ruja eine Inkarnation des verstorbenen Hindu-Heiligen sei. Fortab wurde Satyanarayana als Sathya Sai Baba bekannt. (*Sa* heißt „göttlich", *ai* „Mutter", und *baba* „Vater", somit heißt er „der göttliche Mutter-Vater.") Von diesem Zeitpunkt an gibt es immer mehr Wundererzählungen über Sai Baba. Um Menschen von sich als Reinkarnation des Sai Baba aus Shirdi zu überzeugen, gab er Gespräche wieder, die allein den Jüngern der verschiedenen Gurus bislang bekannt gewesen waren. Darüber hinaus brachte er auf scheinbar übernatürliche Weise Devotionalien hervor, die im weit entfernten Shirdi vor den Grabschrein hingelegt worden waren. Freilich bleibt es umstritten, ob sich die dem Sai Baba zugeschriebenen Wunder tatsächlich ganz oder auch nur teilweise so ereignet haben wie geschildert.

Derartige Behauptungen können sowohl von übertriebenen Legenden als auch von einzigartigen übersinnlichen Leistungen herrühren. Diesbezüglich sollte man folgende Beispiele für die Macht Sai Babas bedenken: Blumenblätter, die man auf den Boden fallen läßt, finden sich zusammen, um den Namen des Meisters zu bilden; dieser „zaubert“ Anhänger, Ketten, Ringe, Halsketten und Fotos mit bloßen Händen aus dem Nichts hervor und verteilt sie an seine Verehrer; seine Jünger nennen eine Obstsorte, und sofort erscheint das Genannte auf einem Baum; Lebensmittelvorräte werden vermehrt; von seiner Stirn schießt ein blendender Lichtstrahl hervor; Krebskranke werden geheilt; *Deven* (Hindi für „Engel“) reichen ihm eine aus Glas geschnitzte Schüssel, die aus dem Nichts entsteht; plötzlich erscheinen kleine Götzenbilder; chirurgische Eingriffe werden ohne Skalpell und Blutverlust durchgeführt; Steine werden zu Süßigkeiten; eine Blumenknospe wird in einen Diamanten verwandelt; Dämonen werden ausgetrieben; nicht zuletzt wird ein Mensch von den Toten auferweckt – in auffallend ähnlicher Weise wie von Christus in Lukas 8 berichtet wird.

Das „Lieblingswunder“ ist das Hervorzaubern von heiliger Asche mit nur einem Handwinken. Diese Asche, die Sai Baba *vibhuti* nennt, soll den Hindu-Gott Shiva in seiner Kraft zur Neuschöpfung darstellen. Den Verehrern verabreicht, wird die Asche zum Heilpulver gegen verschiedenste Beschwerden. Jedes Jahr vollbringt Baba beim Fest für den Gott Shiva zwei Wunder. Zum einen erschafft er einen Aschenhaufen aus einer kleinen Urne. Die zweite Wundertat ist dem abendländischen Empfinden eher abscheulich. Von den Hindus wird Shiva nämlich gelegentlich in Gestalt eines *lingas* angebetet. Auch wenn Intellektuelle unter den Hindus vielschichtige Erklärungen über die Symbolkraft des *lingas* aufbieten können, ist dieser Gegenstand im Grunde genommen ein Fruchtbarkeitssymbol. Am häufigsten begegnet man dem *linga* in Form eines gedehnten Ovals, dem männlichen Phallus ähnlich. Während des jährlichen Shivafestes spricht Sai Baba eine Stunde oder länger, dann windet und krümmt er sich plötzlich, offensichtlich unter Schmerzen. Seine Körpertemperatur erreicht 40 Grad Celsius. Dann stößt er einen Gegenstand aus dem Mund, und zwar ein 12 mal 7 Zentimeter großes, massives *linga*. Bei einem dieser Anlässe soll er insgesamt neun solcher *lingas* hintereinander herausgespuckt haben.

Was ist der Zweck solch übersinnlicher Phänomene? Ein Chronist Sai Babas schreibt dazu folgendes: „An die Wunder Christi muß man glauben, die des Sai Baba kann man aber selbst wahrnehmen.“ Mit anderen Worten: Die Wunder dienen als handfeste Beweise für die „Wahrheiten“, die Sai Baba lehrt. Ein Schriftsteller erklärt dazu: „Sie,

d. h. die Wunder, bauen unseren Glauben auf . . . auf das Ziel hin, daß aus uns selbst die Gottheit erzeugt wird."

Die Theologie Sai Babas entspricht dem klassischen Hinduismus. Im wesentlichen ist der Mensch *atman,* Geist bzw. Seele, ein gestaltloses Wesen. Dies manifestiert sich in den fünf Schichten (geistliche Essenzen) des Menschen, der zwar göttlich ist, sich seiner Gottesnatur jedoch nicht mehr bewußt ist. „Der Mensch wird nicht in Sünde geboren", hält Baba fest. Ewige Seligkeit läßt sich nur durch die Überwindung irdischer Begierden erreichen, wonach der göttliche Funke offenbar wird. „Wer das Prinzip des atmans verwirklicht, wird selbst zum Gott", erklärt Baba. Drei Wege gibt es zu diesem Ziel: *karma,* d. h. Taten vollbringen, *jnana,* d. h. Erkenntnis, oder *bhakti,* d. h. Hingabe an einen Guru. Letzteres entspricht eher den Vorstellungen Babas, da laut diesem der *sadguru,* der gottgewordene Guru, für den Jünger Gott selbst ist. Nur wenn sich der Verehrer der Führung Babas völlig überläßt, kann er in die Erkenntnis der Gottesliebe gelangen. Aber wer führt den Sai Baba?

Vor seinen Jüngern erscheint er in wallenden, roten Seidengewändern mit gekräuselten, buschigen Haaren; bald fließen Tränen, und er wird mit Seufzern bewundert. Der Unterschied zwischen Jesus und Sai Baba liegt auf der Hand. Letzterer behauptet ja auch, Christus zu sein bzw. das *avatara* des Jahrhunderts. Die Beweise jedoch, die jeder für seine Göttlichkeit erbringt, bilden schließlich einen Gegensatz zueinander. Die Wundertaten des Sai Baba mögen keinen Glauben voraussetzen, ein Mensch jedoch, der Anspruch auf Göttlichkeit erhebt und dann im Handumdrehen Repliken von Sexualorganen erbricht, stellt selbst das Motiv hinter seinen Wunderhandlungen in Frage. Ob Scharlatan, ob übernatürlich begabt, Sai Baba wird mehr als heilige Asche brauchen, um seiner Krankheit beizukommen.

Begründer: Sathya Sai Baba, 1926 als Satyanarayana Raju Pratsanti in Nilayam, Indien, geboren.

Literatur: Die Hindu-Schriften.

Symbol: Keines bekannt.

Anziehungskraft: Im Gegensatz zum Großteil der indischen Gurus, die Vergöttlichung für sich beanspruchen, vollbringt Sai Baba Wunder, um seine avatarischen Ansprüche zu untermauern. Sowohl von der Häufigkeit als auch von der Qualität her übertreffen seine Großtaten die anderer *siddhis*. Wer nicht an den Teufel glaubt oder sich darüber nicht im klaren ist, wie weit dessen Macht reicht, wird wohl von Sai Baba beeindruckt sein. Man muß sich jedoch fragen, ob diese Erscheinungen von Satan, vom Übernatürlichen oder vom Göttlichen herrühren, oder ob sie vielleicht bloße Sinnestäuschungen darstellen.

Ziel: Die Wunder des Baba zielen darauf, dessen Anspruch auf Göttlichkeit zu bestätigen und somit seine Verehrer dazu zu bringen, sich seinen Wünschen und Lehren zu unterwerfen. Durch eine derartige Fixierung auf Baba, zugleich ihr Guru und eine Gottesgestalt, erleben die Jünger größere Gelassenheit und in der Folge Einheit mit dem Höchsten. Geistlichen Schriften erkennt Baba einen bedingten Stellenwert als spirituelle Reiseführer zu, dennoch bleibt Hingabe an den *sadguru* der einfachste und schnellste Weg zur Gotteserkenntnis.

Irrtümer: Wenn auch beeindruckend, sind die Wunder Sai Babas im Hinblick auf Zweck und Umfang trotzdem nur begrenzter Art. Diesen Widerspruch zu seiner angeblichen Allmacht weist Sai Baba mit der Begründung zurück, der Mensch habe sich zuviel karmische Sünde angehäuft, als daß alle Leidenden geheilt werden könnten. Zeigt man den Gegensatz von Christi Auferstehung und seiner Macht über den Tod einerseits und dem unabwendbaren Sterben des Baba andererseits auf, so besteht auch dieser auf dem Sieg über den Tod. Dies bedeutet für ihn die Freiheit, sich den Zeitpunkt und die Art des Sterbens sowie der folgenden Inkarnation auszusuchen. Die Mangelhaftigkeit einer solchen Argumentationsweise liegt auf der Hand.

Quellenverzeichnis: Verschiedene, vom Sai Baba Center and Book Store veröffentlichte Unterlagen, u. a. „Who is Sai Baba?“, „Sathya Sai Baba Speaks“; Arnold Schulman, Baba (New York: Pocket Books, 1975); H. Murphett, Sai Baba, Man of Miracles (York Beach, Maine: Weisser, 1977).

Adresse/Hauptquartier: In Indien: Prasanti Nilayam (Home of the Supreme), Anantapur District, Andhra Pradesh; „Brindavan“, Kadugodi, Near Whitefield, Bangalore, Karnataka State.
In den USA: Tacete, California, und Sathya Sai Baba Center and Book Store, 7911 Willoughby Avenue, Los Angeles, California 90046/USA.

Schwarze Magie

Als ein 21jähriger Mann wegen Mordes verhaftet wurde, sagte der zuständige Polizeibeamte: „Das hat etwas mit Schwarzer Magie zu tun." Miguel Cardenas erschoß einen Mann, weil er der Überzeugung war, daß dieser einen Fluch auf seinen Großvater ausgesprochen hatte. Sein Großvater war kurz zuvor gestorben, und Cardenas schrieb diesen Tod dem magischen Fluch zu. Er entschloß sich, der Quelle dieser Zauberei ein gewaltsames Ende zu bereiten. Wegen Schwarzer Magie wurde Miguel Cardenas zum Mörder.

Durch Schwarze Magie werden auch Betrüger inspiriert. In Denver veranstaltete eine Frau, die nur unter dem Namen Yolanda Martinez bekannt war, Seancen und magische Rituale vor faszinierten Zuschauern. Sie überzeugte die Frauen im Publikum davon, daß ihr Schmuck und ihr Geld verflucht seien, und gab ihnen den Rat, ihr alle Wertgegenstände zu überlassen, damit sie die bösen Kräfte davon vertreiben könnte. Danach machte sie sich mit den Schmuckgegenständen und dem Geld aus dem Staub – alles in allem ein Wert von über 22 000 Dollar.

Anhänger der Schwarzen Magie tragen gewöhnlich Beutel mit Zaubertränken und Tierknochen, gelegentlich auch mit einem menschlichen Finger, als Fetisch mit sich herum. Einige stechen mit Nadeln in Voodoo-Puppen, um Schmerzen oder Unglück über ihre Feinde zu bringen. Wieder andere sprechen einen Fluch über Konkurrenten im Berufsleben aus, um sie einzuschüchtern und dazu zu bringen, ihren Posten aufzugeben. Mit Hilfe von Zaubersprüchen hoffen Anhänger der Schwarzen Magie, in einer Welt des Wettkampfs und der Konkurrenz voranzukommen.

Die Schwarze Magie wurde von Sklaven aus Westafrika in die Neue Welt mitgebracht. Sie war ein religiöses System, das magische Praktiken und den Glauben an übernatürliche Dinge umfaßte. In Afrika wurde zwischen Religion und Magie nicht unterschieden, wie dies in Europa und Amerika der Fall ist; die Schwarze Magie hatte in jeder Situation und Phase des Lebens ihren Platz. Die Westafrikaner glaubten an die Allmacht der Sonne und beteten Fluß- und Donnergeister an.

Unter den afrikanischen Sklaven wurde die Schwarze Magie vor allem individualistisch, informell und ritualistisch praktiziert. Diese Form ergab sich durch die Sklaverei, da es den Sklaven verboten war, sich in Gruppen zu versammeln. Häufig verschwand ein Sklave nachts allein im Wald und hielt dort seinen eigenen religiösen Ritus ab. Wie in Westafrika betete er eine Vielzahl von Geistern und Göttern an, vor allem solche, die mit natürlichen Objekten assoziiert wurden. Zusätzlich zu diesem polytheistischen System riefen die Afrikaner ihre Ahnen an, weil sie glaubten, daß der Einflußbereich eines Menschen nicht mit seinem Tod endet. Tote waren einfach in eine andere Existenzebene übergegangen, von der aus sie ihre Nachkommen beobachteten. Wenn etwas in deren Leben schiefzulaufen drohte, konnte diese Geister einschreiten und ihre Familienmitglieder beschützen.

Heute wird die Schwarze Magie von Menschen aller Rassen und jeden Alters aus verschiedenen Gründen praktiziert, z. B. aus Rivalitäts- und Rachegefühlen heraus. Die althergebrachte Theorie besagt, daß in jedem Menschen Dämonen wohnen, die durch die Schwarze Magie böswillig manipuliert werden können. Der Kontakt zu diesen Geistern wird durch Beschwörungen, Zaubersprüche, Tarotkarten, Ouijaboards, Astrologie und Hexenkunst hergestellt.

Das Wiederaufleben der Astrologie und des Glaubens an übernatürliche Dinge hat dazu beigetragen, daß die Schwarze Magie immer populärer wird. Für viele Menschen scheint die Schwarze Magie den Wunsch nach Ordnung und Disziplin in einer Welt des Chaos zu befriedigen. Beispiele dafür, wo die Schwarze Magie böswillig eingesetzt wird, findet man im Voodoo- und Santeria-Kult. (Siehe das Kapitel über Voodoo/Santeria.)

„Schwarze“ Magie wird dazu eingesetzt, anderen Menschen zu schaden. Im Gegensatz dazu bezeichnet man Magie, die wohlwollenden Zwecken dient, als „weiße“ Magie. Zwischen der Schwarzen und Weißen Magie gibt es praktisch jeden Grauton. Die meisten Anhänger der Schwarzen Magie glauben, daß durch Zaubersprüche und -tränke spirituelle Kräfte zum eigenen Vorteil manipuliert werden können. So praktizieren Menschen, um ihr Ziel zu erreichen, egoistisch alle Formen der Magie und unterscheiden dabei nicht zwischen weiß und schwarz.

Satanische Magier wie Anton LaVey vertreten den Gedanken, daß die Kraft des Teufels angerufen und für bösartige Ziele eingesetzt werden kann. LaVey wird als der „Schwarze Papst Amerikas“ bezeichnet, und Tausende von Satanisten wenden die Schwarze Magie an, um Geister und übernatürliche Kräfte zu manipulieren und dadurch Dritte in Angst und Schrecken zu versetzen und ihnen Schaden zuzufügen.

Anhänger der Schwarzen Magie konzentrieren sich auf Gewalt und Zerstörung und glauben, daß die grausame Natur des Menschen ein Pendant zum Wesen des Universums ist. Die Turbulenzen und Triumphe des Menschen spiegeln das Universum auf einer kleineren Ebene wider. Die menschlichen Gefühle wie Mitleid, Lust, Liebe und Haß existieren auf der universalen wie auch auf der sterblichen Ebene. Diese dynamischen universalen Energien sind nach Göttern oder Planeten benannt. Das Lebensblut der Welt ist die Sonne, da ihr Licht und ihre Wärme für das Leben auf der Erde notwendig ist. Mars, der Name des römischen Kriegsgottes, wurde zur wild zerstörenden Kraft des Universums.

Schwarze Magier verhängen Krankheit, Gefahr und unglückliche Umstände auf ihre Opfer. Zaubersprüche können einen Feind eliminieren oder gegen die Magie eines anderen schützen. Fetische verursachen Liebesgefühle in einem anderen Menschen oder veranlassen ihn, den Wünschen des Magiers zu folgen. Sie können auch verwendet werden, um jemanden wohlgesonnen zu stimmen oder um eine schlechte Bestimmung gegen eine gute auszutauschen.

Christen wissen um die Zerstörungskraft, die freigesetzt wird, wenn man sich auf das Territorium des Teufels begibt. Die Anwendung von Schwarzer Magie und okkulten Kräften stehen zur christlichen Ethik, die andere Wange hinzuhalten, in krassem Widerspruch. Christen glauben an die Kraft Gottes und seines Sohnes Jesus Christus. Die Anbetung der Natur oder anderer Götter ist Gotteslästerung. Gefühle wie Stolz, Lust und Haß sind unerwünscht. Christen entscheiden sich statt dessen für Liebe, Vergebung und Selbstlosigkeit und dafür, ihr Vertrauen auf Gott zu setzen. Schwarze Magie wird als Kult abgelehnt, der in direktem Widerstreit zum Evangelium steht.

Man könnte anführen, daß hinter der Schwarzen Magie nicht immer eine böse Absicht steht, sondern daß Medizinmänner üblicherweise auch eine „gute“ Magie praktizieren. Zauberdoktoren versuchen manchmal, ihr Wissen und ihre Kräfte auch zu nützlichen Zwecken einzusetzen. Sie stellen aus Pflanzen, Kräutern und Mineralien heilende Essenzen her und stehen denen mit Ratschlägen zur Seite, die sich an sie wenden. Häufig beraten sie andere Anhänger der Magie, wie sie sich gegen böse Mächte schützen können.

In der westafrikanischen Magie glaubt man an Hexen, Geister und Vampire – Konzepte, die der europäischen Magie sehr ähnlich sind. Nach dem Verständnis der Europäischen Magie bereitet Vampiren nichts größeres Vergnügen, als Menschen das Blut auszusaugen. Viele der heutigen Hexen haben dieses greuliche Erbe ihrer Vorfahren übernommen und setzen ihre Kräfte zu bösen Zwecken ein.

Auch „weiße" Hexen sind sich der Gefahr bewußt, in die man sich begibt, wenn man Schwarze Magie betreibt. Sie schützen sich gegen die bösen Geister, indem sie magische Kreise um sich ziehen. Wenn Hexen einen Geist anrufen, wissen sie, daß dieses Wesen mächtig und gefährlich ist. Medien und Hexen, die mit Geistern verkehren, erzählen Geschichten von anderen, die dieses „Handwerk" ausübten und dabei wahnsinnig wurden oder unter dem Einfluß böser Geister Selbstmord begingen.

Christen wissen, daß das Praktizieren Schwarzer Magie zur Versklavung durch Dämonen führt. Im Neuen Testament wird die Schwarze Magie (Zauberei) als „Werk des Fleisches" bezeichnet (Galater 5,20). Christen sollten sich auf keinen Fall von der Faszination der Zauberei und der Magie locken lassen. Statt dessen sollten sie sich mit Gottes Wort bewaffnen und dem Herrn erlauben, die Führung über ihr Leben zu übernehmen. Sich mit Zauberei einzulassen heißt, sich auf das Territorium des Teufels zu begeben, und dies führt unweigerlich zum geistlichen Tod.

Begründer: Durch westafrikanische Sklaven kam die Schwarze Magie, ein Religionssystem, das übernatürliche und magische Praktiken umschließt, in die Neue Welt und nach Europa.

Literatur: Mündliche Überlieferungen und durch Inspiration des Bösen entwickelte esoterische Zeremonien.

Symbol: verschiedene; u. a. ein Tor, das „Ogu", den Gott des Feuers, repräsentiert; ein Kopf eines dreihörnigen Tieres, das „Bossli", den Gott des Meeres, repräsentiert; ein Herz, das „Erzulie", die Gottheit der Liebe, darstellt.

Anziehungskraft: Die Schwarze Magie übt für viele Menschen den Reiz des Unbekannten aus und ist für die, die nach Macht streben und Ruhm und Reichtum suchen, ohne etwas dafür tun zu müssen, ein willkommenes Mittel. Für andere gibt die Schwarze Magie kosmische Antworten auf Frustrationen in einer Welt der nuklearen Bedrohung, des Hungers, der Umweltverschmutzung und der politischen Konflikte. Viele sind auch von dem Geheimnis fasziniert, das über der Schwarzen Magie und okkulten Praktiken schwebt.

Ziel: Die Schwarze Magie wird eingesetzt, um über die eigene Zukunft und über das Leben anderer Kontrolle zu gewinnen. Zauberer üben ihre Kunst aus, um sich an Feinden zu rächen oder sich gegen böse Zaubersprüche zu schützen. Manche Leute setzen magische Praktiken ein, um zum Beispiel Arbeitskollegen in Schrecken zu versetzen und selber beruflich aufsteigen zu können.

Irrtümer: Geisterbeschwörer versuchen, die Zukunft vorauszusehen, indem sie zu Totengeistern Kontakt aufnehmen. Die Bibel weist darauf hin, daß die Wesen, die von magischen Medien angerufen werden, mit den Dämonen identisch sind, die bei anderen Methoden der Wahrsagerei eingeschaltet werden. Die Anhänger der Schwarzen Magie meinen, alles im Griff zu haben, in Wirklichkeit sind sie aber Sklaven der Dämonen. Die Schwarze Magie zielt darauf ab, üble und selbstsüchtige Ziele ohne moralische Einschränkungen erreichen zu wollen. In Deut. 18 werden die okkulten Praktiken aufgezählt, die von Gott verboten wurden; in 2. Kor. 6,14-15 wird vor der Gemeinschaft mit den Geheimnissen der Finsternis gewarnt.

Quellenverzeichnis: Rocky Mountain News, 16. August 1988, 8; Miami Sun, 7. Mai 1983; Faith for the Family, November 1977, 3-5; The Dallas Morning News, 13. April 1984, 22A; Newsweek, 24. Februar 1986, 64; Witchcraft, Mysticism and Magic in the Black World, 1974, 13, 16-19; Encyclopedia Britannica, 1986, 88; Faith, November 1977, 5.

Adresse/Hauptquartier: Ursprünglich Afrika. Heute vorwiegend in Zentral- und Südamerika, außerdem in amerikanischen, aber auch europäischen Großstädten.

Siehe auch Crowleyismus, Macumba, Voodoo/Santeria, Hexenkunst.

Scientology

Schafft man es, auf der Straße der Großstadt an den Hare Krishnas vorbeizukommen, so kann man immer noch von einem anderen jungen Menschen angesprochen werden, der, diesmal eher normal bekleidet und rundum gepflegt, eine „kostenlose Persönlichkeitsanalyse“ anzubieten hat. So schnell tippt man nicht darauf, daß die 200 zu beantwortenden Fragen dazu dienen sollen, Menschen für die Scientology-Kirche anzuwerben. Welchen Grund zur Skepsis bereitet „eine angewandte Religionsphilosophie“, die „klare, helle Einsicht“ bietet, um „die Möglichkeiten des menschlichen Geistes voll zu erschöpfen“? Immerhin verspricht *Dianetik* – das Wort bedeutet „durch die Seele“ –, die Ursache „aller Geisteskrankheiten, psychosomatischer Leiden und Neurosen“ aufzuzeigen.

Scientology ist bestrebt, sich als Wissenschaft und Religion gleichzeitig auszugeben. Was immer es sein soll, es kommt nicht billig. Ehemalige Mitglieder gaben an, bis zu 50 000 DM, in einem Fall sogar mehr als 400 000 DM ausgegeben zu haben, womit erklärt wird, wie die Organisation manchen Schätzungen zufolge wöchentlich über 1,5 Millionen DM einnehmen kann. Mit der Distanz eines Gurus hat L. Ron Hubbard, Gründer und Leiter der Organisation, die Tätigkeit seiner Untergebenen jahrelang von einer Yachtflotte aus gemanagt.

Bereits 1950 veröffentlichte Lafayette Ronald Hubbard das Buch *Dianetics: The Modern Science of Mental Health* (dt. Dianetik – die moderne Wissenschaft der geistigen Gesundheit – Das Handbuch des dianetischen Verfahrens, 1980). Ursprünglich als psychotherapeutische Antwort auf die Techniken der damaligen Psychiatrie gedacht, gingen viele Ärzte auf die Barrikaden, so daß Hubbard seine Theorien bald in eine Religion umwandeln mußte, womit er sich zusätzlich Steuerfreiheit erwarb und einige seiner Organisationen der behördlichen Aufsicht entzog. Seither gedeiht die Bewegung, die heute über 600 000 Mitglieder und etwa 4 Millionen Sympathisanten im Bann hält. Nach eigener Aussage zählte die Kirche 1986 6 Millionen Mitglieder in 35 Ländern; allerdings schätzen Abtrünnige die Mitgliedschaft auf derzeit weniger als 700 000. Mehr als 7 Millionen Exemplare des Buches *Dianetik* soll die Kirche abgesetzt haben. Der bisherige Ruf Hubbards als Entdecker, Science-Fiction-Schriftsteller und Parabotaniker – als einer der ersten explizierte er die Möglichkeit, mit Pflanzen zu kommunizieren – wurde um seine Stellung als Hauptwortführer der sich rasch verbreitenden Sekte vervollständigt.

Ohne einen Schnellkurs in dem Wortschatz der Scientology sind Hubbards Anschauungen nur schwer begreiflich. (Bezeichnend dafür war die als notwendig empfundene Entscheidung der Kirche, ein 3000 Begriffe und 7000 Definitionen umfassendes Wörterbuch der Dianetik herauszubringen.) Hubbard lehrt die Abstammung des Menschen von einer Rasse ungeschaffener, allmächtiger Götter namens *Thetans,* die auf ihre Kräfte verzichteten, um in die irdische Welt der Materie-Energie-Raum-Zeit (engl. MEST, Material-Energy-Space-Time) einzugehen. Durch wiederholte Reinkarnationen stiegen sie allmählich zur menschlichen Ebene auf, wo sie sich ihrer göttlichen Präexistenz nicht mehr entsinnen konnten. Der Scientologist wird aufgefordert, das schlummernde thetische Potential wiederzuerwecken, indem er die als *Engrams* bezeichneten geistigen Hindernisse beseitigt. *Engrams* stelle man sich am besten als emotionelle Sperren vor, vergleichbar mit verdrängten Erinnerungen, welche im Unterbewußtsein aufbewahrt sind. Sind die Hindernisse einmal beseitigt, so kann man sein wahres Personsein verwirklichen sowie die MEST vollkommen beherrschen.

Engrams gelten als traumatische Erfahrungen in vergangenen Leben. Wo der „analytical mind“ (der analytische Geist) reflektiert, nimmt der „reactive mind“ (der reagierende Geist) *Engrams* lediglich auf. In der Dianetik geht es um Techniken zur Beseitigung („Clearing“) der *Engrams.* Wer Scientology beitreten will, ein noch nicht Geklärter (engl. Preclear, PC) nach deren Terminologie, muß sich einer „Revision“ (engl. auditing) unterziehen, um den Engram-Haushalt festzustellen. Dazu wird ein als „E-Meter“ bezeichnetes Galvanometer verwendet, das den Stromwiderstand der Haut mißt. Der Trainer, hier Auditor genannt, stellt Fragen an den Studenten, der zwei dem E-Meter angeschlossene Zinndosen in den Händen hält. (Gegen eine Spende in Höhe von 300 DM ist ein noch komplizierteres Gerät erhältlich.) Anhänger der Kirche vergleichen das Verfahren mit dem Beichtstuhl. Der Kandidat, dem alle durch *Engrams* verschuldeten geistigen Hindernisse entfernt wurden, gilt als „klar“ (engl. clear). Der Klare – jetzt auch *Thetan* – ist der, der alle rein reaktiven Gedankengänge durch Auditing beseitigt hat.

Obwohl sich laut der amerikanischen Gesundheitszeitschrift *Today's Health* hauptsächlich die „Schwachen, Verwirrten, Einsamen oder Geisteskranken“ von Scientology angesprochen fühlen, gibt es immerhin auch Menschen, die sich aus selbstlosen Motiven zur Dianetik bekennen. Die Bewegung hat sich immer bemüht, ein sauberes Image nach außen hin zu pflegen; Drogen, Ehebruch und vorehelicher Geschlechtsverkehr gelten als tabu. Während die Anhänger zumeist gepflegte, angesehene Mitglieder der gesellschaftlichen Mittelschicht sind, tragen Geistliche der Kirche das übliche schwarze Gewand des Klerikers samt weißem Kragen und sogar einem Kreuz um den Hals, wiewohl sie eine symbolische Beziehung des letzteren zum Kreuz Christi verneinen. Gern erzählen Anhänger der Gruppe von ihrem Programm zur Bekämpfung von Drogensucht, Narcanon genannt, oder ihrer Arbeit mit Gefangenen und geistig Behinderten.

Sollten die Lehren oder Taktiken der Scientology in Frage gestellt werden, sind die Mitglieder nicht geneigt, die andere Backe darzubieten. Im Gegenteil, „Ron Hubbard sagt, man werde nur verletzt, wenn man sich duckt“, erzählt Kirchenleiter Jeff Dubron. In der Tat tauchen immer wieder Berichte über die angeblichen Taktiken der Kirche auf, wonach Kritiker belästigt, eingeschüchtert oder verleumdet werden. Als das FBI, die amerikanische Bundeskriminalpolizei, eine Razzia in der kirchlichen Zentrale durchführte, wurde eine „hit list“, eine Liste von Feinden, die beseitigt werden sollten, gefunden. Darauf befanden sich u. a. der Name des Bürgermeisters von Clearwater im Bundesstaat Florida, der illegale Aktivitäten der Kirche im Zusammenhang mit einem Hotelankauf aufgedeckt hatte, und jener von Paulette Cooper, die das Buch *The Scandal of Scientology* geschrieben hatte. Schließlich wurden Verantwortliche der Kirche behördlicherseits wegen Planung und Durchführung von Einbrüchen in öffentliche Dienststellen angeklagt. Zweck dieser Aktivitäten war der Erwerb von Dokumenten, die Opponenten der Kirche unangenehm waren, um Gegner somit zum Schweigen zu bringen. Sieben Mitglieder, darunter Mary Sue Hubbard, Frau von L. Ron, wurden wegen Behinderung der Justiz verurteilt.

Eine Glaubensgemeinschaft wird jedoch nicht vordergründig nach ethischen Qualitäten und Gesetzmäßigkeiten beurteilt. Vielmehr interessiert Christen das Verhältnis der Scientology zur Bibel. Der Satz „Der Mensch ist gut“ gehört zu den wichtigsten Glaubensartikeln L. Ron Hubbards. Diese These steht im Einklang mit dem dianetischen Glauben an die göttliche Herkunft des Menschen sowie an die Möglichkeit, daß sich der Mensch zum Zustand des *Thetan* weiterentwickeln – sprich zurückentwickeln – könne. Zu den übrigen Lehren und Praktiken gehören Astralreisen, Regression zu vergangenen Leben und „das Bedürfnis nach einer Existenz als Geist“ (Heft Nr. 7 von Scientology Dynamic).

Hubbard pries seine Lehren als „den Weg zur spirituellen Freiheit“ an. Wer Gedanken an die mögliche Vereinbarkeit von Scientology und Christentum hegt, muß bedenken, daß Hubbard selbst die Dianetik als „das geistliche Erbe des Buddhismus an die westliche Welt“ ausgab. Der irdische Erfolg der Scientology wird am feudalen 30-Zimmer-Landhaus samt 100-Hektar-Grundbesitz in England ersichtlich. Christen aber, die sich auf ein Leben nach dem Tod vorbereiten, empfinden mitleidsvolle Betroffenheit für Menschen, die erfolglos nach Sinn in fiktiven Leben der Vergangenheit suchen.

Am 24. Januar 1986 starb L. Ron Hubbard im Alter von 74 Jahren. Die letzten zwei Monate seines Lebens hatte er auf einer abgelegenen, wohlgepflegten, 300 Hektar großen Ranch in Kalifornien verbracht. Nach ihm trat Heber C. Jentzsch die Führung der Bewegung an. Hubbard wurde u. a. von seinem ältesten Sohn Ronald E. DeWolf überlebt, der seinen Namen geändert hatte, um keine einzige Spur einer Verbindung mit seinem Vater bestehen zu lassen. Noch vor dem Ableben Hubbards bezeichnete ihn DeWolf als „einen der größten Schwindler dieses Jahrhunderts“, einen Anhänger von Schwarzer Magie, der seine Theorien unter dem Einfluß von Drogen ausgeheckt habe. DeWolf, selbst Christ geworden, erzählt auch von vielen Liebhaberinnen, die sein Vater gehabt haben soll, sowie von dessen Heimsuchung durch eine Geschlechtskrankheit.

Begründer: L. Ron Hubbard, 1911-1986; die Scientology-Kirche wurde 1955 in Washington D. C./ USA gegründet.

Symbol: Das Kreuz, von dem angeblich im Einklang mit alter religiöser Überlieferung geglaubt wird, der Querbalken symbolisiere Materie und die Senkrechte Geist.

Anziehungskraft: Zu denen, die sich von Scientology angesprochen fühlen, gehören enttäuschte Jugendliche auf der Suche nach einer einfachen, geordneten Weltanschauung; emotionell Gestörte, die komplexe Techniken der herkömmlichen Psychiatrie scheuen; und schließlich Wahrheitssuchende, denen die vielversprechenden Behauptungen der Dianetik, körperliches Wohlbefinden und geistigen Fortschritt zu bringen, imponieren.

Ziel: Scientology erhebt den Anspruch, alle Schwierigkeiten und Spannungen im Leben mit Hinweis auf Ereignisse in vergangenen

Leben zu erklären. Diese geistigen Hindernisse werden angeblich beseitigt, damit man zu dem vor vielen Inkarnationen verlassenen, göttlichen Zustand zurückkehren kann.

Irrtümer: Okkulte Praktiken wie die Rückkehr zu vergangenen Leben und Astralreisen setzen eine Reinkarnationstheorie voraus. Die Dianetik beruht auf außerbiblischen Auskünften über den Ursprung des Menschen – als eine Gottheit namens Thetan – sowie mystischen Überzeugungen bezüglich der Beziehung zwischen Geist und Materie. Der Mensch sei gut, Christus sei nicht mehr als ein „Geklärter" gewesen, die Wirklichkeit von Himmel und Hölle wird geleugnet.

Quellenverzeichnis: The Denver Post, 7. September 1976; The Kansas City Times, 14. Juli 1977; „Scientology", eine Tonbandaufnahme von Walter Martin; Newsweek, 23. September 1974; Dianetics, Einführungsheft der Scientology; L. Ron Hubbard, Dianetik – die moderne Wissenschaft der geistigen Gesundheit – Das Handbuch des dianetischen Verfahrens (1. engl. Auflage New York: Church of Scientology, 1950; dt. Ausgabe 1980); People, 17. August 1978; Christianity Today, 7. Dezember 1979; Celebrity, Nr. 19, Veröffentlichung der Scientology; Christianity Today, 7. März 1986; Newsweek, 6. Dezember 1982.

Adresse/Verbreitung: Verschiedene Standorte weltweit, darunter Washington, D. C./USA und Sussex, England; 1306 N. Berendo St., Los Angeles, California 90027 USA; P. O. Box 31751 Tampa, Florida 33633 USA.

Self-Realization Fellowship

Paramahansa Yogananda

Wäre Paramahansa („höchster Schwan") Yogananda („Seligkeit durch göttliche Vereinigung") im heutigen Medienzeitalter noch am Leben, so wären manche östliche Gurus wie Guru Maharaji Ji und Maharishi Mahesh Yogi einer starken Konkurrenz ausgesetzt. Wäre er nicht bereits 1952 nach Gründung der Self-Realization Fellowship (SRF) gestorben, gäbe es heute möglicherweise noch viel mehr Anhänger der SRF als die geschätzten 500 000 Mitglieder.

Yogananda reiste 1920 in die USA, um zum Internationalen Kongreß der Religiösen Liberalen zu sprechen. Weitere Vorträge in den ganzen USA sorgten für einen großen Interessentenkreis, aus dem er 1935 die SRF formte (derzeit befindet sich der Organisationssitz in Los Angeles). Auf Interesse stoßen vor allem die hinduistischen Elemente der SRF-Ideologie, wonach die „Verwirklichung" Gottes im Menschen mit vollendetem „kosmischen Bewußtsein" einhergeht. Diesen Zustand erreicht man, indem man einen Yoga-Lebensstil einschließlich Übungen, täglicher Meditation und Enthaltung von Fleisch und Alkohol pflegt.

Die wichtigste Methode zur Transzendenz über die materielle Scheinwelt hinaus ist Kriya Yoga, das als „höchst wissenschaftliche Technik zur Steuerung von unterschwelligen Lebensströmungen" gilt. Treu seiner Herkunft im Hinduismus lehrte Yogananda, daß man „kosmisches Bewußtsein" erst nach einer millionenjährigen Serie von Reinkarnationen erreichen könne. Für Kriya Yoga werden jedoch dieselben Ergebnisse schon nach drei Jahren „intelligenten Selbsteinsatzes" behauptet. Als zusätzlicher Lohn dafür wird der SRF-Anhänger „vom Karma, d. h. der gesetzmäßigen Verkettung des Gleichgewichts von Ursache und Wirkung, allmählich befreit". Yogananda prahlte sogar, daß 30 Sekunden Kriya Yoga „einem Jahr natürlicher geistlicher Entfaltung gleichkommt". Darüber hinaus verspricht diese esoterische Kunst der Atmungsregelung „fortlaufende Anreicherung des Blutes durch Sauerstoff . . . zur Beruhigung des Herzens". Als Beweis für die Wirkung des Kriya Yoga berichten Leiter der SRF, daß „selbst zwanzig Tage nach dessen Tod der Leichnam Paramahansa Yoganandas offensichtlich keine Unreinheiten aufwies". Wie auch immer sein Körper ausgesehen haben mag, seine Lehre konnte gegen die Unabdingbarkeit des Todes nichts ausrichten.

Quellenverzeichnis: Paramahansa Yogananda, Autobiography of a Yogi (Los Angeles, California: Self-Realization Fellowship, 1972); People, 6. Oktober 1975; Undreamed-of Possibilities (Los Angeles, California: Self-Realization Fellowship, 1971).

Shree Rajneesh

Bhagwan Shree Rajneesh

Nach den meisten mystischen Gurus sind Sex, Drogen und Hedonismus Hindernisse auf dem Weg zur Erleuchtung. Nicht so bei Bhagwan Shree Rajneesh. „Ich bekenne mich zu nichts Bestimmtem", sagte er einmal – und bald lebten seine Jünger entsprechend. Es war gerade das Richtige für Schüler östlicher Religionen, denen die Askese zu eng wurde.

Zunächst mußte man lediglich in ein Flugzeug nach Poona, Indien, einsteigen – eine Reise, die nicht nur viele Prominente, sondern auch 50 000 „Normalbürger" antraten. Am Zielort wurden alle Kleider gegen ein orangefarbenes Gewand eingetauscht. Die Novizen dieser Spiritualitätsrichtung warfen sich zu Boden, sobald Rajneesh den Raum betrat. Dann erhielten die Erleuchtungssuchenden einen neuen, hinduistischen Namen sowie eine Perlenhalskette mit dem Gesicht Rajneeshs im Anhänger. Eines jedoch mußte man sich gut merken: als Verehrer des Rajneesh hatte man sich gründlich zu waschen, insbesondere die Haare. Sogar Wächter standen bereit, an den Haaren eines jeden Eintretenden zu schnüffeln, da die Locken völlig sauber und fettfrei sein mußten, ehe man in die göttliche Gegenwart hineingelassen wurde. Rajneesh ist nämlich, trotz seines Anspruches, ein „jenseits der Zeit in ununterbrochener Seligkeit lebender Gott" zu sein, zuckerkrank und leidet noch dazu an Asthma.

In 80 Büchern und mehr als 500 Tonbändern entfaltet Bhagwan seine Lehre. Die Botschaft ist denkbar einfach: alles ist erlaubt. Er predigt vorehelichen Geschlechtsverkehr, offene Ehen und die Abschaffung der Familie, die, nach seinen Worten, „die größte Bedrohung menschlichen Fortschritts" darstelle. Was Religion betrifft, so stuft er das Christentum als „Kult" ein, selbst der Papst und Mutter Teresa kommen bei ihm schlecht weg. Herkömmliche *sannyasin* – heilige Männer, die meditieren und Verzicht üben – verfolgen den Gottespfad auf Jahre hinaus. Dagegen bietet der Guru aus Poona den seligen Zustand des *sanyas* sofort, wofür er den Namen *Neosanyas* erfand. „Abendländische Menschen wollen alles sehr schnell, deshalb geben wir ihnen Neosanyas gleich." Nichts weniger als „die Freiheit von allem" verspricht er.

Jahrelang galt der kahle, bärtige Rajneesh als Sexguru Indiens, weil er nämlich auf seiner Ferienranch im Bundesland Rajasthan Unterricht im tantrischen d. h. sexuellen Yoga erteilte. Westliche Pilger erlebten in seinem Ashram in Poona desgleichen. Nach der Devise des Rajneesh, daß „der Weg zur Leidenschaftslosigkeit über Leidenschaftlichkeit führt", rauchten seine Anhänger Haschisch, entkleideten sich, tanzten, hüpften herum und schliefen, mit wem und wie auch immer sie wollten. Durch die Sterilisierung weiblicher Mitglieder konnte zumindest eine unangenehme Folge solch freizügiger Lebensweise abgewendet werden. Derartige Praktiken bescherten den 500 Zentren in der ganzen Welt regen Zulauf. Zu einem bestimmten Zeitpunkt behauptete Rajneesh, eine halbe Million Nachfolger zu haben, obwohl die Zahl der *sannyasin* damals sicherlich nicht über 40 000 lag. Indessen wurden die jährlichen Einnahmen auf zwischen 5 und 7 Millionen Dollar geschätzt, und Rajneesh ließ sich in einem Rolls-Royce Silver Shadow herumchauffieren.

Rajneesh wurde 1931 als Mohan Chandra Rajneesh geboren und in einem kleinen Dorf in der Provinz Madhya Pradesh als *Jaina* erzogen. (Der Jainismus ist eine extrem asketische Religion Indiens.) Nach Abschluß des Magisterstudiums in Philosophie lehrte er einige Zeit als Professor. 1966 gab er den Lehrerberuf auf, um sein Verständnis des Planes Gottes für sein Leben zu erfüllen – die spirituelle Verwandlung der Menschheit. Den Titel Bhagwan Shree Rajneesh, übersetzt „der Gesegnete, der sich als Gott erkannt hat", nahm er 1971 an und gründete 1974 das erste Ashram in Poona, Indien.

Zu einem bestimmten Zeitpunkt wohnten zwischen 5000 und 7000 Verehrer in dem Ashram in Poona. Als Rajneesh einen kommunenartigen, theokratischen Staat ins Leben rufen wollte, hatten seine Nachfolger durch die öffentliche Zurschaustellung sexueller Handlungen bei den angrenzenden Nachbarn bereits Anstoß erregt. Geschichten über erotische Ausschweifungen und Gewalttätigkeiten innerhalb der Ashram-Mauern führten schließlich zu Belästigungen seitens der Dorfeinwohner. Um der Kritik – sowie einer Revision durch die indische Steuerbehörde – zu entkommen, packte Rajneesh seine 150 000 Bände starke Bibliothek zusammen und wanderte unter dem Vorwand gesundheitlicher Probleme in die USA ein – freilich nicht ohne seine zwölf Tonnen Gepäck.

In Wirklichkeit hatte er schon seit Jahren „ein neues, von der restlichen Welt abgeschnittenes Grundstück" gesucht. Bereits als das

Ashram in Poona abgebaut wurde, sickerte die Nachricht durch, daß Vertreter des Chidvilas Rajneesh Meditation Center ein Ranch-Areal mit über 250 Quadratkilometern Grundfläche in der Nähe von Antelope im Bundestaat Oregon, 200 Kilometer südöstlich der Hauptstadt Portland, gegen Bargeld in Höhe von 1,5 Millionen Dollar erworben hatten. Wer in dieser Zeit eine Meditationssitzung des Sex-Gurus besuchte, erlebte diesen, wie er stundenlang regungslos dasaß, vertieft in einer selbstauferlegten Phase des „Redens durch Schweigen." Im nachhinein ist es offenbar, daß Rajneesh zu dieser Zeit die Pläne für den Aufbau der weltgrößten spirituellen Kommunität schmiedete. Es versteht sich, daß er damit den Unmut vieler Bürger Oregons sowie der ganzen USA erregte.

Die Sekte übersiedelte im August 1981 nach Rajneeshpuram, einer für 35 bis 40 Millionen Dollar eingerichteten Kommune. In ihrer Blütezeit sollte die Kommune mit 26 000 Hektar Fläche etwa 4000 Menschen beherbergen, dazu gab es eine Molkerei, landwirtschaftliche Fahrzeuge und, als Privateigentum Rajneeshs, 93 Rolls-Royces. Jede Woche erschienen Inserate im Nachrichtenmagazin Time, die u. a. verkündigten: „Das Wort ‚Verdrängung' gehört nicht in den Wortschatz eines *sannyasin* (Suchenden)." In dieser Zeit war die Mehrheit der Nachfolger des Rajneesh überdurchschnittlich gebildet – 64 Prozent von ihnen hatten Abitur, 36 Prozent hatten ein Universitätsstudium abgeschlossen, und 22 Prozent waren sogar praktizierende Psychiater oder Psychologen.

Der Guru brachte seinen Verehrern eine Mischung aus Techniken der abendländischen Psychotherapie und Lehren der östlichen Religionen bei. Seine Anhänger nahmen an Gruppentherapien teil und übten sich in Meditation. Die Rajneesh International University in Rajneeshpuram bot Kurse in „Breath Energy Ecstasy" (Extase durch Atmungsenergie) und „Rajneeshercize" (Rajneesh-Übungen) an. Die im Ashram des Rajneesh praktizierten Meditationen umfaßten fünf Stufen, angefangen mit Tiefenatmung bis hin zum sufischen Tanz. Die Teilnehmer mußten sich oft die Augen verbinden lassen, viele legten ihre Kleider ab. Als Folge der Ansicht des Rajneesh, das logische Denken behindere den spirituellen Fortschritt, mußte man sich im Abschalten üben, indem man z. B. das Bild des Rajneesh eine Stunde lang ohne zu blinzeln anstarrte. Eine endlose Liste belangloser Vorschriften sollte auch dazu dienen, den einzelnen der Fähigkeit des kritischen Denkens zu berauben. Auch zum „Rebirthing", der emotionalen und geistigen Rückkehr in den Mutterleib, um den Zustand vor dem Geburtstrauma zu erleben, machte er seinen Nachfolgern Mut.

Die höchste Stufe der Erleuchtung erreichte der Eingeweihte, wenn Rajneesh seinen Daumen mitten in dessen Stirn eindrückte, um das mystische dritte Auge zu erwecken.

In den frühen achtziger Jahren begann das Reich des Rajneesh allmählich zu zerfallen. Die erbosten Bürger der nahegelegenen Stadt Antelope taten alles in ihrer Macht Stehende, um den Kult zu vertreiben, da dessen Mitglieder bereits mehrheitlich den Stadtrat stellten und den Ort in „Rajneeshpuram" umbenannt hatten. Im November 1983 strengte der Bundesstaat Oregon einen Prozeß gegen die Stadt mit der Begründung an, Rajneeshpuram sei eine Theokratie und verstoße deshalb gegen die amerikanische Bundesverfassung. Auch wenn im Juli 1985 ein Gericht die Neugründung der Stadt für gesetzmäßig befand, wurde die Organisation dennoch von einer Reihe anderer Probleme überschwemmt. Nach wie vor forderte der indische Staat Steuernachzahlungen in Höhe von drei Millionen Dollar vom Sitz des Rajneesh in Poona. Auch in den USA sorgten die vom Bundesstaat Oregon sowie von ehemaligen Anhängern angestrengten Prozesse für ein zusehends schlechteres öffentliches Image. Im September 1984 hatten die Nachfolger des Rajneesh etwa 2000 Obdachlose aus amerikanischen Großstädten gesammelt und in die Kommune gebracht. Daraufhin warfen Ortseinwohner der Sekte vor, unter dem Vorwand humanitärer Motivation den gesamten Regierungsbezirk unter ihre Kontrolle bringen zu wollen. Als 1985 schließlich Rajneesh selbst im Bundesstaat North Carolina wegen illegaler Einwanderung verhaftet wurde, sich schuldig bekennen und daraufhin die USA verlassen mußte, wurde der Bewegung der Todesstoß versetzt.

Unter Gerüchten über Fälle von Brandstiftung, Vergiftung, Körperverletzung, über das Abhören von Privatgesprächen und über Schweizer Bankkonten, die auf fragwürdige Weise angefüllt worden waren, brach die Sekte zusammen. Im September 1985 gab der Guru den Tod seiner Religion bekannt, ja behauptete sogar, der „Rajneeshismus" sei von führenden Helfern erfunden worden, die versucht hätten, ihn selbst zu vergiften. Die Einwohner der Stadt Antelope erhielten ihren Ort wieder zurück, Abertausende Verehrer des Rajneesh wurden zerstreut, während nur noch wenige auf dem Gelände der nahegelegenen Kommune verblieben. Nach der Ausreise aus den USA wurde Rajneesh von einigen Ländern abgewiesen, kehrte dann endlich im November 1985 zu seinem alten Ashram in Poona zurück. Sein damaliger Assistent beteuerte allerdings, die Nachfolger Rajneeshs in den USA würden gegen die gerichtliche Entscheidung Einspruch erheben, die den Guru aus dem Land verbannt hatte.

Bereits vor seiner Ausreise aus den USA und angesichts der drohenden AIDS-Gefahr ging er dazu über, von Promiskuität abzuraten, statt sie zu empfehlen, und verteilte Kondome und Gummihandschuhe an Nachfolger, die „sich des Geschlechtsverkehrs nicht enthalten können oder wollen." *The Rajneesh Times,* das offizielle Organ der Bewegung, brachte sogar einen Artikel gegen das Küssen.

Rajneesh, nach wie vor von Reichtum und Bewunderung abhängig, soll seine Erleichterung darüber zum Ausdruck gebracht haben, kein erleuchtetes Wesen mehr vortäuschen zu müssen. Im Dezember 1988 beanspruchte er vor einer Versammlung von 10 000 Verehrern, die Seele des Asketen Gautama Buddha zu beherbergen, und zog dessen Namen den Titel „Bhagwan" vor. Einige Tage später jedoch befreite sich Rajneesh von diesem Geist wieder und nannte sich fortan „Zorba der Buddha". Im Januar 1989 gab er bekannt, nicht mehr Buddha sein zu wollen, und ließ sich nunmehr „Shree Rajneesh" nennen.

Begründer: Shree Rajneesh, geboren 1931 als Mohan Chandra Rajneesh (auch bekannt u. a. als Acharya Rajneesh, Bhagwan Shree Rajneesh, Gautama der Buddha und Zorba der Buddha).

Literatur: Hindu-Schriften sowie die eigenen Bücher des Rajneesh wie: Beyond and Beyond, Above All, Don't Wobble, und Meditation: The Art of Ecstasy.

Symbole: Keines.

Anziehungskraft: Wer einen zur Human-Potential-Bewegung gehörenden Kult hinter sich gelassen hat, sucht möglicherweise nach einer neuen Lehre oder Erfahrung, die mehr als das Bisherige bietet. Solchen Suchenden bietet Rajneesh eine spirituelle Begründung, sich den natürlichen Trieben, insbesondere sexueller Art, ungehemmt hinzugeben. Wenn man die Einstellung zur Meditation und zum Umgang mit Trieben nicht kennt, die sich von der Bibel ableiten läßt, so findet man möglicherweise etwas am alle Hemmungen für nichtig erklärenden, therapeutischen Ansatz des Rajneesh.

Ziel: Die Vergöttlichung setzt ein, wenn man das Denken und Wissen umgangen hat. Ein ununterbrochener meditativer Zustand wird ermöglicht, in dem man im naturgemäßen, inneren Einklang mit den programmatischen Forderungen des Rajneesh lebt. Jeder *sannyasin* wird mittels spiritueller Sanktionierung ermutigt, sexuell aktiv zu leben.

Irrtümer: Shree Rajneesh weicht sowohl von den traditionellen Moralvorstellungen des Hinduismus als auch von biblischen Richtlinien für den Bereich der Sexualität ab. Gott wird zum kosmischen Bewußtsein erklärt, ist also keine Person. Der im Mittelpunkt ethischer Entscheidungen stehende Mensch bestimmt, was zulässig ist. Im Gegensatz zu den Bemühungen des Rajneesh, das Selbstwertgefühl des einzelnen samt seiner emotionellen Schutzfunktion zu zerstören, verleiht das Christentum dem einzelnen ein stärkeres Selbstbewußtsein. Meditation sollte aus einer konzentrierten Willenshandlung bestehen und nicht ein chaotischer, rauschähnlicher Prozeß der Bewußtseinsentleerung sein.

Quellenverzeichnis: Time, 16. Januar 1978; People, 16. Februar 1981; People, 23. März 1981; „A Journey Towards Faith", Radix, ohne Datum ; Paul Barrett, „Leader", Gallery, ohne Datum; Frank Zoretich, „Oregon County Fears", USA Today, 18. September 1984; Neal Karlen, „The Homeless and the Guru", Newsweek, 24. September 1984; Roberta Green, „The Rolls Royce of False Prophets", Eternity, Dezember 1985; George Lurie, „Antelope, Ore., Makes a Return", USA Today, 30. Januar 1986; „Rajneeshee Leader's Spirit Fiery", Rocky Mountain News, 7. September 1987; „Guru Wants to Return", Rocky Mountain News, 9. Februar 1988; Howard G. Chua-Eoan, „People: Butt Out, Buddha!" Time, 16. Januar 1989; „What's in a Few Name Changes?" The Denver Post, 16. Januar 1989.

Adresse/Hauptquartier: Hauptmeditationszentrum des Rajneesh ehemals in Poona, Indien; Zentren in den USA: Chidvilas, 154 Valley Road, Montclair, New Jersey 07042; Geetam Rajneesh Sannyas Ashram, Box 576 E, Lucerne, California 92356; Antelope, Oregon/ USA.

Sikh Foundation / 3 H O Foundation

Yogi Bhajan

Yogi Bhajan wird vorgeworfen, weibliche Anhänger zu Gruppenmassagen aufzufordern und dann abwechselnd mit den Frauen zu schlafen. Der Vorwurf beruht zum Teil auch auf seiner von den Tantren herrührenden mystischen Anschauung über die Sexualität. In der Tat behauptet Yogi Bhajan, „einziger noch lebender Meister des Tantrismus“ zu sein. Den 150 Sikh Dharma-Ashrams gehören über 5 000 Mitglieder an – allerdings spricht Yogi Bhajan selbst von 250 000 Mitgliedern. Die Nachfolger des Bhajan stehen täglich um 3.30 Uhr auf, um den Tag in Meditation zu beginnen und mit Kundalini-Yoga zu verbringen. Letzteres gilt als einfacher Weg zur spirituellen Erleuchtung durch die Freisetzung von Energien, die die Wirbelsäule hochklettern.

Bhajan beansprucht auch den Titel „Oberste Religiöse und Administrative Autorität der Sikh-Religion in der Westlichen Hemisphäre“. Der – an anderer Stelle in diesem Buch erörterte – Sikhismus ist eine monotheistische Synthese von Hinduismus und Islam, die Vergöttlichung durch Meditation anstrebt. Allerdings sind sich Vertreter der indischen Sikh alles andere als sicher, daß der einst unbekannte Zollbeamte am Flughafen Delhi verdienterweise als Führer des westlichen Sikhismus oder „der heiligste Mensch dieser Zeit“ zu gelten hat. Mit gleicher Skepsis werden der aufwendige Lebensstil des Yogi – mehr als 100 000 Dollar nimmt er jährlich durch Vorträge ein – und die von der 3 H O (*Healthy, Happy, Holy,* d. h. gesund, glücklich und heilig)-Foundation vertretene Mischung aus demokratischen Prinzipien der Sikh und einem individualistischen, erotischen Stil betrachtet.

Paare massieren sich gegenseitig nackt, üben Atemtechniken und starren sich gegenseitig in die Augen oder ein Bild von Bhajan an – und singen immer wieder *Ek Ong Kar Sat Nam Siri Wha Guru,* angeblich die Wiederholung des Gottesnamens in einer „sakralen“ Sprache. Obwohl Yoga nie im Mittelpunkt der Sikh stand, besteht Bhajan trotzdem darauf, daß seine Nachfolger die Arme und Finger in genau vorgegebenen Winkeln bewegen, um die „Endlosigkeit Gottes“ zu erfahren.

„Der Mensch, der einen Turban auf seinem Kopf bindet, muß der Reinheit und Ausstrahlung seiner Seele entsprechend leben“, lehrt Bhajan auf seiner 20 Hektar großen Ranch nahe Espanola im Bundesstaat New Mexiko. Zur traditionellen Erscheinung der Sikh gehören ungeschorene Haare, ein symbolischer Dolch, Kamm, Armreifen und eine besondere Unterwäsche, welche der Keuschheit förderlich sein soll (siehe das Kapitel über Hinduismus). Seine Kritiker fragen sich allerdings, ob Bhajan dieses Gewand samt der dahinterstehenden moralischen Gesinnung vielleicht deshalb abgelegt hat, um sich dem Tantrismus mit übertriebenem Eifer hingeben zu können.

Quellenverzeichnis: Newsweek, 21. April 1975; Time, 5. September 1977; Columbus (Ohio) Dispatch, 12. Dezember 1978; J. Gordon Melton, The Encyclopedia of American Religions, Bd. 2 (Wilmington, North Carolina: McGrath, 1978).

Silva Mind Control

Gehirnkontrolle nach Silva

Die Einführungsvorträge klingen relativ harmlos, das Verkaufsgespräch führt direkt zur Sache: „In 48 Stunden können Sie lernen, mit Ihrem Gehirn alles zu erreichen.“ Zu diesem „alles“ gehört es vermutlich, ohne Wecker aufzuwachen, das Gedächtnis-Vermögen zu steigern, kreativer zu sein, Probleme zu lösen und übersinnliche Wahrnehmungskräfte zu entwickeln. Silva Mind Control (SMC abgekürzt; auch Psychorientologie) entsprang dem Gehirn von Jose Silva, einem Hypnotiseur aus Laredo im Bundesstaat Texas, der seit 1944 Gehirnforschung betreibt. Seinen Untersuchungen lag die Annahme zugrunde, daß das Gehirn in einem „subjektiv“ niedrigeren Wellenbereich mehr Energie aufbringen und somit effizienter funktionieren könne. Silva will seinen Schülern beibringen, wie man den angeblichen Vorteil tieferer Bewußtseinszustände erzielt, gleichzeitig aber bei vollem Bewußtsein bleibt.

Nach der Alphagenetik, der Wissenschaft zur Messung und Untersuchung von Gehirnwellen, gibt es vier Bewußtseinsebenen: *beta,* der wache Zustand, in dem bewußte Handlungen vollzogen werden; *alpha,* der Zustand der Meditation und Entspannung; *delta* und *theta,* subtilere Geisteszustände, welche die Silva Mind Control erschließen zu können beansprucht. Auf der delta-Ebene sei man imstande, so Vertreter der SMC, „kosmisches Bewußtsein, Erleuchtung . . . Christus-Bewußtsein“ zu erreichen. Derartige religiöse Anklänge sind typisch für die okkulte bzw. mystische Art der Techniken Jose Silvas.

Seit einigen Jahren wird dem Unterschied zwischen der linken und der rechten Gehirnhälfte zunehmend mehr Beachtung geschenkt. Wie andere New-Age-Kultanhänger behauptet Silva, daß die rechte Gehirnhälfte, angeblich intuitiv, „spirituell“ und emotionell, viel zu oft zugunsten der rationaleren, logischeren linken Hälfte vernachlässigt werde. Laut Silva sei Jesus gekommen, um uns von der Fixierung auf die linke Gehirnhälfte zu befreien und uns den Wert der von Gott gegebenen Fähigkeiten des rechten Gehirnteils beizubringen. Silva rechnet sich selbst zu den glücklichen „10 Prozent“ der Bevölkerung, die beide Gehirnhälften gleichermaßen effizient einsetzen können. (Hier findet man ein interessantes Beispiel für die Kombination von jüngsten wissenschaftlichen Ergebnissen – wiewohl der Gegensatz zwischen beiden Gehirnhälften von vielen Wissenschaftlern immer noch angezweifelt wird – und religiösen Vorstellungen, um eine Religion, in diesem Fall die SMC, chic und aktuell erscheinen zu lassen.)

Die meisten Menschen, die von den Versprechungen der SMC angesprochen werden, finden nichts dabei, sich in aller Ruhe eine Kassette anzuhören, auf der eine besänftigende Stimme Anleitungen zur Entspannung gibt. Ich selbst habe die Gelegenheit gehabt, öffentliche Vorträge über SMC zu besuchen. Bei solchen Versammlungen wird kein Hehl aus der engen Verbindung zwischen „Psychorientologie" und anderen Praktiken wie Hypnose, Yoga, Transzendentaler Meditation, Biofeedback und verschiedenen übersinnlichen Phänomenen gemacht. Bei einem dieser Treffen sah ich einen SMC-Werbefilm, in dem die Techniken Silvas mit den von spiritistischen Medien ausgehenden Kräften verglichen werden. Offenbar werden die meisten Menschen durch derartige Verbindungen eher fasziniert als beängstigt, denn bisher haben mehr als 6 Millionen Menschen in über 71 Ländern pro Kopf etwa 200 Dollar auf den Tisch gelegt, um sich in den 48 Stunden dauernden Kurs einschreiben zu lassen. In Fortgeschrittenenkursen wird sogar Gelegenheit zur intensiven Beschäftigung mit okkulten Praktiken angeboten.

Die Entwicklung von übersinnlichen und hellseherischen Kräften wird bei der Silva Mind Control offen gepflegt. Um Lebensprobleme zu lösen, wird Schülern der SMC suggeriert, man solle sich ein „Labor" vorstellen. Ist der geistige Raum endlich eingerichtet, so solle sich das Subjekt „Labortechniker bzw. Berater" einbilden, manchmal werden diese Helfer im Jargon der SMC als „Geistesführer" oder „Schutzengel" bezeichnet. Die Ähnlichkeit solcher „Berater" mit dem spiritistischen Phänomen der Dämonbesessenheit kann den evangelikalen Christen wohl kaum begeistern.

SMC fängt dort an, wo der positive Denker Norman Vincent Peale aufhört, und gibt zur Sicherheit noch eine Prise Christliche Wissenschaft dazu. Negative Gedanken werden zugunsten positiver Vorstellungen verbannt, wobei diese, nach Silva, die Kraft haben sollen, die Wirklichkeit zu verändern. Diese „positiven, hilfreichen Formulierungen" können jedoch leicht in ein System der Werksgerechtigkeit ausarten, da die Illusion des Bösen nur durch ein Machtwort verneint zu werden braucht. Somit wird die SMC zur geistigen Gymnastik, in dessen Konzept visualisierte „Berater" viel besser passen als ein leidender und auferstandener Erlöser.

Quellenverzeichnis: Jose Silva und Philip Miele, The Silva Mind Control Method (New York: Simon and Schuster, 1977); verschiedene SMC-Veröffentlichungen sowie Werbematerial; Walter Martin, The New Cults (Santa Ana, California: Vision House, 1980).

Siehe auch unter New Age-Kulte.

Snake Handlers

„Schlangenaufheber“

Mit einer tödlichen Klapperschlange auf den Schultern führt ein 46jähriger Mann, der „Prince“ genannt wird, einen Kulttanz in der *Holiness Church of God in Jesus' Name* aus. Auf eine zweite gefährliche Schlange tritt er mit dem rechten Fuß, mit dem linken streichelt er die sich krümmenden Enden der Schlange, indessen ist das tödliche Klappern deutlich zu hören. Ohne die blutende Wunde auf der Hand zu beachten, wiederholt Prince stetig „Praise the Lord“ („Preis' den Herrn“).

Danach legt Prince die Schlangen wieder in ihre Schachteln und stellt sich hinter die Kanzel. Er hebt ein Glas mit einer Flüssigkeit, die er als Strychnin ausgibt, zu seinen Lippen und trinkt einen Schluck. Als nächstes nimmt er eine Limoflasche voll brennbarer Flüssigkeit in die Hand. Aus der Flasche ragt ein brennender Docht heraus, den er absichtlich dicht unter sein Kinn hält. Wie andere „Schlangenaufheber“ glaubt Prince, dem ewigen Leben näherzukommen, wenn er mit Schlangen tanzt, aus einem Giftbecher trinkt oder sein Fleisch dem Feuer aussetzt.

Statt des ewigen Lebens fand Prince den frühen Tod. Obwohl er bereits einmal verhaftet worden war, weil er gegen das im Bundesstaat North Carolina bestehende Verbot des „Schlangentragens“ verstoßen hatte, trotzte er den Behörden, indem er weiterhin seine eigenartigen „Gottesdienste“ mit Schlangen abhielt. Nachdem er von einer Klapperschlange am Daumen gebissen worden war, lehnte Prince jegliche medizinische Betreuung ab und starb zwei Tage später an den Folgen. Auch andere Schlangenträger sind als Folge ihrer verhängnisvollen Praktiken gestorben. Der Reverend (Pastor) Liston Pack, der sich wöchentlich mit den anderen Mitgliedern der *Holiness Church of God* zum Gebet, Schlangentragen und Gifttrinken trifft, hat bisher zwei Todesfälle in seiner Kirche zu beklagen. Pack, der im Osten des Bundesstaates Tennessee als „Schlangenmensch“ bekannt ist, behauptet, nur ein einziges Mal im Glauben an seine Religion erschüttert worden zu sein. Man schrieb das Jahr 1973, als er seinem Bruder,

Buford Pack, und dem Gründer der Gemeinde, Jimmy Williams, beim qualvollen Gifttod zusehen mußte. Jedoch war sein Glaube nur vorübergehend erschüttert, und schon bald hantierte er wieder mit Schlangen und trank Strychnin.

Die „Schlangen-Gottesdienste“ werden vorwiegend in ländlichen Gebieten der USA, vom Bundesstaat Georgia im Süden bis Ohio im Norden, praktiziert. Der Kult wird von unabhängigen, fundamentalistischen Kirchengemeinden gepflegt, bei denen Jesus zumeist in einseitiger Art betont wird. Am stärksten verbreitet im Appalachen-Gebirge im Bundesstaat West Virginia, nahm der Kult seinen Anfang im Jahr 1909, als ein Reiseprediger namens George Hensley aus der amerikanischen Heiligungsbewegung (Holiness Movement) das Schlangentragen in Tennessee einführte. Obzwar Hensley 1955 an einem Schlangenbiß starb, ist der Ritus des Schlangentragens heute keineswegs vom Aussterben bedroht.

Ein Haupttreffpunkt für schlangentragende, Strychnin-trinkende Gläubige ist die Jesus Church in Micco in West Virginia. Diese berufen sich auf den Wortlaut von Markus 16,17f nach der alten King James-Bibelübersetzung von 1611, wo es heißt: „Wenn sie etwas Tödliches trinken, wird es ihnen nicht schaden“ – für diese Leute eine Aufforderung zum Strychnin-Genuß. In ähnlicher Weise wird der Satz „Sie werden Schlangen aufheben“ – die Luther-Übersetzung liest „Sie werden . . . Schlangen vertreiben“ – ebenfalls als Gebot verstanden.

Mit lebenden, rasselnden Klapperschlangen im Griff singen die Schlangenträger das Lied „I Know the Bible's Right, Somebody's Wrong“ (zu deutsch: „Ich weiß, daß die Bibel recht hat, also hat jemand anders unrecht“). In einer religiösen Feier, die im Laufe von mehreren Stunden an Laut- und Gefühlsstärke stetig zunimmt, erzeugen die Anhänger durch rhythmisches Händeklatschen und Singen eine religiöse Hochstimmung ungeheuren Ausmaßes. Unwillkürlich zucken sie mit dem Körper in einer Art, die an Besessenheit erinnert.

Umringt von Schlangen, werfen die Schlangenträger die Arme hoch und rufen den Namen Jesu an. Sodann heben sie Klapper- und Mokassinschlangen auf und tanzen mit ihnen. Dahinter steckt die Vorstellung, daß echter Glaube an Gott den Menschen vor Schaden bewahrt. Ein Mann mittleren Alters, zwei ausgewachsene Klapperschlangen in der Hand, erklärt: „Der Herr hat uns gesagt, was wir tun könnten, und genau das tun wir.“ Wie andere glaubt er, daß er von den Schlangen nicht gebissen werden wird. Nach seinen Vorstellungen empfängt man göttliche Kraft und erreicht das Wohlgefallen

Gottes, wenn man mit den giftigen Kriechtieren erfolgreich umgehen kann. Nach der Feier versammelt sich die Gemeinde um einen mit Speisen beladenen Tisch.

Neben dem Umgang mit Schlangen, Feuer und Giftgetränken glauben die Schlangenträger auch an Dämonenaustreibung, Zungenreden und Krankenheilung durch Handauflegung. Während des Gottesdienstes werden die Schlangenträger gesalbt oder gesegnet, um sie vor den tödlichen Bissen zu schützen. Dazu ein Schlangenträger: „Nach der Salbung fühle ich mich am ganzen Leib betäubt." Wenn man spürt, daß die Schutzkraft der Salbung nachläßt, legt man die Schlangen wieder hin. Allerdings ist die Salbung nicht immer wirksam. Ein Schlangenträger, Dewey Chaffin, hat bereits 91 Schlangenbisse hinter sich, andere haben zumindest einige erlebt. Wer gebissen wird, lehnt ärztliche Versorgung im Vertrauen auf Gottes Hilfe ab. Der Schlangenbiß wird nicht als Strafe oder Vergeltung für Sünde angesehen. Vielmehr meint ein Befürworter dazu: „Das ist einfach Gottes Wille. Das Leben besteht aus Leid – und leiden muß man, wenn man mit dem Herrn herrschen will."

Diese Anschauung steht jedoch im Gegensatz zu der christlichen Überzeugung, daß Gott seinen Willen auch mit Hilfe von Ärzten „durchsetzt". Im Gegensatz zum Glauben der Schlangenträger fordert Gott kein selbst herbeigeführtes Leid. Die Schlangenträger spielen mit Leben und Tod und setzen sich daher zwangsläufig Enttäuschungen und Niederlagen aus. Ein Grund für das Interesse an diesem Kult ist vermutlich in den armen Verhältnissen der Anhänger zu finden, deren wirtschaftliche Existenz durch den Niedergang der Bergbauindustrie zum Großteil zunichte gemacht wurde. In der Kirche finden sie Richtlinien und Strukturen, anhand deren sie ihr Leben gestalten können. Da die Kirche Kinofilme, Tabakgenuß in jeder Form, Makeup und, bei Männern, Bärte und lange Haare strikt verbietet, entsteht ein allgemeiner Konsens, der aber durch das Spiel mit dem Tod, wohl unter religiösem Vorwand, durchbrochen werden dürfte. Der Umgang mit giftigen Schlangen stellt eine Möglichkeit dar, sich abzureagieren und wirklich „lebendig" zu fühlen.

Die Schlangenträger bestreiten jegliche Verehrung von Schlangen. Dennoch werden die Schlangen mit großer Ehrfurcht behandelt, sie werden bei den Gemeindemitgliedern zu Hause gehalten und gut gefüttert. Im Herbst werden die Schlangen in ihrer natürlichen Umgebung wieder freigesetzt. Bischof Kelly Williams der Micco Jesus Church erklärt dieses Verhalten folgendermaßen: „Auch Schlangen haben das Recht auf Leben. Gott hat es ihnen gegeben." Der Pastor einer schlangentragenden Gemeinde in Tennessee lehnt ebenfalls die Anbetung von Reptilien ab, spricht aber dafür von der Rolle Gottes im Kult. Dazu der Reverend: „Meinen Glauben stelle ich nie auf die Probe. Ich habe vor den Schlangen genausoviel Angst wie jeder andere, aber die vollkommene Liebe treibt die Furcht aus, und wenn man die Furcht überwindet, kann man eine Schlange in die Hand nehmen.“ Diese Anschauung weicht von der christlichen Theologie insofern ab, als Gott vom Menschen keinen Beweis der Hingabe in Form von Selbstgefährdung fordert, ehe er seine Liebe schenkt. Richtige Anbetung besteht nicht darin, mit Schlangen zu tanzen oder Strychnin zu trinken, vielmehr kommt solch extremes kultisches Verhalten dem Tod durch Selbstmord nahe. Manche Schlangenträger beziehen sogar die eigenen Kinder in die Kulthandlung mit ein und setzen sie dem Tod aus. In solchen Fällen kann nur von Mord die Rede sein. Junior Church, selbst Schlangenträger, erlaubt es seinen Kindern zum Beispiel, an diesen Handlungen teilzunehmen. Er meint dazu: „Lieber würde ich heute ein Kind verlieren, damit es in den Himmel kommt, als es hundert Jahre lang behalten, bis es in die Hölle kommt.“

Begründer: George Hensley, Reiseprediger der Heiligungsbewegung, der 1909 in Tennessee das Schlangentragen einführte und 1955 an einem Schlangenbiß starb.

Literatur: Der Glaube der Schlangenträger gründet sich auf Markus 16,17f nach der King James Bibelübersetzung, in der es heißt: „Diese Zeichen werden denen folgen, die glauben: in meinem Namen werden sie Teufel austreiben . . . Sie werden Schlangen aufheben; und wenn sie etwas Tödliches trinken, wird es ihnen nicht schaden.“

Symbol: Da die Schlange Gefahr symbolisiert, gilt deren Überwindung als Zeichen für Gottes Wohlgefallen. Das Strychnin symbolisiert das in der Schrift erwähnte tödliche Getränk, das auch, erfolgreich getrunken, Gottes Gunst hervorrufen kann.

Anziehungskraft: Der Schlangenkult spricht Menschen an, die in ärmlichen Verhältnissen leben müssen und denen Unterhaltung und Spektakel sonst untersagt werden. Die Kulthandlung selbst zieht fromme Menschen an, die das Bedürfnis haben, den eigenen Glauben öffentlich kundzutun, indem sie mehrmals wöchentlich an diesem gefährlichen Ritus teilnehmen.

Ziel: Um ihre Existenz bangenden Menschen soll ermöglicht werden, in Gehorsam dem biblischen Mandat gegenüber Schlangen aufzuheben und somit die eigene Schwäche in Form von Angst zu überwinden und Gottes Wohlgefallen zu finden.

Irrtümer: Gott verlangt nicht von uns, daß wir selbsterzeugtes Leid erdulden, damit wir Gnade bei ihm finden. Bei den Schlangenträgern wird die Bibel falsch ausgelegt, um Gefahr und Reiz zu erzeugen. Jesus sagte zum Teufel: „Du sollst den Herrn, deinen Gott, nicht versuchen" (Mt. 4,7), was für den Christen bedeutet, daß er sich nicht anmaßen soll, sich an solch lebensgefährlichen Praktiken zu beteiligen.

Quellenverzeichnis: The Denver Post, 15. Juli 1977; The Rocky Mountain News, 27. Oktober 1982; US, 18. Juli 1983; Christianity Today, 12. Juli 1985; The Phoenix Gazette, 29. Dezember 1984; Charisma, Oktober 1985.

Verbreitung/Adresse: Abgelegene Gebirgsregionen in den östlichen Appalachen/USA.

Spiritualismus / Spiritismus

„Aber es war Elvis!“ behauptete sie nachdrücklich. „Jahrelang war ich ein Fan von ihm. Ich kenne seine Stimme und seine Gestik. Ich sage Ihnen, es war wirklich Elvis Presley, der mich in der Nacht besuchte.“

Das erzählte mir eine Frau, die behauptete, eine wiedergeborene Christin zu sein. Vor dessen Tod 1977 hatte sie Elvis Presley verehrt. Als er starb, war es, als wäre ein enger Verwandter hingeschieden. Nun spendete ihr die Vorstellung Trost, daß sein Geist ihr wieder erschienen sei, um ihr Mut zuzusprechen.

„Ich glaube nicht, daß es ein Dämon ist, der sich als Elvis verstellt“, erklärt sie weiter. „Elvis sagt mir nämlich immer, ich soll Gott anbeten. Er redet mit mir, berührt mich und versichert mir, daß er jetzt bei Jesus ist.“

Es war nicht einfach, sie davon zu überzeugen, daß das, was ihr erschienen war, weder mit der Person noch dem Geist Elvis Presleys etwas zu tun hatte. Während ihre Situation zugegebenermaßen einzigartig war, habe ich dennoch eine Anzahl von Menschen seelsorgerisch betreut, die glaubten, mit einem verstorbenen Freund oder Verwandten als tatsächlich anwesender Person Kontakt zu pflegen. Solche Begebenheiten führen nicht nur dazu, daß man sich über die Aussicht auf eine Wiedervereinigung mit der geliebten Person freut, vielmehr liefern sie auch Auskunft über das Leben nach dem Tod.

In einem trauererfüllten Lebensabschnitt sind viele versucht, den Vorhang des Todes wegzuschieben, um scheinbar objektive „Beweise“ für das Weiterleben des Betrauerten in einer anderen Dimension zu suchen. Nach einer Ebbezeit im Fahrwasser des wissenschaftlichen Rationalismus befindet sich der Spiritualismus heute wieder im Aufschwung. Das nachchristliche Zeitalter hat eine Bevölkerung von biblischen Analphabeten hervorgebracht, welche die in der Schrift ausgeprochenen, strengen Verurteilungen gegenüber allen, die entweder Erkenntnis oder Trost durch Kontakt mit der Geisterwelt suchen, nicht kennt. In alttestamentlichen Zeiten wurde ein solches Verhalten mit dem Tode bestraft (3. Mose 20,6f). Heutzutage aber werden derartige Gesetze als die aufklärungsbedürftigen Ermahnungen eines theokratischen Staates gewertet.

In jüngster Vergangenheit diente Arthur Ford, Pastor der amerikanischen Freikirche Disciples of Christ, als Medium bei spiritistischen Sitzungen, die im Fernsehen live übertragen wurden. Der anglikanische Bischof James A. Pike seinerseits unterstützte die Gotteslästerung Fords, indem er Kontakt zum eigenen Sohn suchte; dieser hatte sich nämlich in einem LSD-Rausch selbst umgebracht. In seinem Bestseller „The Other Side“ (dt. „Die andere Seite“) legte Pike Zeugnis über sein blühendes Interesse an der übersinnlichen Wirklichkeit ab. Während Pike von seinen Vorgesetzten in der Kirchenverwaltung weder gerügt noch des Amtes enthoben wurde, kostete solches Verhalten König Saul das Königreich und Leben (1. Chron. 10,13)!

Der Spiritualismus bzw. Spiritismus ist vielleicht die älteste Religion der Menschheit. Angefangen mit den Schamanen primitiver Kulturen über den Seher des antiken Heidentums bis hin zum Medium, das heutzutage als Gast bei Fernseh-Talkshows anzutreffen ist – der Spiritualismus blickt in fast jeder Kultur auf eine nahtlose Geschichte zurück. Im eigentlichen Sinn des Begriffes bezieht sich der Spiritismus auf die offenkundige Verehrung von geistlichen Wesen, wie sie etwa im Voodoo-Kult auf Haiti, unter den Macumba-Verehrern in Brasilien und in der Schwarzen Magie Afrikas vertreten ist. Weil jedoch jede Form von Kontakt mit Geisterwesen in tief empfundener Hingabe, Huldigung und Verehrung ihnen gegenüber endet, besteht in Wirklichkeit kaum ein Unterschied zwischen Spiritismus und Spiritualismus. Aus praktischen Überlegungen wird in der weiteren Folge dieses Kapitels auf semantisch-technische Unterscheidungen zwischen den beiden Begriffen verzichtet. Es wird daher vorausgesetzt, daß der Begriff Spiritualismus auch die Aktivitäten der meisten Spiritisten umfaßt, wobei vor allem der organisierte Spiritualismus des Abendlandes im weiteren thematisiert wird. (Anmerkung des Übersetzers: Im deutschen Sprachgebrauch begegnet einem der Begriff „Spiritismus“ als Bezeichung für den einfachen, noch nicht zur Weltanschauung ausformulierten Glauben an die Kommunikation mit der Geisterwelt weitaus häufiger als der Begriff „Spiritualismus“ und wird deshalb im folgenden hauptsächlich verwendet.)

Im 18. Jahrhundert wendeten sich übersinnlich Interessierte zum einen Emanuel Swedenborg (vgl. Swedenborgianismus) und zum anderen den Experimenten Franz Anton Mesmers zu. Die Untersuchungen Mesmers über die Hypnose und das magnetische Heilen faszinierten ihrerseits einen Schuhmacher namens Andrew Jackson Davis. Als sich Davis 1843 hypnotisieren ließ, geriet er in einen Trancezustand, in dem er hellseherische Fähigkeiten zeigte und Visionen erlebte. Zudem philosophierte er über ein System von sechs Sphären der Existenz im Jenseits, einen Stufenaufbau, den der Mensch auf dem geistlichen Weg nach oben besteigen muß. Die Theorien Davis' wurden in einem von Spiritisten heute noch hoch angesehenen Buch dargelegt, *Principles of Nature: A Divine Revelation and a Voice to Mankind (dt. Die Prinzipien der Natur, ihre göttlichen Offenbarungen und eine Stimme an die Menschheit).*

Die Geburtsstunde des modernen Spiritismus kann man auf den 31. März 1848 fixieren. Die Begebenheit ereignete sich in Hydesville im Bundesstaat New York am Wohnsitz des Herrn John Fox. Frau Fox vernahm ein eigenartiges Geräusch, wie ein Klopfen, vom Obergeschoß und vom Keller her. Daraufhin erklärten ihre zwei Töchter, die 15jährige Margaretta und die 12jährige Kate, sie kommunizierten mit einem körperlosen Wesen, das sie „Mr. Splitfoot" nannten. In der Folge gab Splitfoot den Mädchen seine wahre Identität bekannt: in Wirklichkeit sei er Charles B. Roena, ein Hausierer, der einige Jahre zuvor im selben Haus umgebracht worden war. Die zwei Mädchen hatten nämlich einen Code mit Splitfoot ausgemacht: einmal Klopfen hieß „nein", dreimal hieß „ja".

Nachdem der bekannte Journalist Horace Greeley für die Echtheit der „Rochester Rappings" (das Klopfen in Rochester) eingetreten war, versammelten sich Hunderte von Neugierigen um das Haus der Familie Fox. Als dann in den ganzen USA andere spiritistische Medien ähnliche Behauptungen aufstellten, brach das goldene Zeitalter des Spiritismus an. Zu dessen Vertretern gehörten auch Prominente wie James Fenimore Cooper, Sir Arthur Conan Doyle, Elizabeth Barrett Browning, Daniel Webster und William Cullen Bryant. Es gab sogar Gerüchte, wonach die Frau von Abraham Lincoln spiritistische Sitzungen im Weißen Haus abhalten ließ.

Erst 1888 gaben die Fox-Schwestern zu, das Klopfen durch Knacken mit den Zehen bewerkstelligt zu haben. (Margaretta, die Alkoholikerin geworden und dann zum Katholizismus übergetreten war, widerrief später das Geständnis und wurde daraufhin wieder in spiritistische Kreise aufgenommen.) Ungeachtet dieses vernichtenden Geständnisses bleibt das Haus der Familie Fox im heutigen Lilydale, New York, ein Mekka des Spiritismus. Bis heute findet man dort ein Denkmal mit der Aufschrift „Es gibt keinen Tod".

Der Spiritismus wurde in den 50er Jahren des vorigen Jahrhunderts in England und Deutschland eingeführt und erreichte seine Blütezeit in den USA zwischen 1880 und 1920. Schätzungen der National Spiritualistic Association zufolge gibt es heute 160 Mitgliedskirchen allein in den USA.

Im wesentlichen besteht der Spiritismus im Gespräch oder Austausch mit Wesen, die dieses Leben bereits verlassen haben. Die Verbindung mit dem Jenseits wird im Rahmen einer spiritistischen Sitzung hergestellt. Dazu treffen sich Interessenten in einem verdunkelten Raum, da behauptet wird, die Geisterwesen erschienen selten, wenn es entweder zu hell sei oder wenn zu viele Menschen anwesend seien, insbesondere wenn sich Ungläubige darunter befänden. Zudem wird vom Ektoplasma – der übelriechenden, milchweißen Substanz, die wie eine „Nabelschnur" aus dem Mund des Mediums austritt – behauptet, es sei eine Energieform, die ohne Finsternis kaum wirksam wird. Da die Erscheinung und/oder die Trompetenstimme – das Hör- und Sichtbare aus der Geisterwelt – aus dem Ektoplasma hervorgehen kann, werden solche Sitzungen immer in einer halbdunklen Umgebung abgehalten.

Obwohl man nicht voraussagen kann, was bei einer solchen Sitzung wirklich passieren wird, gibt es Ereignisse, die mit einer gewissen Häufigkeit auftreten. Während die Teilnehmer lautlos im Kreis sitzen, können u. a. Lichter erscheinen, Phantome sichtbar werden, Trompeten die Botschaften geisterhafter Stimmen übermitteln, sich Gegenstände von selbst heben oder das Medium kann von einem „Kontrollgeist" beherrscht werden, der dann auf die Anfragen der Versammelten eingeht. Normalerweise ist der Geisterführer dem Medium bereits vertraut und kann dessen Gedanken beherrschen oder diesen in einen Trancezustand versetzen. Folglich verändern sich die Stimme und die Persönlichkeit des Mediums mit der Übernahme durch den Geist, der dem Vermittler den eigenen Willen und Charakter aufzwingt.

Medien sind zumeist auf eine bestimmte Art von spiritistischem Phänomen spezialisiert. Obwohl der Trancezustand das häufigste Mittel darstellt, kommen auch automatisches Schreiben, Tischerücken oder sogar Materialisation vor. Im letzteren Fall wird der Geist gewöhnlich von einem der Anwesenden erkannt, da zumindest das Gesicht, unter Umständen aber auch der ganze Körper des Verstorbenen erscheint. Der angebliche Besuch durch einen geliebten Menschen erscheint als unwiderlegbarer Beweis für das Leben nach dem Tod, insbesondere wenn der Geist Informationen preisgibt, die nur dem trauernden Teilnehmer bekannt sind.

Was steckt hinter derart unheimlichen Ereignissen? Keine Frage, daß zumindest manches auf Betrügerei zurückgeht. „Anständige" Spiritisten haben sich immer schon über die Verwechslung mit trickreichen Zauberern und „Werbefritzen" beschwert. Nicht selten veranstalten Schwindler Sitzungen, um sich an Trauernden zu bereichern. Henry Sedgwick, Gründer der Psychical Research Society, die sich mit Behauptungen über Übernatürliches auseinandersetzt, blieb bis zu seinem Tod Skeptiker. Andererseits weist die Geschichte des Spiritismus zu viele glaubwürdige Behauptungen auf, als daß man die gesamte Bewegung kurzerhand als Erfindung betrachten könnte. Nur wer die Bibel nicht kennt, die Berichte über die Zauberkünstler am Hof des Pharao (2.Mo. 7,11) und von den „Zeichen und Wundern" des Antichristen (Offb. 13) nie gelesen hat, kommt zur Überzeugung, daß die von den Spiritisten geschilderten Großtaten sich lediglich in der menschlichen Phantasie abgespielt hätten.

Manche Forscher sowie etliche christliche Schriftsteller – mich ausgenommen – gehen davon aus, daß übernatürliche Ereignisse bei spiritistischen Sitzungen zum Teil auf die außerordentlichen übersinnlichen Fähigkeiten des Mediums zurückgehen könnten. Es wird spekuliert, daß es ein universelles Unterbewußtsein gebe, das gewisse Hochbegabte anzapfen könnten, ähnlich wie man Informationen von einer Datenbank holt. Solche nicht-übernatürliche Formen der übersinnlichen Wahrnehmung ermöglichen es vielleicht manchem Medium, sich des Wissens im Unterbewußten des Suchenden zu bedienen. Es gibt jedoch auch dokumentierte Fälle von Sitzungen, bei denen die ausgetauschten Informationen weder dem Bewußtsein noch dem Unterbewußtsein eines einzigen der Anwesenden zugänglich waren. Während man hier freilich einwenden könnte, der Geist des Menschen verfüge über latente, noch nicht genützte Fähigkeiten, sollen trotzdem zwei Aspekte festgehalten werden: Zunächst wird die Beschäftigung mit solchen Fähigkeiten nie von Gott gebilligt oder gefördert, erst recht dann nicht, wenn die im Geist des Menschen verwurzelte moralische Autonomie eines anderen durch Phänomene der Gedankenübertragung angetastet wird. Zweitens scheint der Großteil spiritistischer Phänomene die Möglichkeiten naturalistischer Erklärungen zu übersteigen. Solche Erscheinungen vereiteln die Untersuchungen seitens der Naturwissenschaft und der Parapsychologie gleichermaßen. Die meisten evangelikalen Beobachter gehen davon aus, daß zumindest einige Spiritisten tatsächlich mit Geisterwesen kommunizieren. Wer die Bibel ernsthaft liest, kommt zur Überzeugung, daß solche Wesen als gefallene Engel und daher dämonische

Abgesandte des Reiches Satans anzusehen sind. Bemerkenswerterweise erheben Spiritisten Anspruch auf biblische Vorbilder für ihre Aktivitäten. Während die Verklärung (Matth. 17) als Beispiel für Geistermaterialisation angesehen wird, gilt das Pfingstereignis als die „größte spiritistische Sitzung der Geschichte". In Wirklichkeit halten Spiritisten Jesus für das größte Medium aller Zeiten. Nach ihrer Auffassung verschwand der Stein vom seinem Grab durch Levitation, das heißt Selbsthebung, und das entkörperte Wesen Christi materialisierte sich vor den Augen seiner Jünger.

Ein spiritistischer Autor erklärt, daß „anhand einer geringfügigen Veränderung der Begrifflichkeit, indem ‚Prophet' durch ‚Medium', ‚Geisterunterscheidung' durch ‚Hellsehen', ‚Wunder' durch ‚übersinnliche Phänomene' und ‚Zungen wie aus Feuer' durch ‚Geistlichter' ersetzt wird, für alle aufgeschlossene Forscher und Studenten die enge Verwandtschaft der beiden Systeme Spiritismus und Christentum klar zutage tritt".

Der christliche Apologet und Kultexperte Gordon Lewis stellt fest, daß dieses Sprachspiel „die Bibel das unterschreiben läßt, was deren Verfasser ausdrücklich ablehnten! Die Propheten empfingen ihre Botschaft nicht von den Geistern der Verstorbenen, sondern von Gott. Die Geister wurden voneinander unterschieden (1.Kor. 12,10), nicht durch hellseherische Fähigkeiten, sondern anhand der Lehre Christi (1. Joh. 4,1-3). Im Gegensatz zu spiritistischen Phänomenen vollzogen sich biblische Wunder am hellichten Tag. Sie dienten auch nicht dem Zweck der Unterhaltung oder um Menschen zu trösten, sondern um Gottes Heilsplan zu entfalten."

Sobald die objektive, biblische Wahrheit zugunsten subjektiver, spekulativer Kommunikation mit Geistern abgelehnt war, ging der Spiritualismus daran, ein eigenes Glaubenssystem zu entwickeln. Wiewohl sich viele Spiritualisten als Christen bezeichnen, hält die National Spiritualistic Association of Churches dennoch fest, daß der Spiritualist und der Christ nicht zusammengehören. (Zudem wird kein irgendwie gearteter Reinkarnationsglaube unterstützt.) Dieser Standpunkt versteht sich von selbst, wenn man bedenkt, was einer ihrer Vertreter behauptete: „Fortgeschrittene Geister lehren nicht die Versöhnung durch Christus." Aus dem Bestreben, christliche Anbetungsformen nachzuahmen, halten spiritualistische Kirchen Versammlungen ab, die dem Gottesdienst der meisten protestantischen Konfessionen ähnlich sind. Während der Saal mit einer Kanzel, Kirchenbänken, einem Kreuzbild und einer Orgel zur Begleitung der Lieder ausgestattet sein kann, empfangen die Teilnehmer „Geistergrüße“ anstelle der pastoralen Segnung. Denkbar ist, daß der Pastor die Predigt im Trancezustand hält. Spiritistische Lesungen ersetzen das Gebet, und bekannte geistliche Lieder wie „So wie ich bin“ und „Heilig, heilig, heilig“ enthalten kaum merkliche Textveränderungen, damit christliche Dogmen keinen Widerhall finden.

Dem Spiritualismus entspricht ein System von Theorien, die sich auf die von Geisterwesen – ob diese nun profan und gotteslästerlich oder anständig und gebildet erscheinen – gelieferten Informationen gründen. Die spiritualistischen Kirchen haben ihre Glaubensvorstellungen im Laufe der Jahre in „Sieben Prinzipien“ und „Neun Artikel“ kodifiziert. Im folgenden werden diese Dogmen angeführt, damit die Spiritualisten selbst hinsichtlich ihres Gottesbildes und ihrer Vorstellung der geistlichen Wirklichkeit zu Wort kommen können:

Die Sieben Prinzipien

1. Die Vaterschaft Gottes;
2. Die Bruderschaft aller Menschen;
3. Die fortwährende Existenz;
4. Die Gemeinschaft der Geister und der Dienst der Engel;
5. Persönliche Verantwortung des einzelnen;
6. Lohn und Vergeltung im Jenseits für das auf Erden vollzogene Gute oder Böse;
7. Ein Pfad endlosen Aufstiegs.

Die Neun Artikel

1. Wir glauben an eine unendliche Intelligenz.
2. Wir glauben, daß sowohl physische als auch geistliche Naturphänomene Ausdruck der unendlichen Intelligenz sind.
3. Wir bekennen, daß wahre Religion im richtigen Verständnis solchen Ausdrucks und in einem damit übereinstimmenden Leben besteht.
4. Wir bekennen, daß Existenz und personale Identität des einzelnen auch nach der Veränderung weiterbestehen, die man als Tod bezeichnet.
5. Wir bekennen, daß Kommunikation mit sogenannten Verstorbenen eine durch die Phänomene des Spiritualismus wissenschaftlich erwiesene Tatsache ist.

6. Wir glauben, daß die höchste Form der Moral im folgenden Satz enthalten ist: „Wie ihr wollt, daß euch die Leute tun sollen, also tut ihnen auch."
7. Wir bekennen die moralische Verantwortung des einzelnen, der ferner das eigene Glück oder Unglück schmiedet, indem er gegenüber den physischen und geistlichen Gesetzen der Natur gehorsam oder ungehorsam ist.
8. Wir bekennen, daß die Tür zur Selbstverbesserung keiner menschlichen Seele, weder im Diesseits noch im Jenseits, je verschlossen bleibt.
9. Wir bekennen, daß die in der Bibel beschriebene Gabe der Prophetie eine göttliche Fähigkeit ist, die von der Institution des Mediums bestätigt wird.

Das, was aus den Artikeln und Prinzipien nicht hervorgeht, läßt sich wie folgt zusammenfassen: Alle Menschen sind gleichermaßen Kinder Gottes, jeder ist Teil der unendlichen Intelligenz, nicht weniger als Christus es war. Es gibt keine Hölle und kein Gericht nach dem Leben. Die Kreuzigung Jesu gilt als bloße „Demonstration des Märtyrergeistes". Für Erbsünde, Wunder oder Jungfrauengeburt gibt es im Spiritualismus keinen Platz.

In den letzten Jahren mußten ältere Formen des Spiritismus – wie etwa Seancen – zugunsten der „neueren" Formen – wie z. B. das von Prominenten wie der oscargekrönten Schauspielerin Shirley MacLaine empfohlene „Trance Channeling" d. h. Kanalisieren in Trance – weichen. Künstler, die ja nie für orthodoxe Glaubensvorstellungen bekannt waren, führen den Paradezug unter der New Age-Fahne an. Obwohl das Glaubenssystem des New Age anderswo in diesem Buch erörtert wird, darf die für MacLaine und viele andere wichtige Vorstellung des „Geisterführers" hier nicht unerwähnt bleiben; es handelt sich zumeist, wenn auch nicht immer, um einen Verstorbenen, der durch einen „Channeler" (Kanalisator) spricht. Letzterem entspricht ein menschliches Telefon, das mit der Geisterwelt verbunden ist. In mehreren Bestsellern MacLaines ragt die Gestalt Kevin Ryersons hervor, MacLaines Lieblings-Channeler. Laut MacLaine verwenden ihre Geisterführer die elektromagnetischen Strahlungen in Ryersons Körper, um sich mit ihr zu verständigen. (Bemerkenswert ist hier der wissenschaftliche Beiklang der Aussage. Interessant ist auch die Tatsache, daß das alte Wort „Medium" zugunsten des moderneren, wissenschaftlich klingenden „Channeler" fallengelassen wird.) Aber auch ohne Channeler haben die Geisterführer mit

MacLaine geredet. Zu einem bestimmten Anlaß nahmen sie die Schauspielerin, auf ihre eigene Einladung hin, in Besitz, damit diese einen publikumsbegeisternden Bühnenauftritt vorführen konnte. Durch die Offenbarung vertraulicher Einzelheiten ihres Lebens, die sonst kein Mensch wissen konnte, so MacLaine, hätten die jenseitigen Führer ihre Autorität bewiesen. Im Einklang mit der New-Age-Bewegung im allgemeinen besteht MacLaines Glaubenssystem aus einem Potpourri verschiedener kultischer und okkulter Praktiken. Obwohl einige der Geisterführer verstorbene Menschen sein sollen, behauptet MacLaine von anderen, daß sie nie inkarniert gewesen wären. (Ältere Formen des Spiritismus interessierten sich meistens nicht für solche Geister, die nie Menschen gewesen waren.) Den Spiritualismus bringt MacLaine, wenn auch in etwas umständlicher Art, mit ihrem inzwischen berühmt gewordenen Glauben an die Reinkarnation unter einen Hut. (Einige der Führer sollen Menschen sein, die MacLaine in vergangenen Leben gekannt haben soll.)

Während der klassische Spiritualismus, der vor allem eher angepaßte Bürger mit Sehnsucht nach einem verstorbenen Geliebten anzog, möglicherweise auf abnehmendes Interesse stößt, macht die New-Age-Bewegung und ihre Einstellung, daß „jede Glaubensvorstellung zutreffen könnte“, Mut zu einer neuen, auf Macht zielenden Form des Spiritualismus. Der Bericht MacLaines über einen geradezu bezaubernden Bühnenauftritt, bei dem die Geisterführer ihre Arme und Beine während des Tanzens „durchdrangen“, spornt andere an, diese wohlwollenden Führer kennenzulernen und von der Macht zu zehren, die sie verteilen. Vielleicht wollte die am Anfang des Kapitels erwähnte Elvis-Verehrerin wirklich nur die Gewißheit erleben, daß der geliebte Elvis in irgendeiner Form weiterlebt. Die meisten unter dem Einfluß des New Age stehenden Menschen suchen jedoch keinen Trost, sondern Macht.

Welche Haltung soll man Channelern und Medien gegenüber einnehmen, deren Offenheit für Schwingungen aus der Geisterwelt Anlaß zu Erscheinungen von Poltergeistern, zu Apporten (psychokinetische Bewegung von Objekten) und zu hellseherischen Phänomenen gibt, die einen Blick über die fünf Sinne hinaus gewähren? Die Suche nach geheimer Erkenntnis verstößt gegen das Verbot Gottes („Was verborgen ist, ist des Herrn“; 5. Mose 29,29). Aus Lukas 16 geht klar hervor, daß eine unüberwindbare Kluft die Lebenden von den Toten trennt. Aber auch wenn die Verstorbenen tatsächlich zurückkehren könnten, so sagt Jesus, daß keines ihrer Worte schließlich moralische Folgen für die noch Lebenden haben könnte. Jesus selbst kehrte von den Toten zurück – viele jedoch akzeptieren die unwiderlegbaren Beweise für seine Auferstehung nicht.

Die „Eingeweihten einer höheren Ordnung“ können nichts an Trost bieten, was nicht der Heilige Geist, der Tröster schlechthin, bereits geboten hat. Die labilen Botschaften geisterhafter Erscheinungen bei geheimnisvollen Seancen können gewiß nicht mehr versprechen als die Gewißheit des Lebens nach dem Tod, die der Sieger über das Grab den Christen angeboten hat. Spiritisten sind zumeist keine unredlichen Menschen, obwohl viele von ihnen in die tieferen Abgründe der schwarzen Magie gelockt werden. Vielfach sind sie anständige Menschen, zuverlässige Freunde für andere, die im Interesse aller das allgemeine moralische Niveau anheben wollen. Aber ihre guten Absichten können den Stachel des Todes nicht beseitigen. Der Tod erfolgt aus der Sünde; nur dort, wo diese Tatsache in Buße beherzigt wird, kann Hoffnung auf das durch Christi Auferstehung verheißene Leben entstehen.

Begründer: Aus dem Spiritismus – einer allgegenwärtigen heidnischen Praxis, die von gefallenen Menschen außerhalb der jüdisch-christlichen Tradition herstammt – geht der Spiritualismus hervor. Die älteste und größte Organisation von Spiritualisten in den USA ist die 1893 gegründete National Spiritualistic Association of Churches. Unter den etwa 20 spiritualistischen Denominationen in den USA sind auch die International General Assembly of Spiritualists und die National Spiritual Alliance of the USA von Bedeutung. Zur Kernschicht der Mitgliedschaft spiritualistischer Kirchen zählen wahrscheinlich weniger als 10 000 Menschen, allerdings sprechen Kirchenvertreter von über einer halben Million Anhängern.

Literatur: Die Schriften Andrew Jackson Davis’ sowie OAHSPE von John Newbrough und *The Aquarian Gospel of the Jesus Christ* von Levi Dowling. Die vielen Bestseller Shirley MacLaines, u. a. *Dancing in the Light (Tanz im Licht), It’s All in the Playing (Zauberspiel) und Going Within (Die Reise nach innen)* sind verbreitete Beispiele dafür, wie der Spiritualismus in der New-Age-Bewegung zum Ausdruck kommt.

Symbol: Das spiritualistische Glaubensbekenntnis, in dem u. a. festgehalten wird: „Der Glaube an das Überleben jedes einzelnen nach dem Tod, eine Tatsache, die aus der Erfahrung des Mediums hervorgeht.“

Anziehungskraft: Der Spiritismus schlägt Kapital aus der Bestürzung derer, die einen geliebten Menschen verloren haben und sich danach sehnen, zu diesem Verstorbenen Kontakt aufzunehmen. So angesprochene Geisterwesen bieten unter Umständen an, die Vergangenheit zu offenbaren, die Zukunft vorherzusagen und spirituelle „Wahrheiten" preiszugeben. Trauernde, Neugierige und am Übersinnlichen Interessierte können gleichermaßen dazu verleitet werden, scheinbare Beweise für ein Leben nach dem Tod zu suchen.

Ziel: Die National Spiritualistic Association of Churches definiert den Spiritualismus als „die Wissenschaft, Philosophie und Religion des Weiterlebens, die auf der nachweisbaren Tatsache beruht, daß Kommunikation mit Bewohnern der Geisterwelt durch ein Medium möglich ist". Die Verbindung mit Toten soll den Lebenden Trost spenden. Die von Geistern erteilten Einsichten bringen angeblich geistliches Wachstum und moralischen Aufstieg. Somit sollen Sünde und Fehlverhalten durch eigene Anstrengung überwunden werden können.

Irrtümer: Die Glaubwürdigkeit eines Geistes hängt keineswegs von der Zuverlässigkeit der von ihm erteilten Informationen ab, vielmehr kommt es auf dessen Stellung zu Jesus Christus an. Das Gebet ist die einzige von Gott sanktionierte Möglichkeit zum Kontakt mit der Geisterwelt, die Heilige Schrift ist der einzige Führer in Sachen geistlicher Erkenntnis. Verbote von spiritistischen Praktiken sind in der Schrift reichlich vorhanden (3.Mose 19,31; 5.Mose 18,10f; 1. Chron. 10,13; 2. Chron. 33,6; Jes. 8,19; Gal. 5,19-31; 1. Tim. 4,1). Während die Bibel vor „Lügengeistern" warnt, verfügt der Spiritist über keinen objektiven Maßstab, um die Glaubwürdigkeit seiner Quellen zu überprüfen, da er ja auch die biblischen Kriterien zur Geisterunterscheidung ablehnt. Die Hoffnung auf moralische Verbesserung im Jenseits relativiert die Dringlichkeit von richtigen moralischen Entscheidungen in diesem Leben. Die Botschaften subjektiv bestimmter Geister werden der Offenbarung des Evangeliums Christi vorgezogen. Die Hauptprämisse des Spiritualismus ist nichts anderes als eine Neuformulierung der Aussage „Ihr werdet keineswegs des Todes sterben", ein Satz, der von dem stammt, den Christus einen Lügner und Mörder nannte (Joh. 8,44). Der Apostel Paulus verurteilte mit aller Deutlichkeit die Praktiken des Mediums Barjesus (Apg. 13) und erklärte jeden, der sich an derartiger Zauberei beteiligte, für „ein Kind des Teufels".

Quellenverzeichnis: Edmund Gruss, Cults and the Occult (Grand Rapids: Baker, 1980); Gordon Lewis, Confronting the Cults (Nutley, New Jersey: Presbyterian and Reformed, 1966); Walter Martin, Kingdom of the Cults (Minneapolis: Bethany Fellowship, 1977); J. Gordon Melton, The Encyclopedia of American Religions, Bd. 2 (Wilmington, North Carolina: McGrath, 1978); William Petersen, Those Curious New Cults (New Canaan, Connecticut: Keats, 1977).

Adresse/Hauptquartier: Das Büro der National Spiritualistic Association befindet sich in Washington, D. C. Wer als Pastor der Spiritualisten ordiniert werden möchte, besucht das Morris Pratt Spiritualist Institute in Whitewater im Bundesstaat Wisconsin. In Europa, insbesondere in Frankreich und England, ist der Spiritismus weiter verbreitet als in den USA. Eine andere Hochburg ist Südamerika, insbesondere Brasilien, wo sich mehr praktizierende Spiritisten befinden als in irgendeinem anderen Land der Erde.

Siehe auch Ascended Masters, New Age-Kulte,
Trance Channeling, Voodoo/Santeria.

Sri Chinmoy

Zu einem Zeitpunkt in seiner musikalischen Karriere eignete er sich den Namen *Devadip* an, ein Hindu-Wort, das soviel bedeutet wie „die Leuchte des Lichtes des Höchsten". Fans der Rock-Musik ist er besser bekannt als Carlos Santana, Sologitarrist und führender Kopf der Gruppe Santana. Den Namen Devadip gab ihm sein Guru Sri Chinmoy, Sohn eines aus West-Bengalen stammenden Eisenbahnschaffners. (Später bekehrte sich Santana zum christlichen Glauben.)

Einen Mitverehrer fand Carlos in der Person eines anderen berühmten Gitarristen, John McLaughlin. Dieser bezeichnet Sri Chinmoy als „die Vollkommenheit . . . ein göttliches Wesen". Zum Anfang seiner Konzerte meditiert McLaughlin, in der Folge singt er metaphysische Texte, die Chinmoy mit bisweilen unverfrorener Hingabe verehren. (Übrigens ist Sri kein eigentlicher Name, sondern ein indischer Ehrentitel, der nur würdigen Menschen verliehen wird.) Trotz einer Anhängerschaft von weniger als eintausend festen Nachfolgern reicht Chinmoys Einfluß auch weit in die Ferne. Mit dem Papst hat er Gespräche geführt, an der Yale University hielt er Vorträge. Mit einem geistreichen Streich der „Erleuchtung" gründete er seinen Hauptsitz bei den Vereinten Nationen, wo er zweimal im Monat das Meditationsprogramm leitet.

Im Mittelpunkt der Heilslehre Chinmoys steht die hinduistische Disziplin des Yoga. Der Jünger absolviert ein Programm, das u. a. *Hatha Yoga,* vegetarische Eßgewohnheiten und Meditation enthalten kann. Chinmoy lehrt den Weg zu Gott durch Hingabe und Verehrung dem Guru gegenüber. Obwohl ein Meister nicht als absolut notwendig gilt, besteht Chinmoy darauf, daß die Erleuchtung, die er seit dem zwölften Lebensjahr erfährt, am schnellsten über einen solchen Privatlehrer zu erreichen sei.

Grundlegend für die Aufnahme eines neuen Jüngers ist das *Siksha,* die Hingabe des eigenen Lebens an den Meister. Im Siksha-Ritus Chinmoys versetzt sich der Meister zuerst in Trance, wobei die Augen zunächst in die Höhlen verschwinden und nur das Weiße sichtbar bleibt. Dieser Zustand der friedevollen Versunkenheit – im Hinduismus *samhadi* genannt – macht einen großen Eindruck auf den vor Chinmoy hinknienden Jünger. Schließlich bekommt der Verehrer als Gegenleistung für die Verpflichtung, dem Meister fortab treulich zu dienen, Anteil an der Seele Chinmoys. Wer den Siksha-Ritus einmal über sich ergehen läßt, ist dermaßen geprägt davon, daß er nie wieder einen Zweifel an Chinmoys Stellung als spirituellem Führer hegt.

Chinmoy erhebt den Anspruch, reich an schöpferischen Talenten zu sein. Über 16 000 Bilder behauptet er an einem Tag gemalt zu haben, obwohl man dazu ein Tempo von zwei Bildern pro Sekunde einhalten müßte! (Sri Chinmoy hat bisher insgesamt 132 000 Bilder in der ganzen Welt ausgestellt.) Zu seinen phenomenalen Leistungen gehört der Rekord von 843 Gedichten innerhalb von 24 Stunden. Neben 700 Büchern und Traktaten veröffentlicht er zwei Zeitschriften, *Chinmoy Family* und *Aum.*

Ebenso phänomenal sind seine sportlichen Leistungen. Aus seinem Bemühen, Menschen zur Grenze ihres Leistungsvermögens anzuspornen, hat er selbst an Dreikämpfen, Marathonläufen und sogar am äußerst schwierigen Ultra-Marathon teilgenommen. Zu seinen Nachfolgern zählen viele Langstreckenläufer. Eher in den Zirkus gehören die erstaunlichen Leistungen im Gewichtheben, wobei der 60jährige Mann mit einer Körpergröße von knapp 155 cm einmal einen Elefanten gehoben haben soll.

Im Gegensatz zu vielen Gurus verspricht Chinmoy keine Erleuchtung „auf Anfrage“. Der potentielle Nachfolger wird darauf hingewiesen, daß er möglicherweise mehr als ein Jahrzehnt auf die Vereinigung mit dem Höchsten – die Bezeichnung Chinmoys für Gott – warten müsse. Seit 1964 befindet er sich auf Mission in Amerika, aus dem Anliegen heraus, Ost und West zusammenzuführen. „Bei Gott gibt es zwei Aspekte“, meint er. „Einerseits verwirklicht er sich, andererseits tut er sich kund.“ Nach seiner Auffassung verwirklicht sich Gott unter seinen Nachfolgern im Osten, tut sich aber dafür in westlichen Formen der Spiritualität kund.

Begründer: Der 1931 geborene Sri Chinmoy aus West-Bengalen in Indien. 1964 wanderte er in die USA aus.

Symbol: Keines bekannt.

Literatur: Schriften des Hinduismus.

Anziehungskraft: Aufgrund von Chinmoys – im Vergleich zu anderen Gurus – weniger aufwendigem Lebensstil sind seine Nachfolger ernster, wenn auch zahlenmäßig relativ gering. Das Image der Bescheidenheit bürgt in den Augen der Verehrer für seine Echtheit.

Ziel: Im Mittelpunkt seiner Lehre steht die Beziehung zwischen dem Guru und seinem Nachfolger. Der Prozeß der Gott-Verwirklichung wird durch absolute Hingabe an den Guru begünstigt. Der von ihm vertretene spirituelle Pfad befindet sich eher im Einklang mit dem traditionellen Hinduismus als der Weg anderer Yoga-Meister. Zu dieser Gesinnung gehört auch die Auswahl von zukünftigen Nachfolgern, wobei Qualität Vorrang vor Quantität hat.

Irrtümer: In offenkundiger Weise stellte sich Jesus als einziger Weg zu Gott vor (Joh. 14,6). Zu diesem Weg gehört auch Jesu stellvertretender Tod. Chinmoy will aber offensichtlich Christus als Mittler zwischen Gott und Mensch durch einen Menschen – nämlich sich selbst – ersetzen. Die von Chinmoy vertretene Lehre der Selbsthingabe an einen Guru ist nichts anderes als die Aussicht auf Selbstvergöttlichung, welche die Schlange im Garten Eden bot.

Quellenverzeichnis: The Denver Post, 6. Mai 1977; People, 2. Dezember 1976; J. Gordon Melton, The Encyclopedia of American Religions, Bd. 2 (Wilmington, North Carolina: McGrath, 1978); „Celebrities uplifted by Inner Strength", Toronto Globe and Mail, 28. Oktober 1988.

Adresse/Verbreitung: Zentren in den USA, Kanada, Europa und Australien.

Siehe auch unter Yoga.

Subud / Renaissance

George Gurdjieff

Der Name George Iwanowitsch Gurdjieff wurde nicht zu einem Begriff, wie es bei den meisten anderen Sektenführern der Fall ist. Seine Charakterzüge waren auch nicht gerade gewinnend. Gurdjieff war ein Despot, der seine Unberechenbarkeit pflegte. Er war bekannt dafür, daß er häufig mit Höchstgeschwindigkeit auf der falschen Straßenseite entlangfuhr und so lange beschleunigte, bis er kein Benzin mehr im Tank hatte. Auch sein Tod im Jahre 1949 setzte seinem unheimlichen Einfluß auf das Leben anderer kein Ende. Heute halten sich noch etwa 5000 Anhänger an seine Lehren. Sie treffen sich in Geheimgruppen, hauptsächlich in den Vereinigten Staaten, aber auch in Europa. Das Leben Gurdjieffs war ein Rätsel, doch seine Lehren bleiben bestehen, und die Zahl seiner Anhänger wächst weiterhin.

Geburt und Hintergrund Gurdjieffs waren genauso geheimnisumwoben, wie es für sein ganzes Leben typisch war. Wahrscheinlich kam er in Armenien zur Welt. Sein Vater weckte bei ihm das Interesse an okkulten Dingen, und diese Faszination am Übernatürlichen begleitete ihn sein ganzes Leben. *Meetings with Remarkable Men,* sein meistgelesenes Buch, wurde verfilmt. Er berichtet darin von seinen Reisen durch Zentralasien, von Tibet in die Sowjetunion und danach nach Frankreich, wo er sich 1922 niederließ. In Frankreich sah er sich veranlaßt – nachdem er sich intensiv mit geheimen Sufi-Bruderschaften und Schulen asiatischer Mystik beschäftigt hatte –, das „Institut zur Entwicklung des Menschen" zu gründen.

Es ist schwierig, die tatsächlichen Lehren Gurdjieffs, die „esoterisches Christentum" genannt werden, darzustellen. Die *G-O-Gruppen* (G steht für Gurdjieff und O für Peter Deminaowitsch Ouspensky, sein bedeutendster zeitgenössischer Anhänger) geben ihre Zusammenkünfte nicht bekannt. Die Anhänger treffen sich, um über Gurdjieffs Bücher zu diskutieren und sich wirbelnden Derwisch-Tänzen hinzugeben, die als „geistige Gymnastik" bezeichnet werden. Sie dienen dazu, „das große Abenteuer der Suche nach dem eigenen Ich" einzuleiten.

Gurdjieffs Anliegen war es, das Bewußtsein des Menschen höheren Ebenen zugänglich zu machen. Er glaubte, daß die meisten Menschen „schlafen“, jedoch „geweckt werden“ können, wenn sie zu einer größeren Erkenntnis des Bewußtseins des eigenen Ichs gelangen. Dann werden sie ihre verschiedenen Egos erkennen und danach entdecken, welcher Teil davon das wahre Ich ist. Dieser „vierte Weg“, wie er genannt wird, ist der Weg zur Selbst-Umwandlung. Suchende werden dazu ermutigt, sich jeden Morgen darauf zu konzentrieren, ihr wahres Ich in jeden Teil des Körpers hineinzulegen, angefangen bei den Zehen bis zu den Haarwurzeln. Schließlich wird man durch dieses „Ich-Bewußtsein“ dazu befähigt, den eigenen Körper konstant zu beobachten und auf unbewußte Gewohnheiten aufmerksam zu werden.

Das Ziel dieser Übungen besteht darin, die Illusion zunichte zu machen, daß alle Reaktionen und Intentionen freie Willensentscheidungen sind. Das nächste Ziel ist das Erreichen eines „objektiven Bewußtseins“, wodurch ein Mensch schließlich das wahre Ich entdeckt. Menschliches Bemühen befähigt also dazu, die eigene Seele zu „retten“.

Es liegt ein bestimmter Wert darin, zu erkennen, daß zwischen dem Herz des Menschen und seinen geistigen Zielen ein Ungleichgewicht besteht. Dadurch, daß aber die menschliche Leistung als Quelle richtigen Denkens gesehen wird, wird die gefallene Natur des Menschen übersehen, die jeden Versuch, einen tatsächlich objektiven Geisteszustand zu erreichen, überschattet.

Gurdjieffs Lehren sind in Büchern wie *All is Everything* (auch unter dem Titel *Beelzebub's Tales to his Grandson), Meetings with Remarkable Men, The Fourth Way* und *Life is Only Real When I Am* zu finden. In den zuerst aufgezählten spricht er von einem zukünftigen Propheten des Bewußtseins. Viele glauben, daß Muhammed Subuh, ein javanesischer Regierungsbeamter, diese Voraussage erfüllte. 1925 kam eine Lichtkugel auf Subuh herab und überwältigte ihn – dieses Ereignis wird *Latihan* (die seelenreinigende Kraft Gottes) genannt. Der Name, den Subuh seiner Bewegung gab, ist eine Kombination aus drei Sanskrit-Wörtern: *Subud.*

1956 ging Subuh nach England und gewann unter den früheren Schülern Gurdjieffs eine Anhängerschaft. Er entwickelte ein Verfahren dafür, sich der Kraft Gottes hinzugeben *(Latihan).* Personen, die diese Kraft empfangen wollen, betreten einen verdunkelten Raum und erwarten den Kontakt mit jemandem, der *Latihan* bereits erfahren hat. Das Empfangen der Kraft ist bei den Teilnehmern mit körperlichen Verrenkungen und verbalen Äußerungen verbunden. Es kann zu Heilungserfahrungen kommen (begleitet von Stöhnen und Schreien), wenn des Ziel eines veränderten Bewußtseins erreicht ist.

Einer der sichtbarsten und umstrittensten Zweige von Gurdjieffs Philosophie ist die *Fellowship of Friends* (Gemeinschaft der Freunde). Diese mönchische Gruppe (bekannt unter dem Namen „Renaissance“) setzt sich aus gebildeten Mitgliedern zusammen und wird von einem ehemaligen Lehrer namens Robert Burton geleitet. Burton, der andeutete, daß er sich für die Verkörperung der Zweiten Wiederkunft Christi hält, lebt mit einem Teil seiner Anhänger (es gibt weltweit etwa 1400) auf einer Ranch im Norden Kaliforniens in prachtvollen Verhältnissen.

Gurdjieffs Ideal der Besserung des Ichs finden bei Burton eine besondere Anwendung. Er behauptet, daß die Qualität des Lebens durch die Verehrung von Schönheit und Materialismus verstärkt wird. Eine höhere Bewußtseinsstufe wird dadurch ermöglicht, daß die Umgebung mit Schönheit und Komfort ausgestattet wird. Das Ergebnis war, daß Burton von seinen Anhängern einen Mercedes und eine geräumige Villa bekam, die unschätzbar wertvolle Kunstwerke enthält. Seine Anhänger begleiten ihn zu Kunst-Versteigerungen und dienen als unbezahlte Arbeitskräfte bei Auf- und Umbau des Sektenbesitzes. Die meiste Zeit verbringt Burton mit Weltreisen, wobei er weitere Bilder und Porzellanschätze ausfindig macht, die dann zur immer größer werdenden Sammlung der „Renaissance“ hinzugefügt werden. Kritikern erklärt er, daß es seine Pflicht ist, den kulturellen Geschmack der Menschen zu heben, die ihn umgeben.

Burton prophezeit außerdem einen weltweiten wirtschaftlichen Zusammenbruch und eine Atomkatastrophe. Sein Versteck in den Hügeln der kalifornischen Sierra wird der Katastrophe entgehen. Die unbezahlbaren Kunstschätze, die er erworben hat, werden ihm und seiner Gruppe erlauben, als Apostel einer weiterentwickelten Kultur und Zivilisation zu überleben.

Solche vornehmen Ideale scheinen wertlos, wenn man sie im Licht von Burtons moralischen Mängeln sieht. Als seine Mutter sterbenskrank im Krankenhaus lag, befand er sich gerade in einer Phase selbstauferlegten Schweigens. Obwohl sie auf dem Krankenlager litt, weigerte er sich, mit ihr zu sprechen; er selber sieht dies als Beispiel einer tugendhaften Selbstverleugnung an.

Begründer: George Iwanowitsch Gurdjieff, 1872–1949. Seine Lehren wurden 1922 in Fontainebleau, Frankreich, aufgestellt.

Literatur: Werke von Gurdjieff und P. D. Ouspensky.

Symbol: Keines.

Anziehungskraft: Gurdjieffs Lehren zeugen von Überlegung und Sachverstand. Einige Anhänger werden von der philosophischen Spekulation und der Möglichkeit, das eigene Ich zu entdecken, angezogen. Andere lassen sich davon blenden, daß Gurdjieffs Gruppen den Anschein einer elitären Truppe erwecken, die ein höheres Wissen von den Ungereimtheiten des Lebens besitzen.

Ziel: Es ist eindeutig, daß wahres Glück aus etwas besteht, was über die unmittelbare bewußte Wahrnehmung hinausgeht (Gurdjieff nannte dies „etwas anderes"). Gurdjieff stand in der Tradition der althergebrachten Ermahnung „Lerne dich erst selbst kennen". *Das Werk,* wie es heute genannt wird, lehrt, daß Menschen geistiges Verständnis entwickeln können, wenn sie sich ihrer eigenen Unzulänglichkeit bewußt geworden sind.

Irrtümer: Gurdjieff lehrte, daß das höchste Ziel das Erreichen des Ich-Bewußtseins ist. In Sprüche 1,7 heißt es dagegen: „Die Furcht des Herrn ist der Anfang der Erkenntnis." Die Suche nach einem höheren Bewußtsein geht immer mit der Gefahr einher, einer fremden geistlichen Intelligenz Raum zu geben. Das „andere", das Gurdjieff mit einer Mischung aus gnostischer und okkulter Philosophie suchte, läßt sich in Christus finden, der dieses „Ich" umwandelt und zu einem Empfänger „überströmenden Lebens" macht.

Quellenverzeichnis: William J. Petersen, Those Curious New Cults (New Canaan, Conn.: Keats, 1975); The Denver Post, 9. Dezember 1977, SCP Newsletter, Band 5, Nr. 4, Juni 1979, 8BB; San Francisco Chronicle, 20. April 1981.

Adresse/Hauptquartier: Der Hauptsitz befindet sich in New York City. Weitere Gruppen in größeren amerikanischen und europäischen Städten. Veröffentlichte Adressen sind nicht vorhanden. Neue Mitglieder lernen die Gruppe oft durch Lesezeichen kennen, die in die Bücher von Ouspensky gesteckt wurden. Die Buchzeichen enthalten Telefonnummern, über die man die örtlichen Treffpunkte in Erfahrung bringen kann.

Sufismus

Meher Baba

Sind Sie jemals auf die Stirn geküßt worden? Wahrscheinlich schon oft, besonders als Kind. Sehr wahrscheinlich haben Sie darauf entweder mit Zuneigung oder mit Verlegenheit reagiert. Meher Baba bekam einen Kuß auf die Stirn und wurde zum Gott – oder er dachte es zumindest.

Der Ruhm Jesu verbreitete sich nach seinem Tod, weil er auferstanden war. Als aber Meher Baba am 31. Januar 1969 „seinen Körper abwarf" (Babas Terminus für Tod), blieb er im Grab. Ironischerweise nahm sein Ruhm trotzdem zu, jedoch nicht aufgrund irgendwelcher Wunder, die er getan hat. Baba war selbst sogar extrem anfällig für Erkältungskrankheiten. Er erklärte diesen scheinbaren Widerspruch zwischen seiner Göttlichkeit und seiner Anfälligkeit für Krankheiten mit der Behauptung: „Der physische Körper sogar eines Göttlichen Vollkommenen Meisters ist normalen Ansteckungskrankheiten unterworfen."

Über ein Jahrzehnt nach seinem Tod gibt es jedenfalls keinen Mangel an Baba-Anhängern. Sie reichen von illustren, hochgestellten Persönlichkeiten bis zu College-Studenten auf dem neuesten Trip des Fern-Ost-Bewußtseins. Peter Townshend, Kopf der britischen Rock-Gruppe „The Who", ist seit seiner Fixerzeit in den sechziger Jahren ein unbeirrbarer Baba-Anhänger. „Baba ist Christus", erklärte Townshend, denn ein Christ zu sein, bedeutet „einfach wie ein Baba-lover zu sein". Er widmete Baba ein Solo-Album; es enthält Lieder, die die Reinkarnation verherrlichen, und einen Schlußgesang mit dem Titel „Parvardigar", den er einem Hindugebet Babas entliehen hat.

Townshends Hingabe veranschaulicht den Göttlichkeitsstatus, den die Jünger Babas ihrem Meister zuschreiben. „Ein einziges Nasenrümpfen von ihm könnte den Planeten spalten", so Townshend, „und mit einem Fingerschnippen könnte er dein Leben retten. Glücklicherweise benutzt er seine unendliche Macht mit Barmherzigkeit." Wenn er Gott ist, warum gibt es denn nicht mehr Beweise für seine Allmacht? Townshend dazu: „Baba greift selten ein. Er sagte:

‚Warum sollte man Ereignisse beeinflussen in einem System, das sich selbst verursacht, sich selbst korrigiert und, wenn es zu weit geht, sich selbst zerstört?'"

Wer ist Baba, und wie kam er dazu, sich als Inkarnation Jesu Christi anbeten zu lassen? Meher Baba wurde im Jahre 1894 im indischen Poona, in den Nähe von Bombay, geboren. Seine Eltern waren Zoroastrier und gaben ihm den Namen Merwan Sheriar Irani. Während seiner Collegeausbildung entwickelte er eine Zuneigung zu einer alten moslemischen Frau, die als eine Sufi-Heilige galt, eine der Fünf Vollkommenen Meister des Zeitalters. Eines Tages küßte sie ihn auf die Stirn – ein Ereignis, das nach Babas Behauptung bei ihm unmittelbar zu einem Gottbewußtsein führte. Von dem Moment an war Baba ein anderer Mensch.

Danach studierte er sieben Jahre lang bei den Vollkommenen Meistern seiner Zeit. Einer von ihnen, Upsani Maharaj, warf einen Stein nach Baba und traf ihn exakt an dem Punkt, wo ihn die alte Frau geküßt hatte. Dieses Ereignis rief in Baba wieder ein Gottbewußtsein hervor, und er wurde sich seiner neuen Berufung zum Vollkommenen Meister bewußt. Von diesem Zeitpunkt an gab er sich seinen Nachfolgern als *Meher Baba* (der Barmherzige Vater) zu erkennen, als der *Avatar* (Inkarnation Gottes) für dieses Zeitalter, in der Linie von Zarathustra, Krischna, Rama, Buddha, Jesus und Mohammed. Doch mehr als das, er beanspruchte für sich, die letzte Inkarnation Gottes zu sein.

Im Jahre 1921 sammelte er eine Gruppe von Jüngern um sich und gründete eine Kolonie mit einem Krankenhaus und einer Schule. Das einzigartige Merkmal, das ihn von allen anderen Saddhus und Heiligen des Ostens unterschied, war sein selbstauferlegtes Schweigen, das er am 10. Juli 1925 verkündete. „Ihr habt genug meiner Worte gehört, nun ist es Zeit, danach zu leben", erklärte er. Mit „meine Worte" meinte er die Grundsätze all der religiösen Führer seiner früheren Inkarnationen. Als Jesus und andere hatte er genug gesagt. Nun war die Zeit zum Handeln gekommen.

Seine Kommunikation setzte er mit Hilfe einer Schreibtafel und mit Handzeichen fort. Baba versprach, sein selbstauferlegtes Schweigen eines Tages, bevor er seinen Körper abwerfen würde, zu brechen. Dabei sagte er voraus, daß die Worte, die er dann sprechen würde, in der gesamten Menschheit eine Welle der Spiritualität auslösen würden. Es versteht sich von selbst, daß die Baba-Anhänger bei jedem seiner öffentlichen Auftritte voller Erwartung den Atem anhielten – bei jeder dieser Gelegenheiten hätte ja die Zeit für seine langersehnten Worte gekommen sein können. Der Barmherzige Vater hatte immer und immer wieder zu verstehen gegeben: „Ich liebe euch mehr, als ihr mich oder euch selbst jemals lieben könntet." Diese Intensität der Hingabe an seine Jünger hatte unter ihnen eine solch sehnliche Erwartung seiner letzten Worte zur Folge, als kämen sie dem zweiten Kommen Christi gleich.

In der Zwischenzeit formulierte Baba seine Lehren in seinem fünfbändigen Werk, *Discourses.* Auch veröffentlichte er ein Dokument mit dem Titel *Chartered Guidance from Meher Baba for the Reorientation of Sufism as the Highway to the Ultimate Universalized.* Seine Theologie gründete sich auf die alte Hindutradition des *Bhakti Yoga,* die besagt, daß der Weg zu Gott durch die Hingabe an einen irdischen Guru erleichtert wird. Um so besser natürlich, wenn dieser Yogi der letzte *Avatar* zu sein behauptet. Und Baba scheute sich keineswegs, von seinen Anhängern totale Hingabe an sich selbst zu fordern. Selbstherrlich erklärte er: „Ich bin weder ein Mahatma noch ein Heiliger, weder ein Sadhu noch ein Yogi. Ich bin der, der von alters her war. Der Herr der Herren."

Welche Wahrheiten legte dieser „Gott" denn nun dar? Im Grunde gab Baba dem westlich denkenden Menschen eine Einführung in eine aufgewärmte synkretistische Kombination von Hinduismus, Buddhismus, Zoroastrianismus und Islam. Er lehrte, daß die Seelen von zwei Schwesternplaneten zur Erde kommen. Diese Seelen beginnen ihre Evolutionsreise aufwärts, indem sie ihre Inkarnation zuerst in Steinen finden, dann in Metallen, dann geht es weiter über Gemüse, Insekten, Reptilien, Spinnen, Fische, Vögel, Känguruhs, Affen und Menschen. Die menschliche Existenz spielt sich auf einer von sieben Ebenen ab, die bestimmt wird von dem Maß an Ausrichtung nach den von ihm so genannten „Sieben Realitäten". Die höchste Ebene ist das Nirvana, wo das Bewußtsein mit Gott verschmilzt. Doch für Baba-Anhänger ist Vorsicht geboten. Ein falscher Schritt fehlender Hingabe an Baba – und die Seele ist sofort wieder auf dem untersten Tiefpunkt angelangt.

Hat Baba aber jemals sein Schweigen gebrochen? Was waren das für göttliche Worte, von denen er versprach, daß sie die Menschheit verwandeln würden? Niemand weiß es, und es scheint so, als sei Baba gestorben, bevor er die Wahrheiten von sich geben konnte, nach denen sich seine Anhänger so gesehnt hatten. Der Leser mag sich selbst ein Urteil bilden über diesen Mann, der für sich den Göttlichkeitsstatus beanspruchte und doch vom Tod dahingerafft wurde, bevor er in der Lage war, seine so lange verkündete Prophezeiung zu erfüllen.

Begründer: Meher Baba, geborener Merwan Sheriar Irani, 1894, Poona, Indien. Gestorben am 31. Januar 1969.

Literatur: Hinduschriften; *Discourses, God Speaks, Listen Humanity* (Bücher von Baba).

Symbol: Keines.

Anziehungskraft: Babas Göttlichkeitsanspruch muß entweder akzeptiert oder ignoriert werden. Er war entweder der Christus, eine Inkarnation Gottes, oder ein irregeführter Scharlatan. Für Leute, die ein Autoritätsvakuum in ihrem Leben haben, bietet Baba sowohl eine Vaterfigur als auch einen vergöttlichten Gegenstand der Anbetung. Daher können sich die Verehrer ganz in Baba versenken, die Vernunft beiseite schieben und seinem Ruf „Kommet zu mir“ folgen.

Ziel: „Alle Religionen stehen mir im Grunde nahe“, lehrte Baba. „Nicht das, was man glaubt, zählt in erster Linie, sondern das, was man ist.“ Mit anderen Worten: das Glück in diesem Leben und bessere Reinkarnationen hängen nicht von der Lehre ab, sondern von der Hingabe – an Baba. Baba erhob den Anspruch, Gott zu sein, und seine religiöse Philosophie hat ihren Ursprung in den unpersönlichen Vorstellungen von Gott, wie sie im Hinduismus formuliert sind; daher ist das Endziel seiner Jünger die Verschmelzung mit ihrem *Avatar.*

Irrtümer: Baba war ein erschaffenes Wesen, daher fällt sein Verlangen, als Gott angebetet zu werden, unter das Urteil von Römer 1. Jesus hat vor falschen Christussen gewarnt und gesagt: „Ihr sollt ihnen nicht folgen“ (Lk. 21,8). In Römer 12,1 werden die Menschen ermahnt, ihre Leiber als „lebendige Opfer“ Gott und nicht einem schnurrbärtigen Inder darzubringen, dessen wichtigste Prophezeiung (das Schweigen zu brechen) sich nicht erfüllt hat.

Quellenverzeichnis: Rolling Stone, 26. November 1970; William J. Petersen, Those Curious New Cults (New Canaan, Conn.: Keats, 1975); Meher Baba, God speaks, Discourses, Band 1-5 (New York: Dodd, Mead, 1955).

Adresse/Hauptquartier: Ehemaliges Hauptquartier in Myrtle Beach, S. C.; Sufism Reoriented, Inc., 1300 Boulevard Way, Walnut Creek, CA 94595/USA.

Swami Kriyananda

Der mystische Name Swami Kriyanandas wurde ihm von seinem ehemaligen spirituellen Meister, Paramahansa Yogananda, verliehen. Er läßt sich buchstäblich übersetzen als der Weg der „Seligkeit" *(ananda)* „tun" *(kriya),* oder vielleicht besser, „dem fröhlichen Pfad des Yoga folgen und danach handeln." Kriyananda wurde als Donald Walters in Rumänien als Kind amerikanischer Eltern geboren. Der wortgewandte Vertreter der östlichen Mystik genießt bei manchen das Ansehen, „der am meisten respektierte nichtindische Vertreter des Yoga in der Welt" zu sein.

Ursprünglich Vize-Präsident der Self-Realization Fellowship, machte er sich selbständig und gründete eine eigene Kommune auf einem 250 Hektar großen Landstrich in der Nähe von Nevada City in Kalifornien. Mitglieder der Gemeinschaft meditieren mindestens dreimal täglich und reden sich gegenseitig mit ihren neu erhaltenen indischen Namen an. Die eigene Unternehmensgruppe, Yoga Fellowship Inc., erzielt Bruttoeinnahmen von jährlich 2 Millionen Dollar durch Tochterunternehmen.

Interessenten werden durch Practice of Joy (Vollzug der Freude)-Seminare angesprochen, bei denen unbegrenzte Kraft nach außen hin und innere Erfüllung in Aussicht gestellt werden. „Freude", erklärt Kriyananda, „ist die Grundlage deiner Existenz." Um den Zustand des *ananda* herbeizuführen, gibt es ein ausgiebiges Programmangebot: Gesang, Meditation, „energization exercises" (Übungen zur Energieerzeugung), geheimnisvolle Techniken des sakralen Yoga und Kriyanandas eigene „Songs of Divine Joy" (Lieder der göttlichen Freude).

„Der Glaube ist kein Hindernis", betont er. „Jeder kann davon profitieren, egal ob Christ, Jude, Hindu, Gläubiger oder Agnostiker." Bei genauer Lektüre des grundlegenden Werkes Kriyanandas, *THE PATH, Autobiography of a Western Yogi,* stellt sich heraus, daß sein Lehrsystem die hinduistische Sicht des Lebens voraussetzt. Diese heidnischen Vorstellungen werden als „der ursprüngliche, unverfälschte Kern" der „alten Lehren" hingestellt. Raja Yoga wird ausdrücklich als „Wissenschaft" zur Enthüllung der „Wahrheit", daß nämlich der Mensch an der größeren Wirklichkeit teilhabe, präsentiert: „Diese Wirklichkeit verfügt über Bewußtsein . . . und ist unendlich." Wer den Weg Kriyanandas betritt, kann angeblich sein schlechtes Karma außer Kraft setzen und „in höhere Erkenntnis und Führung einstimmen".

Quellenverzeichnis: Verschiedene Ananda-Veröffentlichungen sowie Werbehefte.

Swedenborgianismus

Sein Körper ruht schon über 200 Jahre in der Kathedrale von Uppsala in Schweden, doch erst vor kurzem wurde sein Schädel zu dem Rest seiner Gebeine gelegt. Die Schwedische Königliche Akademie der Wissenschaften ersteigerte für 3000 Dollar bei Sotheby's in London den Kopf von Emanuel Swedenborg, einem Mystiker, Wissenschaftler und Religionsphilosophen des 18. Jahrhunderts. Swedenborgs Überreste wurde für so wertvoll erachtet, daß man seinen Schädel als diplomatisches Gepäck nach Schweden zurückbrachte.

Emanuel Swedenborg (1688-1772) wurde als Sohn eines frommen lutherischen Pastors geboren. Er wuchs zu einem dynamischen Intellektuellen heran, der in den höchsten Regierungs- und Akademiekreisen verkehrte. Sein Sachverstand auf dem Gebiet der Geologie brachte ihm eine Stelle als Hochschulprofessor und die Mitgliedschaft in der Schwedischen Abgeordnetenversammlung ein. Swedenborg machte ausgedehnte Reisen und erwarb sich den Ruf eines Experten der Metallurgie und Kristallographie. Im Alter von 52 Jahren änderte er abrupt sein Leben, indem er dem von ihm als göttlich empfundenen Ruf folgte, die symbolischen Bedeutungen der Bibel zu offenbaren.

Swedenborg entwickelte mediale Fähigkeiten (automatisches Schreiben und Hellhören – hören von Dingen, die für andere nicht wahrnehmbar sind) und praktizierte Astralreisen, die ihn in die Geisterwelt führten, wo er mit guten und schlechten Engeln (verstorbenen Menschen) kommunizierte. Die Botschaften dieser Wesen überzeugten ihn davon, daß die Bibel in besonderer Weise zu interpretieren war. Dies führte ihn dazu, einen Bibelkommentar und diverse lange Abhandlungen, darunter *Arcana Coelestia: Die Erden im Universum* zu schreiben. Seine Visionen beinhalteten Gespräche mit Personen, die er als Luther, Calvin, Augustinus und den Apostel Paulus identifizierte. (Der letztere würde nicht gut auf ihn zu sprechen gewesen sein, denn Swedenborgs Theologie beinhaltete den Vorschlag, die Paulinischen Briefe sowie große Teile des Alten Testaments aus der Bibel zu eliminieren.)

Von den swedenborgianischen Predigern, die einen der drei

Hauptzweige der *Kirche des Neuen Jerusalems* bilden, werden die Schriften Swedenborgs heute im allgemeinen als „von Gott inspiriert" angesehen. Die „Wahrheit", die er brachte, stellt ihren Aussagen zufolge „das zweite Kommen Christi" dar. In Swedenborgs theologischem System kommen die Menschen nach dem Tod in einen Zwischenzustand, wo sie sich für den Himmel oder die Hölle vorbereiten. In der Hölle wird man zu einem bösen Geist, im Himmel erwartet einen der Engelsstatus. Beide Existenzformen sind geistlicher Natur, denn eine körperliche Auferstehung gibt es nicht. In diesem Leben nach dem Tod erhält jede Seele die physische Erscheinung ihres irdischen frühen Erwachsenenalters.

Die historisch-christliche Vorstellung der Dreieinigkeit wurde verworfen, genauso wie die stellvertretende Sühnung, die nach den Worten Swedenborgs eine „Abscheulichkeit" und „lediglich eine menschliche Erfindung" darstellt. Der Tod Christi am Kreuz wird als „der Höhepunkt eines Lebens des Dienstes" beschrieben und nicht als „eine blutige Schuld". Die Persönlichkeit des Heiligen Geistes wird ausdrücklich geleugnet, und Jesus Christus ist allein Gott, ein „unsichtbares . . . göttliches Wesen", das sich in drei Prinzipien manifestiert. Diese einzigartige Form des Spiritismus hat in Amerika etwa 20 000 Anhänger und mindestens 100 000 weitere weltweit, wobei der größte Anteil in England anzutreffen ist.

Quellenverzeichnis: Eternity, Mai 1981; The Denver Post, 16. Januar 1976; Walter Martin, Kingdom of the Cults (Minneapolis, Minn.: Bethany Fellowship, 1977); J. Gordon Melton, The Encyclopedia of American Religions, Band 2 (Wilmington, N. C.: McGrath, 1978).

Adresse/Hauptquartier: In den USA: General Convention of the New Jerusalem in the U.S.A. [The Convention] – Newton, MA; The Swedenborg Foundation, Dept. EW, 139 E. 23rd St., New York, NY 10010.

Theosophie

Robert Kennedy lag tot auf dem Boden eines Ballsaales in Los Angeles. Wieder war ein Kennedy einem Anschlag zum Opfer gefallen. Was war diesmal das Motiv? Es gab keinen Zweifel darüber, wer die Tat verübt hatte. Die Waffe wurde von Sirhan Sirhan, einem jungen Fanatiker aus dem Nahen Osten, betätigt. Warum hatte er geschossen? Die Ermittler wären leicht auf die Antwort gestoßen, wenn sie sich die Mühe gemacht hätten, sich durch die Seiten des ersten Buches zu kämpfen, um das Sirhan bat, nachdem er ins Gefängnis gekommen war: *The Secret Doctrine (dt. Die Geheimlehre)* von Helena Petrovna Blavatsky. Die Prinzipien von Blavatskys theosophischen Lehren könnten die mörderischen Gedanken von Sirhan Sirhan sehr wohl geleitet haben. Die zweckdienliche Philosophie Sirhans vom überlegenen spirituellen Wissen (inspiriert von Blavatskys theosophischen Lehren) mag ihn sehr wohl davon überzeugt haben, er habe das Recht, die Dinge selbst in die Hand zu nehmen.

Helena Petrovna Blavatsky wurde 1831 in einer aristokratischen russischen Familie geboren. Es zeigten sich bei ihr schon in einem frühen Alter übersinnliche Tendenzen – ein Zeichen für die Dinge, die da kommen sollten. Ihre im Alter von 17 Jahren geschlossene Ehe mit einem viel älteren zaristischen General dauerte nur drei Monate. Ihr perfides Ehegelöbnis war symptomatisch für ihren grundlegenden Mangel an moralischer Charakterfestigkeit. Ihre Biographen berichten, daß sie in etlichen Sprachen fließend fluchen konnte, zweimal verheiratet war, viele Liebhaber hatte und ein uneheliches Kind zur Welt gebracht hat. Frau Blavatsky neigte zu unkontrollierten Wutausbrüchen und war drogenabhängig. Zu ihrer Fähigkeit, die Massen zur Annahme ihrer Lehren zu beeinflussen, erklärte sie einmal, daß die Menschen „in allen Teilen der Erde auf meinen Pfiff zu Eseln wurden und gehorsam mit ihren langen Ohren wackelten, wenn ich die Melodie pfiff".

Ihr verdorbener Charakter wird Frau Blavatsky wohl kaum dafür qualifiziert haben, eine weltweite religiöse Bewegung mit dem Motto zu initiieren: „Keine Religion hat einen höheren Stellenwert als die Wahrheit." Und doch verdankt die Theosophische Gesellschaft ihre Konzeption der leitenden Hand von Frau Blavatsky.

Das Gemisch aus Hinduismus und Spiritismus faszinierte bereits George Bernard Shaw, Thomas Edison, William Butler Yeats und Jawaharlal Nehru. Solch ein Zugang zu einflußreichen Persönlichkeiten verschaffte den Theosophen eine größere Macht, als es ihre Anzahl – etwa 25 000 in 60 Ländern, davon 6000 in den USA – erwarten ließe. Das neue Interesse am Okkulten hat die Reihen dieser Organisation wieder aufgefüllt, nachdem sie einst, zum Teil wegen Streitigkeiten um interne Differenzen, an Größe verloren hatte.

Nach ihrer Scheidung von dem älteren Blavatsky unternahm Helena Petrovna ausgedehnte Reisen. Während ihres Aufenthaltes in den Vereinigten Staaten befaßte sie sich sehr intensiv mit Spiritismus. Sie behauptete, auf ihren Reisen nach Tibet mit körperlosen höheren Geisterwesen, die sie *Mahatmas* nannte, Kontakt aufgenommen zu haben. Sie erzählte, wie diese Meister der Geisterwelt sie durch ihr ganzes Leben mit Briefen und Botschaften geleitet hatten; sie stellte sogar einen Altar für diese Mahatmas in ihrem Heim auf. In New York traf sie Col. Hery Steel Olcott, der ihre okkulten Interessen teilte. Zusammen mit William Quan Judge, einem weiteren Verehrer von Frau Blavatsky, gründeten die drei im Jahre 1875 die Theosophische Gesellschaft. Ihr erstes Buch mit dem Titel *Isis Unveiled (dt. Die entschleierte Isis, 1877)* wurde zum zentralen Dokument der Gesellschaft, und ein Jahr später fügte man noch *Die Geheimlehre* zum theosophischen „Kanon" hinzu.

Für Außenstehende präsentiert sich die Theosophie als eine gutartige Gemeinschaft religiöser Liberaler, die im wesentlichen drei Lehrsätze verwirklichen wollen:

1. die Gründung einer universalen Bruderschaft der Menschheit;
2. die Erforschung ungeklärter Naturgesetze und der latenten Kräfte des Menschen;
3. die Förderung von vergleichender Forschung auf dem Gebiet der Religion, Wissenschaft und Philosophie.

Bei näherem Hinsehen erweist sich das theosophische Gedankengut als ein kompliziertes System von kosmologischen Theorien, die auf Hindulehren basieren. Frau Blavatskys Universum enthält eine pantheistische Fülle von Göttern, untergeordneten Gottheiten und *Devas* („Engel" im Hinduismus), geordnet nach einem hierarchischen Muster, das auf numerologischer Symmetrie beruht.

Sowohl die Menschheit als auch die Erde sind dazu bestimmt, eine Entwicklung über sieben Stufen zu durchlaufen. Die Erde befindet sich in ihrem vierten Kreis, der Mensch in seiner Fünften Rasse (Fifth Root Race), wonach er sich spirituell höher entwickeln wird. Der menschliche Körper ist eine Komposition aus sieben Eigenschaften: göttlich, monadisch, geistlich, intuitiv, mental, astral und physisch. Um sich geistlich entwickeln zu können, muß der Mensch sein Bewußtsein mit Hilfe von okkulten Phänomenen und mit Hilfe der *Mahatmas* über die materielle Ebene der Erde erheben. Obwohl Frau Blavatsky dem Spiritismus die Inspiration ihrer frühen Unternehmungen zu verdanken hatte, wurde sie schließlich sein erbitterter Gegner. Ihrer Überzeugung zufolge nahmen die Spiritisten irrtümlicherweise Kontakt zu den niederen Ebenen übersinnlicher Wesen auf. Helena Petrovna interessierte sich mehr für die Anweisungen der herrschenden Meister der Geisterwelt.

Die höchste dieser Gottheiten ist ein Wesen, das als *der Herr der Welt* bezeichnet wird. Seiner Autorität ist eine Trinität von Buddhas unterstellt und eine Vielfalt von „Strahlen" (rays) und ausstrahlender Geister, darunter Meister Morya und Meister Koot Hoomi. Meister Jesus wird als eine Reinkarnation der Hindugottheit Krishna angesehen. Den kosmologischen Status Christi hatte einst die griechische Gottheit Apollos inne. Das ersehnte Ziel der menschlichen Seele ist *Devachan,* der „Himmel" der Theosophen. Die Hölle ist als *Kamaloka* bekannt, eine Art Reinigungsexistenz, wo die Seelen eine weitere Chance in einer neuen Reinkarnation erwarten. Auch der allerschlimmste Übeltäter braucht keine Angst vor einem ewigen göttlichen Gericht zu haben. „Der Mensch ist ein Gott im Werden", schrieb ein führender Theosoph.

Im Jahre 1879 reiste Frau Blavatsky nach Indien und verkündete, daß das Hauptquartier der Theosophen von nun an in Adyar, einem Vorort von Madras, sein würde. Dies war der Ort, an dem die hörbaren und schriftlichen Botschaften der *Mahatmas* häufiger wurden. Bei einem anschließenden Besuch in England wurden ihre spiritistischen Botschaften jedoch einer eingehenden Prüfung unterzogen. Ihr wurde vorgeworfen, sie sei eine Magierin, Hypnotiseurin und Scharlatanin. Die angesehene Gesellschaft für die Erforschung des Übersinnlichen (Society of Psychical Research) untersuchte ihre Behauptungen und stellte bei ihnen einen entscheidenden Mangel an Glaubwürdigkeit fest. Dieser Schlag gegen die Aufrichtigkeit von Frau Blavatsky hätte beinahe das Ende der Theosophie bedeutet.

Eine der wichtigsten Errungenschaften ihres Londonaufenthaltes war das Kennenlernen von Annie Besant, einer radikalen Aktivistin. Sie trat der Gesellschaft bei, und ihre rhetorischen Fähigkeiten bewirkten ein Wiederaufleben und Wachstum der Theosophie. Nach dem Tode von H. Blavatsky im Jahre 1891 wurde Annie Besant schließlich zum Oberhaupt der Gesellschaft. Obwohl Helena Petrovna einst als „welterfahrene Multilinguistin, Mensch mit übersinnlicher Wahrnehmung, bekannte Okkultistin und Altruistin“ gefeiert worden war, starb sie als einsame, fettleibige, schwerkranke Frau, die von den meisten ihrer Anhänger als Schwindlerin angesehen und verlassen wurde.

Nach dem Tode von Blavatsky kämpften Henry Olcott und William Quan Judge um die Macht über die Theosophische Gesellschaft in den USA. Sie spalteten sich schließlich in zwei Fraktionen auf, und Olcott, der mehr am fernöstlichen Okkultismus interessiert war, übernahm den Vorsitz der europäischen Gruppe. 1896 gründete der Rosenkreuzer Franz Hartmann die „Theosophische Gesellschaft in Deutschland“. Vor seinem Tode im Jahre 1907 behauptete Olcott, Botschaften von den *Mahatmas* empfangen zu haben, denen zufolge Annie Besant die nächste Führerin der Herde sei. In den USA versuchte Judge, westliche Philosophie mit okkulten Theorien zusammenzubringen, und brach im Jahre 1895 offen mit der europäischen Adyar-Gruppe. Kurz nach dem Tode von Judge im Jahre 1896 übernahm Katherine August Westcott Tingley, eine Spiritistin mit erstaunlichen okkulten Kräften, den amerikanischen Zweig der Theosophie.

In den USA gehören die meisten der heutigen Theosophen dem Olcott/Besant-Flügel an, doch eine kleinere Gruppe, die Judge und Tingley treu geblieben ist, existiert weiter mit dem Hauptsitz in Altadena, Kalifornien. Die Theosophische Gesellschaft von Amerika, mit dem Hauptsitz in Wheaton, Illinois, unterhält enge Verbindungen zur Britischen Theosophischen Gesellschaft. Die derzeitige Präsidentin ist Dorothy Appenhouse. Sie folgt der Vision von H. Blavatsky und hat die modernen Theosophen dazu ermutigt, sich mit modernen okkulten Phänomenen wie Kirlianische Photographie und mit paranormalen Praktiken wie Telekinese zu beschäftigen. Coats beruhigt diejenigen, die die Theosophie als einen geistigen Magneten betrachten, mit den Worten: „Wir haben mehr Fragen als Antworten.“

Obwohl die Theosophie bestrebt ist, alle Religionen zu umfassen, bekommt die christliche Botschaft verständlicherweise kräftig Gegenwind. Die Theosophen brauchen das Kreuz nicht, da Karma und Reinkarnation ihre Suche nach Erlösung bestimmen. Der Sühnetod Christi wird als „schädliche Lehre“ verworfen, die die verabscheuenswürdige Vorstellung, „die Fehler eines Menschen könnten durch das Opfer eines anderen wiedergutgemacht werden“, aufrechterhält.

Letztendlich hat die Inkarnation Christi auch keine einzigartige Bedeutung, da gemäß der Lehre der Theosophen „Christusse und Retter seit dem Beginn der menschlichen Existenz immer wieder in dafür günstigen Zeiten erschienen".

Das Leben ihrer wichtigsten Führer zeichnete sich nicht durch besondere Qualitäten aus, ihre Führungsspitze wurde in der Vergangenheit durch Skandale und inneren Zwist erschüttert, und ihre Lehren sind von dem Hauch dunkler und spiritistischer Mächte umgeben. Doch die Theosophie hat überlebt, und auf dem fruchtbaren Boden der gegenwärtigen Enttäuschung vom Materialismus gedeiht sie sogar. Ein führender Theosoph erklärte einmal: „Die Theosophie hat eine solch profunde und abstruse Philosophie hervorgebracht, daß es unmöglich ist, sie jemandem zu erklären. Es braucht Jahre – vielleicht ein Leben lang." Und, könnte man hinzufügen, eine rosarote Brille, um über die Eigenheiten und Spinnereien der Begründer hinwegsehen zu können.

Begründer: Helena P. Blavatsky wurde 1831 in Rußland als Tochter von Peter Hahn geboren, der von einer deutschen Adelsfamilie abstammte. Sie starb 1891 im europäischen Exil. Die *Occult Theosophical Society* wurde 1985 in New York von Frau Blavatsky und Henry Olcott mit Unterstützung von William Quan Judge gegründet.

Literatur: Werke von H. Blavatsky, u. a. *Die Geheimlehre, Die entschleierte Isis, Der Schlüssel zur Theosophie.* Die Bücher von Frau Blavatsky gelten als göttlich inspiriert, doch werden auch Bücher von anderen Autoren verehrt. Besant – *Ancient Wisdom;* Judge – *Ocean of Theosophy;* Leadbeater – *At the Feet of the Master;* L. W. Rogers – *Elementary Theosophy.* Die religiöse Philosophie der Theosophie gründet sich auf hinduistische Texte (*Veden, Upanishaden, Bhagavad-Gita)* und okkulte Quellen.

Symbol: Eine Kombination von Zeichen aus verschiedenen Religionen, zum Beispiel das ägyptische Fruchtbarkeitssymbol, ein umgekehrtes Hakenkreuz als Symbol für Energie, das Sanskrit-Wort *Om* (= Einssein) und der jüdische Davidsstern.

Anziehungskraft: Da die Theosophie kein offizielles Dogma hat, ist sie für religiös Interessierte attraktiv, die einen universalistischen Standpunkt haben. Für viele sind die mystischen Praktiken (vegetarische Ernährung, Yoga, *Mahatmas)* eine Möglichkeit, fernöstliches

Gedankengut in die westliche Tradition mit einzubeziehen, ohne sich an extreme Sekten wie Hare Krishna zu wenden. Diejenigen, die von psychischen Phänomenen fasziniert sind, lassen sich von Geschichten über die okkulten Kräfte, die Frau Blavatsky angeblich besaß, beeindrucken.

Ziel: „Wir suchen nach der Wahrheit", erklärte der frühere Führer Coates. Obwohl die esoterischen Lehren der Theosophie ein komplexes System von Doktrinen darstellt, die auf hinduistischen und verschiedenen anderen mystischen Kulten basieren, betonen ihre Anhänger, daß die Gesellschaft als Philosophie und nicht als Religion anzusehen ist. Die Theosophie tritt für Ziele ein wie Weltfrieden, Bruderschaft unabhängig von Geschlecht oder Glaubensbekenntnis und die Erforschung von okkulten und paranormalen Phänomenen, wobei angeblich bisher unerklärte Gesetze des Universums entdeckt werden. Frau Blavatsky lehnte Spiritismus in ihrer späteren Phase zwar offiziell ab, jedoch ist der Bereich der seelischen Kräfte für Theosophen von besonderem Interesse.

Irrtümer: Theosophie kommt vom griechischen Wort *theosophia* und bedeutet „göttliche Weisheit". In Wirklichkeit stellt die Theosophie lediglich eine modernisierte Version der pantheistischen gnostischen Lehren dar, die von Paulus im Kolosserbrief aufs strengste verurteilt werden. Die Vormachtstellung Christi, wie sie in Kolosser 2,10 hervorgehoben wird („das Haupt jedes Fürstentums und jeder Gewalt"), wurde in der Theosophie zu einem „Christusprinzip" reduziert, das mit Jesus nichts mehr zu tun hat. Von diesem kosmischen Christusbewußtsein wird behauptet, daß es für alle Menschen erreichbar ist, da nach den Worten von Besant „alle Menschen zu Christussen werden". Durch die Behauptung, die Menschheit sei nur „ein Funke des Feuers Gottes", vergöttlicht die Theosophie die Kreatur und verunglimpft den Schöpfer. Anstatt „im Lichte zu wandeln" und zu erkennen, „das Blut Jesu Christi, seines Sohnes, reinigt uns von aller Sünde" (1. Joh. 1,7), tappen die Theosophen im dunkeln von Reinkarnationslehren, die sie als „die Religion der Selbstachtung" bezeichnen.

Quellenverzeichnis: Newsweek, 24. November 1975; The Herald Weekend Magazine, 7. Dezember 1980; Marian Meade, Madame Blavatsky, The Woman Behind the Myth (New York: Putnam 1980); Walter Martin, The Kingdom of the Cults (Minneapolis: Bethany Fellowship, 1977); J. Gordon Melton, Encyclopedia of American Religions, Band 2 (Wilmington, N. C.: McGrath, 1978).

Adresse/Hauptquartier: Der internationale Hauptsitz befindet sich in Adyar (Madras), Indien. Der Hauptsitz in den USA: The Theosophical Publishing House, P.O. Box 270, Wheaton, IL 60189. Die Adresse der Blavatsky Stiftung (gewidmet der Pflege ihres „Lebens und Wirkens“): P. O. Box 1543, Fresno, CA 93716/USA. In Deutschland bezeichnet sich die größte theosophische Gruppe als „TG – Arbeitskreis Unterlengenhardt“.

Siehe auch unter Die Anthroposophische Gesellschaft.

Trance Channeling

Warum bin ich hier? Was ist das Ziel meines Lebens? Um derartige Fragen zu beantworten, wenden sich Hunderte von Amerikanern und Westeuropäern dem „Trance Channeling" zu, also der Kommunikation mit Geistern durch eine Kontaktperson. Einige trachten nach materiellem Erfolg, andere holen sich Rat für Eheprobleme, berufliches Weiterkommen und geistliches Wachstum. Viele sind auch von religiösen Organisationen enttäuscht und hoffen auf eine Möglichkeit, um ihre geistliche Leere auszufüllen. Dazu versuchen sie, Kontakt zu Wesen aus anderen Existenzebenen herzustellen.

Eine mystische Veranlagung stellt für Leute, die sich des Trance Channeling bedienen, die Grundlage für die Kommunikation mit einer anderen Ebene des Seins dar. Schon von jeher spielt Channeling in der Geschichte des Menschen eine Rolle. Die Theorie, daß die Toten mit den Lebenden in Kontakt treten können über eine Dimension, die dem Menschen unbekannt ist, gab schon immer Rätsel auf und läßt sich in allen Kulturen nachweisen. Channelers (Personen, die Trance Channeling praktizieren) waren Priester, Gurus, Propheten oder Heilige.

Der Körper eines Channels (= Kanal; Kontaktperson) wird von Geistern gesteuert. Der Channeler tritt häufig in einen veränderten Bewußtseins- oder Unterbewußtseins-Zustand, durch den seine Persönlichkeit sich mit einem spirituellen Führer identifiziert. Channelers behaupten, daß diese Geister einen „heißen Draht" zur universalen Wahrheit haben. Der Unterschied zwischen spirituellen Medien und Channels besteht darin, daß Medien eher die Zukunft voraussagen, Channels dagegen Aussagen über die Gegenwart tätigen.

Als „Pioniere der Seele" werden sie ebenfalls bezeichnet, und Trance Channelers haben eine Welt vor Augen, die nur so strotzt von gesunden, glücklichen und aufgeklärten Menschen, die die Lösung für das althergebrachte Dilemma gefunden haben, wie Menschen in Frieden zusammen leben können. Carl Raschke, Professor für Religionswissenschaften an der Universität Denver, sagt über Trance Channeling: „Es ist eine Form der Massenhypnose, die zu einer allgemeinen Akzeptanz des Irrationalen führt." Marcelo Truzzi, Leiter des

Forschungszentrums für wissenschaftliche Anomalien an der Universität Eastern Michigan, meint: „Trance Channeling kommt einer Demokratisierung des Übernatürlichen gleich. Jeder ist sein eigener Priester . . . oder sein eigener Gott."

Channels, die den Kontakt mit Geistwesen aufnehmen, gibt es genügend. Laura Cameron-Fraser, eine Pfarrerin der Episcopal Church in Seattle, wurde vom Dienst suspendiert, weil sie glaubte, daß ein Geist namens Jona durch sie sprechen würde. Ihrer Meinung nach ist es unlogisch, daß Gott heute nicht mehr zu Menschen reden soll. Sie sagt: „Für mich spricht vieles dafür, daß die Stimme Jesu Christi auch heute durch Channeling gehört werden kann." Außerdem behauptet sie, daß die Bibel von Trance Channelern geschrieben wurde und daß die alttestamentlichen Propheten Channelers waren.

Die Schauspielerin und Autorin Shirley MacLaine war die Vorreiterin einer ganzen Armee von bekannten Medien, die als Channels Kontakt zu Geistwesen aufnahmen. Durch ihr Buch *Tanz im Licht* richtete sie die Aufmerksamkeit der Öffentlichkeit auf J. Z. Knight, einen erfolgreichen Channel aus Washington. J. Z. Knight dient Ramtha, einem 35 000 Jahre alten männlichen Geist. Sie versetzt sich in einen tiefen, kataleptischen Trancezustand, in dem sie angeblich ihren Körper verläßt, so daß ein mächtiger Geist eintreten kann. Ramtha nennt sich selbst „Der Erleuchtete" und sagt von sich, daß er einst als Kriegsmann an der Eroberung von Atlantis beteiligt war. Er behauptet, von dem versunkenen Kontinent *Lumeria* aus zu sprechen; er redet oft stundenlang und wandert hoheitsvoll umher, wenn er von J. Z. Knight herbeigerufen wird.

J. Z. Knight wuchs in einer streng christlichen Familie auf. Sie gibt zu, daß sie mit Ramtha schon mehrere Millionen Dollar verdient hat. Sie beschäftigt ein 14köpfiges Mitarbeiterteam, das für die Organisation von Seminaren und für die Veröffentlichung von Kassetten und Broschüren verantwortlich ist. Tausende haben bis zu 1 700 Dollar bezahlt, um Ramtha zu hören, der, durchsetzt von fernöstlichem Mystizismus, das Vertrauen auf das eigene Ich predigt: „Das Königreich Gottes befindet sich in jedem von uns. Jeder hat die Macht, über sein Schicksal zu bestimmen und seine Wünsche durch positives Denken zu erreichen."

Ein Channel namens Susie kommuniziert mit einem Geist Enoch, der glaubt, daß geistig zurückgebliebene Kinder wiedergeborene Seelen in einem Glückszustand sind; sie haben es sich selbst ausgesucht, die Welt durch „diese glückseligen Augen zu sehen, es war ihre Wahl". Susie war früher alkohol- und kokainabhängig und ist sehr öffentlichkeitsscheu. Sie tritt in einen veränderten unbewußten Zustand ein, in dem sich ihre Persönlichkeit mit einem von sieben „Führern" identifiziert. Für eine private Sitzung verlangt sie 45 Dollar; sie führt auch gratis Seminare durch.

Ein Geistwesen namens Seth, von dem viel berichtet wurde, spricht durch Jane Roberts als Channel und beschrieb sich selbst als „eine aus Energie bestehende Persönlichkeitsessenz, die nicht mehr in der materiellen Welt konzentriert ist". Seine vorrangige Botschaft, die er durch Jane Roberts in der bereits 20 Jahre bestehenden Verbindung mit ihr verkündete, besteht darin, daß jeder von uns durch unsere Einstellungen und Wünsche eine eigene Realität schafft. Seth gibt den Ratsuchenden die Anweisung: „Genieße das Leben! Hör auf die Stimme deiner inneren Weisheit!" Seth proklamiert, daß die Realität durch die eigenen Einstellungen von jedem selbst geschaffen wird; wenn man seine inneren Einstellungen ändert, ändert man damit auch die Realität. Jeder von uns hat angeblich Geistwesen als „Gegenüber", die einst lebten, und andere, die jetzt leben; ihre Gesamtheit werden zu Facetten der eigenen Persönlichkeit und bilden ein „höheres Ich".

Barbara Rollinson-Huss aus Broomfield, Colorado, plant, ein Zentrum für spirituelles Training zu bauen. Das dafür vorgesehene Grundstück befindet sich in unmittelbarer Nähe der NORAD-Raketenbasis, doch Frau Rollinson-Huss macht sich deshalb keine Sorgen. Ihr Geistführer teilte ihr mit, daß NORAD nicht mehr lange existieren würde. Eine Sitzung bei ihr kostet 85 Dollar – allerdings soll man dafür auch Informationen von Delphinen übermittelt bekommen. In einer Sitzung wurde sie zu einem fernöstlichen Geist, der mit chinesischem Akzent sprach. Angeblich kamen auch Jesus und danach Buddha als Geister in ihren Körper.

Kritische Stimmen äußern, daß Channeling das Ergebnis von Selbsthypnose ist, bei der man sich entspannt, konzentriert, in sich kehrt und sich auf bestimmte Worte, Geräusche oder Bilder konzentriert. Ziel ist, den Bewußtseinszustand zu ändern. New Age-Anhänger vertreten die Philosophie, daß jeder von uns Teil einer Universalen Vernunft ist, so daß wir mit den Geistern Verstorbener über profane Angelegenheiten reden können. Es gab bisher keine bedeutenden wissenschaftlichen Erkenntnisse über Channeling, die die angeblichen Fähigkeiten, Zeit und Raum zu überschreiten, bestätigt hätten. Trotzdem wurden Channels von Geschäftsleuten, die in der Wall Street Aktien anlegen wollten, konsultiert, und sogar von seiten der amerikanischen Armee wurde Berichten zufolge die Auswirkung von

ESP (extrasensory perception = außersinnliche Wahrnehmung) auf den militärischen Bereich untersucht. Die Kommunikation mit Geistern ist sehr lukrativ. Shirley MacLaine verlangt 300 Dollar pro Person für die Teilnahme an ihrem Seminar „Verbindung mit dem Höheren Ich".

Begründer: Verschiedene Channelers, die angeblich mit Wesen aus der spirituellen Welt kommunizieren.

Literatur: Keine. Die Tradition der Hexenkunst, heidnische Orakel und moderner Spiritismus werden vermischt. Shirley MacLaines Bücher sind die bekanntesten und einflußreichsten Werke, die Channeling zum Thema haben.

Symbol: Keines.

Anziehungskraft: Nach einer Meinungsumfrage der Zeitschrift *USA Today* glauben 23 % der amerikanischen Bevölkerung an Reinkarnation, 14 % glauben an spirituelle Medien. Die Kommunikation mit Geistern von verstorbenen Angehörigen ist offenbar ein Beweis für ein Leben nach dem Tod. Menschen, die orientierungslos und problembeladen sind, lassen sich durch den Rat von Geistern, denen intellektuelle Überlegenheit und ein umfassenderes Wissen zugeschrieben wird, angeblich trösten.

Ziel: Durch Trance Channeling kann die geistliche Kluft zwischen dem Leben auf der Erde und dem Leben nach dem Tod überbrückt werden; man erfährt durch die angeblich weiterentwickelten Wesen Hilfe im geistlichen, moralischen und finanziellen Bereich.

Irrtümer: Channelers vertreten den New Age-Gedanken, daß Jesus nicht göttlich war, sondern einer von vielen Propheten, der zur Erde kam, um die Menschheit zu erziehen. Gott ist in jedem Menschen, der sein eigenes Schicksal in die Hand nimmt. Menschliche Channel können in die Geisterwelt eindringen und Geistwesen anrufen, die mit den Menschen über alltägliche Dinge kommunizieren. Wegen derartiger Aktivitäten forderte Gott das Leben von König Saul (1. Chr. 10,13). Der biblische Terminus für Trance Channeling ist Geisterbeschwörung, und Gott verabscheut dies zutiefst (5.Mo. 18,11).

Quellenverzeichnis: The Denver Post, 23. Juni 1985; Time, 15. Dezember 1986; New Age Journal, November – Dezember 1987; New Realities, März – April 1988; USA Today, 28. Januar 1987.

Adresse/Hauptquartier: Weltweit verbreitet.

Siehe auch unter New Age-Kulte, Spiritualismus.

Transzendentale Meditation

Die Worte *transzendental* und *Meditation* sind nicht eindeutig definierbar. Und sogar Maharishi Mahesh Yogi gibt in seinen Schriften zu, daß gemäß dem Glauben einiger Hindus diese uralte spirituelle Disziplin der Menschheit vor vielen Jahrhunderten von einer Hindugottheit, Krishna, übermittelt worden sei.

Es ist um so schlimmer für Maharishi (fromme Jünger bestehen darauf, den Artikel „der" wegzulassen, wenn man sich auf ihn bezieht), daß die Behauptung, TM (wie sie weithin genannt wird) „sei keine Religion", nicht mehr haltbar ist. Am 9. Oktober 1977 verlas der Bezirksrichter H. Curtis Meanor ein ausführliches, 82 Seiten umfassendes Gutachten, das die Behauptung des Klägers in bezug auf die religiöse Natur der Transzendentalen Meditation bestätigte. In den Worten von Richter Meanor hieß das: „Es war keine andere Schlußfolgerung möglich außer der, daß die Lehren von WKI (Wissenschaft der Kreativen Intelligenz) und TM und der Puja religiöser Natur sind." Siebzehn Monate später wurde dieses Urteil vom Appellationsgericht der Vereinigten Staaten bestätigt.

Das Gerichtsgutachten bezüglich TM ist besonders für die Christen wichtig, die über das Eindringen von TM in Schulen, Gefängnisse, das Militär und andere staatliche Institutionen beunruhigt sind. Staatliche Subventionen, die dazu bestimmt waren, 150 Lehrer im Unterrichten von TM zu schulen, wurden gestoppt. Doch mit der geschätzten Anhängerzahl von einer Million Menschen allein in den USA wird TM wohl nicht so bald verschwinden. Politiker, Sportstars, Filmidole, Geschäftsleute und sogar Ärzte propagieren weiterhin die Vorteile von TM. Menschen, die im allgemeinen sehr wenig über religiöse Traditionen außerhalb des jüdisch-christlichen Ansatzes wissen, tun die Bezüge auf Hindugottheiten gewöhnlich als unverständliches Kauderwelsch ab. Doch der alte Grundsatz: „Hauptsache, es funktioniert . . ." hat die Zukunftspläne des Maharishi beflügelt.

Für eine Generation, die mit Werbespots aufgewachsen ist, in denen es ausschließlich um schnellen Erfolg geht, ist Zweckmäßigkeit das Wichtigste. Wenn daher ein Arzt sagt: „Keine Meditationstechnik ist so effektiv wie TM, wenn es darum geht, eine tiefe Ruhe und konsequente psychische und physiologische Integration zu bewirken", wen kümmert denn dann noch die immanente heidnische Natur einer solchen Praktik? Schließlich gehören zu den öffentlich gepriesenen Vorteilen von TM die Befreiung von Schlafstörungen, die Normalisierung des Gewichts, vorteilhafte Auswirkungen auf Asthma, besseres Reaktionsvermögen, bessere Auffassungsgabe und eine erhöhte Konzentrationsfähigkeit.

Maharishi Mahesh Yogi wurde 1911 als Mahesh Brasad Warma in Jabalpur, Madhya Pradesh, Indien geboren. Im Alter von 31 Jahren graduierte er von der Allahabader Universität mit einem Abschluß in Physik. Er arbeitete eine Zeitlang in einer Fabrik, bis sich sein Weg mit dem von Swami Brahmananda Saraswati, Jagadguru, Bhagwan Shankaracharya von Jyotir Math (bekannt unter dem Namen Guru Dev – „Göttlicher Lehrer") kreuzte. Guru Dev hatte sein Zuhause im Alter von neun Jahren auf der Suche nach Erleuchtung verlassen. Unter dem Einfluß der Lehren des Swami Krishanand Saraswati bekam er sein Gottesbewußtsein und wurde als *Avatar* bekannt, eine Manifestation des Göttlichen.

Guru Dev hatte eine Meditationstechnik wiederbelebt, die auf die hinduistischen Kloster-Traditionen von Shankara zurückging, einem Philosophen, der diese Praktik im 9. Jahrhundert n. Chr. entwickelt hatte. Zwölf Jahre lang war Maharishi (im Jahre 1956 nahm er den Namen „Großer Weiser" an) der Lieblingsschüler des Guru Dev. Als sein geistlicher Mentor im Jahre 1953 starb, zog sich Maharishi für zwei Jahre in eine Höhle im Himalaya zurück. 1958 ging er nach Madras, wo er während einer Vorlesung spontan seinen Plan bekanntgab, TM über die ganze Welt zu verbreiten. Er gründete die *International Meditation Society* (Internationale Meditations-Gesellschaft) und machte sich auf nach Westen. In Los Angeles startete er im Jahre 1959 die *Spiritual Regeneration Movement* (Bewegung für Geistige Erneuerung). Schließlich ließ er sich in einer Londoner Wohnung nieder, wo bis zum Jahre 1967 nichts Besonderes passierte.

Die Flower-Power-Bewegung stand in voller Blüte, doch das von Sex-and-Drugs bestimmte Leben der Beatles hatte den „Fab Four" nur Enttäuschung und Frustration eingebracht. George Harrison lernte den Maharishi kennen und überredete John, Paul und Ringo, ihn auf einer Pilgerreise nach Indien zu begleiten. Dort saßen die Beatles, mit Mia Farrow im Schlepptau, zu Füßen des Maharishi, um die uralte Vedische Praktik der Transzendentalen Meditation zu erlernen. Die

Rolling Stones und die Beach Boys schlossen sich an. Aus der letztgenannten Gruppe wurden Mike Love und Al Jardine zu TM-Lehrern. Brian Wilson unterstrich den Glauben seiner Gefährten mit der lyrischen Erklärung: „Transcendental Meditation, it works real good / More, much more than I thought it would.“ (Transzendentale Meditation funktioniert wirklich gut / Besser, viel besser, als ich dachte.) Mit solchen Berühmtheiten im Gefolge prahlte Maharishi dann auch zuversichtlich: „Ich werde der Hippie-Bewegung die Erfüllung bringen!“

Der Maharishi steckte einen Wochenlohn von seinen Nachfolgern ein (eine bedeutende Summe für einen Beatle) und führte einen Blitzangriff gegen die Vereinigten Staaten in Form einer Vorlesungstournee durch. Das entwaffnende Lächeln dieses Guru dominierte allgegenwärtig die Titelseiten der Illustrierten und die Talkshows im Fernsehen. Mit Blumen in den Händen wiederholte er das grundlegende Thema, daß der Verstand die natürliche Neigung hat, nach Glück zu streben. Doch Frieden und Gelassenheit sind nur dann möglich, wenn man weiter als zu den normalerweise erfahrbaren Zuständen des Bewußtseins wie Schlaf, Traum und Wachsein vorstößt. Der Mensch muß lernen, zu „meditieren“, damit er „transzendieren“ kann zu dem vierten Zustand des „Seligkeitsbewußtseins“, einem Zustand des „reinen Bewußtseins“, in dem man in die „kreative Intelligenz“ eingeschaltet ist.

Die Versprechungen waren euphorisch. Maharishi sagte voraus, daß nur ein Prozent der Bevölkerung eines beliebigen Ortes TM praktizieren müßte, um gesünder zu leben und die Kriminalitätsrate sinken zu lassen. Viele Streßkranke und Patienten mit erhöhtem Blutdruck bestätigten diese These. Manche argumentierten, daß die Besserungen auf die Erwartungshaltung zurückzuführen seien, die durch die 40 Minuten täglichen Sitzens in einer entspannten Position, wie es TM vorschreibt, gefördert wird. Die Befürworter schienen die Gegner dieser Theorie an Zahl weit zu übertreffen – bis die Seifenblase platzte.

„Wir haben uns geirrt“, war die Schlußfogerung der Beatles, und John beschuldigte den Maharishi, ein „lüsterner Schürzenjäger“ zu sein. Sein Gefolge hatte sich fast aufgelöst, und die Massen schienen von seinen hinduistischen Plattitüden nicht länger entzückt zu sein. Obwohl er einst mit prominenten Stars auf Du und Du gewesen war, kehrte Maharishi nach Hause zurück und erklärte: „Ich weiß, daß ich versagt habe. Meine Mission ist beendet.“ Sein Aufenthalt in seinem Ashram in Rishikesh, Indien, wurde durch eine von der Regierung veranlaßte Überprüfung seiner Finanzen „verkürzt“. Daher eröffnete er ein Geschäft in Fiuggi Fonte, einem italienischen Ferienort. Dort entschied er sich, seinen gesamten Ansatz und sein Vokabular neu aufzupolieren. Sein glänzender Bart und die hypnotischen schwarzen Augen verschwanden von den amerikanischen Bildschirmen. Jedoch nicht lange.

Er verwarf die religiöse Terminologie zugunsten einer psychologischen und wissenschaftlichen Sprache. Sein *Spiritual Regeneration Movement* (= Bewegung zur Geistlichen Erneuerung) wurde in Wissenschaft der Kreativen Intelligenz (KWI) umbenannt, und der Maharishi machte nun den Eindruck eines erfahrenen Psychotherapeuten – statt dem eines hinduistischen Mönchs. Sein enger Jüngerkreis mag gehört haben, daß er die *Bhagavad-Gita* „einen Anker für das Lebensschiff, das auf den Wellen der Zeit schwimmt“ genannt hat. Doch die Außenstehenden hörten nur die oft wiederholte Litanei: „TM ist keine Religion.“

Der Trick funktionierte. In der Mitte der siebziger Jahre hatten einige Millionen Amerikaner und Westeuropäer TM ausprobiert. Siebentausend Lehrer verkündeten das Evangelium des Maharishi in über 100 Zentren allein in den USA. Der Umsatz des „Kult-Unternehmens“ stieg sprunghaft auf über 20 Millionen Dollar pro Jahr an, als 30 000 – 40 000 Jünger monatlich der Meditationsbewegung beitraten. Für eine Einführungsgebühr von 55 Dollar für Collegestudenten und 125 Dollar für Erwachsene (heute bis zu 85 Dollar und 165 Dollar) wurde jedem innerer Friede garantiert. Das Beste war, daß dabei weder dem Materialismus noch den eigenen Wünschen abgeschworen werden mußte, wie es die buddhistische Tradition verlangt, noch eine Buße oder die Änderung des Charakters, wie es die christliche Tradition fordert. Überall auf der Welt, sogar in Gefängniszellen und Militärbaracken, versammelten sich die TM-er zweimal täglich zum Singen ihrer *Mantras*. Der Maharishi wurde praktisch als Yogi vergöttlicht, der „die beständige vierte Stufe des Bewußtseins“, einhergehend mit einer „ehrfurchteinflößenden“ Klarheit des Verstandes, erreicht hatte.

Obwohl TM die Begriffe *Meditation* und *Mantra* popularisiert hat, haben die meisten Zeitgenossen von der präzisen Definition dieser Wörter eine eher vage Vorstellung. Sie bedeuten mehr als „tiefes Nachdenken“ und „ein komisch klingendes Wort“. Um ihren Gebrauch in TM verstehen zu können, muß man den religiösen Rahmen von Maharishis gesamtem System entziffern.

Die religiöse Philosophie des Maharishi hat ihre Wurzeln im Vedantischen Hinduismus. Gott ist ein pantheistisches, alles durchdringendes absolutes Wesen *(Brahman).* Sogar das innere Selbst des Menschen ist ein Teil dieses göttlichen Wesens. Im Christentum besteht das Dilemma des Menschen in der Trennung von einer transzendenten Gottheit durch die Sünde. Der Maharishi sieht das größte Problem des Menschen darin, daß er sich von seinem eigentlichen Wesen entfremdet hat. Erlösung wird durch den Kontakt mit diesem inneren Zustand des reinen Bewußtseins erlangt. Die Meditation stellt den Schlüssel dar, mit dessen Hilfe man über die drei Zustände des normalen Bewußtseins transzendieren (darüber hinausgehen) kann (wie oben schon beschrieben), um zum vierten Zustand zu gelangen, wo man sich der wahren Natur der Seele bewußt ist.

Es existieren drei zusätzliche Stufen: kosmisches Bewußtsein, vollkommenes Gottesbewußtsein und Einheitsbewußtsein. Die Anfänger von TM hören nur von den ersten beiden. Das wichtigste Ziel des Maharishi besteht jedoch darin, die ganze Menschheit zum Einheitsbewußtsein zu führen. An diesem Punkt wird der Meditierende von den vom Karma bestimmten Kreisläufen der Reinkarnationen befreit und erreicht die Sündlosigkeit.

Gegenwärtig gibt sich der Maharishi allerdings damit zufrieden, seine Anhänger in den vierten Bewußtseinszustand einzuführen. Doch der Meditierende mag sich der Tatsache nicht bewußt sein, daß die Interpretation des Prozesses auf Annahmen beruht, die einen systematischen Zugang zur hinduistischen Theologie darstellen. Das Zentrum dieser Hypothese ist das *Mantra.* Vertreter des Maharishi versichern, daß es nur ein vibrierender Klang „ohne eine Bedeutung" ist. Im Gegensatz dazu wird solchen Wörtern oder Silben in der hinduistischen Tradition eine übernatürliche Macht zugeschrieben. Man benutzt sie oft zum Anrufen von Gottheiten, von denen man glaubt, daß der Klang sie beinhaltet.

TM, wie sie von dem Maharishi vorgeschrieben wird, erfordert vom Anfänger, daß er 20 Minuten morgens und abends mit geschlossenen Augen in einer ruhigen, entspannten Position sitzt. Währenddessen wiederholt sein Verstand fortwährend das Sanskrit-Wort, das er für sein persönliches *Mantra* hält. Dieses *Mantra* ist das Mittel zum Eintauchen in die Tiefen des Verstandes-Ozeans, mit dem man in immer subtilere Winkel des Denkens vorstößt. Man braucht dazu keine geistige Disziplin. Das *Mantra* bewerkstelligt alles. Man braucht dem Verstand nur „den Gang rauszunehmen" und ihn von selbst dem ersehnten Ziel der Erfüllung entgegenrollen zu lassen.

Im Verlauf des Prozesses tauchen die tiefsten Gedanken auf und zerstieben wie winzige Champagner-Bläschen. Im weiteren Verlauf der Beschwörung soll sich beim Meditierenden die Spannung lösen und der Streß verflüchtigen. Beim Erreichen der Quelle allen Denkens steht dem Mantra-Singenden „ein Reservoir von Energie, Intelligenz und Glück“ zur Verfügung. Nur 73 500 Meditationsminuten später können die Getreuen schon auf die absolute Einheit mit dem Sein hoffen – vorausgesetzt, daß sie niemals vor dem Zubettgehen oder nach einer Mahlzeit meditieren.

Ein *Mantra* ist nicht leicht zu bekommen. Die Einführungsgebühr ist obligatorisch. Jeder Meditationswillige muß sich darüber hinaus einer Initiationsprozedur unterziehen, die eindeutig Götzendienstcharakter trägt. Der Einzuweihende muß seine Schuhe ausziehen und mit Früchten, Blumen und einem weißen Taschentuch in den Händen einen von Kerzenschein erleuchteten Raum betreten. Daraufhin weist sein Lehrer ihn an, diese Dinge auf einen von Blumen umsäumten Altar mit einem Farbfoto von Guru Dev niederzulegen. Weihrauch durchdringt die Atmosphäre. Schließlich kniet sich der Lehrer vor dem Altar hin und beginnt, in Sanskrit zu singen. Der Einzuweihende kann dabei stehend oder kniend der zehnminütigen Rezitation lauschen.

In der Anfangszeit, als TM gerade populär geworden war, hinterfragten die meisten Menschen diesen Teil der Zeremonie nicht. Man sagte ihnen, daß es „kein religiöser Brauch“ sei, sondern lediglich eine Gelegenheit für den Lehrer, seiner „Dankbarkeit der Tradition, aus der TM kommt, Ausdruck zu verleihen“. Ängstlichen Einzuweihenden wurde versichert, sie hätten der Zeremonie nur „beizuwohnen“, nicht daran „teilzunehmen“. Christen ließen sich durch diese harmlosen Geschichten nicht beschwichtigen und führten ihre Bemühungen, die Wahrheit über die Prozeduren aufzudecken, unbeirrt fort. Was sie entdeckten, war dann auch keine große Überraschung.

Der Initiationsgesang von TM ist in Wirklichkeit eine religiöse hinduistische Hymne, *Puja* genannt. Das Foto von Guru Dev stellt ein *Murti* dar, die buchstäbliche Verkörperung Gottes. Während der Lehrer das *Puja* (was „Anbetung“ bedeutet) singt, ruft er zuerst die Gunst und die Gegenwart von Hindugottheiten an. Dann bringt er Guru Dev siebzehn Opfergaben dar, bevor er ihn (der durch den Fotogötzen personifiziert ist) schließlich als eine Inkarnation Gottes preist. Unter den rezitierten Zeilen sind solche wie: „Vor dem Lotos-geborenen Brahma dem Schöpfer, vor Shakti, . . . beuge ich mich nieder. Vor dem, vor dessen Tür die gesamte Galaxie der Götter betet . . . Guru, beuge ich mich nieder... vor dem Lehrer der Wahrheit des Absoluten, vor Shri Guru Dev, beuge ich mich nieder."

Nach dieser Beschwörung beugt sich der Lehrer zum Schüler hinüber und flüstert ihm sein *Mantra* ins Ohr. Das geheime Wort gilt als sein spezielles *Mantra,* ausgewählt für ihn von einem vom Maharishi selbst unterwiesenem Lehrer. Das *Mantra* darf niemals einem Außenstehenden preisgegeben werden, nicht einmal dem Ehepartner, sonst verliert es seine magische Kraft. Angeblich wurde das besondere Temperament, die Persönlichkeit und der Beruf des Meditierenden genau analysiert, um das *Mantra* zu bestimmen, das die erforderlichen psychischen Vibrationen herbeiführen wird. Die vor kurzem durchgeführten Untersuchungen haben gezeigt, daß es in Wirklichkeit nur sechzehn TM-Mantras gibt, die nach dem Alter vergeben werden.

Funktioniert das *Mantra* wirklich? Obwohl Bände von Informationen über wissenschaftliche Untersuchungen von den Organisationen des Maharishi veröffentlicht wurden, sind die meisten außerhalb von TM stehenden Wissenschaftler skeptisch. Es gibt keine Sammlung von Untersuchungsergebnissen, die eine gebührende objektive Kontrolle erfahren haben und die Behauptungen von TM stützen könnten. Die Amerikanische Gesellschaft zur Förderung der Wissenschaften *(American Association for the Advancement of Science)* bewertete TM in bezug auf die streßmindernden Eigenschaften. Die Tests ergaben, daß die Meditationstechniken des Maharishi „keinerlei meßbare Veränderungen im Stoffwechsel des Körpers bewirkten und, weiterhin, keinen einzigartigen Bewußtseinszustand herbeiführten".

Evangelikale Kritiker erheben die Anklage, daß es außerdem gefährliche geistliche Konsequenzen gibt. Zuallererst verändert TM die Sicht des Meditierenden über die Realität und die Religion, indem sie ihn für die fernöstliche Vorstellungen über den Menschen und über Gott einnimmt. Die Schuld der Sünde kann durch ein falsches Gefühl der Gelassenheit neutralisiert werden, so daß der Streß der Sündenerkenntnis weicht. Dabei können dämonische Phänomene auftreten, weil die Verteidigungsmechanismen außer Kraft gesetzt werden, wenn der Verstand in den Zustand der Passivität versetzt wird. Manche Meditierende berichten von „Blackout-Phänomenen", bei denen sie Stunden nach dem Beginn der Meditation aufwachen, ohne sich an das Vorgefallene erinnern zu können. Dazu kommt, daß fortgeschrittene Meditierende Neurosen und Psychosen aufweisen, die mit der Praktik des „unstressing" einhergehen, einer Prozedur des Verlierens von Karma aus dem gegenwärtigen und aus vergangenen Leben durch lange Meditation.

Um solcher Kritik entgegenzuwirken und seine Bemühungen zu legalisieren, versuchte der Maharishi, sein Image weiter aufzupolieren. *Mantras,* die Götternamen bedeuteten, wurden aufgegeben, und die Einheit der Organisation wurde unterteilt. Das TM-Imperium enthält nun: World Plan Executive Council, Student International Meditation Society, American Foundation for Creative Intelligence, American Meditation Society, Maharishi International University (in Fairfield, Iowa), Maharishi European Research University, Institute for Fitness and Athletic Excellence und das Affiliated Organizational Conglomerate. Der Maharishi leitet die Aktivitäten all dieser Organisationen von seinem internationalen Hauptsitz aus, der sich in Seelisberg in der Schweiz befindet.

Als die Zahl der Neubekehrten in den späten siebziger Jahren auf den geschätzten Tiefpunkt von 4 000 gesunken war, wurde der widersprüchlichste Aspekt von TM gestartet – das *Sidhi*-Programm. (*Siddhi* ist ein Terminus aus dem Sanskrit, der übernatürliche und okkulte Kräfte bezeichnet. Der Maharishi wählte die abweichende Schreibweise *Sidhi* als Markenzeichen.) Ein *Sidha* (jemand, der die Sidhi-Schulung abgeschlossen hat) muß 3000 bis 5000 Dollar ausgeben, um den „erleuchteten Stand von unendlichem Erbarmen" zu erreichen. Er soll danach die Fähigkeit besitzen, durch Wände zu gehen, unsichtbar zu werden und Dinge schweben zu lassen.

Fortgeschrittene Meditierende behaupten, daß ihnen Dematerialisierung und Fliegen „schon genauso wie Peter Pan" gelungen sei. In mit Matratzen gepolsterten Räumen („die Landungen sind gewöhnungsbedürftig") beginnen die hingegebensten Jünger des Maharishi nach ihren eigenen Aussagen zuerst mit Hüpfen und dann mit Schweben – als Vorbereitung für das Fliegen. TM-Führer behaupten, daß fast 4 000 Menschen diese Kunst erlernt haben, doch 10 000-Dollar-Angebote seitens der Presse für die Gelegenheit, einen Meditierenden fliegen zu sehen, sind ausgeschlagen worden. Die Glaubwürdigkeit des *Sidhi*-Programms wird durch die vom Maharishi bevorzugte Art der Fortbewegung unterhöhlt – vor seiner Residenz stehen seine beiden Rolls-Royce und der private Hubschrauber.

Durch seine Förderung solch bizarrer Phänomene mag der Maharishi seinen Einfluß auf den größten Teil der westlichen Welt verloren haben. Doch scheint er sich der Hinweise darauf, daß er nicht mehr willkommen ist, nicht bewußt zu sein. Von seinem Hauptquartier in der „Internationalen Hauptstadt des Zeitalters der Erleuchtung" wurde kürzlich ein Dekret erlassen: „Die Gesellschaft wird bald durch Harmonie und Glück charakterisiert sein. Durch die Wissenschaft der Kreativen Intelligenz wird die Erziehung ideal sein und vollentwickelte Bürger hervorbringen. Durch das Programm der Transzendentalen Meditation wird die Gesundheit perfekt sein. Es wird Frieden in der Völkerfamilie herrschen." Im Jahre 1984 versammelten sich die Maharishi-Jünger aus 30 Ländern zu einer dreiwöchigen „Taste of Utopia"-Konferenz, um einer von Problemen geschüttelten Welt eine Kraft, die sie „Positivität" nannten, einzuflößen. Zu der Konferenz, die in der Universität von Fairfield, Iowa, abgehalten wurde, versammelten sich 7 000 Meditierende (7 000 entspricht etwa der Quadratwurzel aus einem Prozent der Weltbevölkerung, eine angeblich nicht unbedeutende Zahl). Die Jünger behaupteten, daß die „Positivität" während dieser Zeit wirklich Auswirkungen zeigte, da es einen Boom an der US-Börse gab, in drei Ländern die Anzahl der Verkehrsunfälle sank und weniger Kriegsopfer registriert wurden. Man fragt sich nur, ob den Meditierenden nicht jemals das Wort Zufall in den Sinn gekommen ist . . .

Ob die vielgerühmte Befreiung von Spannungen durch TM den in dieser Verlautbarung behaupteten Anstieg des moralischen Bewußtseins zur Folge haben wird, muß noch bewiesen werden. Die *Mantras* mögen den Meditierenden ein Gefühl gesteigerten Wohlbefindens vermitteln. Doch es bleibt abzuwarten, ob solche positiven Gefühle auch Individuen hervorbringen können, die nach gesunden ethischen Maßstäben handeln. Auch die ethischen Maßstäbe von TM sollten ernsthaft hinterfragt werden, denn 1987 sprach ein US-Bezirksgericht zwei TM-Organisationen des Betruges und der Fahrlässigkeit schuldig und verurteilte sie zu Schadensersatzzahlungen an Robert Kropinsky. Er hatte TM angeklagt, weil die Versprechungen, daß Meditation den Streß reduzieren, sein Gedächtnis und seine Gesundheit verbessern und ihn befähigen würde, Levitation zu praktizieren und anderweitig die Naturgesetze zu manipulieren, nicht erfüllt wurden.

Begründer: Maharishi Mahesh Yogi, geboren im Jahre 1911 als Mahesh Brasad Warma in Jabalpur, Madhya Pradesh, Indien.

Literatur: Hinduschriften, einschließlich der *Bhagavad-Gita,* die der Maharishi als ein „unentbehrliches" religiöses Dokument bezeichnet.

Symbol: Die Buchstaben „T" und „M", groß und zusammen geschrieben (TM) als abgekürzter Hinweis auf Transzendentale Meditation.

Anziehungskraft: Die meisten Suchenden wenden sich nicht mit dem Ziel an TM, religiöse Wahrheit zu finden. Sie suchen nach einem Mittel, um mit einem geringen Aufwand an Zeit und Disziplin inneren Frieden und Streßlosigkeit zu erreichen. TM nimmt für sich in Anspruch, sowohl positive physiologische Auswirkungen zu haben, als auch von Schuldgefühlen zu befreien.

Ziel: TM betont der Öffentlichkeit gegenüber, daß die *Mantras* des Maharishi den Verstand für einen Zustand des „Seligkeitsbewußtseins" öffnen, das kreative Impulse auslöst und Streß vermindert. Anstelle von Leiden und Erlösung propagiert TM Gesundheit und Glück. Sobald auf 1000 Erdenbewohner ein TM-Lehrer kommen wird, werden soziale Mißstände und Konflikte verschwinden. Das esoterische Ziel besteht darin, den Meditierenden in die zugrundeliegenden hinduistischen Vorstellungen einzuführen (z. B. „alles ist Eins" und „der Mensch ist Gott"). Zu denen, die TM nicht praktizieren, sagt der Maharishi: „Es wird keinen Platz für den Schwachen . . . im Zeitalter der Erleuchtung geben." Diejenigen, die TM praktizieren und die fortgeschrittenen Stufen erreichen, werden schließlich die Einheit mit dem reinen Sein erfahren und dabei vielleicht unwissentlich zu Medien für Hausgeister werden. (Obwohl der Maharishi die Existenz von Dämonen akzeptiert, warnt er vor dem Kontakt mit ihnen.)

Irrtümer: Die Weihezeremonie von TM verstößt gegen das erste Gebot. Matthäus 6,7 verbietet das Murmeln von *Mantras.* Die monistische Vorstellung des Maharishi Mahesh Yogi vom Universum ist nicht vereinbar mit der schriftgemäßen Darstellung eines persönlichen Gottes, der sich als Schöpfer von seiner Schöpfung abhebt. Christliche Meditation bedeutet eine nach außen gerichtete Konzentration auf das Wort und die Wege Gottes, während TM einen passiven, selbstsüchtigen, nach innen gerichteten Rückzug aus der Realität darstellt. Die wiederholte Stimulation der Sinne lullt das Bewußtsein ein und öffnet es für böse Einflüsse. Die Sühne durch das Blut Christi wird durch die Äußerung Maharishis: „(TM) ist der einzige Weg zur Erlösung und zum Erfolg im Leben; es gibt keinen anderen Weg", verworfen.

Quellenverzeichnis: Bücher von Maharishi Mahesh Yogi, darunter: Science of Being and Art of Living (Bergenfield, N. J.: New American Library, 1963); On the Bhagavad-Gita: A New Translation and Commentary (Baltimore: Penguin, 1967); Meditations of Maharishi

Mahesh Yogi (New York: Bantam, 1968); Transcendental Meditations (New York: Delacorte, 1975); Pat Means, The Mystical Maze (San Bernardino, Calif.: Campus Crusade for Christ, 1976); Jack Sparks, The Mind Benders (Nashville: Thomas Nelson, 1977); Liberty, Mai-Juni 1979; The Province (Vancouver, B. C.), 28 Oktober 1978; The Statesman (Indisches Jugendmagazin, das in Kalkutta veröffentlicht wird), 20 Januar 1968; Rolling Stone, 3. Juni 1967; SCP Newsletter, November 1977; Christianity Today, 9. April 1967; Newsweek, 7. Januar 1974; ebd., 13. Juni 1977; Time, 23. Oktober 1972; ebd., 13. Oktober 1975; ebd., 8. August 1977; Right On, November 1975; TM Newsletter, Juli-August, 1976; verschiedene Werbeliteratur von TM; „Utopian Thinking in Iowa“, Newsweek, 2. Januar 1984; „Manipulative Metaphysics“, Christianity Today, 20. Februar 1987; USA Today, 4. März 1985.

Adresse/Hauptquartier: TM-Zentren befinden sich weltweit in 140 Ländern; in den USA in etwa 400 Städten vertreten. Das US-Hauptquartier ist Maharishi National Capital of the Age of Enlightenment for the U.S., 5000 14th St. NW, Washington, DC 20011/USA. Das Welt-Hauptquartier ist das Maharishi International Capital for the Age of Enlightenment, Arogyadham, Maharishi Nagar, Ghaziabad, U. P. 201304, India.

UFOs

Ken Hardly traute seinen Augen kaum. Direkt vor dem Fenster des kleinen Flugzeugs, das er steuerte, schwebten neun Metallscheiben in der Luft. Mit einer unglaublichen Geschwindigkeit und Manövrierfähigkeit schnellten sie umher. Unmittelbar nach der Landung erstattete Arnold Bericht von diesem Vorfall. „Wie sahen sie aus?" fragte man ihn. Über drei Jahrzehnte später werden seine Worte von denen, die ähnliche Erfahrungen gemacht haben, immer noch als Beschreibung verwendet: „Fliegende Untertassen".

UFOs (unidentified flying objects = nichtidentifizierte Flugobjekte) wurden zwar zu ganz unterschiedlichen Zeiten an verschiedenen Orten beobachtet, und dennoch weisen diese Phänomene viele Ähnlichkeiten auf. Die Flugobjekte haben der Beschreibung nach normalerweise eine runde, zylindrische oder kugelförmige Gestalt mit blinkenden Lichtern und glänzender Oberfläche. Sie ändern Farbe und Form, tauchen auf und verschwinden wieder und halten sich offenbar nicht an die thermodynamischen Gesetze. In wenigen Sekunden beschleunigen sie aus dem Stand auf Geschwindigkeiten von mehreren tausend Kilometern pro Stunde und machen dann in der Luft eine 90-Grad-Wendung. Sie hinterlassen widerliche Gerüche, verstümmelte Tiere, durch Strahlung verursachte Verbrennungen, verkohlte Landeplätze und elektrische Interferenzen verschiedener Art.

Dr. J. Allen Hynek, der als der bekannteste Experte für UFOs gilt, hat diese Erscheinungen (Close Encounters) nach der Nähe der Begegnungen in folgende Kategorien eingeteilt: 1. Beobachtung eines UFOs aus ca. 200 Metern Entfernung; 2. Wahrnehmung von zurückgelassenen Spuren; 3. Kontakt mit den Insassen; 4. Entführung oder Untersuchung durch die Insassen. Die Anhaltspunkte für diese vier Arten von Begegnungen sind erstaunlich eindeutig und häufig unwiderlegbar. Der Film „Die unheimliche Begegnung der dritten Art" bezieht sich auf eine Begegnung der dritten Kategorie. Dieser Film ist nur einer von vielen, die außerirdische Wesen zum Gegenstand haben und die sehr populär sind. Zu ihnen gehört auch der Spitzenerfolg „E T". Der Verlag Time-Life Books, der im allgemeinen als seriös gilt, überschwemmte 1989 den Bildschirm mit Werbespots, um Neuerscheinungen über Okkultes, außersinnliche Wahrnehmungen und Außerirdische an den Mann zu bringen.

Da UFOs heute ein geläufiges Gesprächsthema sind und Geschichten von Leuten, die angeblich mit den Piloten dieser Flugobjekte kommuniziert haben, weit verbreitet sind, kann der moderne Mensch nicht umhin, diese merkwürdigen Vorfälle ernst zu nehmen. UFO-Geschichten müssen entweder erklärt oder „weg-erklärt“ werden. Wenn es sich dabei nicht um reale Phänomene handelt, sollte man sie ohne weitere Überlegungen außer acht lassen. Gibt es aber eine berechtigte Grundlage dafür, gilt es, Natur und Herkunft der UFOs zu untersuchen. Außerdem müssen Christen sich zusätzlich Gedanken darüber machen, in welcher Weise diese Erscheinungen die Zukunft des Menschen geistlich beeinflussen.

Existieren UFOs wirklich? Die meisten sicherlich nicht – sie können als falsch identifizierte Planeten, Raketenstarts, Wetterballons oder atmosphärische Störungen abgetan werden. In einer Veröffentlichung der amerikanischen Luftwaffe (Air Force Blue Book) konnte nur für 700 von 12 600 Fällen, in denen zwischen 1947 und 1969 UFOs gesichtet wurden, keine rationale Erklärung gegeben werden.

Auch andere Berichte kann man nicht so leicht übergehen. Was ist mit den Fällen, wo Baumspitzen von UFOs abgerissen wurden, Kugeln von ihnen abprallten und riesige Waldgebiete (in der Sowjetunion) verwüstet wurden? Was macht man mit den vielen Berichten von zuverlässigen Zeugen, die unerklärbare Objekte über den Himmel sausen sahen und hörten? Warum schweben die Flugobjekte häufig in der Nähe von Stromleitungen, Wassermassen und militärischen Einrichtungen? Können verschiedenartige Situationen, die dennoch erstaunliche Ähnlichkeiten aufweisen, als spekulative Erscheinungen, die auf Halluzinationen oder Hirngespinste basieren, abgetan werden?

Wenn UFOs von einer dem Menschen unbekannten Quelle herrühren, wer ist dann dafür verantwortlich? Die Russen sind genauso ratlos wie jeder andere. Nur die Industrienationen könnten möglicherweise Zugang zu einer Technologie haben, die die Gravitationsgesetze außer Kraft setzt und die Voraussetzung für derartige Phänomene böte. Falls irgendeine fortschrittliche Nation Kenntnis über solche Informationen besitzen würde, wie hätte sie so lange geheim bleiben können? Angenommen, die Expertise existierte tatsächlich, hätten Menschen nur durch satanische Einflüsse dazu gebracht werden können, damit Verwüstung und Terror bei ihren arglosen Landsleuten zu stiften.

Die meistverbreitete und anerkannte Theorie über die Herkunft von UFOs ist die der ETI (extraterrestrial intelligences = außerirdische Intelligenz). Die U.S.-Regierung geht inoffiziell von der Annahme aus, daß UFOs von anderen Planeten kommen. Die NASA beantragte beim Kongreß 2,1 Millionen Dollar, um eine Suche nach außerirdischen Intelligenzen zu starten. Als die Voyager-Rakete über das Schwerefeld der Erde hinausstieg, hatte sie eine Aufnahme mit „irdischen Lauten" an Bord. Die 90minütige Aufnahme enthielt numerisch codierte Erklärungen über Geologie, Chemie und Mathematik.

Der Psychologe Leo Sprinkle, der in der Beratungs- und Versuchsabteilung der Universität Wyoming tätig ist und außerdem beratende Funktion in der Aerial Phenomena Research Organization (Organisation zur Erforschung von Luftphänomenen) hat, hypnotisierte 50 Menschen, die behaupten, an Bord von UFOs gewesen zu sein. Professor Sprinkle berichtet, daß sie ihre Reise zu den Sternen bis ins kleinste Detail beschreiben konnten.

Die Beschreibungen von Kontakten mit ETI weisen auf ein bestimmtes Schema hin. Üblicherweise ist die Person mit einer alltäglichen Aktivität beschäftigt, bevor plötzlich ein UFO gesichtet und später aus Neugier untersucht wird. Wenn der menschenähnliche Insasse sich dann nähert, verspürt die Person zunächst Angst. Das fremde Wesen beruhigt den Erdling dann mit beschwichtigenden Gesten, und dieser läßt eine Untersuchung seines Körpers durch Berührung über sich ergehen. Einige Personen berichteten von sexuellen Kontakten mit dem UFO-Insassen. Die Kommunikation mit der ETI verläuft normalerweise nonverbal mittels Telepathie. Der Fremde betont, daß er dem Menschen wohlgesonnen ist und der Menschheit helfen möchte, die tiefere Natur geistlicher Wahrheit zu verstehen. Die kurze Zusammenfassung einer Botschaft, die der okkulten Philosophie ähnelt, wird danach übermittelt, und schließlich wird der Erdling hypnotisiert oder in Trance versetzt, damit er die Begegnung vergißt.

Geht man von der Existenz außerirdischer Wesen aus, muß man sich notwendigerweise einer der beiden folgenden Erklärungen anschließen: entweder der Evolutions-Hypothese oder dem Glauben daran, daß Gott Zivilisationen auf anderen Planeten geschaffen hat. Für den Christen steht die Erklärung durch Evolution nicht zur Diskussion. Der einfachste einzellige Organismus, der dem Menschen bekannt ist, ist immer noch zu kompliziert dafür, daß er durch Zufall irgendwo im Universum spontan hätte entstehen können. Die Bibel lehrt, daß Gott allein der Schöpfer des Lebens ist, und die Möglichkeit, daß vernunftbegabte Wesen aus nichtorganischem Leben hervorkommen, kann von der Schrift her nicht unterstützt werden.

Andererseits gibt es keinen Bibelvers, der die Möglichkeit außerirdischen Lebens ausdrücklich ausschließt, und einige argumentieren, daß damit die Alternative, daß Gott Wesen auf anderen Planeten schuf, offen bleibt. Befürworter dieser Theorie betonen, daß es in der Weite des Weltalls andere Arten von Kreaturen geben muß, die von Gott geschaffen wurden. Sie sagen: „Wir sind so klein und unbedeutend angesichts der Unbegrenztheit des Universums, daß es vermessen wäre, in unserem Egoismus anzunehmen, daß wir die einzigen sind."

Der Physiker Gerald K. O'Neill von der Princeton-Universität drückt es in seinem Buch *The High Frontier: Human Colonies in Space* (Die hohe Grenze: menschliche Kolonien im Weltraum) so aus: „Der Gedanke, daß wir als intelligentes Leben einzigartig sind, ist selbstverständlich absurd. Je mehr wir über den Ursprung des Lebens lernen, desto mehr erkennen wir, daß die Bedingungen, unter denen das erste Leben auf der Erde entstand, in anderen Teilen der Galaxie unzählige Male vorkamen."

Wenn es tatsächlich Gottes Plan entsprach, intelligente Wesen auf anderen Planeten zu schaffen, dann würden diese ebenfalls von Adams Sünde beschmutzt worden sein, die den ganzen Kosmos beeinflußt. Sie wären ebenso wie der Mensch gefallene Kreaturen und würden daher genau den gleichen technischen Begrenzungen unterliegen wie wir Menschen auch. Wenn der Fortschritt des Menschen von der Sünde gebremst wurde, so daß wir sie nicht besuchen können, wie könnten sie die Möglichkeit haben, zu uns zu kommen? Wenn die Sünde aus irgendeinem Grund ihre Rasse verschont hätte, würde Gott dann zulassen, daß eine unbefleckte Zivilisation mit uns in Kontakt treten und von der Sünde beschmutzt würde? Die Antwort auf beide Fragen ist eindeutig negativ. Wenn außerirdische Kulturen existieren, würde Gott uns sicher unmißverständlich davon berichtet haben. Es scheint offensichtlich, daß ein so wichtiges Thema irgendwo im Wort Gottes erwähnt sein müßte.

Da es also wahrscheinlich ist, daß UFOs weder menschlichen noch außerirdischen Ursprungs sind, bleibt uns noch, die Möglichkeit zu betrachten, ob sie eine übernatürliche Herkunft haben. Robert Achzenner (Autor, Dozent und UFO-Experte) drückte es folgendermaßen aus: „Ich bin zu diesen Schlußfolgerungen gelangt: Die unbekannten Objekte und ihre Manifestationen sind real; sie sind von einer Intelligenz gesteuert; jedoch kann keine Regierung oder wissenschaftliche Stelle sagen, was sie sind, woher sie kommen oder warum sie hier sind."

Eines scheint sicher: wir sind nicht alleine hier. Es gibt etwas oder jemanden da draußen. Professor Sprinkle, der bereits erwähnt wurde, sagte dazu: „Ich vermute, daß sie mehr als ein physikalisches Phänomen sind. Sie sind auch ein psychisches oder geistliches Phänomen."

J. Allen Hynek meint, daß die Fremden auch aus einer „parallelen Realität" kommen können. Er zog folgenden Schluß: „Ich vermute, daß eine sehr weit entwickelte Zivilisation Zusammenhänge zwischen Geist und Materie kennt, die uns unbekannt sind."

Besteht die Möglichkeit, daß diese „parallele Realität" engelhaften Ursprungs ist? Diese Annahme kann nicht ausgeschlossen werden, da die Bibel voraussagt, daß am Ende der Zeit „große Zeichen vom Himmel geschehen werden" (Luk. 21,11). Der Prophet Joel verkündete ebenso, daß Gott „Wunder in den Himmeln" geschehen lassen wird. Einige Gläubige halten einen gewissen Prozentsatz der UFOs für „Wagen" der „Himmlischen Heerscharen". Andere mutmaßen, daß die Entrückung der Heiligen vielleicht in der Weise geschehen wird, daß die Christen von fliegenden Untertassen abgeholt werden, um dann beim Herrn zu sein. Eine weitere Möglichkeit, die häufig genannt wird, nimmt UFOs als Beweis dafür, daß Gottes Engelscharen für die Schlacht im Himmel versammelt werden, die für das Ende der Zeit prophezeit ist.

Zur Diskussion, ob UFOs göttlichen Ursprungs sind, müssen die Erscheinungen in zwei Kategorien eingeteilt werden: Begegnungen der ersten (Beobachtungen) und Begegnungen der dritten Art (Kontakt). Die Begegnungen der dritten Art deuten nicht auf Engel hin. Das Verhalten der UFO-Insassen (zum Beispiel sexuelle Kontakte und das Herbeiführen von Trance-Zuständen) sowie ihre metaphysische Botschaft steht im Widerspruch zu Handlungen, die man von sündlosen Engeln erwarten würde. Bei jeder Erwähnung in der Schrift führen Engel Gottes bestimmte göttliche Aufträge aus. Ihre Aufgabe ist es, eine himmlische Offenbarung des Planes Gottes zu übermitteln (zum Beispiel die Ankündigung der Geburt Christi – Lukas 2,9-14) oder den Zorn und das Gericht Gottes zu vollstrecken (die Vernichtung von Josaphats Feinden – 2. Chronik 20,22; die Zerstörung von Sodom und Gomorrha – 1. Mose 19,22-25). Außerdem und vor allem ziehen sie nach Offenbarung 22,8-9 die Aufmerksamkeit nie auf sich selbst. Wahre Engel des Herrn sprechen nur, wenn sie einen göttlichen Auftrag dazu haben, mit dem Ziel, die Aufmerksamkeit des Menschen himmelwärts auf Gott zu richten.

Die Wahrscheinlichkeit, daß Begegnungen dritter Art himmlischen Ursprung haben, ist damit ausgeschlossen. Wie steht es aber mit Begegnungen der ersten Art (Beobachtungen)? Natürlich können keine objektiven Schlußfolgerungen gezogen werden, wenn es nicht zu einem direkten, persönlichen Kontakt mit den Insassen eines UFOs kam. Man kann jedoch Schlüsse aus der Art der Erscheinungen ziehen. Poltergeist-Heimsuchungen, die den Beobachter in Angst und Schrecken versetzen, weisen auf eine dämonische Erscheinung hin. Wenn Gott auf übernatürliche Weise eingreift, möchte er damit Trost und Frieden bringen, außer wenn ein klarer Grund für seinen Zorn vorliegt. Was kann man also über leuchtende Punkte, die auf Radarschirmen auftauchen und wieder verschwinden, und blinkende ovale Objekte sagen, die weit entfernt am Himmel schweben? Zwar können weder Gott noch Satan definitiv als die Quelle identifiziert werden, doch scheint der letztere mit viel größerer Wahrscheinlichkeit der Urheber zu sein.

UFO-Insassen haben den Beschreibungen zufolge gewöhnlich groteske Züge und eine eigenartige Gestalt. Sie haben zum Beispiel übergroße Köpfe, Schlitze statt Augen, eine ätherische Gestalt und Antennen, die aus ihrem Kopf herausragen. Die meisten Berichte weisen auf Wesen hin, die eine deutliche Ähnlichkeit zu den Hausgeistern aufweisen, wie sie im klassischen Spiritualismus beschrieben werden.

Wenn UFO-Insassen sprechen, bringen sie weder eine tröstende noch eine informative Botschaft gemäß Gottes Wort. Sie reden von kosmischem Bewußtsein und Transzendenz in höhere geistige Ebenen. In ihren Botschaften verherrlichen sie nie Christus als Gott und Schöpfer. Statt dessen werden die Kontaktpersonen dazu aufgerufen, sich auf ein Zeitalter des Friedens vorzubereiten, das von diesen nicht identifizierten Fremden eingeleitet werden soll. UFO-Insassen ermutigen außerdem zu verschiedenen psychischen Praktiken: Astralprojektion, Psychokinese, automatisches Schreiben, Hellseherei und Levitation. Sünde, Gericht und das Erlösungswerk Christi werden nie erwähnt. Ihre Worte, Handlungen und ihre Erscheinung verraten den verdeckten satanischen Ursprung dieser Wesen.

Wenn man die Schlußfolgerung zieht, daß die meisten UFOs dämonischer Herkunft sind, was soll damit dann letztendlich erreicht werden? Könnte der Teufel seine Ziele nicht genausogut mit anderen Mitteln erreichen, oder haben UFOs eine bestimmte Aufgabe im Gesamtplan Satans, die Menschheit zu täuschen?

Jacques Vallee, ein Franzose, der in Astrophysik diplomiert und in Computerwissenschaften promoviert hat, gibt einen interessanten Einblick in diese Frage. Aus seinen Untersuchungen im Hinblick auf UFOs zieht er den Schluß, daß diese Phänomene „eine Bereitschaft, an ein außerirdisches Leben zu glauben“ bewirken. Weiterhin zeigt er auf, daß „sich die Einstellung diesem Thema gegenüber bei Wissenschaftlern, in Medien und in der Öffentlichkeit in den letzten zwanzig Jahren völlig verändert hat. Wir können diese Veränderung rational begründen, oder aber wir erkennen sie als das, was sie wirklich ist – das Ergebnis einer Verlagerung unserer mythologischen Struktur.“

Es ist möglich, daß die Menschheit durch UFOs dazu umerzogen wird, paranormale Aktivitäten mit einer beiläufigen Vertrautheit zu akzeptieren. Dieser Konditionierungsprozeß wird unter der Regierung des Antichristen vollendet werden. Zu der Zeit wird ein totes Bild lebendig und spricht (Offb. 13,15), eine tödliche Wunde wird geheilt (Offb. 13,14) und Feuer wird vom Himmel fallen (Offb. 13,13). Der Apostel Johannes erklärt, daß solche Wunder dazu gebraucht werden, die Menschheit zu täuschen, damit sie dem Antichrist nachfolgt (Offb. 13,14; 16,14).

Der moderne Mensch gefällt sich bei dem Gedanken, daß er weiter entwickelt ist als die primitiven Heiden der Vergangenheit. Aber ist deren Mythologie von Göttern, Göttinnen und Überwesen wirklich so anders als die Faszination eines Menschen aus dem zwanzigsten Jahrhundert über Kontakte mit Wesen von fernen Planeten? Die Griechen bauten dem unbekannten Gott einen Altar, wir dagegen errichten gigantische Parabol-Antennen, um den Himmel nach weit entfernten Spuren von außerirdischem Leben abzusuchen, das durch pulsierende Radiowellen angezeigt werden soll. Vielleicht gilt die alttestamentliche, eindringliche Warnung vor jeglicher Kommunikation mit Hausgeistern auch im Hinblick auf das heutige Interesse an UFOs.

Begründer: Keiner.

Literatur: Verschiedene okkulte und heidnische Schriften werden zitiert, wobei metaphorische Hinweise auf UFOs angenommen werden. Hesekiel 1 soll angeblich ein Bericht über UFOs sein.

Symbol: Keines.

Anziehungskraft: Es wird immer offensichtlicher, daß eine von außen kommende Lösung den Menschen aus seinem Dilemma retten kann. Diejenigen, die die Suche nach einem transzendenten Gott ablehnen, gehen davon aus, daß außerirdische Wesen, die auf einer höheren technologischen und geistigen Stufe stehen, die Menschheit retten können. Durch seine Neugier unbekannten Dingen gegenüber besitzt der Mensch eine mystische Fasznination an UFOs.

Ziel: Das Ziel des Menschen besteht darin, zu untersuchen, ob UFO-Insassen auf einer höheren Entwicklungsstufe stehen. Wenn ja, könnte man durch die Kommunikation mit ihnen einen bestimmten wissenschaftlichen Nutzen erzielen. Von Satans Standpunkt aus gesehen bereiten UFOs den menschlichen Geist darauf vor, übernatürliche Phänomene mit natürlicher Vertrautheit zu akzeptieren. Dies würde die Herrschaft des Antichristen erleichtern und bis dahin ein Milieu erzeugen, in dem böse Geister mehr Handlungsspielraum bekommen.

Irrtümer: Die Bibel gibt nicht den kleinsten Hinweis darauf, daß außerirdische Wesen existieren. Die Schrift sagt, daß Gott zwei Arten von Wesen geschaffen hat – Engel und Menschen. Außerdem weist Römer 8,19-23 darauf hin, daß der Sündenfall den gesamten Kosmos betraf. Da Christi Tod auf Golgatha ausschließlich für die Söhne Adams galt, wie oft hätte er sein Leben noch hingeben müssen, um andere Zivilisationen zu erlösen? Das säkulare Interesse an UFOs bezieht die Möglichkeit nicht mit ein, daß solche Phänomene übernatürlicher (dämonischer) Natur sein können.

Quellenverzeichnis: To the Point (Südafrika), 15. September 1978; Denver, Februar 1978; Newsweek, 21. November 1977; The Anchorage Times, 1. Januar 1978; SCP Journal, August 1977, Band 1, Nr. 2; J. Allen Hynek, The UFO Experience (New York: Ballantine, 1972).

Adresse/Hauptquartier: CE 3K Skywatchers, P.O. Box 2300, Grand Central Station, New York, NY 10017; Center for UFO Studies, 925 Chicago Ave., Evanston, IL 60202/USA.

Siehe auch unter Aetherius-Gesellschaft.

Unitarisch-Universalistische Vereinigung

Wenn man religiöse Bewegungen psychologisch klassifizieren könnte, würde das Attribut „schizophren“ sicherlich auf die Unitarisch-Universalistische Vereinigung zutreffen. Mitglieder dieser Vereinigung sind bemüht, das selbstlose Opfer der Kreuzigung Christi zu rühmen und zitieren die Heilige Schrift oft in dem scheinheiligen Versuch, ihren Wert hervorzuheben. Andererseits verwerfen sie sowohl die Jungfrauengeburt und den Sühnetod als auch das Nizäische, Chalcedonische und Apostolische Glaubensbekenntnis, in denen die Unfehlbarkeit der Schrift bezeugt wird. Sie verwerfen auch die Trinität zugunsten eines unitarischen Gottes und vertreten die Lehre, daß alle Seelen letztendlich gerettet werden.

Im Jahre 1959 vereinigte sich die Unitarische Kirche mit der Universalistischen Kirche, und gegenwärtig beläuft sich die Mitgliederzahl der Vereinigten Gruppen auf knapp 200 000 Mitglieder in annähernd 1 000 Kirchen. Es gibt keine Sakramente für die Mitglieder, und Jesus Christus ist für sie nicht mehr als ein großer Prophet. Entsprechend der Satzung der Universalistischen Kirche liegt ihr Ziel darin, „Harmonie zwischen den Anhängern der verschiedenen religiösen Glaubensrichtungen, ob christlich oder nicht, zu fördern“. Diese Einschließlichkeit hat es bisher verhindert, daß die Vereinigung von amerikanischen christlichen Körperschaften offiziell anerkannt wurde, obwohl einige Unitarier zu örtlichen Allianzen gehören.

Da die Unitarier glauben, daß Gottes Wahrheit sich in den heiligen Schriften aller großer Religionen offenbart, stellt ihre Philosophie eine Reduktion auf kaum mehr als ein ethisches Moralsystem dar. Himmel und Hölle sind für sie ein rotes Tuch, und die Lehre über die Erlösung gilt als „anstößig“ und „unbiblisch“. Als ein Produkt der Aufklärung des achtzehnten Jahrhunderts, mit ihrem Rationalismus und der Ablehnung alles Übernatürlichen, hat das unitarische Gedankengut früher führende Intellektuelle, wie den Dichter und Essayisten

Ralph Waldo Emerson, angezogen. Die heutigen Mitglieder sind sich nicht einig darüber, ob sie sich selbst als Christen einstufen sollen oder nicht. Ihr Bekenntnis zur Universalwahrheit, wie sie sich in den Lehren der Propheten aller Zeiten manifestiert, führt dazu, daß sich die Begriffe „christlich“ und „unitarisch“ gegenseitig ausschließen.

In Deutschland organisierten sich die Unitarier seit 1859 unter dem Namen „Bund Freireligiöser Gemeinden Deutschlands“ und seit 1949 unter der Bezeichnung „Deutsche Unitarier“. Ausführliche Informationen zu der Geschichte dieser Bewegung sind der Veröffentlichung *Wer sind die Deutschen Unitarier? 12 Fragen und Antworten,* 1959, zu entnehmen.

Quellenverzeichnis: Christianity Today, 2. August 1972; Walter Martin, Kingdom of the Cults (Minneapolis: Bethany Fellowship, 1977); J. Gordon Melton, The Encyclopedia of American Religions, Band 2 (Wilmington, N. C.: McGrath, 1978).

Unity School of Christianity

„Dies war eine Botschaft von Unity“, intoniert der Ansager. Es klingt ausgesprochen gut. Wer würde solch einen angenehmen Zugang zum Leben ablehnen? Denken Sie nur mal darüber nach: Keine Schuld mehr, keine Krankheiten oder finanzielle Sorgen. Jedes Problem wird gelöst. Warum nicht gleich die Adresse im US-Staat Missouri auf einen Umschlag schreiben, um herauszufinden, worum es dabei geht?

Diese Szene ist ein Beispiel dafür, wie Tausende von Menschen jedes Jahr auf die geschickten Werbekampagnen von Unity hereinfallen. Das „Unity Village“-Hauptquartier in Lee's Summit (in der Nähe von Kansas City), Missouri, unterstützt ihre Radio- und Fernsehreklame mit einer geschickten Zeitschriften- und Buchkampagne. Titel wie *Wee Wisdom* (etwa: Kleine Weisheit) sprechen Kinder im Vorschulalter an, und das Buch von Ernest Wilson *Have We Lived Before?* (Haben wir schon früher gelebt?) richtet sich an Erwachsene, die schon „reif“ genug sind für die Reinkarnationslehre. Solch ein Einsatz der Medien hat sich bezahlt gemacht. Die Briefkasten-Methode von Unity erreichte etwa 6 Millionen „Leser und Jünger“ weltweit; heute gibt es annähernd 300 Zentren in verschiedenen Ländern.

Dem oberflächlichen Beobachter mögen die Glaubensgrundsätze von Unity lediglich als „Positives-Denken-Gerede“ erscheinen. Doch diejenigen, die mit dem fruchtbaren Boden der pantheistischen Philosophien des späten neunzehnten Jahrhunderts vertraut sind, werden sofort die Ähnlichkeit zwischen Unity und der Christlichen Wissenschaft (Christian Science) und dem Neuen Denken (New Thought) feststellen. Das ist auch zu erwarten. Der Uhrenmacher Phineas Parkhurst Quimby aus Belfast, Maine, ist der Vater der drei Kulte. Seine Theorien über tierischen Magnetismus und mentale Heilung wurden sowohl von Mary Baker Eddy (der Gründerin der Christlichen Wissenschaft) als auch von Julius und Anetta Dresser zusammen mit Warren Felt Evans (Gründer des Neuen Denkens) übernommen. Charles und Myrtle Fillmore übernahmen ihr Warenzeichen aus den Lehren Quimbys, um im Jahre 1889 Unity zu starten. (Der Name *Unity* wurde allerdings erst 1895 festgelegt.)

Myrtle behauptete, Tuberkulose gehabt zu haben, bis sie begriff: „Ich bin ein Kind Gottes, daher erbe ich keine Krankheit." Charles, ein Krüppel mit Tuberkulose an der Hüfte, hatte sich eingehend mit Spiritismus und Hinduismus beschäftigt. Beide bezeugten später, daß sie durch das Leben nach den Prinzipien der Christlichen Wissenschaft und des Neuen Denkens geheilt worden seien. Schließlich spalteten sie sich von den beiden Gruppen wegen unbedeutender theologischer Unstimmigkeiten ab. Die Fillmores verwarfen den Glauben der Christlichen Wissenschaft an die Unwirklichkeit der Materie. Sie fügten zur Philosophie des Neuen Denkens die Verehrung von Jesus und die Reinkarnationslehre hinzu. Charles Fillmore glaubte sogar, eine Reinkarnation des Apostels Paulus zu sein.

Reinkarnation ist eine der unbekanntesten, aber charakteristischsten Lehren von Unity. Charles und Myrtle haben sehr viel den hinduistischen Lehren des Swami Vivekananda aus Indien entliehen. Doch da sie empfanden, daß dem westlichen Menschen der Gedanke der Seelenwanderung zurück zu einer tierischen Form zu fremd sein würde, bestanden sie darauf, daß die Reinkarnation nur auf menschliche Körper beschränkt sei. Verschiedene Bibelstellen wurden herangezogen, um diese Lehre zu stützen, wie zum Beispiel die Stellen, in denen Christus der Sohn Davids genannt wird. (Für Unity ist dies ein Hinweis darauf, daß Jesus vorher in König David inkarniert war.) Es wäre sinnlos, solche Perversionen der Schrift richtiger biblischer Exegese gegenüberzustellen. Charles Fillmore erklärte, daß die Bibel nur eines von vielen verehrungswürdigen heiligen Büchern sei. Er ging sogar so weit, zu behaupten, daß die Bibel eine niedere Form der Offenbarung sei für diejenigen, „die selbst nicht in direkter Kommunikation mit Gott leben".

Es erstaunt daher niemanden, daß das Glaubenssystem der Unity sehr stark von der orthodoxen christlichen Lehre abweicht. Wie in der Christlichen Wissenschaft gilt Gott als ein Prinzip der Liebe, und sein Sohn ist lediglich ein Beispiel dafür, wie auch wir zu unserem eigenen Christus-Bewußtsein gelangen können. Da es, nach Fillmore, andere „geistlich erleuchtete Personen" gibt, die „einem helfen können, den richtigen Weg zu Gott zu beschreiten", hat Christus keine unentbehrliche Rolle im Erlösungskonzept von Unity inne. Unity glaubt, daß „das Sühneopfer die Versöhnung zwischen Mensch und Gott durch Christus bedeutet". Diese evangelikal klingende Feststellung wird durch die Einschränkung verdeutlicht, daß „Versöhnung die Wiedervereinigung unseres Bewußtseins mit dem Gottesbewußtsein meint". Die traditionelle christliche Auffassung dagegen besagt, daß die Versöhnung auf der Vergebung von Sünde beruhen muß und darauf, daß die Schranke der Rebellion zwischen Mensch und Gott entfernt wird. Bei Unity ist Erlösung nicht nötig, weil das Böse und die Sünde nicht existieren. Da Gott in allem ist (einschließlich in Pflanzen und leblosen Gegenständen), schafft diese pantheistische Prämisse sowohl den Teufel als auch die gefallene sündhafte menschliche Natur ab.

Der Normalbürger, der sich mit Unity beschäftigt, wird sich wahrscheinlich nie so tief in die Theologie hineingraben. Wie es bei vielen solcher Sekten der Fall ist, erfahren die Teilnehmer die Vorteile seiner Prinzipien auch, ohne unbedingt mit den mehr ins Detail gehenden Lehren übereinzustimmen. Neuhinzugekommenen wird davon abgeraten, ihre Kirchen zu verlassen, doch später wird auf sie Druck ausgeübt, damit sie sich enger mit den Unity-Zentren verbinden (einige dieser Zentren werden Kirchen genannt). Die meisten Interessierten werden von dem Kern der Sekte, *Silent Unity* (Stille Einheit), angezogen. Diese Gruppe nimmt Gebetsanliegen entgegen und zeigt eine scheinbar echte Teilnahme an den Problemen, die man ihr vorträgt. *Silent Unity* erhält jährlich etwa 2,5 Millionen Hilfegesuche. In den Briefen von *Silent Unity* wird empfohlen, die „Rückversicherung" oder „Meditation" zu praktizieren, um dem Denken des Hilfesuchenden zurück zum richtigen Zustand zu verhelfen und damit sein Problem zu lösen. Durch solch eine Anpassung ihres Verstandes an den „Göttlichen Verstand" sollen physische Krankheiten und Schwierigkeiten verschwinden.

Aber stimmt das? Für einige lautet die Antwort definitiv „Ja". Diejenigen, die physiologische oder emotionale Symptome von Streß aufweisen, werden sicherlich eine gewisse Erleichterung durch das Annehmen einer positiven Einstellung zum Leben erfahren. Sogar die Heilung organischer Krankheiten kann durch die richtige Geisteshaltung beschleunigt werden. Diese allgemein bekannten Fakten der Medizin jedoch sind meilenweit entfernt vom Glauben Fillmores, daß „Gedanken an Krankheit zerstörerische Mikroben produzieren." Und doch gibt es keinen Zweifel darüber, daß viele von der religiösen Wärme beeindruckt sind, mit der Unitys emotionale Führung ausgeübt wird. Psychologische Hilfe ist ein wertvolles Gut, doch sollte sie niemals den Platz einnehmen, der der Hingabe an die geistliche Wahrheit, die in einer objektiven Offenbarung wurzelt, zusteht. Es geht nicht darum, ob Unity funktioniert, sondern wie sie funktioniert, ohne eine biblische Grundlage für ihre Vorteile zu haben.

Begründer: Gegründet 1889 von Charles und Myrtle Fillmore in Kansas City, Missouri. Myrtle starb 1931, Charles 1948. Sein Sohn Lowell ist nun der Leiter von Unity.

Literatur: Die Bibel, jedoch sind Passagen daraus vergeistlicht und allegorisiert, um in das Lehrgebäude von Unity zu passen. Alle heiligen Schriften der Weltreligionen werden akzeptiert. Charles Fillmore schrieb: „Es ist der Glaube von Unity, daß es in allen Religionen der Erde Gutes gibt und daß wir unseren Verstand offenhalten sollten."

Symbole: Eine ganze Reihe: Ein Kreis mit Flügeln an beiden Seiten und das Wort *Unity* quer über die Front geschrieben; der mehrere Stockwerke hohe Turm, der sich über den *Unity Village Komplex* erhebt; ein Licht, das nachts aus einem einsamen Fenster scheint und „Das Licht, das für dich scheint" symbolisiert – ein Hinweis auf die konstante Gebetsnachtwache von Unity.

Anziehungskraft: Es wird christliche Terminologie verwendet, um einen synkretistischen, metaphysischen Glauben zu verbreiten. Menschen mit einer negativen Einstellung zum Leben können durch Unitys Betonung von Liebe und positiven Gefühlen innerlich aufgerichtet werden. Die Wiederherstellung ihrer psychischen Gesundheit wird sicherlich auch einige physische Vorteile zur Folge haben. Dazu kommt, daß die optimistische Einstellung von Unity zu materiellen Dingen einigen Anhängern zu größerem Wohlstand verholfen hat.

Ziel: Charles Fillmore sah körperliche Krankheiten und Versagen als Folgen von geistigem Ungleichgewicht an. Dieses Ungleichgewicht muß überwunden werden durch das feste Beteuern der Tatsache, daß Gott die Quelle aller erstrebenswerten Dinge ist und daß Gott und der Mensch untrennbar sind. Der göttliche Geist wohnt in allen Menschen, und es ist möglich, Vollkommenheit (wie sie von Jesus erreicht wurde) dadurch zu erlangen, daß man sich dieser innewohnenden Göttlichkeit bewußt wird und sich der Illusion der Sünde entledigt.

Irrtümer: Unitys Ziel der Harmonie mit Gottes Geist läßt die biblische Wahrheit außer acht, daß die Einheit mit Gott eine Strafe für die Sünde und das Vergießen von Blut voraussetzt. „Die Anzahl und Schwere unserer Fehler in der Vergangenheit interessiert Gott nicht. Er ist nicht nachtragend und führt nicht Buch darüber", so Fillmore. Allein die Leugnung der Existenz des Bösen kann jedoch die Auswirkungen, die es auf die Seelen der Menschen hat, nicht eliminieren. Die gefallene Menschheit hat durch Übertretung Schuld auf sich geladen, und weder gute Gedanken noch schöne Gefühle werden ausreichen, um die Folgen des göttlichen Gerichts zu verhindern.

Quellenverzeichnis: The Denver Post, 29. November 1975; Schriften von Charles Fillmore, darunter Talks on Truth, Jesus Christ Heals (dt. Christliches Heilen), Prosperity, u. a.; Walter Martin, The Kingdom of the Cults (Minneapolis: Bethany, 1965); Kenneth Boa, Cults, World Religions and You (Wheaton, Ill.: Victor, 1977); Charles R. Fillmore, „The Adventure Called Unity" (Pamphlet); Daily Word, eine erbauliche Veröffentlichung von Unity (verschiedene Ausgaben); Unity – A Way of Life, Unity-Zeitschrift (verschiedene Ausgaben).

Adresse/Hauptquartier: Unity School of Christianity, Unity Village, MO 64065/USA.

Siehe auch unter New Age-Kulte.

Urantia

Wenn ein Buch als „das beste Weltbild von Religion, das dem heutigen Menschen zugänglich ist“ beschrieben wird, muß es auch nach diesem Anspruch beurteilt werden. Dieser Anspruch auf Überlegenheit, der von den Mitgliedern der *Urantia Societies* (Urantia-Kreise) erhoben wird, wird unterstützt durch die Behauptung, das *Buch Urantia* sei ihnen von übermenschlichen, außerirdischen Wesen übergeben worden. Die 2097 Seiten des Buches sollen „die beste große göttliche Offenbarung seit dem Kommen Christi auf unseren Planeten“ sein. Es ist daher kein Wunder, daß die Urantia-Jünger hingebungsvoll daran glauben, „die Hüter der größten Botschaft, die jemals den Menschen gegeben wurde“, zu sein.

Das *Buch Urantia* lehrt, daß alle religiösen Vorstellungen für unsere Zeit veraltet sind. (Im Gegensatz dazu wird in ihrer Werbeliteratur darauf bestanden, daß eine Mitgliedschaft in anderen Kirchen oder religiösen Organisationen mit einer Mitgliedschaft in Urantia vereinbar ist.) Urantia erbietet sich, die etablierten religiösen Systeme mit einem neuen Verständnis des evolutionären Aufstiegs des Menschen zu bereichern. Um dies zu erreichen, ist die Organisation um *Societies* (Kreise von 10 oder mehr hingegebener Jünger, die das *Buch Urantia* studieren) strukturiert, die in der Urantia-Bruderschaft vereint sind. Die Bruderschaft wird beschrieben als „eine freiwillige und brüderliche Vereinigung von an die Lehren des *Buches Urantia* gläubigen Menschen.“

Die Urantia-Stiftung *(Urantia Foundation)* ist die gemeinnützige – steuerbefreite – juristische Person, die das *Buch Urantia* hütet. Seit der Veröffentlichung dieses Buches sind etwa 100 000 Exemplare verkauft worden. Ein aus fünf Mitgliedern bestehendes Gremium von Treuhändern, die auf Lebenszeit in ihr Amt eingesetzt werden, verwaltet die Stiftung. Sechsunddreißig Mitglieder des *General Council* regeln die Angelegenheiten der Bruderschaft. Die Mitgliederzahl der *Societies* soll in den USA und im Ausland etwa 1 000 betragen. Die Mitglieder, die ich kennengelernt habe, waren gebildete Personen aus der oberen Gesellschaftsschicht. Da die Bruderschaft zugegebenermaßen eher auf Qualität als auf Quantität Wert legt, kann man davon ausgehen, daß der Einflußbereich von Urantia die eigentliche Mitgliederzahl übersteigt.

Das im Jahre 1955 erstmals veröffentlichte *Buch Urantia* vermittelt eine seltsame übersinnliche Offenbarung, die auf einer kosmologischen Sicht unseres Universums aus der Perspektive von Wesen aus einer anderen Welt basiert. Die vier Teile des Buches beinhalten eine Analyse unserer Erde (Urantia, wie sie von diesen Außerirdischen genannt wird) und ihres Super-Universums *Havona.* Zusätzlich zu der Beschreibung von Geistwesen werden Bezeichnungen himmlischen Ursprungs wie *Salvington, Nebadon* und die *Paradiesinsel* genannt. Es gibt in Wirklichkeit drei Dreifaltigkeiten – die *Paradise Trinity* (Paradiesische Dreifaltigkeit), die *Ultimate Trinity* (Höchste Dreifaltigkeit) und die *Absolute Trinity* (Absolute Dreifaltigkeit). Die *Paradise Trinity,* bestehend aus dem Universalen Vater, dem Ewigen Sohn und dem Unendlichen Geist, ist die ranghöchste Dreifaltigkeit. Das Buch behandelt auch die „verborgenen Jahre Christi vom Alter von 12 Jahren bis zu seinem öffentlichen Wirken“. Es soll die „Religion Jesu“ zeigen, nicht die „Religion über Jesus“.

In dem begleitend zum *Buch Urantia* herausgegebenen Buch *Urantia Concordex* wird behauptet, daß der Planet Urantia (Erde) Teil eines lokalen Universums, genannt *Nebadon* ist, das 10 Millionen bewohnbare Welten umfaßt. Aufrechtgehende Zweibeiner der Nachbarplaneten nennen Urantia die „Welt des Kreuzes“, einen gestörten, unordentlichen Planeten, emporgehoben von einem großen Herrscher, den die Erdenbewohner Jesus Christus nennen. Im *Concordex* wird ferner behauptet, daß Jesus von Nazareth eigentlich die sterbliche Inkarnation von Michael von Nebadon war, der sich selbst opferte, um Urantia zu einem ehrenhaften Ort zu machen, und der eines Tages die Herrschaft über den Kosmos von Nebadon wiedererlangen wird. Im *Urantia Concordex* wird außerdem behauptet, daß ein ca. 2,40 m großer Adam vor 38 000 Jahren wie Jesus zu Urantia gesandt wurde, um die menschliche Rasse emporzuheben. Die christliche Kirche ist, nach der Behauptung im *Concordex,* „im Larvenstadium des verhinderten Königreichs“. Die einzige Hoffnung für die Bewohner der Erde besteht darin, eine Energiequelle mit der Bezeichnung *Thought Adjuster* (Gedankenregulierer) anzuzapfen, die einen Teil Gottes darstellt und dazu gesandt worden ist, um in den Seelen der Sterblichen von Urantia zu wohnen. Nach dem Tod vereinigt sich der *Thought Adjuster* und die Seele eines Menschen wieder, um in die Ewigkeit aufzusteigen.

Nach den Aussagen von Urantia ist Jesus ein Sohn Gottes, der seine Göttlichkeit durch sieben Inkarnationen in verschiedenen Kreaturen des Universums vervollkommnet hat. Seine siebte Inkarnation als Jeschua ben Joseph (S. 1323) sollte uns lehren, daß auch wir Söhne Gottes sind. (Vorher war er bekannt als Michael von Nebadon.) Er darf nicht mit dem Ewigen Sohn der *Paradise Trinity* gleichgesetzt werden. Jesus ist lediglich die Nummer 611 121 in dem hierarchischen System von Schöpfer-Söhnen, die lokale Universen schaffen und regieren. Seine drei Jahre des Dienstes endeten mit der Kreuzigung, wobei das Kreuz unnötig war, denn „der Vater im Paradies hat den Tod seines Sohnes weder angeordnet noch gefordert oder gebraucht. All das war das Tun von Menschen, nicht Gottes" (S. 2002).

Urantia mag zwar behaupten, daß Christen als Mitglieder willkommen seien, das *Buch Urantia* widerspricht jedoch den wichtigsten Lehren des Christentums. Im *Buch Urantia* wird gesagt, daß alle großen Weltreligionen mit dem Monotheismus vereinbar seien (S. 1442-1454). Der Sündenfall wird als eine „verzerrte Geschichte" verworfen, da Adam und Eva in Wirklichkeit „im Garten hundertsiebzig Jahre weiterlebten".

Auf den Seiten 2020-2023 wird die leibliche Auferstehung Jesu Christi widerlegt. („Sein materieller oder physischer Körper gehörte nicht zur auferstandenen Persönlichkeit . . . der aus Fleisch bestehende Körper, in dem er lebte . . . lag immer noch im Grab" – S. 2021.) Darüber hinaus werden die neutestamentlichen Prinzipien der Sühnung durch das Blut und der Erlösung von der Erbsünde als Ausdruck für die „ursprüngliche Furcht vor den Geistern" abgetan (S. 1005). Anstelle dieser essentiellen christlichen Glaubensinhalte bietet Urantia ein System der Seelenwanderung an, in dem der Mensch allmählich vom tierischen über den menschlichen zum göttlichen Zustand aufsteigt.

Das *Buch Urantia* ist so umfangreich, daß eine erschöpfende Analyse unmöglich ist. Nachfolgend sind einige weitere Gebiete aufgelistet, in denen das Buch vom christlichen Glauben abweicht:

1. Man soll nicht versuchen zu beten, bevor man „alle Möglichkeiten einer menschlichen Lösung erschöpft hat". Dazu kommt die Feststellung: „Worte sind für das Gebet irrelevant" (S. 1002).
2. Die Lehre des Paulus vom Sühnetod (Hebr. 9,22) „hat das Christentum unnötig mit Dogmen über Blut und Opfer belastet" (S. 984).
3. Die Familie wird als „soziologische Institution" (S. 931) gesehen, und der Glaube daran, daß die Ehe ein heiliger Stand sei, wird als

„unglücklich" bezeichnet. „Das Göttliche ist nicht ein zusammenhaltender Bestandteil" von Ehen, die auseinandergehen (S. 929).

4. Die Ureltern der Menschheit werden Andon und Fonta genannt. Sie zeugten Sontad.
5. Adam, Salomo und David waren keine direkten Vorfahren von Joseph, dem Vater Jesu (S. 1344).
6. Jesus nahm den Titel „Menschensohn" im Alter von 15 Jahren an, nachdem er das sogenannte Henochbuch gelesen hatte (S. 1390).
7. Während seines achtundzwanzigsten und neunundzwanzigsten Lebensjahres bereiste Jesus die römische Welt, begleitet von zwei Indern (S. 1427).
8. Das Innewohnen Christi ist kein essentieller Bestandteil der Erlösung, denn „Jesus will nicht, daß seine Jünger an ihn glauben, sondern daß sie vielmehr mit ihm glauben" (S. 2089).

Es werden sowohl persönliche als auch unpersönliche Vorstellungen von Gott dargelegt, ohne daß diese Inkonsistenz irgendwo eingestanden wird. An manchen Stellen scheinen sowohl unitarische als auch dreifaltige Gottesvorstellungen als akzeptabel zu gelten. Der einzige und letzte Wegweiser zum Glauben besteht im Vertrauen auf den innewohnenden Thought Adjuster anstatt darin, die objektive Offenbarung zu Rate zu ziehen. Die Thought Adjusters (Gedankenregulierer) gelten als „unverdünnte . . . Teile Gottes", die die Menschen auf dem Pfad des geistlichen Fortschritts durch zahllose Leben auf anderen Planeten leiten, „von Universum zu Universum, bis (die Menschen) wirklich die Gegenwart (ihres) paradiesischen Vaters erreichen". Wenn Christen mit solch einem philosophischen Gedankengebäude konfrontiert werden, mag es ihnen schwer erscheinen, die einzigartigen Ansprüche Christi darzulegen, da die alles einschließende Meinung der Urantia-Mitglieder jedweden Lehrstandpunkt zu akzeptieren scheint. Doch ein sorgfältiges Studium wird deutlich zeigen, daß das Buch Urantia widersprüchliche, außerbiblische Informationen enthält, die den wichtigsten christlichen Grundsätzen widersprechen.

Begründer: Dr. Bill Sadler, dem das *Buch Urantia* durch sieben Geistwesen im Jahre 1934 übergeben wurde. Eine Gruppe von 37 Menschen, genannt *Das Forum,* studierte die Originalmanuskripte, bevor sie 1950 die Urantia-Stiftung ins Leben riefen. John Hales ist der derzeitige Präsident.

Literatur: Das *Buch Urantia,* von dem man behauptet, daß es von himmlischen Wesen geschrieben und durch automatisches Schreiben (eine okkulte Praktik) übermittelt wurde. Es wurde im Jahre 1958 in Chicago veröffentlicht.

Symbol: Drei konzentrische Kreise.

Anziehungskraft: Für diejenigen, die die Unfehlbarkeit der Bibel nicht akzeptieren, bietet das *Buch Urantia* faszinierende Enthüllungen von esoterischer und kosmologischer Information. Der neugierige oder spekulative Verstand, der nicht in der christlichen Lehre gegründet ist, kann leicht davon angezogen werden.

Ziel: In der Urantia-Literatur heißt es, daß die Stiftung das Ziel habe, „das Verständnis von Kosmologie – angefangen von der Erkenntnis des Planeten, auf dem wir leben, bis zu den Gesamtzusammenhängen der Herkunft und des Schicksals des Menschen, seiner Beziehung zu Gott und den wahren Lehren Jesu Christi – zu fördern."

Irrtümer: Die Urantia-Offenbarung wird über die Heilige Schrift gestellt. Der Mensch ist keine einzigartige Schöpfung Gottes, sondern ein sich entwickelndes Wesen, das aus dem Tierreich mit dem Ziel emporgestiegen ist, ein engelhaftes Geistwesen zu sein und schließlich zu einem Gott zu werden. Der Mensch braucht nur zu erkennen, daß ein Teil von Gottes Geist (der *Thought Adjuster*) in ihm wohnt. Die moralische Verantwortlichkeit wurde durch die hinduistische Vorstellung von der Verschmelzung mit Gott mittels Seelenwanderung ersetzt. Der Brief des Apostels Paulus an die Kolosser stellt eine kurze und bündige Antwort an solche gnostisch orientierten Vorstellungen dar, die besagen, daß Jesus nur eines von vielen Geistwesen ist, die als Mittler zwischen Gott und Mensch fungieren.

Quellenverzeichnis: Literatur der Urantia-Stiftung, darunter Leaving our Religious Heritage, Our Task, The Urantia Book (Das Buch Urantia) und Basic concepts of the Urantia Book; Elliot Miller, „The Urantia Book", Christian Research Institute Inc., 1979; J. Gordon Melton, The Encyclopedia of American Religions, Band 2 (Wilmington, N. C.: McGrath, 1978), 119; SCP Newsletter, Band 7, Nr. 3, August 1981; Clyde Bedell, Concordex of the Urantia Book (Santa Barbara, Calif.: Clyde Bedell Estates, 1986); Karl Cates, Jose D. Capeda, The Iskander, 11. Mai 1986.

Adresse/Hauptquartier: The Urantia Foundation, 533 Diversey Parkway, Chicago, IL 60614/USA; Center for Urantia Book Synergy, Inc., P. O. Box 3915, Santa Barbara, CA 93130/USA.

Vedanta

Swami Vivekananda

Der immer größer werdende Einfluß mystischen Gedankenguts auf die religiösen Werte der westlichen Welt ist sicherlich in entscheidendem Maße auf den Hindu-Guru zurückzuführen, der als erster legitimiter Sprecher für die östliche Welt breite Anerkennung fand – Swami Vivekananda (1863–1902). 1893 sprach er vor dem Parliament of Religions in Chicago und eroberte seine Zuhörerschaft im Sturm. Die amerikanische Öffentlichkeit wurde dann durch seine Vortragsreisen auf ihn aufmerksam, und dies führte im Jahre 1894 zur Gründung der *Vedanta Society,* der ersten offiziellen hinduistischen Organisation in den USA. Dieses Ereignis sollte ein Meilenstein für die Zukunft sein und manifestierte sich in der Ausbreitung vieler Sekten, die es heute gibt.

Nach seiner Geburt Narendranath Datta genannt, legte er sich später den Swami-Namen Vivekananda zu („Glückseligkeit der Diskriminierung" zwischen Wirklichkeit und Illusion) und wurde ein hingegebener Schüler des bengalischen Heiligen Sri Ramakrishna, der im Kali-Tempel in Kalkutta Priester war. Ramakrishna machte häufig die Erfahrung des *Samadhi* (Glückszustand eines veränderten Bewußtseins in Trance) und zog daraus den Schluß, daß alle Götter und Religionen nur vielfältige Manifestationen des Absoluten sind. Er folgte dann dem Weg der *Veda-anta* (Ziel der Erkenntnis basierend auf den *Veden* – heilige Hindu-Schriften) und entwickelte einen intellektuellen Ansatz des Hinduismus, der teilweise auf wohltätigen Werken basierte. Vivekananda sah in Ramakrishna einen *Avatar,* dem die gleiche Verehrung gebührte, wie sie Christus von seinen Aposteln erwiesen wurde; nach dem Tode des heiligen Mannes gründete er die Ramakrishna Mission in Kalkutta.

Durch die Vedanta Society übte Vivekananda einen großen Einfluß auf die Autoren Aldous Huxley und Gertrude Stein aus. Er betonte zwar die Vorrangstellung des Hinduismus, sagte aber auch: „Wir erkennen alle Religionen als wahr an." Diejenigen, die Vivekanandas Einfluß auf die westlichen Religionen für positiv halten, sollten einmal den Kali-Tempel und die Ramakrishna Mission in Kalkutta besuchen (wie es der Autor tat). Kali, die schwarze Göttin des Todes, trägt einen Halsschmuck aus menschlichen Schädeln und hält einen blutigen Kopf in der Hand. Ich beobachtete, wie in der Nähe des Eingangs zum Kali-Tempel blutige Ziegenopfer vor einem phallischen *Lingam* (Nachbildung eines männlichen Geschlechtsorgans) dargebracht wurden. Nicht weit davon entfernt sah ich im Tempel der Ramakrishna Mission arme Bauern, die einem Götzen das wenige Geld, das sie besaßen, als Opfer brachten. Die Gunst des Götzen war ihnen wichtiger als Lebensmittel, um ihre Kinder zu ernähren. Dieses heidnische spirituelle Erbe im Westen zu verbreiten, ist das eigentliche Ziel der Vedanta Society. Derartige enthumanisierende Absichten können nicht durch die intellektuellen Diskurse verdeckt werden, in denen die „Existenz der einzigen Ursache“ oder das „Verschmelzen des Ich mit der Wirklichkeit“ betrachtet wird.

Quellenverzeichnis: J. Gordon Melton, The Encyclopedia of American Religions, Band 2 (Wilmington, N. C: McGrath, 1978); Spiritual Counterfeits Project Newsletter, Band 5, Nr. 3, April – Mai 1979.

Vereinigungskirche

Sun Myung Moon

„Das Kreuz ist das Symbol für die Niederlage des Christentums." Diese Aussage war so schockierend, daß ich mich fragte, ob der Redner tatsächlich meinte, was er da sagte. Sun Myung Moon hatte über seinen koreanischen Übersetzer bereits zwei Stunden auf seine Zuhörer eingeredet, und seine Predigt war voll von theologischen Absurditäten gewesen, doch dies war der Gipfel von allem. Er wiederholte noch einmal: „Das Kreuz ist das Symbol für die Niederlage des Christentums."

Mehrspaltige Zeitungsartikel hatten vorher meine Aufmerksamkeit erregt. „Das Christentum in einer Krise – Neue Hoffnung für Amerika", so versprachen die Überschriften. Man schrieb das Jahr 1973, und damals waren erst wenige auf diesen militanten Messias aufmerksam geworden. Das Wort *Mooni* gehörte zu der Zeit noch nicht zum Wortschatz des Durchschnittsbürgers. Heute jedoch ist Sun Myung Moon, der von seinen Jüngern als „Herr der zweiten Wiederkunft" bezeichnet wird, Gegenstand internationaler Kontroversen.

Wollte er das Kreuz Christi tatsächlich ins Lächerliche ziehen, indem er es als endgültiges Zeichen für das Versagen des Christentums darstellte? Moon erklärte gleich die Theologie, die hinter dieser Schlußfolgerung steht. Bevor Adam eheliche Beziehungen mit Eva hatte, wurde sie von der Schlange sexuell verführt – die Schlange war niemand anderes als der Erzengel Luzifer. Der Nachkomme, der aus der Vereinigung mit dem Bösen hervorging, war Kain, und er war der Same, aus dem der Kommunismus entsprang. Abel hingegen, der Sohn Adams, stand am Anfang der Linie, die zu den geistlichen Demokratien in Südkorea und den USA führte. Weil das Blut der Menschheit durch Evas sexuelle Sünde verunreinigt worden war, konnte Gott seinen ursprünglichen, bei der Erschaffung von Adam und Eva entwickelten Plan nicht vollführen. Er wollte aus ihnen eine vollkommene menschliche Familie hervorkommen sehen. Christus mußte daher auf die Erde kommen, um Adams Versagen wiedergutzumachen.

Moon behauptet, daß Jesus von Nazareth einer verbotenen Beziehung zwischen Zacharias und Maria entsprang. („Jesus ist nicht Gott“, sagt er.) Da Gott durch Jesus die Menschheit nach Geist und Körper erlösen wollte, wäre es für Jesus notwendig gewesen, zu heiraten, Kinder zu zeugen und eine vollkommene Familie hervorzubringen. Bevor er aber eine vollkommene Eva gefunden hatte, wurde er von den Juden getötet. Damit war durch seinen Tod am Kreuz der Plan Gottes nur zur Hälfte erfüllt worden, nämlich die geistige Erlösung des Menschen. Seither hat Gott 2 000 Jahre lang nach jemandem gesucht, der die Menschheit völlig erlösen würde, indem er die wahre Elternschaft über die menschliche Rasse übernimmt – einen dritten Adam, der ein sündloses Leben geführt haben muß und seinen Willen ganz Gott geweiht hat. Genügt er diesen Anforderungen, wird ihm das gelingen, woran der erste Adam (im Garten Eden) und der zweite Adam (Christus) gescheitert sind.

Derartige von Moon aufgestellte theologische Behauptungen stellen nur einen kleinen Teil seiner unorthodoxen Weltanschauung dar. Man könnte ihn leicht als einen weiteren fernöstlichen Fanatiker abtun, gäbe es da nicht zwei Millionen Menschen auf der ganzen Welt (in den USA beläuft sich die Zahl auf etwa 30 000), die seine absurden Lehren als ihre obersten geistlichen Grundsätze übernehmen. Der millionenschwere Industrielle hat damit Macht über die Köpfe von Tausenden von Jugendlichen gewonnen, sich ihren gesamten Besitz angeeignet und sie praktisch zu Sklaven gemacht – mit dem Ergebnis, daß er dabei für sich und seine Kirche ein Vermögen angehäuft hat.

Moons scharfer Angriff auf die Kreuzigung Christi ist nur ein Beispiel für seine ungewöhnlichen und eigenwilligen Aussagen. Folgende Zitate stammen ebenfalls von ihm:

„Ich werde die Welt erobern und sie mir untertan machen. Ich bin euer geistiger Kopf.“

„Er (Gott) lebt in mir. Ich bin seine Inkarnation.“

„Ich will Mitglieder unter mir, die mir gehorchen, auch wenn dies bedeutet, daß sie ihren eigenen Eltern ungehorsam sind.“

„Um einen Menschen von der Souveränität des Bösen zu befreien, müssen wir betrügen.“

„Der Meister (Moon) hier ist größer als all jene Gestalten (Heilige und Propheten) und größer als Jesus selbst.“

Wie konnte Moon eine derartig manische Übersteigerung seines Ego entwickeln, durch die er sich diese Selbst-Vergöttlichung anmaßt? Moon wurde im Jahre 1920 als Yong Myung Moon geboren und wuchs in einer presbyterianischen Familie auf. Seine hellseherischen Neigungen, die schon in der Kindheit zutage traten, fanden ihren Höhepunkt, als der 16jährige Moon angeblich in einer Vision Jesus begegnete. Christus soll ihm hierbei den Auftrag gegeben haben, die Aufgabe zu erfüllen, die er selbst nicht vollenden konnte, nämlich die körperliche Erlösung der Menschheit. 1944 heiratete Moon seine erste Frau und begann zu der Zeit, Anhänger um sich zu sammeln. Nach seiner Begegnung mit Park Moon Kim, dem selbsternannten Messias, änderte Moon seinen Namen Yong Myung Moon (Drache Scheinender Mond) in Sun Myung Moon (Sonne Scheinender Mond) um.

Die darauffolgenden Jahre verbrachte er im Gefängnis. Moon selbst gibt an, er sei als Gegner des Kommunismus verurteilt worden, seine zeitgenössischen Kritiker nennen dagegen die Anklage wegen ritueller Sexualpraktiken als Grund für seine Gefängnisstrafe. 1954 ließ sich seine Frau von ihm scheiden. Kurz darauf erfolgte die offizielle Gründung der Vereinigungskirche. Drei Jahre später wurde Moons geistliches Manifest, *Divine Principle (Göttliche Prinzipien),* veröffentlicht. In der Zwischenzeit suchte er die vollkommene Frau. Die Hochzeit mit seiner vierten Frau (es kursiert das Gerücht, daß er sich von seiner zweiten Frau nicht hatte scheiden lassen, als er die dritte heiratete) wurde als die in Offenbarung 19 prophezeite „Hochzeit des Lammes" proklamiert. Die Konsequenz seines exzentrischen Verhaltens waren Anklagen wegen unmoralischen Lebenswandels und die Exkommunizierung aus der presbyterianischen Kirche. Diese Maßnahme beeinflußte seinen geschäftlichen Erfolg jedoch in keinster Weise. Der Gewinn, den ihm seine Waffenfabrik, Titanwerke und Teefabrik in Korea einbrachte, wird auf etwa 20 Millionen Dollar geschätzt. Das nächste Ziel auf seiner Jagd nach Geld und Moonis waren die Vereinigten Staaten von Amerika, wohin er sich 1972 wandte. Seine Ankunft war bereits durch die Übersetzung der *Göttlichen Prinzipien* ins Englische von Young Oon Kim, einem Gleichgesinnten, vorbereitet worden. Moon wurde von Arthur Ford, einem spiritistischen Medium, als die Stimme religiöser Gedanken des New Age gepriesen.

Nach seiner Ankunft in Amerika fuhr Moon sogleich in großem Stil mit seinen Geschäften fort. Er erwarb im Staate New York für eine Million Dollar einen Gebäudekomplex, der als Hauptquartier der Sekte dienen sollte, und für sich einen Wohnsitz im Wert von über einer halben Million Dollar. Ein Hotel in New York und das Tiffany Building zählten bald ebenfalls zu seinem Immobilienbesitz, und es kursierte das Gerücht, daß er sich sogar um das Empire State Building bemüht hatte. Eine Zeitung mit dem Titel *News World* wurde in großer Auflage gedruckt, und auf Vortragsreisen durch die USA wurde seine Botschaft bekannt gemacht. Moon ergriff Partei für Richard Nixon, der damals von allen Seiten angegriffen wurde, und er zeigte sich auf Fotos an der Seite von Prominenten. Seine politischen Ambitionen waren jedoch genauso übertrieben wie seine geistlichen Ziele – sie bestanden aus nichts Geringerem als dem Wunsch, eine religiöse Partei ins Leben zu rufen und eine weltweite theokratische Regierung einzurichten.

Als man in der Presse über Moon und seine Anhänger skeptisch berichtete, löste dies eine Kontroverse auf nationaler Ebene aus. Eltern warfen ihm Gehirnwäsche vor und heuerten „Deprogrammierer" an, um ihre Kinder aus seinen Fängen zu retten. Man begann, die Legalität der Immigration seiner koreanischen Anhänger in Frage zu stellen. Daraufhin wimmelte es um das Weiße Haus nur so von Moonis, die Kongreß-Mitglieder in ihren Bann ziehen wollten. Andere Moon-Anhänger machten sich in Einkaufszentren und Flugplätzen breit, um dort Blumen und Kerzen zu verkaufen. Jährlich wurden damit mehrere Millionen Dollar eingenommen.

Lange Zeit sah das alles wie das Drehbuch zu einem schlechten Film aus. Die Realität ist jedoch erschreckend und wirft interessanterweise ein Licht auf die religiöse Stimmung in Amerika. Man kann nicht leugnen, daß viele Menschen von Moons Lehren angesprochen wurden. Junge Leute, die von den institutionellen Kirchen enttäuscht worden waren und sich nach der Sicherheit einer autoritären Struktur sehnten, waren der Auslöser, der diesen religiösen Zug ins Rollen brachte. Neulinge werden zu einer Wochenendfreizeit eingeladen, wo sie mit Freundlichkeit, Lachen und Liebe überschüttet werden, aber noch nichts von Moon und seinen Ansprüchen hören, die er später stellen wird. Dann nämlich wird die sektiererische Taktik angewandt, die „Bekehrten" in Zuständen eingeschränkter Wahrnehmungsfähigkeit und körperlicher Erschöpfung sowie durch intensive Indoktrinierung mit ihrem „wahren Vater" und ihrer „wahren Mutter" bekannt zu machen.

Grundlage für Moons Theologie ist die Einteilung der Geschichte in das Zeitalter des Alten Testaments, des Neuen Testaments und des gegenwärtigen Erfüllten Testaments. Dieses Zeitalter erfordert eine neue Offenbarung der Wahrheit, die die Bibel ersetzt, nämlich Moons 536 Seiten umfassende *Göttliche Prinzipien.* Sie wurden ihm, so erklärt er, von Gott durch automatisches Schreiben diktiert. Die darin enthaltenen Wahrheiten wurden zusammengestellt, nachdem Moon sich in der spirituellen Welt mit Buddha, Jesus und weiteren bedeutenden religiösen Figuren beraten hatte. Sie verbeugten sich untertänig vor ihm und flehten ihn an, der Menschheit die kommenden Wahrheiten zu offenbaren, von denen Jesus angeblich in Johannes 16,13 spricht. Moon behält sich die Möglichkeit vor, zu einem späteren Zeitpunkt weitere übernatürliche Offenbarungen hinzuzufügen und seine *Göttlichen Prinzipien* zu modifizieren.

Im Zentrum seines Glaubenssystems steht das Konzept vom Dritten Adam, Messias oder Herr der zweiten Wiederkunft. Moon verkündet, daß der Retter der Welt „im Osten erscheinen wird", daß er alle Religionen vereinigen wird und daß sein Geburtsdatum, das durch Berechnungen ermittelt wurde, etwa um das Jahr 1920 liegt. Die Massen werden ihn ablehnen und verfolgen. Wie Johannes der Täufer, der als Elia kam, wird dieser „Herr" in einem menschlichen Körper wohnen.

Obwohl die Leiter der Vereinigungskirche möglichst vermeiden, Moon als den Messias zu bezeichnen, ist die Schlußfolgerung, die sich daraus ergibt, eindeutig. Die Foltern und Wunden, die Moon angeblich in kommunistischen Gefängnissen erleiden mußte, sollen als weiterer Beweis für seine Mission als Erlöser dienen. Daß Moon dieser Verheißene ist, bestätigt er nicht, bestreitet es aber auch nicht; nach eigenen Behauptungen hat er jedoch selbst den Satan besiegt. Die gegenwärtige Front in der Schlacht zwischen Gut und Böse, Gott und dem Teufel, ist der 38ste Breitengrad zwischen Nord- und Südkorea. Da der Allmächtige die USA als Bollwerk gegen den satanischen Kommunismus erwählt hat, ist es Moons Pflicht, den moralischen und geistigen Abstieg Amerikas ins Gegenteil zu verkehren.

Moons Versprechungen beinhalten mehr als das Überbringen einer Botschaft. Es ist seine Pflicht, dort anzusetzen, wo Christus aufgehört hat. Die Einheit mit seiner jetzigen Frau soll zu einer neuen Menschheit führen, die nicht vom Blut Luzifers verunreinigt ist. Wird Moon aufgrund seiner gescheiterten Ehen aber nicht als Messias untauglich? „Nein!" antworten die Moonis nachdrücklich. Seine Mission als Retter der Menschheit ist so bedeutungsvoll, daß nicht nur *eine* perfekte Frau die wahre Mutterschaft hätte übernehmen können. Gott hatte drei „Evas" vorbereitet, doch sie sind gescheitert. Hak Ja Han ist die Mutter der Menschheit, die Gott schließlich erwählt hat. Sünde sieht Moon als eine genetische Veranlagung, nicht als moralische Entscheidung. Die Rettung besteht dann darin, als sein direkter Nachkomme geboren zu werden oder eine Ehe einzugehen, die von ihm ausgesucht und gesegnet wird.

Zuverlässige Zeugen berichten, daß zunächst, als die Sekte noch klein war, die „Reinigung des Blutes", also die Befreiung vom Eingriff des Teufels in das Erbmaterial, dadurch erreicht wurde, daß die weiblichen Mitglieder der Vereinigungskirche Geschlechtsverkehr mit Moon hatten. Durch das drastische Wachstum der Sekte wurde es erforderlich, daß diese Bedingung erweitert wurde; jedes menschliche Mitglied, das mit einer Frau, die von Moon „gereinigt" worden war, geschlafen hatte, war nun ebenfalls rein. Für diejenigen, die sich seiner Autorität völlig unterordnen, gilt diese Hingabe als eine geistige Form der Reinigung, die keinen Beischlaf mehr erfordert.

Die von Moon angebotene Absolution ist für Mitglieder möglicherweise mit der Forderung verbunden, ihr gesamtes Vermögen der Vereinigungskirche zu überlassen. Kinder können den Eltern weggenommen und der Kirche zur gemeinschaftlichen Erziehung übergeben werden. Frühere Ehen werden ungültig und müssen von Moon neu geschlossen werden. Die Unverheirateten müssen warten, nachdem sie Moon sieben Jahre gedient haben, bis er einen Partner für sie auswählt. Häufig lernen sie ihren zukünftigen Ehepartner erst am Tag der Hochzeit kennen und dürfen die Ehe erst vierzig Tage später vollziehen. Um Moons Zeit und Energie nicht zu sehr zu beanspruchen, werden Massenhochzeiten veranstaltet, bei denen bereits 1 800 Paare gleichzeitig getraut wurden.

Moons Lehre weist weitere merkwürdige Seiten auf. In einigen Fällen werden die Mitglieder dazu ermutigt, alle Kontakte mit Eltern und früheren Freunden abzubrechen. Mutter und Vater Moon sind die wahren Eltern (die Bezeichnung „himmlischer Vater" bleibt Gott vorbehalten) und die einzigen, denen Verehrung gebührt. Als Gegenleistung für diese Unterordnung wird für alle lebensnotwendigen Dinge gesorgt. Essen, Kleidung und Unterkunft, alles, von der Zahnpasta bis zur Kleidung, wird denen als Gemeinschaftseigentum zugeteilt, die alles verlassen, um auf den Straßen Waren zu verkaufen und damit das Einkommen der Kirche zu vergrößern. Ein Minimalbetrag wird vorgegeben (z. B. 100 Dollar pro Tag), einige Ex-Mitglieder haben es sogar auf 1 600 Dollar pro Tag gebracht. Nach Schätzungen werden auf diese Weise in fünf Tagen etwa eine Million Dollar eingenommen. Wenn sich Kunden danach erkundigen, wofür das Geld bestimmt ist, werden bewußt falsche Angaben gemacht („himmlischer Betrug"). Denn die Leute geben viel bereitwilliger etwas für „Drogenrehabilitations-Programme" oder „hungernde Kinder", als die Taschen eines selbsternannten Messias zu füllen. Manche Mitglieder haben auch schon im Rollstuhl um Gaben gebeten und so die Sympathie der Kunden geweckt.

Moons Theologie besteht aus einer Mischung von christlichen Konzepten und spiritistischen Praktiken. Er lehrt, daß der Himmel das Reich der Geisterwelt ist. Die Hölle hat keine Zukunft, weil „sie verschwinden wird, wenn der Himmel sich ausbreitet". Der Bestimmungsort nach dem Tod hängt von der Qualität des geistlichen Lebens auf der Erde ab; von dem Maß des Guten, das wir durch unser Handeln darin aufbauen. Im Unterschied zur christlichen Verheißung ewiger Vollkommenheit behauptet Moon, daß seine Nachfolger im Leben nach dem Tod die gleichen „Wünsche, Abneigungen und Hoffnungen spüren werden wie vor dem Tod". Jeder Boden, der mit koreanischer Erde bestreut wird, gilt als heiliges Land. Böse Geister können durch das Bestreuen mit heiligem Salz vertrieben werden. Die Anwendung soll heimlich von hinten geschehen, wenn jemand merkt, daß das Böse in eines ihrer Zentren eingedrungen ist.

Der Sonntagmorgen ist für die Verehrung der wahren Eltern reserviert. Die „Familie" der Kirche steht dazu um 5.00 Uhr morgens auf, um sich dreimal vor dem Bild Moons und seiner Frau zu verneigen. Danach folgt ein Gelöbnis, in dem die Mitglieder versprechen, alles Notwendige zu tun, um Moons Willen auf der Erde zu verwirklichen. Manchmal kommt es während der Gebetszeiten, in denen Anliegen direkt an Moon gerichtet werden, zu lauten, ekstatischen Gefühlsausbrüchen. Beobachter berichten, wie Mitglieder schluchzen, schreien, mit ihren Fäusten auf den Boden schlagen und dabei plötzlich Ergüsse von Klage- und Siegesgeschrei von sich geben. Ein Reporter beschreibt, wie Moonis „in Trancezuständen wie Beteiligte an Voodoo-Zeremonien" krampfartig zucken. Solch traumatische Erlebnisse sind aber immer noch besser, als von Vater Moon gedemütigt zu werden. Der wahre Vater erweist denen gegenüber, die seine Ziele verfehlen, keine Gnade. Schonungslos geht er mit nachlässigen Mitgliedern unter dem Vorwurf um, daß sie den Bau des himmlischen Königreichs auf der Erde behindern.

Von Anfang an war Moons Lehre von okkulten Praktiken begleitet. Er gibt zu, mit den Geistern von Familienmitgliedern durch spiritistische Sitzungen in Kontakt getreten zu sein. Die christlichen Sakramente wie Taufe und Kommunion werden umgangen, Hellseherei, automatisches Schreiben und spiritische Medien hingegen akzeptiert. Moon prophezeit: „Wenn sich die Geschichte ihrem Ende nähert, werden immer mehr Menschen spirituelle und psychische Erfahrungen machen." Seinen Anhängern verspricht er, daß diejenigen, die seinen Prinzipien völlig ergeben sind, Zeugen einer spirituellen Materialisierung ihres wahren Vaters (Moon) sein werden. Einige Mitglieder haben dieses Phänomen angeblich beobachtet, andere schreiben Moon die Fähigkeit zu, ihre Gedanken lesen zu können. Neulinge ließen sich durch Träume locken, in denen Moon und seine Frau ihnen erschienen und sie zum Dienst in ihrer Kirche aufforderten. Ironischerweise werden diejenigen, die sich von Moons Lehren wieder lossagen wollen, davor gewarnt, daß dies zu satanischer Besessenheit führen könne.

Moon fiel bei den neuen Regierungsmitgliedern in Seoul in Ungnade, und es wurde verboten, in der Presse positiv über ihn zu berichten. Vielen Koreanern schien Moons Image sichtlich peinlich zu sein. In den USA ist die Öffentlichkeit über Moons zweifelhafte Taktiken besser informiert als über die der meisten anderen Sekten. Dadurch ergab sich eine Fülle von Schwierigkeiten. Einige der Gebäude in New York, die im Besitz der Kirche sind, wurden als steuerpflichtig erklärt. Das Amt für Immigration und Einbürgerungen empfahl die Ausweisung Moons, nachdem seine Frau zur Beantragung der Aufenthaltsgenehmigung für Ausländer gefälschte Papiere vorgelegt hatte. Ein Gericht des Staates New York erhob eine Anklage gegen Moon, in der er mit einem Helfer der Steuerhinterziehung beschuldigt wird. 1982 wurde er von einem Gericht für schuldig befunden, für 162 000 Dollar seines persönlichen Einkommens keine Steuern bezahlt zu haben. 1984 mußte er elf Monate in einer Besserungsanstalt in Danbury im Staat Connecticut verbringen. (Diese Anstalt ist als „Club"-Gefängnis bekannt und ähnelt mehr einem Studentenwohnheim als einem typischen Gefängnis.) Nach seiner Freilassung mußte er für sieben Monate im „Oxford Project Halfway House" in Brooklyn arbeiten, doch in dieser Zeit war es ihm erlaubt, seine kirchlichen Geschäfte weiterzuführen. Während Moons Gegner an Zahl zunahmen, wurde aufgrund seiner kurzen und relativ harmlosen Gefängnisstrafe aber auch deutlich, daß sein finanzieller und politischer Einfluß ihn bis zu einem gewissen Grad unantastbar gemacht hatten. (Eine interessante Randerscheinung in seinem Fall: Bei vielen Organisationen – zum Beispiel der National Association of Evangelicals [Bund evangelikaler Kirchen], dem National Council of Churches [Nationaler Rat der Kirchen] und der American Civil Liberties Union [Union für die bürgerliche Freiheit] – gibt es Unterlagen über ihre Korrespondenz mit dem Gericht, in denen sie mit Moon sympathisieren. Jerry Falwell, der Führer der „Moral Majority", war einer von vielen religiösen Führungspersonen, die das gerichtliche Vorgehen im Fall Moons als Angriff auf die Religionsfreiheit ansahen.)

Moons Helfer Mose Durst behauptet, daß diese Publicity der Vereinigungskirche nicht geschadet hat. Seinen Angaben nach war eher ein Wachstum der Mitgliederzahl von 5 auf 6 Prozent der amerikanischen Bevölkerung zu verzeichnen. Dies scheint notwendig zu sein, da die Kirche den Verlust von 50 Prozent desillusionierten Anhängern ausgleichen muß. Solange die amerikanische Gesellschaft jedoch eine entwurzelte Jugend aufweist, wird Moons Vision von der Hoffnung für die Zukunft eine beträchtliche Anhängerschaft anziehen. Tatsächlich sind seine Jünger so zuversichtlich im Hinblick auf die kommende Zeit, daß Mose Durst nun offen von Moon als dem zweiten Messias spricht.

Das Imperium Moons ist größer, als man glaubt. Die Vereinigungskirche investierte mindestens 70 Millionen Dollar in Uruguay und gewann dadurch einen bedeutenden Einfluß in diesem Land. Aufgrund ihrer antikommunistischen Haltung gewann die Kirche mächtige Freunde. Die Kirche erwarb die Banco de Credito, die drittgrößte Bank in Uruguay, sowie das größte uruguayanische Luxushotel in Montevideo. Dazu kommt eine beeindruckende Liste von Aktienanteilen, außerdem drei Druckereien, eine Zeitung und riesige Flächen Farmland.

In anderen südamerikanischen Staaten waren die Moonis weniger erfolgreich. In Brasilien wurden sie unsanft aus dem Land hinausbefördert, und in Bolivien, Chile und Paraguay gewann die Kirche nur geringen Einfluß.

Die *Washington Times* befindet sich im Besitz Moons, sowie 83 Fischkutter in Virginia und Massachusetts – und er verfügt über einen riesigen Landbesitz in den USA. (Die Fischkutter waren eine Zeitlang heftig umstritten, weil sie als „Kirchenboote" nicht der Steuerpflicht unterliegen, obwohl sie rein kommerziell eingesetzt werden.) 1984 wurde *Paragon House,* ein Buchverlag in New York, eröffnet; zum Kreis der Lektoren gehören einige prominente Wissenschaftler. Auch in Westeuropa besitzt die Moon-Sekte erheblichen Besitz, darunter einen bedeutenden metallverarbeitenden Betrieb in Deutschland. Eine Reihe von Deckorganisationen schleusen Geld aus dem Sektenbesitz verschiedenen antikommunistischen Bewegungen zu. Bei einer Mitgliederzahl von drei Millionen weltweit kann man sich dies leicht vorstellen. Es fällt einem der Satz „Macht steigt zu Kopfe" ein – und Christen beklagen zu Recht den Einfluß dieses selbsternannten Messias und seines wachsenden Imperiums.

Begründer: Sun Myung Moon, geboren am 6. Januar 1920 in Kwangju Sangsa Ru, Korea, heute unter der Herrschaft des kommunistischen Nordkorea.

Literatur: Die *Göttlichen Prinzipien* von Sun Myung Moon. Moons Offenbarungen gelten als „das, was zukünftig ist“ (Joh. 16,13).

Symbol: Quadrat in einem Kreis. Vier Speichen vereinigen sich im Zentrum des Kreises zu einer dunklen Kreisfläche. Von diesem inneren Kreis gehen Strahlen zum Rand des Quadrates.

Anziehungskraft: Viele Moonis waren vorher evangelikal geprägt bzw. gingen regelmäßig zur Kirche. Ihre Frustration über Heuchelei und das Fehlen einer dynamischen Leitung brachte sie zu Moon. In der Vereinigungskirche entdecken sie Autorität, Liebe ohne Vorurteile und eine Vision für weltweite Einheit und Frieden.

Ziel: In der Sektenliteratur heißt es: „Zur Erneuerung (Rettung der Menschheit) machte sich Gott daran, einen Menschen zu finden, der das Böse überwinden kann, und auf der Grundlage des Glaubens dieser Person zunächst eine Familie um ihn zu sammeln, dann eine Gesellschaft, eine Nation, bis schließlich die ganze Welt erneuert ist.“ Das Christentum bietet keine Hoffnung mehr, da Gott es als korrupte und veraltete Religion verworfen hat. Gott wird als ein trauriges Wesen dargestellt, das vom Bösen umgeben ist und sich von seiner Schöpfung entfremdet hat. Moon ist der Mensch, der Gottes Herz erfreuen wird, indem er ausführt, woran Christus gescheitert ist: die körperliche Erlösung des Menschen von dem Fluch, der durch die sexuelle Verführung Evas auf die Menschheit kam.

Irrtümer: Der Gott, der in den *Göttlichen Prinzipien* beschrieben wird, ist weder allmächtig, noch steht er souverän über irdischen Angelegenheiten. Daß dem Heiligen Geist eine weibliche Natur zugeschrieben und Christi Auferstehung ins Lächerliche gezogen wird, sind Gotteslästerungen schlimmster Art. Moons Lehre von sündloser Vollkommenheit nach dem Prinzip der Wiedergutmachung (Sündenvergebung durch Werke im Namen/Auftrag Moons), die sogar für längst verstorbene Vorfahren angewendet werden kann, ist eine Ablehnung der Rettung aus Gnade, die von Christus angeboten wird (Gal. 1; Eph. 2,8-9). Die Warnung in Matthäus 24 vor falschen Propheten ist in Moons Lehren und geistlichen Autoritätsansprüchen eindeutig erfüllt.

Quellenverzeichnis: Sun Myung Moon, Divine Principle (New York: Unification Church, 1973); Sun Myung Moon, New Hope (New

York: Unification Church, 1973); „The Unification Church – Who We Are“, Einführungspamphlet; Psychology Today, Nr. 8, August 1976; Circus, 13. April 1976; Time, 10. November 1975; ebd., 14. Juni 1976; ebd., 6. Juli 1981; Christianity Today, 1. März 1974; ebd., 28. Februar 1975; ebd., 19. Dezember 1975; ebd., 12. März 1976; ebd., 8. Oktober 1976; ebd., 20. Juli 1979; People, 20. Oktober 1975; Ronald Enroth, The Lure of Cults (Chappaqua, N.Y.: Christian Herold Books, 1979); Chris Elkins, Heavenly Deception (Wheaton, Ill.: Tyndale, 1980); The Denver Post, 1. Februar 1974; ebd., 5. Dezember 1975; ebd., 18. Februar 1977; ebd., 3. März 1978; ebd., 8. Mai 1981; Newsweek, 26. März 1975; ebd., 14. Juni 1976; ebd., 19. Mai 1980; Media Spotlight, Januar – März 1986; Edward Schumacher, New York Times News Service, „Rev. Moon's Uruguay Ties“, The Dallas Morning News, 26. Februar 1984.

Adresse/Hauptquartier: The Holy Spirit Association for the Unification of World Christianity. U.S. Hauptquartier: 1365 Connecticut Ave., N. W. Washington, DC 20036/USA; International Training Center, 723 Broadway, Tarrytown, NY 10591/USA.

Voodoo / Santeria

Auf Haiti spricht man von *Voodoo.* Kubaner und andere Lateinamerikaner nennen es *Santeria.* In Brasilien spricht man von *Macumba* und auf Trinidad von *Shango.* Unabhänging von der Bezeichnung handelt es sich überall um religiöse Praktiken, die von afrikanischen Stämmen herrühren und für die Zunahme von Kriminalität und spiritueller Abhängigkeit in den USA mitverantwortlich sind.

Der gefährliche Voodoo-Kult wurde in Filmen wie zum Beispiel *The Serpent and the Rainbow* und *Angel Heart* verherrlicht und erfreut sich in den USA zunehmender Popularität. In einigen Städten gibt es Apotheken, wo man Schlangenhaut, getrocknete Vogelkrallen, Knochen, Wurzeln, Räuchermittel, Statuen, Kerzen und andere Dinge kaufen kann, die man für Voodoo-Zauber verwendet. Primitive Drogen/Mittel werden dazu benutzt, böse Geister fernzuhalten, Macht über andere Menschen zu gewinnen, Gerichtsprozesse zu beeinflussen und geschäftlichen Erfolg zu erreichen.

Der Voodoo-Kult ist in vielen Teilen Amerikas sehr populär. Eine Kolonie in South Carolina ist stolz darauf, zu alten afrikanischen Praktiken und zum Voodoo-Kult zurückgekehrt zu sein. Voodoo ist in Mississippi und Louisiana sehr verbreitet, Santeria dagegen in Florida. Vor allem in New Orleans sind Voodoo-Praktiken populär. Als 1986 der Mord an einem Baby durch Verstümmelung polizeilich untersucht wurde, wurden Verbindungen zu der jahrhundertealten Santeria-Religion entdeckt. Bei dem Leichnam des Babys fand man Penny-Stücke, Früchte und Schmuckgegenstände, die darauf hindeuteten, daß Praktiken des karibischen Kultes mit im Spiel waren.

Die kubanische Form von Voodoo, Santeria, läßt sich auf afrikanische Wurzeln zurückverfolgen; hierbei werden Tieropfer gebracht, und die Aufnahmeriten sind von Sprechgesang und Waschungen begleitet. Der Aufnahmeritus dauert nach Angaben von Experten dieser Religion drei bis vier Wochen.

Die Santeria-Riten sind geheimnisumwoben, die Zahl der Praktizierenden ist nicht bekannt. Santeria-Anhänger begründen diese Tatsache damit, daß sie vor dem Gesetz ungerecht behandelt wurden und religiöse Verfolgung erleiden mußten. Einige fühlen sich als blutrünstige Heiden abgestempelt. Gene Bailly, ein Santeria-Priester, meint dazu: „Santeria hat einen schlechten Ruf. Die Leute denken, es ist Hexenkunst oder Satanismus. Doch sie sind falsch informiert.“ Er nennt Santeria eine tiefgründige Religion aus alter Zeit.

In Miami werden in kubanischen Wohnvierteln Kerzen, katholische Heiligenfiguren und lebende Opfertiere verkauft. Der Santeria-Kult rührt von den afrikanischen Sklaven her, die die Spanier nach Kuba brachten. Sie wurden dazu gezwungen, den Katholizismus anzunehmen, hielten dabei aber an ihren religiösen Wurzeln fest und übertrugen die Wesenszüge ihrer Götter auf die katholischen Heiligen.

Nach Angaben von Ordnungshütern sind Tieropfer in der Gegend um Miami so häufig, daß in den Flüssen durchschnittlich 100 Kadaver pro Woche gefunden werden. Santeros (= Priester) schlachten Tiere, um ihre Götter durch ein Blutopfer zu besänftigen. Dafür, so hoffen sie, werden sie mit einem guten Schicksal gesegnet. Ein Santeria-Anhänger erklärt: „Die Heiligen müssen gefüttert werden, und mit blutigen Opfern kann man sie füttern.“ Bei Palo Mayombe, einem Nebenzweig des Santeria-Kultes, der auf den böswilligen Praktiken schwarzer Magie basiert, werden menschliche Schädel verwendet, die bei Grabschändungen geraubt wurden.

Der Voodoo-Glaube hat einen entfernten Gott zum Mittelpunkt, der als Großer Meister bekannt ist und von Anthropologen *Vodoun* genannt wird. Er offenbart sich durch verschiedene Rituale. Er verfügt über eine Vielzahl von Geistern, sowohl wohlgesonnene, die durch *Rada*-Riten angerufen werden, als auch strenge, denen man sich in blutigen *Petro*-Riten nähert. Diese strengen Geister sind grob und böswillig, wenn sie von jemandem Besitz ergriffen haben.

Der Voodoo-Kult hat in der haitianischen Politik eine bedeutende Rolle gespielt. Die berühmte Sklaven-Revolte von 1791 begann bei einer Voodoo-Zeremonie. Die Teilnehmer gelobten dem Satan Treue, wenn er ihre Nation aus französischen Händen befreien würde. Fast zweihundert Jahre später war Voodoo ein entscheidender Faktor bei dem Aufstieg und dem Niedergang der Duvalier-Dynastie auf Haiti. Zunächst wurden die Menschen durch Voodoo erschreckt und zur Unterwürfigkeit eingeschüchtert, danach zu Gewalt und Zerstörung angestachelt.

Der Diktator Duvalier, bekannt unter dem Spitznamen „Papa Doc“, regierte bis zu seinem Tode im Jahre 1971 vierzehn Jahre lang auf Haiti. Er gebrauchte den Voodoo-Kult, um den Haitianern Furcht einzuflößen und seine Macht zu stärken. Als er 1957 Präsident geworden war, glaubte vor allem die Landbevölkerung, daß er die Inkarnation des Voodoo-Gottes *Baron Samedi* sei. *Baron Samedi* ist der Geist des Todes und damit einer der böswilligen Geister.

Duvalier war häufig in Schwarz gekleidet und trug Voodoo-Gegenstände als Schmuckstücke, um diesen Glauben zu untermauern. Auch nannte er seine Sicherheitsstreitkraft *Tontons Macoutes* nach dem legendären haitianischen „schwarzen Mann", der die bösen Kinder abholt. Um seine Anhänger mit der Macht des Voodoo zu beeindrucken, änderte er die Farben der haitianischen Flagge in Rot und Schwarz, die Farben der geheimen Voodoo-Zeremonien. Während seiner Herrschaft wurden Tausende von Haitianern von seinen Anhängern getötet. Er behauptete, daß er einmal im Jahr in einer Grabstätte übernachtete, wo er mit Geistern kommunizierte. Jean-Claude „Baby-Doc" Duvalier trat 1971 seine Nachfolge an und setzte dieses gräßliche, despotische Regime des voodooistischen Dämonismus fort. Als die Dynastie der Duvaliers langsam zerfiel, holte er vergeblich Voodoo-Priester herbei, um die Unruhen unter Kontrolle zu bringen. 1986 flüchtete er schließlich aus Haiti. Die neuen Herrscher änderten darauf die Farben der Flagge wieder auf Rot und Blau.

Walter Serge, ein Voodoo-Seher aus New York, war der Sohn eines Anhängers von Marcus Garvey (Führer einer Schwarzen-Bewegung zum Beginn dieses Jahrhunderts, der lehrte, daß Äthiopien das verheißene Land sei) und sehnte sich danach, seine kulturellen Wurzeln wiederzuentdecken; er wurde schließlich Tänzer in einer afrikanischen Tanztruppe, studierte Ballett, reiste durch Schwarz-Afrika und besuchte Haiti.

Nach seiner Rückkehr nach New York wurde Serge King zu einer bekannten Persönlichkeit in schwarz-nationalistischen Gruppen. Während die meisten schwarzen Führer politische Macht erreichen wollten, setzte sich King für einen breiteren kulturellen Nationalismus ein, doch er war sich der Tatsache bewußt, daß er die tiefreligiöse schwarze Rasse nicht ohne einen wirksamen Katalysator vereinigen konnte. Dazu wählte er den Voodoo-Kult aus. 1959 wurde King in einen Voodoo-Kult in Kuba aufgenommen, danach kehrte er wieder nach New York zurück. Er eröffnete dort den ersten Tempel, der der rein afrikanischen Voodoo-Religion geweiht war, und führte dort die Aufgaben des „Chief Bab" (Kurzform für *Babalawo* oder Priester) aus.

Zwar gibt es einige Unterschiede zwischen Voodoo und Santeria, jedoch haben diese beiden Kulte viele Götter und Rituale gemeinsam. Bei beiden Kulten glaubt man, daß alle Ereignisse in dieser Welt von göttlichen Kräften beeinflußt werden. Eine wichtige Voodoo-Philosophie besagt: „Kümmere dich um die Götter, dann kümmern sie sich auch um dich." Zum Beispiel lernen Santeria-Neulinge während ihres Anfangsjahres die Yoruba-Sprache, damit sie die Götter in deren Sprache anrufen können, und informieren sich darüber, welche Speisen und Getränke ihre Götter bevorzugen.

Ogun, der Gott des Eisens und des Krieges, ißt am liebsten Hähne und Ziegenböcke, sein Lieblingsgetränk ist Rum. Erzulie, der Lebensgott, wünscht sich Desserts, am liebsten verzierte Torten und Minzcreme. Damballah mag Champagner sehr gerne, andere Voodoo-Götter bevorzugen Coca-Cola.

Wenn ein Voodoo-Anbeter von einem Geist besessen ist, der auf ihn herabkam und in seinen Körper eindrang, äußert sich dies gewöhnlich durch Schreien und Heulen. Einige schütteln oder krümmen sich heftig, als ob sie einen epileptischen Anfall hätten. Plötzlich befindet sich die Person in einem Trancezustand, wird ohnmächtig und fällt zu Boden. In diesem Trancezustand gehen einige über Glasscherben oder glühende Kohlen. Andere halten ihre Hände in brennendes Öl oder Alkohol. Voodoo-Anhänger beschwören, daß Geister in den Körper von Personen, die nach diesen Foltern keinen Schmerz verspüren, eingedrungen sind.

Voodoo ist teilweise auch für die Ausbreitung von AIDS auf Haiti verantwortlich. Voodoo-Priester verwenden nämlich Tierkadaver zur Herstellung von Zaubertränken und Pulvern, außerdem wird menschliches Blut bei Opferzeremonien verwendet. AIDS-Experten nehmen daher an, daß sich die Krankheit durch den Kontakt mit diesen verseuchten Opfergaben ausgebreitet hat. Dies ist wohl der Grund dafür, daß AIDS auf Haiti viel häufiger auftritt als auf anderen karibischen Inseln.

Voodoo ist eine Religion, die ihre Wurzeln im Satanismus hat. Die Besessenheit von Geistern herauszufordern, birgt sehr ernste Gefahren im geistlichen Bereich. Die Bibel lehrt, daß man Geister vertreiben und nicht einladen soll. Gott fordert uns dazu auf, unsere Leiber als heilige, lebendige Opfer darzubringen, und nicht, Geister mit Tieropfern zu besänftigen. Ein einziger Versuch, mit Geistern zu kollaborieren, bedeutete das Ende für König Saul, und vielleicht traf dieses Urteil auch die Duvaliers auf Haiti.

Begründer: Afrikanische Sklaven, die okkulte Stammesreligionen mit sich brachten.

Literatur: Keine. Mündliche Weitergabe der Sitten und Rituale.

Symbol: Fetische, Heiligenfiguren, Voodoo-Puppen. Andere Symbole bewahren ihren Träger vor Vergiftungen, Todeshexen, bösen Geistern, Krankheit, Verletzungen und Unfällen.

Anziehungskraft: Häufig wird festgestellt, daß Voodoo den Bewohnern von Haiti hilft, mit der schrecklichen Armut in ihrem Land fertig zu werden. In der Karibik wird die ungebildete Masse von dieser merkwürdigen Religion angezogen, der Anreiz in den Vereinigten Staaten ist jedoch anderer Art. Voodoo und Santeria entfesseln den dunklen Teil der menschlichen Psyche, der unbewußt nach ungezügeltem Verhalten und Rache dürstet.

Ziel: Voodoo wird praktiziert, um die Götter zu besänftigen und das Schicksal positiv zu beeinflussen. Voodoo-Praktiken dienen auch dazu, auf die Psyche anderer negativ einzuwirken.

Irrtümer: Die Bibel fordert dazu auf, Dämonen zu zertreten – und nicht, sie anzurufen (Lk. 10,19). In okkulten Voodoo-Praktiken wird die Besessenheit von Geistern herausgefordert. In der Voodoo-Religion sind Tieropfer zur Besänftigung der Geister erforderlich; Gott verlangt jedoch nicht, daß wir für ihn töten. Außerdem ist das böswillige Darauf-Hinarbeiten, gesellschaftlich oder beruflich weiterzukommen, selbstsüchtig und schlecht. Es gibt zwar viele, die sowohl Voodoo als auch das Christentum praktizieren, jedoch widerspricht das Voodoo-Gottesbild des fernen „Großen Meisters“ mit seiner Geisterschar dem biblischen Gottesbild völlig.

Quellenverzeichnis: Drug Topics, 3. Mai 1982; The Press (Atlantic City, New Jersey), 21. März 1986; The Rocky Mountain News, 8. Dezember 1984; Dallas Life Magazine, 15. Juli 1984; The Seattle Times/Seattle Post-Intelligence, 25. November 1984; The Vancouver Sun, 1. Februar 1980; The National Observer, 20. November 1975; The Stuart (Fla.) News, 8. Februar 1981; The Rocky Mountain News, 23. März 1986; Newsweek, 22. Juni 1981; OMNI, Dezember 1987.

Adresse/Hauptquartier: Haiti; südlicher Teil der Vereinigten Staaten, wo es kubanische Kolonien gibt, New Orleans, Louisiana.

Siehe auch unter Schwarze Magie, Macumba, Hexenkunst.

Weltweite Kirche Gottes

Armstrongismus

Die Orchestermusik wird lauter und erhebt sich zu einem Crescendo, dann ertönt eine tiefe Stimme mit den Worten: „Die Welt von morgen, mit Garner Ted Armstrong." Zumindest hieß es so, bevor Garner Ted Armstrong begann, sich mit Geldausgeben und Frauen zu vergnügen (man spricht von 200 Partnerinnen), und deshalb im Jahre 1972 für vier Monate vorübergehend und 1978 endgültig aus der Weltweiten Kirche Gottes ausgeschlossen wurde. Der achtzigjährige Herbert W. Armstrong trat daraufhin wieder ins Rampenlicht und übernahm erneut die autokratische Leitung der aus 68 000 Mitgliedern bestehenden Weltweiten Kirche Gottes.

Zu seinem Herrschaftsbereich gehörten die Ambassador Colleges in Pasadena (Kalifornien), Big Sandy (Texas) und St. Albans (England). H. W. Armstrong war bekannt für sein häufiges Zusammentreffen mit hohen Staatsbeamten und Regierungsvertretern. Seine Reisen führte er mit einem Privat-Jet durch – ein Symbol für den luxuriösen Lebensstil, für den man ihn häufig kritisierte. Armstrong gab sich als internationaler Staatsmann, hatte er doch durch seine wohltätigen Gaben Kontakt zu verschiedenen Staatshäuptern (Sadat, Begin, Gandhi und andere). Seine Kritiker warfen ihm vor, daß er in seinem Büro einen Teppich im Wert von 30 000 Dollar liegen hatte und dem Wiener Symphonie-Orchester als fürstliches Geschenk einen Scheck von 500 000 Dollar übergab. Das Orchester hatte anläßlich der Einweihung des extravaganten Ambassador-Auditoriums (11 Millionen Dollar Baukosten) ein Konzert gegeben . . .

Armstrong, der sich selbst zum Propheten der „Wahren Kirche" hochstilisiert hatte, begann als Werbefachmann in Des Moines, Iowa. Er wurde von den Lehren einer Abzweigung der Adventisten beeinflußt, und seine Frau überzeugte ihn davon, daß man das Heil nur durch die Einhaltung aller Gebote Gottes erlangen könnte, unter anderem durch die Einhaltung des Sabbats und der alttestamentlichen Reinigungsgesetze und die Beachtung der jüdischen Feiertage. Andere Lehren, die Armstrong annahm, waren: Ablehnung der Dreieinigkeit, Nichteinmischung in politische Angelegenheiten, Ablehnung der Hölle, Vernichtung des Bösen, Anglo-Israelismus (ein Glaubenspunkt, der zur Trennung von den Siebenten-Tags-Adventisten führte).

Sein ursprünglicher Beruf als Werbefachmann stellte eine gute Vorbereitung für sein Auftreten in den Medien dar. 1934 wurden die Sendungen noch von einer 100-Watt-Station ausgestrahlt, doch Armstrongs Empire wuchs auf eine große Anzahl von Radio- und TV-Stationen an – in Garner Teds Glanzzeit waren es 500. Außerdem lockte *The Plain Truth* (dt. Klar und Wahr), ein vierfarbiges Hochglanzmagazin, das monatlich erschien, viele neue Mitglieder der Kirche an. Die darin vertretenen patriotischen und moralischen Einstellungen sprechen den Durchschnitts-Amerikaner an. Denen, die über Kriminalität, Pornographie und die politische Unsicherheit frustriert sind, wird darin eine „Welt von Morgen" versprochen, allerdings ohne darauf einzugehen, wie man diese Welt von Morgen erreichen kann und wer den Weg dahin aufzeigen wird. (Das sehr teure Hochglanzmagazin *Quest,* das alle zwei Monate erscheint, ist ein reines PR-Instrument. Es wird von der Ambassador International Cultural Foundation veröffentlicht, einer Organisation, die als Aushängeschild der Weltweiten Kirche Gottes dient. Zum Zeitpunkt, als dieses Buch verfaßt wurde, kursierte das Gerücht, das *Quest* verkauft werden sollte.)

Nur sehr selten werden die Lehren erwähnt, die diese in Amerika entstandene Sekte als ein Rätsel erscheinen lassen. Einige dieser merkwürdigen Doktrinen wurden vor kurzem modifiziert, um dem Image größerer Offenheit Rechnung zu tragen. Andere bleiben aber bestehen. Zu diesen Lehren (die bei Fertigstellung dieses Buches zum Teil ebenfalls aufgehoben sein können) gehören: eine Form des dreifachen Zehnten, um die Kirche finanziell zu tragen, kirchliche Feste und besondere Spenden; Abneigung gegen die Inanspruchnahme von Ärzten und medizinischen Behandlungen; die ungeschriebene Forderung, Ehen, die nach einer Scheidung geschlossen wurden, aufzulösen (1976 aufgehoben), das Feiern von Geburtstagen, Ostern und Weihnachten wird verurteilt. Weitere Veränderungen der Lehren sind wahrscheinlich, da die Weltweite Kirche Gottes eine progressive Theologie vertritt, die kein endgültiges Verständnis des Wortes Gottes für sich beansprucht und „die Bereitschaft, neue Erkenntnisse mit einzubeziehen", betont. Bis vor kurzem kam man nur schwer an die Lehren der Weltweiten Kirche Gottes heran. Die Veranstaltungen der Kirche fanden in öffentlichen Gebäuden statt, die Gottesdienste wurden aber nicht angekündigt, und nicht eingeladene Besucher wurden höflich wieder hinausgebeten.

Die meiste Aufmerksamkeit im theologischen Bereich zog Armstrong durch seine Anglo-Israelische Lehre auf sich. Diese Lehre ist der Theorie – Armstrong bestreitet dies zwar – sehr ähnlich, die der Kanadier Richard Burton, ein im achtzehnten Jahrhundert in London lebender übersinnlicher Seher, aufgestellt hatte. (Seine Ideen wurden 1840 von dem Schotten John Wilson der Öffentlichkeit vorgestellt.) Unter Nichtbeachtung grundlegender Regeln der Linguistik und Hermeneutik wird in dieser Theorie vertreten, daß England (Ephraim) und die Vereinigten Staaten (Manasse) die Überreste der zehn Stämme Israels darstellen. Das frühere Juda und Israel werden als zwei getrennte Einheiten gesehen (die heutigen Juden stammen von Juda ab). Nach der assyrischen Gefangenschaft wanderte Israel in Richtung Norden und wurde schließlich zu den Angelsachsen, den Vorfahren der Briten.

Armstrong lehrte, daß Gottes Verheißungen für sein auserwähltes Volk auf Amerika und Großbritannien übertragen werden könnten. Er erklärte außerdem, daß Königin Elisabeth auf dem Thron sitzt, den Christus einst wieder einnehmen wird. Obwohl die Bibelforschung hinterfragt, ob Israel und Juda getrennt gesehen werden sollten, und die Idee verwirft, daß Stämme „verlorengingen", bleibt die Weltweite Kirche Gottes dabei, daß der Britische Krönungsstein von Scone von dem Propheten Jeremia nach Emerald Isle gebracht wurde. Armstrong glaubte, daß die Schlacht von Harmagedon kurz bevorstünde und daß Deutschland (das moderne Assyrien) einen Bund von zehn Nationen in diese Schlacht führen würde.

Die Mitglieder der Weltweiten Kirche Gottes brauchen die kommende Feuersbrunst allerdings nicht zu fürchten. Gottes „wahre Kirche" (nämlich die Weltweite Kirche Gottes) wird nach Petra, der Felsenstadt südlich vom Toten Meer in Jordanien, entrückt werden. Wann wird all dies geschehen? Armstrong setzte den Zeitpunkt auf 1936, 1943, 1972 und 1975 fest, doch die Weltweite Kirche Gottes lehnt das Errechnen dieses Datums heute ab. Als das Jahr 1975 ohne die erwartete Erfüllung der Prophetie verging, gebot H. W. Armstrong, über dieses Thema zu schweigen. Er hatte sich schon einmal geirrt, als er 1965 erklärte, daß Jerusalem bis zur Wiederkunft Christi in heidnischer Hand sein würde. Im Jahre 1967 kam es dann zum Sechs-Tage-Krieg . . .

Wenn die Theorie über die Jüdische Geschichte und die Tendenz zu einem kostspieligen Geschmack Armstrongs einzige Fehler gewesen wären, könnte man ihn in eine Reihe mit anderen religiösen Fanatikern stellen. Allerdings wurden durch seine allgegenwärtigen Sendungen und Veröffentlichungen schätzungsweise 150 Millionen Menschen pro Woche erreicht. Deshalb ist eine nähere Betrachtung erforderlich, um festzustellen, ob seine Lehren einfach nur abstrus oder ketzerisch sind. Diejenigen, die sich durch seine Angriffe auf die Mißstände der Gesellschaft leicht beeindrucken ließen, müssen auch die Lösungen untersuchen, die von seinem theologischen System angeboten werden. Die Identifizierung mit seinem moralischen Standpunkt führt oft dazu, daß man seine Glaubensstruktur unkritisch übernimmt, bei der häufig etwas anderes gemeint ist, als eigentlich gesagt wird.

Zum Thema „Bekehrung" erklärte Herbert Armstrong: „Gott rief mich . . . zum wichtigsten Auftrag in 1900 Jahren." Diese Botschaft lehrt, so erläutert er, daß die Wiedergeburt ein Prozeß ist und keine Augenblickserfahrung. „Wir sind noch nicht von Gott geboren – wir sind nur Erben – erst gezeugt", betont er. Außerdem legt er Wert darauf, daß man in diesem Leben nicht wirklich gerettet werden kann, da die Erlösung erst mit der Auferstehung vollendet sein wird. Nach H. W. Armstrong „wird die Rettung der Menschheit erst zugänglich, wenn Jesus den Satan entthronisiert und die Herrschaft Gottes über diesen Planeten aufrichtet". In der Zwischenzeit leben einige Mitglieder der Weltweiten Kirche Gottes in der Angst, gegen Gottes Gebote zu verstoßen und ihr Heil zu verlieren, wenn sie zum Beispiel ein kirchliches Fest verpassen oder ihre finanziellen Verpflichtungen der Kirche gegenüber nicht erfüllen.

Die vielleicht gefährlichste Lehre Armstrongs ist die Behauptung, daß das Göttliche ein vom Menschen erreichbares Ziel ist. In einer kürzlich erschienenen Veröffentlichung der Kirche heißt es: „Wir müssen vom Körperlichen zum Geistigen verändert werden (Ablehnung der körperlichen Auferstehung) . . . in den Geist Gottes hinein. Wir müssen Gott sein. Ist das Gotteslästerung? Nein. Man glaubt es kaum, aber wir alle verfügen potentiell über eine allmächtige Kraft. Wir sind geboren, um Gott zu werden!" Haben Sie bemerkt, daß der Schreiber nicht *ein Gott* sagt. Er sagt *Gott.* Diese Ansicht beraubt Christus natürlich seiner einzigartigen Stellung als ewiger Gott. Der Mensch, der von Christus erschaffen wurde, wird dadurch von seiner begrenzten Position zu einem unbegrenzten, ewigen Status erhoben. (Armstrong glaubt auch, daß der Mensch eines Tages mit Gott gemeinsam die Neuschaffung des gesamten Universums durchführen wird.)

Das sexuelle Fehlverhalten von Garner Ted Armstrong führte dazu, daß viele Mitglieder die Kirche verließen und Splittergruppen entstanden. Garner Ted Armstrong behauptet, daß sein Vater mehrere Versöhnungsversuche zurückgewiesen habe. Zur Zeit leitet G. T. Armstrong die Church of God International, die in Tyler, Texas, ihren Hauptsitz hat. Diese Gruppe besteht aus 5000 Mitgliedern und verfügt über jährliche Einnahmen von 2 Millionen Dollar. Führende Kirchenmitglieder traten zurück, und die Steuerbehörden baten Herbert Armstrong zur Kasse, was später vom kalifornischen Gericht allerdings als falsche Entscheidung bezeichnet wurde. Außerdem trat sein engster Mitarbeiter und Anwärter auf das Erbe, Stanley Rader, vom Amt des Schatzmeisters und als Mitglied des Leitungsgremiums zurück. 1988 sank die Auflage von *The Plain Truth* um eine Million. Andere Skandale verursachten weitere Schwierigkeiten. Im Alter von 92 Jahren ließ Herbert W. Armstrong sich von seiner Frau Ramona (45) nach siebenjähriger Ehe scheiden. Der Prozeß kostete die Kirche mehr als 5 Millionen Dollar. Dem Protokoll der Gerichtsverhandlung zufolge beinhaltete Armstrongs sexuelles Fehlverhalten sogar Inzest. Außerdem wurde aufgedeckt, daß Ramona und er schon drei Jahre vor ihrer Eheschließung sexuelle Beziehungen miteinander gehabt hatten.

Herbert W. Armstrong starb 1986 im Alter von 93 Jahren. Kurz vor seinem Tod veröffentlichte er sein letztes Buch, *Mystery of the Ages,* das seiner Behauptung nach sieben Geheimnisse enthielt, die ihm von Gott offenbart worden waren. Armstrongs designierter Nachfolger ist Joseph Tkach, der einer Organisation mit 92 000 Mitgliedern vorsteht. Vier Sprecher ersetzten Armstrong in der Sendung „Die Welt von Morgen". Auch nach Armstrongs Tod ist die Kirche gewachsen; die Mitgliederzahl hat sich um 7 000 erhöht, und das jährliche Einkommen wuchs 1985 von 140 Millionen Dollar auf 163 Millionen Dollar im Jahre 1988. Doch Armstrongs Hinterlassenschaft einer fehlerhaften Lehre führt weiterhin Menschen in die Irre, die kein Unterscheidungsvermögen haben.

Begründer: Herbert W. Armstrong, geboren 1892 in Des Moines, Iowa; die Sekte wurde 1934 in Eugene, Oregon, gegründet; Armstrong starb im Januar 1986.

Literatur: Betonung liegt auf den alttestamentlichen Büchern im Hinblick auf Feiertage, Feste und Speisegesetze.

Symbol: Kein visuelles Symbol bekannt; verbales Symbol „Die Welt von Morgen" (Thema der Medienübertragungen).

Anziehungskraft: Konservativ eingestellte Menschen, die sich über den moralischen Verfall Gedanken machen, werden von Armstrongs Kritik an den gesellschaftlichen Mißständen und seinem Aufruf zur Bibeltreue angezogen. Die Sendungen und Veröffentlichungen der Weltweiten Kirche Gottes enthalten ein Maß an Wahrheit, das entfremdete Mitglieder der traditionellen Kirchen anspricht. Das Fehlen von Spendenaufrufen und der nüchterne Stil ihrer Nachrichtenkommentare verschafft der Kirche ein Ansehen, das über die wahre Natur ihrer Aktivitäten und Lehren hinwegtäuscht.

Ziel: Herbert W. Armstrong glaubte, daß die wahre Kirche und die reine Wahrheit 1900 Jahre lang verborgen gewesen waren. Kurz vor der Wiederkunft Christi wurde er jetzt von Gott berufen, um eine Botschaft zu bringen, die das Durcheinander aller falschen Denominationen auflösen sollte. Die Weltweite Kirche Gottes ist als einzige Kirche legitimiert, das Evangelium Christi zu repräsentieren.

Irrtümer: Wie die Galater fügte auch Armstrong zur Botschaft der Gnade Gesetze und Gebote hinzu und verstößt damit gegen die Prinzipien aus Kolosser 2 und Römer 14. Der Epheserbrief widerspricht der ethnischen und nationalistischen Überlegenheit, die in der unbiblischen Theorie des Anglo-Israelismus steckt.

Quellenverzeichnis: The Good News, Juli 1976; mehrere Ausgaben der Zeitschrift The Plain Truth, besonders April 1977 und Mai 1977; Christianity Today, 17. Dezember 1971; ebd., 1. April 1977; ebd., 20. Februar 1981; Time, 15. Mai 1972; ebd., 4. März 1974; ebd., 15. Juni 1978; ebd., 23. Februar 1981; Eternity, Mai 1981; Christianity Today, 15. Januar 1988; Dr. Roy Knuteson, „The Final Testimony of Herbert W. Armstrong", The Discerner, April – Juni 1986; Time, 27. Januar 1986.

Adresse/Hauptquartier: Worldwide Church of God, Box III, Pasadena, CA 91123/USA; weitere Stützpunkte in Australien, Kanada, Südafrika und Europa.

Yoga

Sie hat ein frisches Gesicht und einen sehr schlanken Körper. Sie erinnert an ein Model aus einem Werbespot für gesunde Ernährung. Die Übungen, die sie eben durchgegangen ist, garantieren, daß man die überschüssigen Pfunde über Nacht verliert. Als Gymnastiklehrerin hält sie sich an das, was sie da erzählt. Aber wie hält sie sich selber so fit?

Als ob sie diese Frage vorausgesehen hat, erläutert sie ihren Schülern: „Jetzt zeige ich Ihnen, wie die Muskeln fit bleiben und kein Fett mehr angesetzt werden kann. Setzen Sie sich auf den Boden und kreuzen Sie die Beine übereinander. Schultern zurück. Schließen Sie die Augen. Atmen Sie tief ein, und beim Ausatmen sagen Sie ‚Om'. Summen Sie das ‚m'. Damit entspannen Sie sich. Danach werden wir einige andere Yoga-Haltungen ausprobieren."

Yoga? Zuerst dachte man doch, dies sei eine Gymnastikstunde für Leute, die abnehmen wollen. Warum läßt die Lehrerin ihre Schüler nicht auf Stühlen sitzen, um sich zu entspannen? Ist Yoga nicht eine Art Religion? Eigentlich ist nichts Religiöses an den Anweisungen, die sie gibt. Man könnte da eigentlich auch mitmachen. Übrigens: dieses ‚m' ist wirklich entspannend. Ein Versuch kann ja nicht schaden, oder?

Es gibt genügend Befürworter des Yoga, das im Westen praktiziert wird. Die Autorin Erica Yong sagt, durch Yoga wurde ihre Kreativität angeregt. Der Erfolg des Künstlers Peter Max spricht für Yoga, ebenso bei Carol Burnett und der Turnerin Olga Korbut. Yoga wird von Senatoren, Nonnen, Pfarrern und Rockstars wie Ritchie Blackmore praktiziert, der die Vorteile von Yoga in einem Song preist, außerdem in (amerikanischen) CVJM-Gruppen, Schulen, Kurorten und Kirchen. Im Zeitalter der Beruhigungsmittel, Zigaretten, Alkohol, Drogen und Überspannung ist Yoga für viele der Weg, Neurosen zu lindern und dem Körper etwas Gutes zu tun.

Die meisten Menschen begegnen den östlichen Religionen mit naiver Offenheit und nehmen einfach an, daß Yoga nicht mehr ist als eine exotische Methode, einen schönen Körper zu erhalten. Leider wird dabei von der Voraussetzung ausgegangen, daß die Übungen harmlos sind, wenn sie nicht mit einem geistlichen Motiv praktiziert werden. Yoga ist jedoch mehr als eine Abfolge von Muskelübungen, die zur Entspannung dienen. Yoga ist eine Hindu-Tradition, die sich fast 5000 Jahre zurückverfolgen läßt und mystische Lehren als Grundlage hat. Der Begriff *Yoga* ist von dem Sanskrit-Wort *yuj* abgeleitet, das „vereinigen" bedeutet, und heißt wörtlich „Einheit mit Gott". Welcher Gott ist damit gemeint?

In einer Quelle über Yoga heißt es: „Yoga hat das Ziel, den absoluten Brahman zu erkennen." Dieser abstrakte Gottesbegriff ist von einem westlich geprägten Verstand schwer zu erfassen. In der Bibel wird ein persönlicher, anthropomorphischer Gott dargestellt, dem wir moralisch verantwortlich sind. Bei Yoga handelt es sich um eine unpersönliche Gottheit, eine Kraft, die das Universum durchdringt. Der Hindu-Glaube lehrt, daß Gott unerkennbar, unerklärbar und gleichzeitig in allen Lebewesen gegenwärtig ist. *Brahman* wird als das Universale Wesen, das Absolute oder das Reine Bewußtsein bezeichnet. Wie er auch immer heißt, er manifestiert sich dem Menschen durch den Hindugott *Shiva.* Und die Hindu-Gottheit *Shiva,* die Manifestation der Zerstörung, ist es, die eine entscheidende Rolle bei den Yogaübungen spielt.

Grundsätzlich glaubt man bei Yoga an einen zweiseitigen Körper, den materiellen Körper und den subtilen, geistlichen Körper. Die Bibel lehrt, daß das Fleisch (der physikalische Körper) und der Geist Feinde sind (Röm. 7,18-19; Gal. 5,13-16). Es wird jedoch nicht gesagt, daß der physikalische Körper an sich schlecht ist, das Fleisch ist lediglich der Versuchung zur Sünde stärker ausgesetzt. Bei Yoga dagegen glaubt man, daß der geistliche Körper an den physikalischen Körper gefesselt ist. Daher will man mit den verschiedenen Haltungen die Struktur der Knochen und Muskeln manipulieren, so daß der geistliche Körper frei wird für das Ziel, nämlich die Einheit mit Gott.

Das Hauptanliegen bei Yoga besteht darin, das Gottesbewußtsein zu steigern, indem das Bewußtsein des geistlichen Körpers erhöht wird. Keinesfalls will man den Geist des Menschen verändern, da man annimmt, daß er an sich gut ist. Christus hat versprochen, den menschlichen Geist zu erneuern (Joh. 3,1-7) und ihm den Heiligen Geist zu geben, damit er Macht und Sieg über das Fleisch haben wird. Diese Verheißung wird dadurch erfüllt, daß man sein Vertrauen auf Jesus setzt, und nicht durch eine Verrenkung der Glieder.

Swami Vishnudevananda, ein führender Vertreter von Yoga und Autor des Buches *The Complete Illustrated Book of Yoga* erklärt kurz und bündig die Absicht, die hinter Yoga steht. „Es ist die Pflicht jedes entwickelten Menschen, seinen Körper bis zum höchsten Grad der Perfektion zu trainieren, so daß er dazu gebraucht werden kann, den geistlichen Zielen zu folgen. Der Ausdruck des Geistes vergrößert sich mit der Entwicklung des Körpers und des Verstandes, von denen er umgeben ist. Das Ziel aller Yogaübungen ist, zu der Wahrheit zu kommen, in der die einzelne Seele sich mit der höchsten Seele Gottes identifiziert." Wie kann man dies erreichen?

Swami Vishnudevananda führt weiter aus: „Die höchste Macht der Natur" ist eine zusammengerollte Schlange, die am Ansatz der Wirbelsäule ruht. Diese Schlange ist die Göttin *Shakti,* die nach Hinduvorstellung Unsterblichkeit und ewiges Glück verleiht. *Shakti* kann ihr Versprechen jedoch nur erfüllen, wenn sie mit *Shiva,* ihrem Gemahl, vereinigt ist. (*Shiva* gehört zur dreieinigen Hauptgottheit im Hinduglauben *Brahma, Vishnu* und *Shiva.) Shiva* ruht in einem Punkt mitten auf der Stirn zwischen den Augenbrauen. Durch Yoga sollen nun die Kräfte der Schlange *Shakti* (auch *Kundalini* genannt) anstacheln, so daß sie sich durch den *Sushumma* erhebt, einem schmalen Durchgang, der durch die Wirbelsäule verläuft. Bei ihrem Aufstieg durchkriecht *Shakti* sechs geistliche Energiezentren, *Chakras* genannt. Die siebte *chakra* ist ihr Ziel, *Shiva.* Bei der Verschmelzung von *Shakti* und *Shiva* wird die Einheit oder *yoga* erreicht. Das nächste Ziel ist die permanente Einheit, um eine befreite Seele zu werden und in Raum und Zeit unbegrenzt zu sein – eins mit Gott. Derjenige, der dieses Ziel erreicht, besitzt dann alle Macht, alle psychischen Fähigkeiten und sündlose Vollkommenheit.

Was für eine Auswirkung hat all dies auf die Hausfrau, die einen Kopfstand macht, weil sie abnehmen möchte, oder auf den Geschäftsmann, der seine Gliedmaßen verrenkt, um etwas gegen Magengeschwüre zu unternehmen? Es gibt vier Yoga-Formen: *Karma-Yoga* (geistliche Vereinigung durch richtiges Verhalten), *Bhakti-Yoga* (Vereinigung mit dem Absoluten durch Verehrung eines Guru); *Suana (Gyana)-Yoga* (Zugang zu Gott durch Erkenntnis) und *Raja-Yoga* (Gotteserkenntnis durch Kontrolle über den Geist). Eine der Formen des *Raja-Yoga* ist *Hatha-Yoga,* die am meisten praktizierte Yoga-Art. *Hatha-Yoga* setzt sich aus acht Stufen zusammen: (1) Reinigung des Leibes; (2) Körperhaltungen; (3) *Mudras* (Körperhaltungen zum Herstellen psychischer Energie); (4) Atemregulierung; (5) Stillung der Sinne; (6) Konzentration; (7) Meditation; und (8) Vereinigung mit Gott (Shiva). Zur Reinigung des Leibes wird zum Beispiel Luft ausgestoßen, Wasser erbrochen, ein fünf Meter langes Tuch geschluckt, oder eine Schnur durch die Nase über die Nasenhöhlen aus dem

Mund herausgeführt. Diese Übungen werden *Kriyas* genannt. Der meditative Teil soll die Sinne ruhigstellen; dies wird durch Fixieren der Augen auf ein bestimmtes Objekt, ohne die Lider zu bewegen, erreicht *(Tratak)*. Zu einigen Yoga-Meditationen gehört das wiederholte Aufsagen von *Mantras* (mit dem innewohnenden Namen einer Hindu-Gottheit) und Hindu-Gebeten.

Die meisten Leute, die mit Yoga-Übungen beginnen, sind der Auffassung, daß die Körperhaltungen nichts anderes sind als Techniken zur Verbesserung der körperlichen Fitneß. Doch bei Yoga steckt hinter jedem Aspekt ein bestimmter religiöser Zweck. Die verschiedenen Körperhaltungen *(Aranas)* haben teilweise die Verehrung einer Gottheit als Hintergrund, wie zum Beispiel *Sooruya Namaskus,* die Sonnenübungen. Dabei sitzt man mit dem Gesicht zur aufgehenden Sonne und wiederholt zwölfmal den Namen der Sonnengottheit. Andere Haltungen sind nach Gottheiten benannt (Baby Krishna, Lord Nararaja-Haltungen) und nach Tieren (Löwe, Skorpion, Kobra usw.). Westliche Yoga-Lehrer erwähnen die religiösen Hintergründe häufig nur am Rande, doch dies kann das letztendliche Resultat nicht mildern.

Swami Vishnudevananda erläutert: „Bei Hatha-Yoga sind für den Anfänger körperliche Übungen vorgesehen, so daß der Schüler bei fortgeschrittenen Methoden seinen Geist leichter manipulieren kann, um zu einer Kommunikation mit seinem höheren Ich zu gelangen.“ Man könnte einwenden, daß hinter *Raja-Yoga* (die eindeutig religiöse Disziplin, die dem *Hatha-Yoga* übergeordnet ist) zwar eine geistliche Absicht steht, daß man *Hatha-Yoga* aber praktizieren kann, ohne diese Konsequenzen zu erfahren. Doch der Swami weist auf folgendes hin: „Viele Leute sind der Meinung, daß Hatha Yoga eine ausschließlich körperliche Übung ist. Tatsächlich gibt es aber keinen Unterschied zwischen Hatha-Yoga und Raja-Yoga.“

Die verschiedenen Körperhaltungen bei *Hatha-Yoga* zielen darauf ab, den Geist so zu beeinflussen, daß man einen anderen Bewußtseinszustand erfährt. Jede Haltung ist dazu gedacht, Körper, Drüsen und das psychische Nervensystem auf eine Ebene geistiger Wahrnehmbarkeit und Bewußtseinsveränderung zu bringen. Von hinduistischen Yoga-Lehrern wurde diese Disziplin sowohl im Hinblick auf das Ziel als auch auf die Praxis als religiös definiert. Kann nun Yoga einfach dadurch von seinem heidnischen Ursprung losgelöst werden, daß ein westlicher Lehrer seine Zielsetzung neu bestimmt?

Nachdem ein Yoga-Anfänger die wichtigsten Körperhaltungen gelernt hat, wird er in die Atemübungen *(Pranayamas)* eingeführt.

Dies geschieht meist mit dem Hinweis, daß die Übungen zur Entspannung und Reinigung der Lungen dienen. Tatsächlich sind die Atemübungen aber dazu gedacht, das sogenannte *Prana* zu steuern. Dieser „Lebensatem“ stellt eine Form seelischer Energie dar, die aus der universalen Lebenskraft (Gott, Brahman) entspringt und alle Lebewesen durchdringt. *Prana,* auch *Ki* genannt, ist die Quelle psychischer Energie, und hieraus entspringen alle außersinnlichen Phänomene, die in fortgeschrittenen Yoga-Stufen erfahren werden. *Prana* wird in den *Chakras* lokalisiert, also den geistlichen Energiezentren, durch die *Shakti* sich auf ihrem Weg zur psychosexuellen Vereinigung mit *Shiva* hindurchbewegt. Die *Chakras* regulieren *Prana* und manipulieren dabei die eigene Willenskraft und alle Körperfunktionen.

Prana wird durch die Atemübungen gesteuert; dadurch soll der Körper von Krankheiten befreit werden. Man kann *Prana* als spirituelle Heilkraft durch Händeauflegung übertragen, wobei man den Geist dabei mit der „kosmischen Kraft Gottes“ verbindet. Es sollte aber klar sein, daß *Hatha-Yoga* mehr verspricht, als den Körper gelenkig zu machen und zu entspannen. Die eigentliche Zielsetzung bei Yoga besteht in der Vereinigung mit *Brahman* und dem Erlangen des Friedens und der Harmonie, die nach hinduistischen Vorstellungen aus dieser Gotteserkenntnis resultiert. Als Begleiterscheinung dieses Zustandes sollen Krankheit, Übel und Streß völlig weichen und der Körper über den Geist herrschen. In diesem Zustand können vollkommene Seelen auf ewig mit Gott verschmelzen.

Solche Ziele sind sicher bewundernswert – können sie aber überhaupt erreicht werden? Diese Frage muß mit „Nein“ beantwortet werden, wenn man sie im Licht der biblischen Vorstellung von Gott, dem Menschen und der Gemeinschaft des Menschen mit Gott betrachtet. Die Schrift lehrt, daß der Mensch von seinem Schöpfer durch die Kluft der Sünde getrennt ist. Diese Kluft kann nur durch einen Versöhnungsakt mit Gott überbrückt werden, indem man an den Tod seines Sohnes glaubt. Jeder Versuch, das Bewußtsein mit einer „Höchsten Realität“ verschmelzen zu lassen, würde an dieser Barriere der Sünde scheitern. Die Harmonie mit Gott wird nicht als eigener Verdienst des Menschen durch asketische Disziplin erreicht. Es ist das Blut Christi, das die durch Adams Ungehorsam verursachte Trennung aufhebt. Der Glaube an die rettende Kraft dieses Blutes bringt wahre Gemeinschaft mit Gott und seinem Willen.

Yoga-Befürworter können sicher wegen ihrer Hingabe, ihren Körper gesund zu erhalten, bewundert werden. Viele, die sich eisern gegen den religiösen Hintergrund von Yoga aussprechen, stopfen allerlei ungesunde Nahrungsmittel in sich hinein und konsumieren Kaffee, Süßigkeiten oder Limonaden in rauhen Mengen. Bei ihnen hat Yoga zunächst sicher sehr positive körperliche Auswirkungen. Es ist wichtig, sich um die eigene Gesundheit zu bemühen, jedoch nicht mit dem Risiko, Prinzipien aus einer heidnischen Religion zu übernehmen. Daß Yoga so populär ist, stellt für Christen eine gewaltige Herausforderung dar, ihren Körper zu einer willkommenen Wohnung für den Heiligen Geist zu machen (1.Kor. 3,16-17; 6,19-20).

Begründer: Keine bestimmte Person. Die Prinzipien und Praktiken von Yoga entstanden als asketische und körperliche Übungen, mit denen die geistlichen Ziele des Hinduismus erreicht werden sollen.

Literatur: Die hinduistischen *Veden*-Schriften enthalten die theologische und philosophische Grundlage für Yoga.

Symbol: Keines.

Anziehungskraft: Der Mensch ist zum Opfer der modernen Ernährung geworden. Gegen Fettleibigkeit und die Folgen einer sitzenden Tätigkeit möchten viele etwas tun, die auf ihre Gesundheit und äußere Erscheinung achten. Yoga scheint dabei ein exotischer, wenig anstrengender Weg zu sein, um seinen Körper jugendlich zu erhalten.

Ziel: Als eine Form der hinduistischen Religion hat Yoga das eigentliche Ziel, eine geistliche Vereinigung mit der unpersönlichen höchsten absoluten Gottheit zu erreichen. Man könnte einwenden, daß die meisten Leute im Westen, die Yoga praktizieren, für ihre Gesundheit davon profitieren, ohne mit diesen theologischen Implikationen in Berührung zu kommen. Es besteht jedoch immer die Gefahr, daß man die tieferen Yoga-Stufen ausprobieren möchte, die eindeutig religiöser Natur sind. In dem Buch *Yoga, Youth and Reincarnation* (Yoga, Jugend und Reinkarnation) steht folgende Aussage: „Yoga wird erreicht, wenn der Geist eines einzelnen mit dem universalen Geist (Gott) zu einem Einssein verschmilzt."

Irrtümer: Es ist nicht sehr logisch, daß die Hingabe an ein religiöses System, bei dem man sich falschen Göttern nähert, dadurch entschuldigt wird, daß man einen Teil dieses Systems von seinem eigentlichen Ziel trennt (also Yoga-Übungen aus gesundheitlichen Gründen zu praktizieren, unabhängig von ihrer beabsichtigten Integration in ein Konzept, bei dem geistlicher Verdienst durch „Werke“ erreicht wird). Das christliche Konzept des Friedens mit Gott basiert auf der Versöhnung mit ihm, nicht in der Vereinigung mit dem pantheistischen *Brahman.* Die geistliche Gerechtigkeit resultiert darin, was Christus für uns getan hat (Eph. 2,8-9), nicht daraus, was wir für ihn tun. Yoga strebt letztendlich nach der Vergöttlichung des Menschen und seiner geistlichen Erleuchtung. Es verspricht außerdem die Befreiung vom endlosen Kreis der Reinkarnationen, eine Lehre, die völlig unbiblisch ist.

Quellenverzeichnis: Swami Vishnudevananda, The Complete Illustrated Book of Yoga (East Brunswick, N. J.: Bell, 1960); Jess Stearn, Yoga, Youth and Reincarnation (New York: Bantam, 1963); verschiedene Texte über Yoga und Hinduismus.

Adresse/Hauptquartier: Yoga-Zentren und Lehrer gibt es in den meisten größeren Städten überall auf der Welt.

Siehe auch unter Sri Chinmoy.

Zeugen Jehovas

Sie starb an ihrem sechsten Geburtstag. Sie könnte noch leben. Eine Bluttransfusion hätte das Leben von Ricarda Bradford, die bei einem Autounfall lebensgefährlich verletzt wurde, retten können. Aber ihr Vater, ein frommer Zeuge Jehovas, lehnte diese lebensrettende Aktion ab. Er zitierte 1. Mose 9,3-4 und 3. Mose 17,10-15 und erklärte, daß Bluttransfusionen für die Zeugen Jehovas nichts anderes wäre, als würden sie sich von Blut ernähren. Die Ablehnung von Bluttransfusionen ist nur einer von mehreren auffälligen Glaubenssätzen, die mit den Zeugen Jehovas in Verbindung stehen. Sie lehnen sowohl Organspenden als auch Transplantationen ab. Bis zum Jahr 1952 verweigerten sie sogar Pockenimpfungen. Sie gehen zu keiner Wahl und lehnen alle Dienste für die Gesellschaft (Feuerwehr, Rotes Kreuz, Bundeswehr oder Zivildienst) kategorisch ab.

Im Jahr 1879 suchte ein Bibelgruppenleiter mit Namen Charles Taze Russell nach einem Weg, seine irgendwie seltsamen Lehren ausführlich darlegen zu können. Er hatte sich von der rechten Lehre entfernt, indem er die Hölle, die Dreieinigkeit und die Gottheit Jesu Christi leugnete, und fühlte sich gedrungen, ein größeres Publikum anzusprechen. Er war Mitherausgeber des „Morgenherolds" (zusammen mit N. H. Barbour), und dort finden wir auch die ersten Berichte über die Bewegung, die von Russell ausging. 1884 hatte Russell die Alleinverantwortung für diese Veröffentlichung und benannte sie um in: „Der Wachtturm, der Jehovas Königreich ankündigt", und gründete die „Wachtturm-Bibel-und-Traktatgesellschaft". Die erste Ausgabe des Wachtturmmagazins hatte eine Auflage von 6000 Exemplaren pro Monat. Heute produziert der Verlagskonzern der Zeugen Jehovas in Brooklyn, New York, 100 000 Bücher und 800 000 Exemplare ihrer beiden Zeitschriften – täglich!

Russells Theologie legte das Fundament für den kämpferischen Gegensatz der Zeugen zu allen anderen kirchlichen Organisationen. Bis zu seinem Tod im Jahr 1916 bestand Russell darauf, daß die Bibel nur mit seiner Deutung recht verstanden werden könnte. Im Zentrum seines Systems lag eine prophetische Zeitabfolge, die voraussagte, die Zeit der Heiden ende im Jahr 1914. (Russell war bereits zu dem

Schluß gekommen, daß Christus 1874 wiedergekommen sei, aber „in der oberen Luftregion“, nicht als sichtbare Erscheinung.) Die Versiegelung der 144 000 Heiligen, die „Könige und Priester im Himmel“ werden sollten, war ebenfalls für 1914 angekündigt. Diejenigen, die danach gerettet würden, gehörten zur Dienerklasse, „der großen Gesellschaft“, die auf Erden unter der Aufsicht der 144 000 herrschen sollen. In dieser frühen Zeit waren Abstinenz und strenge, lehrmäßige Zucht nicht verpflichtend.

Nach dem Tod Russells übernahm Joseph Franklin Rutherford, ein Rechtsanwalt aus Missouri, die Präsidentschaft der Wachtturmgesellschaft. Bei einer Zusammenkunft 1931 in Columbus, Ohio, zitierte er Jesaja 43,10 als Anlaß, den Namen der Organisation in „Zeugen Jehovas“ umzuändern. Auf diese Weise war das Anstößige der fraglichen Gelehrsamkeit Russells (seine Schulbildung reichte nur bis zur 7. Klasse) und seiner Moral weggeräumt. Rutherford übernahm die volle Verantwortung für die Organisation, und von da an waren seine umfangreichen Schriften die Quelle des göttlichen Auftrags. Diese Verfestigung der Macht ermöglichte es ihm, eine von Russells weniger annehmbaren Lehren über die Sammlung der Juden und die große Pyramidentheorie aufzugeben.

Nach dem Tod Rutherfords trat Nathan Knorr an seine Stelle. Genau wie Rutherford versucht hatte, Russells Einfluß abzulösen, überging Knorr die Werke Rutherfords. Heute wird die Gesellschaft von Frederick William Franz geleitet, hoch in den Achtzigerjahren, der päpstliche Macht über die Zeugen Jehovas in aller Welt ausübt. Die Gesellschaft hat sich zu einem Zwei-Klassen-System entwickelt, in dem strenge Kontrolle über Leben und Denken der Gläubigen ausgeübt wird.

Die Erklärungen, die aus dem Hauptquartier in Brooklyn (bei Mitgliedern als Bethel bekannt) kommen, sind bindend; Abweichungen werden nicht geduldet. Zeugen, die solchen Anordnungen nicht folgen, werden „aus der Gemeinschaft ausgeschlossen“ (ihre Bezeichnung für Exkommunikation). Von da an betrachten Königreich-Saal-Anhänger (sogar Familienglieder) sie als tot und dürfen nicht mit ihnen sprechen. Man sagt dem exkommunizierten „Abgefallenen“, er werde am Jüngsten Tag nicht aus seinem Grab auferstehen. Viele ehemalige Zeugen enthüllten, daß die Gründe für diesen Ausschluß in den frühen 80er Jahren sogar bis zum Lesen von Büchern ehemaliger Mitglieder, dem gemeinsamen Essen mit vermutlichen Abweichlern und für manche Frauen zum Verbot von Hosenanzügen reichte.

Strenge theologische Überwachung garantiert die Beständigkeit der Lehre. Zeugen vermeiden den Kontakt mit Außenstehenden; die seltene Gelegenheit, doch andere Menschen zu treffen, ergibt sich bei Hausbesuchen. Die Statistiken der Gesellschaft belegen, daß 740 Hausbesuche erforderlich sind, um einen der fast 200 000 neuen Mitglieder pro Jahr zu gewinnen. Während der 70er Jahre wuchs die Gesellschaft weltweit um 45 Prozent; allein 1985 verbrachten Mitglieder 590 540 205 Stunden weltweit bei missionarischen Aktivitäten.

Obwohl sie meist ungenannt bleiben, verdienen diese freundlichen, aber beharrlichen Eiferer großen Respekt für ihre Ausdauer. Das erste, was man bemerkt, wenn sie es einmal durch die Haustür geschafft haben, ist die Bibel, die sie bei sich tragen: die *Neue-Welt-Übersetzung*. Ihre Übersetzer sind anonym, so daß weder ihre Referenzen noch ihre Manuskriptquellen geprüft werden können. Aber erfahrene Bibelleser werden schnell bemerken, daß die theologische Haltung der Gesellschaft durch bedeutende Abweichungen vom Urtext gestützt wird. Mit einem Zeugen zu diskutieren, erfordert Geschick und gründliches Bibelwissen. Ihnen wurde beigebracht, daß alle anderen Glaubensrichtungen satanischen Ursprungs sind; daher sind sie mit fertigen Antworten für häufig gestellte Fragen „ausgestattet". Sollten sie selbst keine Antwort finden, vertrauen sie darauf, daß ihre Leiter im Königreichsaal die passende Antwort liefern. Evangelikale Christen müssen über den Glauben der Zeugen Jehovas Bescheid wissen und sich nicht durch eine kluge Wortwahl irritieren lassen. Der folgende Abschnitt zeigt einige ihrer umstrittenen Ansichten auf.

Erstens wird die Dreieinigkeit als dämonische Lehre angesehen. Der Heilige Geist wird seiner Persönlichkeit beraubt und Jesus seines Gottseins entkleidet. Ihre Übersetzung gibt Johannes 1,1 wie folgt wieder: „Das Wort war ein Gott", was den Glauben der Zeugen stützt, daß Christus, der Erzengel Michael, von Jehovah geschaffen worden ist. Daß Jesus auf der Erde erschien, war keine Fleischwerdung, sondern ein Vorbild menschlicher Vollkommenheit als Antwort auf das moralische Gesetz Jehovas. Zeugen betrachten Christus nicht als Ewigen Gott, den Schöpfer des Universums und unseren Großen Hohenpriester nach Hebräer 4,15 und Kolosser 2,9-10. Jedes Jahr im März halten Zeugen Jehovas ein „Gedächtnismahl". Dieses Ereignis erinnert an das Opfer Jesu, das den Bund zwischen den 144 000 und Jehova stiftete. Während es äußerlich der biblischen Einsetzung des Abendmahls ähnelt, nehmen nur wenige Zeugen am Mahl teil. Der Gedenkgottesdienst wird ausschließlich symbolisch verstanden, und dem Ereignis wird keine geistliche Bedeutung zugemessen. Sogar der

2. Oktober, ihr geschätztes Datum der Geburt Christi, wird weitgehend übergangen. (Den einzigen Geburtstag, den Zeugen begehen, ist der der Wachtturm-Bibel-und-Traktatgesellschaft, die 1984 ihren 100. Geburtstag feierte.)

Anderen Lehren der Zeugen Jehovas, denen man begegnen kann, sind der Seelenschlaf und die Vernichtung der Gottlosen (zusammen mit Satan und seinen Dämonen). Für Zeugen Jehovas ist die Seele nur die belebende Kraft eines materiellen Körpers. Wenn ein Mensch stirbt, hört seine Seele auf zu bestehen, und sein Körper vergeht endgültig. Es gibt keine Hölle, da es kein bewußtes Leben nach dem Tod gibt. Hölle ist für den Wachtturm das Grab. Treue Zeugen hoffen, daß sie eines Tages aus dem Gedächtnis Jehovas wiedererschaffen (wieder auferweckt) werden. Jene, die für die Auferstehung bestimmt sind, werden entweder das Paradies bewohnen, die Erde (die umfangreiche irdische Klasse) oder den Himmel (die elitäre geistliche Klasse, die 144 000 aus Offenbarung 7 und 14). Die irdische Klasse wird so leben wie bisher – mit einem Körper und einer belebenden Kraft (Seele). Die himmlische Klasse wird auf jedes Recht auf einen wiedererweckten Körper verzichten und als Geister leben, ebenso wie Jesus – so meinen sie – nach seiner „Wiedererschaffung" oder Geistauferweckung lebte.

Zeugen betonen ihre Hingabe an Jehovah und meiden jede Erwähnung Gottes mit einem anderen Namen. Ironischerweise sagen uns Sprachforscher des Hebräischen und Griechischen, daß das Wort Jehovah in den Originalschriften nicht vorhanden ist. (Niemand weiß genau, wie die hebräischen Konsonanten, die sich auf Gott YHWH beziehen, ausgesprochen wurden.) Es ist nicht ausreichend nachzuweisen, daß jede andere Bezeichnung als Jehovah eine willentliche Verzerrung des Gottesnamens ist. Die größte Herausforderung für die Wachtturmgesellschaft ist die Tatsache, daß die Bibel Jesus als den fleischgewordenen Gott darstellt, ein schwerer Schlag für ihr gesamtes Glaubenssystem.

Man braucht dennoch kein Gelehrter des Hebräischen zu sein, um die offensichtlichsten Widersprüche in den Lehren der Zeugen Jehovas zu entdecken. Ein kurzer Überblick über die Geschichte der Gesellschaft zeigt eine verwirrte Sicht der Endzeit. Das Weltende wurde prophezeit für 1914, 1918, 1920, 1925, 1941 und 1975. Zeugen Jehovas lehrten, daß die 6000 Jahre menschlicher Geschichte im Jahr 1975 enden würden. Als das Datum verstrich, verließen Tausende enttäuschter Mitglieder die Sekte. Aber Präsident Franz hatte eine Erklärung parat. Der Beginn des 6000 Jahre umfassenden Zeitraums wurde auf die Erschaffung Evas gelegt. Und wie lang dieses Ereignis nach der Erschaffung Adams stattfand, ist von führenden Zeugen Jehovas noch nicht enthüllt worden.

Dennoch glauben die Zeugen, daß das Ende nicht mehr fern sein kann. Und tatsächlich hat die Gesellschaft auch mathematische Gründe, Harmagedon nur bis in die frühen Jahre des 21. Jahrhunderts zu verschieben. Man sagte ihnen, daß die Schlacht von Harmagedon geschlagen und das 1000jährige Reich anbrechen wird, bevor alle aus der „gesalbten Klasse" der 144 000 von 1914 gestorben sind. Weniger als 10 000 der „Gesalbten" sind noch am Leben. Einige jüngere Mitglieder der Zeugen Jehovas halten Michael Jackson, das bekannteste ehemalige Mitglied der Gesellschaft, für den Erzengel Michael . . .

Begründer: Charles Taze Russell, geboren 1852 in Pittsburgh, Pennsylvania. Gestorben 1916.

Literatur: Jesaja 43,10: „Ihr seid meine Zeugen . . ."

Symbol: Der schloßähnliche Wachtturm, der auf fast jeder Veröffentlichung der Gesellschaft erscheint.

Anziehungskraft: Menschen mit endzeitlicher Gesinnung mögen fasziniert sein von dem Eifer der Zeugen, die ganze Welt vor dem Untergang evangelisieren zu wollen. Manche, die mit der Bibel nicht vertraut sind, werden durch die scheinbar logischen und vernünftigen Erklärungen für schwerverständliche Lehren, zum Beispiel die Trinitätslehre und die ewige Bestrafung der Gottlosen, angesprochen.

Ziel: Das Königreichzeitalter des Millenniums herbeizuführen und sich Jehovas Mächten anzuschließen, die in Harmagedon siegen werden. Nur treue Zeugen werden die Schlacht überleben. Da die schon versiegelten 144 000 im Himmel bei Christus bleiben werden, freuen sich die meisten heutigen Zeugen darauf, ewig auf einer vollkommenen Erde leben zu dürfen.

Irrtümer: Fehlerhafte Interpretation von Bibeltexten und aus dem Zusammenhang gerissene Deutungen erlauben es den Zeugen, die meisten orthodoxen Lehren zu verwerfen. Die erwähnten 144 000 beziehen sich offensichtlich auf 12 000 Juden aus jedem Stamm Israels, nicht auf eine versiegelte Gesellschaft „geistlicher Brüder", wie die Zeugen behaupten. Der Tod Christi wird nicht als Lösegeld für

Sünde, sondern eher als die Schaffung einer zweiten Chance im Millennium gesehen.

Quellenverzeichnis: Kenneth Boa, Cults, World Religions and You (Wheaton, Ill., Victor, 1977); Walter Martin, The Kingdom of the Cults (Minneapolis: Bethany, 1977); Time, 11. Juli 1977; Newsweek, 15. Oktober 1984; Christianity Today, 13. Juni 1986; verschiedene Veröffentlichungen der Wachtturmgesellschaft, u. a. Ch. T. Russell, Schriftstudien, 7 Bände; J. Rutherford, Offene Anklage gegen die Geistlichkeit; Zeitschriften: Der Wachtturm; Erwachet!; Unser Königreichsdienst.

Adresse/Hauptquartier: Watch Tower Society, 117 Adams Street, Brooklyn, NY 11201/USA. Deutsches Zweigbüro in Selters/Hessen.

EMPFEHLENSWERTE UND WEITERFÜHRENDE LITERATUR ZUM THEMA

O. Eggenberger, Die Kirchen, Sondergruppen und religiösen Vereinigungen. Zürich, 4. Aufl. 1986

K. Hutten, Seher, Grübler, Enthusiasten. Das Buch der traditionellen Sekten und religiösen Sonderbewegungen. Stuttgart, 12. Aufl. 1982

Materialdienst der Evangelischen Zentralstelle für Weltanschauungsfragen, Stuttgart

H.-D. Reimer/ O. Eggenberger u. a., . . . neben den Kirchen. Gemeinschaften, die ihren Glauben auf besondere Weise leben wollen. Konstanz, 8. Aufl. 1988

H. Reller/M. Kießig, Handbuch religiöser Gemeinschaften: Freikirchen, Sondergemeinschaften, Sekten, Weltanschauungen, missionierende Religionen des Ostens, Neureligionen. Gütersloh, 3. Aufl. 1985

H. Gasper, J. Müller u. a., Lexikon der Sekten, Sondergruppen und Weltanschauungen. Freiburg 1990

W.-Fr. Haack, Schriften der „Münchener Reihe"/ Informationen zu Jugendreligionen, München

REGISTER

H

I

J

K

L